FENXIXING YANGUANG YU
YUYANYANJIU LUNJI

国家社会科学基金重点项目（批准号 06AYY002）

中央民族大学“985”工程 中国少数民族语言参考语法研究系列丛书

总主编 戴庆厦

分析性眼光与语言研究论集

戴庆厦 闻静 主编

民族出版社

论“分析性语言”研究眼光 *

（代序）

戴庆厦　闻静 **

一、为什么要提出“分析语”的研究眼光

以往研究语言，大多是根据语言的共性共同使用语言学普遍的研究方法，不太讲究针对语言的不同类型（分析性或非分析性，分析性、非分析性不同的层次）采取不同的研究方法。这就出现一个不足，即语言中带有类型学的一些特点不易被发觉，未能从语言类型上去认识具体语言的特点。虽然语言学家们也不同程度地注意到所研究的语言特点，如研究汉语的，注意汉语的分析性特点，研究阿尔泰语系语言的，注意黏着语的特点，但是并未有自觉的、系统的语言类型眼光。

我们在做汉藏语研究过程中逐渐体会到，要揭示汉藏语的特点，包括共时特点和历时特点，需要有分析语的眼光或视角，或者说要有分析语的研究方法。汉藏语系语言（以下简称“汉藏语”）都属于“分析性语言”（以下简称“分析语”），在语言特点上，包括语音、语法、词汇、语义、语用等方面都有自己不同于非分析性语言的特点。若能把握语言类型的特点分析语言，就更有针对性，就能发现一些使用一般性语言研究方法所不能看到的新现象，也就能够揭示语言的深层特点。

举例来说，四音格词（又称“四音格联绵词”）的研究曾受到汉藏语语言学家的极大兴趣，人们从构词、语音结构、句法特征等诸方面对四音格词的特征进

* 原载《云南师范大学学报》，2017（5），中国人民大学《复印报刊资料》2018 年 1 月转载。

** 全书所有文章文后所标注的作者单位为文章发表时的所在单位。

行了大量的微观分析，发现了它不同于词类或词组的特征。但如果能够再从类型学的视角进一步分析研究，就会发现分析性语言的类型模式是大量产生四音格词的土壤或条件，使用分析性眼光就能发掘更多的四音格词的特点。四音格词大量出现在具有分析性特点的汉藏语、南亚语里，具有普遍性，而在形态发达的阿尔泰语、印欧语里则少见。为什么？因为分析性语言是以单音节为主的语言，词根多是单音节的，而单音节性语言特别讲究双声叠韵、音节成双的韵律和谐，容易生成四音格词。这一角度的观察，使我们对四音格词的生成条件有了新的认识。①

又如声调研究的问题。世界上的语言，有的有声调，有的没有。在亚洲大地，有声调的语言占多数。声调研究中蕴含了无数的“谜”，如为什么会产生声调，声调产生的条件是什么，世界语言的声调有哪些类型，声调是如何演变的。我们用分析性语言的眼光研究声调，发现声调的发达与否与语言的分析性强弱有关，即分析性强、形态变化少的语言，如汉语、壮语、侗语、苗语等语言，声调相对发达，而分析性弱、形态变化多的语言，如嘉绒语、普米语等语言，声调相对不发达或没有声调。为什么会有这种蕴含关系？因为声调是一种表达意义的手段，只有表义需要时，才能出现。语言表义的手段有多种，如形态变化、声母韵母的数量、词的音节数量、元音的长短和松紧等。汉藏语分析性特点相对弱的语言，由于形态变化多些，声母韵母的数量相对会多些、多音节词的比例会大些，这些因素为表义提供了条件，不需要出现声调来补充；但分析性强的语言，由于形态变化少，声母韵母的数量相对少些、单音节词的比例大，这些因素不足以表义，需要用声调来补充，于是声调的产生发展具有了空间。如属于无声调的道孚语，形态变化多，声母有 299 个，韵母有 58 个；而属于有四个声调的哈尼语，形态变化少，声母只有 30 个，韵母也只有 20 个。通过类型的对比，可以解释汉藏语声调从无到有的演变过程。② 总之，声调的产生是在从简原则的作用下，语音系统自我平衡、调节的结果，即声韵系统复杂，形态变化丰富，声调则贫乏、数量少，反之，声调则相对丰富、发达。

再看看南亚语的情况。南亚语原是没有声调的语言，但后来由于形态大量脱落，向单音节性演化，开始产生声调。如：曼蚌索村克木语正处于声调萌芽状态，每个音节已有固定音高，促声韵音节读 55 调（tɕok⁵⁵“腿”），舒声韵音节

---

① 戴庆厦、孙艳：《景颇语四音格词产生的机制及其类型学特征》，载《中国语文》，2005（5）。

② 戴庆厦：《藏缅语族语言声调研究》，见《戴庆厦文集》（第二卷），北京，中央民族大学出版社，2012。

读 53 调（kən^{53}“停止”）。[①]但到了老挝琅南塔克木语，固定音高进一步发展为声调。它共有 55、53、33 三个调，促声韵音节读 55 调（pat^{55}“鸭子”），舒声韵音节读 53 调（klaŋ^{53}“老鹰”），33 调来自浊声母（ŋɔ^{ʔ33}“害怕”）。

我们认为，研究分析性语言必须要有分析性眼光。分析性语言的调查研究，必然会有不同于非分析性语言的特点。我国分析性语言的种类众多，半个多世纪以来，调查研究取得了不少的成绩，若能增强分析语方法论的理念，必能有助于语言学的研究。

研究汉语的一些先知先觉们，早就意识到汉语分析性的特点，强调要有研究汉语的独立眼光。如朱德熙先生曾大声疾呼过：“现代语言学的许多重要观点是以印欧语系语言事实为根据逐渐形成的。采用这种观点来分析汉语，总有一些格格不入的地方。这是因为汉语和印欧语在某些方面（最明显的是语法）有根本性的不同。由此可见，如果我们不囿于常见，用独立的眼光去研究汉藏语系元音，就有可能对目前公认的一些语言学观念加以补充、修正甚至变革。”[②]这段话说得多好呀！

本文以汉藏语诸多语言的语料为依据，依据作者及其他学者的调查研究经验，讲讲分析性语言特点的种种表现，并归纳调查研究分析性语言应采取的策略。

二、我国具有研究分析语丰厚的资源

分析性语言在世界语言中占有相当数量，并具有独特的特征。如果有主要针对分析语特点的研究理论和方法，即有分析语研究的眼光，就能够更好地把握分析语的特点，挖掘更多的语言现象。这应该是语言学研究必须考虑的问题。在中国的语言中，分析语的数量多于非分析性语言，蕴藏着丰厚的研究分析语的资源。根据《中国的语言》一书的语料统计，在所收录的 128 种语言中，分析语有 89 种，占语言总数的 69.5%，非分析性语言有 39 种，占语言总数的 30.5%。分析语中包括汉藏语 75 种，南亚语 9 个，混合语 5 种；非分析性语言包括阿尔泰语 22 种，南岛语 16 种，印欧语 1 种。[③]

将语言分为不同的类型是人类认识语言的一大进步。早在 18 世纪，语言学家就已认识到语言存在类型的区别。德国古典类型学家洪堡特（1767—1835）主

① 戴庆厦：《勐腊县克木语及其使用现状》，92 页，北京，商务印书馆，2012。
② 朱德熙：《汉藏语概论·序》，见马学良：《汉藏语概论》，北京，民族出版社，2003。
③ 参见孙宏开等：《中国的语言》，1—5 页，北京，商务印书馆，2007。

要根据语法把世界的语言分为屈折语、黏着语、孤立语，并认为语言有两个极端——汉语和梵语。孤立语又称分析语，与形态丰富的屈折语、黏着语——非分析语相区别。这一进步，为后来进一步认识世界语言的类型奠定了基础，一直延续了下来。

当代语言学的语法研究有三大模式——形式学派模式，功能学派模式，类型学派模式。从类型学模式研究分析语的特点，揭示分析性语言的具体特点和演变规律，是当代语言类型学研究的内容之一。

分析语有不同于非分析语的特征。其特征主要有：一是缺少形态。所谓“缺少”，是指形态变化在语法手段中虽然都有一些，但是所占比例较小，不同语言的形态也多少不一。如藏缅语的形态比汉语丰富，藏缅语内部北部语言的形态比南部语言丰富。二是单音节词根所占比例大，双音节词多由两个单音节词根构成。三是语序比较固定，不能随意调换。如主语在谓语之前，补语在述语之后，宾语有的在动词之前，有的在动词之后等。少量可以调换语序的要依靠助词的帮助，还要有一定的条件。如藏缅语形容词修饰名词时多在后，若要提到名词前要加助词，长修饰语移前的概率大。四是虚词丰富，种类多。如表示句法关系的助词有定语助词、状语助词、补语助词、宾语助词、话题助词、连词、介词等，还有丰富的语气助词。五是韵律丰富。韵律是构词和组成句法结构重要的元素。分析语的构词韵律比句法韵律更为丰富。韵律手段有多种，以双声叠韵和双音节化出现频率最高。

在分析性语言的内部，分析特点的强弱还存在不同的层次。如汉藏语的汉语、壮侗语、苗瑶语以及藏缅语南部地区的哈尼语、傈僳语、缅甸语等语言，分析性特征强些，而藏缅语北部地区的嘉绒语、安多藏语、普米语等语言，分析性特点弱些。语言研究可以通过分析语分析性的强弱比较，揭示语言的特点和演变规律。

三、提取分析语研究成果的三个切入点

长期以来，人们对分析性语言的研究，特别是对汉语的研究，虽然未能系统地从语言类型角度提出分析语研究的理论与方法，但是都会有意识或无意识地考虑到怎样针对语言的具体特点进行研究，积累了非常丰富的认识。因而，我们能够根据过去语言研究中的经验，对分析语的研究方法进行理论概括，更理性地依据分析语的特点进行研究。下面，我们谈几点供大家参考。

（一）根据分析语的特点提取研究成果

例一，根据分析性语音结构的特点，提取“声韵调分析法”，深入认识分析语演变中声韵调之间相互制约的关系。

世界语言音节的分析大致有两种方法：一是辅音元音分析法；二是声韵调分析法。19 世纪下半叶，随着音位学理论的建立，出现了音位分析法。研究印欧语、阿尔泰语的学者习惯使用音位分析法，把音节的音素分为辅音音位和元音音位两大类。但汉藏语和南亚语的学者大多习惯使用声韵调分析法，把音节分为声、韵、调三部分。这种习惯选择的差异不是偶然的，也不是随意的，而与语言类型的差异有关，符合被描写的语言的特点，也有助于揭示分析语语音的演变规律。

汉藏语等分析性语言，音节的划分虽然有多种方法，但是分为声母、韵母、声调三个层次更符合分析性语言的特点。从语感上看，说汉藏语等分析性语言的人们，早有把音节一分为三的语感。中国古代的诗歌、韵文、构词，都有双声押韵，说明说话人已具有划分声韵调的天然能力。语感，是产生声韵调分析法的基础。① 再从语音的演变上看，汉藏语等分析性语言的语音演变，大多表现为声韵调之间的相互制约、互为条件。如声调的分合受声母清浊的制约，即清声母分出阴声调，浊声母分出阳调类，舒声韵分出舒声调，促声韵分出促声调。

例二，根据分析性语法结构的特点，提取了“语义语法分析法”，有助于揭示分析语语法结构的特点。

几十年来，汉语语法的研究者逐渐认识到研究分析性的汉语要采用语义语法分析法，认为这是汉语语法分析研究的有效方法。这一方法，也同样适用于其他分析性语言。这是因为分析性语言缺少形态，句法关系许多要靠语义特点来制约，不弄清语义关系，就难以说清句法关系。

比如，景颇语的支配结构有加或不加宾语标记 $phe^{ʔ55}$ 两种形式，加或不加主要由语义决定。主要有以下三个语义条件：

其一，宾语若是能发出动作行为的，因为会与主语发生谁施行动作行为的混淆，一般要加宾语标记。例如：

① 戴庆厦：《论汉藏语的声韵调分析法》，见海峡两岸中国少数民族研究与教学研讨会发言稿，1996。

① ʃi^{33}să^{31}ʒa^{33}phe^{ʔ55} tsu̱n^{33}tan^{55}sai^{33}.

他 老师 （宾助）告诉 （句助）

他告诉老师了。

② kui^{31}khje^{33}kui^{31}tʃa̱ŋ^{33}phe^{ʔ55} ʃă^{31}tʃu̱t^{55}nu^{ʔ55}ai^{33}.

黄狗 黑狗 （宾助）追 （句助）

黄狗追黑狗。

其二，如果是结构复杂的短语做宾语，为了增强表达的清晰度可加宾语助词，但也可不加。例如：

③ naŋ^{33}să^{31}ʒa^{33}ni^{33}tsu̱n^{33}ai^{33}ka^{31}phe^{ʔ55} a^{55}tso̱m^{51}ʃa^{31}mă^{31}tat^{31}u^{ʔ31}!

你 老师 们 说 的 话（宾助）好好地 听 （句助）

你好好听老师们的话！

其三，如果宾语移至主语之前，为避免与主语相混，要加宾语助词。例如：

④ ʃi^{33}phe^{ʔ55} ko^{31} ŋai^{33}n^{33}ka̱m^{33}kă^{31}ʒum^{33}n^{31}ŋai^{33}.

他（宾助）（话助）我 不愿意 帮助 （句助）

对他，我不愿意帮助。

不加宾语助词的是多数。例如：

⑤ ŋai^{33}ʃat^{31}ʃa^{55}ŋa^{31}n^{31}ŋai^{33}.

我 饭 吃 在（句助）

我在吃饭。

⑥ ʃi^{33}să^{31}ʒa^{33}ta̱i^{33}sai^{33} ta^{ʔ31}.

他 老师 成 （句助）听说

听说他成了老师。

⑦ naŋ^{33}nam^{31}si^{31}sa^{33}mă^{31}ʒi^{33}u^{ʔ31}!

你 水果 去 买 （句助）

你去买水果吧！

同属于宾语是OV型的非分析性语言，使用宾语标记则带有强制性。如朝鲜语的宾语标记则普遍要加，不受语义的制约。同样，俄罗斯语靠宾语的形态变化表示支配关系，但除了中性名词可以不变外，都要有宾语的形态变化。

（二）通过分析语与非分析语的对比提取研究成果

分析语与非分析语在特点上各有自己的系统。通过二者的对比，能够发现分析语的一些不同于非分析语的特点。

1. 抓住重叠手段的分析，深化语法结构的研究

重叠是分析性语言的一个重要特征。汉语和其他汉藏语系语言都有重叠手段，其丰富手段和重叠的句法作用是印欧语和阿尔泰语所不及的或不同的。

分析性语言依靠重叠手段表示不同的句法意义和词汇意义。例如景颇语的各类实词可以重叠，包括名词、动词、形容词、量词、代词、状词、貌词等能重叠外，甚至部分虚词也可以重叠，如连词、副词等。重叠的句法作用有：名词重叠可以做话题主语，动词重叠才能做状语，形容词、副词的重叠可以表示性状加深，量词的重叠表示“逐一”，宾语助词重叠表示强调等。

汉语的词类也是富于重叠的语言，是印欧语人学习的难点。汉语很多方言有许多有特点的重叠形式，如闽语仙游话，“猴猴”是“形容像猴一样瘦的样子”，“纸纸”是“形容像纸一样薄”。又如湖北襄阳话，量词重叠可以表示小量义，如“一勺勺儿药”“一撮撮儿头发”“一碗碗儿米”。动词重叠可以表示多种句法意义，如可表示动作的反复或持续，例如“这肉煮煮就烂了”“自己游游都会了”；可以表示动作的状态、方式，如“他歪歪甚尼过来了”“她急尼哼哼甚尼”；还可以具有背景化的作用，如“玩玩玩到一起了”“看看看睡着了”。分析性语言存在大量重叠的形式，其土壤是单音节性和韵律。

2. 揭示韵律的分析，有助于认识分析性语言的特点

分析性语言由于具有词根性的特点，又有双音节化的语音形式，所以容易出现各种类型的韵律。韵律多出现在构词中，称“词法韵律”，还出现在句法结构中，称“句法韵律”。韵律形式有多种：有双声叠韵、双音节化、元音和谐、重叠等形式，不同语言各有不同的韵律形式。如景颇语的构词有六种韵律形式：元音舌位高低和谐；音节前弱后强；双声、叠韵、谐韵；双音节化；重叠；主要动词的背景及其延音。

汉语的韵律特征在分析性语言中是超强的。著名的韵律学家冯胜利曾指出：“双音动词一般不能支配一个单音成分”。[①] 但分析性不及汉语强的哈尼语、景颇语等，则不受此规则的限制。例如：

表 1　汉语、哈尼语、景颇语双音动词支配一个单音成分情况表

语种	例词	
汉语	种花（＊种植花）	读书（＊阅读书）
哈尼语	a^{55}je̱^{33}ça^{33} 花　　种	so^{31}ɣa^{31}dzo^{55} 书　　读
景颇语	nam^{31}pa̱n^{33}khai^{55} 花　　　　种	lai^{31}ka̱^{33}thi^{55} 书　　读

非分析性语言虽然也有韵律，但是大大不及分析性语言强，特别是构词韵律主要是元音和谐，而且还缺少双声叠韵及双音节化的韵律手段。如维吾尔语缺少双音节化格律，句法音节数的多少不受限制，双声叠韵也少。

能否得出这样一条规则：分析性越强的语言，韵律越丰富？

（三）通过分析语内部不同语言内部的差异对比提取研究成果

分析性语言内部存在差异，差异包括不同特点、分析性强弱等，这是分析性内部的小类型。通过分析性内部差异的比较，也能获取语言研究成果。

1. 连动结构丰富与否与语言的分析性特征有关联

藏缅语北部地区的语言，如藏语、羌语等没有严格意义上连动句，而南部地区的彝缅语支存在大量的连动句。这可能与南北语言形态发达程度的不同有关，分析性越强的语言越易产生连动句。

2. 述补结构存在不同的层次，与语言分析性的差异有关

述补结构虽然是人类语言的共性，但是其丰富性不同。其丰富性的差异，受语言类型差异的制约。大凡是分析性越强的语言，述补结构越丰富。藏缅语族语言就是这样。藏缅语述补结构的丰富程度存在三种类型：一是句法中无述补结构，如嘉绒语、独龙语、羌语等形态特征较多的语言，用别的结构或形态变化表示述补结构的语义；二是有述补结构但不发达，只有少量的述补结构；三是述补

① 冯胜利：《汉语的韵律、词法与句法》，15 页，北京，北京大学出版社，2009。

结构比较发达，如彝语、缅语、景颇语等分析性较强的语言，都有丰富的述补结构。这一类里面，景颇语由于分析性不及另外的语言强，所以述补结构也没有其他语言丰富。①

与汉语相比，藏缅语的述补结构没有汉语发达，这是因为汉语的分析性比藏缅语强。拿景颇语与汉语比较，汉语许多述补结构在景颇语里不用述补结构表达，或用别的结构或单个词表达。例如：

⑧ 看见 mu^{31}　　　　杀死 sat^{31}

⑨ 看好 kǎ^{31}tʃa^{33}ai^{33}khu^{33} mu^{31}　　　　杀光 ma^{55}khʒa^{31}sat^{31}ka̱u^{55}

　　好　的（助）看见　　　　全　杀 掉

再把眼光转向属于黏着语的阿尔泰语。阿尔泰语普遍缺少述补结构。汉语的述补结构译为阿尔泰语时都要改装为别的结构。以哈萨克语为例，哈萨克语用四种方式对应表达汉语的补语。一是用状语对应表达；二是用动词谓语对应表达；三是用助动词对应表达；四是用形动词作间接宾语或状语对应表达。②

3. 语言分析强弱与格范畴的使用呈负相关

由于语言分析性的强弱不同，格范畴的显赫程度存在一定差别。格范畴虽然在藏缅语中普遍存在，但是南北部语言存在明显差异。如藏缅语代词有主格（施动格）、宾格（受动格）、领格三种格形式，代词的格形式由北向南在严整程度上呈弱化趋势。藏语支、羌语支语言用声母、韵母的变化或用后附词缀来表示主、宾、领格；缅语支、彝语支则主要以韵母和声调变化，有的以词缀来表示。孙宏开指出藏缅语中人称代词三种格形式最古老应该是声母（辅音）屈折形式，也是最严格的格形式；其次是韵母（元音）屈折形式，是较为严格的格形式；声调高低变化的形式是藏缅语代词格语法意义即将处于消失的前兆，是最不严格的格形式。③

又如，提取藏缅语关系从句关系化名词性成分时，能够看到是否使用格策略在南北语言间存在显著差异。形态发达的藏缅语北部语言，拥有丰富的名物化词缀（或助词），不同的词缀（或助词）代表不同的格范畴，用于表示关系化与之

① 参见戴庆厦、黎意：《藏缅语的述补结构——兼反观汉语的述补结构》，载《语言研究》，2004（4）。

② 参见成燕燕：《维吾尔族、哈萨克族汉语语法教学难点释疑》，45—47 页，北京，商务印书馆，2009。

③ 参见孙宏开：《藏缅语人称代词格范畴研究》，载《民族语文》，1995（2）。

对应的句法成分。关系化后的名词性成分在小句中的句法位置，通过名物化词缀（助词）得以明确表达。如阿依语使用不同的名物化词缀提取不同的关系化成分，zɑ⁵⁵ 用以提取处所宾语，su⁵⁵ 用以提取实施主语，dɛm⁵⁵ 用以提取工具宾语，以“砍柴的 ³³”为例。

⑩ ɕɯŋ⁵⁵uɑ³¹zɑ⁵⁵ 砍柴的地方（森林）
柴　砍

⑪ ɕɯŋ⁵⁵uɑ³¹su⁵⁵ 砍柴的人（樵夫）
柴　砍

⑫ ɕɯŋ⁵⁵uɑ³¹dɛm⁵⁵ 砍柴的工具（柴刀）
柴　砍

与北部地区不同的是，藏缅语南部形态欠发达地区的语言大量采用关系化助词作为标注手段，在关系化句法成分时多采用空缺型的无格策略。以景颇语为例，关系化助词与名物助词 ai³³ 形式统一，可用在多种关系化成分的前置从句中。除关系化比较宾语、领属语时采用了代词保留策略外，其他关系化成分都采用了空位（在句中用“Ø”表示）的无格策略。例如：

⑬ Ø mă³¹khon⁵⁵khon⁵⁵ʃă³¹ʒoŋ⁵⁵ai³³　la³³ʃa³¹n⁵⁵t̠a⁵¹wa³¹mă³³sai³³.
歌　唱　喜欢　（助）男孩　家　回（句尾）
喜欢唱歌的男孩回家了。（关系化主语）

⑭ ʃi³³ Ø ʃa³¹tu³³ai³³　ʃat³¹khut³¹sai³³.
他　煮　（助）饭　熟　（句尾）
他煮的饭熟了。（关系化宾语）

⑮ ʃi³³ŋai³³pheʔ⁵⁵ Ø tʃo³¹ja³³ai³³　na³³ji³³ʃă³¹mat³¹ka̠u⁵⁵sai³³.
他 我 （宾助） 给 给（助）表　丢　掉（句尾）
他送给我的表丢了。（关系化间接宾语）

⑯ kă³¹na³³ʃi³³thaʔ³¹　kʒau³³tso̠³¹ai³³num³³ʃa³¹wa³¹mat³¹　sai³³.
姐姐　她（方助）更　高　的　女孩　回（助动）（句尾）
姐姐比她高的女孩走了。（关系化比较宾语）

作为名物化方式之一的词缀应是最早的关系从句的标注形式。随着语言分析性特征的增强，具有独立语音形式的名物化助词功能不断扩展、增殖，在关系化过程中，有格策略的使用也随之趋向淡化。因此，语言的分析性强弱与格策略成负相关。即分析性越强，有格策略的使用越受限制；而语言的分析性弱，有格策略的使用却越广泛。①

四、“分析语”研究眼光的操作策略

了解分析性眼光的重要性还不够，还要具有一定的操作能力。这里根据作者的研究实践，提出一些观察点。

（一）针对具体语言提取观察点

要善于观察，提取能够反映分析性特征的节点，从中发现语言特点和语言规律。

1. 从语法中提取分析性特点

（1）分析复合词的特点，估计双声叠韵、重叠在构词中的地位。看构词是否有双音节化倾向。注意考察分析并列复合词，看存在哪些组合规则。

（2）归纳构形的形态成分有多少，有什么特点，看是否典型。

（3）确定四音格词在词汇系统中的地位、作用，并分析其类型、构造。

（4）分析哪些实词有形态变化，表示哪些语法意义，其语音变化形式有哪些。

（5）动词有无人称、数、时、体貌、方向、互动等语法范畴，语法手段是什么。丰富程度的估量。

（6）使动词的状态如何，有无屈折式的使动词，有多少，语音形式是什么。分析式有多少，使用什么语法手段。屈折式和分析式的比例如何。

（7）代词有无格变化。

（8）量词发达与否，有哪些类别，特别是个体量词发达与否。

（9）结构助词有哪些类别，是否丰富。

（10）语气助词有哪些类别，是否丰富。

（11）短语有哪些类型，各类型有何语法标记。

① 参见闻静：《藏缅语标记型关系从句的多元构式及其演变》，载《中央民族大学学报》（哲学社会科学版），2017（3）。

（12）支配结构有无语法标记，若有，是强制性的，还是有条件的。

（13）动补结构是否发达。不发达的有什么特点。

（14）连动结构的特点是什么。

（15）有无被动句。有是什么语法形式，没有用什么表示被动语义。

（16）有无“把”字句。有是什么语法形式，没有用什么表示“把”字义。

（17）是否是话题句语言，话题的标志是什么。

（18）差比句的特点是什么。

（19）双宾语是如何构成的。

（20）疑问句的语法表达手段有哪些，有无反复疑问句、重叠疑问句。

（21）复句的构成有什么特点。

（22）复句的连接词是否丰富，其位置如何。

2. 从语音中提取分析性特点

（1）分析词的音节数量，包括单音节、双音节、多音节的数量及比例，以及不同词类音节数量的比例。

（2）声母状况。是否发达，有无复辅音声母。

（3）韵母有哪些类型。复元音韵母、辅音韵尾是否发达，

（4）有无声调，声调属何类型。

（5）有无长短元音、轻重音、弱化音节。

（6）声韵调之间的相互制约关系强弱如何。

（7）语音变化与语法、语义的关系如何。

（二）明确主攻点

通过类型学视角研究语言，其主要目的是扩大、加深对语言特点的认识。语言内容无非是两大块：一是语言使用功能特征，二是语言结构特征。语言结构特征包括共时和历史两个方面。分析语眼光有助于研究者发现、解释分析语的共时特征和历时特征，能够揭示语言结构中只有通过语言类型对比才能被认识的现象。

探讨这一课题的主要目的是增强分析性眼光，深化分析性语言的研究，避免语言研究方法论上的泛化。

（作者单位：中央民族大学中国少数民族语言文学学院；北京华文学院）

目　录

前言

这本论文集一共汇集了与语言分析性眼光相关的论文 36 篇，包括不同语系、不同类型特点的语言。希望本书的出版，能帮助读者了解我国多年来的语言研究是如何运用分析性眼光揭示语言特点的，还希望从语言类型角度推动我国语言的研究。

语言研究只有根据语言特点进行，才能更好地揭示语言的特点和规律。这是语言学家经过长期实践形成的共识。人类语言的特点多种多样，可以从不同的角度去认识。从语言结构特点上，可以根据形态发达与否分为形态型语言和分析型语言；可以根据声调特点分为有声调语言、无声调语言和声调萌芽型语言；可以根据重音分为重音型语言和非重音型语言；可以根据语序特点分为动宾型语言和宾动型语言，还可以根据虚词的特点分为多种类型。从语言功能上，可以根据使用人口多少分为大语种和小语种；可以根据语言的社会地位分为国家通用语和非通用语；可以根据语言功能是否衰退分为濒危语言、衰退语言和非濒危、非衰退语言，等等。在上述语言特点的不同分类中，形态多少的差异是语言结构特点中比较重要的、对语言特点和规律有较大影响力的，是语言研究中必须重视的一个特点。

朱德熙先生曾经敏锐地觉察到汉语和印欧语在类型特点上有根本性的差异，坚持要使用不同的研究方法。他说道："现代语言学的许多重要观点是以印欧语系的语言事实为根据逐渐形成的。采用这种观点来分析汉语，总有一些格格不入的地方。这是因为汉语和印欧语在某些方面（最明显的是语法）有根本性的不同。由此可见，如果我们不郁于成见，用独立的眼光去研究汉藏语系语言，就有可能对目前公认的一些语言学观念加以补充、修正甚至变革。从这方面看，汉藏语研究有重要的意义。"①

我主要是做汉藏语系藏缅语族语言研究的。藏缅语和汉语、壮侗语、苗瑶

① 朱德熙：《汉藏语概论·序》，见马学良：《汉藏语概论》，北京，民族出版社，2003。

语一样都属于分析性语言，但不同语言的分析性强弱程度不同。在学习、研究藏缅语的过程中，在进行不同语言的比较研究中，通过一个个实例我逐渐认识到把握分析性特点的重要性，体会到分析性强弱对认识语言特点及演变的有效性。比如，我在研究景颇语的使动范畴时发现使动范畴有多种不同的语法形式，而且不同形式交叉使用，构成一个不可分割的系统。如何解释其成因开始时不明白，后来有了语言类型的眼光才明白，这种多形式的形成是景颇语使动范畴的语法形式由形态型向分析型演变中出现的，既有形态特点，又有分析特点，还有形态和分析合璧式，存在不同的层次，用语言类型的眼光还能觉察出其演变趋势。又如，景颇语有丰富多样的句尾词，是藏缅语其他语言少有的，这是为什么？如果用分析性眼光就能解释这类词是带有形态特点的语气助词的特殊形式，既是表语气的分析性虚词，但又有形态变化，带有浓厚的类型交叉特点。其他又如景颇语并列复合词词素孰先孰后、补语为什么不发达、为什么没有介词等，都能通过分析性眼光得到合理的解释。

藏缅语的语言事实促使我不断思考分析性眼光的理论、方法问题。这些年来我连续发表了多篇论述分析性眼光的概念、价值、方法等论文。2017 年，我与闻静合写了《论“分析性语言”研究眼光》[①]，比较系统地对分析性眼光这一理论方法做了论述。

今后，预计通过语言类型揭示、论述语言特点及其演变的研究还会不断加强。我们将创造条件争取编辑第二集出版。

戴庆厦

2024 年 5 月 20 日

① 戴庆厦、闻静：《论“分析性语言”研究眼光》，载《云南师范大学学报》（哲学社会科学版），2017（5），由《人大复印件·语言文字卷》2018-1、《中国社会科学文摘》2018-3 转载。

论分析性语言研究法的构建*

戴庆厦

我国有丰富的语言资源，不同的语言存在不同的类型，既有共性又有个性，呈现出丰富复杂又有规律的语言类型的演变链。立足本土语言优势，是发展语言学的必由之路。本文主要以作者多年来汉藏语研究的经验、教训为依据，分四个问题论述构建分析性语言方法论的重要性和必要性。

一、语言研究要有语言类型学眼光

世界的语言多种多样，类型不一，要科学地、深入地揭示语言的真相，必须要有适合具体语言特点的理论和方法，必须解决使用什么眼光的方法论问题。这里所说的"眼光"，就是观察、研究语言的角度和方法，"类型学眼光"就是区分语言的不同类型，发掘语言的特点、规律，而不是笼统地使用一般的语言研究方法研究语言。眼光对了，容易贴近语言实际，能够发掘出新的语言现象；眼光不对，研究就不会到位，势必出现"张冠李戴""削足适履"的偏差。所以，如何根据语言的具体特点构建不同的方法，是语言研究的一个重要方法论问题。

语言是分类型的，但语言类型可以从不同的角度做不同的分类。如按语序的异同可以分为 OV 型、VO 型，按声调的有无可以分为声调型和无声调型，按语言功能的强弱可以分为强功能型和弱功能型，等等。但语言研究的实践证明，最常用的、对语言现象最有解释力的，是按语法特征把语言分为分析型（孤立型）、黏着型、屈折型、多式综合型等类型。分析型语言是世界语言中使用人口较多的一类语言，它有自身的、不同于非分析型语言的特点和规律。

---

* 原载《中央民族大学学报》，2020（6）。

在亚洲地区，使用分析性语言的人口最多，分布最广。我国有 130 多种语言，其中属于分析型的语言数量最多。据《中国的语言》一书统计，在所收录的 128 种语言中，分析性语言有 89 种，占语言总数的 69.5%，非分析性语言有 39 种，占语言总数的 30.5%。在分析性语言内部，还存在各种不同的层次。我国蕴藏着无比丰富的研究分析性语言的资源，是分析性语言占优势的国家。在泰国、缅甸、老挝、越南、尼泊尔等国，使用的语言大多也是分析性语言。[①]

分析性语言具有单音节性、缺少形态变化、语序固定、虚词发达、韵律丰富等特点，它不同于形态丰富的印欧语系，也不同于词缀丰富的阿尔泰语系。[②] 比如，属于形态丰富的印欧语，具有多音节性、形态变化丰富、语序不甚固定、虚词不甚发达等特点。语言类型的特点决定其结构特点和演变特点。

做语言研究的，在研究中必然都会存在一个用什么方法的问题。“有的放矢”，使用适合语言特点的方法研究该语言，才能更有效地揭示语言的内在规律。这应该是语言研究必须坚持和倡导的一个原则。为什么这么说呢?

一般说来，人们研究语言使用的方法，不外乎来自两个方面，有的是从书本上或老师那里学习来的，有的是自己在研究实践中逐渐摸索出来的。但不管是通过什么途径获得的，都存在一个是否切合语言实际的问题。由于各人所学到的知识来源不同，自身母语的特点不同，势必影响其观察语言的视角，即出现研究方法与所要研究的语言并不对路的情况。客观的事实是，从书本上或老师那里学到的知识和方法，有的适合自己所研究的语言，有的可能不完全适合；个人的母语特点，以及由母语特点形成的观察语言现象的方法，有的与所研究的语言可能相同或接近，有的会差异很大。所以，语言研究者如果不能切实地把握或调整语言眼光，就会不自觉地、程度不同地带着自己固有的眼光去对待所研究的语言。比如以印欧语为母语或学习印欧语的，容易用印欧语的眼光来看待汉语；以汉语为母语或研究汉语的，容易过多地用汉语的眼光来评判非汉语。

这就存在一个如何摆脱固有的、不符合语言实际的眼光找对符合语言实际的眼光的方法论问题。眼光对了，容易认清语言的真相；否则就看不清语言的真面目。所以，无论是从语言类型的角度，还是从重视本土语言的角度，都必须重视分析性方法论的研究和应用。怎样针对我国的语言实际，揭示分析性语言特征的

---

① 参见孙宏开、胡增益、黄行主编：《中国的语言》，1—5 页，北京，商务印书馆，2007。

② 参见戴庆厦、闻静：《论“分析性语言”研究眼光》，载《云南师范大学学报》（哲学社会科学版），2017（5）：1—8 页。

各种表现及其演变，并构建适合分析性语言特点的方法论，是我国语言学建设的一大任务。

二、用“分析性眼光”研究汉藏语是有效的

通过对汉藏语研究经验、教训的反思，笔者深深地体会到使用“分析性眼光”有助于发现汉藏语的特点和规律，有助于发现和解释汉藏语的语言演变规律。

（一）有助于发现汉藏语的特点和规律

汉藏语形成的各种特点和规律，与其分析性类型的特点紧密相关。所以，从分析性类型的角度来研究语言，能够更好地觉察、发现、解释语言现象。下面举些例子来说明。

1. 如何认识景颇语句尾词的属性

研究景颇语时，笔者发现景颇语有丰富的、不同于亲属语言的句尾词（因位于句子的末尾而得名，也称“语尾助词”）。景颇语的句尾词不仅数量多，约有320多个，而且其功能丰富复杂，能表示谓语的人称、数、方向、体、式等语法意义。它虽属于虚词类，但有丰富的包括变音和加词缀的形态变化。[①] 如句尾词 $n^{31}ŋai^{33}$ 表示句子的主语是第一人称单数，叙述式；$n^{31}tai^{33}$ 表示句子的主语是第二人称单数，叙述式；ai^{33} 表示主语是第三人称单数，叙述式；sai^{33} 表示主语是第三人称单数，叙述式；$kăʔ^{31}$ 表示主语是第一人称复数，一般命令式；$să^{55}kaʔ^{55}$ 表示主语是第一人称复数，强调命令式；$lit^{31}ni^{51}$ 表示主语是第二人称领属式，疑问式；$luʔ^{31}ni^{51}$ 表示主语是第三人称领属式，疑问式。这种语法现象在亲属语言里少有，成为景颇语的一个独特的语法现象。怎么认识句尾词的属性及其类型学特征，是景颇语语法研究中的一个重要的难题。开始时笔者是按传统的方法做概念梳理、分类、功能分析，并进而探讨其历史的演变，虽然取得了不少新认识，但是总觉得还不到位。后来，我用分析性属性的眼光来分析，发现了它在类型演变中的重要地位，觉得对景颇语句尾词属性的认识清楚多了。

景颇语在语言类型上，属于带有显著形态特征的分析性语言。而作为景颇语

① 参见戴庆厦：《语言转型与词类变化：以景颇语句尾词衰变趋势为例》，载《民族语文》，2019（1）：3—10页。

词类之一的句尾词，属于带有显著形态特点的虚词类。句尾词这一属性，正是景颇语类型演变阶段的特征反映之一，与藏缅语形态演变的走向相一致。藏缅语语法历史演变的研究已经形成了这样一个认识：古代藏缅语的动词有丰富的后缀，用来表示谓语的人称、数、语气等语法意义，后来向分析性方向演变，出现了后缀逐渐脱落的趋势。但不同语言由于演变的速度不同，出现了不同的层次，这在现代藏缅语里都有反映。如形态转型较弱的语言，还保留较多的词缀，如嘉绒语、羌语、普米语等；分析性属性较强的语言，词缀已基本消失，表示人称、数的功能转由词汇手段担任，如彝语支的彝语、哈尼语、拉祜语等语言。景颇语处于二者之间，后缀与动词分离变为虚词，但形态特点在虚词上仍有遗存，使虚词带有形态变化。通过分析性眼光的观察，能够看到景颇语句尾词之所以出现如此复杂的特点，是语言类型演化的结果，不是偶然的，其各种特征的存在都能得到语言类型演化的合理解释。

2. 彝缅语的“来、去”为什么有复杂的用法

彝缅语的“来、去”使用频率高，而且有丰富的特点，其产生和演化与语言的类型有关。笔者曾与李泽然合写了一篇《哈尼语的“来、去”》的论文，系统分析了哈尼语“来、去”的语法、语义、语音的特点。[①] 在语义特征上，“来、去”的起始义因地势的高低、河流的上下而区分。如 la^{55}、la^{33}“来”、li^{33}“去”，表示“由下方向上”；ji̱^{33}“来”、ji^{55}“去”，表示“由上方向下方”。上下方的概念还能类推到表示自然现象、喜怒哀乐的发生和变化的不同意义上。“来、去”还能与其他动词组合，构成多种类型的谓语结构和连动结构，还能借助语音的变化和语法化手段，表示各种不同的动词语义。

哈尼语的“来、去”为什么会有如此复杂的变化？如果使用分析性的眼光就能得到令人可以接受的解释。哈尼语是一种强分析性语言，单音节性是一个突出的特点，由于音节少影响表义的功能，就必须寻找别的语法手段来扩大表义功能，而通过单音节的组合和单音节的语音变化，能够扩大语义功能。在“来、去”上采取变换语音或构词的手段，大大地弥补了单音节动词表义功能的不足。

3. 怎样认识藏缅语语言的隐性语义实化

所谓“隐性语义实化”，是指常用词中有些词单独没有意义或意义不明确，但进入特定的构式结构中，由于受到上下文的制约发生实化，浮现出所需要的实

① 戴庆厦、李泽然：《哈尼语的“来、去”》，载《民族语文》，2000（5）：26—34 页。

在语义。“语义实化”，是用有限的形式表达更多的意义。这是单音节性的分析型语言为了扩大表义功能而采取的一种语言表达手段。

比如，景颇语的动词中有一类泛指动词，具有泛指义，同一个词能表达多种相关的语义。但单独出现时，语义是模糊的，不确定的，而在具体的句式中能够根据上下文的条件浮现出具体的语义。如泛指动词 ti^{33} 的用法：

① joŋ^{31}khʒut^{31}ka̠u^{55}sai^{33}，　khum^{31}ti^{33}　　uʔ^{31}!
都　洗　　掉　（句尾）别　　（泛：洗）（句尾）
都洗掉了，你别洗了！

② kă^{31}lo^{33}ŋut^{55}sai^{33}，　khum^{31}ti^{33}　　uʔ^{31}!
做　　完　（句尾）别　　（泛：做）（句尾）
做完了，你别做了！

例① ②的 ti^{33}，单独出现时意义都不清楚，但在句中有了实义，例①是“洗”，例②是“做”。

又如“宾谓同形”式，藏缅语族中许多语言如普米语、傈僳语、载瓦语等，都有这种句法模式。所谓“宾谓同形”，是指谓语使用宾语的形式，构成宾谓同形的结构。从语义上看，谓语单个出现时没有明确的意义，只有隐性意义，但在宾谓短语模式中能根据宾语的意义浮出具体的显性意义。这种结构，是分析性语言扩大语义能力的一种能产的句法模式。如垤玛哈尼语的 pɯ^{55}（脓）pɯ^{55}（谓：长）“长脓”，ɣ̩^{31}tshɔŋ^{31}（帽子）tshɔŋ^{31}（谓：戴）“戴帽子”。载瓦语的 pan^{31}pɔ^{55}（花）pɔ^{55}（谓：开）“开花”。景颇语的 tiŋ^{31}je^{55}（地）je^{55}（谓：扫）“扫地”。即便是近代的外来借词，也能与固有词一样组成宾谓同形短语。如 thu^{31}xɔ^{55}（图画）xɔ^{55}（谓：画）“画画”（借汉语）。景颇语的 ʃe^{33}（社）ʃe^{33}（谓：办）“办社”（借汉语）。

藏缅语的不同语言，宾谓同形结构出现的频率受分析性强弱的制约。一般是，分析性强的语言如哈尼语、载瓦语等语言，宾谓同形结构比较发达，出现数量多；而屈折、黏着比较丰富的语言如羌语、普米语等语言，宾谓同形结构不太发达，出现数量少，景颇语介于二者之间。这说明，宾谓同形结构隐性语义实化的强弱受分析性类型强弱的制约，成正比状态。

“隐性意义实化”是分析性语言依靠构式内力增强表达能力的一种手段。分析性语言由于缺乏形态变化，加上单音节性，音节少，要表达更多的语义就需要从自身特点中挖掘潜力，利用现有条件扩大表义功能，而采用隐性意义实化则是一种最为简便而又符合分析性特点的手段。所以，许多分析性语言都程度不同地采用这一手段来增强表义功能。可见，用分析性眼光能发现、解释新的语言现象。

（二）有助于发现、解释汉藏语系的历史演变

汉藏语系中，除了汉语、藏语、泰语、缅甸语等语言有历史较长的古文字外，大多数语言没有古文字，所以探求汉藏语系的历史演变主要靠语言比较。而语言类型比较的眼光，有助于发现、梳理、验证语言演变规律。下面举些例子：

1. 如何在类型比较中发现景颇语使动范畴的类型学特点

使动范畴是景颇语的一个重要特点，其现状及历史演变涉及语法、语音、语义三者相互制约的关系。早期对其特点的认识，主要是对共时特点的梳理和分类，并对其功能做了分析。比如，看到景颇语表示使动的有加前缀的形式和加虚化动词 ʃă^{31}ŋun^{55}“使”的形式，还有少量音变式。这是认识景颇语使动范畴必要的一步，是基础的一步。[①] 随着视野的扩大，特别是有了类型学的视野后，对使动范畴的认识深入了，从表面的形式看到它内在的属性，从单一语言的特点，进而看到它在语言演变中的地位。

通过亲属语言比较，我们看到景颇语的使动范畴与亲属语言有共同来源，其差异是由于演变的不平衡性形成的。我们再用分析性眼光进行分析，进而发现景颇语使动范畴的演化经历了从黏着屈折性向分析性演变的过程。其具体表现是：变音形式大量消失，加前缀式成为主要的形式，但随之而来的是加虚化动词 ʃă^{31}ŋun^{55}“使”的形式。这一形式属于分析式特征，与加前缀式并存并用，但在功能上存在差异。前缀式的功能有限，只能加在单音节动词之前，而不能加在双音节动词和一个半音节动词之前；而分析式则能加在单音节、一个半音节、双音节的动词之前。例如：

变音式：pjaʔ^{55} 垮，phjaʔ^{55} 使垮；ʒoŋ^{33} 在，ʒoŋ^{55} 关（使在）

加缀式：ʃă^{31} tsa̱p^{55} 使睡，ʃă^{31} ka̱ʔ^{31} 使裂，tʃă^{31} phai^{33} 使抬
（缀）站　（缀）裂　（缀）抬

① 参见徐悉艰：《景颇语的使动范畴》，载《民族语文》，1984（1）：35—42 页；参见戴庆厦、徐悉艰：《景颇语参考语法》，北京，中央民族学院出版社，1992。

分析式：tsa̱p^{55}ʃă^{31}ŋun^{55} 使站，kă^{31}lo^{33}ʃă^{31}ŋun^{55} 使做
站　使　　　　　　做　　使

并用式：ʃă^{31}　tʃu̱t^{55}ʃă^{31}ŋun^{55} 使追，ʃă^{31}　jup^{55}ʃă^{31}ŋun^{55} 使睡
（缀）追　使　　　　　　（缀）睡　使

这几种形式的共存，反映了景颇语使动范畴类型的演变。但不同形式出现频率不同，功能有差异，反映出其类型演变的层次。不同形式共同存在于使动范畴的系统里，既有互补又有竞争，推动着使动范畴的转型。我们可以通过这几个不同的形式构成的演变链中，看到景颇语使动范畴是由最初的变音式向黏着式、再向分析式演变的路径。

2. 藏缅语声调的演变

声调研究，是汉藏语研究中备受语言学家关注的一个课题。汉藏语系语言中，有声调的语言占绝大多数，但发达程度存在较大的差异。有的语言有声调，有的没有，有的语言声调多（最多的有 13 个），有的少（只有 2 个），有的语言的声调正处于萌芽状态。声调的功能主要是区别词汇意义，但有的语言还能区别语法意义。这些是声调的共时特征，是研究声调的基础。20 世纪六七十年代，我对声调研究有浓厚的兴趣，但开始研究声调时仅停留在孤立地梳理语言声调的共时特点上，未能深入挖掘声调内在的内容。

声调研究中蕴含了无数的谜，一直困扰着语言学家。如为什么会产生声调，声调产生的条件或土壤是什么，声调有哪些类型，是如何演变的。后来，通过汉藏语亲属语言的比较，特别是懂得用分析性语言的眼光研究声调，对声调的认识有了新的认识。发现在声调类型的比较中，声调的发达与否与语言的分析性强弱有关。大致是分析性强、形态变化少的语言，如汉语、壮语、侗语、苗语等语言，声调相对发达；而分析性弱、形态变化多的语言，如嘉绒语、普米语等语言，声调相对不发达或者没有声调。通过类型的对比，可以解释汉藏语声调从无到有的演变过程，以及声调演变与声母的清浊、送气不送气、韵尾的舒促互为条件的密切关系。还看到，声调的产生与发展是在从简原则的作用下，语音系统自我平衡、调节的结果。这种蕴含关系的强弱，受语言分析性强弱的制约。具体是，汉藏语中分析性特点相对弱的语言，由于形态变化多些，声母、韵母的数量相对会多些，多音节词的比例相对会大些，这些因素为表义提供了条件，不需要出现声调来补充；但分析性强的语言，由于形态变化少，单音节词的比例大，不

能满足不断扩大的表义需要，就要通过产生声调来补充。声调的产生，符合语言成分表义的“补偿”原则，其出现扩大了表义的空间和功能。

3. 怎样认识景颇语一个半音节的生成和演变

景颇语词的音节数有单音节、双音节、多音节、一个半音节等几种类型，一个半音节类型与单音节、双音节一样出现频率高，是一个能产的语音模式。据《景汉词典》15245 条目统计，“半音节”在词典中出现的总数是 5370 次，占音节总次数 34336 次的 15.64%。再看“半音节”在话语中的比例，据《景颇语语法》附录的 11 篇话语材料统计，共有 8532 个音节，“半音节”有 788 个，占 9.24%。[①] 从以上统计数字看到，“半音节”在景颇语里是个出现频率较高、比较活跃的语音要素，必然会对景颇语语音结构的存在和发展起到重要的影响作用。但怎样认识一个半音节的属性，如果孤立地看景颇语只能理出一些表面的语音现象，无法认识深层属性。通过语言类型的比较，特别是使用分析性眼光来观察藏缅语语音类型的演变，笔者对一个半音节在语言类型演变中的地位有了新的认识。

景颇语的一个半音节，是藏缅语语音系统演变的一个阶段。分布在北部地区的许多语言，有丰富程度不同的复辅音声母，反映了藏缅语乃至汉藏语早期的语音形式；景颇语的一个半音节，大都与亲属语言的复辅音声母音节对应。从这一对应中可以发现，“一个半音节”是由复辅音声母音节演变来的。但南部地区语言的语音特点已趋简单化，语言复辅音声母大都消失，没有一个半音节。三个不同的语音类型，反映了藏缅语形态由多到少、语音由复杂到简化的演变。参见表 1：

表 1　景颇语及其亲属语言类型比较表

词义	景颇语	藏语	羌语	哈尼语	载瓦语
星星	ʃă^{33}kan^{33}	ska ma	ʁdz̥ə	a^{31}gɯ^{55}	kji̱^{51}
脚	lă^{31}ko^{33}	rkaŋ	dɱu qu	a^{31}khɯ^{55}	khji^{51}
胆	ʃă^{31}kʒi^{33}	mkhris	xtʂ̥ə	phi^{31}khɯ^{55}	siŋ^{21}kji̱^{51}
舔	mă^{31}ta̱ʔ^{31}	ldag	ȵ̥ɛ tɛ	mjɤ̱^{31}	joʔ^{21}
闻	mă^{31}nam^{55}	snom	ɕ̥ɛ tɛ	mɔ^{55}	nam^{51}
弯	mă^{31}ko̱ʔ^{31}	ŋguʔ^{55}（巴塘方言）	qurʁəɹ	ɣṳ^{31}	koi^{55}

① 参见戴庆厦、徐悉艰：《景颇语参考语法》，北京，中央民族学院出版社，1992；参见徐悉艰等：《景汉词典》，昆明，云南民族出版社，1983。

续表

词义	景颇语	藏语	羌语	哈尼语	载瓦语
三	mǎ^{31}sum^{33}	gsum	khsə	sɔ^{55}	sum^{31}
五	mǎ^{31}ŋa^{33}	lŋa	ʁuə	ŋa̱^{31}	ŋo^{21}

景颇语单音节词在有复辅音声母的语言里，多与单辅音声母对应；在无复辅音声母的语言里，都与单辅音声母对应。例如：

表 2　景颇语单音节词与亲属语言单辅音声母对应表

词义	景颇语	藏语	羌语	哈尼语	载瓦语
盐	tʃum^{31}	tshwa	tshə	tsha^{31}dɤ̱^{31}	i^{55}tʃum^{21}
猪	waʔ^{31}	phag	piɛ	a^{31}ɣa̱^{31}	vaʔ^{21}
狗	kui^{31}	khji	khuə	a^{31}khɯ^{31}	khui^{21}
鱼	ŋa^{55}	ȵa	ʁzə	ŋa^{31}de^{55}	ŋo^{21}tso^{21}
我	ŋai^{33}	ŋa	qa	ŋa^{55}	ŋo^{51}
吃	ʃa^{55}	za	dzə	dza^{31}	tso^{21}

这条语音演变链显示了藏缅语复辅音演变的路线是：先是单音节的复辅音声母复辅音出现松化，分离为一个半音节（半音节加一个音节）；然后半音节丢失，变为单音节（声母是单声母）。从复辅音的单音节变为一个半音节，再到单辅音的单音节，完成了语音分析化的过程。

三、从三个维度看分析性方法论建设的必要性

语言研究方法还受语言的属性、语言认知规律的制约。本节从语言研究的三个认知维度，进一步论述构建分析性语言方法论的必要性。

（一）从共性和个性的关系看分析性方法论建设必要性

世界语言有数千种，相互间有共性又有个性。共性和个性各有不同的特点，各有不同的来源及演变规律。做具体的语言研究，必须认识共性和个性的关系，并确定方法论的定位。

语言之间的共性，决定了语言研究要有共同的对付策略。比如把语言都看

成传达信息的工具，是随着社会的发展而发展的；都是由语音、语法、语义、词汇等要素组成的；语音有辅音、元音、音高等要素，词有同义词、反义词、近义词、同音词等，语法有复合词、派生词、前缀、后缀、词序，等等。掌握语言的共性，是认识语言、研究语言的基础。语言学专业的入门书《语言学概论》讲的多是语言的共性，是语言研究者的入门知识，所有做语言研究的，一般都要掌握语言共性的有关知识。语言的共性还存在不同的层次，有表层的，也有深层的。以乔姆斯基为代表的转换生成语言学派提出了人类共有的深层语言共性，即人类共有的生成语言的大脑机制。以上这些，都是认识语言、深化语言研究的基础。但是，要深入地、准确地认识语言，还必须进一步认识不同语言的个性。语言个性，构成了语言的特质，而不同语言的特质共同构成了一类语言的特性。研究语言，必须进一步研究不同语言的个性，从个性中认识具体语言的特点和规律，从而加深对语言共性的认识。

语言的个性，可以从不同的角度、不同的领域进行分析。如从语音结构上，能够发现有的语言有丰富的复辅音声母，有的语言没有；有的语言有松紧元音对立，有的没有；有的有长短元音对立，有的没有；有的有声调，有的没有，有的语言声调正在萌芽；有的语言有鼻冠音声母，有的没有。从语法结构上，能够发现有的语言有丰富的形态，有的贫乏；有的有介词、句尾词，有的没有；有的有把字句、被字句、离合词，有的没有。从语法手段上，能够发现不同语言的特点，如表示疑问语气有的使用词缀表示，有的使用重叠，有的用疑问助词或虚词表示，有的用实词表示，等等。

语言学家更重视从语言类型的角度研究语言。古典类型学把世界的语言分为分析语（又称“孤立语”）、黏着语、屈折语、多式综合语等不同的类型，这是语言史上一次巨大的进步。[①] 因为语言类型的视角是认识语言个性特点的重要窗口，能够帮助研究者捕捉不同语言的特点。从语言类型的角度，更能看清语言的结构特点及演变规律，对语言共时比较、历史比较以及语言教学等的研究，都具有更重要的价值和意义。

总之，共性和个性的辩证关系能够说明建立分析性语言研究方法论的重要性和必要性。但回顾过去，语言研究者对共性研究较多而对个性研究重视不够。因而，在汉藏语研究领域如何使用分析性眼光，揭示、解释汉藏语的各种奇特现象

---

① 参见蒋颖：《论普米语的类型定位》，载《民族语文》，2018（3）：70—80页。

有待今后大力开发。

（二）从模仿和创新的关系看分析性方法论建设的必要性

做语言研究的，一般都会经历从不会到会一些、再从会一些到比较熟练的过程。开始时，总是避免不了模仿别人的研究或照书上说的“依样画葫芦”，对使用什么方法、是否对准语言实际则不太考虑。回顾20世纪50年代我们这批学习少数民族语言的汉族大学生，由于缺乏少数民族语言研究成果可读，只能全神贯注地去学习汉语研究的成果。当时，王力、吕叔湘、高名凯等师辈给我们上语言学课、汉语研究的课，讲得非常精彩，我们如饥似渴地听取几位大师的讲课，打下了一定的语言学理论、方法的基础，成为我们后来进行少数民族语言研究的武器。但回顾起来，由于我们在学习中着力模仿而缺少创新，使得我们后来做少数民族语言研究时，都带有汉语研究的眼光或烙印。比如，对藏缅语族的词类究竟怎么分、分几类，我们模仿汉语的分法去分，不免出现生搬硬套的做法。如汉语有介词，我们在描写哈尼语语法时也列了介词一类，其实有些语言如哈尼语就没有介词。景颇语没有被动句，我们也受汉语的影响，按被动表达列出被动句。20世纪出版的《中国少数民族语言研究丛书》，可谓新中国建立后民族语文研究的重大成就之一，现在回头审视，其不足之一主要是带有汉语模式的影响。

笔者认为，做语言研究，模仿是必要的，特别是遇到一种新语言，避免不了模仿。汉语语法研究的开山之作《马氏文通》，不也是模仿印欧语语法的产物，但在汉语语法史上有其重要的地位，除了模仿还要有创新。所谓“创新”，就是根据语言实际，提取符合语言的特点和规律。虽然开始阶段的模仿会有着启发、借鉴，但是不能替代研究的全过程，还要在模仿的同时根据语言实际发现新的特点和规律。这虽然是条普通的道理，但是要真正做到很不容易。

比如笔者开始做景颇语研究时，由于受汉语语法的影响也认为有被动句。因为汉语的被动句意思，景颇语能够通过翻译表达。后来，随着研究的深入，我才认识到景颇语没有被动态，而有一种由“施动者＋助词＋动词”构成的“强调施动句”，如 ʃi^{33}（他）aʔ^{31}（施动助词）kă^{31}jat^{31}（打）“由他打”，在翻译汉语的被动句式时多用这种强调施动句来对译汉语的被动句，但不是被动句。我继而对施动句的句法、语义、语用特点进行了比较深入的研究，并挖掘其成因，写出了《景颇语的“NP＋e^{31}”式——兼与汉语比较》一文。文中写道：“景颇语的

'NP + e^{31}' 式虽用来对译汉语的被动义，但在语法形式、语法意义上与汉语的被字式相比，特点很不同。""景颇语由'NP + e^{31}'式组成的句子，在语法上、意义上有不同于其他句子的特点，应视为一种独立的句型。"[①] 由此，我认识到应该根据藏缅语的特点建立适合藏缅语特点的研究方法论，要重视创新，而不能只停留在模仿上。

再以汉藏语的名量词研究为例。汉语的名量词发展得比较充分，在语音、语义、语法、语用等方面都有大量特点可以挖掘，不同方言的主要特点比较一致；但藏缅语的名量词，不同语言发展很不平衡，呈现出不同的历史层次。在藏缅语内部，有些语言如景颇语的名量词正处于萌芽状态，表示名词的量时，名量词可用可不用，不是强制性的。为适应双音节韵律的需要，景颇语在名量词中还出现一些双音节复合型的名量词，如 $ʃan^{31}$（肉）po^{33}（头）"（一）头（猎物）"，语序也与汉语不同，是"名词 + 量词 + 数词"语序。但另一些语言如哈尼语、载瓦语等，与汉语一样名量词比较发达，数量比较多，语序是"名词 + 数词 + 量词"，与上述萌芽型的语言很不相同。值得研究的是，藏缅语许多语言如彝语、拉祜语、哈尼语、载瓦语、阿昌语、缅甸语等，还有使用频率很高的反响型名量词，这显然是分析性语言为扩大表义功能而产生的一种同形形式。反响型量词在古汉语里也有少量遗迹，但后来不知为什么不发展了。总的看来，汉藏语诸语言名量词的不同层次和不同的演变规律，是受分析性演变特点制约的，如果能够使用分析性眼光来观察不同语言的名量词状态，肯定能够挖掘出更多的特点。

藏缅语与汉语有亲缘关系，相似点有不少，藏缅语的研究可以借鉴、汲取汉语研究的经验，非死板的模仿是必要的。但藏缅语与汉语从原始汉藏共同语分化久远，各自创新了许多不同的特点，若照搬汉语的研究方法来研究藏缅语，肯定会出现"削足适履"的弊病。

研究者在语言研究中总避免不了使用习惯思维硬搬已有的方法。为什么？原因之一是研究者学习做语言研究，开始时总是要从前人那里学习研究方法，而前人使用的方法或是一般普遍的方法，或是适合前人所研究的某一特定的语言的方法，由于研究对象的差异，这种方法也许并不会是完全针对其他人所研究的语言的方法。这样学来的方法，虽然在共性部分上也能解决些问题，但是在个性部分上容易造成"削足适履"，甚至会出现与事实不符的"生搬硬套"。笔者给博

① 戴庆厦：《景颇语的"NP + e^{31}"式——兼与汉语比较》，见邢福义主编：《汉语被动表述问题研究新拓展》，57—65 页，武汉，华中师范大学出版社，2006。

士生讲语言方法论课，自知自己讲的方法多偏重藏缅语特点的研究方法，所以笔者总要提醒他们“只能借鉴，要独立创新”。笔者也提倡重视学习现代语言学理论，但认为现代语言学理论有许多是在印欧语的特点上归纳出来的，用到汉藏语研究中总会有格格不入的地方，不能盲目迷信，要防止机械照搬。

总之，从模仿与创新的关系上看，汉藏语的研究必须重视创新，要用分析性的眼光揭示汉藏语的特点。

（三）从隐性和显性的关系看分析性方法论建设的必要性

语言结构的形式有显性和隐性两种。显性形式是一眼就能看见的，如词的前缀、后缀，词的变音等；隐性形式是一眼看不见的，必须通过比较分析、抽象提取，才能发现其存在。如藏缅语动词和形容词的区分，在外表上没有截然的界限，必须通过语言结构的语义分析和词的结合特点才能显示其不同的类别。又如，名词个称与类称的区别，汉语大多无语法标志，“我今天吃一个水果”和“水果是有营养的”两句的“水果”，前一个水果是“个称”，后一个水果是“类称”，语法形式上没有区别。但景颇语存在不同的语法形式，“水果”的个称是 $nam^{31}si^{31}$，类称是 $nam^{31}si^{31}nam^{31}so^{33}$，通过含有韵律特点的语音变化区别。其他例子又如：$mau^{31}mi^{31}$ 故事，$mau^{31}mi^{31}mau^{31}sa^{33}$ 故事类；$k\underline{u}m^{55}pha?^{55}$ 礼物，$k\underline{u}m^{33}pho^{33}k\underline{u}m^{55}pha?^{55}$ 礼物类。个称和类称在句法上各有不同的特点。

不同语系的语言，显性和隐性的特点和比例存在差异。总的说来，印欧语系、阿尔泰语系的语言显性特点（包括屈折形式、加词缀形式）比较丰富；而汉藏语隐性特点比较突出。汉藏语内部的不同语言，显性和隐性的比例也有不同。大致是，汉语、壮侗语、苗瑶语的隐性特点比较显著，但存在强弱的差异；藏缅语北部语言的显性形态较多，显性特点比南部语言多。

语言中显性特点和隐性特点比例的差异，决定了语言研究方法论存在不同的特点。对隐性特点比较丰富的汉藏语，应当有一套挖掘隐性特点的方法。如怎样过细地揭示虚词的特点及其功能间细微差异；怎样深入揭示语义对语法的作用；怎样认识韵律在表义及句法中的作用；怎样认识同形异义语素的功能；如何认识语气助词的地位；等等。

四、构建分析性语言方法论的几个要点

（一）必须进一步完善分析性语言的概念

对分析性语言的特点，学界已有所认识，但要使分析性语言分析法真正成为一个有用的理论方法，还必须对分析性语言的特点进一步细化和科学的论证。

1. 进一步确定分析性语言的特点有哪些

对分析性语言的特点，目前认识到的主要有：一是单音节性。即常用的基本词中，单音节词所占比例大。双音节词多由两个单音节词根或一个半音节构成。二是复合词丰富，复合词主要由两个单音节的实词素构成。三是缺少形态。即表示语法意义的形态少。已有的形态再生能力弱，并存在逐渐消失的趋势。四是语序比较固定，不能随意变动；若要变动，要有条件。如藏缅语的宾语若要移到主语之前，必须是为了强调宾语，而且有的还要加虚词标记。五是虚词丰富，种类多。如表示句法关系的助词有定语助词、状语助词、补语助词、宾语助词、话题助词，还有丰富的语气助词。六是韵律丰富，是构词和组成句法结构、用以扩大语义表达功能的重要元素。包含构词韵律和句法韵律两类，分析语的构词韵律比句法韵律更为丰富。韵律手段有多种，以双声叠韵和双音节化出现频率最高。七是词的义项发达，即一词多义的现象多。这与分析性语言的单音节性特点有关；词的音节数少，就要扩大义项来增强语义表达能力。但如何扩大义项，汉藏语的手段很丰富，不同语言还存在差异。八是词类的兼类现象较多。如有的形容词可以当动词使用，有的名词可以当动词、量词使用等。

除了以上的特点外，是否还有别的什么特点？比如，歧义现象多是否也是分析性的特点之一，有待于今后进一步探索。笔者初步认为，分析性越强的语言，歧义现象越多；形态丰富的语言，歧义现象没有分析性语言多。这可能是因为分析性语言缺少表示语法成分的形态标记。

2. 必须确定分析性特点的主次

分析性特点中哪个是主要的，哪些是次要的？有没有主宰其他特点的主要特点？比如，究竟形态少是主要特点，还是单音节性强是主要特点，是形态少制约着单音节性，还是单音节性规定形态少？语序和虚词的关系，是语序固定制约虚词多，还是虚词多影响语序的固定？确定分析语的标准是什么？应如何确定？都

需要不断完善。

3. 进一步区分不同语言分析性强弱的层次

确定了分析性语言的主要特点之后，随之而来的一个重要问题，是怎样在分析语内部区分分析性强弱的不同层次。

分析性语言内部分析特点存在强弱不同的层次，有的强些，有的弱些。我们已大致认识到：汉藏语的汉语、壮侗语、苗瑶语以及藏缅语南部地区的哈尼语、傈僳语、缅甸语等语言，分析性特征相对强些，而藏缅语北部地区的嘉绒语、安多藏语、普米语等语言，分析性特点相对弱些。在形态的多少上，藏缅语的形态比汉语丰富，但藏缅语内部北部语言的形态比南部语言丰富。而景颇语的强弱，在上述两类之间，处于居中状态。总之，分析性的强弱，相互间存在内部联系，可以连成一条“类型演变链”。

怎样看待汉语在分析性语言群中的地位？笔者通过汉语和非汉语的比较，初步认为汉语是分析性语言中分析性最强的，可称之为“强分析性语言”或“超分析性语言”。这个认识是否成立？

分析性语言，在语言教学、语言应用上必然有其特点。如词典编写突出“字”，即音节。《现代汉语词典》虽名曰“词典”，但以字为主条，用字带动出同类的双音节词和多音节词。还有以字编成的《新华字典》。这与印欧语词典以词为纲不同，不能不与汉语的强分析性特点有关。又如，《藏汉词典》①，词条以藏文的字母为纲，词按字母分类排列。但有些语言的词典，则以词为主条，死死按词的拼音顺序排列，如《景汉词典》②。

研究语言，可以通过区分分析性的强弱，揭示语言的不同特点和演变规律。区分分析性的层次。笔者曾想过制定量化标准来确定分析性的强弱，不知能否做到，如果能够做到，就能增强区分分析性强弱的科学性。

（二）如何从多角度、多方法发掘分析性语言的个性

深入认识分析性语言的特点，还必须从不同的方面、不同的视角，使用不同的方法进行发掘。

比如声调的产生是分析性语言扩大表义的需要，但声调的表义除了区别词汇

① 参见西北民族学院藏文教研组：《藏汉词典》，兰州，甘肃人民出版社，1979。

② 徐悉艰等编著：《景汉词典》，昆明，云南民族出版社，1983。

意义、语法意义外，还有哪些功能？在笔者的母语闽语仙游话里，变调的功能丰富，除了增强表义功能外，还能通过是否变调区分复合词和词组结构。[①]又如，重叠式在分析性语言中承载哪些功能，其功能应如何定位？为什么有些语言包括藏缅语、汉语方言能通过动词的重叠表示疑问？藏缅语大多数语言的量词都是单音节的单纯词，没有双音节的复合词，但景颇语为什么会产生一些复合型的双音节量词？虚词是分析性语言的一个重要特点，但虚词的功能呈多层次性的分布，其分层次的规律是什么？

又如，语言接触的研究是语言研究的一个重要的课题，特别是在亚洲地区，不同语言的接触频繁，存在不同于非分析性语言的特点。分析性语言具有单音节为核心、双音节再生能力强的素质，所以在语言接触过程中，对外来的单音节和双音节词特别是双音节词容易吸收。如哈尼语半个多世纪以来从汉语里吸收了许多双音节借词，而且很快就融入了自己的词汇系统。分析性语言富有的词类兼用特点，在语言接触中也会把借用成分改造词类兼用。如景颇语借用了汉语、傣语的名词后，也能同固有词一样构成谓宾同形的谓宾短语，如 $tsau^{31}khai^{31}$（草鞋，借汉语）$khai^{31}$（穿），“穿草鞋”，$kjep^{31}tin^{33}$（鞋，借傣语）tin^{33}（穿），“穿鞋”，总之，使用分析性眼光来观察、分析分析性语言的语言接触，能够取得更多新的成果。

语言学史上的一些重要的语言学派别，也曾主张研究语言必须“对症下药”。如20世纪20年代形成的美国描写语言学派（American descriptivists），在《美洲印第安语手册》（1911年）中所写的从事语言调查和研究的理论总结中曾强调，对语言事实要作客观的描写，不可用其他语言的或者传统语法的框框去套；为了描写不同结构的语言，应该创立新的概念和方法。萨丕尔在他的名著《语言论——言语研究导论》（1921年）中也强调必须尊重美洲本地人民的言语，从而做出客观的共时系统的描写。朱德熙先生曾经说过一段非常精辟的话：“现代语言学许多重要观点是以印欧语系的语言事实为根据逐渐形成的。采用这种观点来分析汉语，总有一些格格不入的地方。这是因为汉语和印欧语在某些地方（最明显的是语法）有根本性的不同。由此可见，如果我们不囿于成见，用独立的眼光去研究汉藏语系语言，就有可能对目前公认的一些语言学观念加以补充、修正甚至变革。”[②]笔者学习了这段话，感到有三个闪光点特别重要：一是指出现代语言

① 参见戴庆厦：《闽语仙游话的变调规律》，载《中国语文》，1958（10）。

② 朱德熙：《汉藏语概论·序》，1—2页，见马学良：《汉藏语概论》，北京，民族出版社，2003。

学许多重要观点是在印欧语系的语言事实上形成的；二是指出汉语的特点与印欧语存在根本性的不同，汉语研究照搬印欧语方法格格不入；三是指出要用独立的眼光研究汉藏语。可见，研究汉藏语要有独立于印欧语的眼光。

但是我们看到，在语言研究中存在不习惯于认同汉藏语的“独立性”的现象，有的同仁总想把汉藏语的特点往印欧语上靠。比如，汉藏语缺少形态，而有些学者就想方设法用汉语虚词表示的不同意义归纳出各种形态，还认为是提高了汉语的语言地位。藏缅语许多语言根本就没有被动态，而有些研究总想从表义上、对译上去弄个被动态。汉藏语的虚词是个“大知识库”，有强大的语义、语法功能，大有作为，而这一大“金矿”则容易被印欧语眼光所遮盖。

至于汉藏语的系属问题，20 世纪 50 年代，汉藏语语言学家运用历史比较法和原始母语构拟法，孜孜不倦地进行了探索，但至今未能得到解决，为什么？现在悟出一个原因是对汉藏语的固有特点没有吃透。历史比较法是在印欧语基础上产生的，用这种方法来对付汉藏语肯定不会完全适应，理应根据汉藏语的特点另辟途径才能奏效。历史语言学是 1786 年英国的威廉·琼斯以印欧语为依据，提出梵语、希腊语、拉丁语有亲属关系，拉斯克、格里姆使琼斯的假设进一步完善，后来施莱赫尔用进化论思想解释语言的发生分类，并提出了“谱系树理论”，开创语言分类研究的新阶段。但至今我们还没能形成解决汉藏语系属问题的理论与方法，这是今后要努力去实现的。中国传统的音韵学、训诂学、文字学的研究博大精深，是中华文化的精髓，它是在汉语、汉字的基础上，充分重视汉语、汉字的特点铸造起来的。古人由于对自己的母语有强烈的语感，才能达到如此辉煌的高峰。

学习现代语言学理论是必要的、有益的，但不能只停留在“印欧语有，我这里也有”上，而应是“你有，我这里怎样。特点完全一样或有差异。”话题理论传入我国后，无疑对我国的句法研究起了推动的作用，促使一些汉藏语研究者去发现汉藏语一些语言也有话题标记。但汉藏语的话题有自身的特点和规律，不同于印欧语。我们在引进话题理论时，必须多想想汉藏语的话题除了语言共性外，还有哪些个性。①

当然，要树立汉藏语研究的分析性眼光是有一定难度的，因为语言研究方法的习惯性思维是很顽固的，不易改变的。模仿相对容易，而创新相对难。

① 参见戴庆厦：《景颇语的话题》，载《语言研究》，2001（1）：100—105 页。

（三）必须培养对分析性语言的敏锐性

对语言现象是否有敏锐性，是语言研究是否有成就的一个重要因素。在研究中，要善于发掘分析性特点在语言各方面的表现。比如，汉语为什么有大量的离合词，而且能产性特强，是否与汉语的分析性特点有关，为什么与汉语有亲缘关系的藏缅语没有，是否与分析性强弱差异有关？藏缅语使动范畴的演变，是否受语言类型由黏着屈折型向分析型转变的制约，在演变中是否存在系统的、有规则的层次？藏缅语乃至汉藏语有些语言存在动词重叠表疑问，是什么条件使得这些语言出现这种语法形式？汉藏语的虚词为什么具有多功能性，其多功能的强弱是否与分析性强弱有关？分析性语言的实词兼用特点有哪些，为什么能“一身数职”？不同于非分析性语言，兼用能力的强弱、兼用类型是什么？汉字的产生、发展与语言分析性存在什么关系，其适应性是什么，为什么亚洲许多分析性语言都出现汉字式文字，如何用分析性眼光加深认识汉字的起源与演变？

笔者反思自己过去的语言研究，发现在使用方法上常常存在惰性。有时会被习惯的、传统的、共性的方法所束缚。所以，每个人都要不断自觉地调整自己的研究方法，使之符合语言实际，防止定式思维。要知道，语言研究方法先入为主的“定性思维”“习惯性思维”是很顽固的，不易改变的。

笔者从汉藏语研究的实践中认识到，把握好分析性眼光必须强调两点：一是对分析性语言要有语感。有了语感，才能掌握好分析性语言的内在特点，否则如隐性的语义制约、韵律和谐、音节为主等特点就很难快速发现和恰当解释；二是要把握系统，认识系统内不同要素的相互制约关系。

（四）充分利用我国丰富的分析性语言资源发展语言学

我国的语言资源以分析性语言为多，非分析性语言中，也都不同程度地含有分析性成分，分析性语言中，存在分析性强弱的差异，是研究分析性语言绝好的天然宝地。如何更好地利用分析性语言资源发展语言学，是我国语言学建设必须面对的问题。

诚然，我国的汉藏语研究过去取得了很大的成绩，许多语言从无到有地搭起了一个个可资继续研究的框架；同时还建立了一些适合汉藏语分析、研究的方法，如三个平面研究法、声韵调分析法、语义语法研究法等。但回顾过去，我们在对如何使用分析性眼光认识语言上还重视不够。

历史经验证明，坚持以本土语言资源为主的原则，是各国语言学家有成效地发展语言学的必由之路。

参考文献

［1］孙宏开，胡增益，黄行主编．中国的语言．北京：商务印书馆，2007：1—5页．

［2］戴庆厦，闻静．论“分析性语言”研究眼光．云南师范大学学报（哲学社会科学版），2017（5）：1—8页．

［3］戴庆厦．语言转型与词类变化：以景颇语句尾词衰变趋势为例．民族语文，2019（1）：3—10页．

［4］戴庆厦，李泽然．哈尼语的“来、去”．民族语文，2000（5）：26—34页．

［5］徐悉艰．景颇语的使动范畴．民族语文，1984（1）：35—42页．

［6］戴庆厦，徐悉艰．景颇语参考语法．北京：中央民族学院出版社，1992.

［7］徐悉艰等编著．景汉词典．昆明：云南民族出版社，1983.

［8］蒋颖．论普米语的类型定位．民族语文，2018（3）：70—80.

［9］戴庆厦．景颇语的“$NP+e^{31}$”式——兼与汉语比较//邢福义主编．汉语被动表述问题研究新拓展．武汉：华中师范大学出版社，2006：57—65页．

［10］西北民族学院藏文教研组．藏汉词典．兰州：甘肃人民出版社，1979.

［11］戴庆厦．闽语仙游话的变调规律．中国语文，1958（10）．

［12］戴庆厦．景颇语的话题．语言研究，2001（1）：100—105页．

（作者单位：中央民族大学中国少数民族语言文学学院；
云南师范大学汉藏语研究院）

汉藏语类型比较方法论*

戴庆厦

一、引言

汉藏语是世界上语种多、分布广、使用人口多的语系之一。汉藏语的不同语言发展不平衡，呈现出不同的类别、不同的层次，特点极为丰富、复杂。研究者能够通过不同语言的共性和个性的比较，从表层到深层、从个别到系统、从显性到隐性、从单一到类型，深化对单一语言的认识，发现新的语言规律。近半个世纪以来，语言学家广泛开展了汉藏语内部和外部的类型学研究，包括汉语和非汉语比较、汉藏语的方言比较、中国境内的语言比较、汉藏语和外语的比较等，取得了不少新的成果和经验。今后，有待在已有的基础上根据新的语料和研究的经验进行方法论建设。

笔者主要是做汉藏语研究的。多年来通过汉藏语内部及外部不同语言的类型比较，深化了对语言现象的认识，尝到了甜头。深深体会到要深化汉藏语的研究，必须要有类型学眼光，要从别的语言特点的映照下发现新的特点，不能只停留在单一语言的视角上。下面，笔者根据自己的汉藏语研究实践，谈四点与类型学方法论有关的体会，供大家参考。

二、类型比较是汉藏语研究的一个有效的方法

语言类型学（linguistic typology），又称类型语言学（typological linguistics），能够通过语言共性和个性的比较，发现新的语言特点，并能解释某种语言现象是

* 原载《汉语学报》，2022（1）。

如何形成的，是如何演变的，在语言中的地位如何。回顾笔者过去做的专题论文，除了对专题所涉及的语言现象进行分析外，都会自觉或不自觉地从不同语言的类型比较中获得一些新的认识，进一步深化对语言专题的认识。

比如，笔者做景颇语名量词的研究时，开始不太理解为什么景颇语的名量词不发达，称量时不是强制性的，多不用名量词，使用“名词＋数词”的构式。后来通过与汉语、哈尼语、彝语等语言的比较，看到这些语言的名量词与景颇语不同，很发达，在句中是强制性的，使用“数词＋量词＋名词”或“名词＋数词＋量词”构式。两相对比，看到汉藏语名量词的两种不同的类型及其在历史演变中的承接关系。即景颇语是属于名量词不发达的语言；而汉语、哈尼语、彝语等是属于名量词发达的语言。再深入一步研究，能够通过语言类型比较发现这两种类型的形成与语言的分析性强弱有关。景颇语分析性因素较弱，名量词不发达；而汉语、哈尼语、彝语等语言分析性因素较强，名量词发达。再看看汉藏语以外的阿尔泰语、印欧语等名量词不发达的语言，能够进一步证明名量词的丰富与否与语言类型有关。

又如四音格词的研究，能够通过类型的眼光来解释其语言现象的属性。过去我不完全理解为什么汉藏语所有的语言都有丰富的四音格词，而且都有相同的基本格式；后来通过类型学比较，发现这是受语言的分析型特征制约的。分析型语言，由于具有单音节性特点，又讲究双数韵律，所以必然会产生由单音节词根按照韵律构成的四音格词，用来增强单音节性语言的表现力。多音节性语言就不会有丰富的四音格词。而且，通过分析型语言的比较，还能够进一步发现四音格词发达与否受分析性特点强弱的制约，即分析性越强的语言四音格词越发达，反之亦然。这条规则，可以解释四音格词的成因及分布。比如解释为什么汉语、彝语、拉祜语、苗语、壮语等分析性强的语言，四音格词都发达；而普米语、嘉绒语等分析性弱的语言，四音格词不发达。还能解释属于黏着型的阿尔泰语和属于屈折型的印欧语为什么没有或很少有四音格词。根据以上认识，我们能够提出这样一条理论规则：分析型语言具有单音节性、注重双音节韵律、注重复合构词等特点，是大量产生四音格词的条件和土壤，必然会产生大量四音格词；而且分析性的强弱，制约四音格词的发展程度，二者的关系成正比。①

其他又如补语、宾语、结构助词、语气助词、词缀、音变、歧义、语序等现

① 参见戴庆厦、蒋颖：《从词源比较看藏缅语量词演变的层次》，载《语言学论丛》，2006（34）。

象发达与否、特点如何，如果也能使用类型学眼光进行分析、比较，也都能取得新的认识。

由此，笔者对使用语言类型理念研究语言的重要性有了更实在的认识，认为通过语言类型观察语言应该是语言研究的一个有效方法。近期，笔者运用分析性眼光又做了一些新的研究，取得了一些新的成果。如通过语言类型转型，揭示景颇语句尾词的分析、黏着特点及其演变；还运用分析性眼光分析了藏缅语为什么存在隐性语义特征，认为这是分析性语言的表义需要；还进一步思考了分析性语言研究法的构建问题。[①]

汉藏语在世界语言中是一种典型的分析型（又称“孤立语”）语言，其分析性特征呈现在语言结构的方方面面，而且制约着其历史的演变。汉藏语内部不同的语言，分析性强弱不同，研究者可以通过强弱不同语言的比较，发现新的语言特点（包括隐性特点）和演变规律。而且，通过汉藏语与外部的非汉藏语（如阿尔泰语、印欧语等）的比较，还能够加深对汉藏语类型特点的认识。汉语有丰富的方言、土语，对方言类型的比较有着无限的资源，对语言类型学建设具有特殊价值，能够通过汉语方言土语的类型学比较，深化对现代汉语和汉语史的认识。这是别的研究方法所不能代替的。

总之，笔者认为我国的语言研究必须重视语言类型的比较，在汉语、汉藏语的研究中必须要有分析性眼光。

三、比较中必须区分亲属型语言和非亲属型语言

人类的语言有亲属关系和非亲属关系之分。前者如汉语和藏语、彝语、哈尼语、景颇语等语言的关系；后者如汉藏语和蒙古语、维吾尔语、哈萨克语、锡伯语的关系，汉藏语和印欧语的关系。有无亲属关系，反映语言之间是否有共同的来源。有亲属关系的语言是由一个原始共同语分化下来的；而无亲属关系的语言，没有共同的来源。

亲属语言关系与非亲属语言关系的类型学特征是不同质的。无亲属关系的语言相互间虽然也存在共性或个性，但是这属于人类语言共有的特征、属性；而有亲属关系的语言的共性和个性，是由语言之间存在共同的遗传基因决定的，是由

① 参见戴庆厦：《汉语和非汉语结合研究是深化我国语言学研究的必由之路》，载《中国语文》，2012（5）。

原始的基因遗传下来的。也就是说，亲属语言之间有源头上的共同“基因”；而无亲属关系的语言无共同的“基因”。因此，无亲属关系的语言之间，虽然在语言形式上也会存在相同、相似的特点，但是与亲属语言之间的相同、相似点是不同质的，无法从中认识语言历史演变的规律。

比如，谓语和宾语的语序是语序类型学的一个重要参项，语序异同的性质受有无亲缘关系的制约。我们在比较中发现，无亲缘关系的语言，即便是语序相同，但特点不同，没有内在的联系。如汉语和英语都是VO型，哈尼语和蒙古语都是OV型，虽然形式相同，但是特点、来源、演变不同，无法构拟一条有内在联系的“历史演变链”。而有亲缘关系的汉语和藏语，虽然有的语言语序形式不同，如汉语是VO型，藏语是OV型，但是属于一个“家族”，不同的形式也能够解释其内部的联系，并能进一步构拟出一条有内部联系的“历史演变链”。

其他又如重叠、韵律等语言现象，都是人类语言普遍存在的特点，但有亲属关系的语言，特点不同于无亲属关系的语言，在类型比较中要区别对待，不能等同视之。但要说明一点，有亲属关系的语言之间，不是每个特点都是从古沿袭下来的，其中有些特点有可能是后来各自产生或创新的。比如声调，这是汉藏语的一个重要语音特征，大部分语言都有声调，长期被视为汉藏语区别于别的语系语言的一个特征，但随着声调研究的不断深入，发现它不是都由原始汉藏语发端而延续下来的。现有的语料已显示：声调虽是汉藏语的一个主要的语音特征，但有一些语言或方言至今尚未产生声调，如珞巴语、藏语安多方言、羌语北部方言等；有的语言声调还处于萌芽状态，如嘉绒语等；有的语言声调还不发达，如独龙语、普米语等。而且，声调比较的成果证明，有些语言的声调系统相互间无法求出对应关系，即无法确立共同的“调类”，如汉语和藏语之间，藏语和景颇语之间，景颇语和彝语之间等。我们已认识到，汉藏语的声调不是原始汉藏语时期就有的，而是后来分化为不同的语族后才各自产生的。因而，这些后来各自产生的声调，各有自己的生成条件和演变规律，相互间当然就找不到系统的对应关系，即求不出共同的调类。并认识到汉藏语声调的关系存在两种类型：一是由原始母语声调系统分化下来的，相互间的声调存在声调对应，存在调类关系，如壮侗语、苗瑶语内部的不同语言；[①] 另一类是后来各自产生的，如藏缅语内的景颇语与哈尼语、拉祜语等，二者在性质与特点上存在重大的差异，求不出调类。但必

① 参见戴庆厦、闻静:《论“分析性语言”研究眼光》，载《云南师范大学学报》（哲学社会科学版），2017（5）。

须看到，后一类语言的声调尽管是后起的，由于有亲缘关系所以在声调的演变上会存在某些共性，如声调的分化都受声母清浊的制约，存在清高浊低、舒促分类的规律。但这种关系与原始就有的“基因”有着性质上的差异。[①]

又如，藏缅语都有在句法结构中承担重要功能的结构助词，如宾语助词、定语助词、状语助词等，但也不是原始共同语的产物。通过词源比较，我们发现这些结构助词虽然它们的功能大体相同，但是大多没有同源关系，说明不都是从原始共同语沿袭下来的，是后来各自产生的，即不是原始共同语阶段共同产生的。所以在进行语言类型学比较时，不要把它们都看作是原始汉藏语的产物，并以此去构拟原始母语的共同形式。

总之，做语言类型比较必须区分有无亲属关系，还要区分是原始的遗留还是后来的各自创新。不能不分有无亲属关系、不分原始特点和后来的创新，把各种语言都拿来放在一个平面上比较。这样做会有漏洞，取得的结论会出现片面性。但笔者看到现在做语言类型学研究的一些成果，不讲究区分亲属语言和非亲属语言，只要是不同的语言和方言，都放在一个平面进行比较。这一做法，固然也能够获得人类语言在共时平面上的共性和个性的认识，但却难以科学地解释语言关系，以及语言特点来源、演变的认识。

四、重视开展分析性强弱不同语言的类型比较

传统语言类型学把语言类型分为屈折语、黏着语、分析语和多式综合语等四类，这是人类认识语言的一大进步，它为人类认识语言类型提供了新的视角。但同一类型的不同语言存在类型强弱差异，而过去的研究并没有重视区分这种差异，也就看不见或不理解由于强弱不同而形成的不同特点。[②]

随着分析型语言研究的不断深入，我们认识到属于分析型的汉藏语内部，存在分析性特点强弱的差异，这种强弱差异是分析性演化处于不同阶段的反映，可以认为是分析型语言的“次类型特征”。实践证明，区分分析性强弱的差异，是深化语言研究可开发的资源，应该充分利用。因为，区分分析性强弱的差异，有助于对语言类型属性的认识，还有助于对语言类型演变的认识。

比如，语气词是人类语言普遍具有的现象，也是汉藏语的一个重要的特征，

① 参见戴庆厦：《语言转型与词类变化：以景颇语句尾词衰变趋势为例》，载《民族语文》，2019（1）。
② 参见戴庆厦：《论分析型语言研究法的构建》，载《中央民族大学学报》，2020（6）。

但不同语言由于分析性强弱的不同而存在不同的特点，因而可以从分析性强弱的差异中发现语气词语言类型的异同和演变。藏缅语的语气词至少可以分为两类：一类是只表示句子的语气，不表示句子的人称、数、方向等意义，如彝缅语支语言的语气词都属于这一类，其特点与汉语的语气词大体相同；另一类是除了表示语气外，还表示句子的人称、数、方向、体等意义，不同的意义共同聚合在一个语气词上。属于这一类特点的语言比较少，如景颇语的语气词属于这类。景颇语的语气词在藏缅语中独树一帜，对藏缅语语气词的类型学特征及历史演变具有重要的价值。①

在藏缅语中，景颇语的语气词数量庞大，有 360 多个，而且功能强，除了表示语气外，还能表示句子的人称、数、方向、式等意义，是构成句子不可缺少的即强制性的因素。它表示的语气有六类：叙述语气、疑问语气、命令语气、商量语气、测度语气、惊讶语气。人称分第一、第二、第三人称三种；数分单数和复数；方向有正方向和反方向。景颇语的语气词虽属于虚词，但有形态变化。其构造模式是“前缀 + 词根”，词根表示语气，前缀表示人称、数、方向等，前缀通过各种音变表示不同的语法意义。如 $n^{31}ni^{51}$ 一词，用在疑问句中，表示主语是第二人称单数。其中的 ni^{51} 是词根，表示疑问语气；而 n^{31} 是前缀，表示主语是第二人称单数。若更换前缀 n^{31} 为 $mǎ^{31}$ 成了 $mǎ^{31}ni^{51}$，则表示主语是第二人称复数。如果把 $n^{31}ni^{51}$ 的词根 ni^{51} 换成 tai^{33}，说成 $n^{31}tai^{33}$，则成为叙述语气，用在叙述句中，表示主语是第二人称单数。②

藏缅语的语气词之所以出现差异如此之大的两种类型，是由分析性强弱的差异制约的。研究的成果已经证明，藏缅语是由黏着、屈折型演变而来的，但在演变过程中，不同语言的演变速度快慢不一。有的快些，分析性较强，黏着、屈折的形态特点较弱，如彝缅语支语言；而有的慢些，分析性较弱，黏着、屈折性的形态特点显著，如羌语支的羌语、嘉绒语、普米语等；景颇语处在二者之间，以分析性为主，但黏着、屈折性较显著。在语气词上，景颇语在向分析性方向演化的过程中，已进入分析性属性行列，表现在已形成独立的虚词，但还保留着显著的黏着、屈折的形态特点，分析性和黏着、屈折的特点融合在一个虚词上。景颇语语气词的双重特征，反映了语言形态演变的不平衡性。

---

① 戴庆厦：《分析型语言与隐性语义实化——以藏缅语族的景颇语、哈尼语为例》，载《民族语文》，2021（1）。

② 胡坦：《藏语（拉萨话）声调研究》，载《民族语文》，1980（1）。

又如，藏缅语述补结构的特点也存在不同的层次，有的发达些，有的不发达。如南部地区的彝语、哈尼语，补语相对发达；而北部的羌语、普米语等语言，补语不发达。补语的语义类别，不同语言也存在差异：有的丰富些，有的简单些；与状语的关系，有的能互换的多些，有的少些。藏缅语的补语可以将不同语言的补语连成一条演变链，从中看到藏缅语的述补结构是怎样从不发达到发达的演变过程。如果再把藏缅语与述补结构发达的汉语进行比较，就能发现更多的汉藏语述补结构的特点和历史规律。

再如，使动范畴是汉藏语的一个普遍特征，都是由黏着屈折性向分析性演变的。但不同语言分析性的强弱不同，可以通过它揭示使动范畴类型演变的轨迹。其中，汉语都已演变成为分析性的特点，靠音变区分自动使动已消失殆尽，主要由分析性的虚化动词“使、给”表示使动义；但藏缅语虽都向分析性类型演化，但黏着屈折式都还程度不同地保存着，能够通过不同语言的比较，认识藏缅语使动范畴语言类型演变的规律。拿景颇语来说，使动范畴的语法形式有音变式、前缀式、分析式等三种形式，共同组成使动范畴的语法形式。其中，音变式只保留几十对，如 pjaʔ^{55} “垮”和 phjaʔ^{55} “使垮”，显然已处于衰退状态；前缀式有了一定的再生能力，如 pa^{55} 累”和 ʃǎ^{31}pa^{55} “使累”；而分析式有了大发展，其形式是在动词后加虚化动词 ʃǎ^{31}ŋun^{55} “使”，如“去” sa^{33}ʃǎ^{31}ŋun^{55} “使去”。景颇语使动范畴语法形式是随语言转型而变化的。①

语言类型的演变还影响语言的方方面面。如词类的类型变化（分析型和形态型），隐性语义的实化（出现在哪些词类上、怎么变化）、义项分化（分化的强度、类别）、双音节化（强度、手段、作用），语法化（类别、功能），歧义（数量、条件、原因）等。不同语言，由于分析性强弱的不同，语言演变的特点及路径也存在不同的特点，研究者能够通过语言比较发现更多的共性和个性。

总之，汉藏语内部的类型比较，要把重点放在分析性语言内部强弱层次不同的语言比较上。当然，也不能忽视与非亲属关系的语言进行比较。

汉语有强分析性特点，其被动句、把字句、离合词等多彩特点是其他亲属语言所不及的，而且汉语有丰富的历史文献和演变程度不同的方言，又与其他亲属语言有密切的亲缘关系和接触关系，因而在汉藏语类型学比较中，应该充分认识汉语在汉藏语比较中的价值和地位，善于通过汉语与非汉语的比较深化

① 参见陆丙甫、金立鑫：《语言类型学教程》，北京，北京大学出版社，2015。

汉藏语研究。

五、语言类型比较中必须重视词源比较的作用

语言研究中的词源比较，主要是研究同一的词在不同语言里是否存在发生学上的同源关系。一个多世纪以来，词源比较在确定语言的亲属关系、划分语系、语族及方言上起了重大的作用，但不大用于语言类型比较。

笔者从近些年语言类型的比较实践中，认识到词源比较对认识语言的类型、类型的演变、语言关系等都有帮助，而且还能通过词源异同的确定认识不同语言间语言类型、语言范畴演变的特点。在语法的类型比较中，能从不同语言的词源关系上发现语法范畴的类型特点，包括某一语法范畴出现的前后，其语法形式、语法意义的变化状况等。可以认为，词源比较是揭示语言现象的一把钥匙。

比如，研究藏缅语结构助词的词源，有助于通过语言结构的分析，认识语言的类型关系。因为，结构助词的出现，是与某类句法结构的出现联系在一起的，藏缅语有大量表示语法结构关系的结构助词，是语法结构关系的标志。但是，不同语言间的结构助词有的有同源关系，有的没有，有同源关系的说明它们是在未分化之前就已产生，没有同源关系的，则说明它们是在分化后各自创新的。我在《缅彝语的结构助词》一文中，通过缅彝语结构的词源比较，得出彝缅语的结构助词是后起的结论。文中谈到："彝缅语的结构助词是后起的，大多是在古藏缅语分化为不同的语支后才逐渐出现的。这一认识，可以从亲属语言词源比较以及结构助词发展的不平衡性中得到证明。"如定语（修饰）助词：彝 su^{33}、傈僳 ma̱^{33}、哈尼 ɤ^{33}、拉祜 ve^{33}、纳西 gə^{33}、基诺 mɤ^{44}、喀卓 tɤ^{33}、la^{35}、载瓦 e^{55}、阿昌 sɿ^{31}、缅 tɛ^{55}、白 no^{33}、景颇 ai^{33}、独龙 ŋa^{31}、普米 ga^{55}（单）ʐa̜^{55}（多）。

这些词源对应的例子有力地证明了藏缅语结构助词大多是后起的，是在古藏缅语分化为不同的语支后才逐渐出现的。结构助词的出现，是语言手段调整的产物，也受语言类型的变化的制约，即与藏缅语分析性的不断增强有关。

笔者曾与蒋颖一起做过藏缅语名量词的类型学及历史演变的研究，发表了一篇名为《从词源关系看藏缅语名量词演变的历史层次》论文。文中通过名量词的词源比较，确定了藏缅语名量词起源的三个层次。第一层次是非标准度量衡量词和集体量词，这类词在许多语言里是同源的，可以确定是藏缅语中最古老的量词，如"庹"（长度单位，两臂平伸的距离）一词：却域 li^{55}、独龙 lam^{55}、阿昌

lam^{55}、彝 lli^{33}、哈尼 lɔ^{55}、措那门巴 klam^{35}、克伦 khli^{55}。这类非标准度量衡量词和集体量词是原始藏缅人必须使用的名量词，也是最早出现的名量词。其同源关系能够证明是同时起源的，也能说明原始藏缅语已出现非标准度量衡量词和集体量词。它出现后，在句法结构上提供了“名＋数＋量”的模式，就为后来提供了名量词大量发展的句法结构模式。①

“双”一词是原始藏缅语人不可缺少的量词。藏缅语多数语言也是同源的：藏文 tɕha、措那门巴 tɕha^{55}、博嘎尔珞巴 jtɕa、木雅 tɕhæ^{53}、独龙 dʑɯm^{55}、阿昌 tɕɔm^{31}、载瓦 tsum^{55}、彝 dzɿ^{31}、哈尼 dzɔ^{55}、喀卓 tsɛ^{323}、克伦 dzu^{31}。

词源研究是语言类型比较集中的一个新领域，是一个有效的方法，大有可为，值得汉藏语研究者今后探索。

六、结语

我国汉语和非汉语的结合研究、相互反观，是我国语言学发展的必由之路，其理论方法有待今后不断探索。中国素有“汉藏语的故乡”之称，我们有可能通过不同语言的对比，为语言学的理论研究和应用研究，提供大量有价值的语料和认识。朱德熙先生曾经说过：“许多语言学的许多重要观点是以印欧语的语言事实为根据逐渐形成的。采用这种方法来研究汉语，总有一些格格不入的地方。这是因为汉语和印欧语在某些方面（最明显的是语法）有根本性的不同。由此可见，如果我们不囿于成见，用独立的眼光去研究汉藏语系语言，就有可能对目前公认的语言学观念加以补充、修正甚至变革。从这方面看，汉藏语研究有十分重要的意义。”② 我在汉藏语研究中，常常思考朱先生这段话。

附注

在笔者与孙艳合写的《景颇语四音格词产生的机制及其类型学特征》（2005年）一文中，曾对四音格词生成和发展的条件作了分析。

这期间笔者曾发表了《语言转型与词类变化——以景颇语句尾词衰变为例》（2019年）、《论分析型语言研究法的构建》（2020年）、《分析型语言与隐性语义实化——以藏缅语族的景颇语、哈尼语为例》（2021年）等几篇论述分析性强弱

① 参见马学良主编：《汉藏语概论》，北京，民族出版社，2003。

② 张琨：《苗瑶语声调问题》，载《中央研究院历史语言研究所集刊》，1947 第十六本。

对语言结构影响的论文。

是张琨先生最早确定苗瑶语的调类。他于 1947 年发表了《苗瑶语声调问题》重要一文。

胡坦《藏语（拉萨话）声调研究》（1980 年）一文，厘清了原始藏语从无到有的声调演变过程，对认识汉藏语声调的起源和发展有着重要意义。

19 世纪初，德国语言学家施莱格尔（Schlegel）兄弟根据词的形态将世界语言分为孤立语、黏合语、屈折语，洪堡特（Wilhelm von Humboldt）又根据美洲印第安人的语言补充了多式综合语，从此开辟了语言类型学的研究。但类型学如何进一步发展是语言研究需要解决的一个大问题。

笔者在论著中根据它在句尾的特点，称之为“句尾词”。本文为比较、叙述方便起见，统一称“语气词”。

在《景颇语句尾词形成的结构机制》（2003 年）一文中，我从景颇语句尾词的系统结构中厘清了句尾词的结构机制。

现代景颇语使动范畴表现出的各种状态是语言类型演变的结果。笔者在《景颇语使动范畴的结构系统和历史演变》（1998 年）一文中，揭示了使动范畴的历史演变。

笔者与蒋颖一起发表了《从词源关系看藏缅语名量词演变的历史层次》（2005 年）一文，从词源上论述了藏缅语名量词存在的三个历史层次，并强调了反响型量词在量词产生和发展中的重要性。

朱德熙先生敏锐地认识到汉语研究必须与非汉语结合。他在 2003 年《汉藏语概论·序》中阐述了他的思想。

参考文献

[1] 戴庆厦，蒋颖．从词源比较看藏缅语量词演变的层次．语言学论丛，2006 第 34 辑．

[2] 戴庆厦．汉语和非汉语结合研究是深化我国语言学研究的必由之路．中国语文，2012（5）．

[3] 戴庆厦，闻静．论“分析性语言”研究眼光．云南师范大学学报（哲学社会科学版），2017（5）．

[4] 戴庆厦．语言转型与词类变化：以景颇语句尾词衰变趋势为例．民族语文，2019（1）．

［5］戴庆厦．论分析型语言研究法的构建．中央民族大学学报，2021（1）．

［6］戴庆厦．分析型语言与隐性语义实化——以藏缅语族的景颇语、哈尼语为例．民族语文，2021（1）．

［7］胡坦．藏语（拉萨话）声调研究．民族语文，1980（1）．

［8］陆丙甫，金立鑫．语言类型学教程．北京：北京大学出版社，2015.

［9］马学良主编．汉藏语概论．北京：民族出版社，2003.

［10］张琨．苗瑶语声调问题．中央研究院历史语言研究所集刊，1947 第十六本．

（作者单位：中央民族大学中国少数民族语言文学学院）

汉藏语并列复合词韵律词序的类型学特征 *

——兼论汉藏语语法类型学研究的一些认识问题

戴庆厦

一、引言

语言类型学（language typology；linguistic typology）是语言学的一个分支。它基于人类语言存在共性和类型的前提，以其新的视角和分析方法，通过蕴含共性及语言个性的比较，揭示语言的特点和规律。这是语言研究的一种有效的、可行的理论和方法，已被多年的语言研究实践所证明。

语言类型学自进入中国汉藏语系语言（以下简称“汉藏语”）研究领域，语言学家们使用它进行了汉藏语内部和外部的类型学比较，揭示了汉藏语共时和历时的规律，取得了不少新的突破。但类型学研究过去多集中在句法上，而构词方面的研究，特别是复合词方面的研究，所见不多，是一个薄弱环节。

本文主要以汉藏语并列复合词的类型学特征为个案，谈谈汉藏语并列复合词的类型学特点，以及如何运用类型学理论和方法来深入分析并列复合词的特征，并兼论汉藏语语法类型学研究的一些认识问题。希望本文的研究对语言类型学的研究及汉藏语构词法的教学会有一些帮助。

二、并列复合词是汉藏语的一个有特色的构词手段

使用两个词根并列构成的复合词，与非并列的复合词（主从复合词、支配复

* 原载《吉林大学社会科学学报》，2015（3），中国人民大学《复印报刊资料》2015 年 9 月转载。

合词等）具有不同的构词特点，是汉藏语构词的一个重要手段。从跨语言的角度看，阿尔泰、印欧等语系语言的并列复合词，在数量上都不及汉藏语多，而且特点迥异，因此汉藏语的并列复合词成为区别于其他语系语言的一个重要特点。

具体说来，汉藏语并列复合词可以归纳出以下几个特点：

其一，汉藏语并列复合词数量多，能产性强，其构成是词汇丰富发展、增强语言表达能力的一个重要的构词手段。

其二，汉藏语并列复合词的词素顺序基本固定，前后顺序一般都不能变动。如汉语的“黑白”不能说成“白黑”，“天地”不能说成“地天”。景颇语的“父母”是 nu̱^{51}（母）wa̱^{51}（父），不能说成 wa̱^{51}（父）nu̱^{51}（母），“祖辈”是 tʃi^{33}（祖父）wo̱i^{33}（祖母）不能说成 wo̱i^{33}（祖母）tʃi^{33}（祖父）。颠倒了就不成复合词。尽管有极少数的词能改变词序，但是都有其特殊的条件和原因。不同语言的顺序有相同的，又有不同的，原因有种种。

其三，汉藏语控制并列复合词词素的顺序有语音和语义两个因素。语音规则是形态标记，其功能主要是词素之间的语音和谐，属于构词韵律，是一种形态特征。

同一语言内部，普遍是两种因素并存。如绿春哈尼语的“手脚”，说成 khɯ^{55}（脚）la̱^{31}（手），受语音规则控制，即高元音 ɯ 在低元音 a 之前；“叔婶辈”说成 da^{33}da^{33}（叔）a^{31}mɯ^{33}（婶），受语义规则控制，即阳性词素在阴性词素之前。但不同语言之间，两种规则的运用比例不同。有的语言，语音规则强些；而有的语言，语义规则强些。

其四，汉藏语语言并列复合词的大量存在及其韵律和谐的显赫特征，其产生的土壤与汉藏语普遍存在分析性特点有关。分析性的特点决定了汉藏语在构词和句法结构上要采用韵律手段。这是一个值得深入研究的语法类型学特征。

三、制约汉藏语并列复合词词序孰先孰后的因素

制约汉藏语并列复合词词序孰先孰后主要受语音和语义两个因素的制约。但在不同语言里，语音和语义这两个因素的比例存在差异，有的以语音因素为主，有的以语义因素为主。分述如下：

（一）语音因素

至今为止发现的语音因素有两种类型：一是声调因素型，即不同声调的固定配合；二是元音因素型，即不同舌位的元音固定配合。

1. 声调因素型

声调因素型指的是复合词前后词素按声调组合规则排列。这一类型的复合词在汉藏语里目前发现的只有汉语、白语两种语言。

（1）汉语并列复合词的词素顺序，绝大多数都是由不同声调的固定配合而成，由语义制约顺序的少。声调的顺序，多是按平上去入的顺序排列。如“天地”，“天”是平声在前，“地”是去声在后；“耳目”，“耳”是上声在前，“目”是入声在后；“等待”，“等”是上声在前，“待”是入声在后。

纵观汉语史，可以看到这种组合模式已有很长的历史。张博在《先秦并列式连用词序的制约机制》一文中，对先秦五书中双音节同义连用、类义连用和反义连用的 1819 个并列式结构做了量化的、微观的、系统的统计和分析，得出了如下的结论：“先秦双音节并列式连用中词序的主要制约因素是调序；意义与调序双重制约而形成的异调顺序连用数量极少，绝大多数异调顺序连用纯然是调序制约的结果；在意义关系产生矛盾时，意义制约力并不绝对起决定作用。”文中还提出了一些有价值的理论思考问题，如“各种因素制约力度的强弱之比怎样？在语言发展过程中的消长趋势如何？汉语声调的演变对于调序制约力产生了什么影响？所有这些问题都还有待于进一步研究才能探明。”①

（2）大理白语的并列复合词的词序主要也是由声调因素决定的。赵燕珍在《大理白语的并列复合词》一文中指出：“大理白语并列复合词的词素顺序主要受音高制约。若是两个平调相结合，一般是调高的词素在前，调低的词素在后。”②例如：

$x\varepsilon^{55}pha^{44}$ 菜	$tsh\eta^{44}t\varsigma hu^{33}$ 尺寸
菜 菜（汤里）	尺 寸

① 张博：《先秦并列式连用词序的制约机制》，载《语言研究》，1996（2）。

② 赵燕珍：《大理白语的并列复合词》，载《百色学院学报》，2012（2）。

“一般是升调、降调在前，平调在后。”例如：

$to^{35}mɔ^{33}$ 父母　　　　$ŋɯ^{21}mɛ^{33}$ 牛马
父 母　　　　牛 马

“升调与降调结合时，是升调在前、降调在后。”例如：

$kuo^{35}mɯ^{21}$ 锅灶　　　　$ki^{35}te^{42}$ 鸡猪
锅 瓮　　　　鸡 猪

值得注意的是，大理白语的并列复合词如果两个词素的调值相同，词序则由元音舌位高低并列排列，一般是前一词素的主要元音舌位高于后一词素。这就是说，若声调相同无法作为区别性特征，则以不同的元音舌位作为制约条件。例如：

$ti^{33}mɔ^{33}$ 爹妈　　　　$tɕu^{33}me^{33}$ 迟早
爹 妈　　　　迟 早

2. 元音因素型

元音因素型指的是复合词前后词素按元音舌位高低排列。一般是“前高后低”，即元音舌位高的在前，元音舌位低的在后。这一类型在藏缅语里比较普遍，有景颇语、哈尼语、拉祜语、纳西语等语言。

（1）景颇语的并列复合词是一种严格按元音舌位“前高后低”搭配的语言，绝大部分并列复合词都按这一规则排列顺序。复合词是三个音节的，是第一和第三音节和谐；复合词是四个音节的，是第二和第四音节和谐。从韵律的角度看，“前高后低”的搭配是一种韵律和谐。但这种和谐，不是相同、相近的元音和谐，而是相异的元音和谐。例如：

$nu̠^{51}wa̠^{51}$ 父母　　　　$ku^{33}mo̠i^{33}$ 公婆
母 父　　　　公 婆
$kun^{33}phai^{33}$ 担负　　　　$tʃi̠ŋ^{33}pau^{31}$ 锣鼓
背 抬　　　　鼓 锣

tʃum^{31}mă^{55}tʃap^{55} 调味品	tʃu̱^{55}pă^{55}la^{55} 子弹和箭的总称
盐　辣椒	子弹　箭

若两个词素的元音相同（元音松紧的对立不计），词素的顺序则根据意义的性质排列前后。一般是，两个词素中与整个复合词的意义较近的词素或更重要的放在前面。例如：

ŋaŋ^{31}ka̱ŋ^{33} 结实	ʃan^{31}ŋa^{55} 荤菜
牢　绷紧	肉　鱼

上例的“牢”与“结实”接近，“荤菜”中“肉”比“鱼”重要。

此外，少量的词还与词素是否是借词有关。若其中有一个词素是借词，这个借词词素大多放在本族语的词素之后，而不受“前高后低”的搭配规律制约。例如：

lă^{31}khon^{55}khan^{33}si^{33} 苛捐杂税	mă^{31}kan^{55}a^{31}mu^{55} 工作
捐　税（傣语）	专业　工作（缅语）

（2）拉祜语也是一个按元音舌位高低安排词序的语言，但其强度不及景颇语，语义的作用较大，有不少词按语义规则排列。李洁在《拉祜语的并列结构复合词》一文中指出：“拉祜语并列复合词的词序主要受语音因素的制约。”语音因素是：“元音舌位高的居前，舌位低的居后。”[①] 例如：

vi^{53}la^{53} 猛兽	a^{35}tɕu^{33}khɛ^{53} 碗筷
豹 虎	筷子　碗
xi^{35}be^{31} 哄骗	zɿ^{31}ŋɛ^{33} 长短
骗 哄	长 短

（3）哈尼语也是一种由语音、语义两个原则安排词序的语言。戴庆厦、李泽然在《哈尼语并列复合名词》一文中指出：“制约哈尼语并列复合词词序的条件

① 李洁：《拉祜语的并列结构复合词》，载《民族语文》，2004（4）。

是什么呢？我们认为是语音、语义两个原则。复合词中有的词按语音条件安排先后，有的词按语义条件安排先后，形成两个不同的系统。语音原则是指元音舌位的高低，即元音舌位低的在后，元音舌位高的在前。”① 如：

khɯ^{55}la̠^{31} 手脚
脚　　手

ɔ^{31}tɕi̠^{31}ɔ^{31}so^{31} 早晚
晚上　早上

da^{33}ma^{33} 父母
父　母

mɛ^{31}si^{33}nɔ^{55}xɔ^{33} 前后
前　　　后

（二）语义因素

所谓“语义因素”，就是以语义关系排列词素的顺序，而不顾前后的语音是否和谐。语义关系排列的顺序大多是：凡语义重要的、正面的、阳性的、与整个词的意义更靠近的词素，居于另一词素之前。

1. 景颇语有极少数词的词素顺序违反“前高后低”搭配规律，而受语义制约

如下面两个例子的词素顺序都按语义排列，其中语义重要的或与复合词整体意义更近的居前，而不按元音“前高后低”的规则排列。例如：

tʃa^{31}kum^{31}phʒo^{31} 财产
金　银

tʃă^{31}then^{31}ʃă^{31}lun^{31} 破坏（前一语素的意义比后一个更贴合复合词的意义）
毁坏　　拆开

前一例的“财产”，因财产中“金子”比“银子”更为重要，所以“金子”居前；后一例的“破坏”，前一语素的“毁坏”在意义上比后一个“拆开”更贴合复合词整体的意义，所以居前。

2. 拉祜语也有一些复合词根据语义来排列语素顺序，违反了元音舌位高的居前、舌位低的居后的构词原则

语义规则是：“表示正面、肯定、突出、强调意义的词素居前”，“雄性居前，

① 戴庆厦、李泽然：《哈尼语并列复合名词 // 中国哈尼学》，昆明，云南民族出版社，2000。

雌性居后”，“辈分高、地位高的前置，辈分低的、地位低的后置”，“基数词按由小到大的顺序排列”。例如：

$da^{21}lv^{31}$ 好坏	$na^{54}phv^{33}$ 黑白
好 坏	黑 白
$la^{21}m\varepsilon^{31}la^{21}sa^{33}$ 左右	$\mathrm{ɔ}^{31}na^{33}\mathrm{ɔ}^{31}x\mathrm{ɔ}^{35}$ 上下游
手 左 手 右	上 下
$\mathrm{ɔ}^{31}phv^{33}\mathrm{ɔ}^{31}ma^{33}$ 公母	$\mathrm{ɔ}^{31}pa^{33}\mathrm{ɔ}^{31}\mathrm{ʑ}a^{33}$ 父子
公 母	父 子

3. 制约哈尼语并列复合词的两个词素的顺序，除了靠元音舌位规则外，一部分词还靠语义规则安排

并列复合词的两个词素的语义，“在哈尼人的观念中存在主次之分，即一个词比另一个词更重要，或更值得强调。这当中被认为更重要的词素在组成并列复合名词时，在语音相同或不违背语音条件的情况下，大多放在另一词素之前。若语义原则与语音原则发生矛盾，大多是放弃语义原则而采用语音原则，但也有少数按语义原则排列而排斥语音原则的。”① 例如：

$ma^{33}mo^{31}ma^{33}\mathrm{ȵ}i^{55}$ 亲后妈	$a^{31}kha^{55}n\mathrm{ɔ}^{55}x\mathrm{ɔ}^{33}$ 以后
亲妈 后妈	以后 后面

上例“亲后妈”一词，“亲妈”比“后妈”重要，放在“后妈”之前，违背了元音舌位“前高后低”的排列原则。“以后”一词中的“以后”词素，与整个词“以后”一样，所以放在“后面”之前。

综上所述，制约汉藏语并列结构复合词的词素顺序是以语音因素为主的。语音规则有声调高低、元音舌位高低两个，不受元音松紧、带不带韵尾的限制，但语义因素也不同程度地起到一定的作用。语音、语义力量的强弱，不同语言的比例不同，构成不同的层次。

① 戴庆厦、李泽然：《哈尼语并列复合名词》，昆明，云南民族出版社，2000。

四、汉藏语并列结构复合词类型学研究的理论价值

从上述语料的分析中能够看到，汉藏语并列结构复合词的语音、语义结构，不同语言之间既有共性又有个性。“麻雀虽小，五脏俱全”，并列结构复合词的研究，对于类型学的研究可以增添一些新的、有价值的内容，并具有一定的理论价值。下面提几个问题与大家讨论。

（一）怎样认识汉藏语并列复合词特点形成的原因

汉藏语普遍存在大量的、丰富的并列结构复合词。胡坦经过对藏语共时和历时的分析，在《藏语复合词研究》一文中指出：“复合词的逐渐增多是藏语发展的明显趋势之一。现代藏语里，复合词的数目已远远超过单纯词。构成复合词的方式多种多样，并列式是其中比较能产的一种。”[①] 并列复合词这种构词方式，古代已有所见。从早期藏文文献，尤其是宗教典籍和宗教用语中可以找到不少例证。例如：

rgyu-vbras 因果	sdig-nyes 罪孽
因　果	罪　孽
dge-sdig 善恶	lha-vdre 神鬼
善　恶	神　鬼

如同藏语一样，汉藏语普遍存在并列式复合词。

那么，从类型学的角度如何解释汉藏语并列结构复合词大量产生的原因？笔者认为，词根性强、分析性强是汉藏语的一个普遍的特点，正是这个特点为大量产生复合词提供了良好的土壤。因为，词根性强、分析性强的语言，蕴含着单音节词根占优势的特点，而单音节词根的组合必然成为丰富词汇的便利手段。相反，多音节词丰富的语言，词素不易固合成音节数量少的复合词，也不易赋予复合词的韵律特征，容易组成不受音节数量限制、没有韵律特征的短语。

① 胡坦：《藏语复合词研究》，载《民族语文》，1986（6）。

如果我们把视角扩大到形态丰富的非汉藏语语言，就会容易看清汉藏语并列结构复合词为什么会大量产生。拿汉藏语与形态丰富的语言如阿尔泰语系、印欧语系的语言，还有系属未定的朝鲜语相比，能够清楚地看到，这些形态丰富的语言，并列复合词少，多是并列式短语，而且并列成分多按语义规则排列，不大受韵律规则制约。据王远新研究：阿尔泰语系哈萨克语并列复合词的词序孰先孰后"以受语义规则制约为主，同时受语音规则制约，词源规则基本不起作用。"语义规则主要是："表示正面、肯定、明显、突出意义的语素一般居前"，"由表示事物大小、高低或长短特征、时间顺序的词素构成的复合词，按照由大到小、由高到低、由长到短、由前到后的顺序"① 排列。

又如：朝鲜语没有"宽窄、深浅、长短"等这种结构的复合词，"宽窄"在朝鲜语对应为"宽（名词）"、"深浅"对应为"深（名词）"、"长短"对应为"长（名词）"。但值得注意的是，朝鲜语中的一些汉字词，与汉语并列复合词词序相同。这说明，语言接触语言影响对并列复合词的构成能起到一定的影响作用。例如：

pu mo（汉字词）父母　　tɛ so（汉字词）大的和小的
父 母　　大 小
hɯk pek（汉字词）黑的和白的
黑　白

两相映照，能够说明汉藏语并列复合词之所以如此丰富，大约与汉藏语语言分析程度的强弱、韵律的强弱有关。分析性强的语言，容易滋生韵律，要靠韵律来增强语言的表达能力。对这个问题，目前学术界还认识不够，是一个有待今后继续探讨的课题。

过去，研究汉藏语语言类型学多注意句法、语序，现在看来，构词法的语言类型学研究需要加强，像并列复合词的构造就有大量的资源可以开采。

（二）怎样认识制约汉藏语并列复合词词素顺序的条件

已有的研究成果证明，制约汉藏语并列复合词词素词序的条件是声调高低、

① 王远新：《哈萨克语土耳其语并列复合词词素顺序的特点》，载《民族语文》，1996（6）。

元音舌位高低，应该如何解释这两个手段？对汉语，多数学者都持发音省力说，认为声调从高到低比较省力。但马清华持“联合作用”说。他在《论汉语并列复合词调序的成因》一文中，认为虽不排除调序成因中有省力的因素的参与，但发音省力说至少是十分片面的。从更广泛意义上说，并列复合词的调序应是语音地位、受关注程度、频率、典型性、节奏等联合作用所致，背后则隐藏着更为深刻的功能动机。① 陈宏持“音域大小”说。他在《现代汉语同义并列复合词词性、词序分析》一文中，认为：“根据四声发音的生理基础，去声的音域最大，因而难度最大；上声是拱调，且调值较低，次之；阳平是高升调，又次之；阴平是高平调，发音最为省力。我们认为：同义并列复合词内部的排列规律为音域小的在前，音域大的在后。” ②

这里有个问题值得我们去思考：声调高低和元音开口度的大小是否与音域大小有内在的联系？如果用音域大小来解释声调的高低，是否也能解释舌位的高低，即舌位高的音域相对小，舌位低的音域相对大？如果可以，那就能把藏缅语的两种语法标记统一起来，看成是同一现象的两个不同变体。

（三）怎样认识制约汉藏语并列复合词构造语音因素的性质

汉藏语并列复合词主要是按韵律规则（不同声调或不同元音）组成的，但非并列复合词（主从、支配等）和并列式短语的构造都不受韵律特征的制约。所以，韵律规则成为并列复合词区别于非并列复合词和并列式短语的特征。如景颇语：

并列复合词：nu̱^{51}wa̱^{51} 父母　　tiŋ^{31}man^{33} 老实
　　母　父　　直　老实

非并列复合词：khʒai^{33}noi^{55} 吊桥　　man^{33}ju^{33} 镜子　　tʃan^{33}kʒi^{33} 旱天
　　桥　吊　　脸　看　　太阳 旱

短语：kǎ^{31}nu^{31}theʔ^{31}kǎ^{31}wa^{31} = kǎ^{31}wa^{31}theʔ^{31}kǎ^{31}nu^{31} 父亲和母亲
　　母亲　和　父亲　　父亲　和　母亲

① 马清华：《论汉语并列复合词调序的成因》，载《语言研究》，2009（1）。

② 陈宏：《现代汉语同义并列复合词语义语用分析》，载《天津大学学报》，2008（4）。

上例的并列复合词词素是按元音和谐规则组成的，词序不能变；而后面的非并列复合词和并列短语没有韵律要求，并列短语的词序还能移动。

制约并列复合词词序的韵律特征，应该是并列复合词的语法标记，是一种形态特征。这种形态特征，是由汉藏语语音结构的类型学特征所规定的。

（四）怎样认识制约汉藏语并列复合词词序语音因素和语义因素的关系

汉藏语并列复合词构成的因素既有语音因素又有语义因素。这两种因素共同存在于同一的语言系统中，必然会出现互补和竞争的关系。这是汉藏语并列复合词存在和演变的一个特点。所谓互补，是指在构词中两种因素各在一方起作用，在有的词上，使用语音因素构词；在有的词上，使用语义因素构词。两种因素相互配合增强语言的表达能力。但在人们的语言行为中，这两种因素在使用中必然会出现竞争，即争夺它自己的使用范围。语音和语义出现竞争时就会出现词的“两读”。比如：景颇语的并列复合词语音原则要求以元音和谐规律来构词，要求语义服从语音；而语义原则则强调语义领先，不顾语音和谐，违背“前高后低”的语音搭配，竞争的过程出现了两读。例如：$nam^{31}lap^{31}$（叶子）$nam^{31}lo^{33}$（配音）“叶子的总称”的词素按语义原则排列，意义实在的在前，配音在后；但也可按语音规则排列，读为 $nam^{31}lo^{33}$（配音）$nam^{31}lap^{31}$（叶子）。$phot^{55}ni^{55}$（明天）$phot^{55}tin^{31}$（后天）“明后天”也可读为 $phot^{55}tin^{31}$（后天）$phot^{55}ni^{55}$（明天）。

又如哈尼语，也存在部分词的“两读”，也是语音和语义二者竞争的结果。如：

$a^{55}go^{33}a^{31}tshu^{33}$	又读	$a^{31}tshu^{33}a^{55}go^{33}$	哥嫂
哥　嫂		哥　嫂	
$ga^{55}ma^{33}ga^{55}tshɔ^{55}$	又读	$ga^{55}tshɔ^{55}ga^{55}ma^{33}$	岔路
路　岔路		路　岔路	

（五）复合词构造的类型学特点，能为确定语言关系提供一些旁证

类型学关系能为语言关系的研究提供一些旁证材料。

汉语和藏缅语的并列复合词在构造上、语言标记上、演变上都普遍存在相同或相似的特点，比如语序固定、主要靠语音标记组合词素等。这不是偶然的，会

有其亲缘关系的内在原因。由此，这一类型学共同特点能不能为确定汉语和藏缅语之间的亲缘关系提供一个证据？

为什么同是汉藏语语言，有的语言的复合词词素的顺序，受声调因素制约，有的则受元音因素制约？总的看来，汉语主要受声调因素制约，藏缅语主要受元音因素制约，这是什么原因造成的？是否与二者之间声调产生的早晚有关？已有的研究成果初步证实：汉语的声调至少在上古汉语就已产生，而藏缅语的声调产生较晚，藏缅语有的语言和方言至今还没有声调，如门巴语、道孚语、藏语安多方言、羌语北部方言等，有的语言声调正处于萌芽阶段，如嘉绒语。

白语的系属问题是属于藏缅语还是接近汉语，一直是一个未取得一致认识的难题。有的认为靠近藏缅语，而有的认为靠近汉语。但在复合词词素的顺序上，白语则不同于藏缅语，而接近汉语。这是为什么？过去有的学者认为白语靠近汉语不是完全没有道理的。

参考文献

［1］陈宏．现代汉语同义并列复合词语义语用分析．天津大学学报，2008（4）．

［2］戴庆厦．景颇语参考语法．北京：中国社会科学出版社，2012.

［3］戴庆厦，李泽然．哈尼语并列复合名词 // 中国哈尼学．昆明：云南民族出版社，2000.

［4］胡坦．藏语复合词研究．民族语文，1986（6）．

［5］李洁．拉祜语的并列结构复合词．民族语文，2004（4）．

［6］王远新．哈萨克语土耳其语并列复合词词素顺序的特点．民族语文，1996（6）．

［7］张博．先秦并列式连用词序的制约机制．语言研究，1996（2）．

［8］赵燕珍．大理白语的并列复合词．百色学院学报，2012（2）．

［9］周祖谟．汉语骈列词语和四声．北京大学学报，1985（3）．

（作者单位：云南民族大学汉藏语研究院；中央民族大学）

汉藏语被动句的类型学分析*

戴庆厦　李洁

汉藏语系语言（以下简称汉藏语）都有被动表述，也就是说，被动表述是汉藏语的共性。这个共性是由说汉藏语的人的共同认知特点决定的。但有被动表述的语言不一定都有被动范畴，因为一种语法范畴除了依赖于语义特征外，更重要的是要有语法形式作为依托。印欧语的被动范畴，既有被动的语义特征，又有“be+V-ed”的语法形式，因而学者们对印欧语有被动范畴的认识并无异议。但汉藏语的情况则有很大的差异。虽然汉藏语诸语言在语义上都有被动表述，但是被动义的强弱存在不同的层次；而且在语法形式上缺乏共同的形态标记。在语法标记上，有的主要是带被动义的介词或动词，有的主要是语序或由结构助词与体词组成的语法关系。汉藏语被动表述的这些特点，使其对类型学研究有着特殊价值。本文主要通过汉藏语诸语言的比较，探讨汉藏语被动表述的类型学特征。为便于比较，本文采用被动句广义的概念，将凡具有被动义的句子统称被动句。

一、汉藏语被动句的多类型性

汉藏语被动句存在不同的类型。不同类型的划分主要是根据语法形式，但还要结合语义特点。所依据的语法形式（介词、结构助词、语序、形态变化等）往往不是单一的，而是有多种形式在起作用。不过，其中总有一个是主要的，对被动句的性质起决定性的作用。汉藏语被动句主要有介词型、结构助词型、动词形态型等三种类型。

* 原载《中央民族大学学报》，2007（1）。

（一）介词型被动句

介词型被动句主要以介词作为被动句的语法标记。属于这一类型的语言有汉语、白语和壮侗语、苗瑶语诸语言。

1. 通过亲属语言比较，可以看到汉语被动句型的发展比较充分

汉语被动句以被动标记词和受事居前的语序共同作为语法形式标记。被动标记词有“被、叫（教）、让、给”等。在语义上，这些语言的被动义都较强，除了表示“不如意、遭受”等消极义之外，还能表示“如意、愉快”的积极义，有时还能用于表示中性义。

2. 白语在不同土语里有 e⁴² “挨”、tɕo³⁵ “着”、tɯ³⁵ “被”等被动标记词，被动句以“受事 + e⁴²/tɕo³⁵/tɯ³⁵ + 施事 + VP”为基本结构。例如：

① ŋɯ⁵⁵ thi³³ e⁴²ɯ⁴⁴tshɯ⁵⁵kɑ³⁵tshɛ̃⁵⁵.①
我的弟弟 挨 骂 了　几 句
我的弟弟挨骂了几句。

② ɑ⁵⁵nɑ⁴⁴jĩ⁴²ẽ⁴²tɛ̃⁴⁴lɑ⁴²?②
哪　个 挨 打 了
哪个挨打了？

③ lia⁴²sɿ³⁵a⁴⁴tɕo³⁵sv³³a⁴⁴ta³³ɣɯ⁴⁴uo³⁵lɔ⁴².
粮 食 些 着 鼠 些 偷 吃 完 了
粮食被老鼠偷吃光了。

tɛ³⁵ 表被动，多用在施事主体不明确的情况下。例如：

④ pɔ³³tɯ³⁵tɛ⁴⁴tɯ⁴⁴tui⁴⁴.
他 被 打 得 顿
他被打了一顿。

① 语料来自徐琳、赵衍荪：《白语简志》，33 页，北京，民族出版社，1984。
② 语料来自徐琳、赵衍荪：《白语简志》，33 页，北京，民族出版社，1984。

⑤ ŋɯ^{55}thɛ^{44}kɛ^{55}ȵi^{44}tɯ^{35}ɯ^{44}lɔ^{42}.

我　弟　今日　被　骂　了

弟弟今天被骂（批评）了。

⑥ ɕua^{44}nɯ^{55} mɯ^{55}　nɔ^{33}pɯ^{33}tɕhɛ^{55}, tɯ^{35}ɯ^{44}lɔ^{42}mu^{44}?

说　你的（话助）你　不　听　　被　骂　了　没

跟你说你不听，被骂了吧？

3. 壮侗语的被动句以介词结构和受事提前的语序作为语法标记

各语言的介词被动标记词大多借自汉语的动词“挨、着（被）”，这些动词语法化后当介词使用。例如：

壮语（武鸣）：

⑦ tak^{33}nu:ŋ^{42} ŋa:i^{31} ta^{42}po^{33}da^{35}.①

弟弟　　挨　父亲　骂

弟弟挨父亲骂。

壮语（红水河）：

⑧ kva:k^{33}ʔdaɯ^{54}ɣa:n^{11}te:ŋ^{54}wun^{11}ɕi^{33}pai^{54}kva^{33}.

锄头　里面　家　被　人　借　去　过

家里的锄头被人借走了。

布依语（北盘江镇）：

⑨ sen^{31}te^{33}tso^{31}ðak^{11}lo^{2}. ②

钱　他　遭　偷　了

他的钱被偷了。

傣语（景洪）：

⑩ xau^{31} tso^{31}kai^{11}sak^{35}sam^{53}hən^{31}. ③

谷子　被　鸡　啄　完　了

谷子被鸡啄完了。

① 语料来自韦庆稳、覃国生：《壮语简志》，北京，民族出版社，1980。

② 语料来自周国炎：《布依语被动句研究》，载《中央民族大学学报》（哲学社会科学版），2003（5）。

③ 语料来自喻翠容、罗美珍：《傣语简志》，北京，民族出版社，1980。

傣语（陇川）：

⑪ tăŋ^{11} tso^{31}măn^{55}lăŋ^{33}lɛu^{35}hău^{53}.

木凳 被 他 坐 坏 了

凳子被他坐坏了。

傣语（金平）：

⑫ phɯn^{33}sə^{25} tsɔ^{31}fɯn^{33}jăm^{43}ʔɯn^{33}mɛt^{55}lɔ^{52}. ①

件 衣服 被 雨 浇 湿 全 了

衣服被雨全浇湿了。

侗语（车江）：

⑬ ʈiu^{11}məi^{31}ʈa^{53}təu^{33}nam^{31}la:u^{31}khuk^{24}wa:i^{33}ja:ŋ^{31}. ②

桥 木 那 被 水 大 冲 坏 了

那条木桥被大水冲坏了。

水语（三洞）：

⑭ man^{24}ŋa:i^{42} (la:u^{55}sɿ^{33}) phai^{33}phin^{42}ljeu^{31}. ③

他 挨 老师 批评 了

他挨批评了。

毛难语（上南）：

⑮ man^{231}ti:ŋ^{51}zu:i^{231}cit^{23}ljeu^{213}. ④

他 被 蛇 咬 了

他被蛇咬了。

黎语（海南乐东保定）：

⑯ na^{53}ia^{53}a:u^{53} pho:i^{55}pheŋ^{11}. ⑤

他 被 人家 批评

他被人家批评。

⑰ khai^{53}nei^{55}go:m^{11}pa^{53}ka:ɳ^{11}be^{53}. ⑥

鸡 这 被 狗 咬 了

这只鸡被狗咬了。

---

① 语料来自刀洁：《金平傣语概况》，载《民族语文》，2005（2）：75 页。

② 语料来自梁敏：《毛南语简志》，北京，民族出版社，1980。

③ 语料来自张均如：《水语简志》，北京，民族出版社，1980。

④ 语料来自梁敏：《毛南语简志》，北京，民族出版社，1980。

⑤ 语料来自欧阳觉亚、郑贻青：《黎语简志》，56 页，北京，民族出版社，1980。

⑥ 语料来自欧阳觉亚、郑贻青：《黎语简志》，56 页，北京，民族出版社，1980。

仡佬语（比贡）：

⑱ tau^{31}ʔua^{55}ŋua^{31}tau^{31}tia^{55}khəu^{31}mai^{13}ko^{33}. ①

只 羊 被 只 虎 吃 了 啦

羊被老虎吃了。

仡佬语（安顺）：

⑲ u^{33}ŋkai^{31}ŋkau^{44}tau^{24}kəɯ^{33}. ②

他 被 蛇 咬 了

他被蛇咬了。

布央语（巴哈）：

⑳ ma^{55}lu^{322}ȵɛ^{31}tɕa:i^{45}pja:ŋ^{322}. ③

钱 被 花 完

钱被花光了。

4. 苗瑶语的被动句也是以介词结构和受事提前的语序作为语法标记。介词有的也来自汉语的动词“让”“着”等。例如：

苗语（养蒿）：

㉑ ʑen^{13}nen^{55}ʈi^{33}ʑaŋ^{55}. ④

着 他 打 了

被他打了。

苗语（弥勒）：

㉒ ni^{21}ʈou^{13}ni^{21}vai^{24} ntou^{33}i^{43} tha^{31}.

他 被 他 父亲 打 一顿

他被爸爸打了一顿。

㉓ mei^{31}ʑei^{21}i^{44}tʂo^{24}la^{13} tl̥en^{55}ʈou^{13}.

他 们 着 别人 骗 着

他们被人骗了。

---

① 语料来自李锦芳：《巴哈布央语概况》，载《民族语文》，2003（4）：77 页。

② 语料来自贺嘉善：《仡佬语简志》，41 页，北京，民族出版社，1983。

③ 语料来自李锦芳：《巴哈布央语概况》，载《民族语文》，2003（4），75 页。

④ 语料来自马学良主编：《汉藏语概论》，608 页，北京，民族出版社，2003。

苗语（凯里）：

㉔ to^{22}noŋ^{55}hə^{53}ko^{21}to^{22}nɯ^{22}ȵɯ^{21}noŋ^{55}tɕə^{22}ʑε^{55}.

些 吃 喝 被 些 鼠 偷 吃 完 了

粮食被老鼠偷吃光了。

瑶语（金秀）：

㉕ ni^{331}pun^{33}koŋ^{33}an^{33}ky^{311}tsɔ^{55}kye^{35}i^{33} thɔŋ^{35}. ①

他 给 公安局 拿 过 两 遍

他被公安局抓过两回。

畲语（惠东）：

㉖ ntuŋ^{54}paŋ^{33}tshin^{33}tsan^{55}ɔ^{33}. ②

他 给 黄蜂 刺 了

他被黄蜂蛰了。

（二）结构助词型被动句

属于这一类型的语言，主要是属于SOV型的藏缅语。其特点主要是依靠结构助词将受事者提至施事者之前，改变了SOV语序为OSV语序。由于受事提至句首，加之结构助词对施事（少数是受事）的强调，使句子带有不同程度的被动义。这些语言在翻译汉语的被动句时，均以这种句型与之对译。与前一类型相比，这类语言被动句的被动义都比较弱。例如：

珞巴语（米林）：

㉗ oŋo: ali: nɯŋ do: gəȵε:. ③

鱼 猫（施助）吃（尾助）

鱼被猫吃了。

崩尼－博嘎尔语（米林）：

㉘ ta:pə ɦam ko: (nɯŋ) pupak gəȵe:. ④

绳子（受助）他（施助）拉断（尾助）

绳子被他拉断了。

① 语料来自赵敏兰：《柘山勉话概况》，载《民族语文》，2004（1）：77页。

② 语料来自毛宗武、蒙朝吉：《畲语简志》，北京，民族出版社，1986。

③ 语料来自欧阳觉亚：《珞巴语概况》，载《民族语文》，1979（1）：67页。

④ 语料来自欧阳觉亚：《珞巴族语言简志（崩尼－博嘎尔语）》，54页，北京，民族出版社，1985。

羌语（荣红）：

㉙ qɑ theː-wu　　paχuə-wu ə-tʂuə.

我 他（施事）脚（工具）(方向) – 踢

我被他踢伤了。

吕苏语（湾坝）：

㉚ ɣua^{35}kɯ^{55}le$^{53/31}$ pʐæ^{35}. ①

鸡　鹰　（助）叼走了

鸡被老鹰叼走了。

纳木兹语（甘海子村）：

㉛ ɦæɹ^{55}tsɿ^{55}jæ^{31}kæ^{31} ȵi^{55}　　ʁæ^{31}ha^{55}. ②

鸡　儿 只　老鹰（施助）叼　走

（一）只小鸡被老鹰叼走了。

景颇语（盈江）：

㉜ ŋai^{33}pheʔ^{55}　ʃi^{33}e^{31}　　kă^{31}jat^{31}să^{31}ŋai^{33}.

我 （受助）他（施助）打　　（句尾）

我被他打了。

载瓦语（潞西）：

㉝ mji^{31}ja̱ŋ^{31}eʔ^{31}　　lo̱ʔ^{55}sat^{55}pe^{51}. ③

火　他　（施助）搞　灭　了

火被他搞灭了。

阿昌语（户撒）：

㉞ maʔ^{31}kɔʔ^{31}n̥aŋ^{31}a^{31}　　tɕɔ^{31}pɔ^{31}.

梨子　　他　（施助）吃　了

梨子被他吃了。

勒期语（芒海）：

㉟ ta̱ŋ^{55}khuk^{55}ŋjaŋ^{33}ŋjei^{53}　tsuːŋ^{33}khjɔp^{55}pjɛ^{33}.

凳子　　他　（施助）坐　　坏　　了

凳子被他坐坏了。

---

① 语料来自戴庆厦、黄布凡等：《藏缅语十五种》，149—150 页，北京，北京燕山出版社，1991。

② 语料来自戴庆厦、黄布凡等：《藏缅语十五种》，北京，北京燕山出版社，1991。

③ 语料来自徐悉艰、徐桂珍：《景颇族语言简志（载瓦语）》，75 页，北京，民族出版社，1984。

浪速语（三台山）：

㊱ ɣɔʔ^{31}ɣauŋ^{31}jaŋ$^{31/51}$　pəŋ$^{35/55}$sɛʔ$^{31/55}$va^{55}. ①

鸡　野猫（施助）咬　　死　　（助）

鸡被野猫咬死了。

波拉语（三台山）：

㊲ khui^{35}jɔ̃$^{31/55}$jaŋ^{31}　pɛʔ^{31}sɛ̱ʔ^{55}vɛ^{55}. ②

狗　他　（施助）打　杀　（助）

狗被他打死了。

怒语（碧江）：

㊳ ʂ̥a^{55}mɯ^{33}ȵɛ^{31}e^{31}　　ʥa^{55}a^{31}ga^{33}. ③

肉 猫　　（施助）吃（助）

肉被猫吃了。

柔若语（兰坪）：

㊴ xo^{33}kṵ^{31}ȵa^{53}ni̱^{33}kṵ^{31}ɕi^{33}　　tso^{33}zɔ^{31}. ④

肉 个 猫　　个（施助）吃（助）

肉被猫吃了。

阿侬语（福贡）：

㊵ tʂ̥hʅ^{55}ȵi^{31}bɯ^{55}ʥɑ^{31}vu^{31}su^{55}bɑ^{31}　　dɛ^{31}gɹʅ^{55}mi^{53}　　thi^{55}mo^{33}khi^{53}ɑ^{31}bɑ^{35}.

昨天　　　乞丐　　　（受助）狗　　（施助）一 口 咬 去

昨天乞丐被狗咬了一口。

独龙语（龙拉村）：

㊶ ɕɔ^{31}sɯŋ^{55}tǎn^{55}ɑ^{31}lɑŋ^{53}tsɑŋ^{31}kɔ^{55}wɑ^{53}ɑ^{31} ja^{55} ǐŋ^{55}le^{31}　ɑ^{31}tɑ^{55}ɕɯ^{31}. ⑤

学生　现在　　　唱歌　　　那 我们　（助）听见

学生在唱歌被我们听见了。

彝语（凉山）：

㊷ ŋa^{33}tshʅ^{33}kɯ^{31}　tsʅ^{55}ko^{44}ba^{33}o^{44}. ⑥

我 他 （施助）骂 惨　　了

我被他骂惨了。

---

① 语料来自戴庆厦、李洁：《藏缅语的强调式施事句——兼与汉语被动句对比》，载《语言研究》，2005（3）：78页。

② 语料来自戴庆厦、黄布凡等：《藏缅语十五种》，350页，北京，北京燕山出版社，1991。

③ 语料来自戴庆厦、黄布凡等：《藏缅语十五种》，238页，北京，北京燕山出版社，1991。

④ 语料来自孙宏开、黄成龙等：《柔若语研究》，122页，北京，中央民族大学出版社，2002。

⑤ 语料来自孙宏开：《独龙语简志》，148页，北京，民族出版社，1982。

⑥ 语料来自胡素华：《彝语结构助词研究》，41页，北京，民族出版社，2002。

㊸ ŋa^{33}tshɿ^{33}si^{31} tshɿ^{31}vi^{55}ho^{31}m̥a^{55}. ①

我 他 （施助）一 阵 教育

我被他教育了一通。

拉祜语（拉祜纳）：

㊹ ʑɔ^{53}ve^{33}phɣ̩^{33}tshɔ^{33}qhɔ^{53}qhɔ^{53}vɯ^{33}o^{31}.

他 的 钱 小偷 偷 走 了

他的钱被贼偷了。

哈尼语（绿春）：

㊺ xa^{33}ma^{33}a^{55}xɔ^{55}ne^{33} ba̱^{31}dʑa^{31}a^{55}.

母鸡 野猫 （施助）抓 吃 了

母鸡被野猫抓吃了。

纳西语（丽江）：

㊻ sa^{33}la^{31}thɯ^{33}nɯ^{33} dzɿ^{31}tɕhər^{33}.

凳子 他 （施助）坐 折

凳子被他坐坏了。

土家语（仙仁）：

㊼ kuɛ^{54}ɣa^{33}pa^{33}ko^{33} tɕi^{33}pha^{33}tsa^{35}o^{54}sã^{55}lu^{33}. ②

他 石头 （施助）脚 砸 伤 了

他被石头砸伤了脚。

（三）动词形态型被动句

有的语言通过动词形态的变化滋生被动义。但动词形态变化也不是单一的手段，还要有语序或结构助词与之配合。属于这一类的语言有拉坞戎语、扎话、义都珞巴话等。动词的形态变化，主要是添加附加成分（前加和后加）。但对彝语是否有以动词的声调变化表示被动义，则存在不同的意见。如，有的认为凉山彝

① 语料来自胡素华：《彝语结构助词研究》，41 页，北京，民族出版社，2002。

② 语料来自戴庆厦、田静：《仙仁土家语研究》，100 页，北京，中央民族大学出版社，2005。

语的被动句有屈折形式和分析形式两种手段。[①] 有的则认为凉山彝语中并不存在“被动态”的语法标志，被动句主要依赖谓语所表示的“结果性”而成立，即采取“受事 + 施事 + 动词”这个词序来构成。如《凉山彝语的被动句》[②]、《凉山彝语的被动结构》。

除了以上三种类型外，在藏缅语许多语言里还有通过动词（虚化动词）、使动词等构成的被动句。但对这类句子是否是被动句则存在不同的意见，因为这类句子被动义很弱。如哈尼语用动词 bi^{33} 与其他谓语动词共同组合的连动结构，有的学者认为它含有被动义，而有的则认为它不含被动义。哈尼语的 bi^{33}，由动词 bi̠^{31}“给”语法化而来。例如：

㊽ a^{31}jo^{33}ma̠^{31}bi^{33}ɣe̠^{31}dza^{31}a^{55}.
他们　　给 骗　　了
他们被骗了。

㊾ a^{31}n̥i^{55}je^{31}nɔ^{33}bi^{33}ja^{31}a^{55}.
弟弟 今天 给 骂 了
弟弟今天被骂（批评）了。

㊿ a^{31}jo^{31}ɤ^{33}tshɔ^{55}pɤ̠^{31}bi^{33}n̥ɔ̠^{33}tse̠^{33}a^{55}.
她　的 辫子　　给 剪 掉 了
她的辫子被剪掉了。

载瓦语被动句有用动词的使动形式来表示被动义的用法。如：

(51) khjiŋ^{51}lo̠ʔ^{55}nu̠ŋ^{55}pe^{51}.
线　　搞 使乱 了
线被搞乱了。（nuŋ^{55} 乱—nu̠ŋ^{55} 或 lo̠ʔ^{55}nu̠ŋ^{55} 使乱）

---

① 陈康、巫达:《彝语语法》，北京，中央民族大学出版社，1998；李民:《凉山彝语的主动句和被动句》，载《西南民族学院学报》，1984（1）；朱文旭、张静:《彝语被动句式研究》，见《现代语言学理论与中国少数民族语言研究》，北京，民族出版社，2003。

② ［日］小门典夫:《凉山彝语的被动句》，载《语言研究》，2003（4）。

52 $jo^{51}xji^{51}ʒa̱^{55}$ pe^{51}.

地 这 使平（谓助）

这地被弄平了。（$ʒa^{55}$ 平—$ʒa̱^{55}$ 使平）

总之，汉藏语的被动句存在多类型性的特点。从大的方面看主要有两种类型：一是介词型；另一是结构助词型。还有少量语言有动词形态变化型。不同类型之间既有共性，又有个性。类型的区分，既与语言机制系统的不同特点有关，又同历史演变规律的不同取向有关，还与语言接触有密切的关系。

二、制约汉藏语被动句不同类型的语言机制

作为独立语法范畴的被动句，其形成和发展必有其语言外部条件和语言内部机制的理据。汉藏语的被动句也是如此。语言机制的特点有多种，其中有的作用大些，有的小些。分析制约汉藏语被动句不同类型的语言机制特点，必须分清主次，并从不同的制约因素中发现相互间的联系。

（一）分析性的特点决定了汉藏语被动句缺少形态特征

与以形态变化作为被动表述语法形式的印欧语相比，汉藏语的被动表述主要是依靠词汇手段来体现的，普遍没有印欧语那样的形态变化。汉藏语这个特点，是由汉藏语的分析性特点决定的。

分析性强是汉藏语的一个共同特点。分析性是指缺少形态变化，以语序和虚词作为表达语法意义的主要手段。形态变化主要反映在动词上。形态变化丰富的语言，在动词上有表示时、体、人称、数、使动、方向等语法意义的形态变化。其次，在名词上有表示数、格、性的形态变化。但汉藏语的大多数语言，动词、名词上的形态变化都不丰富，各种语法意义主要靠词的结合关系、词序的变换、虚词的使用来表达。虽然藏缅语的一些语言，有相对丰富的形态变化，如动词有使动范畴、人称、数、体的形态变化等，但是在总体上仍以分析性的特征为主。

不同语言之间，分析性强弱程度不尽相同。有的语言如汉语、壮侗语、苗瑶语等，分析性特点相对较强；藏缅语的中、北部语言相对较弱，形态变化多些，

如嘉绒语、羌语、景颇语等。分析性强的语言，缺少形态变化，在被动表述上主要靠词汇手段，没有形态变化作为支撑。由于词汇手段具有不确定性的特点，即可以通过各种不同的词来表达被动语义，这就成为对汉藏语被动表述在认识上容易存在分歧的一个重要原因。

（二）汉藏语被动句的类型划分与语序类型存在一致关系

语序类型的特点决定了汉藏语被动句的不同类型。汉藏语的基本语序有两大类型，一是SVO型，属于这一类型的有汉语、苗瑶语、壮侗语以及藏缅语的克伦语等；二是SOV型，藏缅语绝大部分语言均属这一类型。属于藏缅语的白语SOV和SVO两种语序并存。从这两种不同语序类型的对比中可以看到：属于SVO型语序的语言，其被动句发展得较充分，“被动”义也较强；而属于SOV型的语言，被动句不发达，普遍缺乏像汉语那样的介词结构被动句，与被动有关的施受关系多通过格助词来表示。

为什么存在上述的一致性？这是因为汉藏语SVO型语序的语言，能形成表示被动义的“介词+施事者宾语”的短语结构，这种结构与VO型语序是一致的。因此，汉藏语中凡是属于SVO型语序的语言，都有被动义较强的被动句；而SOV型语序的语言则不同，因为宾语在动词之前，不可能产生介宾结构，因而这一语序的语言被动义都比较弱，或者说难以形成典型的被动句。

（三）词类的不同特点也会对被动句类型的形成起影响作用

与被动句有关的词类主要是介词、动词、结构助词。特别是介词，在被动句形成过程中被动义的表达上起着至关重要的作用。但汉藏语诸语言中不是所有的语言都有介词，特别是藏缅语中大部分语言都没有介词。通过比较，我们看到汉藏语中凡有介词词类的语言，都有被动义较强的被动句，如汉语、壮侗语、苗瑶语以及藏缅语的白语。而没有介词的藏缅语则无被动义较强的被动句，这些语言只有靠结构助词表示较弱的被动义。这种被动句，称之为类被动句似更合适。

介词的有无、结构助词的丰富与否，与语序是SVO型还是SOV型有关。在词类分布上，SVO型与SOV型语言最大的不同是，SVO型语言有介词一类，而SOV型语言一般没有介词。因为SVO型语言谓语动词居于宾语之前，容易虚化为介词，是产生介词的最好土壤。而 SOV 型语言的谓语动词位于宾语之后，不可能产生介词和介宾结构。虽然 SOV 型语言有丰富的结构助词，但是结构助词并不直接表示被动义。总之，介词是 SVO 型语言区别于 SOV 型语言的一个重要词类，也是两种语序类型语言在词类上相区别的一个重要类型学参项。藏缅语被动句的被动义较弱、被动表述使用频率较低、习惯用主动句，与缺乏介词结构的语义表达有关。

（四）语言接触的特点也会对被动句类型的形成产生影响

语言接触是人类语言的共性。制约语言接触的因素既有来自外部的，又有来自内部的。来自外部的是不同语言的社会文化等因素；来自内部的是语言本身机制特点的适应性如何。为什么有的语言容易接受外来因素的影响，而有些则相对封闭，这除了与民族间接触的强弱有关外，还与语言机制的特点有关。从汉藏语的总体情况看，苗瑶语、壮侗语和藏缅语的白语等语言，被动句受到汉语较大的影响，产生了由汉语借词（“着、挨”等）构成的被动句，而藏缅语被动句的形成和发展没有受到汉语较多的影响，走的是一条不同的路。

三、汉藏语被动句研究的类型学价值

语言类型学（linguistic typology）以跨语言研究为基础，旨在通过语言（包括亲属语言和非亲属语言）的比较，从纷繁复杂的语言现象的比较中揭示人类语言的共性与个性，是语言研究的新视角。使用语言类型学的新视角来研究语言，可以加深对语言现象的认识。

（一）汉藏语被动句的研究有助于对人类语言共性和个性的认识

语言类型学研究的内容广泛，但特别重视语序的研究。除了关注主语、谓语、宾语组成的语序外，还特别重视介词在句中的语序。格林伯格（Greenberg）通过众多语言的比较，将人类语言的语序分为 6 类，并求出了各类语序在人类语言中的使用频率，排列了频率高低的顺序。但格林伯格等类型学家并没有对被动句进行专门的类型学研究。

汉藏语被动句的研究是汉藏语语法研究中的一个重要问题。因为被动句涉及动词的配价、施受关系以及虚词的使用、句子语气的选择等语法问题，而且与语序的特点密切相关。由于汉藏语的被动句具有不同于其他语系语言的显著特点，因而汉藏语被动句的研究具有重要的类型学价值。我们有可能通过汉藏语被动句的研究，认识汉藏语被动句在人类语言中所处的地位，包括它与其他语系语言之间存在的共性和个性，从而有助于在这一论题上进一步完善语言类型学的理论。

（二）汉藏语被动句的研究有助于反观不同语言的特点

汉藏语被动句不同于其他语系，内部不同的语言也有较大差异。通过语言比较，能够在深入认识单一语言的基础上反观不同语言的特点。反观是认识具体语言特点的一个重要途径。比如，通过汉藏语与印欧语比较，我们反观到了汉藏语被动句不依赖于形态变化的特点；通过汉藏语内部语言间的比较，可以看到不同语言在被动表述上的重大类型学差异。同属汉藏语系的语言，为什么有的语言是介词型，有的语言是结构助词型；为什么有的语言被动义强，有的语言被动义弱，甚至有的很微弱。从反观中还能看到，汉语的被动句主要依靠“被”字显示其被动义，其形成和发展与“被”字的发展演变形影不离，构成与其他亲属语言不同的特点。这一角度的观察，有助于深入分析汉语的被动句。

（三）汉藏语被动句的研究有助于建立适合汉藏语被动句的理论框架

既然汉藏语被动句有不同于其他语系语言的特点，这就需要寻找适合汉藏语系被动句的理论框架。建立好这种框架，必须做到现代语言学理论和汉藏语具体语言特点相结合。既要有借鉴，又要有创新，“量体裁衣”，而不能“削足适履”。我们不妨回顾一下汉藏语被动句研究的历程，这有助于建立适合汉藏语被动句的理论框架。

汉藏语被动句的研究起先于汉语，而汉语被动句的研究强烈地受到印欧语被动句研究的影响。比如，汉语“被动句”概念的提出，很大程度上是受到英语语法研究的影响。印欧语的被动句有形态变化，语法形式很有规律，其语义和语法的对应关系也比较简单。而汉语的情况则不同，虽也有被动语义表述，但却没有像印欧语那样的形态标志。这就给汉语被动句研究带来了先天的不足，成为近半个世纪以来被动句研究不断出现分歧的症结所在。

汉语的被动句研究始于19世纪末，自《马氏文通》(1898年)最早论及“被动式”相关问题以来，经历了不断探索的过程。经过一个多世纪的研究，语法学界普遍认识到，被动句是现代汉语的一种特殊句型，有其特殊的语用和研究价值。这期间，被动句的研究，既有模仿又有摆脱，经历了由浅入深、由表及里的逐步发展的过程。学者们围绕汉语被动句的定义、语法形式、语义特征、语用功能、分类、演变，以及与其他句式的转换关系等问题进行了广泛的讨论。在研究方法上，从被动句语法平面的研究逐渐扩展到语义和语用的平面，并将三个平面的研究结合在一起，既有宏观的把握又有微观的观察，既有共时的观察又有历时的追溯，既有传统的结构主义研究方法又有现代的转换生成或认知解释。但存在的问题仍然很多，比如汉语被动句的本质属性如何，汉语是否存在真正意义上的被动句，汉语被动句语法标记的性质究竟是什么，应该如何对汉语被动句进行分类，古今被动句语义发生变化与哪些因素有关，等等。问题的不断出现，反映了人们对汉语被动句的认识过程，也说明了汉语被动句自身的复杂性。

再看非汉语被动句研究的情况。非汉语被动句的研究远远晚于汉语，是在汉语语法研究的影响下逐步开展起来的。因而非汉语的被动句研究，不免受到汉语语法研究框架、研究方法的束缚，研究成果也显得薄弱，涉及的问题也比较窄。从总体上看，虽然有关学者已对汉藏语非汉语的被动句做了尝试性的研究，但是至今对这些语言“被动”相关问题的认识仍还只停留在初步的阶段，对相关语言被动句在句法、语义、语用以及类型学特征等方面的问题还缺乏深入的认识。特别是跨语言的深入比较研究所做工作很少。在方法论上，以往对如何运用现代语言学理论分析非汉语的被动句所做工作不多，未能处理好模仿与创新的关系。

(四)汉藏语被动句的研究有助于汉藏语语言系属关系的研究

汉藏语的语言系属问题是汉藏语研究中的一个重大难题。半个多世纪以来，围绕着壮侗语、苗瑶语与汉语有无亲缘关系，存在着两种完全对立的观点，而且长期未能取得共识。其焦点在于，壮侗语、苗瑶语与汉语的相关、相似成分究竟是同源关系还是借用关系。同源论者认为是同源关系；非同源论者认为是借贷关系。语言学家虽然付出了不少努力，但是至今还不能科学地回答什么是同源词，什么是借词。过去，汉藏语亲属关系的界定，语言学家主要是在同源词和语音对应规律上下功夫，这是对的。今后，能否再从语法比较入手，寻求汉藏语系属关系的新理据。从汉藏语诸语言被动句的比较中，我们大体能看到这些语言关系的轮廓，也能获取一些证明语言关系远近的证据。比如，可以通过介词是否同源、结构助词是否同源看语言关系的远近，还可以通过被动义强弱层次的分布、被动句语序在不同语言中的表现等看语言的亲属关系。

由于汉藏语被动句的复杂性，其研究面临着艰巨的任务。我们认为做好这项工作的关键应该是：深入、科学地描写各个语言的被动句，进而进行语言比较，求出语言的共性和个性，并在此基础上进行理论概括，求出汉藏语被动句的结构规律和历史演变规律。

参考文献

[1] 贺嘉善. 仡佬语简志. 北京：民族出版社，1983.

[2] 梁敏. 毛南语简志. 北京：民族出版社，1980.

[3] 毛宗武，蒙朝吉，等. 瑶族语言简志. 北京：民族出版社，1982.

[4] 毛宗武，蒙朝吉. 畲语简志. 北京：民族出版社，1986.

[5] 欧阳觉亚，郑贻青. 黎语简志. 北京：民族出版社，1980.

[6] 欧阳觉亚. 珞巴族语言简志（崩尼－博嘎尔语）. 北京：民族出版社，1985.

[7] 孙宏开. 独龙语简志. 北京：民族出版社，1982.

[8] 韦庆稳，覃国生. 壮语简志. 北京：民族出版社，1980.

[9] 徐琳，赵衍荪. 白语简志. 北京：民族出版社，1984.

[10] 徐悉艰，徐桂珍. 景颇族语言简志：载瓦语. 北京：民族出版社，1984.

[11] 喻翠容，罗美珍. 傣语简志. 北京：民族出版社，1980.

[12] 张均如. 水语简志. 北京：民族出版社，1980.

[13] 陈康，巫达. 彝语语法. 北京：中央民族大学出版社，1998.

[14] 戴庆厦，黄布凡，等. 藏缅语十五种. 北京：北京燕山出版社，1991.

[15] 戴庆厦，李洁. 藏缅语的强调式施事句——兼与汉语被动句对比. 语言研究，2005（3）.

[16] 戴庆厦，李洁. 从藏缅语族语言反观汉语的被动句. 云南师范大学学报（哲学社会科学版），2006（3）.

[17] 戴庆厦，田静．仙仁土家语研究．北京：中央民族大学出版社，2005.

[18] 戴庆厦．浪速语研究．北京：民族出版社，2005.

[19] 刀洁．金平傣语概况．民族语文，2005（2）.

[20] 胡素华．彝语结构助词研究．北京：民族出版社，2002.

[21] 胡素华．凉山彝语的被动结构．第37届“国际汉藏语言及语言学”会议论文，2004.

[22] 李锦芳．巴哈布央语概况．民族语文，2003（4）.

[23] 李民．凉山彝语的主动句和被动句．西南民族学院学报，1984（1）.

[24] 马学良主编．汉藏语概论．北京：民族出版社，2003.

[25] 欧阳觉亚．珞巴语概况．民族语文，1979（1）.

[26] 孙宏开，黄成龙，等．柔若语研究．北京：中央民族大学出版社，2002.

[27] 孙宏开，刘光坤．阿依语研究．北京：民族出版社，2005.

[28]［日］小门典夫．凉山彝语的被动句．语言研究，2003（4）.

[29] 赵敏兰．柘山勉话概况．民族语文，2004（1）.

[30] 周国炎．布依语被动句研究．中央民族大学学报（哲学社会科学版），2003（5）.

[31] 朱文旭，张静．彝语被动句式研究 // 戴庆厦，顾阳．现代语言学理论与中国少数民族语言研究，北京：民族出版社，2003.

（作者单位：中央民族大学中国少数民族语言文学学院）

分析性视角下的工具状语句法类型 *

——以藏缅语为例

闻静

一、引言

分析性语言的类型特征在一定程度上决定了其句法结构的各个层面有着区别于非分析性语言的特点。对于分析性语言的研究，我们除了要使用“分析性的研究眼光”外，还应进一步分清分析性语言中的不同类型，区分各个类型的异同，进而挖掘各类分析性特征对语言结构的影响和制约。①

藏缅语虽然带有不同程度的屈折性特点，但是主流则是属于分析性的。在句法的构成及演变上，表现出分析性语言所独有的规律和特质。以藏缅语工具状语的句法构成为例，其句法手段主要有屈折式和分析式两种，并且呈现出以屈折式为辅、分析式为主的共时状态。从具体的考察结果来看，屈折式主要出现在藏语支②、羌语支的少数语言中，分布范围较窄，其特点是工具状语标记的独立性弱、黏附性强，标记形式会根据前一音节的特点，出现多种变体。如玛曲藏语方言的工具状语标记有 ngə、kə、ɣə 三种变体。在以元音结尾的开音节后使用 ɣə。例如：

* 本研究为国家社科基金一般项目“藏缅语方式状语语法形式的类型及历史演变”（14BYY136）的阶段性成果之一，原载《民族语文》，2019（6）。

① 戴庆厦、闻静：《论“分析性语言”研究眼光》，载《云南师范大学学报》（哲学社会科学版），2017（5）。

② 对于藏缅语语支的划分，本文主要依据马学良主编的《汉藏语概论》（2003）及孙宏开等主编的《中国的语言》（2007）的认定方式。

① kan ngə ŋə hwe tɕha mn̥e ɣə wʂak taŋ zək.[①]
他（施）[②] 我的 书 火 （工）烧 了
他用火把书烧了。

在以鼻音韵尾 -m、-n、-ŋ 结尾的音节后使用 ngə，kə 则出现在以辅音韵尾 -p、-t、-k、-r 结尾的音节后。例如：

② rgən ndzəm ngə tɕhaŋ rgən ndzəm ngə li nə re.
葡萄 的 酒 葡萄 （工） 做 的 是
葡萄酒是用葡萄做的。

③ kan thap kə ɬitaŋ zək.
他 办法（工）诱骗 了
他想办法诱骗。

而分析式手段的状语助词独立性强、语音界限清晰，少有变体。分析式手段遍布藏缅语的五大语支，是一种处于绝对优势的句法手段，代表了整个藏缅语工具状语句法手段的主要特征和发展趋势。但是，分析式手段的使用在不同语支间并非完全一致，工具助词在功能强弱、编码方式、句法分布等方面也存在着一定的类型差异。

本文以 54 种藏缅语工具状语的分析式手段作为依据，通过个性差异的比较，归纳出不同层次的类型特点，并尝试解释不同句法表征背后的原因、机制，以此窥探语言分析性强弱的层次差异对句法形式及句法手段所产生的不同影响，为探讨语言类型的转换与演变提供理论证据。

二、藏缅语工具状语分析式手段的特点

藏缅语工具状语的分析式手段有共同的特征。具体表现在虚词是工具状语的

① 语料来自周毛草：《玛曲藏语研究》，226—232 页，北京，民族出版社，2003。

② 本文语料标注所用缩略语：工——工具标记；施——施事标记；受——受事标记；并——并列标记；状——方式状语标记；补——补语标记；方——方所标记；定——修饰定语标记；领——领属标记；话——话题标记；比——比较基准标记；随——随同标记；时——时间标记；条件——条件标记。

标记形式，其功能和能产性强、分布范围广、语序固定。

（一）工具状语助词具有丰富的句法功能

藏缅语工具状语助词都具有很强的句法扩张力，能够用来表达与其原型范畴（prototype category）相关而又不同的多种范畴。工具状语助词的功能分布覆盖了施事、随同、名词性并列、动词性并列、方式、原因、条件、方所、源点、时间、来源、受事、领属、话题、比较基准、补充等18种范域。即使是形态特点保留较多的羌语支语言，工具状语助词也可以表达较为丰富的句法语义。如嘉绒语工具状语助词 kə 可以标记施事、动词性并列、方式、原因等多种语义范畴。

1. 标记工具。例如：

④ kaŋ pje kə ta-stɕos kɐ-sə-lɐt. [①]
钢笔（工）字　使　写
用钢笔写字。

2. 标记施事。例如：

⑤ tə-rmi kə-sam kə mə　nəu-top. [②]
人　三　（施）他（前缀）打
三个人在打他。

3. 标记原因从句。例如：

⑥ tə˙ wo ka-ʃə-na wu ʧəs kə, smon ʧi ka-mot ŋos. [③]
病 治 好　为了　药　水 喝　是
为了治好病，而喝药水。

① 语料来自林向荣:《嘉戎语研究》，376页，成都，四川民族出版社，1993。
② 语料来自林向荣:《嘉戎语研究》，336页，成都，四川民族出版社，1993。
③ 语料来自林向荣:《嘉戎语研究》，389页，成都，四川民族出版社，1993。

4. 标记承接性并列动词结构。例如：

⑦ mə ta-zbro te kə ta-pu nə- pthɐm. [1]
他 踢脚 一（并）孩子（前缀）倒
他一脚把孩子踢倒了。

5. 标记动作方式。例如：

⑧ mə ta-r̥kut kə-sam kə khəna na- sat. [2]
他 拳 三 （状）狗（前缀）打死
他用三拳打死了狗。

由于分析性语言缺少形态变化，虚词承载了大量的句法功能。工具状语助词作为一种多功能的句法语素，不仅语法化程度高，在整个藏缅语中表现出较为显赫的句法地位，而且在使用上具有强制性，成为标记工具状语及其相关范畴的一个重要句法手段。

（二）工具状语助词的双音节化

藏缅语存在双音节工具状语标记，这种双音节形式多是由两种不同句法层次的虚词组合而成的。其中，具有连接作用的连词是双音节工具助词较为常见的构词语素。如彝语支的邦朵拉祜语工具状语标记 tɛ³³lɛ³³ 就是虚词 tɛ³³ 和 lɛ³³ 合成的双音节形式。例如：

⑨ i³⁵qo³³tɛ³³lɛ³³ɔ³¹ ȵi³⁵mɛ³¹! [3]
勺子（工） 饭 舀 啊
用勺子舀饭啊！

① 语料来自林向荣：《嘉戎语研究》，378 页，成都，四川民族出版社，1993。
② 语料来自林向荣：《嘉戎语研究》，378 页，成都，四川民族出版社，1993。
③ 语料来自李春风：《邦朵拉祜语参考语法》，200 页，北京，中国社会科学出版社，2014。

⑩ $i^{35}k\underline{a}^{53}t\varepsilon^{33}l\varepsilon^{33}tsh\gamma^{53}l\varepsilon^{31}$! ①

水 （工） 冲 啊

用水冲啊。

其中，$t\varepsilon^{33}$ 可以作为方式状语标记。例如：

⑪ $j\text{ɔ}^{53}x\text{ɯ}^{33}xa^{33}xa^{33}l\varepsilon^{31}l\varepsilon^{31}t\varepsilon^{33}qe^{33}ve^{33}$. ②

他们 高高兴兴 （状）走 了

他们高高兴兴地走了。

$l\varepsilon^{33}$ 作为连词，可以连接两个并列成分。例如：

⑫ $\text{ȵ}i^{33}\text{ɕ}a^{33}ve^{33}l\varepsilon^{33}\text{ȵ}i^{33}xa^{11}ve^{33}$ ③

美 的（并）丑 的

美的和丑的

⑬ $j\text{ɔ}^{53}x\text{ɯ}^{33}qa^{33}te^{53}ph\text{ɔ}^{53}m\text{ɯ}^{31}l\varepsilon^{33}puai^{53}te^{53}ph\text{ɔ}^{53}te^{33}$. ④

他们 歌 一边 唱 （并） 舞 一边 跳

他们一边唱歌一边跳舞。

又如拉祜语苦聪话也是使用双音节形式 $l\text{ɔ}^{33}\text{ȵ}\varepsilon^{33}$ 标记容器和非容器类工具。例如：

⑭ $\text{ŋ}a^{31}\text{ɕ}i^{35}ti^{31}pa^{31}a^{33}khu^{31}l\text{ɔ}^{33}\text{ȵ}\varepsilon^{33}sa^{35}\text{ɣɤ}^{31}\text{ɕʌ}^{33}$. ⑤

我 这 一把 刀 （工） 肉 切

我用这把刀切肉。

① 语料来自李春风：《邦朵拉祜语参考语法》，200 页，北京，中国社会科学出版社，2014。
② 语料来自李春风：《邦朵拉祜语参考语法》，199 页，北京，中国社会科学出版社，2014。
③ 语料来自李春风：《邦朵拉祜语参考语法》，179—180 页，北京，中国社会科学出版社，2014。
④ 语料来自李春风：《邦朵拉祜语参考语法》，179—180 页，北京，中国社会科学出版社，2014。
⑤ 语料来自常俊之：《元江苦聪话参考语法》，150 页，北京，中国社会科学出版社，2011。

⑮ ŋa^{31}khɯ^{31}lɔ^{33}ȵɛ^{33}a^{55}ka^{33}dɔ^{31}ɕʌ^{33}. ①

我 碗 （工） 水 喝

我用碗喝水。

其中，连词 ȵɛ^{33} 具有连接两个动词性结构的作用，表示几个连续发生的动作。例如：

⑯ a^{33}khu^{31}zv^{31}v^{33}la^{31}ȵɛ^{33}sɤ^{33}ka^{55}lɔ^{33}pɤ^{33}lʌ^{33}. ②

刀 拿 去 来（并）柴 （受）砍 来

拿刀来砍柴。

⑰ ɣɔ^{31}kɛ^{31}tsɿ^{31}tɕi^{33}ȵɛ^{33}phʌ^{33}vɤ^{31}khɔ^{31}la^{31}ȵɛ^{33}phɯ^{33}kɯ^{33}ti^{33}ɕʌ^{33}. ③

她 街子 去（并）布 买 回来 （并） 衣服 做

她上街买布回来做衣服。

而助词 lɔ^{33} 既可以表示领有、处所，也可表受事。例如：

⑱ ɣɔ^{31} miɛ^{33}phv^{31}lɔ^{33}na^{31}kv^{55}nɔ^{55}a^{33}. ④

他 脸 （方）麻子 有

他脸上有许多麻子。

⑲ ʐa^{31}sɔ^{55}nɔ^{31}lɔ^{33}di^{31}lau^{35}? ⑤

刚才 你（受）骂

刚才你挨骂了吗？

双音节工具状语助词也可以由与“工具”相关的其他标记成分构成。如彝语他留话的工具状语标记 pi^{55}nɔ^{33} 中，pi^{55} 作为动词，有“做、干、建设、当（做）”之意，nɔ^{33} 用以标记施事，双音节形式 pi^{55}nɔ^{33} 标记工具状语。例如：

① 语料来自常俊之：《元江苦聪话参考语法》，150 页，北京，中国社会科学出版社，2011。

② 语料来自常俊之：《元江苦聪话参考语法》，134 页，北京，中国社会科学出版社，2011。

③ 语料来自常俊之：《元江苦聪话参考语法》，134 页，北京，中国社会科学出版社，2011。

④ 语料来自常俊之：《元江苦聪话参考语法》，147—150 页，北京，中国社会科学出版社，2011。

⑤ 语料来自常俊之：《元江苦聪话参考语法》，147—150 页，北京，中国社会科学出版社，2011。

⑳ ŋu^{55}ɔ^{55}thu^{31}pi^{55}nɔ^{33}sʅə^{33}bʊ^{33}tʂhʅ^{55}. ①

我 刀 （工） 树 砍

我用刀砍树。

㉑ ɔ^{55}ʂʅ^{33}tʂu^{33}pɔ^{33}pi^{55}nɔ^{33}ã^{55}ŋua^{31}phɔ^{33}. ②

阿诗 绳子 （工） 牛 拴

阿诗用绳子拴牛。

pi^{55} 作动词。例如：

㉒ ʥu^{55}pi^{55} ③

饭 做

做饭

nɔ^{33} 用以标记施事。例如：

㉓ tɕhi^{55}nɔ^{33}mau^{31}pʅ^{31}pi^{55}nɔ^{33}ʦɿ^{55}bo^{33}. ④

他(施) 毛笔 （工） 字 写

他用毛笔写字。

从藏缅语双音节助词的语素构成来看，双音节形式可能源于不同的句法环境，也可能是不同语法化效应综合作用的结果。⑤ 但在性质上，虚词的双音节形式是分析性语言双音节化的产物。音步规律对藏缅语双音节虚词结构的形成具有较强的驱动力和制约作用，可以说，工具状语助词双音节形式的存在是分析性语言韵律机制作用下的结果。

除工具状语助词本身出现双音节化之外，由于工具助词具有能产性（类推性），在韵律机制的推动下，单音节工具助词也易于与其他虚词组合而形成双音

① 语料来自段秋红：《彝语他留话句法研究》，46 页，北京，中央民族大学博士学位论文，2019。
② 语料来自段秋红：《彝语他留话句法研究》，46 页，北京，中央民族大学博士学位论文，2019。
③ 语料来自段秋红：《彝语他留话句法研究》，45 页，北京，中央民族大学博士学位论文，2019。
④ 语料来自段秋红：《彝语他留话句法研究》，46 页，北京，中央民族大学博士学位论文，2019。
⑤ 工具状语助词双音节形式的来源及语法化途径将另行讨论，不作为本文的重点。

节形式，以此实现对与工具相关范畴的编码。如格曼语的工具助词 ka^{35} 与助词 ni^{55} 构成的双音节形式可标记动作的方式、伴随状态，还可以标记事件得以发生的条件。例如：

㉔ suŋ^{55}xuŋ^{55}tɯ^{31}gli^{53}xa^{31}kap^{55}ka^{35}sal^{35}kɯ^{31}mu gaŋ^{53}ka^{55}. ①

松洪　铁丝　（工）野羊　一　套（附加）

松洪用铁丝套了一头羊。

㉕ tʂa^{55}ɕi^{55}kɯ^{31}tɕoŋ^{35}kɹam^{55}ni^{55}ka^{35}kin^{55} mɯ^{31}taŋ^{53}xu^{53}la^{35}. ②

扎西　锅　背　（状）　我们 村　来（附加）

扎西背着铁锅到咱们村来了。

㉖ ɯi^{53}ta^{31}kɹoŋ^{55}xoŋ^{55}ni^{55}ka^{35}so^{55}xat^{55}tuŋ^{55}tha^{35}. ③

他　机会　找（条件）　就　溜（附加 附加）

他趁机溜了出去。

波拉语工具助词 jaŋ^{31} 与动词 ŋɔt^{55}（是）组合形成 ŋɔt^{55}jaŋ^{31}，用以标记无条件句。例如：

㉗ khăk^{55}ja̱m^{55}mɛ̃^{55}mu$^{35/55}$jak$^{31/55}$pa^{55}ŋɔt^{55}jaŋ^{31}, va^{55} mɛ̃^{55}maʔ^{31}pɛ^{31}pɔ̃^{35}a^{55}. ④

谁　家　里　困难　有（条件）　寨子 里　人们 会　帮（助）

无论谁家有困难，寨子里的人都会帮忙。

阿卡语工具助词 nɛ^{33} 与动词 bji^{33}（让）构成 nɛ^{33}bji^{33}，标记施事成分。例如：

㉘ a^{55}do̱^{33}mji^{33}tshɛ^{55}nɛ^{33}jɛ^{31}. ⑤

哥哥　刀　（工）割

哥哥用刀割。

① 语料来自李大勤：《格曼语研究》，146 页，北京，民族出版社，2002。

② 语料来自李大勤：《格曼语研究》，146 页，北京，民族出版社，2002。

③ 语料来自李大勤：《格曼语研究》，146 页，北京，民族出版社，2002。

④ 语料来自戴庆厦、蒋颖、孔志恩：《波拉语研究》，240 页，北京，民族出版社，2007。

⑤ 戴庆厦主编：《泰国阿卡语研究》，128 页，北京，中国社会科学出版社，2009。

㉙ tshɔ⁵⁵xa³¹nɛ³³bji³³di³¹mɛ³³. [①]

人 （施） 打（语助）

被人打了。

㉚ a³³bɔ⁵⁵xø⁵⁵bɔ⁵⁵mji³¹ʥa³¹nɛ³³bji³³pɯ̱³³mɛ³³. [②]

树 那 棵 火 （施） 烧（语助）

那棵树被火烧了。

凉山彝语工具助词 si³³ 与 ni³¹ 组合，形成双音节虚词 si³³ni³¹，连接两个名词性并列成分。例如：

㉛ ʑʅ⁴⁴pu³³si⁴⁴e³¹tɕhʅ⁵⁵tsi³¹. [③]

水桶 （工）水 装

用水桶装水。

㉜ vʅ⁵⁵vu³³si³³ni³¹i⁴⁴ʑi³³ʥʅ⁴⁴tɕho³³bo³³. [④]

哥哥 （并） 弟弟 一起 去

哥哥和弟弟一起去。

㉝ he⁵⁵gu̱³³si³³ni³¹tsʅ⁵⁵mo³¹si³¹ʐe³³. [⑤]

镰刀 （并） 锄头 拿 走

把镰刀和锄头拿走。

双音节化是藏缅语一个重要的分析性特征。语素的单音节性是双音节化的基础和条件，韵律因素则是双音节化的隐性推手。分析性语言的韵律特征对藏缅语句法形式的影响和制约是全方位的，不仅影响到实词的构词，甚至还影响到虚词语法化的输出形式。

---

① 戴庆厦主编：《泰国阿卡语研究》，128 页，北京，中国社会科学出版社，2009。

② 戴庆厦主编：《泰国阿卡语研究》，128 页，北京，中国社会科学出版社，2009。

③ 胡素华：《彝语结构助词研究》，92 页，北京，民族出版社，2002。

④ 胡素华：《彝语结构助词研究》，92 页，北京，民族出版社，2002。

⑤ 胡素华：《彝语结构助词研究》，92 页，北京，民族出版社，2002。

（三）工具状语语序固定

在句法结构中，藏缅语工具状语（M, modifier）的句法位置都无一例外地置于述宾结构之前，其语序为MOV。这一语序特点完全符合格林伯格（Greenberg，1963）所提到的第七条类型共性，即以SOV为优势语序的语言中，动词所带的一切状语都处于动词之前。[①] 工具状语助词都出现在名词性工具成分之后，也符合SOV语言使用后置词的类型共性。藏缅语工具状语的句法构式均为“名词性工具成分＋助词＋动词核心”，不存在任何一种的语序变式。

当多项论元同时出现时，工具状语与施事、受事成分都位于核心动词之前，并遵循“施事主语＋工具状语＋受事宾语＋核心动词”的线性序列，施事主语、工具状语分别使用施事助词、工具助词加以标记。工具状语标记通常是强制性手段，以此来区分工具成分与受事宾语。例如彝语他留话：

㉞ ɔ^{55}ʂʅ^{33}tʂu^{33}pɔ^{33}pi^{55}nɔ^{33}ã^{55}ŋua^{31}phɔ^{33}. [②]

阿诗 绳子 （工） 牛 拴

阿诗用绳子拴牛。

藏缅语的施受成分标记一般为非强制性标记，当施受关系明确时，施受标记常常可以省略。例㉞中施事成分作主语，施事、受事助词就可以省略。只有在打破了常规的线性序列，语用上为突出施受关系时，施事助词才会使用。例如蒲溪羌语：

㉟ zedə thala-i tsituə-i tsu. [③]

纸 3sg-（施）剪刀 -（工）剪

纸是被他用剪刀剪的。

① Greenberg, Joseph H. Some universals of grammar with particular reference to the order of meaningful elements. In Joseph H. Greenberg (ed.), Universals of Language, pp.58–90. Cambridge, MA: MIT Press, 1963.

② 语料来自段秋红：《彝语他留话句法研究》，46页，北京，中央民族大学博士学位论文，2019。

③ 语料来自黄成龙：《蒲溪羌语研究》，123页，北京，民族出版社，2007。

例 ㉟ 中第三人称单数 thala 作施事，位于受事成分 zedə（纸）之后，-i 既作施事标记又作工具标记，强制共现于同一句法结构中。

三、藏缅语工具状语分析式手段的类型差异

藏缅语工具状语的句法手段以分析式为主，具有分析性语言的共性，但语支间也表现出一定的类型差异。

（一）工具状语助词句法功能的差异

藏缅语工具状语助词的句法功能普遍较为发达。但是，通过比较，发现不同语支间工具状语助词也表现出了句法功能有强弱之分、分布范围有宽窄之别的不平衡性。

我们对藏缅语五大语支 54 种语言工具状语标记的句法功能与分布情况进行了统计，具体见表 1：

表 1　藏缅语五大语支工具状语标记的句法功能与分布情况

语支	句法功能与分布	功能数目
藏语支	施事、来源、源点、方式、动词并列、原因、方所、领属	8
羌语支	施事、方所、源点、方式、动词并列、原因、条件、名词并列、受事、动词	10
景颇语支	施事、方所、源点、方式、动词并列、条件、名词并列、随同、时间、领属、受事	11
缅语支	施事、方所、源点、方式、动词并列、原因、条件、名词并列、随同、时间、领属、前置从句	12
彝语支	施事、来源、方所、源点、方式、动词并列、原因、条件、名词并列、随同、比较基准、话题、动词、补充、领属、修饰、时间、受事	18

由于藏缅语工具状语助词普遍具有丰富的句法功能，单从语支内部看，我们无法看出语言的分析性强弱与工具助词功能多寡之间的对应关系。但是，当我们将比较范围扩大至语支时，语言的分析性特征与工具助词的句法功能之间，就显示出一条非常清晰的对应规律，即从藏语支到羌语支、景颇语支，再到缅

语支、彝语支，其分析性特征整体上呈现出由弱到强的趋势，工具状语助词的功能也由相对贫弱到逐步趋向发达与丰富。其中，彝语支工具状语助词功能最强，其功能范域不仅涵盖了其他语支的所有功能，还出现了一些其他语支不具备的功能，如标记补语、话题、比较基准、修饰成分等句法范畴，这些是彝语支的专属功能。具体如下。

1. 傈僳语工具助词 ne^{33} 标记补语。例如：

㊱ a^{55}to^{55}ʧhu^{33}ne^{33}dɯ^{31}za^{31}dɯ^{31}. ①

火　　烧（补）轰隆隆

火燃烧得轰隆隆。

㊲ dɯ^{31}do^{44}be^{33}ne^{33}ti^{55}ha^{35} ②

木锤　　（工）砸 上

用木锤砸

2. 卡卓语工具助词 kɛ^{33} 标记话题。例如：

㊳ ʑi^{33}kɛ^{33}xɯ^{44}tɛ^{33}sv^{55}ŋ^{24}ka^{33}. ③

他（话）站　着 书 看

他站着看书。

㊴ ʑi^{33}no^{53}tsi^{53}pa^{53}kɛ^{33}sɿ^{24}tsɤ^{31}tsi^{53}. ④

他 斧头　　（工）树　　砍

他用斧头砍树。

---

① 语料来自徐琳、木玉璋、盖兴之编著：《傈僳语简志》，74—92 页，北京，民族出版社，1986。

② 语料来自徐琳、木玉璋、盖兴之编著：《傈僳语简志》，74—92 页，北京，民族出版社，1986。

③ 语料来自木仕华：《卡卓语研究》，95 页，北京，民族出版社，2003。

④ 语料来自木仕华：《卡卓语研究》，95 页，北京，民族出版社，2003。

3. 基诺语工具助词 jʌ^{33} 标记比较基准。例如：

㊵ khɤ^{31}mi^{44}khɔ^{44}ŋo^{31}jʌ^{33}ʧɤ^{44}mlʌ^{44}a^{33}. ①

那　姑娘　我（比）更 美丽（助）

那位姑娘比我漂亮。

㊶ khɤ^{31}tɛ^{31}khjʌ^{44}jʌ^{33}tshœ^{31}nɛ^{33}ŋo$^{31/35}$. ②

他　棍子（工）戳（助）我

他用棍子戳我。

4. 绿春哈尼语工具助词 ne^{33} 标记修饰性定语。例如：

㊷ mo^{55}tsha^{33}ne^{33}a^{55}tsa̱^{33} ③

长长（定）绳子

长长的绳子

㊸ tshe^{31}ne^{33}du^{31} ④

锄（工）挖

用锄头挖

5. 凉山彝语工具助词 si^{31} 具有动词功能。例如：

㊹ nɯ^{33}dʐɯ^{33}mo^{31}si^{31}　si^{33}? ⑤

你　钱　携带（重叠）

你带钱了吗？

㊺ ka^{44}ȵe^{33}si^{44}mu^{31}tu^{55}tshɿ^{33}a^{33}ma^{55}ʑi^{33}ti^{55}. ⑥

火钳（工）火　取　奶奶　烟 点

用火钳取火给奶奶点烟。

---

① 语料来自蒋光友：《基诺语参考语法》，133—135 页，北京，中央民族大学博士学位论文，2008。

② 语料来自蒋光友：《基诺语参考语法》，133—135 页，北京，中央民族大学博士学位论文，2008。

③ 语料来自李泽然：《哈尼语的 ne^{33}》，载《中央民族大学学报》（哲学社会科学版），2003（4）。

④ 语料来自李泽然：《哈尼语的 ne^{33}》，载《中央民族大学学报》（哲学社会科学版），2003（4）。

⑤ 语料来自胡素华：《彝语结构助词研究》，190—191 页，北京，民族出版社，2002。

⑥ 语料来自胡素华：《彝语结构助词研究》，190—191 页，北京，民族出版社，2002。

工具状语助词作为藏缅语显赫的分析性句法语素之一，虽然整体上呈现出句法功能发达的特点，但是不同语支间还是显现出了分析性特征的层次差异。这种句法功能的不平衡性与语言的分析性强弱正向相关，即分析性特征越强其句法功能分布范围越广，反之则相对狭窄。不同语支间工具状语助词句法功能的不平衡性，正是藏缅语各语支分析性特征层次不同的一种体现。

（二）工具状语助词形式多寡的差异

根据工具属性的差异，藏缅语工具状语可分为容器类工具状语与非容器类工具状语，不同语言两种工具状语的句法形式呈现的特点各异。具体表现在：有的相对精细，采用两种不同的助词来编码工具状语，此种类型主要集中在羌语支、景颇语支、缅语支中；而有的相对笼统，只采用一种助词编码状语，这一类型主要集中在藏语支、彝语支。[①]

1. 藏语支普遍使用同一助词。以藏语东旺话[②]为例。

㊻ pe^{33}tsɿ^{31}ji^{33}tɕhə^{33}thoŋ^{31}
杯子（工）水　喝
用杯子喝水

㊼ zɿ^{33}wa^{31}ji^{33}ɕə^{33}doŋ^{31}
棍子（工）狗　打
用棍子打狗

2. 彝语支普遍使用同一助词。以卡卓话[③]为例：

㊽ ŋa^{33}ta^{24}wa^{31}mɛ^{33}kɛ^{33}ʑi^{323}tɕa^{55}to^{33}.
我　大　碗　个（工）水　喝
我用大碗喝水。

① 这里的编码模式指整个语支具有倾向性的编码手段，并非语支中的所有语言都采用同种模式，如景颇语支、缅语支中也有部分只采用一种助词的语言，彝语支中也有采用两种助词的语言。

② 东旺话语料由中央民族大学博士研究生次林央珍提供，谨表谢意。

③ 语料来自木仕华：《卡卓语研究》，95 页，北京，民族出版社，2003。

㊾ ʑi^{33}no^{53}tsi^{53}pa^{53}kɛ^{33}sɿ^{24}tsɤ^{31}tsi^{53}.
他 斧头 （工）树 砍
他用斧头砍树。

3. 羌语支普遍使用两种助词。以桃坪羌语[①]为例：

㊿ tha^{55}lə^{55}phən^{31}tsɿ^{33}χe^{33}qhɑ^{31}qhɑ^{33}χuə^{55}la^{31}.
他 盆子 （工）脸 洗
他在用盆子洗脸。

(51) mɑ^{55}mɑ^{55}χe^{55}i^{31}phu^{55}zʅ^{31}zʅ^{31}.
妈妈 针（工）衣 缝
妈妈在用针缝衣服。

4. 景颇语支使用两种助词。以阿侬语[②]为例：

(52) a^{31}tʂhʅ^{31}tʂhʅ^{55}kha^{31}ɕa^{31}ɹa^{31}ua^{55}tʂhʅ^{31}dɯ^{31}gom^{55}ɛ^{31}.
奶奶 口袋（工）面粉 装 （后缀）
奶奶用口袋装面粉。

(53) ŋ^{31}va^{55} mi^{55}ɕɯŋ^{55}a^{31}tɕhiʔ^{31}ɛ^{31}.
他 斧子（工）柴 劈 （后缀）
他用斧子劈柴。

5. 缅语支使用两种助词。以载瓦语[③]为例：

(54) kɔm$^{51/55}$mai^{31}i^{31}ʧam^{31}ka̱t^{55}aʔ^{31}.
竹筒 （工） 水 装 式
用竹筒装水吧。

① 语料来自孙宏开编著：《羌语简志》，150 页，北京，民族出版社，1981。
② 语料来自孙宏开、刘光坤：《阿侬语研究》，112—113 页，北京，民族出版社，2005。
③ 语料来自朱艳华、勒排早扎：《遮放载瓦语参考语法》，181 页，北京，中国社会科学出版社，2013。

⑤ $ŋɔ^{51}mau^{31}pji^{31}əʔ^{31}ka̱^{55}lɛ^{51}$.

我 毛笔 （工）写（非现实）

我用毛笔写。

从具体的考察结果来看，我们似乎看不出两种编码模式与语言的分析性特征之间存在哪些相关性。在采用一种标记形式的两个语支中，藏语支分析性较弱，工具状语助词的句法功能也相对贫弱，彝语支分析性较强，工具状语助词的句法功能发达，两个语支状语助词的特点差异显著。在采用两种标记形式的语言中，缅语支与羌语支、景颇语支的类型特点也不尽一致。而关系比较接近的缅语支、彝语支的很多语言却偏偏采用了两种不同的编码方式。

那么，如何解释不同的语言类型与工具状语编码方式之间参差交错的现象？藏缅语工具状语标记的编码方式除了取决于族群的认知特点外，还与哪些语言要素相关？我们认为，分析性语言的类型差异是系统的、多层面的，某一共时的类型特点可能是历时演变中诸多因素共同作用的结果。对工具状语编码方式异同的考察也应是系统的、全面的、动态的，必须与其他的类型特点结合起来。

（三）容器类与非容器类工具状语助词功能分布的差异

从进一步的考察中发现，虽然羌语支、景颇语支、缅语支普遍采用了容器类助词与非容器类助词两种助词来编码工具状语，但是两种助词的功能分布状态却不尽相同。依据两种标记功能是否相通的情况，可以把它们进一步细分为“互通型”和“互补型”。互通型指的是两种工具状语助词的部分功能出现重合、相通；互补型是指两种工具状语助词功能各司其职、分布互补，不存在功能的交叉、重合。

1. 互补型

互补型主要分布在羌语支、景颇语支中。其特点是容器与非容器两类工具助词不仅在语音形式上有所区分，而且分工十分明确，功能极少有交叠的现象，在句法上呈现出分布的互补规律。如羌语支麻窝羌语的工具状语助词分为容器类助词 ɕi、ka 与非容器类工具助词 ji，两类助词各司其职。容器类助词除用以标记容器类工具外，还用以标记受事、方所。例如：

㊽ qa ʁutʂa çi tsə thiaː. ①

我 碗 （工）水 喝

我将用碗喝水。

㊾ tsə ka/çi ʁzə la- ji. ②

水（方）鱼 有（后加）

河里有鱼。

㊿ paȵi tsaː qa çi kuə-gzə̥. ③

东西 这一 我（受）(前加）给

这东西给我。

非容器类助词除用以标记非容器工具成分外，还用以标记施事、并列小句、方式。例如：

㊾ qa χe ji phuβa da- ɹɪa. ④

我 针（工）衣服（前加）缝

我用针缝衣服。

㊿ qak paȵi thaχla ji dastə-tɕi-ji. ⑤

我（助词）东西 他们（施）(前加） 藏（后加）

我的东西他们藏起来了。

61 thaː baɹ tɕa rguə də- pu ji, qa χtʂɑ tɕa rguə də- puɑ. ⑥

他 大 这样 个（前加）买（并）我 小 这样 个（前加）买

他买了个大的，我买了个小的。

62 thaː esinɑqɑ ʁlu ji dʑə- tɕu- ji. ⑦

他 每天 游泳（状）前加 来 后加

他每天都是游泳来的。

① 刘光坤：《麻窝羌语研究》，211—215 页，成都，四川民族出版社，1998。
② 刘光坤：《麻窝羌语研究》，211—215 页，成都，四川民族出版社，1998。
③ 刘光坤：《麻窝羌语研究》，211—215 页，成都，四川民族出版社，1998。
④ 刘光坤：《麻窝羌语研究》，211—215 页，成都，四川民族出版社，1998。
⑤ 刘光坤：《麻窝羌语研究》，211—215 页，成都，四川民族出版社，1998。
⑥ 刘光坤：《麻窝羌语研究》，211—215 页，成都，四川民族出版社，1998。
⑦ 刘光坤：《麻窝羌语研究》，211—215 页，成都，四川民族出版社，1998。

麻窝羌语的两种工具助词很少出现功能交叠的情况。上述例句中，非容器类工具助词 ji 不会出现在标记容器类工具、方所、受事成分的句法位置上，而容器类工具助词 ɕi、ka 也不会出现在标记非容器类工具、施事、并列小句、方式的句法位置上。

我们对羌语支、景颇语支两类工具状语标记功能互补的分布情况进行了统计，具体如表 2 所示：

表 2　羌语支、景颇语支工具状语标记的句法功能与分布情况

功能分布	施事	名词性并列	随同	动词性并列	方式	条件	受事	方所	时间	领属
非容器类	+	+	+	+	+	+	–	–	–	–
容器类	–	–	–	–	–	–	+	+	+	+

由表 2 可以看出，施事、名词性并列、随同、动词性并列、方式、条件倾向于与非容器类工具状语标记发生关联，而受事、方所、时间、领属则倾向于与容器类工具状语标记发生关联。两种工具状语标记句法功能处于严格的互补分布状态，这不仅表明容器类工具与非容器分布工具是两种不同的认知概念，属于两种语义关系范畴；也表明由于源概念的差异，容器类与非容器类工具标记形式的语法化方向、路径也存在差异。

2. 互通型

（1）容器类与非容器类工具状语助词功能部分交叠。互通型主要分布在缅语支语言中，两类工具标记存在部分功能的交叠现象，如浪速语分为容器助词 mɛ^{33} 和非容器助词 jaŋ^{31}，但两种标记功能有部分重合，非容器助词可以标记容器类工具，容器助词也可以标记先后承接关系。具体如下。

jaŋ^{31} 与 mɛ^{33} 在标记容器上出现功能重合，可以互换。例如（语料由本人田野调查所得）：

㊸ $\text{kum}^{31}\text{mɛ}^{55}/\text{jaŋ}^{31}\text{jɛ}^{31}\text{kh\tilde{ɛ}}^{31}\text{lɔ}^{31}\text{aʔ}^{31}$!
　杯子（工）　　去 打　来 助
　用杯子打来吧！

jaŋ^{31} 与 mɛ^{33} 在标记先后承接关系上出现功能重合。例如：

⑭ jap^{31}pəm^{31}thɔ̃^{31}mɛ^{31}ɣək^{31}jaŋ^{31}mjɔʔ^{31}ʧhi̱k^{55}.

睡　醒　　后（并）水　脸　　　　　洗

睡醒后用水洗脸。

⑮ jɔ̃^{35}tsɔ^{35}kji^{35}jaŋ^{31}ja̱m^{31}lɔ^{55}va^{55}.

他 吃饱（并）家　去（助）

他吃饱后就回家了。

又如波拉语的助词 mɛ̃$^{31/55}$ 实现了由标记容器类工具向标记动作方式的跨界。例如：

⑯ nɔ̃^{55}ŋai^{35} na̱^{31}　khɔʔ^{55}ʧɔ̱ŋ^{31}mɛ̃$^{31/55}$ɣəi^{55}i^{55} khu$^{35/31}$la^{55}ɛ̱ʔ^{55}ma^{31}! ①

你 我的（助）杯子　（工）水 去接　来（助）

你用我的杯子去接水吧！

⑰ tă^{31}jauʔ^{31}tă^{31}jauʔ^{31}mɛ̃$^{31/55}$lai$^{35/31}$. ②

一 个　一 个（状）来

一个一个地来。

（2）容器类与非容器类工具状语助词保留部分对立、互补。缅语支两种工具状语助词的句法分布并非完全重合，仍保留着对立分布的情况。如载瓦语分为容器类助词 mai^{31} 与非容器类助词 əʔ^{31}。在施事、随同、并列、条件等语义范畴上，只能用非容器类助词 əʔ^{31}，容器类助词 mai^{31} 不具有对这些范畴的标记功能。例如：

⑱ ja̱ŋ^{51} taŋ^{31}pau^{55}mă^{55}khui^{51}əʔ^{31}tsaŋ^{55}ŋat^{31}pə^{51}. ③

他的 腿　　（方）狗（施）被　咬　了

他的腿被狗咬了。

⑲ naŋ^{51}ŋɔ^{31}əʔ^{55}lă^{31}ta^{55}ʧhaŋ^{51}ŋa̱p^{55}aʔ^{31}. ④

你　我（随）一 遍 跟 读（式）

① 戴庆厦、蒋颖、孔志恩：《波拉语研究》，162—163 页，北京，民族出版社，2007。

② 戴庆厦、蒋颖、孔志恩：《波拉语研究》，162—163 页，北京，民族出版社，2007。

③ 朱艳华、勒排早扎：《遮放载瓦语参考语法》，180—214 页，北京，中国社会科学出版社，2013。

④ 朱艳华、勒排早扎：《遮放载瓦语参考语法》，180—214 页，北京，中国社会科学出版社，2013。

你跟着我读一遍啊。

⑩ khun^{55}mjin^{31}əʔ^{55}pə^{31}kji̱n^{55} ①

昆明　　（并）北京

昆明和北京。

⑪ naŋ^{51}tsa^{31} lɛ^{55}əʔ^{55}, ja̱ŋ^{31}lɔ^{55}ʒa^{55}. ②

你　只要 来（条件）他 去（现实）

只要你一来，他就走。

波拉语容器类助词 mɛ̃$^{31/51}$ 可以标记时间、领属，这是非容器助词 jaŋ^{31} 无法实现的功能范畴。例如：

⑫ a^{31}na̱k^{55}mɛ̃$^{31/51}$xǒ^{31}va^{51}a^{31}kai$^{31/55}$. ③

去年（时）庄稼　不 好

去年的庄稼不好。

⑬ va^{55}　mɛ$^{31/55}$thɔ^{55}la̱^{55}kji^{55} ④

寨子（领）拖拉机

寨子的拖拉机。

据统计，缅语支两种助词在 6 种功能上呈现互补分布状态。两类工具助词与不同语义范畴之间有对应、互补的关系，如表 3 所示：

表 3　缅语支工具状语助词在 6 种功能上的互补分布情况

功能分布	施事	名词性并列	随同	条件	时间	领属
非容器类	+	+	+	+	–	–
容器类	–	–	–	–	+	+

由表 3 看出，缅语支两种助词功能分布的对立状态与互补型的情况完全对

① 朱艳华、勒排早扎：《遮放载瓦语参考语法》，180—214 页，北京，中国社会科学出版社，2013。

② 朱艳华、勒排早扎：《遮放载瓦语参考语法》，180—214 页，北京，中国社会科学出版社，2013。

③ 戴庆厦、蒋颖、孔志恩：《波拉语研究》，160 页，北京，民族出版社，2007。

④ 戴庆厦、蒋颖、孔志恩：《波拉语研究》，160 页，北京，民族出版社，2007。

应，只是对立范围有所缩小，在标记“动词性并列”“方式”上，两种助词出现了功能的融合。

3. 互补型与互通型的关联

在语支层面上，缅语支两种助词在标记“动词性并列”“方式”“原因”“源点”“方所”成分上出现重合。我们对所考察的 7 种缅语支语言工具助词功能交叠的情况做了统计，如表 4 所示：

表 4　缅语支 7 种语言工具助词功能交叠情况

功能分布		动词性并列	方式	原因	源点	方所
语言数目	非容器类	4	4	3	1	1
	容器类	2	2	1	3	3

从统计结果可以看出，发生两类工具状语助词重合的功能在典型性上存在一定差异，即“动词性并列”“方式”和“原因”属于非容器助词的典型性功能、容器类助词的非典型性功能，使用非容器类助词的语言要多于使用容器类助词的语言；而“源点”“方所”属于容器类助词的典型性功能、非容器类助词的非典型性功能，使用容器类助词的语言数量要明显大于使用非容器类助词的语言。这说明，互通型的两类标记功能虽然出现交叠，但是各有所偏重，各自仍保留其典型的功能特征。

通过对比发现，互通型与互补型存在相通之处：互通型（缅语支）两种状语助词功能部分对立的情况以及各自典型的功能特征，在互补型的对立分布中都能对应。也就是说，缅语支（互通型）两种助词的句法功能部分保留了互补型（羌语支、景颇语支）对立、互补的状态。

二者的区别在于：互通型（缅语支）容器类与非容器类标记功能对立的界限不再像互补型（羌语支、景颇语支）那样“泾渭分明”，而是开始趋向模糊，实现了部分功能的重合。

四、分析性语言的不同类型决定了工具状语句法手段的差异

（一）互通型的“终极”与“极简”模式

历史语言学的研究表明这样一个事实：一个语言范畴在发展之初，其类型一般

是比较单纯的；在发展过程中，功能开始增殖，内部类型也开始变化。藏缅语工具状语助词也会经历语音形式从单一到分化，句法功能也由贫弱到丰富的演变过程。

根据上述对互通型与互补型异同的对比分析，我们可以假设，互补型两种工具状语助词是在经历了最初的“单纯”式之后，标记形式分化的结果，两种助词分工具体，分布对立；而在互通型中，这种助词间的分化开始消失，但功能却得到了进一步扩大。那么，互通型（缅语支）和互补型（羌语支、景颇语支）应该处于分析性语言的不同类型层次，互通型是互补型的一种发展与演化。

试想，如果沿着这一规律，工具状语助词继续向前演化，其功能范围将不断扩展、延伸，而容器类与非容器类状语助词的功能对立则进一步模糊，直至完全重合、一致。那么，功能范畴的边界销蚀就取消了两种助词形式对立的必要性。在经济原则的助力下，标记形式和标记功能实现了完全重合、浑然一体。此时，虽然只有一种形式标记，但是句法功能却最为丰富、发达，可以将其称为互通型的“终极”模式。

从共时来看，彝语支就完全实现了这种模式的推演与转化，在共时状态上已经没有了容器类与非容器类状语助词形式的差别，但却能用最简单的编码模式表达丰富的句法语义内容，成为藏缅语工具助词功能范域最广的一个语支。因此，彝语支是互通型的一种“进化”，处于“终极”状态。彝语支所采用的“最简模式”也完全符合分析性语言的特点，即用极简的形式手段表达丰富的句法语义。

那么，同样是采用一种编码模式的藏语支，是否同彝语支一样属于一种“终极”的互通型呢？从上文的分析中，我们知道，两个语支工具助词的功能范域处于“极大”与“极小”的两个极端；语言类型特征也呈现出明显的差异，藏语支的形态特征较发达、分析性相对较弱，而彝语支的分析性特征突出。因此，二者的工具状语标记虽然都采用了单一的标记形式，但是却是两种完全不同的“最简”模式。藏语支是分析性弱的“最简”模式，其句法形式和句法功能双双处于“极简”状态；而彝语支是分析性强的“最简”模式，虽然句法形式单一，但是却能表达最为丰富的句法语义。

这样，语支所处的分析性层次与工具状语句法手段的不同类型就清晰地对应起来。藏语支、彝语支虽然都采用一种助词形式，但是处于分析性语言连续统的两个极端，藏语支属于底层，彝语支属于顶层。羌语支、景颇语支采用两种助词形式，是在藏语支“最简”模式上的一种演化，表现为工具状语助词开始由单

一、笼统趋向精细、严密，助词的句法功能也由初始态的贫弱趋向发达，且两种助词处于对立、互补的分布状态。在缅语支中，处于对立、互补状态的两种助词在分析性机制的推动下，边界逐渐模糊，开始趋向融合；直至在彝语支中二者的功能边界消融，而助词的句法功能得到最大化。

藏缅语工具状语不同的句法手段实则代表了语言不同的历时演变阶段。语言各自所处的分析性层次决定了其句法手段的个性特点，语支间分析式手段的类型差异正是语言不同分析性层次的具体体现。

（二）工具状语句法手段的分析性类型

根据上述分析，藏缅语工具状语分析式手段的共时差异与语言的分析性层次之间，可以建立起以下关联：

表 5　藏缅语工具状语分析式手段的共时差异与语言的分析性层次之间关联表

语支	特点
分析性的底层（藏语支）	工具状语助词功能较为贫弱 标记形式单一、笼统
分析性的中间层（羌语支、景颇语支）	工具状语助词功能逐步发达 标记形式细化
分析性的中间层（缅语支）	两种工具助词功能界限清晰，分布对立、互补 工具状语助词功能发达 标记形式保留细化
分析性的顶层（彝语支）	两种工具助词由对立、互补趋向融合、互通 工具状语助词功能发达 标记形式单一、笼统 两种助词功能界限消融，实现了形式的统一

在藏缅语“分析性”特征的连续统上，藏语支、彝语支是处于两个极端的“最简”模式。藏语支是分析性最弱的一个语支，彝语支是分析性特征最强的一个语支。羌语支、景颇语支、缅语支则处于分析性连续统上的中间状态。我们将藏缅语工具状语的编码方式、标记功能特点与语言的分析性层级联系起来，形成以下连续统：

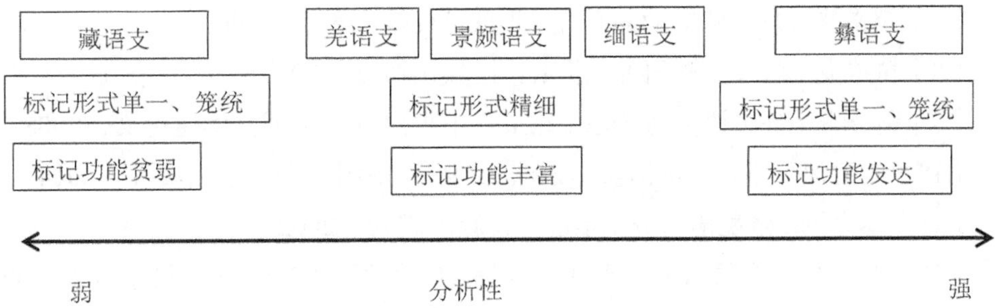

图 1　藏缅语“分析性”特征的连续统图示

五、结语

藏缅语工具状语句法手段的特点显示出了分析性语言的共性，这是显而易见的、是主流的；但是，历史演变发展的不平衡性造成了或大或小的类型差异。这种个体差异是由语言类型发展的不平衡性所造成的，与语言自身所处的分析性特征是相对应的，不同句法手段的特点与整个藏缅语的类型转变、发展趋势也是相符的。

研究分析性语言，不能只停留在大类的区分上，还要深入发掘各小类不同的特点，并揭示不同小类之间的关系。只有这样，才能比较准确地认识分析性语言的特点（戴庆厦 2019）。工具状语的句法手段只是语言系统一个微观层面，而分析性的类型差异对语言结构的影响和制约涉及方方面面，可以深入挖掘的东西还有很多。

参考文献

[1] 常俊之 . 元江苦聪话参考语法 . 北京：中国社会科学出版社，2011.

[2] 戴庆厦 . 语言转型与词类变化：以景颇语句尾词衰变趋势为例 . 民族语文，2019（1）.

[3] 戴庆厦主编 . 泰国阿卡语研究 . 北京：中国社会科学出版社，2009.

[4] 戴庆厦，蒋颖，孔志恩 . 波拉语研究 . 北京：民族出版社，2007.

[5] 戴庆厦，闻静 . 论“分析性语言”研究眼光 . 云南师范大学学报（哲学社会科学版），2017（5）.

[6] 段秋红 . 彝语他留话句法研究 . 北京：中央民族大学博士学位论文，2019.

[7] 胡素华.彝语结构助词研究.北京：民族出版社，2002.

[8] 黄成龙.蒲溪羌语研究.北京：民族出版社，2007.

[9] 蒋光友.基诺语参考语法.北京：中央民族大学博士学位论文，2008.

[10] 李春风.邦朵拉祜语参考语法.北京：中国社会科学出版社，2014.

[11] 李大勤.格曼语研究.北京：民族出版社，2002.

[12] 李泽然.哈尼语的 ne^{33}. 中央民族大学学报（哲学社会科学版），2003（4）.

[13] 林向荣.嘉戎语研究.成都：四川民族出版社，1993.

[14] 刘光坤.麻窝羌语研究.成都：四川民族出版社，1998.

[15] 马学良.汉藏语概论.北京：民族出版社，2003.

[16] 木仕华.卡卓语研究.北京：民族出版社，2003.

[17] 孙宏开编著.羌语简志.北京：民族出版社，1981.

[18] 孙宏开，胡增益，黄行主编.中国的语言.北京：商务印书馆，2007.

[19] 孙宏开，刘光坤.阿侬语研究.北京：民族出版社，2005.

[20] 徐琳，木玉璋，盖兴之编著.傈僳语简志.北京：民族出版社，1986.

[21] 周毛草：《玛曲藏语研究》，北京：民族出版社，2003：226—232 页.

[22] 朱艳华，勒排早扎.遮放载瓦语参考语法.北京：中国社会科学出版社，2013.

[23] Greenberg, Joseph H. Some universals of grammar with particular reference to the order of meaningful elements. In Joseph H. Greenberg (ed.), Universals of Language, pp.58–90. Cambridge, MA: MIT Press, 1963.

（作者单位：北京华文学院）

藏缅语标记型关系从句的多元构式及其演变 *

闻静

一、解题

关系从句是类型学研究的重要类型参项之一。学界普遍认为：人类语言关系从句的语序是属于存在优势倾向的语序；VO 语言（除汉语之外）关系从句倾向于后置；欧亚大陆型 SOV 语言关系从句同领属定语一样以前置为主，而非欧亚大陆型的 SOV 语言有很多关系从句倾向于后置。①

藏缅语是汉藏语系中最为庞大的一个语族，它不仅语种最多，而且语言的类型复杂。但藏缅语关系从句的相关研究一直处于尚待开垦的状态，许多问题尚未得到认识。诸如，藏缅语关系从句的语序类型和标注手段存在哪些特点，在语序上是否与欧亚大陆型 SOV 语言表现一致，其关系化策略是否遵循世界语言关系化策略的普遍规律等。由于藏缅语下属不同语支之间在语法特点上差异大，关系从句类型也必然呈现出复杂的层次关系。那么，如何理顺这些不同的层次关系，不同层次的从句类型是否与藏缅语语言类型的演变发展趋向一致，这些问题在国内外藏缅语学界都缺少系统的研究，成为一个亟待解决并具有重要类型学意义的课题。

近年来，国内外学者越来越多地关注到汉语标准语及方言关系从句的类型特征②，

---

* 原载《中央民族大学学报》，2018（3）。

① Dryer, Matthew S. Aspects of Word Order in the Languages of Europe. Berlin & New York: Mouton de Gruyter, 1998.

② 方梅：《汉语口语后置关系从句研究》，见中国社会科学院语言研究所《中国语文》编辑部编：《庆祝〈中国语文〉创刊 50 周年学术论文集》，北京，商务印书馆，2004；刘丹青：《汉语关系从句标记类型初探》，载《中国语文》，2005（1）：8—9 页；唐正大：《与关系从句有关的三条语序类型原则》，载《中国语文》，2006（5）；唐正大：《关中永寿话关系从句类型》，载《方言》，2008（3）。

对某一单一少数民族语言的关系从句也进行了较为深入的探讨。① 刘丹青（2005）根据汉语的类型特点，认为单个不及物动词、单个形容词和单个及物动词带定语标记修饰名词，都应看作关系从句，只不过相对于典型关系从句来说，它们只能算是不典型的关系从句。② 藏缅语与汉语存在类型上的相似性，本文将藏缅语中的这类定语都用关系从句指称。总体而言，藏缅语关系从句类型与欧亚大陆SOV型语言表现一致，即以从句前置为主；但在部分语言中，后置型语序是藏缅语更为底层的一种语序形式，在定语前移的过程中实现了高度有标化向无标化的演变，即多标记向单标记的演变。

本文对45种藏缅语或方言的关系从句的多元结构进行类型划分，在归纳藏缅语标记型关系从句的多元构式特征的基础上，通过多元构式对比，揭示藏缅语关系从句的历时发展层次，指出部分语言的后置现象是原始语序的遗存。本文所用语料多数出自少数民族语言简志系列、新发现语言系列丛书及少数民族语言参考语法系列，部分语言为笔者田野调查所得。

二、藏缅语关系从句的多元结构类型

藏缅语不同语言间语言类型及语法特点各有不同，因而关系从句在语序类型、标记模式上也存在一定的差异，呈现出多语序、多结构、多标记的多元特征。

根据中心词位置的不同，藏缅语关系从句可分为中心词外置型及中心词内置型。所谓中心词外置型，指关系化了的名词性成分被提取出来置于从句之前或之后；中心词内置型，指关系化的名词性成分未被移位，仍在原来的小句之内。外置型又可分为前置型关系从句和后置型关系从句。前置型关系从句的具体类型有："关系从句＋M＋中心语"、"关系从句＋M＋Ø"（无核结构）、"关系从句＋M_1＋M_2＋中心语"（双标记结构）、"关系从句＋M_1＋中心语＋M_2"（框式双标记）等四种构式；后置型关系从句的具体类型有："中心语＋关系从句＋M"式。以下分别进行描述。

① 黄成龙：《羌语名词短语的词序》，载《民族语文》，2003（2）；黄成龙、余文生：《羌语关系子句类型》，载《汉藏语学报》，2007（1）。

② 唐正大：《汉语关系从句的类型学研究》，北京，中国社会科学院研究生院博士学位论文，2005。

（一）中心词外置型关系从句

1. 前置型关系从句

（1）“关系从句 +M+ 中心语”式。单标记从句居前式是藏缅语最为普遍的结构形式。在这种形式中，通常以关系化助词对从句进行标注。例如：

哈尼语[①]**：**

① dɔ̱³¹ɣ³³ mi³¹kho³¹

燃（助）柴火

燃的柴火

勒期语[②]**：**

② ʃɔː⁵⁵ta⁵⁵ ŋaŋ⁵⁵

种（助）菜

种的菜

格曼语[③]**：**

③ bɯi³⁵ɕip⁵⁵ni⁵⁵ tɯ³¹phi⁵⁵

房　买（助）事情

买房子的事情

波拉语[④]**：**

④ pju⁵⁵ʒɛ³¹pɛ̃³¹tɔ³¹

人　咬（助）头

咬人的那头

（2）“关系从句 +M_1+M_2+ 中心语”式。藏缅语中存在一定数量的叠合式双标记关系从句，能够叠合的标记类型是“名物化助词 + 关系化助词”。例如：

① 哈尼语语料均出自李永燧、王尔松：《哈尼语简志》，北京，民族出版社，1986。

② 勒期语语料均出自戴庆厦、李洁：《勒期语研究》，北京，中央民族大学出版社，2007。

③ 格曼语语料均出自李大勤：《格曼语研究》，北京，民族出版社，2002。

④ 波拉语语料均出自戴庆厦等：《波拉语研究》，北京，民族出版社，2007。

基诺语[①]**：**

⑤ ŋo^{31}ji^{44}ŋji^{33}tsho^{31}mɤ$^{33/44}$ja^{54} a^{44}kje^{44}va^{44} mi^{44}tshɔ^{44}kha^{31}xjʌ^{44}khjo$^{31/35}$a^{44} nɛ^{33}.

我 昨天 种（助）（助）菜 （助）阳光 晒 蔫 完 （助）（助）

我昨天种的菜全被太阳晒蔫了。

⑥ ŋo^{31}tʌ^{31}khlɔ^{33}mɤ$^{33/44}$ja^{54} a^{33}tsɯ^{44}a^{44}kɯ^{33}kɯ$^{33/35}$ja^{54}a^{44} nɛ^{33}.

我 砍 摆放（助）（助）树 干的 干 掉（助）（助）

我砍的树干了。

⑦ lɔ^{44}mɤ$^{33/44}$ja^{54} tshʌ^{31}zɔ^{44}thʌ^{31}a^{33}.

来（助）（助）人 多 （助）

来的人很多。

上述例句中，mɤ^{33} 是基诺语的名物化助词，用于谓词性结构之后构成名物化结构，ja^{54} 是关系从句助词。小句结构先被名物化后，再加上关系从句助词，形成了“关系从句＋mɤ^{33}＋ja^{54}”两个助词叠加连用，置于核心名词之前的结构形式。邦朵拉祜语[②]也存在同样的构式。例如：

⑧ tɕa^{53}tu^{31}ve^{33} ɔ^{11}

吃（助）（助）饭

吃的饭

⑨ gu^{33} tu^{31}ve^{33} tsu^{31}

修着（助）（助）桥

修的桥

（3）“关系从句＋M_1＋中心语＋M_2”式。此种结构中，从句定语居前，名物化助词紧跟从句定语之后，指量结构则紧靠中心语之后，构成了助词和指量结构分别居于中心语前后两端的结构形式，两个标记对中心语进行凸显和界定。赵庄白语[③]存在这样的形式。例如：

① 基诺语语料均出自蒋光友：《基诺语参考语法》，北京，中国社会科学出版社，2010。

② 邦朵拉祜语语料均出自李春风：《邦朵拉祜语参考语法》，北京，中国社会科学出版社，2014。

③ 赵庄白语语料均出自赵燕珍：《赵庄白语参考语法》，北京，中国社会科学出版社，2012。

⑩ so^{33}kɯ^{44}ŋɔ^{33}tɯ^{44}xuo^{35}pi^{21}ne^{21}nɔ^{44}ŋɯ^{55} tɕa^{42} pɯ^{33}ȵi^{21}pe^{44}xɯ^{55} lɔ^{42}.

送给 我 得 花 瓶 个(助)我(领格)朋友 那 个 走(实现体)了

送给我花瓶的那个朋友走了。

⑪ ŋɔ^{33}ka^{44}nɔ^{33}mɛ^{44}tɯ^{44}nɔ^{44}sɿ^{35}pɯ^{33}tɕhuɛ^{44}tɛ^{44}tshɿ^{55}lɔ^{42}.

我 把 你 买 得(助)书 那 本 丢失 了

我把你买的那本书弄丢了。

这里，指量结构位于中心词之后形成同位结构，具有限定功能。藏缅语有很多语言也存在限定性关系从句，限定词位置较为固定，一般出现在名词短语之后，游离于关系从句之外，不做关系从句的修饰成分。

（4）“关系从句＋M＋Ø”式。在藏缅语中存在大量无核关系从句，充当关系化标记的往往是名物化词缀、名物化助词。无核结构在一定情景中能够明确所指，无需补足中心语，因此更像是一个名物化结构。例如：

道孚语[①]**：**

⑫ thə ngə lə ŋu rə, thə gə lə ŋu rə.

那 吃(助)是 那 穿(助)是

这是吃的，那是穿的。

⑬ thə ʁə noŋ ʁə lə ŋu rə.

那 地 里 种(助)是

这是地里要种的。

史兴语[②]**：**

⑭ ŋa^{33}zʅ^{55}tɕhi^{33}hũ^{33}jũ^{33}hĩ^{55} ɦuẽ^{35}, thɛ^{33}zʅ^{55}hao^{55}wɛ^{33}hĩ^{55} ȵõ^{33}.

我 门 看守(助)是 他 饭 做(助)是

我是看守的，他是做饭的。

里山彝语[③]**：**

⑮ ŋ^{31}phu^{33}lɔ^{31}fɛ^{55} ŋɤ^{33}, tɕhɛ^{33}fɛ^{55} mɔ^{31}ŋɤ^{33}.

我 便宜 (助)要 贵 (助)不要

我要便宜的，不要贵的。

① 道孚语语料出自戴庆厦：《藏缅语十五种》，北京，北京燕山出版社，1991。

② 史兴语语料出自戴庆厦：《藏缅语十五种》，北京，北京燕山出版社，1991。

③ 里山彝语语料均为笔者田野调查所得。

遮放载瓦语[①]**：**

⑯ $ʃɔ^{31}kə^{31}$，　$mək^{55}ə^{55}tʃɛ^{31}ŋa̠m^{31/55}lɛ^{51}$.

肉（话助）熏　的 更　好吃（非实然）

肉，熏的更好吃。

2. 后置型关系从句

“中心语 + 关系从句 +M”式。单标记从句定语居后式语言在藏缅语中占有一定比例，如凉山彝语、里山彝语、拉祜语、基诺语、碧约哈尼语、柔诺语、白语、梁河阿昌语、波拉语、普米语、格曼语、义都珞巴语、羌语等语言中都存在此类型的从句结构。后置型的标记形式可以是名物化助词，也可以是名物化词缀。例如：

羌语[②]**：**

⑰ guaχqa pɑnɑ χqəχqa-s

背篼　　东西 搬运（名物化词缀）

运东西的背篼。

⑱ mi pɑnɑ χqəχqa-m

人 东西 搬运（名物化词缀）

运东西的人。

里山彝语：

⑲ $ŋ^{31}la^{31}zu^{31}ʑĩ^{33}fɛ^{55}$ $dzo^{33}ɣɔ^{55}$.

我 腊肉　腌（助）吃　喜歡

我喜欢吃腌肉。

凉山彝语[③]**：**

⑳ $ve^{44}ve^{33}a^{33}n̥i^{33}su^{33}si^{31}ŋa^{33}bɾ^{44}la^{33}$.

花　　红（助）拿 我　给　来

拿红花来给我。

① 遮放载瓦语语料出自朱艳华、勒排早扎：《遮放载瓦语参考语法》，北京，中国社会科学出版社，2013。

② 羌语语料出自黄成龙：《羌语名词短语的词序》，载《民族语文》，2003（2）。

③ 凉山彝语语料出自胡素华：《彝语结构助词研究》，北京，民族出版社，2002。

㉑ va^{33}tɕhi^{31} su^{33}tɕho^{44}tɕho^{33}?

鸡 下蛋（助）有（重叠）

有下蛋的鸡吗？

碧约哈尼语[①]**：**

㉒ ja̱^{33}tshv̱^{33}thɔ^{31}kɯ^{33}jɔ^{33}pa^{53} ʂʅ̱^{31}tsɔ^{31}jɔ^{33}pa^{53} o^{31}.

鸡 养 （貌）（助） 要么杀 吃 要么卖

养的鸡要么杀了吃，要么卖。

羌语的名物化词缀用以标注不同的关系化成分。例⑰ ⑱中，工具宾语和施事主语的名物化词缀分别为 -s、-m，关系化的名词性成分在从句中的句法位置通过词缀得以明确显现。例 ⑳至 ㉒ 中，凉山彝语、碧约哈尼语都是通过名物化助词对关系化成分进行标注。

（二）中心词内置型关系从句

黄成龙（2007）在对羌语关系从句的考察中发现：许多动词居尾语言（OV型）存在中心词内置关系从句。[②] 在此类关系从句中，中心词出现在关系从句的施事者与谓语之间，并没有被提升或移位，仍属于关系从句的一部分。例如：

柔若语[③]**：**

㉓ ʔa^{55}tɕɛ^{55}nu^{33}xo^{33}ʔuɛ^{53}tɔ^{53} tɯ^{55}mo^{31}tso^{31}ʔa^{31}la^{53}.

哥哥 牛肉 买（体助）那些 吃 不 够

哥哥买的那些牛肉不够吃。

㉔ ȵo^{33}me^{33} tɕɛ^{33}ʔuɛ^{55}tɔ^{53} tɯ^{31}kɯ^{33}ȵi^{55}lɔ̱^{13}ɕa^{13}zɔ^{31}.

你 衣服 新 买（体助）一件 看 好（体助）

你买的那件衣服很好看。

① 碧约哈尼语语料均出自经典：《墨江碧约哈尼语参考语法》，北京，社会科学出版社，2015。

② 黄成龙、余文生：《羌语关系子句类型》，载《汉藏语学报》，2007（1）：150 页。

③ 柔若语语料出自李云兵：《中国南方民族语言语序类型研究》，北京，北京大学出版社，2008。

仓洛门巴语[①]：

㉕ roʔ¹³ji¹³ki¹³tʂui¹³pa¹³ka¹³ tɕi¹³ki¹³ thoŋ⁵⁵ɕi.

他 信 写 （助） 我（结助）见

我看见了他写的信。

羌语[②]：

㉖ thaχɑ-ji stə tʃə tha- rɑ qɑ dzə da- sa.

³单 -（施事）饭 做 那锅 我 吃 方向 - 完：¹单

他们做的那锅饭我吃完了。

㉗ qɑ tsa ɦatɕi- stɑ lɑpɑ tʂuɑhɑ tə- jinji- ka the-tsa tɑpu tɑpu-ɑ.

¹单 ¹复 姐姐 -（施事）花 鞋 方向 - 绣名 - 物化 那 - 双 喜欢 喜欢 ¹单

我非常喜欢我姐姐绣的那双绣花鞋。

由于自身语法系统特点的差异，不同构式与不同语言间并非是单纯的一对一关系，而是一种语言可能存在多构式、多标记并存的状况。虽然藏缅语内部关系化结构存在多种语序的差异，但是从我们的统计结果来看，藏缅语关系从句与欧亚大陆 SOV 型语言语序表现一致，多数语言还是以从句前置为主，只有少量语言表现为后置。关系从句前置是藏缅语的优势语序。

三、藏缅语关系从句类型的历时演变

如上文所述，藏缅语很多语言存在多种关系化策略（前置、后置、内置策略）与多种标记手段共存的现象，因而从这种共时的类型差异中，可以推测其动态演变的线索。

（一）名物化手段先于关系化助词手段产生

在关系化句法成分时，藏缅语可采用多种标记手段，较为普遍的方式是在谓词性结构之后添加名物化词缀或者名物化助词。词缀和助词的分布在藏缅语南、北语言中存在差异。具体表现为：

① 仓洛门巴语语料出自张济川：《仓洛门巴语简志》，北京，民族出版社，1986。

② 羌语语料出自黄成龙：《羌语关系子句的类型》，载《汉藏语学报》，2007（1）。

大部分形态发达的藏缅语北部语言拥有丰富的名物化词缀（助词），不同的词缀（助词）代表不同的格范畴，用于关系化与之对应的句法成分。关系化后的名词性成分在小句中的句法位置，通过名物化词缀（助词）得以明确表达。如羌语施事主语、受事宾语分别通过词缀 -s、-m 标注。（见例 ⑰ ⑱）

又如仓洛门巴语，名物化词缀 $khan^{55}$ 和 $tsam^{55}$ 分别用于提取不同的关系化成分。例如：

㉘ $ai^{55}pa^{13}pha^{55}$ <u>$khan^{55}$</u> $ju^{13}tham^{55}$tɕeʔ^{55}raŋ roʔ^{13}ka tɕa^{13}me^{13}pi^{13}wa wo^{13}?

咱们 拿来（受事词缀）酒 一切 （助）他（结构）喝 给 吗

咱们拿来的酒给他喝了吗？

㉙ roʔ^{13}ka ɕiŋ^{55}sam^{13}<u>$tsam^{55}$</u> piŋ^{13}ra^{13}la^{13}mo^{13}?

他（结构）木 砍（工具词缀）斧 有 吗

他有砍木头的斧子吗？

纳木义语①在提取施事主语、工具宾语、处所宾语等关系化成分时，会采取不同的格标记。例如：

ji^{31} 标记表示工具宾语的名词性成分。例如：

㉚ ʐ̩uo^{31}nbo^{31}ji^{31}

粮食 打（助）

打粮食的

㉛ ʐ̩uo^{31}ʂuo^{53}ʂu^{53}ji^{31}

粮食 装（助）

装粮食的

əɹ^{31} 标记表示处所宾语的名词性成分。例如：

㉜ dzu^{53}əɹ^{31}lu^{33}quo^{31}

住（助） 地方

住的地方

① 纳木义语语料出自戴庆厦：《藏缅语十五种》，北京，北京燕山出版社，1991。

㉝ ju^{55}əɹ^{55}lu^{33}quo^{31}

睡（助）地方

睡觉的地方

sʉ^{53} 标记表示施事主语为人的名词性成分。例如：

㉞ lu^{53}quhæ^{31}mu^{33}sʉ^{53}

石头　　打（助）

石匠（打石头的人）

㉟ ɣə^{53}lʉ^{53}sʉ^{53}

牛　看（助）

牧童（看牛人）

再如木雅语[①]的不同关系化成分都会有相应的名物化助词与之对应。如关系化工具宾语时会使用 ry^{33} 或 rɐ^{33} 进行标注。例如：

㊱ tə^{55}ŋguə^{33}ry^{33}

穿　　（助）

穿的

㊲ ndo^{53}thɐ^{33}kuɐ^{53}rɐ^{33}

肉　割　　（助）

割肉的（刀）

sə^{33} 用以标注受事宾语。例如：

㊳ no^{33}ʁo^{53}sə^{33}

洗过（助）

洗过了的

㊴ tho^{33}ndo^{53}sə^{33}

听　见（助）

听见的

① 木雅语语料出自戴庆厦：《藏缅语十五种》，北京，北京燕山出版社，1991。

mi^{33} 用以标注施事主语。例如：

㊵ thy^{55}dʑy^{53}mi^{33}
翻译　（助）
翻译者

㊶ rə^{24}khə^{33}rə^{53}mi^{33}
田 种　（助）
种田人

显然，形态发达型北部语言在提取关系化成分时普遍会采用有格策略（+case strategy）。即在关系结构中，以相应的名物化词缀（助词）对不同的关系化成分进行标注。从现有语料来看，藏缅语有格策略的使用开启于名词性可及性序列（NPAH）的最左端，即格策略可以始于提取主语（SU），与 Keena 和 Comrie（1977）所提出的格关系策略遵从格等级从左到右的优先顺序相一致。[1]

此外，部分北部语言虽然主要以助词作为从句结构的标注手段，但是名物化助词与关系化助词实为两套独立的系统，分别用于不同的从句类型。其中，名物化助词是强制性的、必要手段；而关系化助词是一种可选择的、非强制性手段。以普米语为例。普米语[2]的名物化助词是 ji^{55}，关系化助词是 ε^{31}，二者成为不同关系从句类型的标注手段：即 ji^{55} 是后置从句的必要标记手段，主要用于关系化工具宾语；ε^{31} 是前置从句的非必要手段，可用于标注关系化了的多种句法成分。例如：

㊷ dʐʅ^{31}dʐʅ$^{24/31}$sto^{55}ji^{31} ko^{31}ʒʅ^{55}sta$^{55/31}$
书　　看（助）很 多 有
有很多用来看的书。（后置从句，ji^{55} 为强制性标记）

㊸ tə^{31}gɑ^{24}thə^{31}dzu$^{24/31}$si^{55} (ε^{31}) dzi^{55}maŋ^{31}ʒən^{55}.
他的（趋）做　（缀）（助）饭　不　好吃
他做的饭不好吃。（前置从句，ε^{31} 为选择性标记）

---

① Keena 和 Comrie（1977）的研究发现，不同语言对可关系化名词性成分的限制是不一样的，提出了名词短语可及性等级序列（noun phrase accessibility hierarchy）：（左）主语 > 直接宾语 > 间接宾语 > 介词宾语 > 领属语 > 比较宾语（右）。

② 普米语语料出自蒋颖：《大羊普米与参考语法》，北京，中国社会科学出版社，2015。

㊹ ʒə^{55}ni^{24}ɬu^{31}dzi$^{24/31}$ʂua^{55}si^{55} (ɛ^{31}) min^{55}tɛ^{31}ʈhʅ^{24}nən^{55}.

昨天　东西　　买(缀)(助) 人 一 点 少

昨天买东西的人有点少。(前置从句，ɛ^{31} 为选择性标记)

与北部地区不同的是，藏缅语南部形态欠发达地区的语言大量采用名物化助词、关系化助词作为标注手段，且名物化助词与关系化助词语音形式重合或一致，两者存在直接关联，同一语音形式既可视作名物化手段，也可视作关系从句的标记手段。以景颇语为例，关系化助词与名物助词 ai^{33} 形式统一，可用在多种关系化成分的前置从句中。ai^{33} 为强制性手段，不可缺省。例如：

景颇语[①]**：**

㊺ Ø mǎ^{31}khon^{55}khon^{55}ʃǎ^{31}ʒoŋ^{55}ai^{33} la^{33}ʃa^{31}n^{55}ta̠^{51}wa^{31}mǎ^{33}sai^{33}.

歌　　唱　喜欢(助)男孩　家　回(句尾)

喜欢唱歌的男孩回家了。(关系化主语)

㊻ ʃi^{33} Ø ʃa^{31}tu^{33}ai^{33} ʃat^{31}khut^{31}sai^{33}.

他　煮　(助)饭　熟(句尾)

他煮的饭熟了。(关系化宾语)

㊼ ʃi^{33}ŋai^{33}pheʔ^{55} Ø tʃo^{31}ja^{33}ai^{33} na^{33}ji^{33}ʃǎ^{31}mat^{31}ka̠u^{55}sai^{33}.

他 我(宾助)　给 给(助)表　丢　　掉(句尾)

他送给我的表丢了。(关系化间接宾语)

㊽ kǎ^{31}na^{33}ʃi^{33} thaʔ^{31}kʒau^{33}tso̠^{31}ai^{33}num^{33}ʃa^{31}wa^{31}mat^{31}sai^{33}.

姐姐　她(方助)更　高 的 女孩　回(助动)(句尾)

姐姐比她高的女孩走了。(关系化比较宾语)

㊾ ŋai^{33}pheʔ^{55}ʃiʔ^{55} aʔ^{31}mo^{33}to^{33}ʃap^{31}ja^{33}ai^{33} wa^{33}wa^{31}mat^{31}sai^{33}.

我 (宾助)他　的 汽车　借 给(助)人回掉(句尾)

把他的车借给我的人走了。(关系化领属语)

以上景颇语的语例中，在关系化所有的名词性成分时都会采用 ai^{33} 作为标记手段。除了关系化比较宾语、领属语时采用了代词保留策略外(见例㊽㊾)，其他关系化成分都采用了空位(在句中用“Ø”表示)的无格策略。

① 景颇语语料为景颇语专家戴庆厦教授提供。

由上可知，采用何种关系化策略与语言的分析性特征呈现出明显的对应关系，即形态发达的多数语言尚未产生关系化助词，类型丰富的名物化词缀或是助词是其重要的关系化标注手段，不同的名物化词缀（助词）对应相应的格范畴。因此，存在大量的、有格策略的无核关系从句（也可称为名物化结构）。即使少数语言在发展演变中已产生了关系化助词，但是其语音形式与名物化助词并不统一，在从句结构中不作为强制性的、必要的手段，如上述普米语。而形态欠发达、分析特征较强的语言，由于名物化助词与关系化助词产生直接关联，关系化助词（亦或称作名物化助词）成为不同关系从句类型的标注手段，在关系化句法成分时多采用空缺型的无格策略，如上述景颇语。

因此，我们认为，名物化形式与关系化助词实为两套独立的系统，二者的产生有先后之别。作为名物化方式之一的词缀应是最早的关系从句的标注形式。随着语言分析性特征的增强，具有独立语音形式的名物化助词功能不断扩展、增殖，在关系化过程中，有格策略的使用也随之趋向淡化；由于具有相似的句法位置（谓词性成分 +M+ 核心成分），名物化助词兼具关系化助词的某些功能之后，二者便形成了形式与功能的统一。

根据以上论述，我们把名物化词缀、名物化助词、关系化助词三者产生的先后关系拟测为图 1：

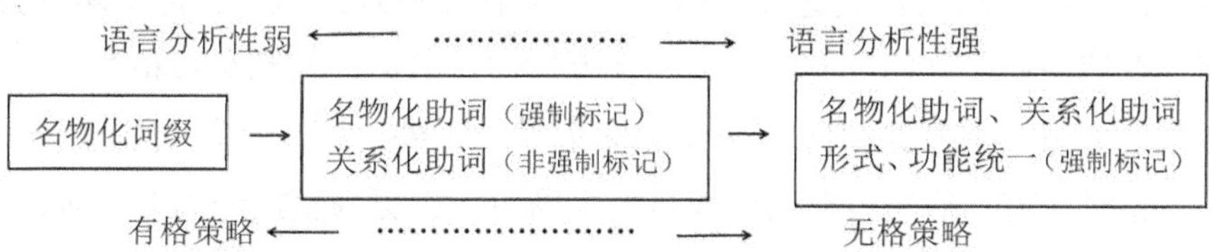

图 1　名物化词缀、名物化助词、关系化助词三者产生的先后关系

（二）部分语言的后置型从句先于前置型从句产生

藏缅语后置型、内置型的关系从句结构与述谓结构语序存在明显的一致性。名词化或关系化在本质上是对陈述性结构表达功能的转换，即将陈述性结构转换为指称性结构。为了区别原有的述谓结构，在经济原则和省力原则的作用下，藏缅语就采取了直接在谓语动词后“粘”上一个特定标记（名物化 / 关系化标记或是体标记）的方式，便顺势转换成具有指称性功能的关系化结构。关系化了的句法成分仍占据原有从句中的句法位置，无需发生移位或改变，于是就形成了后置、内置型关系从句。藏缅语存在一定数量的后置从句，部分语言存在前置、后置并行使用的情况。例如表 1：

表 1　藏缅语部分语言前置、后置并行使用例句表

语种	从句结构		
	述谓结构	从句后置型	从句前置型
碧约哈尼语	ja^{55}mɔ^{33}a^{31}ʂʅ^{31}tv^{33} 路　新　修 路是新修的	ja^{55}mɔ^{33}a^{31}ʂʅ^{31}tv^{33}kɯ^{33} 路　新　修 的 新修的路	a^{31}ʂʅ^{31}tv^{33}kɯ^{33}ja^{55}mɔ^{33} 新　修 的　路 新修的路
	lɔ^{31}sʅ^{33}a^{31}ʂʅ^{31}la^{55} 老师 新　来 老师是新来的	lɔ^{31}sʅ^{33}a^{31}ʂʅ^{31}la^{55}kɯ^{33} 老师 新　来 的 新来的老师	a^{31}ʂʅ^{31}la^{55}kɯ^{33}lɔ^{31}sʅ^{33} 新　来 的　老师 新来的老师
邦朵拉祜语	si^{35}ve^{54}ɕi^{35}ɛ^{31} 花　黄 花黄	si^{35}ve^{54}ɕi^{35}ɛ^{31}ve^{33} 花　黄　的 黄的花	ɕi^{35}ɛ^{31}ve^{33}si^{35}ve^{54} 黄　的 花 黄的花
	ŋa^{31}u^{35}mu^{33}tha̱^{31} sɔ^{11} 我 辫子 （宾助）编 我编辫子	u^{35}mu^{33}sɔ^{11}ve^{33} 辫子　编　的 编的辫子	sɔ^{11}ve^{33}u^{35}mu^{33} 编 的 辫子 编的辫子

虽然前、后置从句在表达语义信息焦点上存在一定的差异，但是两种关系化策略都可以使关系化结构具有指称义。在上述碧约哈尼语和邦朵拉祜语的语例中，从标记形式上看，前置策略除了必要的标记手段之外，还需进行句法成分的提取和移位。相对而言，后置策略则应该是更为简单、也更为直接的关系化方式。

在有些语言中，前置策略还需要添加多重标注手段来实现，如基诺语。基诺语同样具有前置、后置关系从句，后置从句只需名物化助词标注；而前置从句除了名物化手段 mɤ^{33} 之外，必须再配以关系化助词 ja^{54}。例如：

“这是祖辈流传下来的故事。”

前置从句：

㊿ xji^{33}a^{44}phy^{44}a^{44}phɔ^{44}tʃhʌ^{33}mʌ^{44}mɤ$^{33/44}$ja^{54}　a^{33}ɬi^{44}.

　这　祖辈　　　　讲（助）(名助)(助) 故事

后置从句：

(51) xji³³a³³ɬi⁴⁴a⁴⁴phy⁴⁴a⁴⁴phɔ⁴⁴tʃhʌ³³mʌ⁴⁴mɤ³³/⁴⁴.

这 故事 祖 辈 讲 助（名助）

可以看出，后置型从句是一种常规的、典型的特征；而前置从句是一种特殊的、非典型特征。根据标记理论，最简单、最单纯的形式至少是更接近底层的形式。[①] 藏缅语部分语言的后置从句应是一种"初始"状态，也是一种"最少条件限制"的状态。时健（2009）在对梁河阿昌语的调查中指出，关系从句前置除必要的关系化助词 ɛiʔ⁵⁵/kɑ³³ 外，还须使用前置助词 xɑ³³。xɑ³³ 的使用存在代际差异，即老派话中前置助词 xɑ³³ 是强制性标记，而在新派话中 xɑ³³ 可以选择性隐现 [②]。例如：

梁河阿昌语 [③]：

(52) naŋ³³xɑ³³ kɑi³³ɛiʔ⁵⁵tʂɑu³³pjɛ̃³¹nɛiʔ⁵⁵.

你（前助）说（助）话 对 着

你说的话很对。

(53) naŋ³³xɑ³³ tɕhɑu³¹kɑ³³tɕɑu³³xuɑʔ⁵⁵kə³³tə³³tə³¹?

你（前助）掰 （助）玉米 哪里 在

你掰的玉米在哪里？

这种靠多重附加手段来实现的从句前置应是一种后起的形式，单标记从句后置是一种较为古老的语序形式。在随后的演化过程中，由于经济原则的作用，梁河阿昌语的前置助词成为一种选择性隐现的标记，而关系化助词则固化成为从句定语前置的唯一强制性标记，从而实现了由高度有标化向无标化的转化。

（三）体词性定语前置是从句前置的内在动因

藏缅语现存关系从句虽然呈现出多种语序并存的状态，但是从统计结果来看，多数语言还是以前置从句为主。那么，藏缅语关系从句为什么由后置转为前

① 陆丙甫：《也谈"有/无标记"的歧解及解决之道》，载《当代语言学》，2009（3）。

② 时健：《梁河阿昌语参考语法》，北京，中国社会科学出版社，2009。

③ 梁河阿昌语语料出自时健：《梁河阿昌语参考语法》，北京，中国社会科学出版社，2009。

置，哪些因素促成了这种转换？我们可以发现，语言内部系统语序的高度和谐是促成从句后置向前置转换的内在动因。

藏缅语的体词性定语的定中结构语序是“$N+N_{head}$”，体词性定语居前在藏缅语中是一种绝对显赫的优势语序。名词化了的谓词性成分也就相当于一个体词性成分，因此，后置从句结构“N_{head}+谓词性成分+M”在体词性成分居前（$N+N_{head}$）的巨大类推作用下，便实现了从句结构的前置，即“谓词性成分+$M+N_{head}$”。有些语言甚至还需要添置其他附加手段，进而实现有条件的从句定语前置。因此，在体词性定语居前类推的作用下，藏缅语关系从句的前置与体词性定语前置语序高度和谐，最终形成了语序的一致性。

唐正大（2005）对关系从句进行统计的结果显示：208种语言中绝大多数语言的从句标记居于关系从句与核心成分之间，即从句标记位于联系项的中间位置；而从句标记不居于此位的语言仅有12种。[①] 根据联系项居中原则[②]，作为联系项的关系化标记也应居于两个联系成分之间，以此明确区分从句与主句。而藏缅语后置型从句标记都不处在联系项的位置上，在联系项居中原则的作用下，后置从句便会逐渐前移为前置从句，从而顺应了联系项居中的类型共性。

四、小结

虽然藏缅语的关系化策略与手段存在多种层次，看似杂乱、无序，但是仍可以寻出明晰的规律。在共时层面上，我们发现语言的分析性特征与关系化策略、关系手段的选择具有一定的相关性。具体表现为：语言的分析性强弱与格策略成负相关，即分析性越强，有格策略的使用越受限制；而语言的分析性弱，有格策略的使用却越广泛。藏缅语有格策略的使用多出现在形态发达的藏语支、羌语支语言中；无格策略则多出现在分析特征较强的景颇语支、彝缅语支中，与分析性强的汉语、英语趋向一致。语言分析性的强弱对关系化标记手段的选择也具有一定的制约作用，分析性弱的语言多采用名物化手段（名物化词缀、名物化助词）的后置策略，分析性强的语言则采用关系化助词作为标记手段的前置策略。

在历时层面上，藏缅语不同的关系化标记手段的产生有先后之别，相对于关系化助词，名物化词缀、名物化助词应该是一种较为古老的标记手段；而以名物

① 唐正大:《汉语关系从句的类型学研究》，北京，中国社会科学院研究生院博士学位论文，2005。

② Dik, Simmon C. The Theory of Function Grammar. Berlin & New York: Mouton de Gruyter, 1997.

化词缀（助词）为主要标记手段的后置语序也应是一种较为底层的从句类型。在处于绝对优势地位的体词性成分前置以及联系项居中原则的作用下，后置从句逐渐前移，最终形成了现存的以从句前置型为优势语序的格局。

参考文献

[1] Dryer, Matthew S. Aspects of Word Order in the Languages of Europe. Berlin & New York: Mouton de Gruyter, 1998.

[2] 方梅 . 汉语口语后置关系从句研究 // 庆祝《中国语文》创刊 50 周年学术论文集 . 北京：商务印书馆，2004.

[3] 刘丹青 . 汉语关系从句标记类型初探 . 中国语文，2005（1）:8—9 页 .

[4] 唐正大 . 与关系从句有关的三条语序类型原则 . 中国语文，2006（5）.

[5] 唐正大 . 关中永寿话关系从句类型 . 方言，2008（3）.

[6] 黄成龙 . 羌语名词短语的词序 . 民族语文，2003（2）.

[7] 黄成龙，余文生 . 羌语关系子句类型 . 汉藏语学报，2007（1）.

[8] Keenan, Edward L.& Bernard Comrie.Noun Phrase Accessibility and Universal Grammar. LI8, 1977. Printed in Edward L. Keenan Universal Grammar: Fifteen Essays. London: Croom Helm, 1987.

[9] 朱德熙 . 自指和转指——汉语名词化标记“的、者、所、之”的语法功能和语义功能 . 方言，1983（1）.

[10] 陆丙甫 . 也谈“有 / 无标记”的歧解及解决之道 . 当代语言学，2009（3）.

[11] 时健 . 梁河阿昌语参考语法 . 北京：中国社会科学出版社，2009.

[12] 唐正大 . 汉语关系从句的类型学研究 . 北京：中国社会科学院研究生院博士学位论文，2005.

[13] Dik, Simmon C. The Theory of Function Grammar. Berlin & New York: Mouton de Gruyter, 1997.

（作者单位：北京华文学院）

语言转型与动词特征演变

——以东旺藏语为例

戴庆厦　次林央珍

一、题解

制约语言演变的因素有多种，其中一个重要因素是语言转型。语言转型制约语言演变的规律、方向、方式等。语言转型主要有两种：一是由一种语言类型转为另一种语言类型，如由屈折型转为黏着型，或由黏着型转向分析型；另一种是同一类型内部强弱特点的演变，如由强的黏着型转为弱的黏着型，或由弱的分析型变为强的分析型。语言转型的类型不同，其规律和特点也不同。

语言演变是语言研究的主要任务之一。语言转型与语言演变存在密切的关系。但是，语言转型与语言演变的关系究竟是什么，怎样从二者的关系中窥见、揭示语言演变的规律和特点，还有汉藏语系语言转型的特点是什么，怎样从语言转型的视角来认识汉藏语的演变及特点，语言学界对这些重要的理论性问题还研究得很不够，还有许多“谜底”引人思索。这一现状，促使我们去研究这一课题。

藏缅语族语言语种多、语言类型发展不平衡，呈现出不同的语言类型的特点。学术界多年来通过藏缅语不同语言、方言的比较以及古今藏语的比较已经大体获知，藏缅语是由屈折黏着型向分析型转型，进入分析型后又进而由弱分析性向强分析性转型。这已成为藏缅语言学家的共识 。这一认识，是本文论述语言转型在演变方向上（由非分析性向分析性演变）的依据。

语言转型会引起语言结构各方面的变化，如词法、句法的变化，语音、语义、词汇的变化等，其中一个重要方面是词类的变化，如名词、动词、量词、虚词等的变化。词类的变化也会反过来促使语言类型的变化，二者相辅相成。语言转型是如何制约词类变化的，其规律又是什么，不同的语言有何共性和个性，这些都值得学术界去探究。

现代藏语不同方言的分析性演变呈现出不平衡状态。有的方言与古藏语的特点相对接近，保留屈折黏着的特点多些，如安多方言；而有的方言与古藏语的特点相对远些，保留屈折黏着的特点较少，如卫藏方言。方言不平衡的特点对研究藏语乃至藏缅语的历史演变有着“化石”般的价值。动词是藏缅语中制约语法演变力量最强的，是藏缅语最重要的词类之一，也是学术界一直关注的研究热点。七世纪出现的藏文及其拼写的古藏文和书面语文献（以下简称“古藏语”），反映当时的藏语有表示“三时一式”和自动使动态的屈折形态变化，而且较为发达，但后来动词形态不断衰弱甚至消失。这一演变线索，能够从现代藏语方言与古藏语特点的比较中得到证明，并能从中取得语言演变规律的新认识。我们之所以选择东旺藏语动词特征的演变来论证语言转型与词类变化，是因为东旺藏语在语言转型上变化较多、有特点，具有代表性，而且本文作者之一以东旺藏语为母语，分析起来把握大些。

本文基于语言类型转型的视角，以藏文反映的古藏语特征为参照点，分析东旺藏语动词特征演变的各种表现及成因，指出东旺藏语动词表示时、式、态的屈折形态严重衰退甚至消亡，是受到语言类型从弱分析性向强分析性方向发展的制约。另外，文中还从动词的义项扩展和语法化现象看与语言转型的关系。

东旺藏语属于藏语康方言，使用人口约有 6400 人，主要分布在云南省迪庆藏族自治州香格里拉市东旺乡。东旺乡是东旺藏族人的聚居地，通行藏语东旺土语。东旺藏语的语音特点主要有四点：一是声母分清浊、送不送气，鼻音、边音分清化与非清化。二是有单辅音声母鼻冠复辅音声母。三是有单元音韵母和复合元音韵母，有鼻化元音和非鼻化元音的对立，没有鼻音韵尾，塞音韵尾只有一个后喉塞音 -ʔ，但只出现在 54 调上（因无对立，本文不标注）。四是声调有五个，连读变调较多。

本文东旺藏语的语料来自第二作者次林央珍的口语；与本文有关的其他藏语研究材料和观点，取自己发表的研究成果。

二、东旺藏语动词分析性演变的三个表现

反映古代藏语语音面貌的藏文，能够显示古藏语动词形态比较丰富，主要靠屈折变化表示各种语法范畴。“三时一式”是藏文传统文法使用的术语，其语法意义在当时的藏语里大多使用形态手段表示，但到了现代东旺藏语，由于向着分析性方向演变，形态变化已经严重衰弱甚至消失，只在部分语法范畴中保留着，这从现代口语与藏文的比较中能够明显看出这个变化。下面通过与古藏语比较，看看东旺藏语动词的时、式、态是如何演变的。

（一）动词“三时一式”的分析性演变

“三时一式”是指动词陈述式的过去、现在、未来三个时态和命令式。在古藏语中，“三时”主要靠添加不同的前置辅音表示，过去时除了可以添加前置辅音 b 外，还可以用后置辅音。表示命令式的形态通常不添加前置辅音，词根辅音声母大多送气，元音通常与动词现在时一样，有时候也变成 o，另外还可以添加后置辅音 s 表示。例如：

表 1　古藏语动词“三时一式”例词表

过去时	现在时	未来时	命令式	词义
bzas	za	bzaɦ	zo	吃
bgos	bgod	bgo	bgos	分
bstand	ston	bstan	ston	显示
bcings	ɦching	bcing	chings	系
bskjar	skjor	bskjar	skjor	重复

但是到了现代东旺藏语，动词几乎没有表示时式的形态变化。表示这些语法意义的手段主要是通过在动词后加属于分析性的助词来表示。以下分别举例说明：

其一，东旺藏语表示动词过去式的手段有两种：一是在动词后加由判断动词虚化而来的助动词 ji（否定形式为 mɛ̃^{35}）或 rɛ（否定形式为 mərɛ）。其中 ji 出现

在第一人称做主语的句子里，而 rɛ 的主语是第二、第三人称；二是在句中加表示过去的时间副词和表示动作已经进行了的句尾助词。例如：

① ŋe^{35} k^{h}a^{24}tsõ^{55}zɿ^{24}gi^{55}ȵɯ^{41}ta^{41}ji.

我（施格）昨天 书 两 看 是（过去、亲知）

我昨天看了两本书。

② ŋa^{35}ndʐʅ^{55}mɛ̃^{35}.

我 去 没有（否定、过去）

我没去。

③ dʐʅ^{24}ma^{55}k^{h}a^{24}tsõ^{55}dzõ^{41} nõ^{24}ndʐʅ^{55}rɛ^{24}.

卓玛 昨天 城市 里 去 是（过去、亲知）

卓玛昨天去城里了。

④ ^{h}u^{55}sɛ̃^{35}tɕ^{h}a^{41} mə^{24} rɛ^{24}.

他 饭 吃（否定）是（过去、亲知）

他不吃饭。

⑤ a^{24}sɿ^{55}a^{24}ʑi^{55}gẽ^{41} t^{h}i.

奶奶 刚才 去世 过去（过去、亲知）

奶奶刚才去世了。

其二，东旺藏语表示动作行为正在进行或在某个时间段里正在进行的语法手段有两种：一是在动词后加表示正在进行的助词 dɛ^{24}gõ^{41}，再加由判断动词虚化而来的助动词 zẽ（否定形式为 mɛ̃^{35}）或 rɛ（否定形式为 mərɛ），同样 zẽ 表示第一人称，rɛ 表示第二、第三人称；二是在动词后加 dɛ，再加由存在动词虚化而来的表过去时且亲知的助动词 nõ，此形式只能表示第二、第三人称。例如：

⑥ ŋa^{35}zɿ^{24}gi^{55}ta^{41}dɛgõ^{41} zẽ.

我 书本 看（时助）（进行）是

我正在看书。

⑦ k^{h}u^{55}sɛ̃^{35}tɕ^{h}a^{41}dɛ^{24}gõ^{41} rɛ.

他 饭 吃（时助）（进行）是（亲知）

他正在吃饭。

⑧ $ts^{h}\mathrm{ʅ}^{55}$ $r\tilde{e}^{41}$ $ty^{35}nɔ^{24}dɛ$ nõ.

次仁 那里 坐（时助）（进行）有（亲见）

次仁正坐在那里。

其三，东旺藏语表示动作行为将要进行的语法手段有两种：一是直接在动词后加由判断动词虚化而来的 zẽ，只用于第一人称；二是在动词后加由格标记虚化而来表示将要进行的附加成分 tɕi，再加由判断动词虚化而来的 zẽ 或 rɛ。例如：

⑨ $tə^{55}s\tilde{ɛ}^{35}$ $ŋe^{35}$ $tɕ^{h}a^{55}z\tilde{e}$.

那 饭 我（施格）吃 是（将来）

那饭我要吃。

⑩ $ŋa^{35}zʅ^{24}gi^{55}ta^{41}ndzʅ^{55}tɕi$ $z\tilde{e}^{41}$.

我 书本 看 去 （时助）（将来）是

我要去看书。

⑪ $k^{h}u^{55}s\tilde{ɛ}^{35}tɕ^{h}a^{41}ndzʅ^{55}tɕi$ $rɛ^{24}$.

他 饭 吃 去（时助）（将来）是（亲知）

他要去吃饭。

⑫ $tʂə^{55}ʂʅ^{41}s^{h}\tilde{o}^{24}ȵi^{55}$ $h\tilde{o}^{55}tɕi$ $rɛ^{24}$.

扎西 明天 来（时助）（将来）是（亲知）

扎西明天要来。

其四，表示命令语气的语法手段有两种：一是加表命令的句尾助词 ri；二是直接用命令的语气。例如：

⑬ $ɕ^{h}ɤ^{24}a^{24}r\tilde{e}^{55}zʅ^{24}gi^{55}ta^{41}ri$.

你 今天 书 看（尾助）（命令）

你今天看书！

⑭ $s^{h}\tilde{o}^{35}ȵi^{55}kui^{35}$ $tʂ^{h}ə^{55}ri$.

明天 衣服 洗（尾助）（命令）

明天洗衣服吧！

⑮ $wu^{24}tsɔ^{54}mə^{24}$ $jɛ^{24}$.
那样 （否定）做
不要那样做！

可见，古藏语中表“三时一式”的形态变化到了东旺藏语已经基本消失。原有的时式形态消失，造成语法表达方式的转变，变成在动词后添加成音节的语法成分，也就是使用分析形式来表达动词时体和式的语法意义。从语言类型上说，这是语法形式从形态型向分析型的演变。

（二）动词使动范畴的分析性演变

动词具有使动范畴，是藏语乃至藏缅语族语言的一个重要特征，而且使动范畴在藏缅语族语言里还可以追溯到原始藏缅语阶段。藏语无论是反映古代语言面貌的书面语还是现代各方言的口语，都存在使动范畴。古藏语主要是按前置辅音的有无和不同，以及词根辅音送气和非送气、清和浊、复辅音和单辅音的声母变换来区分动词的自动态和使动态。这几个不同的形式有的还叠用在一起。根据格桑居冕（1982）、张济川（1989）等学者的研究，古藏语中用语音屈折变化来表示使动范畴的动词的数量超过200个，可见当时使用屈折变化来使动范畴还是比较发达的。[①] 例如：

表2　古藏语中用语音屈折变化来表示使动范畴的动词的例词表

形态形式	自动	使动	词义
前置辅音有无	ȵog	bsȵogs	浑浊、搅浑
	lugs	brlugs	垮、使垮
前置辅音不同	ɦgjel	bsgjel	倒下、推到
	ɦdres	bsres	混合、掺和
非送气／送气	tɕhag	btɕag	破碎、打破
	ɦtshaŋs	btsaŋs	堵塞、塞住

① 格桑居冕：《藏语动词的使动范畴》，载《民族语文》，1982（5）；张济川：《藏语的使动、时式、自主范畴》，载《民族语文》，1989（2）。

续表

形态形式	自动	使动	词义
浊音 / 清音	ɦdzags	btsags	滴漏、使滤
	ɦbar	spar	燃烧、点燃
单辅音 / 复辅音	sos	gsos	成活、养育
	saŋs	bsaŋs	清净、清洗

除了使用以上的屈折形式外，古藏语还有添加辅助动词和附加成分的分析手段来表达使动的。附加成分包括两种形式：一是加“做”义动词 bjed；二是加“让”义动词 ɦdʑug，都是实义动词虚化作为表示使动的附加成分。例如：

表 3　古藏语用分析手段表示使动的例词表

自动	使动	词义
sleb	sleb par bjed	到达、使到达
ɦgrug	ɦgrugpar bjed	成功、使成功
gȵid	gȵid du ɦdʑug	睡着、使睡着
ɦphag	ɦphagtuɦdʑug	跳、使跳

古藏语使动范畴的屈折形态经过长期的消磨，在现代各方言里还有部分残存。到了东旺藏语，有不到 60 个的动词至今还通过词根变音的形态变化来区分自动和使动。古藏语里表示使动范畴的前置辅音在东旺藏语里已全部脱落，都变为词根屈折。另外还使用后起的声调来区分自动态和使动态。例如：

表 4　东旺藏语区分自动态使动态的例词表

东旺藏语	自动	使动	藏文	词义
清 / 浊	$ʂɯ^{35}$	$ʐɯ^{41}$	ʑus/bʑus	融化、煮融
	$pɛ̃^{35}$	$bɛ̃^{41}$	baŋs/sbaŋs	湿透、浸泡
送气 / 非送气	k^hy^{41}	ky^{41}	khol/bskol	沸、煮沸
	$ts^hõ^{41}$	$tsõ^{41}$	ɦtshaŋs/ btsaŋs	堵塞、堵住
	$pɔ^{24}$	$p^hɔ^{54}$	bab/phab	下降、使降
	$jõ^{35}$	$j^hõ^{41}$	laŋ/sloŋ	起来、扶起来

续表

东旺藏语	自动	使动	藏文	词义
鼻冠 / 非鼻冠	ndʐɯ^{41}	tʂɯ^{41}	ɦgjel/bsgjel	跌倒、推倒
	ŋgɯ^{41}	kɯ^{41}	ɦgul/bsgul	动、摇动
非清化 / 清化	ȵi^{35}	ȵ̥i^{24}	ȵal/bsȵal	睡、使睡
	nõ^{54}	n̥õ^{54}	nub/bsnubs	乱、添乱、使毁
声调：升 / 降	ʂi^{24}	ʂĩ^{54}	ʑig/bɕigs	毁坏、拆毁
	si^{35}	si^{41}	pje/phje	分开、拆散
	kɔ^{24}	kɔ^{54}	khebs/bkab	躲藏、遮盖

需要说明几点：一是声母清浊变化，多是清音表示自动，浊音表示使动，但也有相反的情况，清音表示使动，浊音表示自动。如 di^{24} “塌”：ti^{53} “弄塌”。二是声母送气和不送气的对应，有些是送气表示使动，而有些是送气表自动。三是有些动词在通过声母的变化表示自动与使动的对立时，还伴随声调的变化。四是动词的形态变化没有能产性，只出现在有限的词上。

随着屈折手段的衰退，分析手段在现代藏语各方言中能产性越来越强，动词大多可以通过添加分析性成分来表示使动。东旺藏语是在主要动词之后加 tɕɔ^{54} “允让”表示使动。例如：

⑯ ŋe^{35}　　kʰu^{55}jɛ^{31}　　ta^{41} tɕɔ.

我（施格）他（与格）看　让

我让他看。

⑰ a^{55}ȵi^{41}ji^{31}　　tsʰu^{35} jɛ　　ȵu^{55} wa^{41}　　mə^{55}hõ^{55}tɕɔ.

爷爷（施格）孙子（与格）赶快 趋向（向下）来　　让示证（过去、亲知）

爷爷连忙让孙子下来。

这种分析手段的 tɕɔ “允让”，不仅能用在无形态变化的动词上，而且还可以用在能用形态变化表示使动的动词上。例如：

⑱ kʰu^{24}ȵɯ^{55}pʰə^{55}　　si^{35}　tɕɔʔ^{51}.

他　俩　趋向（离心）分开 让 / 使

让他俩分开。

⑲ kʰu^{24}ȵɯ^{33}pʰə^{55} si^{41} tɕɔʔ^{51}.

他 俩 趋向（离心）分开 让/使

让（他）把他俩分开。

古藏语通过形态表使动范畴的词虽然在东旺藏语中还有少量保留，但是数量大量减少。有些动词，母语人已经感受不到是同一动词的不同形态，而是当作不同的动词。例如：su^{55}“养（病）”和 sʰui^{41}“康复、痊愈”，rɔ^{54}“收拾、收拢”和 ru^{24}“合拢、愈合”。

（三）动词义项扩展及语法化的分析性演变

词汇义项的扩展和词的语法化是语言的共性，但分析性语言因为具有单音节性，为了扩大语义的表达，在语用时要用最少的音节表示更多的意义，于是就容易出现“同形多义”，即通过义项的扩展及语法化的手段，用同一音节表示多种不同的意义。东旺藏语的义项扩展及动词语法化现象很普遍，以下以“做”义动词 jɛ^{24} 和趋向义动词 tʰi^{41}、言说动词 sə^{55} 为例来说明义项扩展和语法化。

1.“做”义动词 jɛ^{24} 的义项扩展和语法化

jɛ^{24}“做”的古藏语语音形式为 bjed，具有“做、作、从事”等语法意义，而东旺藏语中除了保留原有的几个意义外，还扩展出“骂”的意义，另外还虚化为泛动词出现在各种句法结构中，起补充句法谓语功能的作用。例如：

⑳ ma^{35} ji^{31} sə^{55}dɛ^{24}lɔ^{54}jɛ^{24}ri.

妈妈（施格）说 按照 做（尾助）（命令）

按照妈妈说的做吧！

㉑ wu^{24}tsɔ^{54}mə jɛ^{24}.

那样 （否定）做

不要那样做！

㉒ ŋa^{35}a^{24}ʐa^{54}sʰõ^{35}pɤ^{54}luo^{55}sɿ^{41}jɛ^{24}zẽ^{33}.

我 明年 后年 老师 当是（将来）

我将来当老师。

㉓ pʰɛ̃^{55}tsʰuʔ^{54}ji^{31} ŋe^{35}gu^{41} jɛ^{24}wudɛ^{24} rɛ^{24}.

培措 （施格）我（与格）骂（助）（叙实）是（过去）

培措骂我。

㉔ kʰu^{55}ji^{31} sʰə^{55} jɛ^{24}wu^{34} nə^{33} çʰi^{55} la^{31}pʰə^{55}

他（施格）趋向（向心）骂（助）如果 你（施格）也（趋向）（离心）

jɛ^{24}çə ri.

骂（助）（祈使）句尾（命令）

他骂过来的话你也骂过去呗！

㉕ tsʰɿ^{55}rẽ^{41}nə^{33}jõ^{55}dʐɯ^{41}ȵɯ^{41}pʰə^{55}pʰɯ^{41}jɛ^{24} dɛ^{24}nõ^{41}.

次仁 和 永珍 俩 互推 （泛动）（句尾）(进行、亲知）

次仁和永珍在互相推搡。

㉖ kʰu^{24}ȵɯ^{33}sʰə^{55} dʑɔ^{24}pʰə^{55} dʑɔ^{24}jɛ^{24} dɛ^{24}nõ^{41}.

他 俩（趋向）(向心）打 趋向（离心）打（泛动）句尾（进行、亲知）

他俩在打过来打过去。

㉗ çʰə^{24}ȵɯ^{55}pʰə^{55} a^{24} ȵõ^{55} jɛ^{24} çə ri.

你 俩（趋向）（离心）好的 （泛动）（助）（祈使）句尾（命令）

你俩要好好的。

上例 ⑳ 至 ㉒ 中的 jɛ^{24} 保留了古藏语的“做、从事”义。例 ㉓ 和 ㉔ 的语义扩展为“骂”，在东旺藏语的口语中用得十分普遍。例 ㉕ 至 ㉗ 中 jɛ^{24} 语法化为泛动词，作为补充句法谓语的成分出现。因为例 ㉕ ㉖ 中的动词重叠构名词性成分表示相互的动作行为，必须再加一个动词来补充谓语才能使句法结构完整。例 ㉖ 也一样，jɛ^{24} 在句中没有实义，因为谓语的需要而出现。

2. 趋向义动词 tʰi^{41} 的语法化现象

据邵明园（2014）的研究，作亲知示证和完成体标记的 tʰi^{41} 以不同的语音形式存在于部分藏语方言中，是从古藏语的趋向动词 thal“去、往、经过”语法化而来，其演变路径为“趋向动词 > 状态补语 > 准体标记 > 完整体 > 示证标记”。[①] 在东旺藏语中，tʰi^{41} 至今保留着古藏语趋向动词的用法和语义，同时也有时体及亲知示证标记的语法功能，当虚化为句尾语法成分时声调变轻音。例如：

① 邵明园：《安多藏语阿柔话的示证范畴》，天津，南开大学博士学位论文，2014。

㉘ a^{24}rẽ^{55}s^{h}ə^{55}t^{h}i^{41}?　　tʂə^{55}　ʂʅ^{41} t^{h}i^{41}.

今天　谁　去（过去）扎西 去（过去、亲知）

今天谁去了？扎西去了。

㉙ k^{h}u^{55}p^{h}ə^{55}　　　　tə^{24}du^{54}t^{h}i^{41}.

他　趋向（离心）那边　去（过去、亲知）

他去那边了。

㉚ ts^{h}ʅ^{55}rẽ^{41}sɛ̃^{35}tɕ^{h}a^{41}t^{h}ə̃^{35} t^{h}i^{41}.

次仁　饭 吃　完成 示证（亲知）

次仁已经吃好饭了。

㉛ k^{h}u^{55}k^{h}a^{24}tsõ^{55}nə^{31}ndʐʅ^{55}t^{h}ə̃^{35} t^{h}i^{41}.

他　昨天　　就 走　完成 示证（亲知）

他昨天就已经走了。

上例 ㉘ 和 ㉙ 中的 t^{h}i^{41} 为实义动词，同时也兼有表时体和示证的功能，而当 t^{h}i^{41} 作为“去”的实义动词时，只能表示“去”这个行为已经发生并为表述者亲自知晓。而例 ㉚ 和 ㉛ 中的 t^{h}i^{41} 只作为示证标记出现，没有“去”之义，表示对信息的亲知。

3. 言说动词 sə^{55} 的语法化现象

sə^{55} 源于古藏语（藏文）动词 zer 的清化和韵尾脱落，为“说、讲、告诉、称”之义。zer 在古藏语中只作为实义言说动词出现，而到了东旺藏语 sə^{55} 不仅可作实义言说动词，还虚化为示证标记，表示信息来源为引述或传闻。当 sə^{55} 作为实义动词时，可以添加表时体、语气、否定、疑问或示证等语法意义的标记。例如：

㉜ s^{h}ə^{55}ji^{31}　sə^{55}rɛ^{24}?　　k^{h}u^{55}ji^{31}　s^{h}ə^{55}rɛ^{24}.

谁（施格）说　是（过去）他（施格）说　是（过去）

是谁说的？是他说的。

㉝ k^{h}u^{55}jɛ^{31}　ts^{h}ʅ^{55}rẽ^{41}sə^{55}gu^{31}rɛ^{24}.

他（与格）次仁　叫（助）是

要叫 / 称呼他为次仁（他叫次仁）。

㉞ p^{h}ε̃^{55}ts^{h}uʔ^{54}jε^{31} wu^{24}tsɔʔ^{54}mə^{24} zɿ^{55}sə^{55} ri.

培措 （与格）那样 （否定）说 告诉（句尾）（命令）

告诉培措不要那样说。

㉟ ts^{h}ɿ^{55}rẽ^{41}ji^{31} wu^{24}tsɔʔ^{54}sə^{55}t^{h}i^{41}.

次仁（施格）那样 说 示证（亲知）

次仁那样说。

当 sə^{55} 作为示证标记时，并不完全失去本来的言说义，只是在此基础上产生了明显的示证功能，表达实义的功能变得较弱。sə^{55} 的示证功能分两种，一是明确交代信息的来源，说话者作为引述者来报道或告知相关信息；二是信息源不明确，只是交代了获得信息的方式为听说即传闻。例如：

㊱ k^{h}u^{55}ŋe^{35} a^{35}kə^{55}rε^{24}sə^{55} rε^{24}.

他 我（领属格）叔叔 是 说（传闻）是（叙实）

据说他是我叔叔。

㊲ ts^{h}ɿ^{55}rẽ^{41}s^{h}õ^{35}ȵ̥i^{55}ɕo^{24}t^{h}ã^{55}nõ^{24}hõ^{55}tɕiʔ^{54} rε^{24}sə^{55} rε^{24}.

次仁 明天 学校里 里 来（时助）（将来）是 说（传闻）是（叙实）

据说次仁明天要来学校。

㊳ k^{h}u^{55}ŋe^{35} a^{35}kə^{55}zẽ^{41}sə^{55} rε^{24}.

他 我（领属格）叔叔 是 说（引述）是（叙实）

他说他是我叔叔。

㊴ k^{h}u^{55}ji^{31} ȵ̥ə^{55}tɕiʔ^{54} gu^{55}tsa^{41}nɔ^{24} dε^{24}nõ sə^{55} rε^{24}.

他（施格）人 一（不定指）门口 坐（时助）（进行）说（引述）是（叙实）

他说有个人坐在门口。

以上所有例句中的 sə^{55} 除了有较弱的实义言说功能之外，更重要的是表明说话者的信息来源或采取到信息的方式，不能再另外添加否定、疑问、示证等语法标记。其中例 ㊱ 和 ㊲ 中说话者并没有清楚交代信息源，只是分别表明了“他是我叔叔”和“次仁明天要来学校”这两条信息渠道是听别人说的，因此标记为传闻示证。例 ㊳ 和 ㊴ 指明了说话者所传达的信息分别来自“他”，说话者只是作为引述者去传达信息，因此标记为引述示证。例 ㊱ 和 ㊳ 中示证功能的区别来自于判断动词 rɛ 和 zẽ，通常 zẽ 只表示第一人称，而 rɛ 表示第二、第三人称。例㊱是传达别人所说的关于“他”的信息，信息源并非以自我为中心，而㊳只是传达“他”自己所说的关于自己的信息，信息源以自我为中心，因此导致两句中 sə^{55} 的示证功能不同。

东旺藏语由于 sə^{55} 和 rɛ 音节合并，句末也可以变成 sɛ^{24}，这时引述和传闻的示证功能更加明显。例如：

㊵ k^{h}u^{55}ŋe^{35}　　a^{35}kə^{55}rɛ^{24}sɛ^{24}.

他　我（领属格）叔叔　是　据说（传闻）

据说他是我叔叔。

㊶ k^{h}u^{55}ji^{31}　ȵə^{55}tɕiʔ^{54}　　gu^{55}tsa^{41}nɔ^{24}dɛ^{24}nõ^{41}　　sɛ^{24}.

他（施格）人　一（不定指）门口　坐（时助）（进行）说（引述）

他说有个人坐在门口。

三、东旺藏语动词分析性演变的类型学特征

根据上述的分析和比较，可以认为东旺藏语动词分析性的演变不是孤立的，而是具有藏缅语族类型学的共性和个性。

（一）东旺藏语的形态演变符合藏缅语语言转型的大趋势

藏缅语的历史比较成果已大致证明，藏缅语的历史演变是从形态多向形态少的方向演变，但不同的语言，演变的速度、方式、侧重点不完全相同。从演变速度上看，有的语言演变得慢些，在动词上还保留古代表示人称、数的形态变化，使动范畴也保存较多的形态变化，如嘉绒语、普米语等。而有的语言演变得快些，如彝语、哈尼语、傈僳语、载瓦语、阿昌语、缅甸语等，表示人称、数的形态变化都已消失，表示使动范畴的形态变化也只保存少量残余，形态手段的衰变代之以分析性手段。景颇语处于形态型向分析型的过渡阶段，动词人称、数的形态变化形式，已从动词上分立出来演变为独立的句尾词，而且其表示人称、数的功能已处在衰退之中。瞿霭堂（1985）曾对藏语不同方言动词屈折形态的结构和演变的不平衡性做了分析，认为“藏文中能进行时、式屈折变化的动词约占整个

单音动词的 70%；现代藏语中，卫藏方言约占 30%，安多方言约占 45%，康方言有些地方与卫藏方言相同，有的地方只有少数动词发生式的变化，有些地方已经完全没有屈折变化”[①]。

东旺藏语的演变大致符合整个藏缅语族语言由黏着屈折型向分析型发展的路径。但在同语族语言（方言）中，东旺藏语的演变速度接近彝语、哈尼语、缅甸语等，属于演变较快的。表示时、式、态的形态变化严重衰弱甚至消失，主要代之以表示语法意义的虚词，但在使动态的语法形式上，东旺藏语保留形态变化的使动词比分析型强的彝、哈尼等语言多。

（二）东旺藏语的语言转型与语音变化存在密切关系

语言的形态构造，是以语音为物质基础的，就是说语音变化是形态变化的基础。一种语言的语音变化主要有两种：一是音位数量的增减，包括辅音、元音数量的增减，声调数量的增减等；二是语音结构的变化，如有无复辅音声母，有无韵尾等。不同的语言，语言转型的语音变化也存在不同的特点。

东旺藏语动词语法的分析性演变与语音系统大幅度简化直接相关。从上文分析中可见，古藏语动词屈折形态是由语音音素的增减或变换构成的，但到了现代东旺藏语，动词屈折形态的许多重要音素已经消失或变为其他的音素，屈折形态的体系已经瓦解，失去了表示语法的功能，虚词和辅助动词已成为表达动词语法范畴的主要手段。这一转变属于语音结构类型的变化，即语音结构类型的变化促使语法手段类型的变化。也就是说，古藏语动词的时、式、态等语法范畴主要与动词的语音结构，即是否添加前置辅音或后置辅音有关，但随着语音系统简化，藏语动词的前置辅音和后置辅音不断脱落，从而改变了原有的语法形式。

总之，东旺藏语语法类型向分析性演变主要与语音结构的简化有关。语法形式是通过语音来体现的，语音的状态、变化对语法的状态、变化有着强烈的制约作用。不考虑这个关系就不可能深入认识语法的内在特点。

① 瞿霭堂：《藏语动词屈折形态的结构及其演变》，载《民族语文》，1985（1）。

（三）发展虚词和语法化是东旺藏语动词形态消失的补偿机制

在语言的演变中，随着语言系统的演化，某些表达手段会逐渐消失，同时会产生新的表达手段作为补偿，以维持语言交际功能的平衡。古藏语用动词语音的屈折变化来表示三时一式和使动态，但是到了现代东旺藏语，判断动词和存在动词虚化作为时体变化的标记，还用语气的变化或者加句尾助词来表示式，以及加作为使动标记的助词来表示使动态。可见，形态手段消失的补偿机制是分析手段，具体体现在添加虚词和动词语法化上。

语言在发展中，一方面力求精练、简化，使表达手段更为简便，另一方面，又在不断增添新的语言手段，补偿并丰富其表达方式。现代藏语中，因为语音系统简化，原有的语法形式消失，这时必须创造新的手段来表达同样的意义，而用一些出现频率较高的语法化动词和虚词成为最佳的选择方法。

（四）动词语法特征的转型呈现出语法手段从显性到隐性的演变

语言的语法手段有显性和隐性之分。显性是指能够直接被感知和发现的语法规则，如英语中用形态变化表示的各种语法意义；隐性是指不能直接感知的语法规则，如汉藏语系语言使用虚词表示动词的体貌，用语序表示短语的结构性质等。不同的语言，同一语言的不同时代，显性和隐性的功能是不同的。如现代汉语缺少明显的形态变化，很多语法成分必须靠具体语境和语义来区分。古代英语的显性特点比现代英语多，有许多容易被感知的语法形式。

藏语动词的语法特征从古到今经历了从显性到隐性的演变。古藏语的动词用丰富的语音屈折变化来表示时、式、态等语法的变化，而且屈折变化成系统性，可以从动词音节的音素直接判断和识别不同的语法意义；但到了现代各藏语方言，动词形态变化已经严重衰弱甚至消失，改用动词语法化或虚词来表示时、体、态及语气的变化，研究者只能从具体的语境和语义来识别各种语法成分。

藏语的分析性特点，不同时期、不同地区存在差异。从本文分析中可见，比起古藏语，东旺藏语动词的形态变化已经趋近消亡，向着强分析性发展和演变，其显性和隐性的比例也随着变化。

参考文献

[1] 戴庆厦. 语言转型与词类变化：以景颇语句尾词衰变趋势为例. 民族语文，2019（1）.

[2] 戴庆厦，闻静. 论“分析性语言”研究眼光. 云南师范大学学报（哲学社会科学版），2017（5）.

[3] 邵明园. 安多藏语阿柔话的示证范畴. 天津：南开大学博士学位论文，2014.

[4] 杨将领. 藏缅语使动范畴的分析形式. 民族语文，2003（3）.

[5] 张济川. 藏语的使动、时式、自主范畴. 民族语文，1989（2）.

[6] 瞿霭堂. 藏语动词屈折形态的结构及其演变. 民族语文，1985（1）.

[7] 格桑居冕. 藏语动词的使动范畴. 民族语文，1982（5）.

[8] 戴庆厦. 载瓦语使动范畴的形态变化. 民族语文，1981（4）.

[9] 黄布凡. 古藏语动词的形态. 民族语文，1981（3）.

[10] Ellen Lynn Bartee. A Grammar of Dongwang Tibetan. Doctoral Dissertation in University of California Santa Barbara, July 2007.

（作者单位：中央民族大学中国少数民族语言文学学院）

论普米语的类型定位 *

蒋颖

现代语言学研究的一个重要内容是如何认识世界语言的不同类型，并从不同类型的视角深入揭示世界语言的共性和个性，深化对具体语言特点的认识。语言类型定位研究也是我国少数民族语言研究的一项重要内容。

早在 19 世纪，德国语言学家奥古斯特·施莱希尔（A. August Schleicher）就把人类语言分为屈折语、黏着语和孤立语三种类型。[①]这种传统语言类型学的三分法是从词的形态特征得出的语言类型。

那么，普米语属于什么类型呢？过去对此意见不一，主要有两种观点：一种根据普米语中存在大量的前缀和后缀、语法范畴多用特定词缀表达，认为它是黏着语，如动词前缀表示趋向，动词后缀表示人称、体等；另一种根据普米语中存在丰富的屈折变化，认为它是屈折语，如动词以词根的内部屈折综合表示人称、数、体等意义的变化，代词的屈折形式综合表示人称、数、格等意义的变化。

世界的语言又可以以整个语法形态的丰富与否为标准，二分为分析型与非分析型两大类型，孤立语属于分析性语言，屈折语、黏着语等属于非分析性语言。普米语既有词缀黏着手段，又有词根屈折手段，还具有一些重要的分析性手段，如主要使用单音节词根构词、助词和语序是表达语法意义的重要手段等。普米语是一种非分析性特点和分析性特点兼而有之的语言，二者构成一个不可分割的有机系统。普米语的类型演变就是在这两类特点的此消彼长中进行的。普米语应该是由非分析型向分析型演变的过渡型语言。

本文按照二分法的视角，系统分析普米语的非分析性特点和分析性特点，确定其类型。我们先简要介绍普米语的非分析性特点，然后再介绍其分析性特点，

* 原载《民族语文》，2018（3）。

① 陆丙甫、金立鑫：《语言类型学教程》，4 页，北京，北京大学出版社，2015。

最后从二者的比较中，揭示其类型演变的趋势，并权衡其主要类型特点，讨论其类型定位。

一、普米语的非分析性特点

普米语的非分析性特点比较突出，在整体语法结构中占据最重要的地位。具体表现为三点：一是构形规则丰富，不同词类的实词有不同的构形规则。二是动词的形态最为发达，其人称、数、体等语法范畴多依靠词根屈折和黏着等形态变化来表示。三是大多数语句的构成都离不开形态手段。

普米语的构形方式主要有两种：一是实词自身的语音屈折，二是词缀的黏着。

（一）屈折式构形

普米语实词（主要是动词）词根内部的语音屈折变化规则严格，并具有多功能性。如动词通过词根屈折与附加后缀的结合，可以表示人称、数、体等语法意义。以已行体为例，已行体动词词根的屈折变化规律比较复杂，下面简要列举单元音韵母规则动词的变化形式（见表1）：

表1　单元音韵母规则动词的变化形式

单元音韵母	第一人称		第二人称		第三人称	
	单数	复数	单数	复数	单数	复数
a	a	a	u	un	ua	ua
ɑ	ɑ	ɑ	u	un	uɑ	uɑ
i	i	i	iu	in	ʉ	ʉ
ʅ	ʅ	ʅ	iu/əu	in/ən	ʉ	ʉ
ə	ə	ə	əu	ə	ue	ue
ɯ	ɯ	ɯ	əu	ɯ	ui	ui
o	o	o	u	un	ua	ua
ɛ	ɛ	un	u	un	uɛ	uɛ
u	u	un	u	un	ua	ua
ʉ	ʉ	un	u	un	ua	ua
y	y	yn	yu	yn	ua	ua

例如：

① ɑ^{55}tsa^{55}san^{31}.

我 洗（缀）

我洗了。

② ȵi^{31}zʅ^{55}tsun^{55}si^{31}.

你们 洗 （缀）

你们洗了。

人称代词也可以通过屈折变化表示人称、数、格等语法意义。下面简要列举三身代词的人称、数、格（以领属格、施事格为例）的形态变化：

表 2 三身代词的人称、数、格（以领属格、施事格为例）的形态变化

代词		原形	领属格	施事格
第一人称	单数	ɑ^{55}	ɑ^{55}/ɑŋ^{55}	ɛ^{31}ȵe^{55}je^{31}
	复数	ɑ^{55}zʅ^{55}	ɑ^{31}zɑ^{24}	ɛ^{31}ze^{24}je^{31}
第二人称	单数	ȵi^{24}	nɑŋ^{55}	ȵe^{55}je^{31}
	复数	ȵi^{31}zʅ^{55}	ni^{31}zɑ^{55}	nə^{31}ze^{24}je^{31}
第三人称	单数	tə^{55}gɯ^{55}	tə^{31}gɑ^{24}	tə^{31}gue^{24}je^{31}
	复数	tə^{55}zʅ^{55}	tə^{31}zɑ^{24}	tə^{31}ze^{24} (je^{31})

例如：

③ tə^{55}gɯ^{55}suan^{31}nə^{55}ɬa^{24}xɑ^{31} xui^{55}si^{31}.

他 爸爸 两 下（趟）打 （缀）

他把爸爸打了两下。

④ suan^{24}tə^{31}gue^{24}je^{31} nə^{55}ɬa^{24}xɑ^{31} xui^{55}si^{31}.

爸爸 他 （施）两 下（趟）打 （缀）

爸爸被他打了两下。

⑤ tə^{31}gɑ^{24}suan^{24}je^{31} tə^{55}gɯ^{55}nə^{55}ɬa^{24}xɑ^{31} xui^{55}si^{31}.

他的 爸爸（施）他 两 下（趟）打 （缀）

他爸爸打了他两下。

（二）附加式构形

普米语构形词缀有前缀和后缀两种，主要黏附在动词的前后，分别表示不同的语法意义。动词前缀表示趋向范畴，只有 6 个，功能比较单一；动词后缀数量较多，而且具有多功能性。

1. 动词通过添加前缀表示趋向范畴。趋向前缀共有 6 个：

表 3　动词趋向前缀词及词义表

前缀词	词义
tə^{55}	向上
nə^{31}	向下
khə^{31}	从内部向外部；（对说话人、听话人而言的）离心；（仅对说话人而言的）离心；（仅对听话人而言的）离心；（仅对出发地而言的）离心
xɑ^{31}/ɑ^{31}/ɛ^{31}	从外部向内部；（对说话人、听话人而言的）向心；（仅对说话人而言的）向心；（仅对听话人而言的）向心；（仅对目的地而言的）向心
thə^{31}	（对说话人、听话人而言的）离心；（仅对说话人而言的）离心
də^{31}	（对说话人、听话人而言的）向心；（仅对说话人而言的）向心

例如：

⑥ tə^{55}gɯ^{55}tə^{55}　ʃʅ^{31}ʐəu^{31}.

他　　（趋）去（缀）

他在往上走。

⑦ go^{31}tsi^{55}no^{31}　nəuŋ^{55}qɑ^{55}wu^{55}xɑ^{31}　bjin^{55}ʐəu^{31}.

鸟　　外面 从　　窝 里 （趋）飞 （缀）

鸟从外面飞回窝内。

2. 动词通过附加后缀表示人称、数、体等范畴。以动词 ʥʅ^{55} “吃” 为例：

表 4　动词“吃”通过附加后缀表示人称、数、体等范畴

<table>
<tr><th colspan="3" rowspan="2">数和人称</th><th colspan="6">体</th></tr>
<tr><th>已行体</th><th>进行体</th><th>将行体</th><th>即行体</th><th>完成体</th><th>曾行体</th></tr>
<tr><td rowspan="3">单数</td><td colspan="2">第一人称</td><td>ʥin^{55}san^{31}</td><td>ʥʅ^{55}zə̣uŋ^{55}</td><td>ʥʅ^{55}ʃei^{55}</td><td>ʥʅ^{55}ʃei^{55}ʃə̣^{31} zə̣uŋ^{31}</td><td>khə^{31}ʥin^{55} san^{31}</td><td>ʥʅ^{55}man^{55} sin^{31}</td></tr>
<tr><td colspan="2">第二人称</td><td>ʥiu^{55}si^{31}</td><td>ʥʅ^{55}zụ^{31}</td><td>ʥʅ^{55}ʃọ^{55}</td><td>ʥʅ^{55}ʃei^{55}ʃə̣^{31} zụ^{31}</td><td>khə^{31}ʥiu^{55} si^{31}</td><td>ʥʅ^{55}man^{55} siu^{31}</td></tr>
<tr><td colspan="2">第三人称</td><td>ʥʉ^{55}si^{31}</td><td>ʥʅ^{55}zə̣u^{55}</td><td>ʥʅ^{55}qa^{55}</td><td>ʥʅ^{55}ʃei^{55}ʃə̣^{31} zə̣u^{31}</td><td>khə^{31}ʥʉ^{55} si^{31}</td><td>ʥʅ^{55}man^{55} sʉ^{31}</td></tr>
<tr><td rowspan="4">复数</td><td rowspan="2">第一人称</td><td>排除式</td><td rowspan="2">ʥin^{55}si^{31}</td><td rowspan="2">ʥʅ^{55}zə̣n^{55}/ zụn^{55}</td><td>ʥʅ^{55}ʃə̣n^{55}</td><td rowspan="2">ʥʅ^{55}ʃə̣n^{55}ʃə̣^{31} zə̣n^{31}/zụn^{31}</td><td rowspan="2">khə^{31}ʥin^{55} si^{31}</td><td rowspan="2">ʥʅ^{55}man^{55} sin^{31}</td></tr>
<tr><td>包括式</td><td>ʥʅ^{55}khu^{55}/ ʒɾin^{55}</td></tr>
<tr><td colspan="2">第二人称</td><td></td><td></td><td>ʥʅ^{55}ʃə̣n^{55}</td><td></td><td></td><td></td></tr>
<tr><td colspan="2">第三人称</td><td>ʥʉ^{55}si^{31}</td><td>ʥʅ^{55}zə̣u^{55}</td><td>ʥʅ^{55}qa^{55}</td><td>ʥʅ^{55}ʃə̣n^{55}ʃə̣^{31} zə̣u^{31}</td><td>khə^{31}ʥʉ^{55} si^{31}</td><td>ʥʅ^{55}man^{55} sʉ^{31}</td></tr>
</table>

例如：

⑧ ɑ^{55}ʥi^{55}ʥʅ^{55}zə̣uŋ^{31}.

我 饭　吃（缀）

我在吃饭。

⑨ ȵi^{24}khə^{31} ʥiu^{55}si^{31}.

你（趋）吃　（缀）

你已经吃了。

但是，与黏着型语言如哈萨克语比较，普米语的黏着性相对较弱，其黏着成分较少，黏着层次通常只有前后各一层，不像哈萨克语，后缀可以有多层，表达多个语法意义。下面略举一例做个对比：

普米语：

⑩ ȵi^{24} ʃʅ^{55}maŋ^{31}ʃọ^{51} ʧhiɛ^{55} ɑ^{55} zẹ^{55} ʃʅ^{55}maŋ^{31}ʃei^{55}.

ȵi^{24}-ø ʃʅ^{55}maŋ^{31}ʃọ^{51}　ʧhiɛ^{55}　ɑ^{55}-ø　zẹ^{55} ʃʅ^{55} maŋ^{31} ʃei^{55}.

2 单　去 - 不 -2 单将行体后缀　假设连词　1 单　也　去 - 不　-1 单将行体后缀

你　去　不　（缀）　的话　我　也　去　不　（缀）

你要是不去，我也不去。

哈萨克语：[1]

⑪ Siz barmasaŋïz, men de barmaymïn.

siz-ø　bar-ma- sa-　ŋïz　men-ø　de bar-ma- y(dï) - mïn

您 - 主格去 - 否定 - 假设式 - 谓人称 2 单尊 我 - 主格也去 - 否定 - 一般将来时 - 谓人称 1 单

您要是不去，我也不去。

二、普米语的分析性特点

普米语有不少与亲属语言相同的分析性特点，但学术界以往多关注其形态变化特点，而忽视其分析性特点。到底怎么看待普米语的分析性特点呢？分析性在普米语的语言特点中又占据了什么地位呢？

当前，有的学者注意到汉藏语的分析性特点，对什么是分析性特点提出了一些认识，认为汉语是强分析性语言，有的语言是弱分析性语言，并初步探讨了区分分析性语言与非分析性语言的价值。这对我们看清普米语的分析性特点是有帮助的。如戴庆厦、闻静（2017）认为："汉藏语系语言都属于'分析性语言'，在语言特点上，包括语音、语法、词汇、语义、语用等方面都有自己不同于非分析性语言的特点。若能把握住语言类型的特点分析语言，就更有针对性，就能发现一些使用一般性语言研究方法所不能看到的新现象，也就能够揭示语言的深层特点。"[2] 下面我们从词根、助词、词类活用以及语序等几个方面出发，来讨论普米语的分析性特征。

（一）词根的单音节性

普米语是单音节性强的语言。从数量上看，单纯词里单音节词占优势，多音节单纯词较少；合成词中单音节词较少，多音节合成词较多。我们根据斯瓦迪士 200 核心词表，统计了普米语核心词的音节分布情况。具体数据为：在 200 个核心词中，单音节词 154 个，占比 77%；非单音节词 46 个（其中三音节词 3 个，

① 张定京：《实体语法理论——哈萨克描写语法学方法论》，105 页，北京，中央民族大学出版社，2015。

② 戴庆厦、闻静：《论"分析性语言"研究眼光》，载《云南师范大学学报》（哲学社会科学版），2017（5）。

双音节词 43 个），占比 23%。从单音节单纯词 77% 的优势比例可见，普米语基本词汇具有较明显的单音节性（参见表 5）。

表 5　普米语基本词汇单音节性例词表

普米语例词	汉义	普米语例词	汉义
ɑ^{55}	我	nəuŋ^{55}	和（连词）
ti^{55}	这	maŋ^{55}	不
do^{24}	后背	ʒʅ^{55}	多
ʒʤi^{24}	动物	ɖɛ^{24}	坏
ti^{24}	一	m̥ə^{24}	吹
ȵi^{24}	二	tsa^{55}	洗

普米语合成词多为复合式双音节词，双音节由两个单音节词根构成，即单音节词根是普米语构词的主要成分。例如：

mə^{31}din^{24} 地方　　　　mɛn^{31}ɬɛ^{24} 火焰
天　地　　　　　　　　　火　舌头

tsʅ^{55}ta^{24} 辈分　　　　　bɛ^{31}mɛn^{24} 萤火虫
小　大　　　　　　　　　虫　火

ʃʅ̥^{31}min^{55} 富人　　　　ʃʧhyɛ^{55}ʃʧəu^{55} 反胃
有　人　　　　　　　　　心　　扭

ʧə^{31}　lie^{55} 土块　　　　ʈhʅ^{55}tsa^{55} 脚踝
泥巴　条　　　　　　　　脚　节

在汉藏语中，有这么一条普遍规律：单音节性强与分析性特征之间存在一定的关系。分析性强的语言，往往单音节性强，“即词的表达大多用单音节单纯词，或用单音节词构成的复合词。”①

① 戴庆厦：《再论汉语的特点是什么——从景颇语反观汉语》，载《民族语文》，2017（2）。

（二）有发达的助词系统

普米语中有多种表示语法意义的虚词，如助词、连词等，它们的句法功能强，有的能够独立表达特定的句法语义关系。每个句子都离不开虚词，有的同一个句子里面有数个虚词。例如，分句与分句之间的关系可通过连词确立，句中词与词的关系可通过助词确立。在虚词中，助词的句法功能最复杂，作用也最重要。孙宏开（2016）认为："羌语支语言的结构助词比较丰富，多数语言有领属、施动、受动、工具、处所、从由、比较等类，有的语言还有随同和定指等类助词，它们在语法体系中的作用比较大。"①

普米语助词根据语法意义和语法作用的不同，可分为句法结构助词、语义关系助词和语用助词三大类，每类的下面又各分为若干个小类。其中，句法结构助词主要包括定语助词、状语助词、补语助词和名词化助词四个小类；语义关系助词主要包括施事助词、工具助词、与事助词、从由助词、对象助词、随同助词、比较助词七个小类；语用助词主要包括话题助词、情态助词和语气助词三类，情态助词还可分为实然助词、示证助词和自主助词三个小类。

上述各类助词的语法特点互不相同，其句法功能以及句法地位也有较大的区别。如定语助词、话题助词等大多不具有句法上的强制性，但语义关系助词、情态助词等多具有句法上的强制性，是不可或缺的成句要素。有的助词还横跨多个助词小类，具有多功能性。如助词 pʉ^{55}，既是句法结构助词里的状语助词，同时也是语用助词里的自主助词。

助词系统发达，也是分析性语言的一个重要特征。普米语助词的种类之多，意义之复杂，在藏缅语里也是比较突出的。

（三）词类兼用现象多

人类语言都或多或少地存在词类兼用现象，但分析性强的语言词类兼用通常更加突出。普米语的词类兼用现象比较多。从类别上看，普米语有一定数量的名动、名形、名量、动量兼类词，还有一部分虚词兼类词或在词类内部跨小类的多功能词。

① 孙宏开：《藏缅语族羌语支研究》，15 页，北京，中国社会科学出版社，2016。

1. 名动兼类

普米语有一些动词与名词全部或部分同形，属于名动兼类词。以 bu^{24} “蒸笼（名词）；蒸（动词）”、jin^{24} “田地（名词）；犁地（动词）”为例：

⑫ bu^{31} gue^{55}je^{31}bʉ^{31}ʒ̩ɑ^{31}bu^{24}.
蒸笼 用 馒头 蒸
用蒸笼蒸馒头。

⑬ pʉ^{55}ȵ̊i^{31}jin^{24} tɛ^{31}guɛ^{24}jin^{31}z̩əu^{55}.
今天 田地 一 块 犁（缀）
今天要犁一块地。

来自名词的名动兼类词，能够逐步脱离名词，扩大搭配的范围，成为独立使用的动词。以 tsy^{24} “穿”为例，它最早来自名动同形词“鞋子（名词）；穿（鞋子）（动词）”，但现已泛化使用，不仅仅用于和“鞋子”搭配。这种泛化是由衬音走向配义，也是增强语言孤立性的一个手段。例如：

tsy^{31}tsy^{55} 穿鞋子
鞋 穿

vɑ^{24}tsɿ^{31}tsy^{31} 穿袜子
袜子 穿

2. 形名兼类

形容词有“形名同形”现象，即同一个词兼有形容词与名词的意义和用法。如 bjin^{24} “光（名词）；光亮的（形容词）”：

⑭ bjin^{31}gɯ^{55} ko^{31}bjin^{55}ti^{31} di^{24}ʒɑ^{24}po^{55}ʃʧhi^{31}ʒʤi^{55}mɑŋ^{31}z̩əu^{55}.
光（话）很 亮（状）但 手 上 拿 能够 不（缀）
光很亮，但手摸不着。

又如 stuɛ^{24} “皱纹（名词）；皱皱的（形容词）”：

⑮ ti^{55}ʃ̩ɛ^{31}gəu^{55}stuɛ^{55}tɛ^{55}phjɑ^{31}gɯ^{31} zɿ^{24} stuɛ^{31}ti^{55}tsɑ^{31}diəŋ^{31}də^{31}.
这 纸 皱 一 张（话）以前 皱褶 一 只 有 是
这张皱巴巴的纸原本只有一道皱褶。

3. 名量、动量等兼类

普米语量词大部分属于量词、名词兼类词，也有一部分是量词、动词兼类，还有少部分是量词、形容词兼类。如 ʒʤie^{55} “颗（量词）；籽（名词）”、sty^{24} “撮（量词）；掐（动词）”、bu^{55} “堆（量词）；凸（形容词）” 等都属于兼类词。还有个别跨名、动、量三个词类的兼类词。例如 ʧi^{24} “秤（名词）；称（动词）；斤（量词）”：

⑯ ȵi^{24}ʧi^{31}ti^{55}xɑ^{31}　jɛ^{31}nəuŋ^{55}zʅ^{31}qu^{55}tɛ^{31}ʧi^{24}tə^{55}　ʧi^{55}nə^{31}sti^{31}.

你 秤 一（趋）拿（连）鸡蛋　一 斤（趋）称（命令）

你拿一杆秤来称一斤鸡蛋。

4. 虚词兼类

普米语部分虚词具有多功能性，同一个虚词兼属不同的词类，或在同一个词类内部跨小类。如 nəuŋ^{55} 既是连词“和”，又是补语助词。又如 gɯ^{55}（或 ʧhiɛ^{55}）既是话题助词，又是对象助词。再如 pʉ^{55} 的兼类情况更复杂，它既是动词，又是助词；而且作为助词，它既是自主助词，又是状语助词。

（四）语序对句法结构、语义关系等具有重要的限制作用

一般说来，分析性越强，语序越重要。在普米语里，语序有着重要的作用。总的来看，普米语的基本语序是比较稳定的，如主谓句遵循 SOV 语序，数量短语常位于名词中心语之后，话题在前述题在后等。语序的改变，常常带来句法结构、语义关系、语用信息等方面的变化。以下两句为例：

⑰ ɛ^{55}gɯ^{24}sin^{31}vbəuŋ^{55}po^{55}nə^{31}　ʃʧhʉ^{55}si^{31}?

谁　树　下（趋）站（缀）

谁站在树下面?

⑱ sin^{31}vbəuŋ^{55}po^{55}ɛ^{55}gɯ^{31}nə^{31}　ʃʧhʉ^{55}si^{31}?

树　下 谁（趋）站（缀）

树下面站着谁?

上面两例中，用词完全相同，但由于语序的变动，使得两个句子的结构、语义角色、焦点等都发生了变化。

三、普米语存在由非分析性走向分析性的趋势

普米语虽然具有较多的屈折/黏着特征，但是已经出现了明显的向分析性方向发展的趋势。主要表现在以下三个方面。

（一）形态手段逐渐弱化

从语言本体的角度看，普米语某些形态手段在弱化。以动词后缀为例，普米语原本有一套复杂的动词后缀，但现在后缀存在分析化的倾向，这是由黏着向分析发展的过渡阶段。后缀的分析化主要表现在两个方面：一是动词后缀与动词的结合出现了一定程度的松化；二是后缀的功能出现多功能聚合的特点。普米语动词后缀的特点很接近景颇语的虚词——句尾词，但后缀的独立性弱于景颇语的句尾词，可视为与动词结合紧密度较松的黏着性后缀，以后有可能像景颇语一样，脱离动词，成为独立的虚词。①

再从代际传承的角度看，普米语在母语传承中，青少年对语言的屈折、黏着手段掌握不熟练，误用、漏用甚至直接回避这些手段，类推使用分析性手段的情况很常见。

（二）分析性手段更有能产性

普米语里某些语法范畴既可以用非分析性的语法手段表示，如词根内部语音屈折、黏着附加词缀，也可以用分析性的语法手段表示，如添加实词、虚词。通常情况下，都是分析性的手段更有能产性，非分析性的手段缺乏能产性。

以使动范畴为例，普米语有使动范畴，且使动范畴可以用形态手段（如动词内部的屈折手段）来表示，也可用分析手段（添加使动词）来表示。二者之中，分析性的手段是能产的。

① 蒋颖：《论普米语动词后缀的分析化趋势》，载《中央民族大学学报》（哲学社会科学版），2009（5）。

屈折手段现只出现在少量动词上，没有能产性。使动屈折主要有 5 种方式：一是浊辅音声母变成同部位送气清辅音表示使动；二是浊辅音声母变成同部位清辅音表示使动；三是单辅音声母变为复辅音声母表示使动；四是送气辅音声母变为不送气辅音声母表示使动；五是声母变为清擦音表示使动。这里略举一例：

⑲ zdin^{55}thə^{31} ɖən^{55}si^{31}.
棍子（趋）断 （缀）
棍子断了。

⑳ zdin^{55}thə^{31} ʈən^{55} si^{55}.
棍子（趋）弄断（缀）
棍子被弄断了。

分析性手段是在动词原形后加使动词 ʃʧiɛ^{55} 或 ʃʧyɛ^{55} “使”，它随主语的人称、数的变化而变化，这种手段是能产的。例如：

㉑ tə^{55}gɯ^{55}n̥yŋ^{24}nə^{31} m̥ə^{31}si^{55}.
他 嘴 （趋）闭 （缀）
他闭上了嘴。

㉒ tə^{55}gɯ^{55}n̥yŋ^{24}nə^{31} m̥ə^{31}ʃʧyɛ^{55}si^{55}.
他 嘴 （趋）闭 使 （缀）
使他闭嘴。

霍凯特（2002）认为，“当两个形式，比方说一个祖传形式和一个创新形式竞争的时候，可能出现一个消失和一个留存的相反相成的局面。当然，有时两个形式都无限期地保存着。”① 可以认为，普米语中具有能产性的分析性致使手段属于得到了推广和效仿的创新性手段，具有很强的生命力，而没有能产性的屈折手段只是使动态的历史留存。

（三）存在“半分析、半综合”特点的结构助词

助词的出现和发展，是分析性语言的一个重要特点。分析性越强，助词越

① ［美］霍凯特著：《现代语言学教程》，索振羽、叶蜚声，译，北京，北京大学出版社，2002。

丰富，单个助词的多功能性越突出。如前所述，普米语已经产生了不少助词，可分为三大类，内部还有细致的小类，说明这种语言的分析性特点在增强。特别要提及的是，有的普米语的助词还具有表示人称、数等语法意义的功能。也就是说，这些普米语助词具有“两栖性”，虽然主要是分析性的，但是还具有屈折/黏着特点。

以名词作定语时的定语助词为例。普米语名词作定语时，使用的结构助词有两个：一个是定语为单数时的 gɑ^{55}“的”，另一个是定语为复数时的 zɑ̡^{55}“（们）的”。例如：

㉓ ti^{55}tsiəŋ^{31}gui^{55}gɑ^{55}ɳ̊əuŋ^{31}təuŋ^{55}mə^{31}sie^{55}thə^{31} gɑ^{55}si^{31}.

这 衣服 的 扣子 都 （趋）掉（缀）

这件衣服的扣子都掉了。

㉔ ti^{55}tsiəŋ^{31}gui^{55}zɑ̡^{55} ɳ̊əuŋ^{31}təuŋ^{55}mə^{31}sie^{55}tḥə^{31} gɑ^{55}si^{31}.

这 衣服 （们）的 扣子 都 （趋）掉（缀）

这些衣服的扣子都掉了。

gɑ^{55} 与 zɑ̡^{55} 的性质不同于汉语的结构助词“的”：gɑ^{55} 与 zɑ̡^{55} 来自人称代词的格变化，是代词词根内部屈折变化的结果，仍具有形态变化的特点。经过历史发展，已语法化为独立的虚词——结构助词，脱离了人称代词，可直接位于名词性定语之后。gɑ^{55} 与 zɑ̡^{55} 兼有两种功能：一是历史沿袭的表数功能，二是后来发展出的表示结构关系的定语助词功能。在作定语助词使用时，实则只强调定中关系，而不强调数的表达，出现了二者可互换使用的情况。这两个定语助词原本是非分析性的，承担表数功能，一定要有相应词形变化，而演变出的定语助词功能对词形变化的要求不严格，分析性更强。这表明普米语定语助词正在向分析性方向发展。例如：

㉕ ʒʤyn^{31}gɑ^{55}/zɑ̡^{55} mə^{55}ɬie^{55}gɯ^{31} ʂ̡an^{55}.

马 的/（们）的 尾巴 （话）长

马的尾巴长。

再以普米语自主助词为例。自主助词的原形为 pʉ^{55}，通常加在动词性成分后，随体、式、人称、数等的变化而产生韵母的屈折变化。普米语有六种体，在其中的四种体里（进行体、将行体、即行体和曾行体），自主助词都使用原形形式 pʉ^{55}。在另外两种体里（已行体和完成体），自主助词随主语人称、数的变化而产生词形变化：

表 6　普米语自主助词变化表

<table>
<tr><td rowspan="2">体</td><td>第一人称</td><td colspan="2">第二人称</td><td>第三人称</td></tr>
<tr><td>单复数</td><td>单数</td><td>复数</td><td>单复数</td></tr>
<tr><td>已行体</td><td rowspan="2">pʉ^{55}/pin^{55}</td><td rowspan="2">pu^{55}</td><td rowspan="2">pin^{55}</td><td rowspan="2">pɑ^{55}</td></tr>
<tr><td>完成体</td></tr>
</table>

这种有词形变化的自主助词，正处于由黏着性后缀发展为虚词的演变过程之中，同样表现出了“两栖性”的特征。

综上，普米语已经出现由非分析性（屈折 / 黏着）向分析性转化的演变趋势。虽然分析性特征还只是出现在语言结构的局部，但是结合整个汉藏语系的演变方向来看，这个分析化趋势应该是普米语未来演变发展的主要方向。

四、怎样科学定位普米语的类型

对普米语的类型定位可以有以下五种选择：一是分析语，二是黏着语，三是屈折语，四是具有分析性特征的黏着 – 屈折语，五是具有黏着 – 屈折特征的分析语。要回答怎样科学定位普米语的类型这个问题，关键是怎样看待普米语的分析性和非分析性之间的关系。

一种语言既有分析性又有非分析性的特点，如何权衡二者的比重涉及对语言性质的定位。普米语有大量的屈折变化和黏着性特征，所以归为分析语肯定是不合适的；但普米语又有重要的分析性特征，视为黏着语或屈折语也是不合适的。从语言现状看，普米语的主要特点仍然是黏着 – 屈折为主，分析性为辅。与典型的黏着语或屈折语如哈萨克语、俄语等相比，普米语的黏着 – 屈折特点不及这些语言强；与典型的分析语如汉语、哈尼语等相比，普米语的分析性特点也不及这些语言强。从普米语自身的特点来看，它虽然有了一定的分析性，但是分析性尚未超过、压倒非分析性。所以，我们认为普米语应属于第四类，即“具有分析性特征的黏着－屈折语”。这里需要说明一点，在“具有分析性特征的黏着－屈折语”这一类型中，还有分析性程度强弱不等的小类。即如果再精确一点说，普米语应属于具有“浓重”分析性特征的黏着－屈折语。

确定普米语的这一类型定位，有助于我们认识藏缅语的演变历史。现在藏缅语大多数语言都是分析语，但学术界一般认为，它们在历史上有过比较丰富的形态变化，后来形态逐步消失，分析语的特点不断加强。如孙宏开（1992）认为：“藏缅语类型学历史演变的过程是：黏着→屈折→分析。”[①] 戴庆厦（2000）也曾指出：“原始藏缅语有较多的形态变化，属于黏着型语言，后来逐渐向分析型演变。”[②] 普米语正处在这个演变的中间阶段，它是形态型向分析型发展的过渡状态，其类型特点是反映藏缅语历史演变链的“活化石”。

藏缅语族不同语言中的分析性和非分析性特征，在历史演变中的发展是不平衡的、速度不一的，构成了一个发展程度的演变链。比如，处于藏缅语南部地区的彝语、哈尼语等语言的非分析性特点很少，已经属于分析语，处于演变链中的较晚阶段；而处于藏缅语中部地区的景颇语，非分析性特点保留较多，有大量的句尾词，反映人称、数、体的语法意义，但句尾词已经从后缀中分离出来，成为独立的虚词，而且已出现明显的衰退趋势。从总体上看，景颇语的非分析性强于彝语、哈尼语等南部藏缅语，但它的主流还是分析性特点，可以认为是“具有黏着－屈折特征的分析语”，处于演变链的居中阶段。普米语的类型特征尚处于演变链的较早阶段，处于“具有浓重分析性特征的黏着－屈折语”阶段。从今后的发展趋势上看，普米语有往景颇语类型特点发展的趋势，并有可能发展成为分析语。

语言兼具不同类型的特征，或由一种类型转为另一种类型，是人类语言演变的共性。例如，英语一千多年来分析性成分逐渐增强，也出现了向分析语发展的趋势。当然，不同语言的演变，会具有各自不同的个性，具有不同的类型特点。比如有的还处于具有强非分析性特点的阶段；有的已向分析性特点演变，但还是非分析性语言；有的已转变为分析性类型；有的进一步发展为具有强分析性特点的语言。普米语由非分析性语言向分析性语言演变的过程，显示了语言类型演变的过渡、交叉特征，是语言类型过渡状态的“活化石”，也是语言演变不平衡性的表现，对语言类型演变研究具有一定的参考价值。而且，这项研究也有助于从

① 孙宏开：《论藏缅语语法结构类型的历史演变（续）》，载《民族语文》，1992（6）。

② 戴庆厦：《论景颇语在藏缅语中的地位》，载《云南民族学院学报》（哲学社会科学版），2000（1）。

宏观上认识普米语语法面貌的历史演变轨迹。

参考文献

［1］戴庆厦．论景颇语在藏缅语中的地位．云南民族学院学报（哲学社会科学版），2000（1）．

［2］戴庆厦．论亲属语言演变链．贵州民族大学学报（哲学社会科学版），2011（2）．

［3］戴庆厦．景颇语谓语人称标记的多选择性．中国语文，2008（5）．

［4］戴庆厦．再论汉语的特点是什么——从景颇语反观汉语．民族语文，2017（2）．

［5］戴庆厦，傅爱兰．藏缅语的形修名语序．中国语文，2002（4）．

［6］戴庆厦，闻静．论“分析性语言”研究眼光．云南师范大学学报（哲学社会科学版），2017（5）．

［7］［美］霍凯特著．现代语言学教程．索振羽，叶蜚声，译．北京：北京大学出版社，2002.

［8］蒋颖．论普米语动词后缀的分析化趋势．中央民族大学学报（哲学社会科学版），2009（5）．

［9］蒋颖．大羊普米语参考语法．北京：中国社会科学出版社，2015.

［10］陆丙甫，金立鑫．语言类型学教程．北京：北京大学出版社，2015.

［11］［美］威廉·克罗夫特．语言类型学与语言共性（第二版）．龚群虎，等，译．上海：复旦大学出版社，2009.

［12］孙宏开．论藏缅语语法结构类型的历史演变（续）．民族语文，1992（6）．

［13］孙宏开．藏缅语族羌语支研究．北京：中国社会科学出版社，2016.

［14］张定京．实体语法理论——哈萨克描写语法学方法论．北京：中央民族大学出版社，2015.

（作者单位：中央民族大学）

论普米语动词后缀的分析化趋势 *

蒋颖

普米语属藏缅语族羌语支。它有丰富的形态变化。表达各种语法意义的形态变化的方式主要有两种，一是实词自身的语音屈折，一是词缀的黏着。普米语的构形词缀主要依附在动词的前后，居前的趋向前缀，功能比较单一；居后的动词后缀，功能比较复杂。傅爱兰通过对 426 个普米语本语动词穷尽式的分析和描写，正确地指出词缀是表达普米语动词语法范畴的主要语法手段之一。[①]

关于藏缅语语法类型的历史演变，一些学者认为它是由黏着式向分析式方向发展的。如孙宏开先生说："从藏缅语语法结构历史演变的脉络和方向来看，分析形式是后起现象，是黏着形式、屈折形式陆续消失后的语法形式的代偿现象。"[②]通过对普米语以及羌语支语言动词后缀特点的观察，可以看到普米语的动词后缀存在分析化的倾向，这是由黏着式向分析式发展的过渡阶段。分析化主要表现在两个方面：一是动词后缀与动词的结合出现了一定程度的松化；二是后缀的功能出现多功能聚合的特点。下面就这两个问题分别展开讨论。

一、从藏缅语看普米语后缀的类型特点

形态变化比较丰富的藏缅语，都普遍有成系列的动词后缀。但藏缅语动词后缀与动词的结合有两种类型：一种是结合紧密度较高的，如嘉绒语；另一种是结合紧密度较低的，如普米语。在演变链上大多是由高紧密度向低紧密度演变的。结合紧密度高的如嘉绒语和羌语。它们表达人称、数的后缀紧紧黏附于动词之后，不能自成音节，例如：

* 原载《中央民族大学学报》（哲学社会科学版），2009（5）。

① 傅爱兰：《普米语动词的语法范畴》，北京，中国文史出版社，1998。

② 孙宏开：《论藏缅语的语法形式》，载《民族语文》，1996（2）。

嘉绒语①：

ka-ki 买（及物）	ka-ȵi 坐（不及物）
ki - ŋ（我）将买	ȵi - ŋ（我）将坐
买（后缀）	坐（后缀）
tə - ki - u（你）将买	tə - ȵi - n（你）将坐
（前缀）买（后缀）	（前缀）坐（后缀）
ki - u（他）将买	ȵi（他）将坐
买（后缀）	坐

羌语②：

① ŋa dẓə pu-u-ɑ.
1sg:TP 事情 做 -PROS-1
我要做事。

② no dẓə pu-u-ɑn me?
2sg:TP 事情 做 -PROS-2sg QUES
你要做事吗？

③ thala dẓə pu-u.
3sg 事情 做 -PROS:3
他 / 她要做事。

④ ŋa dẓə te-pu-si.
1sg:TP 事情 DIR- 做 -CSM:1
我做了事了。

⑤ kuelɑ dẓə te-pu-so(n).
2pl 事情 DIR- 做 -CSM:2pl
你们做了事了。

⑥ thala tshu ṣe-dze-i.
3sg 饭 DIR- 吃 CSM:3
他 / 她吃了饭了。

---

① 语料来自林向荣：《嘉戎语研究》，成都，四川民族出版社，1993。
② 语料来自黄成龙：《蒲溪羌语研究》，北京，民族出版社，2006。

⑦ thɑχɑ dzə̧ te-pu-i.

3pl 事情 DIR- 做 -CSM:3

他们 / 她们做了事了。

结合紧密度最低的当属景颇语，它已由后缀松化成虚词——句尾词，变为以分析式为主，兼有屈折变化的语法形式。例如：

⑧ $\mathrm{ŋai}^{33}\mathrm{kă}^{31}\mathrm{lo}^{33}\mathrm{ja}^{33}\mathrm{teʔ}^{31}\mathrm{kaʔ}^{31}$!

我 做 给（句尾）

我替你做！

⑨ $\mathrm{naŋ}^{33}\mathrm{sa}^{33}\mathrm{să}^{55}\mathrm{ni}^{51}$?

你 去（句尾）

你去了吗？

上面两个例句的句尾词都已独立于动词之外而存在，与动词没有黏着关系。而且句尾词本身自成系统。下面的普米语动词后缀特点很接近景颇语的句尾词，但独立性弱于景颇语，可视为结合紧密度较低的黏着性后缀，或初具虚词特点的语法成分。

普米语动词后缀能够表达人称、数、体、式等语法范畴，其特点举例如下：

⑩ $\mathrm{ɑ}^{55}\mathrm{dzi}^{55}\mathrm{khə}^{31}$ $\mathrm{dzʅ}^{55}\mathrm{san}^{31}$.

我 饭 （趋）吃 （缀：一单、已行）

我吃过饭了。

⑪ $\mathrm{ɛ}^{55}\mathrm{zʅ}^{55}\mathrm{dzi}^{55}\mathrm{khə}^{31}$ $\mathrm{dzin}^{55}\mathrm{si}^{31}$.

我们 饭 （趋）吃 （缀：一复、已行）

我们吃过饭了。

⑫ $\mathrm{ni}^{24}\mathrm{dzi}^{55}\mathrm{khə}^{31}$ $\mathrm{dziu}^{55}\mathrm{si}^{31}$.

你 饭 （趋）吃 （缀：二单、已行）

你吃过饭了。

⑬ $\mathrm{nə}^{31}\mathrm{zʅ}^{55}\mathrm{dzi}^{55}\mathrm{khə}^{31}$ $\mathrm{dzin}^{55}\mathrm{si}^{31}$.

你们 饭 （趋）吃 （缀：二复、已行）

你们吃过饭了。

⑭ tə^{55}gɯ^{55}dzi^{55}khə^{31} dzʉ^{55}si^{31}.

他　　饭（趋）吃（缀：三单、已行）

他吃过饭了。

⑮ tə^{55}zɿ^{55}dzi^{55}khə^{31} dzʉ^{55}si^{31}.

他们　饭（趋）吃（缀：三复、已行）

他们吃过饭了。

⑯ ɑ^{55}dzi^{55}dzɿ^{55}zə̧uŋ^{31}.

我 饭　吃（缀：一单、进行）

我正在吃饭。

⑰ ɛ^{55}zɿ^{55}dzi^{55}dzɿ^{55}zə̧n^{31}.

我们 饭　吃（缀：一复、进行）

我们正在吃饭。

⑱ ni^{24}dzi^{55}dzɿ^{55}zu̧^{31}.

你 饭　吃（缀：二单、进行）

你正在吃饭。

⑲ nə^{31}zɿ^{55}dzi^{55}dzɿ^{55}zu̧n^{31}.

你们　饭　吃（缀：二复、进行）

你们正在吃饭。

⑳ tə^{55}gɯ^{55}dzi^{55}dzɿ^{55}zə̧u^{31}.

他　　饭　吃（缀：三单、进行）

他正在吃饭。

㉑ tə^{55}zɿ^{55}dzi^{55}dzɿ^{55}zə̧u^{31}.

他们　饭　吃（缀：三复、进行）

他们正在吃饭。

与嘉绒语、羌语的动词后缀相比，普米语与它们的共同点是，都黏附于谓语之后表达动词的语法范畴。但普米语后缀的黏附性弱于嘉绒语。表现在语音上，普米语动词后缀的语音形式完整独立，有自己的声母、韵母和声调，可以脱离谓语自成音节。表现在语法上，它既有黏附性的特点，又有发展成近似于句尾词的虚词化的趋势，其性质介于词缀和虚词之间。而嘉绒语动词后缀脱离动词就是单个的元音，在语音和语法特点上与虚词的区别很大。

与景颇语句尾词相比，相同点是二者都与动词的语音形式分离，具有独立的语音形式；在谓语和动词后缀（或句尾词）之间都能插入别的成分，如补语。不同点是景颇语的句尾词具有独立成词的特点，多数是多音节词，能再分为词根和词缀；普米语动词后缀多数是单音节的，只能分离出声母和韵母，分不出词根和词缀。

二、普米语后缀与动词结合松化的表现

普米语动词与后缀的结合不紧密主要表现在两个方面。

其一，普米语动词后缀不是紧跟主要动词，而是跟随在充当谓语的整个谓词性短语之后。如在连动句里，动词后缀不是置于每一个主要动语之后，而是放在全句的句末，类似景颇语的句尾词。例如：

㉒ ɑ^{55}ʃʅ^{31}gɯ^{55} khə^{31} ʃi^{24}nəuŋ^{55}mə^{55}zɑ^{31}po^{31}dʒie^{31}dʒie$^{24/31}$ʃən^{31}san^{31}.
我 事（话助）（趋）放（连）别人 下 帮助 去（缀，一单、已行）
我放下自己的事情去帮助别人了。

又如在下面的例句里，表示人称、数的后缀放在名词谓语之后，证明该后缀不是必须黏附于动词，而是黏附于谓语的。例如：

㉓ tə^{31}gui^{24}jɛ^{31}tə^{31}ga^{24}tsʉ^{31} tʃi^{31} man^{55}ti^{55} thə^{31} tʃhyn^{31}si^{31} gɯ^{31}
他（施） 他的 儿子（受）名字 一（趋）取 （缀）（话助）
a^{55}xu$^{31/51}$tʃʅ^{55}zəu^{31}.
阿虎 （缀：一单、进行）
他给自己的儿子起名阿虎。

其二，动词和动词后缀之间还可以加入否定副词等其他成分。加入否定副词的如：

㉔ tə^{55}gɯ^{55}khə^{31} ʃʅ^{55}maŋ^{31}zəu^{55}.
他 （趋）去 不 （缀：三单、进行）
他不出去。

㉕ ti^{55}tsy$^{24/31}$phzʅ^{24}gɯ^{31} ʈʅ^{55}ʈhʉ^{31}ʐəu^{55}, tsy$^{55/31}$ʒən^{55}maŋ^{31}
这 鞋 双 （话助）脚 刮 （缀：三单、进行）穿 能 不
ʐəu^{55}.
（缀：三单、进行）
这双鞋刮脚，不能穿。

加入形容词补语的例如：

㉖ tə^{55}gɯ^{55}bjin^{24}qo^{55}ʈhəuŋ^{55}ʐəu^{31} ti^{31}.
他 跑 很 快 （缀：三单、进行）（形容词后缀）
他跑得很快。

在使动态里，动词后缀跟在虚化的“使、让”之后，而不是紧跟在主要动词之后。例如：

㉗ mʐɑn^{31}pɑ^{24}thə^{31} juŋ^{55}jiŋ^{55}si^{31}, ʃəuŋ^{55}nəuŋ^{31}nə^{31} ʃtʃhʅ^{55}
竹筒 （趋）倒 （缀：三单、已行）去 （连）（趋）立
ʃtʃiɛ^{31}ʃən^{31}!
使 （缀：二单、将行）
竹筒倒了，去扶起来！

㉘ tə^{31}gui^{24}jɛ^{31}ɛ^{31} tʃi^{55} kəuŋ^{24}wu^{55}ɛ^{31} ʃʅ^{55}ʃtʃiɛ^{55}ma^{31}ʐəu^{55}.
他（施） 我（受）门 里 （趋）去 使 不 （缀：三单、进行）
他不准我进门。

普米语还有一部分补语由连动结构中的后一动词充当，动词后缀放在充当补语的后一动词之后。例如：

㉙ ɛ^{31} xɯ^{55}thə^{31} ʈun^{55} si^{55}.
（趋）打 （趋）使破（缀：三单、已行）
（他）打破了。

动词和动词后缀之间插入补语及否定副词的如：

㉚ pʉ^{31}z̧a^{24}tə^{31}ţhʅ^{24}bʉ^{55}ʃtʃiɛ^{31}nəuŋ^{31}khə^{31} tşhən^{31}nə^{31}sti^{31},

粮食　一点儿 薄 使　（连）（趋）晒　（命令，二单）

ʁgu^{31}thəuŋ^{55} man^{31}qa^{55}.

干　透、完 不　（缀：三单、将行）

把粮食弄薄点儿晒，不然干不透。

此外，普米语有一部分动词没有动词后缀，如存在动词“有、在”、判断动词“是”、心理动词“想、敢”等。例如：

㉛ gɯ^{55}maŋ^{31}nəuŋ^{31}dzʅ^{31}dzʅ^{31}tşho^{31}min^{55}ɛ^{31}tsɛ^{24}ʃuɛ^{31}stin^{55}tsʅ^{31}ʒə^{31}.

老师　和　书　念　人　共　八　千　个 有

老师和同学共有 8000 多人。

㉜ ɑ^{55}do^{24}khu^{55}vbə^{31}z̧u^{31}tşhu^{24}di^{24}ɛ^{55} diəuŋ^{31}?

我 背 上　疤　还（趋）有

我的脊背上还有疤吗？

㉝ ɑ^{55} dzʅ^{31}dzʅ^{31}tşho^{31}min^{55}din^{31}, tə^{55}gɯ^{55}maŋ^{24}də^{31}.

我 书　念　人　是　他　老师 是

我是学生，他是老师。

这类动词在其他语言（羌语等）里有后缀变化，但在普米语里却没有后缀变化，为什么？一个可能的解释是，普米语动词的后缀最早在这些词上松脱，直至消失。这些动词都不是表示实在的动作行为的普通动词，而是表示较抽象的动作范畴的特殊动词。这类动词没有后缀变化，或可视为动词后缀松化、脱落直至消失的一个“可类推模型”，即不使用动词后缀的特殊动词后来又被当作模型类推使用，逐渐开始扩大到一般动词上。所以，在普米语的句子里，出现了一些本该使用后缀却没有使用后缀的例子，形成违背语法常规的不一致现象。例如：

㉞ ɑ^{55}dzu^{24}thə^{31} thəuŋ^{55}siɛ^{55} nəuŋ^{24}ni^{24}ɛ^{31} tʃi^{55} tʃhiəuŋ^{24}.

我 做　（趋向）完　（句尾）之后 你 我（受事）给

我做完后，你给我吧！（没有用表祈使式的后缀）

三、普米语动词后缀多功能聚合的表现

从类型学的观点看，早期的动词后缀应该是一个语音符号对应一个语法意义，多种语法意义要用多个符号依次黏附在动词后表示。藏缅语中后缀与动词结合紧密度较高的语言一般都符合这个特点。但结合度较低的语言，则出现符号简化、功能聚合的趋势，即一个音节能综合表示多种语法意义，如景颇语的 u^{ʔ31} 既表示第二人称单数，又表示命令语气。在这个特点上，普米语接近景颇语。

普米语动词后缀多功能聚合的特点主要表现在以下几个方面。

其一，同一个后缀，能表达人称、数、体、式等多种语法意义。例如：

㉟ ɑ^{55}ʃɿ^{55}man^{55}sin^{55}.
　我 去（缀：陈述式、一单、经验体）
　我曾经去过。

㊱ ni^{24}ʃɿ^{55}man^{55}siu^{55}.
　你 去（缀：陈述式、二单、经验体）
　你曾经去过。

㊲ tə^{55}zɿ^{55}ʃɿ^{55}man^{55}sʉ^{55}.
　他们 去（缀：陈述式、三复、经验体）
　他们曾经去过。

其二，普米语动词后缀具有区分强调式与非强调式的功能。动词后缀与施事、受事变化配合使用，具有区分强调式与非强调式的作用。如“他累了”这个句子有三种不同的强调层级：

㊳ tə^{55}gɯ^{55}thə^{31} diu^{55}si^{55}.（一般性的陈述：累）
　他 （趋）累 （缀：三单、已行）

㊴ tə^{55}gɯ^{55}thə^{31} diu^{55}pɑ^{55}si^{31}.（中等程度的强调：比较累）
　他 （趋）累 （缀：三单、已行、强调）

㊵ tə^{31}gui^{24}jɛ^{31} thə^{31} diu^{55}pɑ^{55}si^{31}.（最高程度的强调：特别累）
　他 （施）（趋）累 （缀：三单、已行）

其三，一部分普米语动词后缀可以兼表句子成分的结构关系。如在修饰与被修饰关系的“动词+名词”短语里，可以有动词后缀兼作确定定中关系的结构助词“的”。已行体动词见下面例子：

㊶ ɑ^{55} də^{31} ʂʉ^{55}san^{55} ʐa^{55}phji^{55}.
我（趋）买（缀）锅 好
我买的锅好。

㊷ ji^{31}ʐɑ^{24}də^{31} ʂun^{55}siɛ^{55} ʐa^{55}phji^{55}.
我们 （趋）买 （缀）锅 好
我们买的锅好。

㊸ nɑŋ^{55}də^{31} ʂu^{55}siɛ^{55} ʐa^{55}phji^{55}.
你 （趋）买（缀）锅 好
你买的锅好。

㊹ tə^{31}ʐɑ^{24}də^{31} ʂua^{55}siɛ^{55} ʐa^{55}phji^{55}.
他们 （趋）买 （缀）锅 好
他们买的锅好。

进行体动词见下面例子：

㊺ ɑ^{55}dzɿ^{55}ʐəuŋ^{55}ŋjɑŋ^{24}phji^{55}.
我 吃 （缀）菜 好
我正在吃的菜好。

㊻ ji^{31}ʐɑ^{55}dzɿ^{55}ʐun^{55} ŋjɑŋ^{24}phji^{55}.
我们 吃 （缀）菜 好
我们正在吃的菜好。

㊼ nə^{31}ʐɑ^{55}dzɿ^{55}ʐun^{55} ŋjɑŋ^{24}phji^{55}.
你们 吃 （缀）菜 好
你们正在吃的菜好。

㊽ tə^{31}gɑ^{24}dzɿ^{55}ʐɛ^{55} ŋjɑŋ^{24}phji^{55}.
他 吃 （缀）菜 好
他正在吃的菜好。

已行体动词后缀用于“动词 + 名词”短语表定中关系时，动词词根仍保留人称、数、体上的形态变化，动词后缀仅在第一人称单数上有形态变化（变为 san^{55}），在其他人称、数上，全部使用 $si\varepsilon^{55}$。与位于句尾的陈述式已行体动词后缀的形态变化相比，已简化了许多。进行体、将行体动词后缀用于“动词 + 名词”短语表定中关系时，动词词根不再有人称、数、体的形态变化，但动词后缀保留了与位于句尾的陈述式进行体、将行体完全一致的全部形态变化。可以看出，动词后缀前移至名词之前起关系化作用时，或者动词词根的形态变化简化，或者后缀的形态变化简化，无论是哪一种方式，都显示出后缀的松化发展趋势。

以上这些多功能聚合性的表现，说明普米语动词后缀分析性正在增强，正在向独立的虚词发展。多功能性增强了后缀的独立性，为其脱离动词提供了条件。而后缀一旦与动词分离，就必然发展成为分析性的虚词。景颇语句尾词走的就是这条道路，普米语动词后缀大概也会按这一模式发展。当然，它们之间还会有不同的个性。

四、结语

从总体上看，藏缅语动词后缀经历了从黏着型向分析型演变的过程，但不同的语言发展速度不一。可以根据不同语言动词后缀显示的共时特征，将其串为一个演变链。在这条演变链上，普米语动词后缀已向分析型演变，并接近于分析型，但又多少含有黏着型的特点。普米语动词后缀与动词结合的松化，以及后缀的多功能聚合性都说明了这一演变趋势。

这虽然属于局部的变迁，但是影响着整个语法系统类型的特点。因为藏缅语的句子毕竟是以动词为核心的。我们研究普米语的动词不应该孤立地仅看动词本身的特点，还应该紧紧把握后缀的脉搏，判断其演变的动向或趋势。这不仅对有益于普米语的动词研究，而且也有助于语言类型学研究。

参考文献

［1］傅爱兰．普米语动词的语法范畴．北京：中国文史出版社，1998.

［2］孙宏开．论藏缅语的语法形式．民族语文，1996（2）.

［3］林向荣．嘉戎语研究．成都：四川民族出版社，1993.

［4］黄成龙．蒲溪羌语研究．北京：民族出版社，2006.

（作者单位：中央民族大学中国少数民族语言文学学院）

论贵琼语的分析性属性

杨晓燕

一、解题

藏缅语是分析性为主的语言，不同语支的分析性程度存在差异。羌语支是藏缅语族中黏着性特点较丰富的语支，在由黏着性向分析性转型的过程中，语支内不同语言之间的发展速度各不相同，有的语言快一些，分析性特征就更多，有的语言慢一些，分析性特征就少一些。如黄布凡先生指出："羌语支有一部分语言和方言形态变化相当丰富，如羌语、嘉绒语，其丰富程度在藏缅语族中居于首位。杂居或接近汉语、彝语通行区的语言（如贵琼、尔苏、史兴、纳木义等语言）形态变化大大减弱，正在或已经由黏着型向分析型发展。"[①] 可见，在向分析性语言的发展过程中，贵琼语的速度要快一些，正处于黏着性向分析性转型之中。但贵琼语的分析性特征究竟有哪些，其形态成分又处于什么样的状态，目前学术界对此还尚未有论述。厘清语言的属性特点对于语言类型的判断至关重要，因此，有必要对贵琼语的分析性属性进行论述，以便更好地界定贵琼语的语言类型，这对贵琼语其他方面的研究也是十分有益的。

贵琼语是羌语支南支语言，分布在我国"藏羌彝走廊"的康定市大渡河流域，使用人口约 5600 人，语言内部代际差异明显，年轻一代已出现地域性的语言转用现象，属于濒危语言。从整体来看，贵琼语的分析性特点有增强的趋势，而黏着性特点处于简化之中，通过分析具体语言事实能够进一步论证这一观点。

① 黄布凡：《羌语支》，见马学良主编：《汉藏语概论（上）》，北京，北京大学出版社，1991。

二、从共时看贵琼语的分析性特点

“藏缅语的历史演变是由非分析性（黏着性、屈折性）向分析性演变。”[①] 在这一前提下，语言的发展速度和方式各有特点，有的可能在某一方面分析性特征更强一些，有的可能在其他方面分析性更强一些。就贵琼语来说，在共时层面上，分析性特征主要表现在单音节性强、韵律形式丰富、语序固定、虚词发达并且多功能性显著这几个方面。

（一）单音节性强

贵琼语的单音节性强，主要体现在核心词上。笔者用斯瓦迪士 207 核心词表记录贵琼语，在 207 个词中单音节有 118 个，约占 57%，明显多于其他音节。见表 1：

表 1　贵琼语核心词音节比例

贵琼语核心词	单音节	多音节		
		双音节	三音节	四音节
个数（个）	118	81	7	1
占比（%）	57	39.1	3.4	0.5

单音节主要分布在名词、动词和形容词中。例如：mũ^{353}“人”、tʃu^{53}“蛇”、ɕi^{53}“肉”、ȵa^{353}“眼”、tɕha^{353}“喝”、kuə^{353}“吃”、ɕe^{53}“说”、ɣɔ̃^{353}“肿”、mĩ^{53}“多”、ȵɛ̃^{353}“少”、tɕi^{353}“满”、kie^{353}“好”。

在单音节的基础上，贵琼语形成了双音节化的构词模式，这一特点在地名的命名中尤为明显。笔者调查了贵琼地区的 50 个地名，从地名的音节数量来看双音节占有明显的优势地位。见表 2：

表 2　贵琼地区 50 个地名音节比例

单音节		双音节		三音节	
数量（个）	占比（%）	数量	占比（%）	数量	占比（%）
1	2	47	94	2	4

① 戴庆厦：《汉藏语研究方法讲稿》，北京，商务印书馆，2021。

例如：

kui^{31}tɕa^{53} 姑咱	khuɔ̃^{31}mʉ^{53} 厂马	mĩ^{31}tɕhɛ̃^{55} 敏千
sʉ^{31}tʉ^{55} 初咱	le^{31}ʃu^{53} 勒树	xa^{31}ȵi^{55} 上火地
ɕɛ̃^{31}ȵɔ̃^{53} 现灵	we^{31}se^{53} 为舍	pha^{31}ʑi^{55} 下火地
zɔ^{353}tɕe^{55} 若吉	ʒʅ^{353}tɕɔ^{55} 日角	sʅ^{31}ki^{53} 时济

有的地名是在单音节之后加 mũ^{31} “人” 或 tʃʅ^{53} “水” 构成双音节地名。如 mũ^{31} “人” 加在地名后，表示居住该地区的人，即指代该地区。tʃʅ^{53} “水” 加在地名后，表示该地有水流经过。例如：

xũ^{53}mũ^{31} 高吾	le^{353}mũ^{31} 舍勒	ʑĩ^{55}mũ^{31} 野坝
zʅ^{353}mũ^{31} 日央	ɔ^{353}mũ^{31} 俄包	pe^{55}mũ^{31} 边坝
tɕhɛ̃^{31}tʃʅ^{53} 前溪	kuɔ̃^{31}tʃʅ^{53} 江咀	tɕə^{31}tʃʅ^{53} 叫鸡沟

贵琼语的双音节化虽然没有彝缅语那样丰富，但是也有一定的比例。双音节化是单音节性的进一步发展，是随着语义功能扩大需要而产生的。

（二）韵律丰富

贵琼语的韵律主要表现在以下几个方面。

1. 元音和谐

贵琼语元音和谐现象明显，其表现是前一音节的元音和后一音节的元音具有相同的语音特征。主要出现在以下几个方面。分别是：亲属称谓词中词头 a^{55}/ə^{55}/ɔ^{55} 和词根的元音和谐；数词 ta^{31}/te^{31}/tə^{31} “一” 和量词的元音和谐；否定副词 ma^{31}/me^{353}/mə^{31} “没” 和动词 / 形容词的元音和谐；疑问助词 a^{31}/e^{31}/ə^{31} 和动词 / 形容词的元音和谐等。如：

a^{55}ta^{31} 阿爸	ə^{55}mə^{31} 阿妈	ɔ^{55}tɕɔ^{31} 叔叔
阿 爸	阿 妈	阿 叔
ta^{31}tɕɔ̃^{53} 一头	te^{31}pe^{55} 一个	tə^{31}tɕyɔ̃^{53} 一桶
一 头	一 个	一 桶
ma^{31}kɔ^{53} 不行	me^{353}ntsʅ^{353} 不漂亮	mə^{31}tɕhũ^{55} 钝
不 行	不 漂亮	不 锋利

a^{31} kɔ^{53} 能吗　　e^{31} ʑi^{353} 去吗　　ə^{31} tshʉ^{353} 完了吗

助 能　　助 去　　助 完

2. 重叠

重叠是贵琼语韵律的重要手段。它既是双音节化的要求，又体现了贵琼语讲究韵律的特点。叠音词由非语素的音节重叠构成一个双音节单语素。在 81 个双音节核心词中，叠音词有 11 个，约占 13.6%。例如：

tɛ̃^{353}tɛ̃^{353} 所有　　khʉ^{55}khʉ^{55} 其他　　tʃhʅ^{53}tʃhʅ^{31} 鸟

pa^{55}pa^{55} 叶　　wu^{53}wu^{31} 骨　　ȵĩ^{55}ȵĩ^{55} 乳房

nen^{55}nen^{55} 浮　　thi^{55}thi^{53} 尘　　thi^{55}thi^{53} 灰

ze^{31}ze^{31} 尖　　thɔ̃^{55}thɔ̃^{55} 湿

重叠是词类增强韵律和扩大语法意义的重要手段。主要出现在代词、量词、动词和形容词上。如代词中人称代词重叠后表示反身义，反身代词、疑问代词、泛称代词重叠后表示强调义；量词重叠后表示逐次、轮番义；动词重叠后表示动作的来回、反复义；形容词重叠后，表示性质、状态的加深，含有“可爱”“喜欢”义，一般还要在重叠形式后面加上表示性状的助词 tsi^{31}。例如：

ŋə^{353}ŋə^{353} 我自己　　nũ^{353}nũ^{353} 你自己　　zə^{353}zə^{353} 他自己

我　我　　你　你　　他　他

zɔ̃^{353} zɔ̃^{353} 自己　　tɕu^{53} tɕu^{53} 什么　　ʑi^{55}na^{55}na^{35} 人家，别人

自己 自己　　什么 什么　　人家

ta^{31}tɕɔ^{55}tɕɔ^{55} 一堆堆　　ta^{31}tɕa^{55}tɕa^{55} 一个个　　te^{31}le^{55}le^{55} 一月月

一 堆 堆　　一 个 个　　一 月 月

ȵə^{353}ȵə^{353} 看看　　tshe^{55}tshe^{53} 试试　　ɕe^{53}ɕe^{53} 说说

看　看　　试　试　　说 说

ɕyɔ̃^{31}ma^{55}ɕyɔ̃^{31}ma^{55}tsi^{31} 白白的　　ȵi^{55}ka^{55}ȵi^{55}ka^{55}tsi^{31} 黑黑的

白色　　白色　　助词　　黑色　黑色　助词

a^{55}ɛ̃^{55}a^{55}ɛ̃^{55}tsi^{31} 小小的　　ta^{31}ta^{55}tsi^{31} 大大的

小　小　助词　　大 大 助词

3. 四音格词中的韵律

贵琼语四音格词中的韵律关系主要体现为叠音、双声、叠韵、谐韵等。主要有 ABAC 型、ABCC 型、AABB 型、ABCB 型、ABCD 型五种。如：

tsha^{31} phi^{31} tsha^{31} ȵɔ^{31} 循环往复　　ɕe^{53} su^{31} ɕe^{53} pho^{31} 一说再说
pu^{31} ʒʅ^{53} tshɔ^{31} tshɔ^{31} 养育儿女　　te^{31} ʑĩ^{55} tshe^{31} tshe^{31} 每天
tsɔ̃^{53} tsɔ̃^{53} mʉ^{353} mʉ^{55} 酸酸甜甜　　ni^{31} ni^{31} nɔ̃^{31} nɔ̃^{31} 呢呢喃喃
ʑi^{55} su^{31} mu^{55} su^{31} 有事没事　　tsɔ̃^{55} mɔ̃^{55} ʑɔ̃^{31} mɔ̃^{55} 干干净净

在 ABCD 型内部虽然没有叠音、双声关系，但是存在其他的韵律关系。例如：

第一音节和第二音节叠韵：
ʑi^{31} li^{55} tɕa^{31} pʉ^{53} 乱七八糟　　ʑi^{31} ni^{31} wɛ̃^{31} ȵyũ^{31} 哼哼唧唧
第二音节和第三音节叠韵：
tɛ̃^{353} mu^{55} lu^{31} sʅ^{55} 傻里傻气　　sʅ^{55} tɕa^{55} pa^{31} tu^{53} 大肚子
第一音节和第二音节叠韵，第三音节和第四音节叠韵：
ki^{31} tɕi^{31} ku^{31} tʃu^{31} 叽叽喳喳　　phi^{31} li^{31} phʉ^{31} lʉ^{31} 噼里啪啦
第二音节和第四音节谐韵：
ʑi^{31} li^{55} pə^{31} tɕa^{53} 乱糟糟　　mɛ̃^{31} ʑi^{55} lɔ̃^{31} tɕɔ^{53} 乱七八糟

贵琼语还有一部分词有叠韵现象。如 tu^{31}ku^{55} “他们”、ʑi^{31}ki^{55} “那”、ə^{31} lə^{55} “哪”、mu^{353}lu^{55} “虫”、ʒu^{31}pu^{55} “发”、wɛ̃^{31}ʑɛ̃^{55} “头”、kha^{55}pa^{55} “口”、li^{353} ki^{55} “想”、tɕʉ^{31}mʉ^{55} “沙”、mʉ^{31}ʑʉ^{55} “风”、mʉ^{31}lʉ^{53} “白天”。

总的看来，贵琼语的韵律形式是比较丰富的。

（三）语序固定

贵琼语语序固定，不能随意变动。如主宾谓语序、述补语序、名形语序、名数量语序等都比较固定，一般不能移动。例如：

① tɕɔ̃^{31}tshʉ^{55}kʉ^{55}zɔ^{353}ʑɛ̃^{55}.
降抽　家 钱　有
降抽家有钱。

② a^{31}tsɿ^{53}tɕha^{55}ʑi^{55}ʑʉ^{353}le^{31}tʃhɿ^{55}tɔ̃^{353}.
奶奶　今天　睡　得 很　晚
奶奶今天睡得很晚。

③ mĩ^{31}tɔ^{55}ʑĩ^{31}xĩ^{55}ʑĩ^{31}xĩ^{55}tsi^{31}tʃhɿ^{55}ntʃɿ^{353}mo^{353}.
花　红　红　的 很　美丽 语
红红的花很美丽。

④ mũ^{353}ta^{31}tɕɔ̃^{55}la^{35}le^{33}, khʉ^{55}khʉ^{53}nĩ^{353}tɕɔ̃^{55}ta^{31}tɕy^{353}le^{31}.
马　一 头　跑 了　另外　两　头　趋 回来 了
一头马跑了，另外两头回来了。

又如贵琼语差比句虽然受汉语影响比较大，借用了汉语借词作为差比句语素，但是语序还是按照贵琼语原有的语序。具体来说，贵琼语差比句式是“主体（SJ）+ 基准（ST）+ 标记（M），主体（SJ）/ 基准（ST）+ 结果（R）”，当地汉语方言的差比句语序类型为“主体（SJ）+ 标记（M）+ 基准（ST）+ 结果（R）”。贵琼语在差比句中借用汉语的差比标记（M）pi^{53}“比”、“比较差值”（D）tɔ^{55}ʑi^{31}“多以”、“比较主体”（SJ）、“比较基准”（ST），但无论借用多少，贵琼语差比句还是按照固有的语序表达，不发生任何变动。如：

⑤ phiŋ^{31}kɔ^{53}lə^{53}li^{31}phu^{31}tɔ^{55}pi^{53}le^{31}, phiŋ^{31}kɔ^{53}tɔ^{55}ʑi^{31}ȵyɔ̃^{353}.
苹果　和　葡萄　(比 语) 苹果　更　好吃
苹果和葡萄比，苹果更好吃。

⑥ ʑi^{55}ʑuɛ̃^{31}lə^{53}li^{31}ʑin^{31}xɔŋ^{31}pi^{53}le^{31}, ʑin^{31}xɔŋ^{31}tɔ^{55}ʑi^{31}nɔ̃^{31}pha^{31}.
医院　和　银行　(比 语) 银行　更　近
医院和银行比，银行更近。

在有些可能产生歧义的句式里，贵琼语也不会随意更改语序，即便是产生了歧义也是通过助词来作区别。如贵琼语的述宾结构与主谓结构都采用同样的语序“主 / 宾 + 谓 / 述”，而且有的词汇兼有施事和受事的功能，因此容易形成一些歧义。如：

⑦ fu^{55}tsɿ^{31}tɕhye^{31}le^{31}.
汗　　出
出汗了。/ 汗出来了。

⑧ sʉ^{31}tɕyɔ̃^{353}e^{31}nɔ̃^{31}.
谁 骂　　在
谁在骂。/ 在骂谁。

⑨ ȵyɔ̃^{353}pu^{55}tɕy^{353}le^{31}.
客人　　来　了
来客人了。/ 客人来了。

贵琼语是如何区分这两种不同的结构呢？在语序固定的前提下，贵琼语主要通过助词辅助来起到区别语法结构的目的。一般情况下，施事主语后加施动助词 nɔ̃^{31}，受事宾语后就加受动助词 phə^{31}。因此，后接 nɔ̃^{31} 的是主谓结构，后接 phə^{31} 的是述宾结构。见表 3：

表 3　贵琼语主谓结构、述宾结构例句表

主谓结构	述宾结构
fu^{55}tsɿ^{31}nɔ̃^{31} tɕhye^{31}le^{31}. 汗出来了。 汗　　施动 出来　了	fu^{55}tsɿ^{31}phə^{31} tɕhye^{31}le^{31}. 出汗了。 汗　　受动 出来　了
sʉ^{31}nɔ̃^{31} tɕyɔ̃^{353}e^{31}nɔ̃^{31}? 谁在骂？ 谁 施动 骂　　在	sʉ^{31}phə^{31} tɕyɔ̃^{353}e^{31}nɔ̃^{31}? 在骂谁？ 谁 受动 骂　　在
ȵyɔ̃^{353}pu^{55}nɔ̃^{31} tɕy^{31}le^{31}. 客人来了。 客人　　施动 来　了	ȵyɔ̃^{353}pu^{55}phə^{31}tɕy^{31}le^{31}. 来客人了。 客人 受动　　来　了

在主宾关系明确的结构中，两个助词也可同时使用，起到同时强调施动和受动的目的。如：

⑩ ə^{55}tɕə^{55}nɔ̃^{31} zə^{353}phə^{31} tɛ̃^{353}le^{55}.
哥哥　施动 他　受动 打　了
哥哥把打他了。

⑪ zɛ̃^{31}pa^{55}phə^{31} tshui^{53}nɔ̃^{31} kuə^{353}mɛ̃^{55}.

菜 受动 老鼠 施动 吃 的

菜是老鼠吃的。

可见，即使在可能产生歧义的情况下，贵琼语的语序依然稳定，不随意更改。

（四）虚词丰富，具有多功能性

贵琼语虚词丰富，仅助词就有 15 类，分别是领属助词 mɛ̃^{55}“的”、施动助词 nɔ̃^{31}、受动助词 phə^{31}、对象助词 lə^{53}、差比助词 wɛ̃^{31}、等比助词 ntsʉ^{353}ntsʉ^{353}/wu^{31}、比拟助词 wu^{31}、工具助词 nɔ̃^{31}“用”、方所助词 kɛ̃^{55}、tsɿ^{55}kie^{55}、ȵɔ^{55}ȵe^{55}“边、面”、从由助词 li^{55}、性状助词 tsi^{31}/mu^{31}、时间助词 kɔ̃^{31}、疑问助词 e^{31}、话题助词 li^{55}以及语气助词等。

语气助词内部又有 8 类，分别是疑问语气词 li^{55}、wo^{31}、ʑə^{353}、ʑo^{353}、la^{55}，惊讶语气词 li^{55}，叙述（肯定）语气词 wu^{31}、mɛ̃^{55}、sɔ̃^{31}、tsɿ^{353}mo^{31}、mu^{31}、le^{31}，祈使语气词 li^{55}、wu^{31}、nɛ̃^{353}、lə^{53}、wo^{31}，感叹语气词 wu^{31}、wo^{31}、mo^{31}，假设语气词 lə^{53}，提醒 / 告知语气词 mo^{31}，停顿语气词 li^{55}。

贵琼语不仅虚词丰富，而且还具有多功能性。如上述的 li^{55} 有疑问、惊讶、祈使、停顿的语气功能，还有从由助词、话题助词的功能。wu^{31} 有叙述、祈使、感叹的功能，还有等比助词、比拟助词的功能。mɛ̃^{55} 有叙述（肯定）的功能，还有领属助词的功能。lə^{53} 有祈使、假设的功能，还有对象助词的功能。mu^{31} 有叙述的功能，还有性状助词的功能。nɔ̃^{31} 既是施动助词也是工具助词。wo^{31} 有疑问、祈使、感叹的功能。mo^{31} 有感叹、提醒 / 告知的功能。以 li^{55} 为例，如：

⑫ nũ^{353}mɛ̃^{53}a^{31}pu^{55}li^{55}?

你 的 爷爷 语

你的爷爷呢？（疑问）

⑬ mɔ̃^{353}a^{353}, zə^{353}ɔ̃^{3531}tɕy^{353}wu^{31}li^{55}!

天 啊 他 又 来 语 语

天啊，他又来了！（惊讶）

⑭ $mĩ^{353}tshe^{55}tɕhye^{353}le^{55}$, $e^{353}zi^{55}tɕyɔ̃^{55}tu^{55}wu^{31}$ $thɛ̃^{55}li^{55}$?
太阳 出来 了 我们 豆子 趋向 晒 语
太阳出来了，我们把豆子晒出来？（祈使）

⑮ $zə^{353}khʉ^{53}ȵe^{31}$ li^{31} $xɔ^{31}pe^{55}ta^{31}$ wu^{31} $ȵə^{353}li^{55}$.
他 上面 方位助 话题 / 从由 / 停顿 下面 趋向 趋向 看 语
他从上面往下面看。（停顿）

在其他的词类中，多功能性也并不少见。如 wu^{31} 是趋向前缀，还兼有命令式、祈使式、语气助词的功能。

贵琼语虚词发达大约与形态手段较少有关。形态丰富的语言往往可以通过形态手段来增强表义功能，而分析性强的语言一般是虚词系统较为发达，而且具有多功能性。

三、贵琼语黏着性特征的简化

羌语支语言在藏缅语中是黏着性较强的一支语言，但在向分析性发展过程中，随着分析性特征的逐渐增强，黏着性特点在不断简化。贵琼语和其他羌语支语言比较，是简化比较突出的一种语言。具体表现在动词缺少时、人称、数的形态变化，形容词缺少级的形态变化，人称代词也缺少格的形态变化等方面。如羌语支多数语言的动词都有通过形态变化区分动词的人称（第一人称、第二人称、第三人称）、数（单数、复数）、时（现在时、过去时、将来时），还能通过形态变化表示形容词的级（一般级、比较级、最高级），以及人称代词格（主格、宾格）。这方面的内容笔者在《论贵琼语形态的简化——贵琼语是羌语支中分析性较强的语言》一文中已有较系统的论述。下面再谈动词体、名词领属以及动词其他语法范畴在形态手段上的分析化倾向。

（一）动词体的表达以分析性为主

羌语支中，体范畴的表达主要有三种形式。一是使用词缀形式表示，如桃坪羌语、木雅语、史兴语。例如史兴语 $bɐ^{35}$ “做”，$bɛ^{35}we^{55}$ “（我、你）将做”，$bɛ^{35}ji^{55}$ “正在做”，$bɛ^{35}tshɑ^{55}hɑ^{35}sɿ^{33}$ “做完了”。二是内部屈折和词缀形式并用，如普米语“已行体和完成体由动词本身词形变化加后缀变化来表示。其他 4 种体都只有后缀变化，没有词根屈折变化”。三是词缀和词汇形式并用，有却域语、拉乌戎语、曲谷羌语、多续语、纳木兹语。如却域语 ŋa^{13} “我” kɯ^{55} “前缀” tɕho^{55} “吃”“我吃了”，ŋa^{13} “我” tɕho^{53} “吃” ʒo^{55}（后缀）（si^{31}）（助动词）“我正吃”，ŋa^{13} “我” tɕho^{55} “吃”（rguə^{13}）（能愿动词）“我将吃”。贵琼语的体范畴也是词缀和词汇形式并用，但明显以词汇形式为主。

贵琼语动词有 7 个体范畴，只有起始体用趋向前缀 thu^{31} 表示，其他都采用词汇形式。将行体用语气助词 wu^{31} 和系词 ʒʅ^{31} 组合为 wu^{31}ʒʅ^{31} 表示，即行体用轻动词 pe^{353} “做” 与语气助词 lɔ^{55}、mu^{31} 组合为 lɔ^{55}pe^{353}mu^{31}、lɔ^{55}pe^{353}、lɔ^{31}mu^{31} 表示，完成体用动词 tshʉ^{31} “完成” 表示，已行体由语气助词 le^{31} “了” 表示，进行体由语气助词 le^{31} 与存在动词 nɔ̃^{31} “在” 组合为 le^{31}nɔ̃^{31} 表示，经历体用时态助词 ȵɛ̃^{353} “过”。显然，贵琼语的体范畴大都是由词汇形式表达。例如：

⑯ ə^{55}tɕə^{31}thu^{31}　ʑi^{353}le^{31}.
哥哥　起始体 笑　语
哥哥开始笑了。

⑰ ə^{55}tɕə^{31}ʑi^{353}wu^{31}ʒʅ^{31}.
哥哥　笑　将行体
哥哥将要笑了。

⑱ ə^{55}tɕə^{31}ʑi^{353}lɔ^{55}pe^{353}mu^{31}/lɔ^{55}pe^{353}/lɔ^{31}mu^{31}.
哥哥　笑　　即行体
哥哥马上笑了。

⑲ ə^{55}tɕə^{31}ʑi^{353}tshʉ^{31}　le^{55}.
哥哥　笑　完成体 语
哥哥笑完了。

⑳ ə^{55}tɕə^{31}ʑi^{353}le^{55}.
哥哥　笑　已行体
哥哥笑完了。

㉑ ə^{55}tɕə^{31}ʑi^{353}le^{31}nɔ̃^{31}.
哥哥　笑　进行体
哥哥在笑。

㉒ ə^{55}tɕə^{31}ʑi^{353}ȵɛ̃^{353}.

哥哥　笑　经历体

哥哥笑过。

综合羌语支语言体范畴的几种语法形式，显然可以认为词缀 / 内部屈折是较早的形式，而词缀和词汇并用形式是后来的。也就是说其演变是由形态形式到“词缀 + 词汇”半分析性的过程。所谓的半分析性是指既有分析性的词汇形式又有形态式的词缀形式。就此可以认为，贵琼语体范畴的演变处在羌语支前列。

（二）名词无人称领属形态

孙宏开先生在论述羌语支人称领属范畴时谈到：“人称领属范畴是将人称代词的缩减形式作词头，加在亲属称谓或其他名词的前面，表示人称领有。”并认为，各语言带人称领属词头的名词都可以和前面的人称代词并用。[①] 我们在比较羌语支名词的人称领属范畴时看到，羌语支仅有嘉绒语、尔苏语和拉坞戎语有人称领属范畴。嘉绒语的人称领属有两套，嘉绒语的人称领属前缀有两套，一套用于带 ta- 前缀的名词，如 ŋa（第一人称单数）、na（第二人称单数）、wa（第三人称单数）；一套用于带 tə- 前缀的名词或无前缀的名称，如 ŋə（第一人称单数）、nə（第二人称单数）、wə（第三人称单数）。例如 ta-ma “活儿”：ŋa-ma “我的活儿”、na-ma “你的活儿”、wa-ma “他的活儿”。tə-ktsa “鞋”：ŋə-ktsa “我的鞋”、nə-ktsa “你的鞋”、wə-ktsa “他的鞋”。尔苏语有表示第一人称领属的 a^{55}-，第二人称领属的 ȵa^{55}-，第三人称领属的 tɕha^{55}-。如 ɑ^{55}hɑ^{55} “（我）父亲”、ȵɑ^{33}bɑ^{55} “（你）父亲”、tɕhɑ^{55}bɑ^{55} “（他）父亲”。拉坞戎语第一人称单数加前缀 ŋə^{33}-，第二人称单数加前缀 nə^{33}-，第三人称前缀加单数 ə^{33}-。如 ŋə^{33}-（前缀）χtə^{33}lu^{53} “帽子”“我的帽子”，nə^{33}-（前缀）va^{55}vu^{33} “爷爷”“你的爷爷”，ə^{33}（前缀）me^{53} “妈妈”“他的妈妈”。

但大羊普米语有分析式和屈折式两种。分析式有加结构助词 ga^{55} “的”和不加结构助词两种形式，如 tʃən$^{24/31}$ “小孩” gɑ^{55} “的” phə^{31}liɑo^{24} “帽子”“小孩的帽子”，tʃən$^{24/31}$ “小孩” phə$^{31/55}$liɑo$^{24/31}$ “帽子”“小孩的帽子”。屈折方式是本调

---

① 孙宏开：《藏缅语族羌语支研究》，北京，中国社会科学出版社，2015。

为 55 调的名词，通过声调屈折变调为 51 调来表示领属关系。如 $ɑ^{55}mei^{55/51}$ “阿妹” $mɑŋ^{55/24}$ “妈妈” “阿妹的妈妈”，$ʃʉ^{55}min^{55/51}$ “买家” $ŋəuŋ^{55}$ “钱” “买家的钱”。这与人称代词缩减作词头不同，前面不能再加人称代词。

羌语支大多数语言没有形态变化的领属范畴，多是采用词汇形式来表达事物之间的领属关系。如松潘羌语没有专用的人称领属词头，但有些亲属称谓有带 ʔa-/ʔɑ 词头。[①] 道孚尔龚语是在名词后加上属格助词 ʑi [②]，史兴语用限制关系助词 ji^{53} 表示 [③]。木雅语、纳木依语、扎巴语也都是使用词汇形式表示领属。

贵琼语也没有人称领属的形态变化，若要表示领属关系，是在相应的名词后加领属助词 $m\tilde{ɛ}^{55}$ “的” 表示。例如：

$ŋə^{31}m\tilde{ɛ}^{353}tɕə^{353}khu^{55}$.
我 的 包
我的包。

$n\tilde{u}^{353}m\tilde{ɛ}^{353}pe^{353}tɔ^{55}$.
你 的 铺盖
你的铺盖。

$tʉ^{353}kʉ^{55}m\tilde{ɛ}^{353}tɕ\tilde{ɛ}^{353}$.
他家 的 地
他家的地。

$tʉ^{353}kʉ^{31}m\tilde{ɛ}^{353}s\tilde{ɛ}^{53}$.
他们家 的 木头
他们家的木头。

以上语料可以分析为羌语支名词的领属范畴是由形态式发展为分析式。

（三）动词其他形态手段的简化

藏缅语中的形态手段主要有词缀形式和内部屈折。词缀包括前缀、中缀、后缀，内部屈折包括声母、韵母以及声调上的屈折变化。将贵琼语与羌语支其他语言进行比较，能够发现贵琼语的形态手段正在逐渐简化。

笔者对比了羌语支 13 种语言动词的趋向、时、体、命令式、否定式、疑问式、人称－数、使动态等八种语法范畴。就词缀形式来看，嘉绒语、木雅语的词缀形式最为丰富，有前缀、中缀、后缀。尔龚语、拉乌戎语、桃坪羌语、曲谷羌语、普米语、却域语、史兴语、纳木兹语次之，有前缀和后缀。扎巴语、多续语、

① 黄成龙、王保锋、毛明军、张曦：《四川松潘羌语》，北京，商务印书馆，2019。
② 根呷翁姆：《四川道孚尔龚语》，北京，商务印书馆，2019。
③ 孙宏开、徐丹、刘光坤：《鲁绒多丁》，载《史兴语研究》，北京，民族出版社，2014。

贵琼语的词缀形式仅有前缀。其中，扎巴语的前缀有趋向前缀和体前缀，多续语和贵琼语分别只有体前缀和趋向前缀。形态手段的简化能反映语言分析性的发展速度，由此，可以认为贵琼语词缀的简化速度要明显快于羌语支大多数语言。

从内部屈折手段来看，羌语支语言的保留程度也各不相同，大体呈现出以下三类不同的特点。一是屈折性丰富的语言。屈折手段分布在三个范畴以上的，如尔龚语、拉乌戎语、桃坪羌语、普米语、扎巴语，它们的屈折手段主要集中在命令式、人称 - 数、时范畴、体范畴、使动态等范畴。例如尔龚语的人称 - 数：ɕə 去，ɕo-ŋ（我）去，ɕə ɕo-ŋ（我们）去；ɕi-n（你）去，ɕə ɕi- n（你们）去；ɕə（他）去，ɕə ɕə（他们）去。命令式：thi 喝，ʑi thi（单数），ʑi thi thi-n（复数）。使动态：tɕhiɛ 断—brɛ 使断，ʁle 倒塌—sɬhe 使倒塌。二是屈折性比较丰富的语言。屈折手段分布在一种范畴上，主要集中在动词人称 – 数和使动态范畴上，如木雅语、嘉绒语、却域语。例如木雅语的人称 – 数：“剃” nɐ^{33}ɣui^{53}（动词原形）、nɐ^{33}ɣuʉ^{53}（第一人称单数）、nɐ^{33}ɣui^{53}（第一人称复数）、nɐ^{33}ɣuæ^{53}（第二人称单数），nɐ^{33}ɣue^{53}（第二人称复数）、nɐ^{33}ɣui^{53}（第三人称）。嘉绒语的使动态：kə-mbɐt “断”（自动）、kɐ-prɐt “扯断”（使动），kə-ŋgrɐk “垮”（自动）、kɐ-krɐk “拆”（使动）。三是无屈折手段的语言。在动词的八种语法范畴中，没有任何屈折变化的，如曲谷羌语、多续语、纳木兹语、贵琼语。

可见，贵琼语的形态手段不太发达，处于简化之中，而分析性手段成为了形态手段的有力补充，逐渐扩展其功能，使得贵琼语的分析性属性更加明显。

四、结语

通过以上对贵琼语分析性属性的描写，可以看出贵琼语分析性特征体现在各个方面，由此可以形成一些认识。

其一，以上分析证明贵琼语在羌语支中是分析性特点较强、发展速度较快的语言。其形态手段的简化与分析手段的扩张，能够证明贵琼语分析性属性的主体地位。这从贵琼语自身特点的分析上，以及与羌语支其他语言的比较上都能获得。

其二，贵琼语的分析性特点以渐进式拓扑状的形式发展。在贵琼语的语法范畴中，动词的趋向、命令式和部分的体范畴中还依然保留词缀形式，而其他的语法范畴都是分析形式。可见，语言的分析性特征是渐进的。但语言的分析性发展又是呈拓扑状的，因为它不仅只体现在语法范畴中，还在语音、句法上都有明显表现。

其三，贵琼语在羌语支语言中形态特点消失较多，分析性较强的特点，在羌语支中少见。它对于藏缅语语言转型的研究具有重要价值，也是今后有待深入挖掘的语言资源。

参考文献

[1] 戴庆厦，黄布凡，傅爱兰，仁增旺姆，刘菊黄．藏缅语十五种．北京：北京燕山出版社，1991.

[2] 戴庆厦．汉藏语研究方法讲稿．北京：商务印书馆，2021.

[3] 根呷翁姆．四川道孚尔龚语．北京：商务印书馆，2019.

[4] 龚群虎．扎巴语研究．北京：民族出版社，2007.

[5] 黄布凡，周发成．羌语研究．成都：四川人民出版社，2006.

[6] 黄布凡．羌语支 // 载马学良主编．汉藏语概论（上）．北京：北京大学出版社，1991.

[7] 黄布凡．拉坞戎语研究．北京：民族出版社，2007.

[8] 黄成龙，王保锋，毛明军，张曦．四川松潘羌语．北京：商务印书馆，2019.

[9] 蒋颖．大羊普米语参考语法．北京：中国社会科学出版社，2015.

[10] 林向荣．嘉戎语研究．成都：四川民族出版社，1993.

[11] 孙宏开．羌语简志．北京：民族出版社，1981.

[12] 孙宏开，徐丹，刘光坤，鲁绒多丁．史兴语研究．北京：民族出版社，2014.

[13] 孙宏开．论藏缅语族中的羌语支语言．语言暨语言学，2001（2）.

[14] 孙宏开．中国少数民族语言活力排序研究．广西民族大学学报（哲学社会科学版），2006（5）.

[15] 孙宏开．藏缅语族羌语支研究．北京：中国社会科学出版社，2015.

[16] 吴明刚，杨晓燕．文化语言学视域下贵琼语地名研究．四川民族学院学报，2002（1）.

[17] 杨晓燕．贵琼语前缀的衰退及演变分析——兼论贵琼语的语言转型．汉藏语学报，2003.

[18] 杨晓燕．论贵琼语形态的简化——贵琼语是羌语支中分析性较强的语言，南开语言学刊，2025（1）.

（作者单位：内江师范学院）

语言转型与词类变化 *

——以景颇语句尾词衰变趋势为例

戴庆厦

语言类型转型是语言演变的常见的现象，如从屈折型向黏着型演变，从屈折型、黏着型向分析型演变等。语言类型的转型有的是整体的，有的是局部的。语言类型的转型，必然会引起词类的变化。

景颇语是景颇族使用的语言之一，属于汉藏语系藏缅语族景颇语支。在中国，景颇族主要分布在云南省西南边疆中缅交界的国境线上；在缅甸、印度、泰国也有分布，在缅甸又称 Kachin“克钦”[①]。

通过景颇语使用的共时分析可以发现，句尾词处于大面积衰变之中。其变化，不仅使得句尾词这一词类的性质、功能发生了变化，还影响了景颇语类型特点，使其发生了变化。句尾词的衰变，是由于景颇语由黏着型向分析型转化引起的。所以，分析景颇语句尾词具体的衰变途径，揭示其衰变的缘由，对景颇语语法类型乃至藏缅语语法类型的演变研究都有着一定的价值和意义。

一、景颇语句尾词的主要特点

景颇语的词类有名词、代词、动词、形容词、数词、量词、貌词、状词、副词、关系助词、句尾词、语气词和叹词 13 类，句尾词是景颇语词类中的一类虚词，用在句子末尾表示句子的人称、数、体、貌、方向等语法意义。与同语族的亲属语言藏缅语族语言（以下简称“藏缅语”）相比，其特殊之处主要有以下几点：

---

* 原载《民族语文》，2019（1）。

① 本文为了方便语言比较，后文缅甸的“克钦”仍用景颇称呼，编者注。

（一）景颇语句尾词是一类独立的虚词

藏缅语大多有表示人称、数、体、貌等语法意义的语法形式，这是原始藏缅语已有的一个特征。这种表示人称、数、体、貌等语法意义的语法形式，后来由于语言发展的不平衡性，出现了不同的特点。大致是：北部的羌语支语言如羌语、嘉绒语、普米语等保留较多，其语法形式是附在动词前后的后缀或前缀；南部的彝缅语支语言如彝语、哈尼语、拉祜语、阿昌语等语言，表示人称、数的功能已基本消失，只有载瓦语、浪速语等还保留少数几个能表人称、数的句尾词。景颇语则处于中间状态，表示人称、数的语法形式由后缀的语法形式变为独立的虚词。

在景颇语里，这类表示人称、数、体、貌、语气的语法形式，已不是后缀，而是独立的词。为什么？主要因为它是由声母、韵母、声调共同组成的音节形式。它虽然也位于动词之后，但是与动词在发音上截然分开，而且在动词的后面还可以再加上貌词、副词等别的词类。例如：

① mǎ^{33}ko^{33}si^{31}khʒat^{31}wa^{31} sai^{33}.
梨子　　掉　（貌）（句尾）
梨子掉下来了。

② nu̱^{51} ma^{31} tʃu̱^{55}ʃǎ^{31}tʃu̱^{55}mat^{31} sai^{33}.
妈妈 孩子 奶　喂　　（貌）（句尾）
妈妈给孩子喂奶。

③ nam^{31}pa̱n^{33}n^{33}tai^{33}tso̱m tik^{31}ai^{33}.
花　　这　　美　极（句尾）
这花美极了。

在构词上，这类属于虚词的句尾词有其不同于其他虚词的特点。句尾词若由无前缀的词根构成，其不同语法意义靠声韵调的语音变换表示。例如：ai^{33} 指称句子主语是第三人称单数，语气是存在叙述式；加了声母 s- 的 sai^{33}，指称句子主语也是第三人称单数，但语气是变化叙述式。又如 uʔ^{31} 指称主语是第二人称单数，语气是命令式；加了声母 m- 的 muʔ^{31}，指称句子主语则是第二人称复数，语气也是命令式。

句尾词大多由“前缀＋词根”构成，具有分析加黏着的特点。不同的词根表示不同的语气，不同的前缀表示不同的人称、数；不同的前缀表示不同的人称、数。如；$n^{31}ni^{51}$，指称句子主语是第二人称单数，语气是疑问式，其中的前缀 n^{31} 指称第二人称，词根 ni^{51} 指称疑问式；$n^{31}toŋ^{33}$，指称句子主语是第二人称单数，语气是测度式，其中，前缀 n^{31} 指称第二人称单数，词根 $toŋ^{33}$ 指称测度式。又如：sai^{33}，指称主语是第三人称单数，语气是变化叙述式；加了前缀 $mă^{33}$ 的 $mă^{33}sai^{33}$，表示主语是第三人称复数，语气也是变化叙述式。$n^{31}t\underline{a}^{51}$，指称主语是第二人称单数，语气是疑问式；前缀改为 $mă^{55}$ 的 $mă^{55}t\underline{a}^{51}$，指称主语是第二人称复数，语气还是疑问式。

景颇语的虚词能带前缀，而词根或前缀都有语音变化，这是虚词的一种特殊现象，是多数藏缅语所没有的。这与景颇语的虚词来自有语音变化的后缀有关。一般说来，虚词属于分析型特点，而形态变化属于粘着型特点，但景颇语的句尾词构造，二者混在一起，形成“分析加黏着”，是黏着型向分析型演变的过渡特征的遗留。

由上可见，景颇语的句尾词不同于北部藏缅语形态发达的羌语、普米语的后缀，也不同于南部藏缅语分析性发达彝语、哈尼语、拉祜语的语气助词。它是藏缅语中的一类比较特殊的虚词。

（二）句尾词使用广泛，在句中具有强制性

景颇语的句子绝大多数都要在句末带句尾词，句尾词成为句子不可缺少的成分。没有句尾词，句子就不能完句。即便是唱词和传统诗歌，也离不开句尾词，句尾词也要像其他词一样唱出或吟出。只有极少量在动词后使用 $ʒai^{55}$“是”、na^{33}“要”的句子，或独词句等，可以不带句尾词。

句尾词在句子中具有强制性的特点，可能与原先的黏着性谓语离不开表示人称、数、语气等语法意义和语法形式有关。每个句子都带句尾词，是景颇语句子结构的一种基本的模式，区别于其他藏缅语语言。

（三）句尾词是一个成系统的词类

笔者和岳相昆先生（景颇族）在合作做景颇语句尾词研究时花了很大气力收集景颇语的句尾词，共收集到 332 个句尾词。刘璐先生 1984 年在《景颇族语言简志（景颇语）》一书中，认为语尾助词有 140 多个。

景颇语的句尾词可以按语义、语法形式的特点进行分类。笔者是先按语气的不同进行分类。第一步先分称叙述、疑问、测度、惊讶、命令、商量等 5 大类。这 5 类各用不同的词根表示。如叙述句用带 ai^{33} 的词根，疑问句用带 ni^{51} 的词根，测度句用带 $toŋ^{33}$ 的词根，惊讶句用带 kha^{33} 的词根，命令句用带 -ʔ、-t 促声韵尾的词根，商量句用带 $-kaʔ^{31}$ 的词根。第二步是在各大类下再按人称的不同分类。人称分第一人称、第二人称、第三人称。第三步再按其他的语法意义，如叙述句、疑问句、测度句、惊讶句中的存在式和变化式的对立，命令句、商量句中的一般式和强调式的对立，来向和去向的对立进行分类。景颇语的句尾词大多只指明主语，但也有部分是既指明主语又指明宾语的，还有区分领属和非领属的对立。

景颇语句尾词的生成和演变不是杂乱无章的，而是按系统演变的，往往是相关的特点一起变化。

二、景颇语句尾词衰退的表现

通过句尾词使用频率的变化、不同人群使用句尾词的差异，可以获知景颇语句尾词出现衰退的趋势。下面，我们从几个不同角度来分析句尾词衰退的表现。

（一）使用数量下降

从使用数量上看，景颇语句尾词使用的数量出现大幅度下降。景颇语的句尾词有 300 多个，但目前大多数人常用的大约只有 40 个。

最近，笔者统计了景颇文《WUNPONG》（文蚌）国内统一刊号（CN53-1028/1），2009 年第 1 期杂志的几篇短文，句尾词的使用数量如表 1、表 2、表 3：

表 1　Nlung Nsen Poi（6.5 页）句尾词情况表

句尾词	出现次数（次）	句尾词	出现次数（次）	句尾词	出现次数（次）	句尾词	出现次数（次）	句尾词	出现次数（次）
ai^{33}	43	sai^{33}	26	nuʔ^{31}ai^{33}	22	uʔ^{31}	8	mă^{33}sai^{33}	8
mă^{55}nuʔ^{55}ai^{33}	6	muʔ^{31}	4	kaʔ^{31}	3	n^{31}ŋai^{33}	3	n^{31}tai^{33}	3
ʧʔ^{31}ai^{33}	2	kaʔ^{31}ai^{33}	2	să^{55}kaʔ^{55}	2	ʒit^{31}	2	maʔ^{31}ai^{33}	1
să^{55}kaʔ^{55}ai^{33}	1	mă^{31}ʒit^{31}	1	a^{31}ta̱^{51}	1	să^{55}ta̱^{51}	1	mă^{31}nuʔ^{31}ta̱^{51}	1
sa^{55}kaʔ^{55}	1	seʔ^{55}ai^{33}	1						

表 2　Jahtong Htu（2.5 页）句尾词情况表

句尾词	出现次数（次）	句尾词	出现次数（次）	句尾词	出现次数（次）	句尾词	出现次数（次）	句尾词	出现次数（次）
ai^{33}	21	sai^{33}	15	nuʔ^{31}ai^{33}	15	maʔ^{31}ai^{33}	5	kaʔ^{31}	2
n^{31}ni^{51}	1	ʧʔ^{31}	1	mă^{33}sai^{33}	1	să^{55}kaʔ^{55}	1	suʔ^{31}	1
ʒit^{31}	1								

表 3　Ja dim a Hkon Ji Prat（1.5 页）句尾词情况表

句尾词	出现次数（次）	句尾词	出现次数（次）	句尾词	出现次数（次）	句尾词	出现次数（次）	句尾词	出现次数（次）
ai^{33}	24	sai^{33}	7	nuʔ^{31}ai^{33}	7	uʔ^{31}	4	a^{31}ta̱^{51}	1
ta̱^{51}	1	mă^{33}sai^{33}	1	ʧʔ^{31}ai^{33}	1	maʔ^{31}ai^{33}	1	ni^{51}	1

这三篇语料中，表 1 短文出现句尾词 22 个，频次为 142 次；表 2 短文出现句尾词 11 个，频次为 64 次；表 3 短文出现句尾词 10 个，频次为 48 次。三篇短文句尾词出现都不到 25 个。最多的一篇是 22 个，142 次。还包括少量人称、数混用的句子。

（二）句尾词的衰退在“听”和“说”上出现差异

大致有三种情况：一是会听会说；二是会听不会说；三是不会听也不会说。三种情况中已不会说的句尾词，但大多还能听懂。“听”和“说”出现差异，是句尾词衰退的过渡表现。

（三）使用句尾词的能力分化

从社会语言学角度观察，使用句尾词的能力，年轻人不如老年人，文化水平低的不如水平高的，杂居区不如聚居区。拿中国的景颇族与缅甸的景颇族相比，缅甸景颇族句尾词的衰退略高于中国。但缅甸景颇族懂景颇文的人群中掌握、使用句尾词的能力相对强些。

笔者近 5 年两次到缅甸境内做景颇语的调查，发现缅甸景颇族口语中的句尾词已大量衰退。这里举两例来说明。2014 年 1 月和 2017 年 8 月，笔者带了一个课题组赴缅甸调查，先后到曼德勒、东枝、仰光、克钦邦八莫等地调查景颇族及其他民族的语言使用情况，笔者还测试了一些景颇人的句尾词保存情况。总的是，句尾词大面积衰退，语气功能保留，不同的人称、数大多已不区分。下面是一位 30 岁青年人句尾词的使用情况。这位青年人姓 Sumlut，从小说景颇语长大，也会景颇文，大学文化水平。经测试，他的叙述式句尾词都泛用第三人称的 ai^{33}、sai^{33}，命令句的复数都用单数。例如：

④ ʃi^{33}n^{33}ka̱m^{33}sa^{33}ai^{33}.

他 不 愿意 去（句尾）

他不愿意去。

⑤ ŋai^{33}n^{33}ka̱m^{33}sa^{33}ai^{33}.

我 不 愿意 去（句尾）

我不愿意去。（句尾词原用 n^{31}ŋai^{33}，现改用 ai^{33}。）

⑥ an^{55}the^{33}n^{33}ka̱m^{33}sa^{33}ai^{33}.

我们 不 愿意 去（句尾）

我们不愿意去。（句尾词原用 kaʔ^{31}ai^{33}，现改用 ai^{33}。）

⑦ ʃan^{55}the^{33}n^{33}ka̱m^{33}sa^{33}ai^{33}.

他们 不 愿意 去（句尾）

他们不愿意去。（句尾词原用 maʔ^{31}ai^{33}，现改用 ai^{33}。）

⑧ ʃi^{33}mu^{31}ju^{33}sai^{33}.

他 见 过（句尾）

他见过了。

⑨ $\eta ai^{33}mu^{31}ju^{33}sai^{33}$.

我　见　过（句尾）

我见过了。（句尾词原用 $s\breve{a}^{33}\eta ai^{33}$，现改用 sai^{33}。）

⑩ $na\eta^{33}mu^{31}ju^{33}ai^{33}$.

你　见　过（句尾）

你见过了。（句尾词原用 $sin^{33}tai^{33}$，现改用 sai^{33}。）

⑪ $\int an^{55}the^{33}mu^{31}ju^{33}sai^{33}$.

他们　　见　过（句尾）

他见过了。（句尾词原用 $m\breve{a}^{33}sai^{33}$，现改用 ai^{33}。）

疑问句大多改用不具有人称、数功能的语气词 i^{51}、$ku̱n^{55}$。例如：

⑫ $na\eta^{33}mu\eta^{31}t\int i\eta^{31}pho\text{ʔ}^{31}a^{31}mju^{55}\text{ʒ}e\text{ʔ}^{55}i^{51}$?

你　也　景颇　　族　　是　吗

你也是景颇族吗？（句尾词原用 $n^{31}ni^{51}$，现改用语气词 i^{51}。）

⑬ $\int i^{33}mu\eta^{31}t\int i\eta^{31}pho\text{ʔ}^{31}a^{31}mju^{55}\text{ʒ}e\text{ʔ}^{55}i^{51}$?

他 也　景颇　　族　　是　吗

他也是景颇族吗？（句尾词原用 $a^{31}ni^{51}$，现改用语气词 i^{51}。）

⑭ $na\eta^{33}\int i^{33}phe\text{ʔ}^{55}$　$t\int o^{31}\eta ut^{55}sai^{33}$　i^{51}?

你　他（宾助）给　完　（句尾）（语气）

你给他了吗？（句尾词原用 $n^{31}ni^{51}$，现改用句尾词 sai^{33} 加语气词 i^{51}。）

⑮ $\int an^{55}the^{33}pai^{55}wa^{31}sai^{33}$　$ku̱n^{51}$?

他们　　又　回（句尾）（语气）

他们又回了吗？（句尾词原用 $m\breve{a}^{55}s\breve{a}^{55}ni^{51}$，现改用句尾词 sai^{33} 加语气词 $ku̱n^{51}$。）

固有语言特点的保持，多是人口聚居、人数多的地区会保存得多些，但也有人口少或分散地区，会保存得多些。中国景颇语属于后者。语言的保存与消失，往往与文化联系在一起。中国景颇族不但在语言上保留了一些缅甸景颇语没有的特点，而且在传统文化、原始宗教上也保存了一些缅甸景颇族已消失的特点。

（四）表义泛化是减少句尾词使用的一个重要手段

表义泛化主要有：不同的人称用同一的句尾词表示。如 ai^{33}、sai^{33} 原是表示第三人称叙述句的句尾词，后来泛化为也能表示第一、二人称。所以，ai^{33}、sai^{33} 成为出现频率最高的句尾词。也就是说，在三个人称中，表示第一、二人称消失最快，合并到第三人称中去，在单数、复数中，复数消失合并到单数上。表 1、表 2、表 3 对三篇语料的统计可以证明这一点：ai^{33}、sai^{33} 都是使用频率最高的。在许多人的口语中，主语是第一、第二人称的（包括单数和复数），都改用表示第三人称单数的 ai^{33}、sai^{33}。例如：

⑯ $ʃi^{33}kʒai^{31}pa^{55}ai^{33}$.
他 很 累（句尾）
他很累。

⑰ $ŋai^{33}kʒai^{31}pa^{55}n^{31}ŋai^{33}=(ai^{33})$.
我 很 累（句尾）（句尾）
我很累。

⑱ $an^{55}the^{33}kʒai^{31}pa^{55}kaʔ^{31}ai^{33}=(ai^{33})$.
我们 很 累（句尾）（句尾）
我们很累。

⑲ $naŋ^{33}kʒai^{31}pa^{55}n^{31}tai^{33}=(ai^{33})$.
你 很 累（句尾）（句尾）
你很累。

⑳ $nan^{55}the^{33}kʒai^{31}pa^{55}mă^{33}tai^{33}=(ai^{33})$.
你们 很 累（句尾）（句尾）
你们很累。

㉑ $ʃi^{33}ʃa^{55}sai^{33}$.
他 吃（句尾）
他吃了。

㉒ $ŋai^{33}ʃa^{55}să^{33}ŋai^{33}=(sai^{33})$.
我 吃（句尾）（句尾）
我吃了。

㉓ $an^{55}the^{33}ʃa^{55}să^{33}kaʔ^{55}ai^{33}=(sai^{33})$.

我们　　吃（句尾）　　（句尾）

我们吃了。

㉔ $naŋ^{33}ʃa^{55}sin^{33}tai^{33}=(sai^{33})$.

你　吃（句尾）（句尾）

你吃了

㉕ $nan^{55}the^{33}ʃa^{55}mă^{33}sin^{33}tai^{33}=(sai^{33})$.

你　　　吃（句尾）　　　（句尾）

你们吃了

（上面例句中括弧内的句尾词是泛化用的，已与句子的人称、数不一致。）

又如，不分人称、数的、表疑问语气的传信语气词，在许多句子里代替了区分人称、数的句尾词。例如：

㉖ $naŋ^{33}sa^{33}na^{33}k\underline{u}n^{55}$ $(n^{31}ni^{51})$, $n^{55}sa^{33}na^{33}k\underline{u}n^{55}$ $(n^{31}ni^{51})$?

你　去 要 吗　（句尾）不 去 要 吗　（句尾）

去吗，还是不去吗？

㉗ $ʃi^{33}n^{33}ʒaʔ^{31}ai^{33}k\underline{u}n$ $(a^{31}ni^{51})$? $sa^{33}san^{55}ju^{33}uʔ^{31}$!

他 不 要　的 吗（句尾）去 问　看（句尾）

他不要吗？你去问问！

（上面两个例句，括弧内是句尾词。）

指明领属关系的句尾词，许多人都改用不指明关系的句尾词 ai^{33}、sai^{33}。例如：

㉘ $ŋai^{33}phu^{51}ko^{31}$　$să^{31}ʒa^{33}rai^{55}liʔ^{31}ai^{33}=(ai^{33})$.

我　哥哥（话）老师　是（句尾）（句尾）

我的哥哥是老师。

㉙ $an^{55}the^{33}aʔ^{31}tʃoŋ^{31}ko^{31}$　$kʒai^{31}ts\underline{o}m^{31}liʔ^{31}ai^{33}ai^{33}=(ai^{33})$.

我们　　的 学校（话）很　美　（句尾）　（句尾）

我们的学校很美。

㉚ $naʔ^{55}$ $lă^{31}pu^{31}kʒai^{31}$ $^{1}tsom^{31}lit^{31}tai^{33}$ = (ai^{33}).

你的 裤子 很 美 （句尾）（句尾）

你的裤子很好看。

㉛ $nan^{55}the^{33}aʔ^{31}n^{55}ta^{51}kʒai^{31}kă^{31}pa^{31}mă^{31}lit^{31}tai^{33}$ = (ai^{33}).

你们 的 家 很 大（句尾） （句尾）

你们的家很大。

㉜ $ʃiʔ^{55}aʔ^{31}lă^{31}pu^{31}kʒai^{31}$ $^{1}tsom^{31}luʔ^{31}ai^{33}$ = (ai^{33}).

你的 裤子 很 美 （句尾）（句尾）

你的裤子很好看。

㉝ $ʃan^{55}the^{33}aʔ^{31}tʃoŋ^{31}kʒai^{31}kă^{31}pa^{31}mă^{31}luʔ^{31}ai^{33}$ = (ai^{33}).

他们 的 学校 很 大（句尾） （句尾）

他们的学校很大。

（五）音节上的衰退表现

从音节多少上看，三个音节以上的句尾词大多已不用。如 $mă^{55}sin^{55}teʔ^{55}kaʔ^{31}$，用在商量句里，表示征求听话者同意第一人称施动作行为给第二人称复数，强调语气；$mă^{55}să^{55}lit^{55}kha^{33}$，用在惊讶句里，表示主语或宾语的领有者是第二人称复数，谓语是变化式。这些三个以上的句尾词已不使用，使用的多是一个、两个音节和少量的三个音节的句尾词。

（六）语体上句尾词使用减少

从语体上看，诗歌、谚语等文学语言，句尾词的使用也显现逐渐减少的趋势，许多句子可以不用句尾词。诗歌多在句末一句上加上句尾词。下面四句都不带句尾词：

㉞ $tam^{31}ŋa^{31}wa^{33}a^{31}la^{33}naŋ^{31}e^{31}$,

渔夫 者 男子 你 啊

渔夫男子你啊，

㉟ kaŋ^{31}kum^{31}tuŋ^{33}mă^{31}ʃa^{31}naŋ^{33}ŋe^{31},
世 上 人 你 啊
世上的人你啊，

㊱ khau^{31}li^{31}n^{31}saʔ^{31}khʒai^{33}tan^{31},
亲族 气 尽 割
你灭绝了我的亲族，

㊲ khau^{31}pa^{31}n^{31}soi^{33}khʒai^{33}ʒan^{31}!
亲人 生命 尽 分
你拆散了我的亲人！

又如，下面几句有的带句尾词，有的不带：

不带句尾词：

㊳ nu̠^{51}to^{33}kă^{31}lai^{55}pheʔ^{55} lă^{33}ma^{33}mjit^{31}jaŋ^{31},
母 论 替身 （宾助）假如 想念 的话
假如思念妈妈的话，

㊴ naʔ^{55} to^{33}mă^{31}lai^{55}pheʔ^{55} maŋ^{31}jaŋ^{31},
你的 论 替身 （宾助）怀念 的话
假如怀念往事的话，

㊵ lă^{31}ʒuŋ^{33}sum^{31}khʒan^{33}kin^{31}ʒat^{31}uʔ^{31}!
腊戎笛子 联络 （句尾）
你就吹起腊戎笛子联络吧！

带句尾词：

㊶ mă^{31}tum^{31}pa̠n^{33}seŋ^{33}theʔ^{31}kin^{31}sat^{31}suʔ^{31}!
吹 笛子 用 结束 （句尾）
你就吹起笛子借以告慰吧！

总之，根据多方面分析的材料能够证明句尾词已出现衰退的趋势，同时也看到，句尾词虽然出现衰退，但是它作为景颇语的一个词类仍然存在，仍具有活力，表现在大多数句子都还必须携带句尾词，缺少句尾词就不能完句。这是因为句尾词的功能是综合表示语气、人称、数、方向、语气等语法意义，特别是语气，这是表义所不可缺少的，没有语气成不了句子，所以尽管句尾词出现“缩身”的趋势，人称、数、方向等语法意义的功能可以衰退，通过实词语义或上下文等手段来取代，但语气则会在句尾词上保存下来，像汉语的语气助词“吗、吧、了”等在句末只表示各种丰富的语气，而不表示人称、数等语法意义。预计景颇语的句尾词还会长期使用下去，主要担负表示句子语气的功能。

三、语言转型与词类变化

从上文的分析中我们可以得出以下一些认识：原属于黏着型语法特点的景颇语，逐渐由黏着型向分析型转化，而作为景颇语词类之一的句尾词，由于它具有表示人称、数等黏着成分，必然也会在黏着型和分析型特点的消长上发生变化，这是不以人们的意志为转移的。景颇语句尾词的变化主要表现在：由后缀转为虚词，后缀是黏着型特征，而虚词是分析型语言的特征；表示人称、数的语法形式发生了一定程度的淡化，有的句尾词变为不分人称、数；句尾词使用的总体数量大量减少；三个音节以上的句尾词已很少使用，主要使用双音节和一个音节。句尾词衰变的趋势是，区分人称、数的功能不断减弱，其功能主要是担负区别“语气”。这些都是从黏着型向分析型转化的表现。

人类语言在历史演变中会出现语言转型，这已成为语言学家的共识。但是，有关语言转型的一系列具体问题，却还未被人们所认识。如为什么语言会出现转型，其动因是什么，制约语言转型的因素有哪些？不同语言的语言转型具体规律有哪些，共性是什么，个性是什么？语言转型对语言结构会产生什么影响，包括对每个词类特点的影响以及对句法结构有什么影响等？语言由黏着型转为分析性，形态少了，表示句子的人称、数、方向等语法意义是否逐渐改为由分析性特点，如实词、话题、结构助词、上下文语境、语序等来承担？

词类是语言结构的重要组成部分，语言转型必然在词类上有强烈的反映。但在语言研究中，语言转型如何影响词类的变化，这是个未被认知的领域，本文主要是摸索探讨景颇语从黏着性向分析性转型的过程中，句尾词的特点发生了什么变化。包括这一变化的具体表现有哪些，哪个是主要的，哪些是次要的，变化的具体模式是什么，还有，句尾词的变化还会牵制其他词类发生哪些变化，等等。所以笔者认为，词类共时特点的形成及其演变，可以通过语言类型转型来认识，也就是说，语言类型的转型可以为研究词类共时特点的形成及其演变提供一个有效的视角。本文仅涉及句尾词一个词类，至于其他词类，如结构助词、状词、貌词、名词、动词、四字格词等，肯定也会随语言转型而发生新的变化，这些个案都有待今后进一步研究。

参考文献

[1] 中国科学院少数民族语言研究所主编 . 景颇语语法纲要 . 北京：科学出版社，1959.

[2] 刘璐 . 景颇族语言简志（景颇语）. 北京：民族出版社，1984.

[3] 戴庆厦，岳相昆 . 景颇语的句尾词 . 民族语文研究文集，西宁：青海民族出版社，1990.

[4] 孙宏开，胡增益，黄行，等 . 中国的语言 . 北京：商务印书馆，2007.

[5] 戴庆厦 . 景颇语谓语人称标记的多选择性 . 中国语文，2008（5）.

[6] 戴庆厦 . 景颇语参考语法 . 北京：中国社会科学出版社，2012.

[7] 戴庆厦，闻静 . 论分析性语言的研究眼光 . 云南师范大学学报，2017（3）.

[8] 徐悉艰，肖家成，岳相昆，戴庆厦 . 景汉辞典 . 昆明：云南民族出版社，1983.

（作者单位：中央民族大学中国少数民族语言文学学院；
云南师范大学汉藏语研究院）

景颇语的韵律与语法结构演变 *

戴庆厦

景颇语属汉藏语系藏缅语族景颇语支，说这种语言的民族主要分布在缅甸、中国、印度三国。缅甸分布的人口最多，主要在缅甸北部的克钦邦、掸邦；在中国，主要分布在云南省德宏傣族景颇族自治州。

景颇语在语言类型上属分析性的语言，但也有一些黏着、屈折的特点。本文从韵律共时特征的分析中，进一步探索景颇语的韵律与景颇语历史演变的关系，意在对韵律的研究提供一些新信息。

一、景颇语的韵律有六种语音类型

韵律是通过语音形式来表现的。景颇语的韵律主要有六种韵律形式。

（一）元音舌位高低和谐的韵律

元音舌位高低和谐的韵律主要用在并列复合词的构词中。韵律的规则要求并列复合词前后两个语素的元音必须和谐，这里所谓的和谐是指前一语素的元音舌位要比后一语素高。三音节词为一、三音节和谐，四音节词为二、四音节和谐。前后语序不能变换。例如：

$tiŋ^{31}man^{33}$ 老实	$tʃi^{33}$　$khai^{31}$ 祖父
直　老实	曾祖父 祖母

* 原载《汉语韵律研究新探》，2015（1）。

phun^{55}kă^{55}wa^{55} 竹木类
树　　竹子

lă^{31}ku̱ŋ^{33}ka̱^{33}mai^{33} 炊具
锅铲　　瓢

phuŋ^{31}ʃiŋ^{31}ka̱ŋ^{31} 威望
威信　威风

thiŋ^{31}phut^{31}thiŋ^{31}ʒa^{31} 故居
遗迹　　　房基

但短语的次序就不受此规则的制约，而且前后的次序可以变换。如：

kă^{31}pa^{31}ai^{33}the^{ʔ31}kă^{31}tʃi^{31}ai^{33} 大的和小的
大　　的 和　小　　的
kă^{31}tʃi^{31}ai^{33}the^{ʔ31}kă^{31}pa^{31}ai^{33} 小的和大的
小　　的 和　大　　的

（二）音节前弱后强和谐的韵律

景颇语的双音节词，除了两个音节都是单纯词的复合词外，还有大量的是由一个半音节组成的。这类“一个半音节”词，在读音上是前一音节弱而短，重音在后一音节上。“前弱后强”的双音节词在景颇语词汇里所占比例很大，是一种特殊的韵律模式，但景颇语没有“前强后弱”韵律模式。

弱化音节的来源有多种：有的是由古代的复辅音声母的前一音节分立而成的，弱化音节没有实在的意义，整个双音节词是个单纯词。（元音上加ˇ的是弱化音节。下同。）例如：

mă^{31}sum^{33} 三
mă^{31}ŋa^{33} 五
lă^{31}ko^{33} 脚
lă^{31}ku^{55} 偷

有的弱化音节是由实语素虚化或半虚化而成。母语人已感觉不到这种弱化有意义，在语感上是把整个词当单纯词来使用的。例如：

wă^{33}khje^{33} 黄牛
牛　红

să^{31}lum^{33} 心脏
心　园

（wă^{33} 由 ŋa^{33} “牛”弱化而成，să^{31} 由 mă^{31}sin^{31} “心”弱化而成。）

有的弱化音节是由单音节动词或形容词加表示使动态的弱化前缀构成。母语人对这种弱化音节还能感到是表示使动义的音节。例如：

ʃă^{31}ʒot^{31} 使起
使 起

ʃă^{31}pa^{55} 使累
使 累

tʃă̱^{31}pho^{ʔ31} 使开
使 开

tʃă̱^{31}then^{31} 使坏
使 坏

“一个半音节”的双音节词，实际读音是后一音节比一般的音节长，补足前一个半音节的不足。即一个半音节的总长度，与一般的双音节词相当。

（三）双声、叠韵、谐韵的和谐韵律

双声、叠韵、谐韵的和谐韵律用于四音格词的构造中。要求二、四音节之间在双声、叠韵、谐韵三项中有一项或两项和谐。这种韵律构造的双音节词，在景颇语中大量存在。例如：

叠韵：　　　kă^{31}thoŋ^{31}niŋ^{31}tʃoŋ^{33} 村村寨寨
　　　　　　寨子　　（韵律配音）

双声加谐韵：lă^{33}phʒo^{33}lă^{55}phʒa^{55} 落叶
　　　　　　落叶　　（韵律配音）

双声加叠韵：pu̱ŋ^{55}phʒo^{31}pu̱ŋ^{33}lo^{33} 白发老人
　　　　　　白发　　（韵律配音）

韵律配音音节有在词根后的，也有在前的。在后的称“向前和谐”，在前的称“向后和谐”。例如：

phun^{55}khjep^{55}phun^{55}khap^{55} 碎木片
碎木片　　（配音）

tsu̱p^{55}ni^{33}tsu̱p^{55}naŋ^{31} 破布
破布　　（配音）

ʃă^{31}pʒi^{31} ʃă^{31}pʒai^{33} 报酬
（配音）工资

ka̱^{ʔ55}ti̱n^{31}ka^{ʔ55}pu^{33} 小竹篮
（配音）小竹篮

a^{31}kho^{33} a^{31}khaŋ^{55} 权利
（配音）权利

tiŋ^{31}lo^{31} tiŋ^{31}la^{33} 老头
（配音）老头

（四）双音节化的韵律

双音节化的韵律中，单音节名词大多能加 a^{31} 构成同义的双音节词。例如：

na^{33}/a^{31}na^{33} 耳朵　　sai^{31}/a^{31}sai^{31} 血
wan^{33}/a^{31}wan^{33} 碗　　mam^{33}/a^{31}mam^{31} 谷子

为了适应双音节化韵律的需要，三音节结构复合词或短语，有的可以省去一个音节，构成双音节词。例如：

mǎ^{31}kui^{33} + lam^{55} = kui^{31} lam^{55} 野象
大象　逛　大象 逛
mǎ^{31}jam^{33} + thot^{31} = jam^{33} + thot^{31} 换过主人的奴隶
奴隶　移　奴隶　移
lǎ^{31}pu^{31} + tʃa̱ŋ^{33} = pu^{31} tʃa̱ŋ^{33} 黑裤子
裤子　黑　裤子 黑
pă̱^{33}loŋ^{31} + tʃe^{55} = loŋ^{31} tʃe^{55} 破衣服
衣服　破　衣服 破

（五）重叠的韵律

单音节词重叠成双音节词，双音节词重叠成四音节词，也有成三音节词的。音节的重叠也是一种韵律。重叠是景颇语的一个重要语法手段，在十三种词类中有 11 种能重叠。重叠的方式有完全重叠、部分重叠、嵌缀重叠三种。例如：

thi^{55} 读　　thi^{55}thi^{55} 经常读
kha^{55} 苦　　kha^{55}kha^{55} 很苦
kǎ^{31}ʒa^{31} 哪儿　　kǎ^{31}ʒa^{31}ʒa^{31} 哪些地方
kǎ^{31}tai^{33} 谁　　kǎ^{31}tai^{33}tai^{33} 哪些人
ʃa^{55} 吃　　ʃa^{55}mǎ^{31}ʃa^{55} 所有吃的

以上的五种形式，双声、叠韵、重叠等三种形式许多亲属语言都有，只是出现频率多少不同而已，但景颇语使用元音舌位高低搭配律构成并列复合词和四音格词，这是亲属语言少有或没有的。这种韵律，是一种相异的元音和谐，即用相异搭配来表现和谐的韵律。这可算是景颇语韵律的一个特点。

（六）延音

为了适应双音节韵律的需要，三音节结构因为是奇数不符合双音节韵律，所以其中的一个音节要延长音节读音，补足双音节的长度。如 n^{31}puŋ^{33}（风）“刮风”为三音节支配结构短语，后一音节 puŋ^{33}（刮）的读音比一般音节长。三音节结构有短语、复合词，也有少量单纯词。三音节的短语、复合词，延长的音节放在其中能成词或能成词素的音节上。这种延长的音节有的在第一音节的位置上，也有在第三音节位置上的。延音实际上也是为了双音节律，可以看成是双音节律的变体。（音节后加“:”的表示延长）例如：

mă^{31}kui^{33}po^{33}：象头
大象　头

n^{31}puŋ^{33}li^{33}：飞机
风　船

mi^{31}wa^{31}ka^{31}：汉语
汉　语

ŋa^{33}：lă^{31}pu̱^{33} 鳝鱼
鱼　蛇

ka^{55}：lă^{55}si^{51} 花生
土　豆子

tʃa^{31}tʃă^{31}moi^{33} 金粉
金　粉

二、景颇语的韵律在语法上有“词法韵律”和“句法韵律”两种

景颇语韵律若从语法单位的大小来分，可分为“词法韵律”和“句法韵律”两类。“词法韵律”又称词内型韵律；“句法韵律”又称词外型韵律。二者之中以词法韵律为常见。可以说，景颇语是以词法韵律为主的韵律语言。

（一）词法韵律

词法韵律是指韵律的变化出现在词的内部。主要有以下几种：

其一，通过重叠、双声、叠韵、谐韵的韵律变化构成类称名词。景颇语名词有个称名词和类称名词的对立。个称名词是指一个个具体的事物，而类称名词是总称一类事物。类称名词是在个称名词的基础上通过韵律搭配构成的。韵律搭配主要是第三、第四音节与第一、第二音节构成重叠或双声叠韵的关系。例如：

nam^{31}si^{31} 水果	nam^{31}si^{31}nam^{31}so^{33} 水果类
ʃat^{31}mai^{55} 菜	ʃat^{31}mai^{55}ʃat^{31}mo^{33} 各种菜
tsi̱n^{33}jam^{33} 灾难	tsi̱n^{33}jam^{33}tsi̱n^{33}tam^{33} 各种灾难

其二，选用元音舌位和谐的语素构成并列复合名词。双音节词中，前后音节的元音和谐，后一音节的元音必须低于前一音节的元音。四音节词中，二、四音节的元音和谐。第四音节的元音必须低于第二元音，例如：

kun^{33}phai^{33} 担负	tʃi̱ŋ^{33}pau^{31} 锣鼓
背　抬	鼓　锣
tʃum^{31}mă^{55}tʃap^{55} 调味品	sai^{31}ʃan^{31} 亲骨肉
盐　　辣椒	血　肉
lă^{31}ko^{33}lă^{31}ta̱^{ʔ55} 手脚	pau^{31}ji^{31}pau^{31}la^{31} 锣
脚　　　手	母锣　　公锣

按双音节化的规律，单音节名词加前缀 a、n 构成同义的双音节名词。例如：

khum^{31}	a^{31}khum^{31}	身体
mji̱^{ʔ31}	a^{31}mji̱^{ʔ31}	眼睛
woi^{33}	a^{31}woi^{33}	猴子
ʃu̱^{ʔ31}	a^{31}ʃu̱^{ʔ31}	青蛙
nai^{31}	a^{31}nai^{31}	芋头
po̱t^{31}	n^{31}po̱t^{31}	根

文学语言用词双音节化倾向更为突出。许多单音节词能加后附音节或前附音节构成同义的双音节词。例如：

na^{33}	na^{31}khun^{33}	耳朵
wan^{31}	wan^{31}li^{33}	火
ŋon^{33}	ŋon^{33}sum^{31}	舒服
phʒo^{31}	phʒo^{31}tu̱^{31}	白
ka̱i^{55}	lă^{31}ka̱i^{55}	戴（花）
tum^{31}	mă^{31}tum^{31}	吹
ti^{ʔ31}	n^{31}ti^{ʔ31}	锅

其三，按“前弱后强”的模式搭配韵律，或组成双音节的单纯词，或组成前一音节半实半虚的复合词。例如：

wă^{55}kji̱^{55} 瘦牛	să^{31}kʒi^{31} 胆
牛　瘦	心　胆
wă^{55}　thoŋ^{51} 斧背	n^{33}　khje^{33} 红谷
（斧）背	（谷）红
lă^{31}ta̱^{51} 手	mă^{31}li^{33} 四
mă^{31}khʒai^{33} 桥	kă^{31}pa^{31} 大

（二）句法韵律

句法韵律是指韵律的变化出现在词的外部。包括短语的构成，复句的呼应等。主要有以下几种：

其一，短语的组合有的受双音节化韵律的制约，缩减音节。例如：kă^{31}kat^{31}“跑”与 tʃa̱ŋ^{33}“快”组成补充短语时，适应双音节化的韵律省去 kă^{31}，说成 kat^{31}tʃa̱ŋ^{33}“快跑”。

其二，宾谓短语中有一类音同韵律构成宾语与谓语同形的短语。若宾语是双音节词，谓语取后一音节。这种结构的谓语要延长读音，以便与前面的双音节宾语构成双音节节律。例如：

ka^{31}ka^{31} 说话

话 说

tu^{33}koŋ^{31}koŋ^{31} 摆官架子

官架子 摆

khai^{55}khai^{55} 种庄稼

庄稼 种

au^{33}khja^{33}khja^{33} 焖糯米饭

糯米饭 焖

其三，有的并列对比句，前后句的顺序按第一个名词的舌位韵律和谐排列，即前一句名词的舌位要比后一句的名词舌位高。特别是在诗歌中的表现更为突出。这是并列复合词的韵律扩散到句法结构的结果。例如：

① nu̱^{51}ko^{31} tʃiŋ^{31}pho^{ʔ31}ʒe^{51}, wa̱^{51}ko^{31} mu^{31}wa^{31}ʒe^{51}.
母（话）景颇族 是 父（话）汉族 是
母亲是景颇族，父亲是汉族。

② ʃoŋ^{33}e^{31} kha^{55}, phaŋ^{33}e^{31} ʃa^{55}.
先（方）苦 后（方）吃
先有苦，后才有吃。（先苦后甜）

③ lǎ^{31}mun^{31}tʃiŋ^{31}khaŋ^{31}e^{31} lat^{31}, lǎ^{31}tsa̱^{33}a^{31}laŋ^{33}e^{31}mǎ^{31}jat^{31}.
一万 山岭 （方）繁殖 一 百 山岗 （方） 繁衍
在一万个山岭上繁殖，在一百个山岗上繁衍。

其四，诗歌、谚语、成语等文学语言的前后句普遍存在双声、叠韵、谐韵等韵律。现从传统故事《孤儿渔夫的故事》中摘出几句：

④ tam^{31}ŋa^{31}wa^{33}a^{31}la^{33}naŋ^{33}e^{31},
渔夫 者 男子 你 啊
渔夫男子啊，

⑤ ka̱ŋ^{31}kum^{31}tuŋ^{33}mǎ^{31}ʃa^{31}naŋ^{33}ŋe^{31}!
世上 人 你 啊
世上的人啊！

⑥ khau^{31}li^{31}n^{31}sa^{ʔ31}khʒai^{33}tan^{31},
亲人 气 尽 割
亲人的气被割断，

⑦ tsă̱^{55}sam^{51}a^{31}lai^{31}khʒai^{33}lai^{31},
坏人　　伎俩 尽　　施
坏人的 伎俩施尽，
⑧ sin^{31}tam^{55}a^{31}sai^{55}khʒai^{33}sai^{55}.
恶人　　习性 尽　　施
恶人的心意施尽。
⑨ phu^{51}mă^{31}ʒit^{31}ko^{31}　n^{55}tan^{31}lu^{31}n^{31}ŋai^{33},
哥　惦念　（话）不 割　能（尾）
对哥哥的惦念不能割断，
⑩ juŋ^{33} mă^{31}kji̱t^{31}ko^{31}　n^{55}ʒan^{31}lu^{31}n^{31}ŋai^{33}.
兄弟 结交　（话）不 分　能（尾）
对兄弟的旧情不能分离。

又如：谚语、成语的押韵：

⑪ ti^{ʔ}kʒu̱^{ʔ31}tʃun^{55}mă^{31}sum^{33}pʒum^{33}, ka^{31}tsu̱n^{33}mă^{31}ʒai^{33}mă^{31}sum^{33}khʒum^{55}.
锅架　立　个 三　靠　　话 说　个　　三　会合
锅架靠三只脚，出主意靠众人。
⑫ phun^{55}mă^{31}ko̱^{ʔ31}na^{31}thai^{33}ʃă^{31}tʃo̱^{ʔ55}, mă^{31}ʃa^{31}mă^{31}ko^{ʔ31}sum^{55}pu̱^{ʔ55}mă^{31}no^{ʔ55}.
树　弯　　犁　　逗　　人　　弯　　藤箱　　掏
树弯了能做犁，心弯了会当贼。

三、景颇语的韵律对语法结构演变的制约性

景颇语的韵律对语法结构演变存在一定的制约性，从共时结构的分析和比较中能看到一些。主要有以下几种：

（一）韵律能够改变词的结构性质

景颇语的“前弱后强”双音节词准确地说是“一个半音节”词，其来源是古代藏缅语带复辅音声母的单音节词。由于存在双音节化的韵律，使得带复辅音声

母的单音节词一分为二变为双音节词，这种双音节词不同于其他“双重”的双音节词。再由于有“前弱后强”韵律的作用，又使得这类双音节词变为“一个半音节”词。“一个半音节”词的前一音节，原是复辅音中的前一辅音，独立成音节后与后一音节逐渐分离，演变成类似于前缀的“准前缀”，而后一音节变成了能独立使用的词根。总之，韵律使得词的结构性质发生了变化，由单纯词变成了带“准前缀”的派生词。例如：

lă^{31}（准前缀）：	lă^{31}ta̠^{ʔ55} 手	lă^{31}ko^{33} 脚	lă^{31}pu^{31} 裤子
mă^{31}（准前缀）：	mă^{31}ko̠^{ʔ31} 弯	mă^{31}ʃa^{31} 人	mă^{31}sum^{33} 三

后一音节由于具有了词根的特点，所以能与别的词根组成复合词。例如：

ta̠^{ʔ55} 手：	ta̠^{ʔ55}tʃo̠p^{55} 戒指	ta̠^{ʔ55}pom^{31} 手榴弹	loŋ^{31}ta̠^{ʔ55} 袖子
	手　套	手　弹	衣　手
ko^{33} 脚：	ko^{33}khyen^{31} 裹脚布	ko^{33}jot^{31} 跛脚	ko^{33}sen^{31} 小脚
	脚　裹	脚　跛	脚　尖

双音节复合词受“前弱后强”韵律的制约，前一音节转为弱化音节，构成介于复合词和单纯词之间的“准复合词”。这是景颇语复合词中特殊的一类。例如：

复合词	准复合词
ka^{55}mut^{555}	kă^{55}　mut^{55} 灰色土
土　灰	（半缀）灰
ŋa^{33}khji^{55}	wŭ^{55}　khji^{55} 牛粪
牛　粪	（半缀）粪
ŋa^{55}khje^{33}	wă^{31}　khje^{33} 黄鱼
鱼　红	（半缀）红
mam^{33}n^{31}nan^{33}	n^{33}　nan^{33} 新谷
谷子　新	（半缀）新

（二）韵律能够使短语变为复合词

景颇语中不少由三个音节构成的短语，由于双音节化韵律的作用，融为结构更紧密的复合词。（有的语音也发生变化）这是一种词汇化现象。例如：

短语	复合词
ʃă^{31}ʒo^{33}tʃa̠ŋ^{33} 黑豹	ʒoŋ^{31}tʃa̠ŋ^{33} 黑豹
豹　　黑	豹　黑
ka̠^{ʔ55}kă^{31}tʃi^{31} 小篮	ka̠^{ʔ55}tʃi^{33} 小篮
篮　小	篮　小
pă̠^{33}loŋ^{33}lă^{31}ta̠^{ʔ55} 衣服袖子	loŋ^{31}ta̠^{ʔ55} 衣袖
衣服　　手	衣　手

第一例复合词的 ʒoŋ^{31}tʃa̠ŋ^{33} “黑豹” 的 ʒoŋ^{31}，取自 ʃă^{31}ʒo^{33} “豹子” 的后一音节，增加了 ŋ 韵尾，声调也发生了变化。第二例复合词 ka̠^{ʔ55}tʃi^{33} 的 tʃi^{33} “小”，取自 kă^{31}tʃi^{31} 小” 的后一音节，声调发生了变化。第三例复合词 loŋ^{31}ta̠^{ʔ55} 的 loŋ^{31} “衣服”，取自 pă̠^{33}loŋ^{33} “豹子” 的后一音节，声调也发生了变化。

（三）通过韵律变化构成新的语法范畴

景颇语有许多语法范畴是通过韵律形成的。如通过重叠、双声、叠韵、谐韵的韵律变化构成名词的类别范畴。如通过重叠、双声、叠韵、谐韵的韵律变化构成名词的类别范畴。（例见上）

（四）词序、语序、句序按韵律特征安排前后顺序，摆脱语义制约

如并列关系的复合词、短语、对比句，并列成分的次序孰先孰后存在语义控制和韵律控制两个因素。其先后的顺序出现韵律顺序。有的语言是语义控制大于韵律控制，如哈尼语、阿昌语等；而景颇语是韵律控制大于语义控制。凡舌位低的都居后，不管语义是大是小或重要不重要。例如：

nu̠^{51}wa^{51} 父母	tʃi^{31} woi^{33} 祖父母
母 父	祖父 祖母
lă^{31}ko^{33}lă^{31}ta̠^{ʔ55} 手脚	kă^{31}tʃi^{31}kă^{31}pa^{31} 大小
脚 手	小 大

上例的“父母”，“母”在“父”之前，是阴性词在阳性词之前；而“祖父母”是“祖父”在“祖母”之前，是阳性词在阴性词之前。“大小”是“小”在前，“大”在后，不依大小排序。都按韵律规则排序。但是在极少量词上，谐律规则与语义规则存在竞争。两个被组合的词的词序既有依据语义原则按语义的重要性排列先后的词序，也可以依据语音原则按词的元音和谐安排顺序。如果语音规则和语义规则“竞争”不相上下，就出现了“又读”，例如：

语音规则	语义规则
nam^{31}lo^{33}nam^{31}lap^{31}	nam^{31}lap^{31}nam^{31}lo^{33} 各种树叶
（配） 树叶	树叶 （配）
kum^{31}phʒo^{31}tʃa^{31}	tʃa^{31} kum^{31}phʒo^{31} 财富
银子 金子	金子 银子

前一例两种说法都用，竞争不分胜负；后一例的前一说法已不太用，即语音规则被语义规则所代替。

可以认为，在并列关系的结构中，景颇语的韵律原则大于语义原则，是一个“韵律为主”的语言。

某种韵律能否实现，受使用频率的制约。例如：sum^{31}ʃi^{33}“三十”由 mă^{31}sum^{33}“三”加 ʃi^{33}“十”构成，因双音节化的需要减去前缀 mă^{31}。但为什么 mă^{31}li^{33}ʃi^{33}“四十”、mă^{31}ŋa^{33}ʃi^{33}“五十”、mă^{31}tsa̠t^{55}ʃi^{33}“八十”等，又不构成双音节词而去掉前缀 ma^{31}？这与“三十”与后面的数相比较常用有关。

（五）韵律特征在一定程度上影响词类的形成和演变的特点

景颇语的名量词中，集体量词、度量衡量词是表量时不可缺少的，也就是说在表量时是强制性的。没有集体量词、度量衡量词的介入，就不可能表达集体量词、度量衡量词的意义。但个体量词则不同，不但贫乏，而且可用可不用。以不用的为多，不用也能表达个体量词的意义，是非强制性的。例如：

nam³¹si³¹lǎ⁵⁵ŋai⁵¹ = nam³¹si³¹khum³¹lǎ⁵⁵ŋai⁵¹ 一个果子
果子　　一　　　果子　　个　　一
u³¹ti³¹sǎ³¹nit³¹ = u³¹ti³¹khum³¹sǎ³¹nit³¹ 七个鸡蛋
鸡蛋 七　　　鸡蛋 个　　七

为什么景颇语的个体量词不发达呢？我认为与双音节韵律有关。景颇语的基数词除“六、十”外，其余八个都是双音节的，双音节数词表义比单音节清晰，可以不用量词。正由于数词的双音节性，所以景颇语里有不少双音节量词，与双音节数词构成双数韵律。例如：

si³¹　khap⁵⁵ 担（棉花）　　　　num³³po³³ 个（妻子）
棉花 担子　　　　　　　　　　女人 头
si³¹　mja̱n³³ 根（线）　　　　thiŋ³¹ko³³ 户
棉花 伸直　　　　　　　　　　房　 脊檩

双音节韵律抑制了个体量词的发展。

（六）韵律催生语法形式的转型

景颇语的语法形式是由黏着式、屈折式向分析式演变的。在这个演变过程中，韵律起到了催生的作用，促进语法形式的转型。如：原始藏缅语动词人称、数、体、方向的语法形式，是以动词的后缀和前缀形式出现的，后缀和前缀附着在动词的前或后，与动词不构成韵律的制约性，但在景颇语里，由于韵律的作用，使得后缀与动词分离，变为独立的虚词——句尾词。句尾词和动词各有自己的韵律构造。句尾词大多是双音节的或四音节的，相互间存在韵律关系，有的双音节词还具有“前弱后强”的韵律关系。就虚词的性质来说，它是分析性的，但其内部还有人称、数的形态变化，又是屈折性的，所以句尾词是带有屈折特点的分析性虚词。动词由于与后缀分离，成为容易进入韵律变化的双音节词或单音节词。例如：

⑬ $ŋai^{33}ʃat^{31}ʃa^{55}să^{33}ŋai^{33}$.

我 饭 吃（句尾词）

我吃饭了。（$să^{33}ŋai^{33}$，第一人称、单数、变化体，叙述式）

⑭ $ŋai^{33}n^{33}sa^{33}n^{31}ŋai^{33}$.

我 不 去（句尾词）

我不去。（$n^{31}ŋai^{33}$，第一人称、单数、存在体，叙述式）

⑮ $nan^{55}the^{33}n^{33}sa^{33}mă^{55}ni^{51}$?

你们 不 去（句尾词）

你们不去吗？（$mă^{55}ni^{51}$，第二人称、复数、疑问式）

⑯ $ŋjeʔ^{55}ʃiŋ^{31}ma^{33}e^{31}$ $muŋ^{31}kha^{33}ŋa^{31}a^{31}toŋ^{33}$?

我的 脊背（方助） 也 疤 有（句尾词）

我的脊背上还有疤吗？（$a^{31}toŋ^{33}$，第一人称、单数、疑问式）

作为虚词的句尾词，也同样具有韵律的特征，如有的三音节句尾词能够变读为双音节。例如：

$să^{55}li^{ʔ55}ni^{51}$ ~ $li^{ʔ55}ni^{51}$ 体现主语是第一人称单数，疑问句

$mă^{31}nu^{ʔ31}ni^{51}$ ~ $nu^{ʔ31}ni^{51}$ 体现主语是第三人称复数，宾语是第三人称，疑问句

又如，分析式的使动态有逐渐增多的趋势。分析式使动态的语法形式，是由动词加虚词 $ʃă^{31}ŋun^{55}$ “使”构成。但由于动词以双音节为主，所以 $ʃă^{31}ŋun^{55}$ “使”也是双音节的，便于与动词构成节律。例如：

$kă^{31}lo^{33}ʃă^{31}ŋun^{55}$ 使做 $ʃă^{31}tʃu̱t^{55}ʃă^{31}ŋun^{55}$ 使追赶

做 使 追赶 使

四、对景颇语韵律性质的再认识

（一）景颇语的韵律是一种形态

景颇语的韵律通过语音手段为词和短语的构造提供规则，这是一种形态。它在景颇语结构中具有很强的影响力，对某些语法结构的存在、变化能起到一定的

制约作用。语义也控制或约束语法结构，但在某些方面，韵律控制或约束语法结构大于语义。如上面所说的并列复合词中词素孰先孰后，主要服从于韵律原则而不顾语义如何。

（二）景颇语韵律演变存在逐渐扩散的流向

景颇语的韵律在演变中影响力不断在扩大。如经过对各种“前弱后强”韵律现象的对比分析，我们能够排列出这样一条演变链：“前弱后强”的韵律最初只出现在单纯词中，而且多是古复辅音演变的结果。例如：$\text{mǎ}^{31}\text{sum}^{33}$“三”、$\text{lǎ}^{31}\text{ku}^{55}$“偷”。而后，这种韵律又逐渐扩散到复合词上，即复合词的前一词素按“前弱后强”的韵律发生语音弱化、语义虚化，构成不同于双音节的“一个半音节”。例如：$\text{wǎ}^{33}\text{na}^{33}$“斧眼”、$\text{n}^{31}\text{khʒut}^{31}$“磨刀石”。又如，出现在并列复合词、四音格词上的元音和谐律，再后，又扩散到复句结构上，复句上下句首词的用词也受韵律制约。

（三）景颇语的韵律特点受景颇语分析程度的制约

一种语言的韵律特点如何（包括丰富与否、演变的特点如何），与这种语言的类型特点密切相关。

通过藏缅语族语言的类型学比较，能够看到藏缅语的类型特征是从屈折型（或以屈折为主，或屈折特点丰富）向分析型（或以分析为主，或分析特点丰富）演变。景颇语的类型特征经历了形态变化由多到少的变化。拿动词的演变来说，原来附着在动词上表示人称、数、体范畴的词缀（前缀或后缀）与动词词根分离，独立出来成为句尾词的虚词。动词的使动范畴也出现屈折形式逐渐减少分析形式逐渐增多的趋势。分析性的特征决定了景颇语有较丰富的韵律现象。

参考文献

［1］冯胜利 . 韵律句法学研究的历程与进展 . 世界汉语教学研究，2011（1）.
［2］冯胜利 . 汉语的韵律、词法与句法 . 北京：北京大学出版社，2009.
［3］戴庆厦 . 景颇语参考语法 . 北京：中国社会科学出版社，1992.

（作者单位：中央民族大学中国少数民族语言文学学院；
云南师范大学汉藏语研究院）

分析性语言的单音节性与双音节化*

——以景颇语为例

戴庆厦

单音节性和双音节化是分析性语言（又称“孤立性语言”）的两大特点。但“单”和“双”是怎样一种关系，二者是怎样共存于分析性语言之中，是怎样互补又竞争，共同推动语言结构的演变和发展的。这是深入研究语言类型属性所必须做的课题。

本文以景颇语为个案，通过分析景颇语单音节性和双音节化的属性，以及与亲属语言的比较，解释二者是如何形成的，二者存在什么关系，以及各自在构成分析性属性中的地位及其实现途径。

景颇族分布在我国云南边疆的国境线上。在缅甸、印度也有分布。景颇语属于汉藏语系藏缅语族，语言类型属于带有黏着特点的分析型语言。境内外的景颇语大致相同，能够通话。本文的景颇语语料以云南省德宏傣族景颇族自治州盈江县铜壁关区的景颇话为依据。

一、景颇语单、双音节词在词类中的分布

先从共时上分析单音节词和双音节词在词类中的分布比例，看看二者在词汇系统中的地位。

景颇语是以单音节性为主的语言，但为了表达日益增长的新概念，必须在单音节的基础上发展双音节词。所以，具有数量多、形式复杂的双音节词，也是分

* 原载《黔南民族师范学院》，2019（5）。

析型语言的特点。认识景颇语单、双音节的特点，需要了解景颇语词类音节的具体分布。

景颇语的词类从音节数量上看，有单音节、一个半音节、双音节、三音节、四音节、五音节等6类。笔者选出2238个包括各类词的常用词进行统计，不同音节的比例如下：

表1 景颇语常用词不同音节比例表

词性	总量（个）	单音节（个）	一个半音节（个）	双音节（个）	三音节（个）	四音节（个）	五音节（个）
名词	997	180	204	411	134	61	7
代词	38	8	7	10	13	0	0
数词	19	8	10	0	1	0	0
量词	51	29	12	7	2	1	0
形容词	186	100	38	31	9	8	0
动词	801	407	257	89	35	13	0
状词	160	47	0	20	3	90	0
貌词	29	29	0	0	0	0	0
副词	56	25	2	19	8	2	0
关系助词	16	7	2	5	2	0	0
句尾词	250	16	17	105	95	17	0
语气词	9	8	0	1	0	0	0
感叹词	41	18	0	19	4	0	0
总计	2653	882	549	717	306	192	7
百分比（%）	100	33.2	20.7	27	11.5	7.2	0.3

从整体上看，景颇语词的音节数以单音节词数量最多，有882个，占总数的33.2%。其次是双音节词，有717个，占27%，再次是一个半音节词，有549个，占20.7%。三音节词有306个，占11.5%。四、五音节的词较少。

景颇语的词类有13类，不同词类的音节数不同。单音节占优势的有动词、形容词、量词、状词、貌词、副词、关系助词、语气词等八个词类。特别是动词，单音节词有407个，占882个总数的46.1%。双音节占优势的有名词、代词、数词、句尾词、感叹词等五个词类。其中的名词，所占数量最大，有411个，占总数707个的57.5%。

名词是所有词类中双音节词数量最多的一类，其下属各语义类的音节分布情况见表2：

表2　景颇语名词音节分布情况表

名词	总量（个）	单音节（个）	一个半音节（个）	双音节（个）	三音节（个）	四音节（个）	五音节（个）
天文地理	99	31	29	30	4	4	1
人体器官	103	22	33	35	9	4	0
人物亲属	95	26	17	37	10	5	0
动物	136	16	32	53	27	8	0
植物	92	12	19	35	21	5	0
食物	33	8	2	20	3	0	0
衣着	48	3	11	27	3	4	0
房屋	32	5	8	15	2	1	1
用品工具	151	25	26	83	12	5	0
文化类	33	6	3	16	7	1	0
宗教类	62	8	17	22	10	5	0
总计	884	162	197	373	108	42	2
百分比（%）	100	18.3	22.3	42.2	12.2	4.8	0.2

景颇语词类数量分布的一个重要特点是：动词以单音节词为主，名词以双音节词为主。这与其句法成分搭配的韵律有关。名词短语的类型主要是：双音节名词修饰成分＋名词中心成分；双音节名词中心成分＋形容词修饰成分。这一类型的音节结构大多是2+2=4的模式。动词的主要功能是做谓语。动词短语的类型主要是：副词修饰成分＋动词中心成分；动词中心成分＋补语成分。这一类型的音节结构大多是1+1=2的模式。动词以单音节词为主、名词以双音节词为主的音节数特点，与景颇语有亲缘关系的语言如哈尼语、彝语、载瓦语、缅甸语等语言也有，可见它不是偶同的，而是具有内在“基因”的类型学特征。

这里还要特别分析一下“一个半音节”的性质和来源问题。景颇语音节数的一个重要特征，是有丰富的“一个半音节”。顾名思义，“一个半音节”是由半个音节＋一个音节构成。半个音节过去又称“弱化音节”，即音节的读音短而弱，相当于半个音节。在发音属性上，它介于单音节和双音节之间，但更偏向双音节，在音节位置上占两个音节的位置。所以下文的分析，把它放在双音节内。

从与亲属语言的比较中可以发现，一个半音节的来源有二：一是来自古代藏缅语的带复辅音声母的单音节词。到了景颇语，带复辅音的单音节词前一辅音加上元音构成弱化音节，使原来的单音节词变为一个半音节词。例如：“脚”，道孚语是 ʂko、却域语是 $ʂko^{55}$、贵琼语是 $ŋga^{55}$，到了景颇语演变为 $lă^{31}ko^{33}$；“三”一词，藏文是 gsum，羌语是 khsə，道孚语是 xsu，到了景颇语演变为 $mă^{31}sum^{33}$。二是来自复合词前一个音节的弱化。例如：$wă^{33}khje^{33}$“黄牛”来自 $ŋa^{33}$（牛）＋$khje^{33}$（红）；$wă^{33}na^{33}$“斧眼”来自 $niŋ^{31}wa^{33}$（斧头）＋na^{33}（耳）。研究景颇语的双音节化，必须认识一个半音节和双音节的关系。景颇语的一个半音节词在读音、来源、演变上与双音节词存在差异，但从音节的量上看，都是两个音节，所以应划入双音节范畴。但从前后音节的长短、强弱上可区分为两类：一类是前后音节一样长的，称“并长双音节词”；另一类是前短后长的，称“前短后长双音节词”或“一个半音节双音节词”。

还有，怎样认识四音格词在语言类型中的属性？分析性语言都有大量的、程度不同的四音格词，这是区别于黏着性语言的一个特点。四音格词大多是“2＋2”式，都含有双数和双声叠韵的韵律，而且主要注重单音节词根的结合，通过词义的组合来表达新义的，所以应该认为四音格词主要是分析性语言的属性。从类型学比较大致能看出，黏着型语言缺少或没有四音格词，而分析性越强的语言四音格词越丰富。

下面分别论述景颇语单音节性和双音节化的属性及其形成途径。

二、景颇语单音节性的属性及其形成途径

单音节性是分析型语言的一个核心特点。单音节性是与形态不发达联系在一起的。特别是形态聚集的动词，已由单音节词充当。构词的重要手段是用两个单音节词构成双音节复合词，或由单音节词根加词缀或配音音节构成双音节合成词。单音节性制约着语言的各方面特点及其演变路径。但由于不同语言的分析性强弱程度不同，各自的特点及演变的能力也不同。

景颇语单音节词的类别以及形成途径有以下一些。

（一）底层的单音节词

这些单音节词是古老的基本词，分布在各类词里，在亲属语言里大多也是单音节词。例如：tʃan^{33} 太阳、ka^{55} 土、pum^{31} 山、khaʔ^{31} 水、po^{33} 头、mjiʔ^{31} 眼、na^{33} 耳、laʔ^{31} 手、ka̱n^{33} 肚子、ŋai^{33} 我、naŋ^{33} 你、ʃi^{33} 他、ŋa^{33} 牛、waʔ^{31} 猪、u^{31} 鸟、ŋa^{55} 鱼、mam^{33} 谷、nam^{31} 草、ʃat^{31} 饭、ʃan^{31} 肉、tʃum^{31} 盐、sa^{33} 去、wa^{31} 回、ʃa^{55} 吃、khom^{33} 走、jup^{55} 睡、si^{33} 死、khʒuŋ^{33} 活、khʒap^{31} 哭、poʔ^{31} 剥、tsu̱n^{33} 说、la^{55} 拿、noi^{55} 挂、laʔ^{31} 关、tso̱m^{31} 美、tui^{31} 甜、kha^{55} 哭、phum^{33} 胖、tʃaʔ^{31} 硬、kʒu̱ʔ^{55} 六、ʃi^{33} 十、n^{33} 不、khum^{31} 勿。

笔者还用了美国语言学家莫里斯·斯瓦迪士（Morris Swadesh）的基本词分析法，统计了 200 个基本词在景颇语里的音节数（实际上是 207 个）。其分类数据是：单音节词，117 个，占 56.5%；一个半音节词，67 个，占 32.4%；双音节词，23 个，占 11.1%。可见，单音节词占了一半以上，除了单音节词外，都是一个半音节词和双音节词。景颇语属于分析性较弱的语言，其他分析性强的语言如哈尼语、傈僳语等，单音节词的比例就会更大些。

（二）前缀后缀脱落或与词根分离后形成单音节词

景颇语单音节性的属性是在景颇语语言类型由黏着型向分析型转化过程中逐渐形成的。黏着型向分析型演化，大量的前缀、后缀脱落，或丢失，或转为虚词，留下单音节词根。词根的形态变化也大量丢失，大多变为无形态变化的音节。这个变化，从景颇语与藏缅语有丰富形态变化的语言比较中就能获知。

原始藏缅语有丰富的前缀、后缀，后来随着分析型的演化，逐渐丢失。到了景颇语，如成为虚词的句尾词，就是由动词的后缀演变的。景颇语的句尾词非常丰富，在现代藏缅语里独树一帜。它有 300 多个，主要功能是表示动词语气、人称、数、方向。后缀脱离动词演化为虚词，动词大多成为不表示形态的单音节或双音节的“光杆动词”。

（三）由一个半音节词、双音节词减去一个音节变为单音节词

景颇语的一个半音节词和双音节词，有一些能够减去半音节或一个音节变为单音节，但其中有些还停留在自由变读上。例如：ŋja̱u^{33} ~ lă^{31}ŋja̱u^{33} 猫；ta̱ʔ^{55} ~ lă^{31}ta̱ʔ^{55} 手；kat^{31} ~ kă^{31}kat^{31} 跑；noŋ^{55} ~ kă^{31}noŋ^{55} 推。

（四）景颇语的单音节词，有的是来自汉语、傣语、缅甸语的借词

这些语言都是分析性语言，基本词有不少是单音节词，所以景颇语从这些语言里借入不少单音节词。例如：汉语借词：mjao^{33} 庙，wan^{33} 碗，tu^{31} 斗，siŋ^{31} 升（量词），poʔ^{31} 剥，kji̱n^{33} 斤；傣语借词：kat^{55} 街，poŋ^{55} 商量，poi^{33} 租，tʃo̱^{55} 十箩，lai^{55} 换了，leŋ^{31} 车，缅语借词：tʃoŋ^{31} 学校，seŋ^{33} 商店，muk^{31} 饼干，tsa̱t^{55} 戏。

另外，在组成复合词中，有的双音节词减去前一音节，使用单音节构词。例如：

mă^{31}sum^{33} 三　　sum^{31}（三）ʃi^{33}（十）三十
lă^{31}pu̱^{33} 蛇　　pu̱^{33}（蛇）mut^{55}（灰）灰蛇
mă^{31}koʔ^{31} 弯　　koʔ^{31}koʔ^{31} 有点弯的

三、景颇语双音节化的属性及其形成途径

双音节化是指在单音节词的基础上发展大量的双音节词。分析性语言虽以单音节词为主，但只靠单音节词表达功能是不足的，所以需要用双音节词以及三、四音节词来补足。可以说，双音节化是分析性语言增强语言表达功能的一个重要手段。大凡是分析性越强的语言，双音节化手段发挥得越充分。

所以，从性质上说，双音节化也属于分析性语言的特点。因为，双音节化是对单音节性的补充和发展，而且是在单音节词的基础上构成的。景颇语双音节词有以下一些类别。

（一）固有的双音节单纯词

景颇语有一些是固有的双音节单纯词，如 kjoʔ^{55}naʔ^{55} 雪、n^{31}luŋ^{31} 石头、tsai^{31}pʒu^{31} 沙、n^{31}kup^{31} 嘴、ʃiŋ^{31}let^{31} 舌 头、mi^{31}wa^{31} 汉 族、tum^{31}sa^{33} 巫 师、ta^{31}maʔ^{55} 女婿、kum^{31}ra^{31} 马、ʃiŋ^{33}tai^{33} 虫，这类单纯词是怎么产生的，目前还认识不清楚。

一个半音节的单纯词也属于此类。例如 mǎ^{31}sum^{33} 三。来自实语素虚化的弱化音节，如 kǎ^{31}khje^{33} 红土（kǎ^{31} 来自 ka^{55} 土的弱化）、wǎ^{33}ti̱k^{55} 咬紧的牙（wǎ^{33} 来自 wa^{33} 的弱化）等，这部分词介于单纯词和复合词之间，虚化程度高的已感觉不出其实在意义。

（二）复合双音节词

由两个实语素组成的双音节词，即“复合词”。这是产生双音节词的最能产的一种途径。例如：

ŋa^{33}tʃu̱ʔ^{55} 牛奶　　u^{31}ti^{31} 鸡蛋　　luŋ^{31}seŋ^{33} 玉石
牛 奶　　鸡 蛋　　石 玉
khaʔ^{31}la^{55} 水沟　　pu^{31}tʃa̱ŋ^{33} 黑裤　　kui^{31}la^{31} 公狗
水 拿　　裤 黑　　狗 公

其中，有的语素来自双音节词，多取自后一音节。如 luŋ^{31}seŋ^{33} “玉石”的 luŋ^{31} 取自 n^{31}luŋ^{31} “石头”的后一音节。pu^{31}tʃa̱ŋ^{33} “黑裤”的 pu^{31} 取自 lǎ^{31}pu^{31} “裤子”的后一音节。

值得注意的是，景颇语的量词有不少是双音节的复合词，这是亲属语言少有的。例如：

num^{31}po^{33} 个（妻子）　　ʃan^{31}po^{33} 个（猎物）
女人 头　　肉 头

thiŋ^{31}nep^{55} 块（地板）	wăʔ^{31}phaŋ^{33} 丛（竹丛）
房　垫	竹子 棵
thiŋ^{31}kʒam^{33} 块（楼板）	
房　搭	

（三）由一个实词素和一个表示语法意义的虚语素组成

虚语素多在前，也有在后的。多是在前的，在后的少。虚词素有构成语法意义的，也有构成词汇意义的。例如：

a^{33}　pum^{31} 蕾	ʃiŋ^{55}　noi^{55} 背篮	jaʔ^{55}the^{33} 最近
前缀 山	前缀 背	现　后缀

a 是一个构成双音节词的最活跃、出现频率最高的音节。其作用有多种：一种主要是起配音作用，加不加 a 基本相同，但也有一些加了 a 后增加了某种感情色彩。例如：

a^{31}　ma^{31} 孩子	a^{31}　ʃat^{31} 饭	a^{31}　mjiʔ^{31} 眼睛
配音 孩子	配音 饭	配音 眼睛

还有一种是既表现语法意义（改变词性、增加语法意义），又能改变词汇意义。例如：

mun^{55} 细末	a^{31}mun^{55} 捻（成细末）
tsip^{55} 窝	a^{31}tsip^{55} 蓬乱
tam^{31} 宽敞	a^{55}tam^{51} 宽敞状
khjep^{55}（碎）块	a^{31}khjep^{55} 弄碎
koŋ^{31} 身体	a^{31}koŋ^{31} 身材
tʃeʔ^{55} 锄	a^{31}tʃe̠ʔ^{55} 啄
khʒiʔ^{31} 编	a^{31}khʒiʔ^{31} 缠绕

前缀中出现频率较大的是表示使动意义的ʃă³¹、tʃa̱⁵⁵ 等。大量的双音节词属于这类。例如：

自动	使动
pom³³ 发胀	ʃă³¹pom³³ 使发胀
tʃa̱i³¹ 转动	ʃă³¹tʃa̱i³¹ 使转动
toʔ³¹ 断	ʃă³¹toʔ³¹ 使断
ka³¹ 跳（舞）	ʃă³¹ka³¹ 使跳（舞）
khaʔ³¹ 分离	tʃă³¹khaʔ³¹ 使分离
phai³³ 抬	tʃă³¹phai³³ 使抬

（四）有的是由三音节缩为双音节的

三音节和双音节并用，但双音节多用。例如：

三音节	双音节	
kă³¹kat³¹khom³³	kat³¹khom³³	跑步
跑　　走	跑　走	
lam³³lă³³mo³³	lam³³mo³³	大路
路　大	路　大	
ʃă³³kau³³khje³³	kau³³khje³³	洋葱
葱　　红	葱　红	
mam³³n³¹ka̱ʔ³³	n³¹ka̱ʔ³³	谷囤
谷　谷囤	谷囤	
să⁵⁵liʔ⁵⁵ai³³	liʔ⁵⁵ai³³	句尾词（第一人称叙述式）
mă³¹nit³¹tai³³	mjit³¹tai³³	句尾词（第三人称叙述式）

（五）重叠，是双音节化的重要手段

景颇语广泛使用重叠式来扩展表义功能。景颇语有 13 个词类，其中有 11 个词类能重叠，只有虚词中的句尾词和语气词不能重叠。重叠的方式有全部重叠和部分重叠两种。重叠的功能有多种：一是调量，增量或减量，均量或逐量；二是表强调；三是表示不同句子成分的功能。例如：

全部重叠：jan^{33}jan^{33}ko^{31} n^{55}kă^{31}tʃa^{33}ai^{33}.
棵 叠 （话）不 好（句尾）
棵棵都是不好的。

部分重叠：mă^{31}ŋa^{33}ŋa^{33}ʒai^{31} sa^{33}muʔ^{31}!
五 叠（泛）去（句尾）
五个五个地去吧！

表增量义：kă^{31}tai^{33}tai^{33}tsu̱n^{33}ai^{33}ku̱n^{55}?
谁 叠 说 的（语）
哪些人说的？

表减量义：po̱t^{31} po̱t^{31}ŋu^{55} ka̱u^{55}sai^{31}.
生气 叠 （泛）掉 （句尾）
他生气了。

表经常义：tsi̱^{31}sa^{33}thu^{55}ja^{33}ja^{33}ti^{33}uʔ^{31}ai^{33}.
针 去 打 给 给（泛）（句尾）
他经常打针。

表均量义：sum^{31}ʃi^{33}ʃi^{33}ja^{33}uʔ^{31}!
三 十 叠 给（句尾）
（每人）各给三十吧！

表逐量义：tik^{55}tik^{55}ti^{33} khai^{55}uʔ^{31}!
畦 畦（泛）种 （句尾）
你一畦一畦地种吧！

表强调义：ta̱i^{33}ta̱i^{33}ko^{31} khum^{31}la^{55}uʔ^{31}!
那 那（话）不要 拿（句尾）
那那不要拿吧！

表句法义：nam^{31}si^{31}si^{31}ko^{31} n^{33}ka̱m^{33}mă^{1}ʒi^{33}na^{33}niʔ^{55}ai^{33}.
水果 叠 （话）不 想 买 要（句尾）
水果啊，我不想买了。

从以上分析中可以看出，重叠的功用主要是表义，扩大语义功能，表示句法形态的少。就是说，重叠主要是分析性语言使用的手段。它的出现，符合分析性的单音节特点，由单音节重叠为双音节或四音节。大凡是分析性越强的语言，重叠的能力越强。

（六）分析性语言都有大量的四字格词

四字格词的音节模式是“2+2”，而且含有丰富的韵律特征。它也属于双音节化范畴，是双音节化的扩展，与双音节词一起构成双音节化。

（七）语言接触、语言影响扩大了双音节词

近代，景颇语从汉语、傣语、缅语借用了不少双音节借词，如：汉语借词：len^{31}tse^{31} 链子，son^{33}phan^{31} 算盘，ʃe^{31}ʃaŋ^{33} 麝香，san^{31}tu^{33} 蚕豆；傣语借词：pă^{31}tʃit^{31} 泥鳅，koŋ^{31}ŋu^{31} 塔，kho^{33}kham^{55} 国王，phă^{55}kji^{55} 芫荽；缅语借词：kă^{31}toʔ^{55} 漏斗，a^{31}tu̠^{55} 利息，puŋ^{31}kji^{31} 和尚，sa^{33}pja^{33} 肥皂。

由于汉语、傣语、缅语都属于汉藏语系语言，都是分析性语言，也存在双音节化倾向，词汇中自然也是双音节词多些。

综上所述，景颇语由单音节词组成双音节词有三种作用：一是构成新的词汇意义，表达新的概念；二是添加新的语法意义；三是起韵律作用，使句子成分具有韵律感，增加语言表现力。

双音节化的手段主要有以下四种：一是组合式，由两个单音节词组成双音节词或一个半音节词。二是节缩式，由三音节节缩为双音节。三是重叠式，由两个单音节词重叠而成。四是韵律式，加音节或词缀构成有韵律的双音节词或四音节词。可以认为，双音节化是分析性语言增强表达功能的杠杆。

估计分析性语言最早是单音节词占多数，后来由于新概念的不断增加，促使双音节词大量出现。汉藏语系语言都存在这一共性。《诗经》上古时期由单音节向双音节发展是个例证。朱广祁在《诗经——双音词论稿》一书中谈到甲骨卜辞和彝器铭文的汉语特点指出：“在构成方面以单音节词为主，这是当时汉语词汇体系中很突出的一个特点。单音节词占主要地位，使得语言的表现能力和新词的

产生都受到限制。”[①] 但从周朝起，由于社会的进步，表达复杂概念的需要，“要求词的构成突破单音节的限制，逐渐产生复音词，从而在词汇体系上演变为以双音复合词为主的成分。汉语词汇从以单音节为主过渡到以双音节为主，是一个十分重要的现象。”

四、结语

属于分析性语言的景颇语，单音节性和双音节化是语言类型的两个主要元素，二者构成分析性语言的两翼，决定分析性语言类型的性质。

“单”和“双”的关系是：单音节性是基础，双音节化是发展，互为基础，相互补充，构成对立的统一。

分析景颇语，要紧紧地从这两个特点切入，才有可能科学地、有成效地、深入地揭示、解释语言规律形成的客观规律。

参考文献

[1] 戴庆厦，闻静 . 论“分析性语言”研究眼光 . 云南师范大学学报（哲学社会科学版），2017（5），中国人民大学报刊复印中心 2018–1 转载，《中国社会科学文摘》2018（3）转登 .

[2] 戴庆厦 . 景颇语词的双音节化对语法的影响 . 民族语文，1997（5），《人大复印报刊资料 · 语言文字学》1998（1）转载 .

[3] 朱广祁 . 诗经——双音词论稿 . 郑州：河南人民出版社，1985.

（作者单位：云南师范大学；中央民族大学）

① 朱广祁：《诗经——双音词论稿》，郑州，河南人民出版社，1985。

形容词和动词是否分立？*

——以藏缅语族景颇语为例

戴庆厦　朱艳华

一、解题和说明

这些年来，语言学界对如何划分汉藏语系语言词类的问题进行了比较深入的研究。特别是对形容词和动词要不要分立，是一个词类，还是两个词类，曾存在不同的认识。这一疑题的出现，涉及怎样看待词类、怎样划分词类的一些理论问题，还与研究者语料的掌握和认识程度有关。

汉语的形容词和动词要不要分立至今还有不同的意见，这里不多说。但与汉语有亲缘关系的藏缅语族语言也存在这个问题。如景颇语，形容词和动词的关系很密切，二者的语法特征既有不同点，又有共同点。有不少词，既有形容词的特点，又有动词的特点。如 $lă^{31}si^{31}$ “瘦” 一词，在 $ʃi^{33}$（他）$kʒai^{31}$（很）$lă^{31}si^{31}$（瘦）ai^{33}（句尾词）“他很瘦” 中表示性状，能受程度副词修饰，可以看成是形容词；但在 $ʃi^{33}$（他）$lă^{31}si^{31}$（瘦）mat^{31}（貌词）sai^{33}（句尾词）“他瘦掉了” 中，则表示性状的动态变化，能带表示动态的貌词，又能看成是动词。所以，对景颇语形容词和动词是否分立的问题曾有过不同的意见。《景颇语语法纲要》（1957）将二者合为一类，称为 “谓词”；[①] 而《景颇语语法》（1992）一书则认为动词和形容词还有不同的特点，应该分立。[②] 这种分歧不仅存在于景颇语研究中，同语族其他语言的研究也存在这一问题。如马学良先生的《撒尼彝语研究》将动词和形容

* 原载《贵州民族研究》，2020（10）。

① 中国科学院少数民族语言研究所：《景颇语语法纲要》，北京，科学出版社，1959。

② 戴庆厦、徐悉艰：《景颇语语法》，北京，中央民族学院出版社，1992。

词合为一类称为"谓词"。他对谓词下的定义是:"谓词是表述事物的行为和情态的词。"并把谓词分为两种:一是动态谓词(叙述事物行为的谓词);二是静态谓词(叙述事物的品性情态的词)。也就是说,马先生虽然把动词、形容词看成是一类,但是还认为有静态谓词和动态谓词之别,二者是谓词下一层次的类别。[①]但其他研究彝语的学者,则大都区分动词和形容词。藏缅语形容词和动词是否分立存在疑义,说明二者的界限确实存在一定的模糊度,也反映词类划分的进步。

本文应用语言类型学理论,特别是分析性类型的眼光,试图分析景颇语分析性特点对词类特点的制约,并以此判断景颇语动词和形容词是否分立。认为景颇语动词和形容词在特点上既有同又有异,但异是主要的,必须辩证地解释"同"和"异"的关系,从中提取主要特征。分析性语言的实词中存在部分兼类词是普遍现象,不能因此而合类。还认为词类的划分除了必须符合词类内部的特点和规律外,还要有利于语言的应用如语言教学、二语习得、语言翻译等。

景颇族是我国的一个跨境民族,主要分布在云南边疆的国境线上,在缅甸又称 Kachin"克钦",在印度阿萨姆地区也有分布。景颇语属汉藏语系藏缅语族景颇语支,属于分析型语言,但还有一些黏着性特点。国外有的学者认为景颇语是藏缅语族中形态特点居中的语言,即与北部的嘉绒语、普米语相比,形态变化少些,但与南部的彝缅语相比,则丰富些。

二、景颇语动词和形容词的异同

要解决景颇语形容词和动词是否分立,必须先分析动词和形容词异同的具体情况。由于动词和形容词的异同往往交叉在一起,所以我们以问题为纲分析"同"和"异"。

(一)从音节数上看动词、形容词的异同

词的音节数是词的语音标志之一,在一定程度上反映词类的特点,并具有区分词类和语法成分的作用。藏缅语许多语言,不同词类的音节数存在明显差异,如名

① 马学良:《语言学专刊第二种·撒尼彝语研究》,北京,商务印书馆,1951。

词以双音节为多，动词、数词、量词以单音节为多，成为区别这些词类的语音标志。

景颇语的动词和形容词音节数差异究竟怎样？我们对这两类词进行了统计，结果如下：

表 1　景颇语动词和形容词音节数差异表

词性及百分比	总数	单音节	一个半音节	双音节	三音节	四音节
动词（个）	801	407	257	89	35	13
百分比（%）	100	50.8	32.1	11.1	4.4	1.6
形容词（个）	186	100	38	31	9	8
百分比（%）	100	53.8	20.4	16.7	4.8	4.3

从以上统计中可以看到，动词和形容词的音节数特点比较接近，单音节词都超过了 50%，动词是 50.8%，形容词是 53.8%。差异是：双音节词的比例，形容词大，占 16.7%，动词小，占 11.1%；一个半音节音节词的比例，动词比例大，占 32.1%，而形容词只占 20.4%。

（二）从兼类上看动词和形容词的异同

景颇语的动词和形容词兼类只是局部的，只限于形容词可以兼动词用，如 khje^{33} “红”、tsa̱n^{33} “远”、tso̱^{31} “高” 等形容词，都能表示性质状态的变化（但要加补语和变化式句尾词的辅助）。而动词不能当形容词用，如 sa^{33} “去”、ʃa^{55} “吃”、khom^{33} “走”、kă^{31}lo^{33} “做” 等，都不能表示性质状态。就是说，动词、形容词的兼用是局部的，只限于形容词当动词用。动词、形容词兼用能力的不同，是由其语义的差异决定的。

（三）从下属分类上看动词和形容词的异同

从下属分类上看，动词和形容词存在较大的差异。动词数量大，下面的类别也多。根据语义和语法功能的标准，动词除了一般动词外，还可分为使动词、泛指动词、存在动词、判断动词等类别；而形容词只分性质和状态两大类。下属分类状况是词类特点的反映，应该是判断词类分合的一个标准。

（四）从形态特点看动词和形容词的异同

景颇语的动词和形容词都有一些形态特点，其异同主要有以下几点：

其一，动词有大量的使动前缀，构成使动范畴，语法形式有黏着式和分析式两种。黏着式的使动前缀有 tʃă^{31}、ʃă^{31}、să^{31}a^{31}ʃiŋ^{31}，分析式都是在动词或形容词后加 ʃă^{31}ŋun^{55} “让、派” 构成使动态。但也有少量词保留古代变音形式。形容词也能通过以上形式构成使动词，但数量较少，而且构成使动词的形容词都已转为动词义。例如：

动词	使动词
phai^{33} 抬	tʃă^{31}phai^{55} 使抬
ʒoŋ^{33} 有	ʃă^{31}ʒoŋ^{33} 使有
sa^{33} 去	sa^{33}ʃă^{31}ŋun^{55} 使去
ʃa^{55} 吃	ʃa^{55}ʃă^{31}ŋun^{55} 使吃
pʒep^{31} 裂	a^{31}pʒep^{31} 使裂
kʒup^{31} 绕（圈）	ʃiŋ^{31}kʒup^{31} 使成绕（圈）
pjaʔ^{55} 垮	phjaʔ^{55} 使垮
tuŋ^{33} 坐	tun^{55} 使坐（锅）

形容词	使动词
khik^{31} 雄伟	tʃă^{31}khik^{31} 使雄伟
tset^{31} 勤快	ʃă^{31}tset^{31} 使勤快
tsa̱n^{33} 远	să^{31}tsa̱n^{33} ~ ʃă^{31}tsa̱n^{33} 使远
mjin^{33} 成熟	mjin^{33}ʃă^{31}ŋun^{55} 使成熟
ŋjo̱p^{55} 瘪	a^{31}ŋjo̱p^{55} 使瘪
mă^{31}laŋ^{33} 直	mă^{31}lan^{55} 使直

其二，形容词能够加前缀 a^{55} 和后缀 ʃa^{31} 构成 “a^{55} + 形 + ʃa^{31}” 式的副词状语，表示程度加深，这是动词所没有的。例如：

① a^{55}　tso̱m^{51}ʃa^{31}ka̱^{33}mu^{ʔ31}!

（缀）好　地 写（尾）

你们好好地写吧！

② a^{55}　pui^{5}ʃa^{31}khom^{33}u^{ʔ31}!

（缀）慢 地 走　（尾）

你慢慢地走吧！

其他又如：a^{55}tiŋ^{33}ʃa^{31}“直直地”、a^{55}kă^{31}tʃoŋ^{31}ʃa^{31}“突然地”、a^{55}pjo̱^{33}ʃa^{31}“愉快地”、a^{55}loi^{51}ʃa^{31}“容易地”、a^{55}mai^{33}ʃa^{31}“好好地”，等等。

但动词加前缀 a^{55} 则不同。动词加上前缀 a^{33} 后还要后加“存在”义的貌词 ŋa^{31}，构成“a^{55} + 动 + ŋa^{31}”式的副词状语，表示次数多的“经常、老”义。例如：

③ a^{55}　sa^{33}ŋa^{31}　ai^{33}.

（缀）去（体）（尾）

他经常去。

④ a^{55}　ʃa^{55}ŋa^{31}　ai^{33}.

（缀）吃（体）（尾）

他老在吃。

其他又如：a^{55}kă^{31}lo^{33}ŋa^{31}“老在做”、a^{55}jup^{55}ŋa^{31}“老在睡”、a^{55}khʒap^{31}ŋa^{31}“老在哭”、a^{55}mă^{31}ni^{33}ŋa^{31}“老在笑”、a^{55}tsu̱n^{33}ŋa^{31}“老在说”。

其三，在重叠手段的使用上，动词、形容词都能重叠，重叠方式都有 AA 式、ABB 式、AABB 式等。这是相同点。如：

⑤ phʒi^{31}khje^{33}khje^{33}ʒai^{31}　mat^{31} sai^{33}.

铁　红　（叠）（泛）（貌）（尾）

铁有点红。

⑥ naŋ^{33}ka^{33}ka^{33}　ti^{33}　u^{ʔ31}!

你　写（叠）（泛）（尾）

你经常写吧！

⑦ kǎ^{31}tun^{31}tun^{31} ai^{33}ko^{31} khum^{31}mǎ^{31}ʒi^{33}u^{ʔ31}!

短 (叠)的(话)不要 买 (尾)

凡是短的，你别买回!

⑧ kǎ^{31}lo^{31}lo^{33} ʒai^{31} ŋa^{31} ai^{33}.

做 (叠)(泛)(体)(尾)

他经常做。

但重叠表达的语义存在差异。形容词重叠式表示程度的“轻微”“有点”义；而动词重叠式则表示“经常”义。例如：

⑨ nam^{31}si^{31}khje^{33}khje^{33}ʒai^{31} mat^{31} sai^{33}.

果子 红 (叠)(泛)(貌)(尾)

果子有点红了。

⑩ naŋ^{33}ka^{33}ka^{33} ti^{33} u^{ʔ31}!

你 写(叠)(泛)(尾)

你经常写吧!

要说明一点，动词重叠式若用在第一人称做主语的句子里，也表示“轻微”“有点”义。例如：

⑪ ŋai^{33}tʃe̱^{33}tʃe̱^{33} ŋu^{55} ni^{ʔ55}ai^{33}.

我 懂 (叠)(泛)(尾)

我有点懂了。

(五)从句法特点看动词和形容词的异同

动词和形容词在充当句子成分的特点上，功能大体一样，即都能做谓语、补语、定语。做谓语时都必须后带句尾词表示“人称、数、式”等语法意义。这是共性。例如：

⑫ ʃi^{33}tso̠m^{31}ai^{33}.

他 漂亮 （尾）

他漂亮。

⑬ ʃi^{33}sa^{33}wa^{31} sai^{33}.

他 去（体）（尾）

他去了。

⑭ naŋ^{33}tsu̠n^{33}ʃut^{55}sin^{33}tai^{33}.

你 说 错 （尾）

你说错了。

⑮ ʃat^{31}ʃă^{31}tu^{33}nau^{31}ʃă^{31}kja̠^{31}ka̠u^{55} sai^{33}.

饭 煮 太 软 （体）（尾）

饭煮得太软了。

⑯ kă^{31}tsi^{33}ai^{33}ʃat^{31}ʒe^{51}.

凉 的 饭 是

是凉的饭。

做主语、宾语的话，形容词和动词都要加 ai^{33} “的”使之名词化。例如：

⑰ khʒuŋ^{33}ai^{33}ʃeʔ^{31}ʒaʔ^{31}ai^{33}.

活 的 才 要 （尾）

要活的。

⑱ khje^{33}ai^{33}ʃeʔ^{31}ʒaʔ^{31}ai^{33}.

红 的 才 要 （尾）

要红的。

但还有一些差异，主要出现在以下几个方面：

1. 能否带宾语

在句子成分的组合功能上，动词中的及物动词能带宾语，但形容词都不能带宾语。例如：

⑲ naŋ^{33}lai^{31}ka̠^{33}ka̠^{33}u^{ʔ31}!
你　字　　写（尾）
你写字吧!

⑳ ŋai^{33}puŋ^{31}li^{31}kă^{31}lo^{33}ŋa^{31}n^{31}ŋai^{33}.
我　活儿　做　　（貌）（尾）
我在干活。

2. 能否带命令式句尾词

形容词做谓语时不能出现在命令式句型上，也不能跟命令式句尾词结合；而动词则能。景颇语的命令句带有命令式句尾词的标记，不同于叙述式、疑问式等句尾词的标记。这类句尾词又依不同的人称、数、式有不同的形态变化。所以，带不带命令式句尾词是区分形容词、动词的一个“词外形态”标记。例如：

㉑ naŋ^{33}sa^{33}u^{ʔ31}! 你做吧!
你　做（尾）

＊naŋ^{33}kă^{31}pu^{33}u^{ʔ31}! 你高兴吧!
你　高兴　（尾）

㉒ naŋ^{33}ʃa^{55}ka̠u^{55} u^{ʔ31}! 你吃吧!
你　吃（体）（尾）

＊naŋ^{33}tso̠^{31}u^{ʔ31}! 你高吧!
你　高（尾）

3. 修饰名词时的语序是在前还是在后

句法层面的形容词做定语时放在名词前后都可以；而动词只能放在名词之前，不能放在名词之后。例如：

kă^{31}pa^{31}ai^{33}phun^{55} 大的树
大　　的 树

phun^{55}kă^{31}pa^{31} 大树
树　大

sa^{33}ai^{33}mă^{31}ʃa^{31} 去的人
去 的 人

*mă^{31}ʃa^{31}sa^{33} 去的人
人　　去

但形容词素修饰名词素构成名词时，形容词素只有居于名词素之后这一种语序；而动词素修饰名词素构成名词时，居前、居后两种语序均可。形容词素在后的如：

khʒaŋ^{31}kha^{55} 苦菜
菜　　苦

pu̠^{31}tʃa̠ŋ^{33} 黑裤
裤 黑

动词素在后的如：

ma^{31}pau^{33} 养子
子　养

kha^{ʔ31}thaŋ^{55} 逆水
水　　回

动词素在前的如：

pia̠n^{33}li^{33} 飞机
飞　　床

jup^{55}ku̠^{31} 床
睡　　柜

4. 能否受否定词 khum^{31} "勿" 的修饰

动词能受否定副词 khum^{31} "勿" 的限制，形容词不能。例如：

㉓ naŋ^{33}khum^{31}sa^{33}u^{ʔ31}!
　你　　不要　　去（尾）
　你不要去！

＊naŋ^{33}khum^{31}kǎ^{31}tʃa^{33}u^{ʔ31}!
　你　　不要　　好（尾）
＊你不要好！

㉔ naŋ^{33}khum^{31}khʒap^{31}u^{ʔ31}!
　你　（别）哭　　（尾）
　你别哭！

＊naŋ^{33}khum^{31}tso̠m^{31}u^{ʔ31}!
　你　（别）美　　（尾）
＊你别美！

5. 形容词、动词能受副词修饰，但能修饰的副词类别不同

有的副词只能修饰形容词，不能修饰动词，如 kʒau^{33} "更"；有的副词只能修饰动词，不能修饰形容词，如 tu̠t^{55}noŋ^{33} "经常"。例如：

㉕ ʃi^{33}kʒau^{33}tso̠m^{31}ai^{33}.
　他 更　　美　　（尾）
　他更美。

tu̠t^{55}noŋ^{33}sa^{33}ai^{33}.
经常　　去（尾）
他经常去。

＊ʃi^{33}kʒau^{33}sa^{33}ai^{33}.
　他 更　　去（尾）
＊他更要去。

＊tu̠t^{55}noŋ^{33}tso̠m^{31}ai^{33}.
　经常　　美　　（尾）
＊他经常美。

就整体来说，景颇语形容词和动词在句法功能、组合能力以及形态变化等方面都有共同点，主要出现在做句子成分的能力以及和副词的结合能力上。但这些共同点所辖范围不是整齐划一的，而是出现在局部范围内，或是一部分词上。比如说，共同点中有一条是形容词和动词都可以做定语，其实二者做定语时在语序、语法意义、出现频率等方面都有一些不同的特点。“同中有异”是常见的。

上面列了形容词和动词在句法特点上的主要异同。我们从中提取四项作为区分形容词和动词的区别性特征。规则是：凡符合下列条件的是动词，用“+”号表示；否则是形容词，用“-”号表示，见表 2。

表 2　景颇语形容词、动词区分特征表

功能	例词			
	khje^{33} 红	tui^{31} 甜	wa^{31} 回	khʒat^{31} 掉
能带命令式句尾词	-	-	+	+
能带宾语	-	-	+	+
修饰名词时只能居后	-	-	+	+
能受 khum^{31} 修饰	-	-	+	+

“红、甜”二词四项都为“-”，是形容词；“回、掉”四项都为“+”，是动词。

（六）从词的构造特点上看动词和形容词的异同

在词的构造上，动词和形容词虽都以单音节为主，但也存在一些差异。动词基本上都是单纯词，构造简单，除了加前缀的合成词外，很少有复合词。但形容词则有一些是由两个词根或词根加性状音节合成的。例如：

tam^{31}lă^{31}ta^{33} 宽敞
宽　敞

kjip^{55}kjeŋ^{33} 窄
窄　狭

a^{33}tʃa̱ŋ^{33}n^{31}　naʔ^{31}naʔ^{31} 黑鸦鸦
黑　（缀）黑　黑

pʒuŋ^{31}pʒaŋ^{31}（粥）稀
稀　稀

ŋaŋ^{31}ka̱ŋ^{33} 牢固
牢　固

kă^{31}tsi̱^{33}pjo̱^{33} 凉快
凉　舒服

形容词还有不少含有韵律特征的四音格词。这类四音格词当状语用时具有状词的特点，是要先修饰泛指动词。例如：

ʃă^{31}ku̠t^{31}ʃă^{31}nem^{31} 谦虚　　　　kă^{31}tsi̠ŋ^{33}pʒaŋ^{31}pʒap^{31} 新鲜

努力　使低　　　　新　　新鲜状

mă^{31}tse̠^{31}lă^{31}pje^{55} 凶恶

凶　　恶

㉖ mă^{31}nam^{31}ni^{33}pheʔ^{55}　a^{55}ko̠^{51}a^{55}lo^{33}ti^{33}　uʔ^{31}!

客人　　们（宾助）尊敬状　　（泛动）（句尾）

你尊敬地对待客人吧！

㉗ a^{33}phu^{33}a^{33}khjiŋ^{33}ŋa^{33}　ai^{33}ʃan^{31}n^{55}mai^{33}ʃa^{55}ai^{33}.

臭烘烘　　（泛动）的 肉　不 可以 吃（句尾）

臭烘烘的肉不能吃。

（七）从语法化的能力看动词和形容词的异同

景颇语的动词有较强的语法化能力，但形容词不见有。景颇语有丰富的貌词，绝大部分貌词均来自动词的语法化，内分态势貌、激烈貌、结果貌、属性貌、态度貌。如下例的 wa^{31}，原是动词，表示“回”义，语法化为貌词后，表示动作的开始和延续。如：

wa^{31}：㉘ ʃi^{33}wa^{31}sai^{33}.

他 回 （尾）

他回去了。

㉙ ʃi^{33}sa^{33}wa^{31}　sai^{33}.

他 去 （貌）（尾）

他去了。

khʒat^{31}：㉚ nam^{31}si^{31}khʒat^{31}wa^{31}　sai^{33}.

果子　　掉　　（貌）（尾）

果子掉了。

㉛ phun^{55}lap^{31}tiʔ^{31}khʒat^{31}wa^{31} sai^{33}.
树叶 断（貌）（貌）（尾）
树叶掉下来了。

（八）从来源上看动词和形容词的异同

从来源上看，动词与名词的关系比形容词密切。有一部分动词来源于名词，即宾谓同形的动词。宾语是单音节的用整个音节，宾语是双音节的用后一音节。这类动词在功能上与其他动词有些不同，主要是大多只用在其来源的宾语名词上，即具有专用性。例如：

ka^{31}ka^{31} 说话
话 说
ʒi^{31}ʒi^{31} 织布
布 织
n^{31}puŋ^{33}puŋ^{33} 刮风
风 刮
khʒaŋ^{31}khʒi^{33}khʒi^{33} 腌酸菜
酸菜 腌

khu^{33}khu^{33} 打洞
洞 打
khai^{55}khai^{55} 种庄稼
庄稼 种
puŋ^{31}khum^{55}khum^{55} 枕枕头
枕头 枕

综上可见，景颇语的形容词和动词有共性也有差异。差异与共性相比，差异是主要的。总的看来，形容词和动词各有独立的系统特征，具有同等的语法地位。只是部分形容词能当动词使用，可称“形动词”。所以，在词类划分上，形容词与动词还是分为两个不同的类别为好。

我们不妨再看看与景颇语有亲缘关系的语言的情况。藏缅语族语言形容词和动词在语法特征上的差异都比汉语显著，形容词带有更多的形态标志。如嘉绒语 80% 以上的形容词都由词根加 kə- 前缀构成，例如：kə-tʃor“酸”、kə-tɕhi 甜”、kə-mbro“高”、kə-mŋen“低”。又如哈尼语形容词词根带有前缀 ʐo^{33}-，例如：ʐo^{33}mɯ^{31}“好”、ʐo^{33}xɯ^{31}“大”、ʐo^{33}ȵi^{55}“红”，在构词中前缀消失。还能加后附音节构词，增加形容词的色彩。如 ȵi^{55}“红”：ȵi^{55}tɕhu^{55}nɛ^{33}“红彤彤的”，phju^{55}“白”：phju^{55}sɛ^{31}nɛ^{33}“白生生的”，na̠^{33}“黑”：na̠^{33}na̠^{33}nɛ^{33}“黑黑的” dɛ^{33} “平”：dɛ^{33}dɛ^{33}nɛ^{33} “平平的”。这些特点是动词所没有的。凉山彝语的形容词也有形态变化，用元音词头交替来表示形容词的反义词。例如：a^{44}ʂo^{33} “长”、i^{44}ʂo^{33} “短”，a^{44}m̥u^{33} “高”、i^{44}m̥u^{33} “低”。

三、从景颇语动词和形容词的分与合说开去

景颇语形容词与动词是否分立的认识分歧，促使我们对一些相关理论进行了思考。理论问题如：划分形容词和动词所依据的标准是什么，是以形态标准为主，还是以功能标准为主？怎样权衡形容词和动词之间的同和异？如何区分主次？“同中有异”应当怎么看？划分词类固然是语法问题，应以语法特征为依据，但要不要考虑语法在教学中的应用问题等。

（一）怎样选用适用于景颇语的词类划分标准

词类划分是语法研究的基础，因而一直是语言学界关注的热点话题，与之相关的理论也不断出现。如“分布理论”（哈里斯，1951）、“经典范畴理论”（亚里士多德，1959）、“原型范畴理论”（Eleanor Rosch，1973）、“关联标记模型”（Croft，1991）、“阿姆斯特丹模型”（Kees Hengeveld，1992）等。这些理论对推动词类划分的深入研究无疑是有价值的，但是否都适用于各种语言呢？我们采用Croft（1991）的关联标记模型对景颇语的形容词进行了考察。

Croft 从关联理论出发，认为形容词 - 属性 - 修饰的对应是原型的（prototypical）对应，是无标记的，并把它当成是确定形容词独立成类的标准。[①] 但是，景颇语的形容词作修饰语的时候，有无标记和有标记两种情况。当形容词位于名词之前时，形容词后要加助词 ai^{33} “的”标记，而且这一标记是强制性的；但当形容词位于名词之后时，不加标记，可以直接与名词组合。如：

kǎ^{31}pa^{31}ai^{33}phun^{55} 大的树	phun^{55}kǎ^{31}pa^{31} 大树
大　　的 树	树　　大

① Croft, William. Syntactic Categories and Grammatical Relations. Chicago: University of Chicago Press，1991.

助词 ai^{33} “的”已被证明不是原始汉藏语固有的，而是语族分化之后景颇语自己创新的。这就是说，从历时的层面来看，景颇语的形容词修饰名词的原型应是“名+形”的无标记形式。但是在现代景颇语里，“形+ai^{33}+名”和“名+形”两种不同历史层次的结构共存于一个语言系统中，那么，形容词-属性-修饰之间的关联究竟是有标记关联还是无标记关联？这是 Croft 的关联理论难以涵盖的一个难题。

正如前文所述，景颇语的形容词与动词在形态、功能、组合能力等方面明显存在许多差异，我们完全可以通过这些差异来确定二者的独立地位，不必生搬硬套已出现的理论。不同语言的词类划分各有特点，景颇语的词类划分必须从景颇语的实际出发，选取适合于景颇语语言事实的划分标准。上面对景颇语动词、形容词异同的系统分析，完全可以从中归纳动形是否分立的依据。

（二）对于以分析性特点为主的语言，语义在词类划分中的作用有多大

关于语义对词类划分的作用，前辈学者有过精辟的论述。如赵元任、吕叔湘、朱德熙等都强调了语义的重要性，并重点论述了语义与语法形式的关系。如赵元任在谈到意义与形式的关系时说：“通过一般的意义倾向，能找到某些形式特点，作严格定义之用。”“一旦一个形式类已经获得形式定义之后，类意义（曾经导致形式定义）就只有方便提示的作用，不再用作实在的标准。”① 吕叔湘也肯定了意义在词类划分中的参考价值，他指出：“意义不能作为主要的依据，更不能作为唯一的依据，但不失为重要的参考项。”②

我们在判断景颇语的形容词、动词的具体操作中，同样感到语义的重要参考价值。最初把形容词、动词分成两个词类，不完全是在弄清语法特征的基础上提出的，而是在对语义的朦胧认识上提出的，但现在用形式标准验证这些词后发现，原来从语义的角度划分出来的形容词、动词，95% 以上也符合形式标准。

景颇语和汉语一样，是以分析性为主的语言，形态不发达，因此，形态标准并不适用于景颇语的词类划分。而利用组合能力、句法功能、语序等标准来划分景颇语的形容词、动词适用性更强。总的看来，形容词和动词在语法形式上的差异程度是与分析性强弱有关的。景颇语的形态比汉语要发达一些，所以在形容词

① 赵元任：《汉语口语语法》，北京，商务印书馆，1979。

② 吕叔湘：《汉语语法分析问题》，北京，商务印书馆，1979。

与动词的界线上比汉语清楚一些，交叉的部分会少一些。看来，紧紧握住“分析性”这一抓手，应该是研究汉语及其他汉藏语言的词类问题及其他语法现象的一个突破口。

分析性语言的重要特点之一是一词的多功能性。多功能性包括：一词的多义性和多语法功能性。大凡是分析性越强的语言，多义性越强，同一个词能够表达多个不同的义项。分析性越强的语言，语法功能越多，包括词类兼用的越多。汉藏语的动词和形容词的界限不清带有普遍性，大约是与分析性的特点有关。在语用中，动词和形容词使用频率很高，如果二者完全分立，是词根性语言难以负载的，需要分出一些共用一个形式。这种多功能手段在藏缅语里还能见到另外一些。如藏缅语许多语言有反响型量词，即使用名词或双音节名词的后一音节做量词。景颇语乃至藏缅语的形容词、动词究竟是分还是合，既与对语料的认识有关，还涉及如何把握词类划分的理论问题。

兼类词是人类语言的共性，只不过是程度不同而已。特别是分析性语言，由于音节少，形态少，为了表达更多的意义，很自然会采取兼类手段来增强语义表达功能。景颇语除了动词和形容词存在兼类外，还有名词和动词、名词和量词、动词和貌词、副词和形容词等。

（三）兼类问题应当怎么看

景颇语的动词没有兼形容词的，因为动作行为不能又兼表状态；但形容词能表示性质状态的变化。比如：wa^{ʔ31}（猪）n^{33}tai^{33}（这）kʒai^{31}（很）phum^{33}（肥）ai^{33}（尾）“这头猪很肥”中的phum^{33}“肥”是形容词，表示性质状态，但在wa^{ʔ31}（猪）n^{33}tai^{33}（这）phum^{33}（肥）wa^{31}（貌）sai^{33}（尾）“这头猪肥起来了”则表示性质状态的变化。二者的语义、语法特点有差异。过去都看成是兼类词或“两栖词”，即把前者看成是形容词，把后者看成是动词。我们现在的想法是，不一定认为这种现象是兼类，是否可以把后者看成是形容词的一种特殊用法，跟普通形容词不同，也就是形容词的动态化用法，或称“动态形容词”。

（四）词类划分的目的是什么

词类的划分，主要是为了从微观上认识语言的特点。通过对词类的划分，使人们进一步认识到语言在语法上还存在不同的类别，不同类别的词在特点上、使用上还存在不同特点。因而可以说，词类划分，在理论上、应用上都有其重要的意义和价值，不是可有可无的。

在词类划分中，理论价值和应用价值有其一致性的一面，但也有非一致性的一面。按词类语法特征划分词类对语言应用研究（包括语言习得、语言教学、语言翻译、语言智能等），肯定是有用的，也是基础；但语言应用研究对词类划分还会有其特殊要求，所以后来语言研究中出现了"教学语法"的研究。词类的划分，要按理论研究和应用分开做不同的划分是有困难的，只能是二者相互兼顾。

问题是，词类划分除了考虑语言的结构特点外，要不要考虑语言教学等应用功能？固然，词类划分应以词类自身的特点为依据，但词类划分有可变性。具体如何划分可以依据不同的理论作不同的划分，也可以根据不同的目的做不同的划分。词类划分得好，肯定会有助于语言的应用；而语言应用中出现的问题又可以反过来为词类划分提供参考。二者存在相辅相成的辩证关系。所以我们认为，词类的划分应该也考虑是否有助于语言教学等应用问题，纯语法的分类是不可取的。从景颇语的情况看，如果形容词和动词不划分，很多语法现象就说不清楚，景颇语语法教学无法进行。

景颇语乃至藏缅语的形容词、动词究竟是分还是合，既与对语料的认识有关，还涉及如何把握词类划分的理论问题。理论问题如：其一，划分形容词和动词所依据的标准是什么，是以形态标准为主，还是以功能标准为主？其二，怎样权衡形容词和动词之间的同和异？如何区分主次？"同中有异"应当怎么看？其三，划分词类固然是语法问题，应以语法特征为依据，但要不要考虑语法在教学中的应用问题？

藏缅语属分析性语言，词类的分与合与分析性特点有关。分析性语言缺少形态，就会出现同形兼类词，词类的界限也会出现部分模糊点。

参考文献

[1] 中国科学院少数民族语言研究所 . 景颇语语法纲要 . 北京：科学出版社，1959.

[2] 戴庆厦，徐悉艰 . 景颇语语法 . 北京：中央民族学院出版社，1992.

[3] 马学良 . 语言学专刊第二种 · 撒尼彝语研究 . 北京：商务印书馆，1951.

[4] Croft, William. Syntactic Categories and Grammatical Relations. Chicago: University of Chicago Press, 1991.

[5] 赵元任 . 汉语口语语法 . 北京：商务印书馆，1979.

[6] 吕叔湘 . 汉语语法分析问题 . 北京：商务印书馆，1979.

（戴庆原：中央民族大学中国少数民族语言文学学院；
朱艳华：北京语言大学语言科学院）

分析型语言与隐性语义实化 *

——以藏缅语族的景颇语、哈尼语为例

戴庆厦

一、题解

语言的功用主要是表达、交流思想，每种语言都会根据自身的特点尽量发挥表义功能，力求表达更多的意义。由于世界语言的结构形态存在不同的类型，如屈折型、黏着型、分析型等，语言功能的发挥必然会因为语言类型的差异而存在不同的特点。因此可以认为，认识语言功能的强弱及表达特点必须要有语言类型学的视角，或语言类型学的眼光。

分布在亚洲大地的汉藏语系语言大都属于分析型语言，而且分析性的强弱各不相同，存在类型差异。汉藏语系语言如何根据自身分析性特点，以及分析性强弱不同的特点，最大限度地发挥表义功能，尽可能地表达更多、更复杂的意义，这是语言研究必须认识的问题。分析型语言扩大表义的手段很多，目前已认识到的语法手段有单音节构词、重叠表义、韵律变化、扩大义项、词类兼类等。此外还有一个需要认识的手段是：如何通过分析性的构式将隐性语义实化，即使用较少的音节表达更多的意义。

所谓"隐性语义实化"是指常用词中有些词单独没有意义或意义不明确，但进入特定的句法构式结构中由于受到上下文的制约发生实化，浮现出所需要的实在语义。也就是说，某一词汇形式单独没有意义，而进入句法角色后才有实际意义，即用有限的形式表达更多的意义。这就是单音节性的分析型语言为了扩大表

* 原载《民族语文》，2021（1）。

义功能而采取的一种语言表达手段。

先举个景颇语的例子来说明。景颇语的动词中有一类泛指动词，具有泛指义，单独出现时语义是模糊的，不确定的，但在具体的句子中能够根据上下文的条件浮现出多个具体的语义。先看泛指动词 tiʔ^{31} 的例子：

① joŋ^{31}khʒut^{31}ka̠u^{55}sai^{33}, khum^{31}ti^{33} uʔ^{31}!
都 洗掉 （句尾） 别 （泛：洗）（句尾）
都洗掉了，你别洗了！

② joŋ^{31}kă^{31}lo^{33}ŋut^{55}sai^{33}, khum^{31}ti^{33} uʔ^{31}!
都 做 完 （句尾）别 （泛：做）（句尾）
都做掉了，你别做了！

③ pă^{33}loŋ^{33}ʃiŋ^{31} khum^{31}ti^{33} uʔ^{31}!
衣服 这样 不要 （泛：洗）（尾）
衣服你不要这样（洗、折、放等）！

上例①—③的 ti^{33}，单独出现时意义都不清楚，但在句中有了实义，前一个是“洗”，第二个是“做”，第三个的意义有“洗、折、放”等多种选择。

可以认为“隐性意义实化”是分析性语言依靠构式内力增强表达能力的一种手段。分析性语言由于缺乏形态变化，加上单音节性，音节少，要表达更多的语义就需要从自身特点中挖掘潜力，扩大表义功能，采用隐性意义虚化则是一种最为简便而又符合分析性特点的手段。所以，许多分析性语言都程度不同地采用这一手段。

不同的分析性语言存在分析性强弱的差异，形成不同层次，不同层次的语言，分析性的特点不同，隐性语义实化的特点也不同。本文选取这两种语言为代表，对分析型语言的隐性语义实化特点进行描写、分析。

景颇语在藏缅语族语言中属于景颇语支，在语言类型上属于有黏着特点的分析性语言，是藏缅语族语言中分析性特点居中的语言。与南部的亲属语言相比，景颇语的黏着特点保留得相对多些；而与北部的亲属语言相比，黏着特点消失得相对多些。哈尼语是藏缅语族语言中属于强分析性语言，保留形态变化较少，其分析性属性的特点能够代表彝语支、缅语支等语言。

本文的景颇语的标音以云南省盈江县铜壁关区的景颇话为依据；哈尼语的标音以云南省绿春县大寨哈尼话为依据。注释的缩略语是：谓（谓语）、貌（貌词）

句尾（句尾词）、语气（语气词）、叠（重叠）。

二、“隐性语义实化”的三个例证分析

隐性语义实化的表现很多，有待不断挖掘、整理。笔者这里只从景颇语和哈尼语中提取三个例证来分析、说明。

（一）宾谓同形的隐性语义实化

宾谓同形是指谓语使用宾语的形式，构成宾谓同形的结构。从语义上看，谓语单个出现时没有明确的意义，只有隐性意义；但在宾谓短语模式中能根据宾语的意义产生具体的显性意义。“宾谓同形”是分析性藏缅语扩大语义能力的一种能产的句法模式。藏缅语族许多语言如普米语、彝语、傈僳语、拉祜语、载瓦语等都有这种句法模式。同形的方式，因音节数量的多少而不同。名词是单音节的取整个音节，如景颇语的 ka^{31}（话）ka^{31}（谓：说）“说话”；名词是双音节的，谓语取名词的后一音节，如 $n^{55}phje^{51}$（挎包）$phje^{51}$（谓：挎）“挎挎包”的谓语取名词的后一音节当谓语。又如哈尼语 $bɯ^{55}$（脓）$bɯ^{55}$（谓：长）“长脓”，$u^{31}tshɔ^{31}$（帽子）$tshɔ^{31}$（谓：戴）“戴帽子”。由于藏缅语的名词大多是双音节的，谓语均取单音节。所以，“宾谓同形”的音节模式大多是“2+1=3”。

宾谓同形结构能成为一种常用的语法模式，是由藏缅语宾谓结构的组合特点决定的。藏缅语的宾谓结构的种类相对简单，主要是动作行为的对象和结果宾谓同形结构，所以构成宾谓同形结构时，容易从隐性义中确定显性义。如果宾语的种类复杂，在提取显性义时要在很多的语义中选择一个，就会出现难以确定的困难。宾语是动作行为的对象的如：

景颇语：

$tiŋ^{31}je^{55}je^{55}$ 扫地	$kjep^{31}tin^{33}tin^{33}$ 穿鞋
地（谓：扫）	鞋　（谓：穿）

哈尼语：

$pha^{31}nɔŋ^{31}nɔŋ^{31}$ 穿鞋	$nɔŋ^{31}$ $xo^{33}xo^{33}$ 戴斗笠
鞋　（谓：穿）	斗笠（谓：戴）

宾语是谓语结果的如：

景颇语：

khu^{33}khu^{33} 打洞　　mǎ^{31} khʒi^{ʔ31}khʒi^{ʔ31} 编辫子

洞　（谓：打）　　辫子（谓：编）

哈尼语：

a^{55}pha̱^{31}pha̱^{31} 长叶子　　o^{31}tɕhe^{55}tɕhe^{55} 腌酸菜

叶子　（谓：长）　　酸菜　（谓：腌）

从来源上看，宾谓同形短语的出现是有先后层次的，大量的是通过模式的类推作用不断扩大范围的。藏缅语的宾谓同形短语出现后，靠类推不断扩大数量，增强其表达能力。即便是近代的外来借词也能与固有词一样组成宾谓同形短语。例如：

景颇语：

ʃe^{33}ʃe^{33} 办社（借汉语）　　n^{31}tʃaŋ^{33}tʃaŋ^{33} 当长工（借傣语）

社（谓：办）　　长工　（谓：当）

哈尼语：

thu^{31}xɔ^{55}xɔ^{44} 画画（借汉语）　　sɔ̱^{31}tsɿ̱^{31}sɔ̱^{31} 刷刷子（借傣语）

图画　（谓：画）　　刷子　（谓：刷）

但有一点要说明。在宾谓同形短语中，宾语和谓语的结合度存在紧松的差异，即有的紧些，有的松些；而紧松的差异制约谓语语义的虚实，结合紧的隐性义强些，结合松的隐性义弱些。由此，可以把景颇语的宾谓同形结构分为松式宾谓同形短语和紧式宾谓同形短语两类。紧式的同形短语，谓语纯粹是宾语的复制，单独没有任何意义，只有在宾谓同形短语中通过宾语的辐射才浮现出谓语的实义。如 tsi̱p^{55}（窝）tsi̱p^{55} 谓（谓：刷）“做窝”，khin^{31}taŋ^{55}（纽扣）taŋ^{55} 谓（谓：扣）“扣纽扣”。这类短语的宾语有单音节词，又有双音节单纯词。松式的同形谓语，谓语来自合成名词宾语后一音节的动词语素，有具体的语义特征。如 tu^{31}pat^{31}（围脖）pat^{31}（围）“围围脖” 的 pat^{31}（围）来自 tu^{31}pat^{31}（围脖）的后一音节 pat^{31}（围），当谓语用时意义相同。但有的同形谓语虽然取自合成名词宾语的后一音节，但是当谓语用时意义与合成名词后一音词素有关系，但存在差异。如khʒaŋ^{31}khʒi^{33}（酸菜）khʒi^{33}（腌）“腌酸菜”的khʒaŋ^{31}khʒi^{33}“酸菜”由khʒaŋ^{31}“菜”和khʒi^{33}“酸”两个词素组成，动词谓语khʒi^{33}“腌”取自khʒaŋ^{31}khʒi^{33}“酸菜”的后一音节khʒi^{33}“酸”，二者意义有关系但不同，一个是“酸”，一个是“腌”。由此可以看出，宾谓同形短语的谓语取自宾语的后一音节是纯粹的音节拷贝，而不考虑语义因素。

宾谓同形短语之所以能够形成隐性语义实化，与宾语能够接受谓语的“窄化”有关。景颇语、哈尼语等能够形成隐性语义实化的，多是宾语能接受的谓语数量有限，或能接受的多个谓语中有一个使用频率超高。这个条件使得语言使用中能够确从用什么实义来代替隐性语义。如景颇语的“饭”一词，可以与许多谓语组成“吃饭、煮饭、蒸饭、做饭、买饭”等宾谓结构；“地”一词，也可以组成“种地、犁地、翻地、锄地、买地”等宾谓结构，所以不构成宾谓同形短语。但tiŋ^{31}je^{55}“地（面）”一词组成宾谓短语时，主要是与“扫”结合，所以能构成宾谓同形短语tiŋ^{31}je^{55}je^{55}“扫地”。又如，ʃoi^{33}wa^{33}“春米歌”组成宾谓短语时，主要是与“唱”结合，构成“唱春米歌”宾谓同形短语，很少与别的动词结合，所以也能构成宾谓同形。还有一种情况是：有的名词宾语虽然可与多个动词谓语结合，但是所结合的动词中有一个是最常用的，其他的很少使用，于是最常用的语义就被同形谓语选择，不常用的语义就用别的动词谓语表达。如lă^{31}khon^{55}“手镯”一词组成宾谓短语时，主要用于“戴手镯”义，但它还可以与别的动词谓语组成“做手镯、买手镯”等，于是最常用的“戴手镯”就用宾谓同形形式表达，说成lă^{31}khon^{55}khon^{55}，其他结构就用别的动词谓语。又如：

puŋ^{31}khum^{55}khum^{55} 枕枕头	puŋ^{31}khum^{55}kă^{31}lo^{33} 制枕头
枕头　　　枕	枕头　　　做
khin^{31}taŋ^{55}taŋ^{55} 扣纽扣	khin^{31}taŋ^{55}mă^{31}ʒi^{33} 买纽扣
纽扣　　扣	纽扣　　买
kjep^{31}tin^{33}tin^{33} 穿鞋	kjep^{31}tin^{33}mă^{31}ʒi^{33} 买鞋
鞋　　　穿	鞋　　　买

在藏缅语内部语言中，宾谓同形谓语出现的频率受分析性强弱的制约。一般是分析性强的语言，如哈尼语、载瓦语等语言宾谓同形谓语比较发达，出现数量

多；而屈折、黏着比较丰富的语言，如羌语、普米语等语言宾谓同形谓语不太发达，出现数量少；景颇语介于二者之间。这也证明宾谓同形谓语隐性语义实化与分析性类型的密切关系。

（二）“泛指动词”的隐性语义实化

景颇语动词中有一类使用频率很高的词——泛指动词，在语用中也存在隐性语义实化。所谓“泛指动词”，是指这类动词单独出现时，没有确定的、明确的、具体的意义，但在语用的句子中能够根据语境或上下文的需要，显示出某一具体的意义。就是说，泛指动词具有内在的实化潜力，能够在不同的语境中表示各种不同的具体意义。景颇语的泛指动词共有四个，分述如下：

ʒai^{31} 和 ti^{33}：表示与人的四肢有关的各种动作行为。在句中使用时，可选择的义项有“干、做、搞、办、拿、摸、变、成、装……”等。二者的差别是：ʒai^{31} 强调动作行为是自身的发生、变化，不在乎是否触及另一事物；而 ti^{33} 强调动作行为的发生、变化是触及另一事物的。二者都可以带宾语，但也可以不带。所以，ʒai^{31} 和 ti^{33} 的区别主要是语义上的及物不及物，不具有语法上区别及物不及物的功能。先比较下面两个句子：

④ sǎ^{55}pjin^{51}si^{31}　khje^{33}khje^{33}ʒai^{31}　wa^{31}sai^{33}.
柿子红　（叠）（泛：变）（貌）（句尾）
柿子变成红红的了。

⑤ joŋ^{31}a^{31}ʃep^{31}kau^{55}seʔ^{55}ai^{33}, naŋ^{33}khum^{31}ti^{33}　lu^{33}!
都　削　掉　（句尾）你　别　（泛：削）（语气）
我都削了，你不要削！

例④的 ʒai^{31} 在句中由于跟在“红”的后面，选择了“变”义，表示“柿子”是自身变红的，是不及物的。例⑤的 ti^{33} 用于 a^{31}ʃep^{31} “削”的后一分句，选择了相同的“削”义，虽隐含着宾语但不出现宾语，也是不及物。

ŋa^{33} 和 ŋu^{55}：表示与言语、心理活动有关的动作行动。在句中使用时，可选择的义项有“说、讲、唱、叫、想、感到、觉得、觉察……”等。二者的差别是：ŋa^{33} 强调动作行为自身的发生、变化不触及另一事物；而 ŋu^{55} 强调动作行为的发生、变化触及另一事物。二者都可以带宾语，但也可以不带。所以，ŋa^{33} 和 ŋu^{55} 的区别，同样也是语义上的及物不及物，而不是语法结构上的及物不及物。例如：

⑥ ʃi^{33}kă^{31}niŋ^{31}ŋa^{33}　　　　a^{31}ni^{51}?
他 怎么　（泛：说、想）（尾）
他怎么说（想）的？

⑦ kă^{31}niŋ^{31} ŋu^{55}　　　　a^{31}ni^{51}?
他 怎么（泛：说、告诉）（句尾）
他怎么告诉他的？

这两句的基本意义相同，都是“他怎么说（想）的？”区别在于：说前一句时，说话者心目中强调的是“他说（想）”，而后一句除了表示“他说（告诉）”外，还强调“对谁说（告诉谁）”。泛指动词根据语境具体选择了“说（想）”、“告诉”的实义。

人类的动作行为，主要有两类。一类是与四肢有关的，是看得见的；另一类是与言语、思维有关的，或是看不见的。景颇语的四个泛指动词包括了这两类，有了这两类就能基本满足景颇人日常交际中表达动作行为的需要。

泛指动词在句中的用法有三种：一是加副词构成否定谓语，如下例⑧的泛指动词 ti^{33} 与副词 khum^{31} “别”一起做谓语，非否定的谓语不成句。二是加状语构成谓语，如例⑨。这类句子出现频率较高，这是因为泛指动词的语义是泛指的，需要有状语的限制，使其意义具体化。三是由状语加泛指动词再加上表示具体意义的动词构成谓语，如例⑩ ⑪ ⑫。泛指动词在例⑩中当“变”义用，在例⑪中当“动”义用，在例⑫中当“成”义用。例如：

⑧ naŋ^{33}khum^{3}ŋa^{33}　　　　uʔ^{31}!
你 别　（泛：说）（句尾）
你别说了吧！

⑨ ʃi^{33}kă^{31}niŋ^{31}ŋa^{33}　　　　aʔ^{31}ni^{51}?
他 怎么　（泛：说、想）（句尾）
他怎么说（想）的？

⑩ $pă^{33}loŋ^{33}phʒo^{31}phʒo^{31}ʒai^{31}$ sai^{33}.
衣服 白 （叠）（泛：变）（句尾）
衣服变得白白的了。

⑪ $phʒaŋ^{33}$ $ʒai^{31}$ $pai^{55}wa^{31}mat^{31}$ sai^{33}.
迅速状（泛：动）又 回 （貌）（句尾）
迅速地又回去了。

⑫ $k\underline{a}p^{55}k\underline{a}p^{55}$ $ti^{33}mă^{31}$ $k\underline{a}p^{31}t\underline{o}n^{31}uʔ^{31}$!
牢 牢状（泛指：成）贴 上 （句尾）
你牢牢地贴上吧！

泛指动词用在状语后，特别是它的后面还带有实义动词的句子，容易出现语法化，成为状语的后缀“地”。如例⑪的 $ʒai^{31}$，动词的意义已很弱，已经弱化为 $phʒaŋ^{33}$“迅速状”的后缀“地”。在母语人的心目中，已辨不出它是个动词，而当成是一个虚义词。

泛指动词是分析型语言的产物。分析性语言由于单音节性词是词汇的核心，要表达更多的意义，必须扩大词的表义功能，尽量能多表示几个义项。而泛指动词能够实化为多个动词，正是由分析性的特点决定的。

（三）“反响型量词”的隐性语义实化

藏缅语许多语言有反响型量词，能共同出现这一类量词与它们都有分析性特点有关。“反响型量词”又称“临时量词”，是临时借用个体名词当量词使用的。它单独没有意义，但当与个体名词、数词结合时才有表示某一个体名词具体量的意义。如哈尼语的“一个哥哥”说成 $a^{55}go^{33}$ 哥哥 $tɕhi^{31}$ 一 go^{33} 量－个。go^{33} 是借用名词 $a^{55}go^{33}$“哥哥”的后一音节，单独没有意义，与 $a^{55}go^{33}$“哥哥”结合后才有“个（哥哥）”的意义。

反响型量词使用频率很高，但不同语言的使用频率存在差异。我调查过 20 多种藏缅语，觉得绿春哈尼语的反响型量词分布较广，功能较大，大部分个体名词都能使用反响型量词。例如：

tsho^{55}tɕhi^{31}tsho^{55} 一个人
人　一　量–个

mja̠^{33}tɕhi^{31}mja̠^{33} 一只眼
眼　一　量–只

a^{31}khɯ^{31}tɕhi^{31}khɯ^{31} 一只狗
狗　一　量–只

a^{55}si^{31}tɕhi^{31}si^{31} 一个水果
水果　一　量–个

phɛ^{55}xɔ^{31}ku̠^{31}xɔ^{31} 一件衣服
衣服　一　件–个

la^{31}xɔ^{55}ni^{31}xɔ^{55} 两间房子
房子　两　间–个

tho^{33}dʑɛ^{55}tɕhi^{31}dʑɛ^{55} 一把刀
刀　一　量–把

za^{31}mi^{31}ni^{31}mi^{31} 一个女孩
女孩　两　量–个

na^{31}bo^{55}ni^{31}bo^{55} 两个耳朵
耳朵　两　量–个

a^{31}ɣa̠^{31}ni^{31}ɣa̠^{31} 两只猪
猪　两　量–个

a^{31}mɛ^{55}ŋa̠^{31}mɛ^{55} 五个核桃
核桃　五　量–个

la^{31}tshɔ^{31}sɔ^{55}tshɔ^{31} 一条裤子
裤子　三　条–个

ɣa̠^{31}ku̠^{33}tɕhi^{31}ku̠^{33} 一个猪圈
猪圈　一　量–个

bu^{31}za^{31}ni^{31}za^{31} 两个坛子
坛子　两　量–个

反响型量词与其他类别的量词如集体量词、度量衡量词等不同，在量名结构中主要充当量词的语法功能，即填补量词的位置，而不表示具体的量词语义。但如果要表示具体的量词语义，也可以换用含有性质状态意义的个体量词和泛用量词。例如：

mja̠^{33}tɕhi^{31}mja̠^{33} 一只眼　也说　mja̠^{33}tɕhi^{31}nɯ̠^{33}（nɯ̠^{33} 表粒小状）
眼　一　量–只　　　眼　一　只

phɛ^{55}xɔ^{31}ku̠^{31}xɔ^{31} 一件衣　也说　phɛ^{55}xɔ^{31}ku̠^{31}xɔ^{31}（xɔ^{31} 表衣裤状）
衣服　六　量–只　　　衣服　六　件

ŋa^{31}dɛ^{55}tɕhi^{31}dɛ^{55} 一条鱼　也说　ŋa^{31}dɛ^{55}tɕhi^{31}za^{31}（za^{31} 表小状）
鱼　一　量–条　　　鱼　一　条

a^{31}n̥u^{31}tɕhi^{31}n̥u^{31} 一头牛　也说　a^{31}n̥u^{31}tɕhi^{31}khɔ^{55}（khɔ^{55} 表块状）
牛　一　量–头　　　牛　一　头

dʑa^{33}ɣa^{31}ni^{31}ɣa^{31} 一根草　也说　dʑa^{33}ɣa^{31}ni^{31}mo^{55}（mo^{55} 泛用）
草　两　量–根　　　草　两　根

xa^{31}la^{31}sɔ^{31}la^{31} 三只虎　也说　dʑa^{33}ɣa^{31}sɔ^{31}mo^{55}（mo^{55} 泛用）
虎　　三 量－只　　　　　虎　　三 只

从上例可见，反响型量词单独缺少词汇义，在量名结构中才有量词语义，但只有笼统的量词语义，不区分细致的量词义。藏缅语中，都普遍出现表示性状、泛用的量词，量词语义有了细化或实化，这是名量词为了交际的需要增加功能的演化。

藏缅语个体量词发展不平衡。有的语言还处在量词发展的萌芽阶段或不发达阶段，表示个体量时个体量词可以不用。所以在这类语言里，量名结构有两类形式，一类要用个体量词，另一类是不用个体量词。用不用个体量词意义都一样。如景颇语，phun^{55}（树）lǎ^{55}ŋai^{51}（一）"一树"和 phun^{55}（树）n^{31}phaŋ^{33}（棵）lǎ^{55}ŋai^{51}（一）"一棵树"，意义一样。这也说明，反响型量词的出现，主要不是语义表达的需要，而是为了满足语法格式的需要。从藏缅语的情况看，凡有反响型量词的语言，名词表示数量时量词在句法结构中是强制性的，不可缺少的。

三、"隐性语义实化"生成的几种因素

任何一种语言格式的形成都不会是孤立地落根的，而都有其多种制约的因素或动力。当然，在多种形成因素中，有主要的，也有次要的。

其一，藏缅语的景颇语、哈尼语等语言能够产生"隐性语义实化"，主要动力是单音节性，与之相关的是缺少形态。单音节性的语言如果仅凭单音节来表义是远远不够的，势必要在单音节的基础上采取可能的手段进行创新，达到表达更多意义的目的，而"隐性语义实化"是被选择的一个手段。

其二，经济性原则是产生"隐性语义实化"手段的动力。语言表达都讲究经济性，要求尽可能使用较少的语言材料表达更多的意义。经济性原则的使用策略，不同类型的语言会有不同，即不同类型的语言会有不同的特点。单音节性语言，能用同一个音节依靠特定的语境或模式，表示更多不同的意义，这就节省了音节的使用。

其三，"隐性语义实化"的形成与景颇语、哈尼语等语言词的音节分布特点有关。景颇语、哈尼语的名词以双音节词为多，而动词则以单音节为多。"2＋1＝3"的音节模式是一种韵律模式，为景颇语、哈尼语等语言实现隐性语义

实化提高了条件。看看下面这两种语言的名词、动词音节数特征的统计数字。

表 1　景颇语、哈尼语名词音节数特征

语言	统计数（个）	单音节数（个）	比例（%）	双音节数（个）	比例（%）	三音节及以上（个）	比例（%）
景颇语	997	180	18	615	62	202	20
哈尼语	796	72	9	606	76	118	15

表 2　景颇语、哈尼语动词音节数特征

语言	统计数（个）	单音节数（个）	比例（%）	双音节数（个）	比例（%）	三音节及以上（个）	比例（%）
景颇语	801	407	51	346	43	48	6
哈尼语	697	436	63	181	26	80	11

其四，语序固定是“隐性语义实化”得以顺利植根的内部机制之一。语序固定，容易形成各种固定的短语模式，而固定的短语模式能帮助语言使用者使用语言时的模式填入所需要的语义。

参考文献

［1］戴庆厦．语言转型与词类变化：以景颇语句尾词衰变趋势为例．民族语文，2019（1）．

［2］蒋颖．论普米语的类型定位．民族语文，2018（2）．

［3］戴庆厦，闻静．论“分析性语言”研究眼光．云南师范大学学报（哲学社会科学版），2017（5）．

［4］戴庆厦．景颇语参考语法．北京：中国社会科学出版社，2012．

（作者单位：中央民族大学中国少数民族语言文学学院）

彝缅语泛义动词的句法分布及其分析性演进 *

闻静

泛义动词学界又称轻动词、泛指动词，是彝缅语虚化程度较高的一类动词。由于其泛化的语义特征及灵活、独特的句法功能，受到学界关注。[①]彝缅语属于藏缅语中分析性较强的一组语群，泛义动词既具有藏缅语的共同特征，也具有自身的特点。彝缅语泛义动词不仅普遍保留实义动词的句法特点，又兼有多种语法范畴的标记功能，且不同语言间泛义动词的功能特点存在层次差异。因此，泛义动词是研究彝缅语句法系统的类型特点及其演化的一个重要参项。本文从共时角度对彝缅语泛义动词句法分布及功能特点进行描写、分类，并与北部语群比较，在此基础上，探索其语法化过程及分析性演化机制，构拟泛义动词的分析性演变链。

一、泛义动词的句法功能和分布特点

泛义动词的语义、语用特点和句法功能在彝缅语支内部具有类型上的相似性，但其发展又有一定的层次差异。主要特点有：一是作为实义动词，具有一般动词的句法特点，可附带时体貌标记，可与名词组成动宾结构，动词语义实在，多为“做、弄、搞”之意。二是作为功能性动词，不承担具体的语义内容，多与叠式动词构成“状心”结构，作“状心”结构的功能性核心动词。三是语义虚化，与动词、形容词结合，作为使动范畴的分析性手段。四是作为方式状语的句法标记形式，部分语言可以作为句法结构的配音要素。五是作为方式、原因类疑

* 原载《汉藏语学报》，2021（13）。

① 戴庆厦、蒋颖等：《波拉语研究》，北京，民族出版社，2007；闻静：《藏缅语泛义动词、连词做状语标记的类型分析》，载《贵州民族研究》，2017（5）；尹蔚彬：《“做”义轻动词的功能和语法化特点——以羌语支语言为例》，载《民族语文》，2017（1）。

问代词及方式副词的构词语素。以下分别论述：

（一）充当实义动词

彝缅语“做”义类泛义动词都普遍保留有作为动词的原型功能。泛义动词和一般动词一样可以做谓语，都有相应的时、体、式的标记，同一般动词一样可以受副词、形容词、指示词、数量结构等状语成分的修饰。例如：

凉山彝语①：

① nɛ^{33}ɕi^{44} mu^{33}ndʑɔ?
你 什么做 正在
你在做什么？

② ŋa^{33}dza^{33}mu^{44}ȵi^{33}mu^{33} ta^{33}.
我 饭 做 正（助）（体）
我在做饭。

邦朵拉祜语②：

③ ŋa^{31}ka^{35}ȵɛ^{35}qhɔ̠^{31}te^{33}tu^{31}.
我 事 明年 做（体）
我明天准备去勐朗。

④ ŋa^{31}tha̠^{31} te^{33}tsɿ^{33}la^{53}ȵi^{33}.
我（宾）做 让 给 看
让我试试看。

纳西语③：

⑤ ŋe^{55}ŋgɯ^{31}lo^{33}gv^{33}na^{33}be^{33} be^{33}na^{31}.
咱们 活 认真 （助）做 要
咱们要认真地干活。

① 语料来自胡素华：《彝语结构助词研究》，230 页，北京，民族出版社，2002。
② 语料来自李春风：《邦朵拉祜语参考语法》，92 页，北京，中国社会科学出版社，2014。
③ 语料来自和即仁、姜竹仪：《纳西语简志》，101 页，北京，民族出版社，1985。

⑥ gv^{55}ə^{31}tsɯ^{33}be^{33}ne^{31}?

您 什么 做 正在

您在做什么？

怒苏语[①]**：**

⑦ ʔna^{35}le^{31}sũ^{55}pha̱^{53}kõ^{55}tso^{31}m̩^{35}do^{ɹ35}.

今后 工作 做 好

今后把工作做好。

载瓦语[②]**：**

⑧ ŋɔ^{51}ku̱t^{55}pa^{55}.

我 做 （式）

我做吧。

⑨ ŋɔ^{51}khă^{55}su^{31}ku̱t^{55}ʒa^{51}?

我 怎么 做 要

我该怎么做？

波拉语[③]**：**

⑩ nɔ̃^{55}tʃu^{55}tʃaŋ^{55}kɔ̱t^{55}ɛʔ^{55}.

你 组长 做 吧

你做组长吧。

⑪ ŋa^{55}taŋ^{31}saŋ^{35}tʃhɑ̆^{55}sɑ̆^{55}kɔ̱t^{55}a^{55}.

我 故意 这样 做 （助）

我故意这样做的。

（二）充当功能动词

彝缅语泛义动词语义逐步弱化，虽然保留了部分动词的句法属性，但是不再

① 语料来自孙宏开、刘璐：《怒族语言简志（怒苏语）》，110 页，北京，民族出版社，1986。

② 语料来自朱艳华、勒排早扎：《遮放载瓦语参考语法》，105 页，北京，中国社会科学出版社，2013。

③ 语料来自戴庆厦、蒋颖等：《波拉语研究》，122 页，北京，民族出版社，2007。

表示具体实在的动词语义。在句法分布上，泛义动词既可与叠式动词结合，构成“状心”结构；也可与形容词、动词结合，构成分析性致使结构。具体如下：

1.“状心”结构的功能性核心动词

彝缅语泛义动词可以置于叠式动词之后，构成“叠式动词 + 泛义动词”多动词连用的结构，叠式动词与泛义动词具有各自的句法作用。叠式动词多用来表达情貌类动作行为的状态义，在句中作状语，承担着句法语义的主要内容。泛义动词则作为谓语的核心动词，但不表具体语义，从而构成了语义重心前置的“状心”结构。

载瓦语①**：**

⑫ naŋ^{51}ka̲^{55}ka̲^{55}ku̲t^{55} ʒă^{55} khai^{51}?

你 写 写（泛）（助）（语助）

你经常写吗？

⑬ ja̲ŋ^{31}xji^{51}jam^{51}mă^{55} jɛ^{51}jɛ^{51}ku̲t^{55} ʒa^{55}.

他 这时候 （助）去 去（泛）（助）

他习惯这时候去。

波拉语②**：**

⑭ mau^{31}ɣɔ^{55}ɣɔ^{55}kɔ̲t^{55} a^{55}.

雨 下 下（泛）（助）

经常下雨。

⑮ jɔ̃^{31}kjauk^{31}kjauk^{31}kɔ̲t^{55} na^{55}.

他 怕 怕 （泛）（助）

他好像在害怕。

⑯ ʑi^{31}ɣɛ^{31}thɔi^{55}i̲^{55}phai^{35}jɔt^{31}tsɔ̃^{35}ŋau^{55}ŋau^{55}kɔ̲t^{55} na^{55}.

女人 那 酒 醉 中 哭 哭 （泛）（助）

那女人一醉酒就哭。

---

① 语料来自朱艳华、勒排早扎：《遮放载瓦语参考语法》，126 页，北京，中国社会科学出版社，2013。

② 语料来自戴庆厦、蒋颖等：《波拉语研究》，110 页，北京，民族出版社，2007。

浪速语[①]**：**

⑰ $jɔ̃^{35}tɔ̃^{35}ta̱^{55}ʒɛ^{51}$ $a^{31}thauk^{55}a^{31}lɛʔ^{55}ka̱t^{55}$ $ʒa^{55}$.

他 话 说（助）出尔反尔 （泛）（尾助）

他说话出尔反尔。

⑱ $jɔ̃^{35}thuk^{55}thuk^{55}vɔ̃^{51}vɔ̃^{51}ka̱t^{55}$ $ʒa^{55}$.

他 进 进 出出 （泛）（尾助）

他进进出出的。

上述例句中，动词重叠后多表示一种动作的情貌状态，如例⑫载瓦语叠式动词 $ka̱^{55}ka̱^{55}$ 表示一种经常写的动作状态，例⑮波拉语叠式动词 $kjauk^{31}kjauk^{31}$ 表示害怕的样子，例⑰浪速语四音节叠式动词 $a^{31}thauk^{55}a^{31}lɛʔ^{55}$ 表示说话、做事无常态的样子。重叠使动词表现出与状貌词相似的句法特点，其后不能直接有时体助词，无法作为谓语的句法核心。泛义动词没有具体的实义内容，附于叠式动词之后，作功能性的谓语核心，句子的时、体、极值标记则附于泛义动词之上。例如浪速语：

＊⑲ $jɔ̃^{35}thuk^{55}thuk^{55}vɔ̃^{51}vɔ̃^{51}ʒa^{55}$.

他 进 进 出 出（尾助）

他进进出出。

⑳ $jɔ̃^{35}thuk^{55}thuk^{55}vɔ̃^{51}vɔ̃^{51}mə̆^{31}ka̱t^{55}$.

他 进 进 出 出 不 （泛）

他没有进进出出。

浪速语四音格叠式动词 $thuk^{55}thuk^{55}vɔ̃^{51}vɔ̃^{51}$“进进出出”不能直接做谓语，如例⑲句中没有泛义动词 $ka̱t^{55}$，句法结构就不成立，只有在 $thuk^{55}thuk^{55}vɔ̃^{51}vɔ̃^{51}$ 之后加上泛义动词 $ka̱t^{55}$ 才合法，且句子的时体标记、极值附于泛义动词之上，见例⑰⑳。

泛义动词作功能性谓语核心的句法现象，以及其句法表现形式在彝缅语中存在一定的差异。这种结构的形式多出现在缅语支语言中，彝语支较为少见，且不同语言动词状语的重叠形式不同。如载瓦语、波拉语存在一定的双音节 AA 式叠式动词状语，见例⑫—⑯。而浪速语只存在四音节叠式状语，很少有 AA 式动

① 浪速语语料由母语人云南民族大学相旷垄提供。

词状语，如例⑰ ⑱。现有语料中，彝语支语言仅发现凉山彝语存在泛义动词作功能性谓语核心的现象，其动词的重叠形式也同浪速语一样，只存在四音节形式可与泛义动词构成的“状心”结构。例如：

凉山彝语[①]：

㉑ ɕɿ³¹mo³¹ma⁴⁴su³³ ʑɿ⁴⁴sɿ³³la⁴⁴sɿ³³mu³³ ta³³.

媳妇 个（助）来来往往 （泛）（体）

那个媳妇经常往返于娘家和婆家。

例 ㉑ 中，凉山彝语四音节动词 ʑɿ⁴⁴sɿ³³la⁴⁴sɿ³³ “来来往往”作泛义动词 mu³³ 的状语，mu³³ 无具体语义，ʑɿ⁴⁴sɿ³³la⁴⁴sɿ³³ 表示多次往返的行为状态，构成了动词 mu³³ 的前景式状语。彝语支动词 AA 式重叠较为少见，泛义动词做功能性的谓语核心也很罕见。

2. 致使结构的分析性手段

泛义动词是彝缅语致使结构普遍使用的分析性手段。能够作为致使标记的泛义动词有“做”义类动词，“弄”“搞”义及“给”“使”类动词，其结构形式为“V泛＋自动动词”，意为动作行为是由某种外力或外界因素而引起的。致使结构来源于“V泛＋自动动词”动词连用的形式，随着语义特征的逐步弱化，泛义动词便虚化为一种分析性的致使标记，成为彝缅语致使结构的主要句法手段。例如：

邦朵拉祜语动词 te³³ “做”在自动词前，表示使动[②]：

㉒ jɔ⁵³ja⁵³ tha̠³¹ te³³ xɔ³¹ve³³.

他 孩子（宾）（泛）哭 了

他把孩子弄哭了。

苦聪话动词 ti³³ “弄”在自动词前，表示使动[③]：

㉓ ɣɔ³¹tiɛ³¹ tiɛ³¹miɛ³³ti³³ tsv⁵⁵khɔ³¹ po³³.

他 自己 眼 （泛）瞎 （反身）（助）

他弄瞎了自己的眼睛。

① 语料来自胡素华:《彝语结构助词研究》，227 页，北京，民族出版社，2002。

② 语料来自李春风:《邦朵拉祜语参考语法》，88 页，北京，中国社会科学出版社，2014。

③ 语料来自常俊之:《元江苦聪话参考语法》，68 页，北京，中国社会科学出版社，2011。

西摩罗语动词 tʃɛ̃^{31}“整、弄”在动词前，表示使动[①]：

㉔ ɯ^{55}jo^{31}nɿ^{55}tʃɛ̃^{31}　nɿ^{55}phɔ^{55}tʂ̩^{55}.

他 孩子　（泛）哭 了　（助）

他把孩子弄哭了。

载瓦语动词 lɔ̠ʔ^{55}“弄”在动词前，表示使动[②]：

㉕ ŋɔ^{51}vaʔ^{31}lɔ̠ʔ^{55}　thɔʔ^{55}lɔ^{51}pə^{51}.

我　猪　（泛）出　来（助）

我把猪赶出来了。

浪速语动词 lɔ̠ʔ^{55}“弄”在动词前，表示使动：

㉖ a^{31}na̠u^{35}lɔ̠ʔ^{55}　ŋu̠k^{55}va^{55}.

弟弟　（泛）哭　（尾助）

把弟弟弄哭了。

（三）充当“状心”结构的标记形式

彝缅语的泛义动词进一步虚化，不再保留一般动词的句法功能，而是演化为与虚词无异的句法标记，可以作为情貌类状语的标记形式，甚至出现了与助词叠加连用的双标记现象。

1. 充当情貌状语的标记

泛义动词附于各类情貌类状语之后，起到标记、凸显状语的作用。泛义动词标记的状语类型以动词、形容词、数量结构的重叠形式为主，也可以是具有情貌义的形容词、副词、描摹词基式。例如：

邦朵拉祜语[③]：

㉗ ŋa^{31}nɔ^{31}tha̠^{31}　qha^{33}dɛ̠^{31}te^{33}　jɔ^{33}ma^{11}la^{53}ve^{33}.

我 你（宾助）好好　（泛）说 教　给（语）

我好心批评你。

---

① 语料来自戴庆厦、蒋颖等：《西摩洛语研究》，87 页，北京，民族出版社，2009。

② 语料来自朱艳华、勒排早扎：《遮放载瓦语参考语法》，122 页，北京，中国社会科学出版社，2013。

③ 语料来自李春风：《邦朵拉祜语参考语法》，421 页，北京，中国社会科学出版社，2014。

㉘ jɔ^{53}tsɔ^{11} ju^{31}vɛ^{33}lɛ^{33} ki^{31}ki^{31}mo^{35}mo^{35}te^{33} qe^{33}o^{31}.

他 雨伞 拿 着（连）急急忙忙 （泛）走 了

他拿起雨伞急急忙忙地走了。

凉山彝语[①]**：**

㉙ ma^{33}ha^{33}pɔ^{31}pɔ^{31}pɔ^{44}mu^{33} dʑi^{21}o^{44}.

雨 （描摹） （泛）下 （语气）

雨啪啪地下了。

㉚ tshʅ^{31}tʂa^{33}tshʅ^{31}tʂa^{33}mu^{33} dzɛ^{33}.

一点 一点 （泛）吃

一点一点地吃。

㉛ ɣɛ^{33}ka^{33}nbo^{33}mu^{33} thɛ^{31}ʑʅ^{33}zo^{33}.

力 努 好 （泛）书 学

好好地努力学知识。

波拉语[②]**：**

㉜ kji^{31}kji^{31}kɔ̱t^{55} ta^{31}kji^{31}vɛ^{55}.

饱 饱 （泛）吃 饱 （助）

吃得饱饱的。

㉝ jɔ̃^{31}ŋɔ^{55}a^{31}pɔn^{31}a^{31}sa^{35}kɔ̱t^{55} tʃhʅ^{55}pjɛ̱ʅ^{55}vɛ^{55}.

他 钱 稀里糊涂 （泛）用 掉 （助）

他稀里糊涂地把钱用光了。

2. 泛义动词与助词构成状语的双标记

彝缅语在使用泛义动词来强化、凸显多音节状语的同时，为了构成“双双”对称的语音和谐（双音节或四音节的状语格式与双音节的标记形式），整个状语结构就形成了“2（状语）+2（句法标记）”或“4（状语）+2（句法标记）”的韵律重读模式，泛义动词则进一步虚化为既无词汇意义又无句法意义的配音形式。在分析性语言韵律机制的推动下，“助词 + 泛义动词”或“泛义动词 + 助

① 语料来自胡素华：《彝语结构助词研究》，225—227 页，北京，民族出版社，2002。

② 语料来自戴庆厦、蒋颖等：《波拉语研究》，123 页，北京，民族出版社，2007。

词”的双音节标记模式得到固化。例如：

载瓦语的“2+2”模式①：

㉞ ja̱ŋ^{31}khă^{55}na̱m^{55}ʒʅ^{55}　tʃɔ̱i^{31}tʃɔ̱i^{31} tsa^{31} ku̱t^{55} mɔ̱n^{55}ʒa^{55}.

她　什么时候（宾助）漂漂亮亮（助）（泛）打扮（实然）

她总是打扮得漂漂亮的。

浪速语的“2+2”模式：

㉟ jɔ̃^{35}jauŋ^{55}jauŋ^{55}tsa^{35} ka̱t^{55} mə̆^{31}thaŋ^{31}mɔ̱n^{55}li^{31} ʒa^{55}.

她 漂亮（叠）（助）（泛）总是　打扮 来（助）

她总是打扮得漂漂亮亮地来。

㊱ jɔ̃^{35}ŋɔn^{35} ŋɔn^{35} tsa^{35} ka̱t^{55} pa^{35}tʃa̱u^{31}ʒa^{55}.

他 舒服（叠）（助）（泛）会 说 （尾助）

他很会说话。

凉山彝语的“2+2”模式②：

㊲ ndza̰^{55}ndzʅ̰^{31}mu^{33} ta^{33} ŋo^{31}

认真（叠）（泛）（助）想

认真地想一想。

㊳ e^{44}za^{33}e^{33}za^{33}mu^{33} ta^{33} ʑa^{33}

慢慢　（泛）（助）走

慢慢地走。

帮朵拉祜语的“4+2”模式③：

㊴ ja^{53}jɛ^{53}xɯ^{33}ɣɯ^{53}ɣɯ^{53}pɔ̱^{53}pɔ̱^{53}te^{33} lɛ^{33} tɔ̱^{53}e^{33}o^{31}.

孩子们　蹦蹦跳跳　（泛）（助）出去 了

孩子们蹦蹦跳跳、嘻嘻哈哈地出去了。

---

① 语料来自朱艳华、勒排早扎：《遮放载瓦语参考语法》，105 页，北京，中国社会科学出版社，2013。

② 语料来自胡素华：《彝语结构助词研究》，53—54 页，北京，民族出版社，2002。

③ 语料来自李春风：《邦朵拉祜语参考语法》，200 页，北京，中国社会科学出版社，2014。

（四）充当构词要素

在语法化过程中，泛义动词成为彝缅语方式状语较为常见的一种句法标记形式，其分布范围由一般的方式状语，扩展到方式类疑问代词。泛义动词通常可以附于疑问代词之后，对动作行为的方式、原因进行提问。由于二者结合非常紧密，彝缅语泛义动词由一般的标记形式，词汇化为方式类疑问代词及情貌类副词的构词语素。彝缅语泛义动词已经重新分析为疑问代词的词内成分。例如：

纳西语泛义动词 be^{33} 做疑问代词的词内成分[①]：

㊵ se^{31}be^{33}be^{33}bɯ^{33}le^{33}?

怎么样 做 要 呢

要怎么办呢?

邦朵拉祜语泛义动词 te^{33} 做疑问代词的词内成分[②]：

㊶ nɔ^{31}a^{33}mɛ^{31}xa^{35}qha^{31}qhe^{33}te^{33}zɿ̱^{31}ve^{33}le^{33}?

你 昨晚 怎么 睡 的（语）

你昨晚怎么睡的?

㊷ nɔ^{31}qha^{31}qhe^{33}te^{33}jɔ^{53}tha̱^{31} tɕa^{33}ɣa^{33}ve^{33}lɛ^{33}?

你 怎么 他（宾）找到 的（语）

你是怎么找到他的?

西摩罗语泛义动词 ti^{33} 做疑问代词的词内成分[③]：

㊸ ʌ^{55}mʌ^{55}ti^{33}kɯ^{33}? ɯ^{55}ɳ^{55}ʌ^{55}ni^{33}?

怎么 了 他 哭了

怎么了? 他哭了。

---

① 语料来自和即仁、姜竹仪：《纳西语简志》，74 页，北京，民族出版社，1985。

② 语料来自李春风：《邦朵拉祜语参考语法》，78 页，北京，中国社会科学出版社，2014。

③ 语料来自戴庆厦、蒋颖等：《西摩洛语研究》，37 页，北京：民族出版社，2009。

凉山彝语泛义动词 mu³³ 做疑问代词的词内成分[①]：

㊹ nɯ^{33}ɕi^{44}mu^{33}a^{31} la^{33}?

你　为什么 不 来

你为什么不来？

㊺ dza^{33}khɯ^{31}mu^{33}mu^{33}?

饭　怎么　　做

饭怎么做？

载瓦语泛义动词 kṵt^{55} 做疑问代词的词内成分[②]：

㊻ naŋ^{51}khă^{55}su^{31}kṵt^{55}pə^{31}kji̱n^{55}lɔ^{51}ə^{55}?

你　怎么　　　北京　　来 的

你是怎么到北京来的？

㊼ naŋ^{51}khă^{55}su^{31}kṵt^{55}ja̱ŋ^{31}ʒʅ^{55}　　mjaŋ^{31}xɔ^{51}ə^{55}?

你　怎么　　　他（宾助）见　　找　的

你怎么找到他的？

彝缅语中泛义动词还可以与情貌义的构词语素结合，构成情貌类副词。如怒苏语泛义动词 m̩^{55} 可以附于具有情貌义的动词词素、形容词词素及其他词类之后，构成副词。例如[③]：

khɯ^{55}m̩^{55} 偷偷地	ma^{31}na^{55}m̩^{55} 不断地
偷	不　休息
ɑ^{31}khɹɑ^{35}m̩^{55} 分别地	tɕhɯ^{35}tɕhɯ^{35}m̩^{55} 冷冷清清地
分开	冷　（叠）
dʑo^{55} dʑo^{55}m̩^{55} 漂漂亮来地	khɑ^{35}khui^{31}m̩^{55} 都、尽、全
美丽（叠）	什么 有
thi^{53}tɕhã^{35}m̩^{55} 共同	lɔ^{53}m̩^{55} 整个、囫囵地
一　同	个（量词）

① 语料来自胡素华：《彝语结构助词研究》，217 页，北京，民族出版社，2002。

② 语料来自朱艳华、勒排早扎：《遮放载瓦语参考语法》，62 页，北京，中国社会科学出版社，2013。

③ 语料来自孙宏开、刘璐：《怒族语言简志（怒苏语）》，25 页，北京，民族出版社，1986。

二、泛义动词的分析性演化及机制

（一）分析性的演化特点

Heine 和 Kuteva（2002）对世界 500 种语言材料归纳出 400 多条不同范畴的语法化路径，以显示人类语言在形式演变上具有的高度形似性。其中对泛义动词语法化路径作出了 5 种概括：

do > causative/do > continuous/do > emphasis/do > obligation/do > pro-verb

尹蔚彬（2017）在对羌语支泛义动词的考察中发现，羌语支泛义动词的语法化遵循使役、持续体、助动词这三种路径，并将羌语支泛义动词的历时发展轨迹描述为：

动词 > 轻动词 > 助动词 > 附着语素 > 词缀 > 动词词性变化[①]

从彝缅语泛义动词共时层面的句法分布特点，我们可以看出彝缅语泛义动词与世界语言的语法化路径存在类型上的共性，其语法化轨迹同样遵循了由动词到使役、助动词、附着成分这三种路径。在历时演变上，随着语义的逐步虚化，彝缅语泛义动词由实义动词演化为使役性动词、无具体实义的助动词；其句法形态则由一般动词向助动词、助词、后附成分、词内成分演化。根据彝缅语泛义动词的共时特征及其语法化路径，我们将其历时发展轨迹拟测为：

实义动词 ↗ 使役性动词→使役性助词
实义动词 ↘ 助动词→后附成分→状语助词→构词成分

可以看出，彝缅语泛义动词与羌语支具有共同的分析性演化特点。具体表现在：一是都经历了由实义动词向使役类动词的演化，成为一种标记致使结构的分析性手段。二是都经历了叠式方式状语的后附成分这一演化节点。但由于二者分析性特点的差异，彝缅语泛义动词的演化进程更向前迈进了一步，泛义动词已

① 参见尹蔚彬：《“做”义轻动词的功能和语法化特点——以羌语支语言为例》，载《民族语文》，2017(1)。

经由黏着性后附成分，分析成为一种独立的状语标记，其句法分布、句法功能与状语助词无异。虽然羌语支也存在泛义动词作状语标记的现象，但是分布远不及彝缅语普遍，现有语料中仅发现仓洛门巴语、大羊普米语有此种现象，多数语言泛义动词主要停留在作叠式状语的后附成分的演化节点上。例如：

仓洛门巴语的泛义动词 a⁵⁵wa 做 AA 式叠式动词状语的谓语核心①：

㊽ tʂen¹³mo¹³ka¹³pi¹³ŋam¹³n̥i　kham⁵⁵tho⁵⁵re¹³taŋ¹³tho⁵⁵re¹³ka¹³　miŋ¹³

野人　的 脚 疼（连）针　每　和 每　（助）眼

tsum⁵⁵tsum⁵⁵a⁵⁵wa la.

闭（叠）做（助动）

野人脚疼得每一针都直闭眼。

仓洛门巴语的泛义动词 a⁵⁵wa 做叠式状语的标记形式②：

㊾ roʔ¹³ka¹³miŋ¹³raŋ　tak⁵⁵tɕi⁵⁵tak⁵⁵tɕi⁵⁵a⁵⁵wa kot¹³la.

他 的 眼（助）瞪 大（叠）做 看（助动）

他把眼瞪得大大的。

（二）分析性演化的内在机制

泛义动词本身的语义特点和分析性机制，促使了彝缅语及北部语言致使范畴句法形式的演化，学界已多有论及，这里就不再赘述。③ 现在需要讨论的是，泛义动词为什么能够成为叠式状语的功能性核心动词？这种句法功能在彝缅语为什么并不普遍？泛义动词的功能演化受哪些因素的影响？又是什么机制推动彝缅语泛义动词由状语的后附成分向状语标记形式的进一步演化，从而形成南北语群泛义动词的功能差异？

1. 重叠的形态特点是泛义动词功能演化的一个主要因素

一种语言成分的演变不可能是孤立存在的，总是受到其所在的构式环境及

---

① 张济川：《仓洛门巴语简志》，88 页，北京，民族出版社，1986。

② 张济川：《仓洛门巴语简志》，98 页，北京，民族出版社，1986。

③ 孙宏开：《论藏缅语动词的使动语法范畴》，载《民族语文》，1998（6）；杨将领：《藏缅语族语言使动范畴研究》，上海，上海师范大学博士学位论文，2017。

其他句法要素的影响和制约，泛义动词的演化亦是如此。从现有语料来看，重叠对于泛义动词的功能演化起着重要的作用。我们发现，重叠与泛义动词在句法结构中似乎存在某种天然的联系。只要有动词的AA式重叠，泛义动词大多会随之出现，这一现象在藏缅语北部藏、羌、景颇语支语言中尤为突出，缅语支部分存在，彝语支存在最为稀少，其分布状态由北向南呈逐级递减的状态，即藏、羌、景颇语支 > 缅语支 > 彝语支。藏、羌、景颇语支中，AA式叠式动词与泛义动词结合，可以表达动作行为的相互、状态等情貌义。例如：

藏语东旺话：

㊿ k^{h}u^{31}ȵɯ^{33}p^{h}ə^{33}p^{h}ɯ^{31} jɛ^{24}dɛ^{24}non^{31}.

他俩　　推　（叠）（泛）　正在

他俩在互推。

㉛ ɕ^{h}ə^{31}ȵɯ^{22}t^{h}ə^{33}　t^{h}ao^{54} ma^{24}　jɛ^{24}.

你俩　　吵架（叠）不要（泛）

你俩不要吵了。

蒲溪羌语[①]：

㊷ tubzi̢ ȵi satsu zdiz̢　di　　　-pɑ.

哥哥 和 妹妹 训斥（叠）（泛）（³单）

哥哥和妹妹在争吵。

㊸ then (dzu̢) mɑ-　　　mɑ-pɑ.

他们 互相 喜欢（叠）（泛）（³单）

他们互相喜欢。

景颇语[②]：

㊹ naŋ^{33}ka̠^{33}ka̠^{33}　ti^{33}　uʔ^{33}!

你　写（叠）（泛）（尾）

你经常写吧！

---

① 语料来自黄成龙：《蒲溪羌语研究》，153页，北京，民族出版社，2007。

② 语料来自戴庆厦：《景颇语参考语法》，106页，北京，中国社会科学出版社，2012。

⑤⑤ ʃi³³n⁵⁵te̱n⁵⁵e³¹　sa³³sa³³　ʒe³³　ai³³.
他 时候　（方）去（叠）（泛）（尾）
他经常这时候去。

从跨语言的比较来看，重叠是构成方式范畴情貌义最为典型的编码策略。[①]而重叠赋予动词新的句法语义的同时，也引起了动词句法属性及其所在句法结构的改变。AA 式重叠使动词完成了去及物化，使动词由动态性转为状貌性，赋予了动词状貌词的形态特点。这样，在句法结构中造成谓语核心空位的失衡状态。由于泛义动词本身的句法属性及语义特点，既能保证叠式动词作为焦点信息的同时，又可以实现整个句法结构关系的平衡。因此，泛义动词在重叠这一形态手段的作用下，成为平衡句法关系的功能性要素。

然而，重叠在不同语言类型间的操作维度是不同的。藏缅语北部语群的这种重叠作为临摹性的“拟态”手段，是一种原初的状貌词形态，综合性强，状貌义显著。重叠通常会伴有语音屈折或黏着词缀，抱合紧密。如东旺藏语，见例⑤④⑤⑤。又如草登嘉绒语，以 thwel“蹒跚”为例[②]：

前加词缀 nə-：nə-thwelthwelʔ　表示持续蹒跚行走貌。
前加词缀 kɐ-：kɐ-nə-thwelthwelʔ 表示持续蹒跚地到处走。
前加词缀 wɐ-：kɐ-wɐ-thwelthwel 表示在原地或小范围内持续蹒跚地行走貌。
前加词缀 sɐ-：kɐ-sɐ-thwelthwel　表示使其蹒跚地行走貌。

在彝缅语支中，重叠的属性由综合性手段向分析性手段演进，本身不具情貌义的一般动词也可以进入 AA 式或是固定的四音格词框架。重叠式由于存在一个清晰的基式，词框内部形成明确的语法操作关系，表现出较强的分析性。彝缅语的动词重叠绝大多数是并列结构的四音格形式。例如：

① 参见王芳:《重叠多功能模式的类型学研究》，天津，南开大学博士学位论文，2012；张新华、张和友:《从状貌词的实质与演进看汉语的分析性》，载《语言科学》，2020（5）。
② 孙天心、石丹罗:《草登嘉戎语的状貌词》，载《民族语文》，2004（5）。

哈尼语：

pɯ31tɕi31ta31tɕi31 胡打
乱 打 乱 打

pɯ31kha31ta31kha31 乱挖
乱 挖 乱 挖

浪速语：

mǎ31nɔn55mǎ31ʃam55 忌妒地
忌 妒 忌 妒

khɔ̃31tʃhɔk55khɔ̃31nam33 语无伦次
说 乱 说 乱

四音格词作为重叠的一种构词手段，携带有融合性的特点，具有状貌词的性质，因此，泛义动词会保留作为功能性核心动词的特点。如浪速语、凉山彝语的四音格叠式动词可以与泛义动词构成重心前置式“状心”结构，见例⑰㉑。而重叠分析性提高的后果必然是状貌典型性降低，AA 式在彝缅语中比北部语言状貌义孱弱得多。一般动词叠加后仍保留有及物性，可以带宾语。如缅语支的部分语言，AA 式重叠可以表示一定的情貌义，但动词的及物属性并未改变。例如：

载瓦语①**：**

56 ja̠ŋ31i51 a31num31ʃuʔ55ʃuʔ55 ku̠t55 ʒa55.
他 酒 经常 喝 （叠）（泛）（助）
他经常喝酒。

浪速语：

57 ŋɔ31muk31suk55 ʒɛ51ŋuai31ŋuai31ka̠t55 ka35 va55.
我 书 （助）喜欢 （叠）（泛）感到（助）
我（感觉）有些喜欢看书了。

波拉语②**：**

58 nɔ̃55ŋa55ʒɛ31 a31tsaŋ35pi31pi31kɔ̠t55 na55.
你 我（助）东西 给 给 （泛）（助）
你经常给我东西。

① 语料来自朱艳华、勒排早扎：《遮放载瓦语参考语法》，128 页，北京，中国社会科学出版社，2013。
② 语料来自戴庆厦、蒋颖等：《波拉语研究》，110 页，北京，民族出版社，2007。

AA 式动词重叠在分析性特征较强的彝语支中的分布更是罕见，泛义动词也很少能作为功能性的核心动词。仅纳西语存在动词 AA 式重叠表示互动态，但动词属性不变，仍是句法核心。例如：

⑲ thɯ³³ku³³me³³lɑ⁵⁵ne³¹.

他 妹妹 打 在

他在打妹妹。

⑳ thɯ³³nə¹³ku³³me³³lɑ⁵⁵lɑ³³ ne³¹.

他 和 妹妹 打（叠）在

他和妹妹在打架。

重叠作为形态手段在南北语言中的类型差异，直接影响了泛义动词功能演化的差异。AA 式动词重叠在彝缅语群中的综合性减弱，分析性增强，其状貌性也随之变弱，叠式动词仍保留有一般动词的句法特点，因为无法形成句法空位，泛义动词自然也就失去了做功能性核心谓语的机会。

2. 强分析性促成泛义动词演化为虚词标记

通过上文分析可知，重叠的形态特点成就了泛义动词作为功能性核心要素的句法地位，同时由于分析性的增强，也造成了彝缅语泛义动词功能性核心地位的丧失。在完成这种转化之前，由于与情貌义叠式状语天然的依存关系，泛义动词既可以看作是整个谓语句法核心，也可以看作是一种情貌义状语的后附成分。在重叠形态手段的作用下，很多北部语言的 AA 式动词已经转换为状貌词，而藏缅语中状语是状貌词最为典型的句法槽位，在精确表义的需求下，附带泛义动词的叠式动词之后，自然可以再加上一个表示具体语义的动词成分，由此形成“叠式动词＋泛义动词＋实义动词”这一多动词连用的句法格局。而泛义动词在分析性机制的作用下，从叠式状貌词的黏着性成分，离析为独立的分析性要素，重新分析为一种居于叠式状语与实义动词之间的连接标记。泛义动词这种由功能动词向后附词缀转化，再由后附词缀向句法标记的演化过程，在藏缅语的“中介语”景颇语中都得到了充分的体现。[①]

景颇语泛义动词可以做功能性的动词核心。例如：

① 参见戴庆厦：《景颇语参考语法》，100 页，北京，中国社会科学出版社，2012。

⑥1 jaʔ^{55}the^{33}ko^{31}　wa^{31}wa^{31}sa^{33}sa^{33}ʒai^{31}　ŋa^{31}　maʔ^{31}ai^{33}.
最近　（话）回回来来　（泛）（貌）（尾）
最近他们来来回回地走。

例⑥1中叠式动词 wa^{31}wa^{31}sa^{33}sa^{33} “来来回回” 与泛义动词 ʒai^{31} 构成状心结构，ʒai^{31} 做功能性的核心动词。

景颇语泛义动词做状貌词的后附词缀。例如：

⑥2 ka̱p^{55}ka̱p^{55}ti^{33}　mǎ^{31}kap^{31}to̱m^{31}uʔ^{31}!
紧贴　（泛）贴　（貌）（尾）
你紧紧地贴上去吧！

戴庆厦先生指出 ti^{33} 已经弱化为 ka̱p^{55}ka̱p^{55} “紧贴” 的后缀，二者连接紧密，浑然一体，母语人已辨析不出 ti^{33} 是动词。

景颇语泛义动词连接状貌词与实义动词。例如：

⑥3 kǎ^{31}le^{55}kǎ^{31}lau^{31}ti^{33}　kǎ^{31}ka̱ŋ^{33}tat^{31}　uʔ^{31}!
翻来覆去　（泛）烤　（貌）（尾）
你翻来覆去地烤吧！

例⑥3中 ti^{33} 已经语法化为四音节叠式动词状语 kǎ^{31}le^{55}kǎ^{31}lau^{31} “翻来覆去” 和实义动词 kǎ^{31}ka̱ŋ^{33} “烤” 的连接成分。

景颇语泛义动词的上述三个功能特点在缅语支部分语言中有一定保留，而在彝语支中，泛义动词作为功能动词的现象几近消失。

随着分析性的演进，泛义动词作为状心结构的句法标记形式，其分布范围进一步扩大，在彝缅语中，实现了由标注叠式动词向标注其他方式义重叠结构的扩展，进而演化为与其他状语助词一致的句法功能，成为状语成分较为普遍的一种标记形式。这种分析性特质甚至还在不断强化，在韵律机制的作用下，泛义动词演化为一种纯粹的配音要素，呈现出句法特点独立、灵活，在句法结构中可增可减的强分析性特点。[①]

当泛义动词演化为方式类状语的普遍标记形式之时，也可以标记方式类疑问代词，在与疑问代词的高频使用下，泛义动词词汇化为一种词内成分。这里需要注意的是，彝缅语泛义动词作为词内成分，有别于景颇语状貌词的黏着词缀，他们产生于泛义动词演化的不同节点，是不同分析性层次的演化产物。

三、泛义动词的分析性演变链

根据以上分析，我们可知，彝缅语泛义动词在分析性机制的作用下，分析性特征向前跨进了一大步。这从与北部语群的比较中能够看到。彝缅语泛义动词基本完成了分析性演化，成为一种分布范围较广、句法功能多样的分析性虚词形式。我们以彝缅语泛义动词的功能分布及演化为依据，提取泛义动词分布及功能演变的每一个节点，并对节点进行排比、串联，进一步勾勒出泛义动词由功能动词向状语助词转化的分析性演变链。如下图：

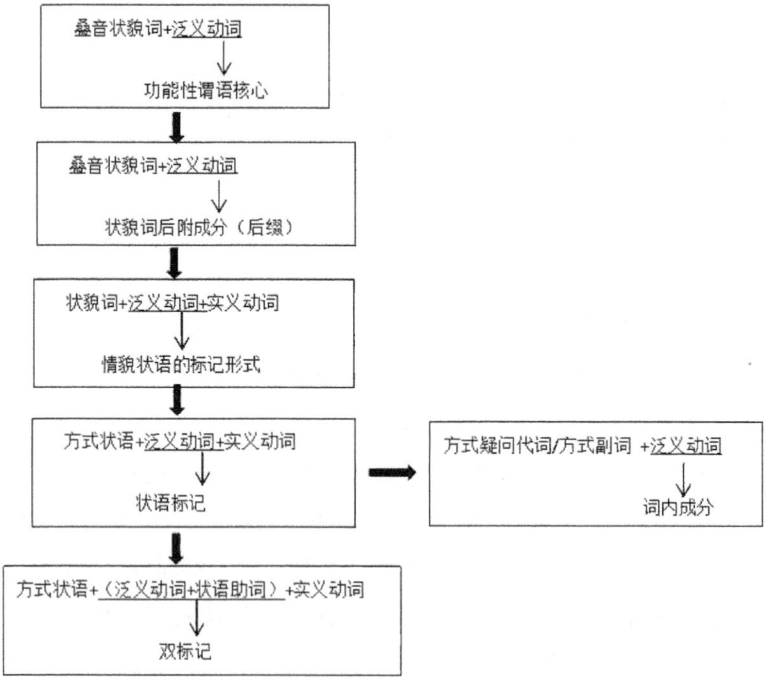

图 1　泛义动词由功能动词向状语助词转化的分析性演变链

① 参见闻静：《论浪速语重叠手段的分析性属性》，载《贵州民族研究》，2020（10）。

参考文献

［1］常俊之．元江苦聪话参考语法．北京：中国社会科学出版社，2011.

［2］戴庆厦．景颇语的泛指动词．语言科学，2007（6）.

［3］戴庆厦，蒋颖，等．波拉语研究．北京：民族出版社，2007.

［4］戴庆厦，蒋颖，等．西摩洛语研究．北京：民族出版社，2009.

［5］戴庆厦．景颇语参考语法．北京：中国社会科学出版社，2012.

［6］和即仁，姜竹仪．纳西语简志．北京：民族出版社，1985：101页.

［7］胡素华．彝语结构助词研究．北京：民族出版社，2002.

［8］黄成龙．蒲溪羌语研究．北京：民族出版社，2007.

［9］李春风．邦朵拉祜语参考语法．北京：中国社会科学出版社，2014.

［10］孙宏开，刘璐．怒族语言简志（怒苏语）．北京：民族出版社，1986：110页.

［11］孙宏开．论藏缅语动词的使动语法范畴．民族语文，1998（6）.

［12］孙天心，石丹罗．草登嘉戎语的状貌词．民族语文，2004（5）.

［13］王芳．重叠多功能模式的类型学研究．天津：南开大学博士学位论文，2012.

［14］闻静．藏缅语泛义动词、连词做状语标记的类型分析．贵州民族研究，2017（5）.

［15］闻静．论浪速语重叠手段的分析性属性．贵州民族研究，2020（10）.

［16］尹蔚彬．"做"义轻动词的功能和语法化特点——以羌语支语言为例．民族语文，2017（1）.

［17］杨将领．藏缅语族语言使动范畴研究．上海：上海师范大学博士学位论文，2017.

［18］张济川．仓洛门巴语简志．北京：民族出版社，1986.

［19］张新华，张和友．从状貌词的实质与演进看汉语的分析性．语言科学，2020（5）.

［20］朱艳华，勒排早扎．遮放载瓦语参考语法．北京：中国社会科学出版社，2013.

［21］Heine, Bernd & Kuteva, Tania. World Lexicon of Grammaticalization. Cambridge: Cambridge University Press，2002.

（作者单位：北京华文学院）

拉祜语的分析性特点及其系统性 *

李春风

研究语言，必须研究它的类型学特点，弄清具体语言的类型学特征。分析性语言的特点，要在分析一个个具体特点的基础上，归纳其系统性特征及相互关系，了解哪些是主要的，哪些是次要的，并进一步厘清二者的关系。只有这样，才能看清楚分析性语言的特点及其演变轨迹。

拉祜语的语言类型具有复杂性、系统性、交叉性的特点。本文根据系统论的观点，先分析拉祜语的分析性特点，进而分析它们的关系。

一、形态变化少

语言的形态分类涉及“综合度指标”和“熔合度指标”两个指标。“综合度指标”指一种语言里加缀法的数量和应用程度，处于综合度低端的是孤立语，处于高端的是综合语。“熔合度指标”指切分词内语素的难易度，典型的孤立语与融合无关，因为词内没有形素，屈折语和黏着语分别是高度融合和完全不融合的典型。按照这两个指标能够得到程度差异的连续统。[①] 从“综合度指标”[②] 看，拉祜语形态变化数量少，应用程度受限，靠近孤立语一端。具体表现如下。

（一）形态变化数量少

拉祜语形态手段能表达一定的语法意义，但数量有限，且多数是不典型的。

* 原载《民族语文》，2020（3）。

① Lindsay J, Whaley:《类型学导论——语言的共性和差异》，24 页，北京，世界图书出版公司，2009。

② Lindsay J, Whaley:《类型学导论——语言的共性和差异》，128 页，北京，世界图书出版公司，2009。

如形态构词法的附加式构词，前缀只有 i^{35}-、a^{31}-（有的变读为 a^{33} 或 a^{35}）、ɔ^{31}-等少数几类，分布于各词类前，只有语法意义，无词汇意义，属于构形词缀。如 i^{35}ka̠^{53} “水” 等。ɔ^{31} 加在形容词、动词等前起名词化的作用。如 ɔ^{31}lɔ^{33} “事情”、ɔ^{31}xo̠^{53}“盖子”、ɔ^{31}sɿ̠^{35}“新的” 等；a- 有的是形态变化，有的不是；有的是配音音节，起韵律作用，如 a^{31}pu^{11} “公公、岳父”、a^{31}mi^{31} “火”、a^{35}ȵi^{33} “昨天”，等等。

有的词缀“半实半虚”，具有一定程度的实词意义，属于构词词缀。前缀如 ja̠^{31}pɯ^{35} “今晚” 中的 ja̠^{31}-，含有“现今、当下”义，但不能单独使用，必须与词根 pɯ^{35} “晚” 结合后，表达“今晚”义。还有 sɔ^{35}-、sɿ̠^{53}-（或 sɿ^{31}-）等，只能用于部分时间名词之前，构词能力弱，一般不能单独使用；后缀如 -xa^{35}、-qo^{11}、-ɕi^{11}、-qa^{11}、-tu^{31}、-pa^{11} 等，多从实词虚化而来，并不是典型后缀。

音变构词有变调、声母变异和韵母变异等几种变音形式来区别词义，这是形态变化，但出现频率很少。如变调的 khu̠^{31} “啃” 与 khu̠^{35} “使啃”，声母变异的 tɕa̠^{31} “推” 与 ɣa̠^{31} “赶”，元音松紧变化的 la^{31} “来” 与 la̠^{31} “使来” 等。还有的表现为几种要素的综合变化，声母交替或对立的同时伴随元音松紧变化的，如 va̠^{31} “躲藏” 与 fa^{31} “收藏”。

（二）形态变化趋于衰退甚至脱落

拉祜语的形态变化主要用于使动范畴。藏缅语研究已经取得这样一个共识，使动范畴是古代藏缅语的一种比较发达的形态，手段有加前缀、后缀、语音变化等。但到了现代拉祜语，使动范畴有屈折式、屈折式加分析式、分析式等三种语法形式。形态上只剩下少量音变手段，处于衰退、脱落的阶段。这类形态变化的例词很少，有的规则只有一两个例词。如 vɤ^{33} “穿” 与 fɤ^{35} “使穿”，浊音表自动，清音表使动；pa̠^{53} “垮” 与 pha̠^{53} “拆”，不送气表自动，送气表使动；la^{31} “来” 与 la̠^{31} “使来”，松元音表自动，紧元音表使动等。有的交替特征还伴随别的特征，这些都是历史音变的结果。

形态变化的衰退，导致出现大量的分析手段。相比之下，分析式使用较广泛，在语用中出现频率最高。即在自动词前或后加助动词或使动词，构成动词的使动态。有两种语法形式：一是在自动词后加使动词 tsɿ^{33} “使” 或动词 pi^{53}、la^{53} “给”，表示致使义；二是在自动词前加助动词，如 ɔ^{35}、te^{33}、tu^{35} 等，表示动词的使动态。少量通过语音变化表示使动动词，后面还可以加表达“致使”意

义的助动词 pi^{53} 或 la^{53}，构成屈折形式和分析形式的双重使动范畴。这是屈折型向分析型过渡发展的表现。

上述使动范畴几种语法形式的演变说明，拉祜语的使动范畴已进入分析性范畴，分析式发达，屈折式正处于衰退阶段，而屈折式加分析式中的屈折式有进一步脱落的可能。

（三）少数残存形态有被分析式取代的趋势

此种趋势如拉祜语的人称－数与动词的一致性只残存在使动态的句法中：附加成分 la^{53} 加在使动对象为第一、二人称的动词后；pi^{53} 加在使动对象为第三人称的动词后，且常伴随动词词根变调，是残存的形态伴随分析式而出现。这种表示人称与动词一致的形态变化有被使动词 $tsɿ^{33}$ 泛化的趋势。

二、单音节性突出

拉祜语是单音节词根性语言，表现在基本词汇多为单音节，双音节化、四音节词是在单音节基础上发展而来，是对单音节性的补充。这种特征主要体现在以下两个方面。

（一）语素音节结构以单音节为基础且呈双音节化趋势

依据美国语言学家斯瓦迪士（Morris Swadesh）200 词，我们考察了拉祜语基本词汇音节结构情况，有两个特点：单音节词处于优势地位，有 128 个，占 64%；双音节词次之，有 62 个，占 31%。这说明 200 个拉祜语基本词大多是单音节词，其次是双音节的复合词，多音节单纯词极少，只有 10 个，占 5%，这类词多为连词。

从《藏缅语族语言词汇》① 收录的 697 个拉祜语动词统计情况看，其音节结构特点也是如此：单音节动词最多，有 476 个，占 68.3%；双音节动词次之，有 170 个，占 24.4%；多音节动词 51 个，占 7.3%。其他数词、量词、性质形容词

① 黄布凡主编：《藏缅语族语言词汇》，北京，中央民族大学出版社，1992。

等实词也多为单音节词，双音节词次之。可见拉祜语的表义基础主要靠单音节词素，双音节是在单音节基础上扩大语义表达需要的进一步发展。

（二）发达的四音格词是双音节词表义功能的补充

为扩展词语表义功能，拉祜语发展了丰富的四音格词。孙艳认为“分析特征越典型的语言，四音格词越发达”①，拉祜语即是如此。从这个意义上说，拉祜语四音格词也是单音节性的扩大，是对双音节词表义功能的补充。

拉祜语四音格词极其丰富，具有相对固定的特殊语音形式，是一种能产的构词格式。这种形式多出现在文学语言或拉祜语水平较高的人群中。刘劲荣的《拉祜语四音格词》② 收录了 5200 个四音格词，数量庞大，广泛应用于文学作品、日常生活用语中。主要特征是音节韵律和谐：存在音节和谐关系的有 5156 个，占 99%；无音节和谐关系的仅有 44 个，少于 1%。

拉祜语单音节词的语义扩展有比较明显的阶段性。双音节化是第一阶段，四音节词发展是第二阶段。第二阶段是在第一阶段基础上的扩展，重视重叠、双声、叠韵等构词手段。以“高高兴兴”为例：有两种组合形式，ABAC 式 $xa^{33}lɛ^{31}xa^{33}qa^{33}$、AABB 式 $xa^{33}xa^{33}lɛ^{31}lɛ^{31}$。其中，$xa^{33}lɛ^{31}$、$xa^{33}qa^{33}$ 都是“高兴”的意思，但 $xa^{33}lɛ^{31}$ 可以单独使用，是形容词“高兴”；$xa^{33}qa^{33}$ 在四音格词中有“高兴”义，但不能单独使用，形式不自由。Matisoff 认为 $xa^{33}qa^{33}$ 是黏附形位。③ 可见能重叠构成 AABB 式的以双音节词为主。

三、虚词及其语法功能丰富

虚词的应用能明确句子语法成分、弥补形态不足，是分析性语言顺畅、准确传递句子信息所需要的重要语法手段。拉祜语的虚词丰富，已构成一个比较发达的系统。其中主要有表示结构关系的关系助词，表示句式语气的语气词，表示谓语状态的体助词。这些虚词虽然数量有限，但是在句法中作用很大。为了扩大表达功能，拉祜语的虚词向多功能性方向发展。如关系助词充当语法标记时，一个

① 孙艳：《汉藏语四音格词研究》，304 页，北京，民族出版社，2005。

② 刘劲荣：《拉祜语四音格词》，北京，民族出版社，2010。

③ 参见 Matisoff, James A. The Grammar of Lahu. London: University of California Press, 1982, pp.197–198.

词能表示多种语法意义，兼用功能较强。有的关系助词兼表同一层次的不同成分属性，有的兼表不同层次的结构关系，有的则既表不同成分属性又表不同层次结构关系。以第三类居多，具体表现在以下几个方面。

（一）虚词兼类较多并承担多种语法功能

拉祜语通过添加不同虚词，表达不同的语法意义。一些虚词尤其是结构助词有多功能性特点，多重功能中都有主要功能和次要功能之分。以虚词 tha^{31}、ve^{33} 为例说明。

1. tha̠^{31}

tha̠^{31} 来源于表示上、下义的方位词。主要功能有宾语标记、差比标记、受事标记、随同格标记、小句宾语标记，受事标记在被动式中强调受事、兼表“被动”义，具有被动标记的某些特征。从使用频率看，tha̠^{31} 的主要功能是作宾语标记，其次是受事标记。其他表关联的功能多由此功能衍生，如随同格功能和表被动的功能分别依附于宾语标记和受事标记。tha̠^{31} 的语义特征中有“不平等”之义，成为差比标记来源的语义基础。受事标记有消极、被动或不平等等语义特征。分别举例如下。

① ɔ^{31} ɔ̠^{31}pa^{33}ɔ̠^{31}e^{33}tha̠^{31}　xa̠^{31}　mɛ^{31}.
你 父亲　母亲（宾）爱护 啊
你要对父母亲好。（宾格助词）

② jɔ^{53}ɔ^{31}ȵi^{33}pa^{11}tha̠^{31}　kɛ^{35}la̠^{31}lɛ^{35}a^{31}.
他 弟弟　　（宾）更　聪明　（助）
他比弟弟聪明。（差比标记）

③ jɔ^{53}tha̠^{31}　i^{35}mu^{53}the̠^{53}pi^{53}ve^{33}.
他（受）马　　踢　给（助）
他被马踢了。（受事标记兼“被动”义）

④ ŋa^{31}ka^{31}qhɔ^{33}nɔ^{35}ve^{33}ɔ^{31}xa^{35}ɔ^{31}ȵi^{33}ɣa^{31}te^{33}ɣa^{31}da̠^{31}la^{33}tha̠^{31}　a^{33}kɛ^{35}
我　也　以后　　的　日子　　越　来　越　好　来　　（宾）更加
jo^{31}ve^{33}jo^{31}.
相信　（语）
我更相信往后的日子会越来越好！（小句宾语）

tha̱^{31} 还大量出现在古体诗歌的对偶句中。不但是有生性宾语、无生性宾语标记，还能增强诗歌的韵律感，表现出诗歌的韵律特征。例如：

⑤ va̱^{31}tshu^{33}ve^{33}tha̱^{31} kɔ̱^{53}, tshɔ^{33}ɔ^{31}mi̱^{31}lu^{31}ve^{33}tha̱^{31} kɔ̱^{53}.
猪 肥 的（宾）怕 人 名声 坏 的（宾）怕
猪怕肥，人怕毁名。

Matisoff[①] 还把 tha`ʔ 作为动词及物性的标记，认为出现在带 tha`ʔ 或可加 tha`ʔ 而意义无明显改变的名词之后的动词是“及物动词”，其他行为动词是“不及物动词”。

2. ve^{33}

ve^{33} 是表示句子成分关系的助词。在句中作定语标记、补语标记、关系化从句标记、名物化标记等；ve^{33} 作句尾语气词时，表示句子终结或陈述语气、判断语气，能与其他虚词连用，表示句子的“体”范畴；ve^{33} 还能作定指标记、直接引语标记等。例如：

⑥ ŋa^{31}xɯ^{33}ve^{33}li̱^{31}xe^{53}kɯ^{31}
我们 的 学 校
我们的学校。（定语标记）

⑦ khɯ^{53}kɯ^{31}ve^{33}qha^{33}su^{11}ma^{53}xe̱^{53}.
肥料 撒 的 一 样 不 是
肥料施得不均匀。（补语标记）

⑧ u^{35}te^{53}xɯ^{31}li̱^{31}dɔ^{33}lɛ^{33} na^{33}tsu̱^{53}ve^{33}.
那 一 些 书 （话）娜 住 （语）
那些书是娜住的。（陈述语气词）

⑨ ŋa^{31}tɕhi^{33}ve^{33}i^{33} ve^{33}tɕa^{53}, nɔ^{31}u^{35}ve^{33}ɤ^{11}lɛ^{31}ve^{33}tɕa^{53}.
我 这 个 小 的 吃 你 那 个 大 的 吃
我吃这个小的，你吃那个大的。（tɕhi^{33}ve^{33} 是定指标记、i^{33}ve^{33} 是名物化标记）

① Matisoff, James A. The Grammar of Lahu. London: University of California Press, 1982, p.155.

⑩ pa^{11}tshu^{53}py̱^{53}qo^{53}ve^{33} ŋa^{31}ɕa^{11}na̱^{53}mɯ^{33}ta^{31}ve^{33}jo^{31}.

癞蛤蟆 说（助）我 猎物 等 坐 着（助）

癞蛤蟆说：“我坐着等猎物来呀！”（直接引语标记）

（二）有的语法功能存在多个显性语法标记

拉祜语一些语法标记往往功能互补，有的有脱落趋势。以宾格标记为例，拉祜语有三个宾格标记：tha̱^{31}、a̱^{31}、ɔ^{31}。三者的用法和功能有同有异，在使用中存在竞争互补的关系。a̱^{31}、ɔ^{31} 在口语中出现频率高，tha̱^{31} 在书面语中使用频率高。从语气上看，tha̱^{31} 表示的语气较重，a̱^{31}、ɔ^{31} 表示的语气较弱。从来源看，tha̱^{31} 和 a̱^{31} 原先是一个，后因与宾语结合较紧，在口语语流中脱落了辅音，由 tha̱^{31} 变为 a̱^{31}。但由于二者共存共用，成为两个词，在使用时可以互换。

随着拉祜语分析性增强，tha̱^{31} 的句法功能逐渐集中于标记高生命度体词性成分和少部分无生性宾语。标记处所宾语时，已趋向使用专门的处所宾格标记 ɔ^{31}。在句中同现时，ɔ^{31} 标记地点宾语，tha^{31} 标记受事宾语。例如：

⑪ ŋa^{31}a^{31}ȵi^{33}gu^{33}kɯ^{31}ɔ^{31} na^{31}pa^{11}tha̱^{31} tɕa^{33}ȵi^{33}e^{33}ve^{33}.

我 医 院 （宾）病人 （宾）找 看 去 的

我去医院探望病人。

向分析式发展的另一个表现是，语序将越来越成为拉祜语述宾结构的重要语法手段。如助词前有比较明确的方位词，加不加格助词 ɔ^{31}，其句义都相同。

（三）虚词连用

拉祜语不同虚词能多个连用，在句中表达特殊的语法意义和语法功能。两个及以上连用的较为常见。例如：

⑫ ɔ^{31}ve^{33}mi^{35}tshɔ^{33}qhɔ^{33}kɯ^{33}ta^{11} ve^{33} jo^{31}!

你的 挎 包 里 装 （体）（语）（语）

在你的挎包里嘛！

⑬ ja^{53}pa^{11}tɕhi^{33}qhe^{33}na^{35}mu^{33} ɕe^{31}o^{31}lɔ^{33}!

孩子　这　么　高（体）（语）（语）

这孩子这么高了！

例 ⑫ 的 ta^{11} 是持续体助词，ve^{33}、jo^{31} 都是句尾陈述语气词，ve^{33} 与 jo^{31} 连用，表示显而易见、毋庸置疑的语气。例 ⑬ 的体助词 ɕe^{31} 与语气词 o^{31} 连用，表示完成体，lɔ^{33} 是感叹语气词，三者连用，表示出乎意料、强调、惊叹的语气。

四、语序类型固定

拉祜语是 SOV 语序的分析性语言，靠语序来明确语法成分的关系，基本语序不能随意变动。如主谓结构是“主语 + 谓语”，宾动结构是“宾语 + 动词”，动补结构是“动词 + 补语”，状中结构是“状语 + 中心语”，名修名结构是“名词修饰语 + 名词中心语”，话题结构是“话题 + 述题”等。

但有的句法成分结构除了常用的基本语序，在特殊语用条件下语序出现变化，这些多数借助某些虚词实现。如数量短语与名词结合的基本语序是“名词 + 数词 + 量词”，还有“数词 + 量词 + ve^{33} + 名词”“数词 + 量词 + 方位名词”“数词 + 反响型量词”三种语序。这三种语序各在一定条件下才能出现。如果要强调数量，可以把数量短语放在名词之前，但二者之间要加关系助词 ve^{33}，构成“数词 + 量词 + ve^{33} + 名词”。数量短语与动词结合的基本语序“数词 + 量词 + 动词”，可变为“动词 + ve^{33} + 数词 + 量词”。数量短语与代词结合的基本语序是“指示代词 / 疑问代词 + ve^{33} + 数词 + 量词”；但与疑问代词共同修饰名词时，基本语序是“名词 + 指示代词 +（ve^{33}）+ 数词 + 量词”，还可为“指示代词 +（ve^{33}）+ 名词 + 数词 + 量词”或“指示代词 + 数词 + 量词 +（ve^{33}）+ 名词”。以上各种语序的变化，都有关系助词 ve^{33} 参与，有时还可以省略（ve^{33} 加括号都表示可用可不用），加 ve^{33} 具有强调作用。

再如拉祜语连谓结构中，并列关系的连用谓词顺序多为“主要谓词 + 次要谓词”。为了强调动作的先后顺序，需要用非结束式谓语标记 lɛ^{33} 或 qo^{33} 等标识非终极动作的完成，凸显该谓词结构的有界性，并将该动作表达的事件与下一动作表达的事件连接起来。这样的句子都遵循顺序原则，先发生的动作行为在前，后发生的动作在后。其结构形式为“ V_1 +（助）+ V_2 +（助）+ …… Vn”。发达的虚词系统是各种句法结构出现变化的主要条件之一，其多功能性、灵活性对句法结构中的语义关系、语用信息等产生限制和影响。

五、语义扩展手段创新

分析性语言由于缺少形态，必然要寻找分析手段来增强表达能力，类化和泛化是应这一需要而产生的。由不同功能集合为一类形式，具有相似的语义特征，是“类化”；一类形式用于多种语义、语法功能，具有相似的原型意义，是“泛化”。拉祜语中出现了数量颇多的类化和泛化现象，成为其分析性的一个重要特点。

（一）类化

类化是一种语言形式对另一种语言形式或者同一语言内部一种形式对另一种形式的渗透或改造，反映在语音、词汇、语法中；类化作用是诸如词缀、类词缀和助字等有决定整个组合的语法功能的类范畴。[①] 拉祜语在词类、构词和语法范畴中，存在“语义类别”的语法形式。这类语法形式多由单音节实词虚化而来，附着在实词后，保留一定程度的实词语义特征，是具有这一语义特征的一类词汇的集合。

这些语法形式，有的意义已抽象到相当泛化的程度，如前缀 ɔ^{31} 加在形容词、动词等前起名词化的作用。有的还保留一定的实词意义，以合成词部分后缀、动词“貌”范畴为例。

合成词中，有的后缀既保留部分实词义，又具有后缀的功能，表示具有某一类别的意义。这是一种半实半虚的后缀，能产性比较强。其中，有的不能再单独使用，如 kɯ^{31} “处、地方”用于动词、形容词或谓词性短语之后，构成表示处所的名词。例如：

li̱^{31}xe^{53}kɯ^{31} 学校　　　　zɿ̱^{31}kɯ^{31} 宿舍
书 学 处　　　　睡 处

① 王洪君、富丽：《试论现代汉语的类词缀》，载《语言科学》，2005（4）。

有的后缀形式上附着于实词语素后，但还可以单独使用，仍能看出其实词语义特征。qo^{11} 实词义为“洞”，用在具有表达器皿、容器类语义特征的名词语素后，如 mi^{31}qo^{11} “土洞”、tɕhɛ^{31}qo^{11} “鼓”。ɕi^{11} 实词义为“果实”，用在名词性词根后，虚化为表示圆形、颗粒状的事物，还能做量词，如 xa^{35}pɯ^{33}ɕi^{11} “石头”、phɯ^{53}mɯ^{35}ɕi^{11} “南瓜”等。

拉祜语有两个中缀 mu^{53} 和 qha^{53}，用于重叠的名词中间，也具有“类化”意义，其中 mu^{53} 表示“类别”义，qha^{53} 表示“反身”义。这两个词缀用于两个重叠名词之间，形式上具有比较明显的独立性。如 ŋa^{53}mu^{53}ŋa^{53} “鱼之类”、jɔ^{53}qha^{53}jɔ^{53} “他自己”。

动词有貌范畴，语法标记多由实词虚化而来，语义多是半实半虚，表动词的这一类“貌”。如极限貌标记 sɿ^{33} 来源于动词“死、死亡”，用在主要动词后，补充说明动作行为达到“极限貌”，如“气死人”“快累死”等：

⑭ ɔ^{31}tɛ^{31}bɯ̠^{31}sɿ^{33} la^{33}jo^{31}!
真 气 死（极限貌）来（语）
真气死人！

⑮ ŋa^{31}te^{33}ve^{33}xɤ^{31}sɿ^{33} la^{33}jo^{31}.
我 做 得 累 死（极限貌）来 是
我做得快累死了。

拉祜语动词的貌，从来源看，多由动词语法化而来，都能单独在句中充当谓语动词。还有来源于复合词的，如“su^{53}ɛ^{31}”用在名词后，表示“流动貌”。“su^{53}”本义为“流动”，“ɛ^{31}”是形容词词缀，二者结合后词汇化为表示动词的水流貌，表示液体流动状或水流较大、较急状，ɛ^{31} 表示动词的状貌。例如：

i^{35}ka̠^{53}su^{53}ɛ^{31} 急流
水 （流动貌）

na^{11}qa̠^{31}kɯ^{31}kɯ^{31}su^{53}ɛ^{31} 满头大汗
额头 汗 流 （流动貌）

（二）泛化

泛化是通过隐喻、转喻等类比方式进行相似联想或替代，使初始义逐渐泛化，最终虚化或语法化。拉祜语有词汇的语义泛化，如词汇的多义现象实际就是语义“泛化”结果。有词汇的功能泛化，如通用量词 ma^{31}“个”的语义虚化程度高，能普遍用于各种称量对象，与名词组合比较自由，能适应广泛表量的需求。有虚词语法功能的泛化，如大量跨类的类词缀和功能跨界的虚词。有语法形式的泛化，如使动态语法形式中的附加成分 la^{53}、pi^{53}，有被使动词 ʃʅ^{33} 泛化的趋势。

性状量词和类别量词的出现是类化、泛化共同作用的结果。随着量词的发展，部分反响型量词开始向表示性状、类别等个体量词转化。这类量词增加了词汇意义，除了表示个体名词的量外，还兼表事物性状、类别等特征，由小类表义向大类表义发展，所承载的语义含量大大超过反响型量词。如量词 ɕi^{11} 来源于名词 i^{35}ɕi^{11}“水果”，由于“水果”有“圆形、颗粒状”之义，通过类推、转喻机制，ɕi^{11} 扩大至用来称量有“圆形、颗粒状”性状特点的物体或果实类名词。性状量词用于计量具有某种性质或状态的事物名词。这类量词比较丰富，如 tɕa̠^{53}“根、条”用于条形、可弯曲事物的称量，ta^{31}“根、条”用于条状、不可弯曲事物的称量；the̠^{31} 多用于建筑物的层级称量，to^{53} 多用于非建筑物的层级称量，qo^{35}“片、张”用于对薄片状或纸质物体的称量等。拉祜语的集合量词 tɕɛ^{33}“双、对、副”、mo^{11}“群”、tɕha^{53}“群”、gɔ^{53}“行、排”等，也多是表示类别的，这些量词多来源于动词或名词。

六、拉祜语的分析性特点具有系统性

通过以上分析，我们对拉祜语分析性提取了五个特点。这五个特点之间彼此联系，相互制约。有的是主要的、根本性的特点，有的是次要的，但与主要特点相辅相成，构成一个网状拓扑结构的语言系统。其系统性关系特点具体如下。

（一）单音节词是分析性特征的核心属性

拉祜语实词缺少形态变化，为了扩大语义概念、表达功能，在单音节词根基础上，通过增加音节数、增强韵律特征、扩大虚词功能等途径进行表义扩展。单音节性是拉祜语分析性特征的核心属性，对其他特点，如构词、韵律特征、词类组合、句法结构、词类兼用等起制约作用，如一些词缀、语法范畴标记由单音节实词虚化而来，还能保留比较明显的实词义。具体表现有：

其一，双音节化是单音节词发展的重要方向，一些双音节词是在单音节词基础上发展而成的。拉祜语双音节单纯词较少，合成词较多，构词方法有形态构词、句法构词、重叠构词等。形态构词中，在一些单音节词前能加上名词前缀构成双音节名词。如 ɔ^{31}sɿ^{35} “新的”、ɔ^{31}pi^{31} “旧的”、ɔ^{31}xo^{53} “盖子” 等。句法构词由两个或两个以上的实词语素构成，有并列、偏正、主谓、宾动、补充等结构方式，语义以词根语义为基础聚合而成。

单音节名词加量词构成双音节名词的。例如：

ma^{31}ta^{31} 竹子　　　　sɿ̠^{53}tɕɛ^{31} 树
竹　根　　　　树 棵

名词加名词的。例如：

mɛ̠^{53} mu^{33} 眉毛　　　　nɔ̠^{53}qhɛ^{53} 豆豉
眼睛 毛　　　　豆　屎

斯瓦迪士 200 词中，拉祜语有 3 个单音节词可以加前缀构成双音节词，且词性和词义都不变。如 qhɔ̠^{31}、ɔ^{31}qhɔ̠^{31} “年”，ɕa^{31}、ɔ^{31}ɕa^{11} “肉”，sɿ^{11}、ɔ^{31}sɿ^{11} “血”。还有 2 个名词有单音节、双音节两种形式，如 la̠^{31}、la̠^{31}ɕɛ^{33} “手”，mo^{31}、mo^{31}fi̠^{53} “雾、起雾”。

其二，具有明显的韵律特征，如数量词强制结合，在句法中很少出现省略数词或量词的情况。单音节性是拉祜语量词的重要语音特点。这个特点对量词的产生和发展起着重要的制约作用。单音节量词能大量存在，除了表义的需要外，还与拉祜语双音化韵律的要求有关。拉祜语基数词 1—9 都是单音节的，与单音节量词结合成双音节，才能构成双数节律，从而适应拉祜语双音节性的韵律特征。例如：

te^{53}tɕa̠^{53} 一条　　　　ɔ^{53} ta^{31} 四根
一 条　　　　四 根

其三，拉祜语实词只有部分有兼用能力，且多为名词与动词、量词兼用，动词与形容词、量词兼用。进入句法中充当主语或宾语时，动词、形容词或谓词性短语必须先名词化或名物化才可以。与亲属语言哈尼语、景颇语、载瓦语相比，拉祜语名动同形的情况相对较少。

（二）虚词的多功能性是构成分析性属性的重要要素

拉祜语虚词系统中，有的一种语法形式对应多种语法功能，是为“一对多”。如 tha̠^{31} 的语法功能有宾格标记、差比标记、随同格助词、小句宾语标记，在被动式中强调受事、兼表“被动”义，还大量出现在古体诗歌的对偶句中。有的一种语法功能对应多种语法形式，是为“多对一”。如宾语标记有 tha̠^{31}、a̠^{31}、ɔ^{31} 三个、话题标记有 lɛ^{33}、qo^{33} 两个、比较标记有 tha̠^{31}、qho^{53}、xɔ^{35}、qhɔ̠^{31}nɔ^{35}、kɛ^{35}、tɕi^{35} 等。这种兼用性，说明这些助词形式比较自由，能够依附不同句法成分表达语法意义，而不是单一依附一种句法成分。兼用功能越多，越缺少黏附性、专一性，这是分析性语言的重要特征之一。分析性语言缺少形态变化，主要靠语序表达语法语义关系。发达的虚词系统，则与语序形成互补，适应更多的句法语义变化需求。

（三）各分析性特征构成一个网状拓扑结构的语言系统

一个语言的发展变化有其内部机制制约。拉祜语在结构、形式、功能三个维度中，分别形成了三个子系统，并构成一个网状拓扑系统，通过语义场聚合、功能发展演变等呈现空间关系。其中结构系统由语音、词汇、语法构成，是语言的物理属性；形式、功能系统是较抽象意义的，彼此间的对应关系形成网状，并呈等级状态分布。以上各种结构、语法形式、语法功能在系统中占据一个节点，各节点依据语法规则，相互关联相互交叉。

1. 语音、词汇、语法间的结构系统

拉祜语有 31 个声母、32 个韵母、5 个声调，其声韵调都不发达，从而大大降低了声韵调等形态变化手段通过排列组合进行表义的空间，因此只能在其单音节属性基础上，通过双音节化、增强韵律特征、大力发展四音格词、扩展虚词功能等策略，寻找扩展语义表达的出路。

词法对句法也有制约作用。拉祜语宾谓同形不发达，与其重叠手段也不发达有关。我们考察了拉祜语各类实词重叠情况，发现拉祜语单音节可重叠的词类不多，只有单音节性质形容词可以无条件 AA 式重叠，表示性状程度的加深。其他词类重叠需要条件。如名词重叠要加中缀，表达反身义、类别义；动词重叠要在中间加入 $pɤ^{31}$，表示反复义；不定量词 $a^{31}tɕi^{35}$ “一点儿” 可以重叠后一音节，$a^{31}tɕi^{35}tɕi^{35}$ “一点点”，表示减量。正是受重叠手段不发达制约，拉祜语的宾谓同形也很不发达。

2. 语法范畴、语法形式间的系统

在这些网状功能系统中，各语法形式对应的语法功能，既各司其职、各自为政，又此消彼长、功能互补，有的还出现功能交叉。以话题标记为例。

拉祜语有话题主标记 $lɛ^{33}$ 和话题次标记 qo^{33} 两类。$lɛ^{33}$ 使用广泛，已无实在的语义，能对多种成分进行话题化，能做关联标记；qo^{33} 语义上具有时点副词“就”的语义特征，语法上具有句法承接功能，使用范围和频率都低于 $lɛ^{33}$，语用上具有话题标记的特征，但只用在表示时间、地点的语域式话题结构中，表示上下文间明显的逻辑关系。二者的多功能语义模式如表 1 所示。

表 1　$lɛ^{33}$、qo^{33} 多功能语义模式①

功能	副词	关联标记	话题标记	连谓标记	工具格标记	状语标记	补语标记	判断标记	连词	语气词
$lɛ^{33}$	−	+	+	+	+	+	+	+	+	+
qo^{33}	+	+	+	+	−	−	−	−	−	−

如表 1 所示，$lɛ^{33}$ 的兼用能力超过 qo^{33}。10 种语法功能，$lɛ^{33}$ 的兼用数量有 9 种，qo^{33} 有 4 种。即使相同的功能，兼用能力也有强有弱。如二者在作关联标记时，qo^{33} 连接关系复句的能力超过 $lɛ^{33}$，其关联功能语义模式，如表 2 所示。

表 2　$lɛ^{33}$、qo^{33} 关联功能语义模式

复句类型	因果	选择	并列	连贯	假设	条件	转折
$lɛ^{33}$	+（说明）	+	+	−	−	−	−
qo^{33}	+（推断）	+	−	+	+	+	+

① 李春风:《拉祜语的话题标记》，载《民族语文》，2015（5）。

从表 2 可见，$lɛ^{33}$ 用于大部分话题结构中，qo^{33} 多用于时地语域式话题或具有话题语义特征的复句小句中。这与拉祜语的超分析性特点有关。分析性语言的语法特征之一是助词发达。拉祜语助词发达，并且在句型中具有重要的语法作用，产生了大量多义词，形成了各自的语义场，表现出语法语义多功能性的特点。在这个语义场中，从认知上看，会有一个“原核”语义，其他语义以该“原核”语义为中心，或远或近，进而形成了语义等级。从语义语法功能扩展来看，qo^{33} 之所以能够行使话题标记功能，是由于 qo^{33} 与 $lɛ^{33}$ 的语义、句法多功能重叠交叉引起的。

我们根据二者的语义场绘制一个语义扩展途径图形。如图 1：

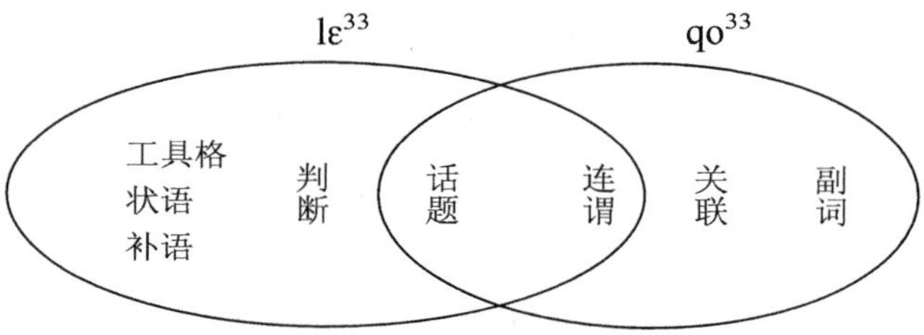

图 1　qo^{33} 与 $lɛ^{33}$ 语义场扩展途径图形

从图 1 可见，$lɛ^{33}$ 与 qo^{33} 在功能扩展过程中，相互作用，相互渗透，形成了各自句法功能的强和弱。其中二者的连谓标记功能势均力敌，可无条件互换，不影响句义，处于功能重叠的中心；前者的话题标记功能较后者强；后者的关联标记功能较前者强。据此，我们推断，连谓标记是二者语义功能重叠的核心。话题标记功能是 qo^{33} 向 $lɛ^{33}$ 功能扩展的结果。即 $lɛ^{33}$ 的话题功能处于其“原核”位置，qo^{33} 的语义功能越是扩大，越是接近 $lɛ^{33}$ 的“原核”，二者在“原核”处发生临界交叉，从而产生了话题标记语义功能的部分交叉、部分互补的状态。而关联标记则是 $lɛ^{33}$ 向 qo^{33} 扩展的结果。即 qo^{33} 的句法连接功能和复句标记功能较强大，处于“原核”位置，$lɛ^{33}$ 向 qo^{33} 扩展过程中，与其部分复句的小句标记发生临界交叉，从而也产生了二者复句小句的连接功能的交叉互补状态。

七、结语

通过以上分析，对拉祜语的类型属性，我们能够得出以下三点认识。

其一，在藏缅语族分析性语言中，拉祜语属于强分析性语言。主要依据是现形态变化数量少，语序固定，虚词系统功能比较强大，在语言类型的连续统中，其分析性程度非常高，极接近典型分析语（孤立语）一端。

其二，拉祜语的几个分析性特点是相互制约的，构成一个网状拓扑结构系统。在这个网状拓扑结构系统中，各节点所对应的语法形式和功能受该结构系统制约，沿着各自轨迹发展演变，这是一个动态过程。

其三，从发展趋势看，拉祜语的分析性属性越来越强。表现在：少数屈折式残留有进一步脱落或被取代的趋势；有双音节化趋势，并大力发展四音格词；有的格助词句法功能减弱，语序表示句法语义关系的功能越来越强。

参考文献

[1] 鲍善淳 . 汉字字义类化初探 . 安徽师大学报（哲学社会科学版），1990(2).

[2] 常竑恩 . 拉祜语简志 . 北京：民族出版社，1986.

[3] 黄布凡主编 . 藏缅语族语言词汇 . 北京：中央民族大学出版社，1992.

[4] 李春风 . 邦朵拉祜语参考语法 . 北京：中央民族大学博士学位论文，2012.

[5] 李春风 . 拉祜语的话题标记 . 民族语文，2015（5）.

[6] 李春风 . 拉祜语话题标记的多功能性 // 阿布都热西提 · 亚库甫主编 . 庆祝戴庆厦教授 80 寿辰文集 . 北京：中国社会科学出版社，2016.

[7] 刘劲荣 . 拉祜语四音格词 . 北京：民族出版社，2010.

[8] 孙艳 . 汉藏语四音格词研究 . 北京：民族出版社，2005.

[9] 王洪君，富丽 . 试论现代汉语的类词缀 . 语言科学，2005（4）.

[10] 王力 . 汉字的形体及其音让的类化法 // 龙虫并雕斋文集（第一册）. 北京：中华书局，2015.

[11] 徐铭轩 . 汉语“类化”试说 . 中文自学指导，1994（5）.

[12] Whaley, Lindsay J. 类型学导论——语言的共性和差异 . 北京：世界图书出版公司，2009.

[13] Matisoff, James A. The Grammar of Lahu. London: University of California Press, 1982.

（作者单位：北京华文学院专修部）

碧约哈尼语双音节化的类型及产生机制 *

经典

一、碧约哈尼语双音节化的概念及其分布

双音节化或称音节组合双数化，是指音节成双成对地组合在一起，构成双音节的词或者词组，从而形成含有语言节奏的模式。①它以音素为基本单位，并辅之以音素的弱化、类化、变调等形态变化。它不仅对构词的方式产生直接影响，也对语素的变异、短语结构的变化和语言的韵律特征等都有一定的影响。因此，本文的双音节化概念，既包括双音节词，也包括具有双数节律特征的四音节词。

碧约哈尼语的词汇双音节化特征明显。在我们统计的3187个词中，双音节词1490个，四音节词485个，两者总和约占总词汇数的62%。除了动词、数词、量词和助词外，其他词类均以双音节为主。其中以名词所占的比例最大。1768条的名词词条中，有1355个双数音节，双音节比例达77%。对比亲属语言，碧约哈尼语在双音节的分布上有明显的优势。是什么原因推进了碧约哈尼语的双音化趋势？本文拟从双音节化的类型入手，讨论其产生的机制。

二、碧约哈尼语双音节化的类型

对于双音节化的产生，哈尼语的研究没有历史文献可考，但可以通过与亲属语言单音节同源词对比发现其形成的类型。

* 原载《民族语文》，2020（1）。

① 戴庆厦、刘菊黄：《藏缅语族某些语言的音节搭配规律》，载《民族语文》，1988（5）。

（一）原单音节词通过增加单元音配音前缀 a 和 ɔ，变成双音节词，词义不变

例如：

手：哈尼语（碧约）a^{31}la^{31}、彝语（巍山）lo^{55}、纳西语 la^{21}、缅语（仰光）lɛ^{ʔ24}、勒期语 lɔ^{ʔ3}、载瓦语 lo^{ʔ21}、错那门巴语 la^{ʔ53}、怒语（怒苏）la̠^{53}、波拉语 la^{ʔ31}。

狗：哈尼语（碧约）a^{33}khɯ^{31}、彝语（巍山）khɯ^{33}、纳西语 khɯ^{33}、缅语（仰光）khwe^{33}、载瓦语 khui^{21}、错那门巴语 chi^{53}、波拉语 khui^{55}、勒期语 khui^{55}。

血：哈尼语（碧约）ɔ^{31}ʂʅ^{31}、彝语（巍山）sʅ^{31}、纳西语 sæ^{33}、勒期语 sui^{55}、载瓦语 sui^{31}、错那门巴语 ce^{53}、怒语（怒苏）sui^{55}、波拉语 sui^{35}。

以 a、ɔ 为前缀的双音节和四音节词，在 3187 个词中分别有 219 条和 249 条，多为名词。

a 和 ɔ 音节有高平、中调和低降调三个声调，元音、声调的选择主要依据后一音节元音舌位的高低和声调。如后一音节元音舌位较高，声调则多用 a。加 a、ɔ 是双音节化韵律的需要，没有实际意义，在句中使用时可以被省略而不影响词义。例如①：

① e^{55} khɯ^{31}thɯ^{31}mo^{55}.

那 狗 一 只

那只狗。

② ka^{33}nv^{33}a^{33}khɯ^{31}thɯ^{33}mo^{55}tsu^{33}.

后面 狗 一 只 有

后面有只狗。

③ khɯ^{31}tu^{33}tu^{31}ma^{33}, ma^{31}sʅ̠^{31}la̠^{31}kɯ^{33}tshu^{55}ja^{55}khi^{55}mɔ^{55}pi^{33} o^{55}li^{33}.

狗 凶凶 的 不 认识 的 人 院子 不（使）进来

狗凶，不让生人进院子。

---

① 语料来自经典：《墨江碧约哈尼语参考语法》，北京，中国社会科学出版社，2015。

对比例①和例②可以发现，在同样的数量名结构中，例①前面的指示代词 e^{55}“那”是单音节的，所以 khɯ^{31} 省略了前缀 a^{33}；例②数量结构前是双音节方位名词，所以前缀被保留，与数量短语构成双音节的模式。同样，在例③中，由于谓语 tu^{33}tu^{31}ma^{33}“凶凶的”是三音节的状态形容词，a^{33} 前缀也被省略。由此可见，使用双音节化前缀的前提是句法搭配是否符合双音节的韵律模式。

（二）由主要词根加上另一次要词根构成双音节复合词

两个词根语素的关系有以下几种类型：

1. 主要语素 + 修饰 / 限定语素

米：哈尼语（碧约）tɕhi̱^{55}phv^{55}（米 + 白），仙岛语 tshɛ^{55}、载瓦语 ʧhin^{51}、浪速语 ʧhɛn^{33}、藏语（拉萨）tʂɛ^{123}、普米语（兰坪）tʂhuɛ^{13}、吕苏语 ntʂhu^{53}。

脑髓：哈尼语（碧约）u^{31}nɤ̱^{31}（头 + 脑髓），木雅语 ni^{24}、吕苏语 nu^{53}、却域语 rnuə^{55}、景颇语 nuʔ^{55}、普米语（兰坪）nɐ^{55}。

2. 主要语素 + 补充语素

豆子：哈尼语（碧约）nɤ̱^{31}sɿ^{31}（豆 + 颗），纳西语 nu^{21}、普米语（九龙）n̥o^{35}、载瓦语 nuʔ^{21}、浪速语 nauk^{31}、拉祜语 nɔ^{54}、却域语 mn̥ye^{55}、怒语（怒苏）nu̱^{53}。

坟：哈尼语（碧约）lu̱^{31}pi̱^{33}（坟 + 堆），载瓦语 lup^{21}、浪速语 lap^{31}、波拉语 lap^{31}、勒期语 lɔp^{31}。

3. 两个词根语素并列

地：哈尼语（碧约）mi^{55}tshɔ^{31}（地 + 地），缅语（仰光）mje^{33}、阿昌语 mi^{55}、仙岛语 m̥i^{55}、浪速语 mjik^{31}、拉祜语 mi^{31}、彝语（南华）mi^{33}；道孚语 xtshə、木雅语 tsa、普米语（兰坪）tsɑ^{55}。

水：哈尼语（碧约）u^{55}tshu̱^{31}（水 + 水），载瓦语 vui^{51}、浪速语 vək^{31}、波拉语 vəi^{55}、彝语（巍山）ɣɯ^{55}、藏语（书面）tɕhu、普米语（兰坪）ʧɔ^{55}、木雅语 tɕə^{53}、贵琼语 ʧə^{55}。

从增配实语素的来源来看，大部分语素都来源于语言中原有的单音节语素，如上文的“豆子”“坟”“米”，等等。还有一部分增配语素来源于古藏缅语言中的存留。例如上文 mi^{55}tshɔ^{31}“地”的 mi^{55} 是哈尼语的“土地”义，通过亲属语言比较发现，tshɔ^{31} 来源于古藏缅语的“土地”。

4. 原单音节语素增配一个“半实半虚”的语素

这里的“半实半虚”语素指的是一种虚化的实词音节。① 一方面它们已经失去原有的实词意义，有的语音形式也发生变化，只固定出现在词根语素之后；另一方面它们并没有抽象的语法意义，与后缀有明显的区别。与词干语素结合时，依然可看出意义上的关联性。

例如 mɔ^{33} 在碧约哈尼语来源于 ɔ^{31}mɔ^{33}“母亲”，有“母、大、尊重、重要”等意义。以 ʧɿ^{31}mɔ^{33}“官”为例，“官”在亲属语言中，多与单音节对应，如载瓦语 tsau^{21}、阿昌语 tʂau^{51}、仙岛语 tʂu^{53}、浪速语 tʂuk^{55}、怒语（怒苏）ʥi^{55}、彝语（巍山）ʥi^{21} 等，碧约话在原有的 tʂʅ^{31} 后增加了语素 mɔ^{33}，含有“尊重”义。类似的双音节词还有 ja^{55}mɔ^{33}“路”、phi̱^{33}mɔ^{33}“鼓”、nɤ̱^{33}mɔ^{33}“心脏”、lu^{33}mɔ^{33}“石头”等。又如 tsɔ^{31} 在碧约哈尼语中来源于“吃”。在部分词中，tsɔ^{31} 依然是实语素，如 tsɔ^{31}tsa^{55}（吃 + 东西）“食物”、sa^{55}tsɔ^{31}（要 + 吃）“乞讨”。但另一部分词中，它已经脱离了原有的意义成为半实半虚语素。以“卖”为例，对应亲属语言如阿昌语 uŋ^{31}、仙岛语 uŋ^{31}、载瓦语 uŋ^{21}、彝语（喜德）vu^{21}、傈僳语 vu^{31} 等单音节词，碧约话 o^{55}tsɔ^{31} 增加了 tsɔ^{31} 语素，表示“以此为依靠”的意思。类似的双音节词还有 tɕhi^{55}tsɔ^{31}“嫁”、ti^{55}tsɔ^{31}“赔”、ke̱^{31}tsɔ^{31}“骗”、phiŋ^{31}tsɔ^{31}“责怪”，等等。

5. 原单音节语素增加一个意义不明的语素

除了上文提到的可辨识意义或来源的语素外，还有一部分语素随着语义的虚化或语音形式的变异，逐渐使人难以辨识它们的意义。如 na^{55}mi̱^{55}“鼻子”的 na^{55} 与亲属语言的“鼻子”对应：藏（巴塘）n̥a^{53}、错那门巴 na^{55}、道孚 sni、勒期 no̱^{33}、载瓦 no̱^{51}、波拉 na̱^{55}，但 mi̱^{55} 的语素义目前还辨明不出。类似的例子还有很多。例如：

风：tso^{31}li^{55}（语素 + 风），藏语（巴塘）lũ^{53}、却域语 ɬa^{55}、扎坝语 vli^{55}、缅语（仰光）le^{22}；

糠：khɔ^{31}phɯ^{31}（语素 + 糠），史兴语 phu^{35}、吕苏语 pha^{55}、纳木兹语 phæ^{31}、纳西语 phɯ^{33}；

豹子：lo^{31}mi̱^{31}（豹 + 语素），阿昌语 lɔ^{51}、仙岛语 lɔ^{51}、载瓦语 lo^{21}、怒语

① 戴庆厦：《景颇语双音节词的音节聚合》，载《语言研究》，1993（1）。

（怒苏）la^{55}；

裤子：lo^{31}tho^{31}（裤＋语素），阿昌语 l̥ɔ^{31}、仙岛语 l̥o^{31}、载瓦语 l̥o^{21}、浪速语 lɔ̱^{35}、波拉语 la̱^{35}；

火：mi^{31}lɪ̱^{55}（火＋语素），藏语（书面语）me、墨脱门巴语 mi、羌语 mə、缅语（仰光）mi^{55}、载瓦语 mji^{21}、怒语（怒苏）mi^{55}；

盐：tshɔ̱^{31}me̱^{31}（盐＋语素），藏语（书面语）tshwa、嘉绒语 tshɐ、史兴语 tshɛ^{53}、木雅语 tshə^{55}、阿昌语 tɕhɔ^{31}、怒语（怒苏）tsha^{55}、彝语（南华）tsho^{21}、纳西语 tshe^{33}、嘎卓语 tsha^{31}。

（三）由两个单音节或双音节语素构成新的双数音节复合词

除了哈尼语中固有的、无法切分的双音节或四音格词外，另有相当一部分复合词是由两个或三个语素组成的双数音节词，这类复合词的构词方式具有较强能产性，是丰富哈尼语双音节化词的重要途径。

1. 双音节的复合词

常见的结构类型有：

（1）偏正式，以定中结构为主，限定/修饰成分可以在中心词之前，也可以在其后，例如：

ja^{31}u^{33}（鸡＋蛋）鸡蛋　　ŋa^{55}u^{33}（鹅＋蛋）鹅蛋

pi^{33}u^{33}（鸭＋蛋）鸭蛋　　nɤ̱^{33}sɿ^{55}（豆＋黄）黄豆

nɤ̱^{33}ȵi^{33}（豆＋绿）绿豆　　nɤ̱^{33}ta^{33}（豆＋扁）扁豆

也有个别状中结构的词语，如 to^{35}ki̱^{33}（直＋进）“插”。

（2）主谓式，谓语成分可以是动词或形容词性语素，例如：

la^{31}tu̱^{31}（手＋出）衣袖　　u^{55}tu̱^{31}（水＋出）井

ma^{33}phv^{55}（眼＋白）白内障　　ma^{33}khe̱^{33}（眼＋瞎）盲人

（3）宾动式，和哈尼语 SOV 的句法结构一致，宾语在动词之前。例如：

ma^{33}mi^{55}（梦 + 做）做梦　　ja^{55}mi^{55}（事情 + 做）劳动
tsa^{31}kɯ^{55}（座位 + 甩）秋千

（4）动补式，补语部分多为趋向动词和体貌词助词，也有少数形容词，例如：

v^{33}pe̱^{31}（弄 + 坏）损坏　　ʂʅ^{55}ji^{33}（熄 + 去）熄灭
ku^{55}tsha^{33}（唱 + 互相）对歌　　xɯ^{31}la^{55}（大 + 来）（生）长
ki^{33}kɔ^{31}（记 + 能）记得　　lo^{55}ki̱^{33}（关 + 进）关押

（5）并列式，以动词性语素并列结构较多，还有小部分名词性语素并列。例如：

ko^{31}tɯ^{55}（抬 + 跳）舞蹈　　pa^{31}mɔ^{33}（父 + 母）父母
pi̱^{31}ti^{55}（给 + 回）还　　mi^{55}mɯ^{31}（做 + 想）需要
na^{55}ti^{31}（听 + 看）听话　　tshv̱^{33}te̱^{31}（养 + 活）养

使役动词与一般动词的搭配，也暂归入并列结构，在哈尼语中的能产性较强：

pi^{33}tsha^{33}（使 + 骂）挨骂　　pi^{33}tu^{55}（使 + 喝）喂奶
pi^{33}mi^{55}（使 + 做）使唤

上述双音节复合词一部分是两个单音节成词语素的组合，例如“损坏”“记得”“听话”等；更多的复合词是减短原有音节后与另一音节组成双音节词。例如 a^{31}la^{31}“手”缩减去前缀后组成 la^{31}tu̱^{31}“衣袖”、la^{31}khɯ^{55}“手纹”、o^{55}la^{31}“生意”，等等。

2. 四音节复合词

从构词法来看，碧约哈尼语存在两种差异较大的四音节复合词：

第一类，由两个双音节的词根或词缀通过语义搭配，形成一个四音节新词。

这种四音节词的结构相对固定，一般不能被缩减音节或替换语素。例如：

ɔ^{31}pi^{31}a^{31}pa^{55} 邻居
篱笆 旁边
pɔ^{33}lɔ^{33}n̥i^{55}mɔ^{33} 向日葵
月亮 太阳
sɿ^{31}jiŋ^{31}ɔ^{31}sɿ^{31} 桃子
桃 果 子

ti̠^{31}mɔ^{33}la^{31}khe̠^{33} 木匠
木头 手艺
tɕhi^{55}nɯ^{55}la^{51}nɯ^{55} 蜈蚣
红 腿 红 手
ɔ^{31}tsɿ^{55}to^{31}phi̠^{31} 牙床
牙 床

第二类四音节复合词，是双音节词根与单音节语素的搭配，通过重叠词根的某个音节或增补另一个音节的方式形成双数音节的节律。这样的词语在哈尼语中很普遍。例如：

lu̠^{33}mɔ^{33}sɿ^{31} mɔ^{33} 大石头
石头 （增）颗大
tʂaŋ^{55}xɔ^{31}tɯ^{31} tsha^{33} 打仗
战壕 打（增）互
ja^{31}jo^{33}jo^{33} xɯ^{31} 大儿子
儿子 （叠）大
phv^{33}lv^{55}phv^{33} jɔ^{31} 小寨子
寨子 （叠）小
khɔ^{31}jɔ^{31} khu̠^{55}jɔ^{31} 小碗
碗 （增）碗 小

lo^{55}pɔ^{31}pɔ^{31}mɔ^{33} 大河
河（叠） 大
ji̬^{55} jɔ^{31}mi^{55} tsɔ^{31} 做客
客人 做（增）吃
ja^{33}tshɿ̠^{33}tshɿ̠^{33} jɔ^{31} 小鸡崽
鸡崽 （叠）小
ja^{55}mɔ^{33} ɔ^{31} jɔ^{31} 小路
路（增）缀 小

例子可见，词语中重叠的部分既有第一个音节，也有第二个音节，以 ABBC 的结构更为多见；增补的语素，有的是与词根有关联的量词，如“小碗”的 khu̠^{55} 是量词“碗”；有的是一个单音节前缀，如“小路”的 ɔ^{31}；也有的在动宾结构的动语素后，增补一个相关的动词或貌词性语素，如上例中的“做客”和“打仗”。

第二类四音节词不仅在结构上与第一类不同，稳定性也相差很多。具体表现在两个方面：一方面，部分四音节词可以与双音节词缩略词替换使用。例如上文中的“大儿子”可缩减为 jo^{33}xɯ^{31}；“小鸡”可缩减为 ja^{33}jɔ^{31}”；“小寨子”可缩减为 phv^{33}jɔ^{31}。这种缩减的前提是，双音节词根中必须有一个凸显语义的高频语素，且缩减后新双音节词不能有其他同音词；另一方面，对于四音节词中的增补语素，不同的使用者的选择也有差异，但这种差异并不对交流产生影响。例如“小碗”和“小路”也可以说成：

khɔ^{31}jɔ^{31}　ɔ^{31}jɔ^{31} 小碗	ja^{55}mɔ^{33}　khɯ^{55}jɔ^{31} 小路
碗　（增）（缀）小	路（增）（条）小

无论是重叠还是增补，这类型的四音节词相比较原本的三音节在表达词义上并没有明显的增色，也并不符合语言使用的经济性。对这种四音节词大量存在的解释，只能是语言使用者对于双音节节律的追求。这种韵律上的追求，甚至会跨越音节的局限，影响到 ABB 式三音节词第三音节元音的长短。例如碧约哈尼语 ABB 式结构中第三个音节元音往往会延长：

ɔ^{31}tɯ^{55} 紧	ɔ^{31}tɯ^{55}tɯː^{55} 紧紧的
紧	紧　　紧
ɔ^{31}lɤ^{31} 天亮	ɔ^{31} lɤ^{31}lɤː^{31} 天亮起来
天亮	天 亮 亮

（四）由汉语借词产生的双音节词

现代哈尼语主要的借词来源是汉语。对比新旧借词，新借词保持原貌较多，大部分老借词在语音或构词上都按照碧约人更习惯的读音发生了改变，它们大多都是双音节的。例如：

mjau^{55}faŋ^{33} 庙	kaŋ^{33}thi^{35} 钢
庙　　房	钢　铁
tsɔŋ^{55}pau^{33} 粽子	tshaŋ^{31}tshaŋ^{31} 铲子
粽　包	铲　　铲
tsha^{33}tsha^{33} 叉子	ke^{33}tsɿ^{31} 街
叉叉	街　子

另有部分借词，在借入后被加入了注释性的成分，与借入的词构成新的四音节词。例如：

ja^{33}kho^{31}	thue^{33}jɛn^{33} 烟	nɔ̱^{31}su^{24}	tsɤŋ^{31}tɕhi^{31} 尿素
烟（固有）	推烟（借）	尿素（借）	肥料（固有）
sɔ^{31}kɔ^{31}	kho^{24}pe^{33} 课本	thuŋ^{31}ju^{31}	ɔ^{31}tsɿ^{55} 桐油树
书（固有）	课本（借）	桐油（借）	树（固有）
saŋ^{33}tsa^{33}	ɔ^{31}sɿ^{31} 山楂	mɯ^{31}li^{55}	faŋ^{33}thɯ^{31} 翻筋斗
山楂（借）	果（固有）	翻（固有）	翻斗（借）
jaŋ^{31}uaŋ^{31}	lo^{31}tsho^{31} 瓷碗	ɔ^{31}v^{55}	tsha^{55}tshaŋ^{31} 盲肠
洋碗（借）	菜碗（固有）	肠子（固有）	岔肠（借）

三、碧约哈尼语双音节化的产生机制

从上述分析可以看出，碧约哈尼语的双音节词不仅数量多、构词形式多样，而且能产性强、韵律特征突出。探讨其背后的动因，固然离不开碧约人认知深化所带来的表义的需要，但还受到了哈尼语自身结构特点的制约。推进碧约哈尼语双音节化产生和发展的机制，主要有以下几点：

（一）语义表达的需求是促使碧约话由单音节词向双音节发展的根本原因

从历史进程来看，汉藏语以分析性特征为主的语言走向双音节或者复音节化的根本原因应该基本是一致的，即社会发展、新事物产生、认知深化对语言表义的需求与有限的音节数之间的矛盾。这在汉语和其他民族的语言中都能找到例证。王力（1988）认为汉语双音节化是汉语语法史上最重要的五个变化之一。[①]《诗经》上古时期由单音节向双音节发展就是个例证。其他民族的语言如藏缅语族的景颇语[②]、壮侗语族的水语、侗语、壮语、傣语等也经历了从早期的

① 王力：《汉语语法史》，北京，商务印书馆，1989。

② 戴庆厦：《景颇语词的双音节化对语法的影响》，载《民族语文》，1997（5）。

单音词向音节发展的过程①。碧约哈尼语也不例外。以 ja̱^{33}“鸡”为例，鸡是哈尼族重要的家禽，从生物性的分类有 ja̱^{33}mɔ^{33}“母鸡”、ja̱^{33}phi^{55}“公鸡”；从成长阶段分有 ja̱^{33}tshʅ̱^{33}“幼鸡（统称）”和 ja̱^{33}“鸡”；对于“幼鸡”还进一步细化到 ja̱^{33}tshʅ̱^{33}tshʅ̱^{33}jɔ^{31}“（刚孵化）幼鸡”、ja̱^{33}tshʅ̱^{33}ɔ^{31}jɔ^{31}“（还不能吃）幼鸡”、ja̱^{33}tshʅ̱^{33}ja̱^{33}mɔ^{33}“（长到可以吃的）小母鸡”以及 ja̱^{33}tshʅ̱^{33}ja̱^{33}phi^{55}“（长到可以吃的）小公鸡”，等等。可见，对于“鸡”的认识深化的过程，也是双音节词或多音节词丰富的过程。

（二）语素的单音节性和较强的分析性特征为双音节化的发展提供了必备的条件

单音节性是分析型语言的一个核心特点，单音节性制约着语言的各方面特点及其演变路径。单音节与形态不发达之间的紧密联系，对构词手段产生了决定性的影响。由于缺少形态变化，利用原有单音节语素排列组合构词或者搭配词缀、配音音节构成新词，必然成为新词产生的最经济、高效的方式之一。以形态变化聚集动词为例，碧约话动词的基本词汇以单音节为主，如 khɪ^{33}“怕”、tɯ^{31}“打”等，在表达使动、相互等范畴的需求驱使下，单音节的动词与相关单音节动词 pɪ^{33}“使”、tsha^{33}“互相”灵活结合，构成了 pɪ^{33}khɪ^{33}“恐吓”、tɯ^{31}tsha^{33}“打架”等新词，既实现了语义的表达，也推进了动词向双音节化方向的发展。又如单音节趋向动词“来”和“去”作为语素在碧约话中有非常高的使用频率，它们与其他动词组合，表达动作的高低、南北、上下游等不同意义。可以见得，语素的单音节性这一词汇特点，为分析性语言的双音节化的发展准备了必备的物质条件。

（三）碧约哈尼语对于双音步韵律规则的追求是推进双音节化发展的重要动力

在创造新词的过程中，除了实现表义功能外，能够与语言本身的韵律特征相协调、满足母语人的习惯语感，也是对构词的要求之一。尤其对于分析性强的语言来说，韵律在语音、句法演变中的地位更为重要。②

① 冯英：《复音词的产生与复音化的关系——汉藏系语言词汇复音化思考》，载《云南师范大学学报》（哲学社会科学版），2005（1）。

② 蒋颖：《汉藏语名量词起源的类型学分析》，载《中央民族大学学报》，2007（2）。

我们可以从碧约哈尼语的语法结构的不同层面看到韵律规则对双音节化产生的影响：

词的层面，碧约哈尼语多音节词的音节搭配受韵律规则的制约明显。如元音和谐、并列对称、押韵、音节一强一弱、松紧元音的搭配等现象，都广泛体现在碧约话的音节搭配中。这些搭配规则无不体现了双音步的韵律特征，从而为双音节化的发展作了铺垫。

短语层面和句子层面，碧约哈尼语为了满足韵律要求而强行“凑双”的现象也很普遍。常见的手段是，在短语和句子中增加冗余的配音成分达到双音步节律。如三音节形容词做谓语时需要增加配音音节 ma^{33} 或 ti^{31}，而双音节形容词则不用；又如单音节副词与三音节谓词搭配时，副词前置，如 ʦɿ^{55}（很）ʦu^{33}kɔ^{31}mɔ̠^{33}（舒服）“很舒服”，但与双音节或四音节谓词搭配时，需要重叠最后一个音节形成双数节律：如 ɔ^{31}nɯ^{55}（红）ʦɿ^{55}（很）nɯ^{55}（叠）“很红”、li^{55}khi^{31}lo^{55}khɔ^{31}（凹凸不平）ʦɿ^{55}（很）khɔ^{31}（叠）“很凹凸不平”。

另一种偶见手段是，使用合并音节或连读的方式，将原单数音节整合为双数音节。例如在多个助词或句尾词同时出现的句尾，将貌词 phi^{31} 和第三人称助词 ji^{33} 合并为 phi^{35}。

（四）来自汉语的影响是加速双音节化发展的外部动力

与汉语广泛接触产生的影响，也是不可忽视的外部因素。哈尼族在历史上与汉族人关系密切，汉文化对其在政治经济、语言文化上的影响很大。以哈尼族的姓名为例。在汉族姓氏的影响下，哈尼族姓氏经历了从早期的三音节和双音节姓名并存，到后期只有双音节的人名的过程。生日属相是哈尼族常用的姓氏，搭配另一个字连成人名，但由于“兔”和“虎”是双音节词，搭配另一音节后形成三音节人名，便极少被用于姓氏了。[①] 现代社会中，汉借词早已涌入了哈尼族语言生活的方方面面，虽然借用的方法不一，但是从音节看，双数音节词占了明显优势。现代的碧约哈尼语中，借词从以名词为主的实词，扩展到了包括虚词在内的各类词汇，例如 mɔ^{31}tʂhʅ^{55}“不仅”、xa^{55}ma^{55}“无论”、jɔ^{55}mɯ^{33}“要么”、ma^{55}ʂʅ^{55}“还是”等连词的借入，既丰富了哈尼语的复句表达，也增加了更多的

① 李泽然：《哈尼语词汇学》，北京，民族出版社，2013。

双音节词。

综上所述，通过亲属语言的比较，我们看到碧约哈尼语双音节化的来源，主要有原有单音节词根语素增加词缀、原有单音节词根增加次要语素、原语素组合构词新词以及借词。这种双音节化的产生，是语义表达发展的需求，也与碧约话的分析性的语言体系相适应。碧约话对双音步韵律的追求和来自汉语的影响，更进一步促进了双音节化的发展。

参考文献

[1] 戴庆厦，刘菊黄.藏缅语族某些语言的音节搭配规律.民族语文，1988（5）.

[2] 戴庆厦.景颇语词的双音节化对语法的影响.民族语文，1997（5）.

[3] 戴庆厦.景颇语双音节词的音节聚合.语言研究，1993（1）.

[4] 冯英.复音词的产生与复音化的关系——汉藏系语言词汇复音化思考.云南师范大学学报（哲学社会科学版），2005（1）.

[5] 黄布凡.藏缅语族语言词汇.北京：中央民族学院出版社，1992.

[6] 蒋颖.汉藏语名量词起源的类型学分析.中央民族大学学报，2007（2）.

[7] 经典.墨江碧约哈尼语参考语法.北京：中国社会科学出版社，2015.

[8] 李泽然.哈尼语词汇学.北京：民族出版社，2013.

[9] 王力.汉语语法史.北京：商务印书馆，1989.

（作者单位：广东技术师范大学民族学院）

论碧约哈尼语分析性类型属性 *

经典

很多对于具体语言历时和共时的研究告诉我们，语言类型并不是一成不变的，而是在不断发展、演变的。单一的语言往往也并不是局限于某一种类型，而是以呈现某种类型为主、另一类型为辅的共时状态。而在以同一类型为主的语言之间，是否存在不同的层次或类别？答案是肯定的。① 以分析性语言为例，有的语言有较强的分析性，如汉语；而有的语言分析性相对较弱，还带有一定的屈折或黏着成分，如景颇语；有些语言处于黏着 - 屈折语向分析性语言过渡的状态，如普米语。② 如果将视线扩大到更多尚未被系统定位的语言，如何认识它们的类型属性？或许可以结合上文对于类型特征判定标准进行相对深入的分析。本文即以哈尼语碧卡支系的碧约方言为研究对象，通过系统分析碧约哈尼语的分析性特点和非分析性特点，进一步明晰它的语言类型属性，并尝试在这一过程中更清楚地认识碧约哈尼语的语法特点和发展趋势。

一、碧约哈尼语的分析性特征突出

在分析性特征上，碧约哈尼语的具体表现为以下六点。

---

* 原载戴庆厦、曲木铁西主编：《民族语言文字应用研究》（第二辑），103—115 页，北京，民族出版社，2022。

① 戴庆厦：《景颇语传讯范畴的类别及性质》，载《黔南民族师范学院学报》，2018（5）。

② 蒋颖：《普米语示证范畴地域差异的成因分析》，载《云南师范大学学报》（哲学社会科学版），2019（3）。

（一）单音节词是表义的主要单位

单音节词根性强，是分析性语言的核心特征。[①] 根据莫晓莹（2019）对碧约哈尼语常用 3053 条词语进行初步的语素切分发现，碧约哈尼语单音节语素占固有语素总数的 95%；还有不少从汉语和其他亲属语言中借用的单音节语素。[②] 若仅从斯瓦迪士（Morris Swadesh）的 100 核心词的角度考察，单音节词的优势也非常明显，约占总数的 87%；而单音节语素在整个核心词语素中占到了近 98%。

单音节语素占优势，不光表现在数量上，更突出体现在构词能力上。已有的研究证明，碧约哈尼语双音化的发展趋势明显。[③] 从双音节化过程中产生的词来看，多数为由原有单音节语素构成的复合式双音节词或一个半音节词（半音节或称弱化音节）。如：

nɤ̱^{33}sɿ^{31} 豆子	lvu^{31}pi̱^{33} 坟
豆 颗	坟堆
tɕhi̱^{55}phv^{55} 米	a^{31} xa^{31} 汉族
米 白	（半）汉

还有一些词一个音节表述语法意义，一个音节表示词汇意义。如“使动音节 + 词根”或“词根 + 体貌助词”等。例如：

pi^{33} tsɔ^{31} 喂	pe̱^{33}thi^{31} 拥抱
（使）吃	抱（貌）

此外，哈尼语还有一部分三音节词和四音节词。从对这些词的词根分析来看，也体现了单音节语素在构成新词中的能产性。列举几例如下：

a^{31}xa^{31}to^{31} 汉语	kɯ^{31}sɿ^{55}ja^{35} 雀斑
汉族 话	条 点 痕

① 戴庆厦：《景颇语传讯范畴的类别及性质》，载《黔南民族师范学院学报》，2018（5）。
② 莫晓莹：《碧约哈尼语语素构词研究》，广州，广东技术师范大学硕士学位论文，2019。
③ 经典：《碧约哈尼语双音节化的类型及产生机制》，载《民族语文》，2020（1）。

khɔ^{31}jɔ^{31}khuv^{55}　jɔ^{31} 小碗
碗　　量（碗）小

从表达语法意义的层面看，在哈尼语里具有丰富语法功能的词也几乎是单音节词。例如施事助词 ni^{33}、受事助词 tsu^{33}、连词 xɪ^{33} 等。

（二）虚词系统发达

虚词系统发达也是分析性语言的一个重要特征。这一特征首先表现在，助词的种类多，意义复杂。碧约哈尼语虚词主要有助词、连词和副词几大类。其中，助词是类别最多、功能最广泛的虚词。从句法、语义和语用三个方面来看，碧约哈尼语有定语助词、状语助词、补语助词、名物化助词、人称助词、施受助词、从由助词、工具助词、比较助词、体貌助词、话题助词、语气助词，等等，上述各类助词的语法特点互不相同，其句法功能以及句法地位也有较大的区别。如定语助词、话题助词等大多不具有句法上的强制性，但名物化助词、比较助词等多具有句法上的强制性，是成句的重要要素。个别虚词还横跨多个助词小类，具有多功能性。如助词 kɯ^{33} 是句法结构助词里的定语助词，同时还承担着多种标记功能：

① çi^{55}kɯ^{33}　ji^{55}kv^{33}
铁（定）门
铁门（定语助词）

② ji^{31}khɔ^{31}mi^{55}kɯ^{33}　mɔ^{31}mɔ̱^{33}e^{33}.
他　做（补）不　好（语）
他做得不好。（补语助词）

③ ta^{55}mo^{55}mo^{55}kɯ^{33}ja̱^{31}jo^{33}jo^{33}　xɯ^{31}, te̱^{31}ke̱^{33}ke̱^{33}　kɯ^{33}ja̱^{31}jo^{33}a^{55}lɪ^{33}.
高　的　儿子（叠）大　矮　（叠）的　儿子　小
高的是（我的）大儿子，矮的是小儿子。（名物化助词）

④ ji^{31}khɔ^{31}la^{55}kɯ^{33}　ŋa^{55}sɿ^{31}la̱^{31}lɯ^{33}.
他　来（引）我　知道（人）
我知道他来。（关系小句标记）

碧约哈尼语虚词系统的发达，还表现在虚词系统的开放性。现代碧约话中不仅保留了固有的虚词，还在不断吸收汉语的虚词。以连词为代表，碧约话在已有词的基础上，借入了汉语 tɕu^{33} “就”、thɯ^{31}pja^{33} “一边”、ma^{55}ʂɿ^{55} “还是，或是”等词，既是向分析性语言进一步发展的需要，也极大地丰富了原有的复句表达。

（三）缺少形态

这里的“形态”，是较为广义的，包括典型意义上的屈折和黏着或多重综合语所使用的各类手段。藏缅语的形态比汉语丰富，但相比较北部藏缅语，南部藏缅语的形态变化要弱得多。哈尼语是南部藏缅语中形态变化较少语言。虽然在碧约哈尼语中，依然存在着一部分形态成分，如前缀的使用或代词的格等，但是总体来看，无论在构词还是表达语法范畴中，碧约哈尼语使用分析性的语法手段更加普遍。复合式构词法占据了新词产生的主要部分。常见的语法语义表达如使动范畴、示证范畴、施受关系、否定范畴等都使用了词汇手段。例如：

⑤ ji^{31}khɔ^{31}ȵi^{33}　ŋɔ^{35}pi^{33}　khɪ^{33}la^{31}　pa^{53}.
他　（施）我（使）怕　（助）（体）
他让我很害怕。（使动）

⑥ ŋa^{55}kɔ^{31}kɯ^{33}ji^{31}khɔ^{31}ʂɿ^{31}ȵi^{33}tɕu^{33}ti^{55}la^{33}pa^{53}.
我 听 的 他　前天 就 回来 了
听说他前天就回来了。（示证）

⑦ ji^{31}khɔ^{35}tsu^{55}　nv^{55}ȵi^{33}　mi^{33}ka^{31}ʂɿ^{33}phi^{35}　pa^{53}.
她　（受）你（施）逗 笑　（貌）（体）
他被你逗笑了。（施受）

（四）语序基本固定

碧约哈尼语的基本语法单位都有一种固定的语序结构，不能随意变动。如主谓结构是“主语 + 谓语”，支配结构是“宾语 + 动词”，动补结构是“动词 + 补语”，状中结构是“状语 + 中心语”，数量词修饰短语是“数词 + 量词”等。此外，碧约哈尼语也是一个富有话题特点的语言，话题标记有 a^{31} 和 nɔ^{31}，后者仅用于话题句，是不能够省略的，其引导的话题部分的述语成分的语序也是不能改变的。例如：

⑧ khɯ^{31}nɔ^{31}　ji^{55}kv^{33}a^{33}　kɔ^{55}pha̱^{31}thɔ^{31}.
狗　（话）门　（方）拴　（貌）
狗在门口拴着。

从语义角度看，施事和受事成分的位置能在表达施受关系的格助词或话题助词的引导下，发生调换。但是表达的语义也发生了改变，如：

⑨ nv^{55}ȵi^{33}　ji^{31}khɔ^{31}tsu^{55}　mi^{55}ka^{31}ʂʅ^{33}phi^{35}　pa^{53}.
你（施）他　（受）逗　笑　（貌）（体）
你逗他笑了。
⑩ ji^{31}khɔ^{35}tsu^{55}　nv^{55}ȵi^{33}　mi^{33}ka^{31}ʂʅ^{33}phi^{35}　pa^{53}.
他　（受）你（施）逗　笑　（貌）（体）
他被你逗笑了。

形容词与名词的结构关系是碧约哈尼语语序关系的一个特例。与其他藏缅语类似，无论从构词还是短语来看，“名词 + 形容词”在碧约话中具有明显的优势语序，但也同时存在“形容词 + 名词”的形式，后者往往需要使用定语助词 kɯ^{33}，采用哪一种语序主要由形容词的类别和音节长度决定。一般来说，性质形容词（通常是一个或两个音节）修饰名词时，置于名词之后；状态形容词（通常是三音节或以上）修饰名词时，置于名词之前并与助词连用。在多个形容词共同修饰一个名词的多重定语结构中，这样的语序分布更加明显。例如：

⑪ ka̱^{31}ma^{55}ka̱^{31}kɯ^{33}taŋ^{55}pɔ^{31}li^{55}ɔ^{31}nɯ^{55}
漂亮　的　蜻蜓　红
漂亮的红蜻蜓。

但并不是所有的例子都遵循上述的语序，如例 ⑫ 和 ⑬ 在母语人的语感中都是合法的，这说明，碧约话形容词修饰名词时语序依然存在一定程度的不固定性。

⑫ ta^{55}mo^{55}mo^{55}xɯ^{31}tsɔ^{33}phɪ^{31}

长长　　　粗　辫子

长长的粗辫子。

⑬ ta^{55}mo^{55}mo^{55}kɯ^{33}tsɔ^{33}phɪ^{31}xɯ^{31}

长长　　　的　辫子　　粗

长长的粗辫子。

（五）非常注重词法和句法韵律

分析性语言由于具有词根性特点，又有双音节化的语音形式，所以很容易出现各种类型的韵律。① 碧约话的韵律现象非常丰富，在常见的四音格词、双声叠韵、双音节化之外，还具有音节强弱搭配、松紧搭配、元音舌位前后和谐、ABB 式的三音节韵律等特殊现象。

碧约话的韵律对词法和句法都有很强的制约作用。从词的音节来看，在所调查的 3187 个词中，双音节或四音节词有 1975 个，约占总数的 62%；在 493 个 3 音节词中，有 197 个是 ABB 式结构。碧约话的反响型动量词和宾动同形结构也明显受到了 ABB 式韵律的影响：

ɔ^{31}xo^{55}xo^{55} 下雨	mi^{55}pa^{55}pa^{55} 崩山
雨　下	崩山　崩
thɯ^{31}xua^{33}xua^{33} 写一笔	thɯ^{31}tʂhʅ^{33}tʂhʅ^{33} 夹一下
一　划　画	一　下　夹

部分动宾同形结构中，前两个音节已经表达了“动 + 宾”的语义，第三个音节完全是因为满足韵律需要而产生的语言“羡余”。例如：

la̱^{31}ja̱^{33}ja̱^{33} 招手	tɕhi^{55}sʅ̱^{31}sʅ̱^{31}（牛）磨角
（手 + 招）招	（角 + 磨）磨

① 戴庆厦、闻静：《论“分析性语言”研究眼光》，载《云南师范大学学报》（哲学社会科学版），2017（5）。

此外，碧约话还会通过重叠或增加配音成分的手段达到双音步节律。如单音节副词与单音节或三音节形容词搭配时，副词前置，但与双音节或四音节形容词搭配时，需要重叠形容词最后一个音节形成双数节律：

tsɿ^{55}mɔ̱^{33} 很好	tsɿ^{55}khɔ^{31} 很苦
很 好	很 苦
tsɿ^{55}tsu^{33}kɔ^{31}mɔ̱^{33} 很舒服	ɔ^{31}nɯ^{55}tsɿ^{55}nɯ^{55} 很红
很 舒服	红 很（叠）

li^{55}khi^{31}lo^{55}khɔ^{31}tsɿ^{55}khɔ^{31} 非常地凹凸不平
凹凸不平 很（叠）

又如在三音节的复合词或短语中增加配音音节，形成双数节律的复合词：

khɔ^{31}jɔ^{31}khu̱^{55}jɔ^{31} 小碗	lṳ̌^{33} mɔ^{33} sɿ^{31}mɔ^{33} 大石头
碗 （增） 小	石头（增）颗 大

（六）词语兼类的现象很普遍

常见的观点认为汉语因为形态少，所以存在大量的词的兼类现象。而从现有的对藏缅语的研究来看，这个观点的逆命题也成立——词的兼类越多的语言，其在语言类型上的分析性也往往越强。（蒋颖，2018）从碧约哈尼语的词的兼类情况来看，虽然不及汉语的兼类丰富，但是仍然是表达语义的重要手段，而且有进一步发展的趋势。

1. 名词和形容词的兼类

名词和形容词的兼类在碧约话中最常见，碧约话大部分带前缀的双音节形容词都既具有形容词的特征，也具有名词的特征。例如：

xo^{31}ɔ^{31}tɕɪ^{31} 生饭	kɔ^{31}tʂhʅ^{31}a^{31}ʂʅ̱^{31} 新衣服
饭 生	衣服 新

带名词特征直接充当名词性句法成分的，例如：

⑭ ɔ^{31}tɕɪ^{31}tsha̱^{33}mi^{33}.

生　　煮熟

（把）生的煮熟。

⑮ nv^{55}e^{55} a^{31}ʂʅ̱^{31}thɯ^{31}tɕhi̱^{33}ti^{33}!

你 那 新　　一　件　　穿

你穿那件新的吧！

2. 名词、动词、量词的兼类

碧约话的名量词和动量词大部分来源于名词或动词，所以属于名词和动词与量词之间的兼类也较为多见。如下例中，名量词 kha̱^{33} “捎”与“背篓”兼类、名量词 tsaŋ^{31} “袋”与名词“口袋”兼类；动量词“拳”和“声”分别与名词“锤头”和动词“叫”兼类。

mi^{31}tsɔ^{31}thɯ^{31}kha̱^{33} 一捎柴

柴　　　一　背篓

tɕhɪ^{55}phv^{55}thɯ^{31}tsaŋ^{31} 一袋米

米　　　　一　口袋

thɯ^{31}tshui^{31}tɯ^{31} 打一拳

一　锤头　打

thɯ^{31}thɯ^{55}khv^{55} 喊一声

一　声音 叫

反响型量词更无疑来源于本身被反响的名词或动词，也可以被认为是兼类的一种：

to^{31}thɯ^{31}to^{31} 一句话

话 一句

thɯ^{31}tʂhʅ^{31}tʂhʅ^{31} 咳一声

一声　　咳

3. 动词和形容词的兼类

动词和形容词的关系在碧约话中也非常密切。一般 ABB 结构的状态形容词都同时具有动词的语法功能。例如：

⑯ ji^{31}khɔ^{31}ɔ^{31}kɪ^{55}kɪ^{55}ti^{33}.

他　　瘦　　　（状）

他瘦瘦的。

⑰ $mo^{55}nv^{31}ɔ^{31}kɪ^{55}kɪ^{55}kɔ^{31}ji^{55}$ pa^{53}.

牛 瘦 下（貌）（体）

牛瘦（下去）了。

4. 虚词的兼类

虚词的兼类体现在两个方面。一类是虚词内部的兼类，同一形式的助词往往能充当多个助词的小类。这一现象的具体例子如助词 $kɯ^{33}$，是句法结构助词里的定语助词，同时还承担着补语助词、名物化助词和关系小句助词的功能。第二类是虚词与其他词类之间的兼类关系。最常见的是与动词的兼类。碧约话的体助词有多个来源于单音节动词。如已行体助词 ji^{33} 与动词"去"兼类；曾行体助词 $khɯ^{33}$ 与动词"到"兼类；趋向动词"来"和"去"除了做表达方向貌的助词外，还分别与表示第一人称和第三人称的助词兼类，等等。

上述六个方面以外，根据戴庆厦（2017）提出的"'分析语'研究眼光的策略"①，针对碧约哈尼语，我们还能从以下多个方面提取其分析性的观察点：一是复辅音声母存留极少，复原音和辅音韵尾均不发达；二是述补结构相比较其他彝缅语发达，已有成熟的述补标记；三是疑问句主要以词汇为表达手段，有反复问、重叠问；四是复句的关联词非常丰富，且固定位于小句的开始，等等。

二、碧约哈尼语非分析性成分的弱化

碧约哈尼语虽然有较多的分析性特征，但是也存在着一定程度的非分析性特点，突出表现在词缀的使用、代词格的屈折变化和动词人称范畴的残存等。但通过对碧约话的共时分析可以发现，这些非分析性成分正在趋向明显的弱化。下面逐一分析。

（一）词缀的句法强制性较低，缺乏构造新词的生产力

碧约哈尼语的词缀，主要指在部分名词和形容词前的前缀 a 和 ɔ。以 a、ɔ 为前缀的词在 3187 个碧约话词汇中有 468 个。在原有的单音节词上增加前缀，曾

① 戴庆厦、闻静：《论"分析性语言"研究眼光》，载《云南师范大学学报》（哲学社会科学版），2017(5)。

经是哈尼语词汇双音节化的重要途径。但观察带前缀的词在句中的使用，可看出这种前缀的主要功能仅仅是用来配音，在句中的省略几乎不影响语义的表达和句子的合法性。例如：

⑱ e^{55} khɯ^{31}thɯ^{31}mo^{55}.
那 狗 一 只
那只狗。

⑲ ka^{33}nv^{33}a^{33} khɯ^{31}thɯ^{33}mo^{55}tsu^{33}.
后面 缀 狗 一 只 有
后面有只狗。

进一步分析 468 个带前缀的词，发现它们的词根都来自单音节的基本词，如颜色词、身体部位词、亲属称谓词等。无论是新借入的语素还是词都没有再出现类似的“词缀 + 词根”结构。借入时间较久的汉语单音节借词在双音节化的影响下，会出现重叠或增补其他语素的情况，新借词往往保持原貌不变。例如旧借词：

tshaŋ^{31}tshaŋ^{31} 铲子　　tsɔŋ^{55}pau^{33} 粽子　　tsuaŋ^{33}ki^{31} 转
铲 铲　　粽 包　　转 完

新借词：

tsɿ^{55}（汉）字　　ji^{35} 亿（位数）
字　　亿

（二）人称代词的双重格标记及其简化趋势

碧约哈尼语人称代词有较为丰富的格，其具体表现形式既有分析式又有屈折式。分析式主要体现在格助词的使用和语序的调整上；屈折式主要体现在韵母（元音）和声调两个方面。这两种形式在碧约话中既有区分，又有交叉。其中，宾格和领格在实际使用中出现了两种形式的格标记共存的现象：

表 1　碧约话宾格和领格人称标记共存示例

格	第一人称	第二人称	第三人称
主格	ŋa⁵⁵	nv⁵⁵	ji³¹khɔ³¹
宾格	ŋɔ³⁵/ŋɔ³⁵tsu³³	nɔ³⁵/ŋɔ³⁵tsu³³	ji³¹khɔ³⁵/ŋɔ³⁵tsu³³
领格	ŋɔ³¹/ŋɔ³¹kɯ³³	nɔ³¹/nɔ³¹kɯ³³	ji³¹khɔ³¹/ji³¹khɔ³¹kɯ³³

首先，碧约话人称代词单数第一、二人称的领格都使用了屈折的手段，但同时出现了一个带有领属助词 kɯ³³ 的结构，形成“双重领格”。两种结构在中心词为普通名词时可以替换使用，在中心词为人物名词时必须使用带格助词 kɯ³³ 的形式。例如：

ŋɔ³¹jɪ³³kho⁵⁵ 我的家　　　　ŋɔ³¹kɯ³³jɪ³³kho⁵⁵ 我的家
我 家　　　　我的　家
ŋɔ³¹kɯ³³a³³pa³¹ 我的爸爸　　　　nɔ³¹kɯ³³ɕɔ³⁵seŋ³³ 你的学生
我 的 爸爸　　　　你 的 学生

值得一提的是，除了第一、二人称代词的单数外，第三人称代词的单复数以及第一、二人称复数的领格仅能使用加助词的分析性手段。

其次，第一、二、三人称的代词的单数如果表示宾格，都有相应的屈折形式。但在实际使用中，“屈折形式＋助词 tsu³³”的“双重宾格”反而更为常见。尤其在强调受事的情况下，往往会将宾语部分前置，并强制使用助词 tsu³³。例如：

⑳ ŋa⁵⁵nɔ³⁵tsu⁵⁵　xɔ³⁵tsa³³mɔ³¹mɔ̱³³la⁵³?
我 你（助）哪里　不 好（语）
我哪里得罪你了？

㉑ ji³¹khɔ³⁵tsu⁵⁵xɔ³⁵tsa³³mɔ³¹tɛ⁵³jɔ³³kɔ³¹e³³.
他（助）哪儿不找到能
哪儿都找不到他。

藏缅语人称代词格范畴在不同语支之间存在较大的层次差异。一般来说，在形式上，藏缅语北部语言的格范畴多用黏着式和屈折式，南部语言的格范畴更多采用分析式；在格范畴的数量上，北部语言人称代词有主格、宾格、领格 3 种格形式，有的语言存在施动格，南部语言多主宾格同形。① 而碧约哈尼语在人称代词格的形式上正呈现这种由北向南的过渡特点。而在三称代词的内部，人称代词的格的形式也呈现过渡性差异。第一、二人称代词单数的宾格和领格都发生了元音和声调的屈折，但第三人称单数和第一人称的复数仅有宾格发生了声调屈折。其他复数或双数形式的三称代词的主宾格同形，领格都仅使用格助词。已有的研究普遍认为，藏缅语人称代词的单数在复数之前出现，第一、二人称代词的单数较第三人称及复数出现得更早。那么，或许可以推测，碧约话代词的格中使用元音屈折的手段也应是更古老的形式，而声调的屈折和分析性手段是后起的方式。这种两种语法手段共存的现状应该只是语言类型演变中的过渡阶段，格助词极有可能在进一步发展中最终取代屈折的领格范畴。

（三）动词的人称范畴的衰变

动词通过词根的屈折、附加词缀或使用助词等语法手段，来体现主语或宾语与谓语动词的一致性关系，是藏缅语中特有的语法现象，被称作“动词的人称范畴”或“代词化现象”。但由于语言发展的不平衡性，这种语法形式在藏缅语中出现了不同程度的演变。从存有人称范畴的语言的类型分布来看，北部藏缅语中屈折 - 黏着型语言对于人称和数范畴的保留较多，大多还是词缀的形式，如羌语；而大部分南部藏缅语分析性为主的语言的人称范畴在语言类型演化的过程中存得较少，如浪速语。但这些句尾词也在逐渐走向衰变。在碧约哈尼语年长者的口语中，我们也发现了一定数量的表达人称范畴的句尾词。例如：

㉒ sɔ^{31}kɔ^{31}ti^{31}kɔ^{33}ŋɯ^{33}.
书 看（体）（人）
（我）在看书。

㉓ ji^{31}khɔ^{31}sɔ^{31}kɔ^{31}ti^{31}kɔ^{33}ŋe^{33}.
他 书 看（体）（人）
他在看书。

① 戴庆厦、王洪秀：《藏缅语人称代词格范畴的类型分析——兼以反观上古汉语人称代词格范畴》，载《云南师范大学学报》（哲学社会科学版），2019（3）。

㉔ v^{55} tshɣ̱^{31} n̥i^{33}tɕhaŋ^{55}thɪ^{55} phi^{31} la^{31} pa^{53}.
水 （工）呛 （貌）（貌）（人）（体）
（我）被水呛到了。

㉕ ji^{31}khɔ^{31} tsu^{33}v^{55} tshɣ̱^{31}n̥i^{33} tɕhaŋ^{55}thɪ^{55} phi^{31} ji^{33} pa^{53}.
他 （受）水 （工） 呛 （貌）（貌）（人）（体）
他被水呛到了。

虽然在前人对哈尼语其他方言的研究中，并未发现人称范畴的存在，但是上例中 ŋɯ^{33}/ŋe^{33} 和 la^{31}/ji^{33} 明显与人称的使用有关。这种人称范畴的分布和使用究竟如何？在进一步的调查中看到，碧约话的人称范畴仅区别第一人称和其他人称，并没有数的差异。在不同使用者中，有人有意识地使用人称句尾词，有人发生泛化、弱化和脱落，如例㉖，还有人将其与体貌助词发生了合音，如例㉗。此外，人称范畴在不同语法环境中的分布中也不均衡。从句类看，人称范畴主要出现在陈述句、判断句中；从语义看，人称助词在语义指向为人称代词的"动作－结果"式句子中使用得更多，如例㉔ ㉕，其他句子较少。因此，总的来说，碧约话的人称范畴的使用是不严格的，是一个明显正在发生衰退和简化的范畴。这和哈尼语的向分析性程度更强的语言发展的过程是吻合的。

㉖ ji^{31}khɔ^{31} nɔ^{31}tʂʅ^{31}mɔ^{33}mi^{55} (ŋe^{33}/e^{33}).
他 （话）官 做 （人）
他是当官的。

㉗ tɪ^{31} phi^{35} pa^{53}.
看（貌 phi^{31}＋人 ji^{33}）（体）
（他）看了。

三、结语

从上文的分析中，我们可以看出，碧约哈尼语是一种具有较强分析性的语言。它的分析性集中体现在：单音节是表义的主要单位；虚词种类发达且具有开放性；缺少形态的变化；缺少形态；语序基本固定；注重词法和句法韵律；词的兼类很普遍，等等。这些特征与汉语的特点相同。但相比较分析性极强的汉语，碧约话在词缀的使用、代词的格标记和人称范畴等方面还能够看到一定的非分析性语言的特征。从这些非分析性特征的使用现状来看，它们正在经历逐步衰退和简化，将极有可能最终被分析性的语法手段代替。所以，我们可以大体认定，碧约哈尼语是一种残留着屈折 - 黏着特征的分析性语言。这个观点与以往认为哈尼语“是一种典型的分析性语言”的论点有一定出入。从分析性程度的高低来看，哈尼语明显低于汉语，但又比具有更强烈的屈折 - 黏着特征的景颇语、普米语要高。从历时语言的演变来看，它还没有完全完成从非分析性语言向单纯分析性语言的类型转变，但这一过程已经接近尾声，并将在汉语的影响下加速进行。

参考文献

［1］戴庆厦，闻静．论“分析性语言”研究眼光．云南师范大学学报（哲学社会科学版），2017（5）.

［2］戴庆厦．景颇语传讯范畴的类别及性质．黔南民族师范学院学报，2018（5）.

［3］戴庆厦，王洪秀．藏缅语人称代词格范畴的类型分析——兼以反观上古汉语人称代词格范畴．云南师范大学学报（哲学社会科学版），2019（3）.

［4］蒋颖．论普米语的类型定位．民族语文，2018（3）.

［5］蒋颖．普米语示证范畴地域差异的成因分析．云南师范大学学报（哲学社会科学版），2019（3）.

［6］莫晓莹．碧约哈尼语语素构词研究．广州：广东技术师范大学硕士学位论文，2019.

［7］经典．碧约哈尼语双音节化的类型及产生机制．民族语文，2020（1）.

（作者单位：广东技术师范大学民族学院）

垤玛哈尼语宾谓同形短语的特征及其形成条件 *

戴庆厦　李浩

宾谓同形短语是指谓语与宾语同形，或指谓语是拷贝宾语的。这是藏缅语族部分语言如景颇语、载瓦语、独龙语等宾谓结构的一种特殊的语法现象。藏缅语是 OV 型语序，宾语在前，谓语在后，所以能够构成宾谓短语[①]。

垤玛哈尼语（以下简称“垤玛话”）属于汉藏语系藏缅语族彝语支，是哈尼语豪白方言中的一个土语，主要分布在云南省红河哈尼族彝族自治州红河县。垤玛话的宾谓同形短语使用频率较高。据 1247 个名词统计，能够构成宾谓同形短语的有 386 个，约占总数的 31%。其中，不能用其他同义动词替代的有 343 个，约占 89%。宾谓同形短语不仅出现在口语中，而且在传统诗歌、谚语、成语中也同样出现。可见，宾谓同形短语是垤玛话语法结构中的一个活跃的结构。而且，垤玛话的宾谓同形短语还具有一些不同于其他亲属语言的特点。

本文运用语言类型学的视角特别是分析类型眼光，通过对垤玛话宾谓同形短语共时现象的详尽分析，对垤玛话宾谓同形短语的特征及其形成机制进行了研究。在共时描写上，从音节特点和语素结构两方面进行分类，区分了宾语、谓语的“真性”和“假性”，归纳了其结合的模式。还对假性同形谓语如何从名词宾语上提取语义做了分析，认为谓语语义的提取主要遵守“常用性”和“专用性”的原则，避免了词义选择上的模棱两可和歧义。在共时描写的基础上，对宾谓同形短语的形成机制进行了分析。指出分析性类型特征是产生宾谓同形短语的结构条件；词类兼用为宾谓同形提供了词汇生成发展的模式；经济原则和类推手段推动了宾谓同形短语的丰富发展。

---

*　原载《中央民族大学学报》，2019（5）。

①　戴庆厦：《景颇语“宾谓同形短语”的特点及其成因——兼论景颇语附着型谓语》，见《语言学论丛》（第四十辑），213—232 页，北京，商务印书馆，2009。

本文语料以红河县垤玛乡的垤玛哈尼话（以下简称“垤玛话”）为依据。第二作者是垤玛话的母语人，熟练掌握垤玛话。

一、宾谓同形短语的结构类型

垤玛话宾谓同形短语的结构可以从不同的角度做不同的分类。音节结构和语素结构集中反映宾谓同形短语的特点，所以这里主要从这两方面来分类。

（一）从音节多少上分类

在音节数量上，垤玛话的名词大多是双音节的，动词是单音节的，因此，构成宾谓同形短语以“2+1”的三音节型为主。例如：

ha^{33}ɣ̱^{33}ɣ̱^{33} 孵鸡蛋
鸡蛋　孵

ma̱^{33}kha^{31}kha^{31} 戴眼镜
眼镜　　戴

pha^{55}pha^{31}pha^{31} 生病
病　　　生

o^{31}tɕhɛ^{55}tɕhɛ^{55} 腌酸菜
酸菜　腌

pha^{31}nɔŋ^{33}nɔŋ^{33} 穿鞋子
鞋子　　穿

v̩^{31}tshɔŋ^{31}tshɔŋ^{31} 戴帽子
帽子　　戴

垤玛话名词中还有单音节、四音节（多是四音格词）的，也能构成宾谓同形短语，这类短语则是“1+1”的双音节型或“4+1”的五音节型。双音节型很少。例如：

pɯ^{55}pɯ^{55} 长脓
脓　长

lɯ^{55} lɯ^{55} 形成森林
森林 有

五音节型的如：

ɯ^{55}fv̩^{33}la^{55}pa̱^{33}pa̱^{33} 长出青苔青
青苔　　　　长出

pv̩^{55}tv̩^{55}lv̩^{55}tshɿ^{31}tshɿ^{31} 出现彩虹
彩虹　　　　出现

同形中大多是谓语与双音节宾语的后一音节同形，但也有与前一音节同形的。前者的例子见上，后者的例子如：

ʑa̱^{33}pho^{55}ʑa̱^{33} 扫地	tɕi^{31}phu^{31}tɕi^{31}（用）锤子打
扫把　扫	锤子　打
po^{33}sɣ̱^{33}po^{33} 扇扇子	sa̱^{33}ki^{55}sa̱^{33}（用）称秤
扇子　扇	秤　称

为什么取第一个音节，这与母语人的认知特点有关。如果双音节名词宾语的动词语素在前，而母语人又能够识别出它的意义，谓语就取这个在前的音节。例如：ʑa̱^{33}pho^{55}ʑa̱^{33}“扫地”中的名词宾语 ʑa̱^{33}pho^{55}“扫把”，前一音节动语素 ʑa̱^{33}“扫”能被分离出，就取这个音节做谓语。又如 po^{33}sɣ̱^{33}po^{33}“扇扇子”中的 po^{33}sɣ̱^{33}“扇子”，母语人知道前一音节 po^{33} 是“吹、扇”义，就取这一音节做谓语。

（二）从语素结构分类

垤玛话宾谓同形短语的结构，按构成语素的性质可分为以下四种类型。

1.“附加式合成词宾语＋谓语”型

充当附加式合成宾语的是名词，附加成分是 a^{55} 音节。同形谓语取宾语名词的后一音节。这一类又可分两类：一类是名词的后一音节没有独立的意义，是单纯词。例如：

a^{55}pha̱^{31}pha̱^{31} 长叶子	a^{55}ʑi̱^{33}ʑi̱^{33} 开花
叶子　长	花　开
a^{31}tsha^{55}tsha^{55} 出现阳光	a^{55}la̱^{31}la̱^{31} 长树枝
阳光　出现	树枝　长

另一类是合成词，名词的后一音节有独立的意义，多是动词或形容词。例如：

a^{55}ɣɤ^{33}　ɣɤ^{33} 荡秋千	a^{55}tɕa^{31}　tɕa^{31} 出痘（天花）
前置＋拉＝秋千 荡	前置＋漂亮＝痘 出

2.“复合式合成词＋谓语”型

这一类型在垤玛话里出现的频率较高。宾语由两个语素合成。有以下几类：

（1）（名语素＋形容语素）＝宾语＋谓语，例如：

mi^{31}ɕɯ̱^{31}	ɕɯ̱^{31} 做新娘	ma̱^{33}pe̱^{31}	pe̱^{31} 眼瞎
女＋新＝新娘 做		眼＋瞎＝盲人 变成	
m̩^{31}sa^{55}	sa^{55} 天变晴	ʑi̱^{33}ȵi^{55}	ȵi^{55} 花变红
天＋晴＝晴天 晴		花＋红＝红花 变红	

此类结构的谓语虽来自形容语素，但是充当谓语时具有动词的性质，表示事物性质状态的变化。

（2）（名语素＋动语素）＝宾语＋谓语，例如：

mi^{31}pɤ̱^{33}	pɤ̱^{33} 打火药枪	khɯ^{55}pi̱^{33}	pi̱^{33} 腿抽筋
火＋打＝枪 打		脚＋麻＝抽筋 抽	
ɯ^{55}tsa̱^{33}	tsa̱^{33} 滴水	mi^{55}ho^{33}	ho^{33} 闹地震
水＋滴＝水滴 滴落		地＋动＝地震 震动	

（3）（名语素＋名语素）＝宾语＋谓语，例如：

mi^{55}pø^{33}	pø^{33} 有山洞	mɛ^{31}sɤ^{31}	sɤ^{31} 长牙齿
山＋洞＝山洞 有		嘴＋齿＝牙齿 长着	
o^{31}ʑi̱^{33}	ʑi̱^{33} 开菜花	tɕhɛ^{55}sɿ^{31}	sɿ^{31} 结谷子
菜＋花＝菜花 开着		水稻＋水果＝谷粒 结	

此类结构的谓语虽然来自名语素，但是充当谓语时具有动词的性质，表示事物性质状态的变化。

（4）（动语素＋名语素）＝宾语＋谓语，例如：

tha̱^{31}tsuŋ^{31}	tha̱^{31} 用凿击打	m̩^{55}la̱^{31}	m̩^{55} 做生意
击打＋凿＝凿 击打		做＋手＝生意 做	

pa̠^{31}num^{55}　　pa̠^{31} 抬轿子
抬 + 房 = 轿子 抬

ki̠^{33}ho^{33}　　ki̠^{33} 用磨盘磨
磨 + 石 = 磨盘 磨

此类宾谓同形结构，由于动语素在前，所以谓语拷贝宾语的前一音节。

此外，还有少量宾语是由形容语素加名语素、动语素加动语素构成。谓语拷贝后一音节。例如：

lṿ^{33} sɿ^{31}　　sɿ^{31} 长青春痘
凸的 + 果实 = 青春痘 长

ʑy̠^{31}ɣəm^{31}　　ɣəm^{31} 枕枕头
睡 + 靠 = 枕头 枕

3.“单纯词 + 谓语”型

垤玛话名词单纯词有单音节的，也有双音节的。是单音节的，拷贝时取整个音节，是双音节的取后一音节。例如：

lɯ^{55}　lɯ^{55} 形成森林
森林 有

pɯ^{55}pɯ^{55} 长脓
脓　长出

tɕa^{31}hø^{55}hø^{55} 吹口哨
口哨　　吹

ʑɛ^{55}tɕho^{31}tɕho^{31} 交朋友
朋友　　结交

tɕa^{31}m̥^{33}m̥^{33} 照镜子
镜子　　照

tɕha̠^{33}pø^{55}pø^{55} 长着肚脐
肚脐　　长着

二、宾语、谓语有“真性”和“假性”之分

垤玛话宾谓同形短语的宾语和谓语都有“真性”和“假性”之分。① 其区分主要是看它能不能成词，或能不能独立使用。能独立使用的是真性，不能独立使用的是假性。“真性”和“假性”构成的宾谓同形结构，在性质上、特点上是有差异的。“真性”和“假性”来源不同，真性来源于有意义的名词，假性是临时借用无意义的音节；对宾语的结合度、依托度不同，假性对宾语的依托度比真性强。

① 朱艳华：《载瓦语宾动同形短语的特征及形成机制》，载《民族语文》，2013（3）：28—36 页。

（一）真性宾语

真性宾语是由独立的名词充当的，可以单独使用，并具有实在的名词意义。下列宾语都是真性宾语。在垤玛话中，由真性宾语组成的宾谓同形结构占多数。例如：

a^{55}pha̱^{31}pha̱^{31} 长叶子
叶子　长

tshum^{55}phe̱^{31}phe̱^{31} 编辫子
辫子　　编

ha^{31}pe̱^{31}pe̱^{31} 长出竹笋
竹笋　长出

a^{55}ʑi̱^{33}ʑi̱^{33} 开花
花　开出

xɔŋ^{31}xo^{33}xo^{33} 戴斗笠
斗笠　戴

ɛ^{55}ne^{31}ne^{31} 削篾片
篾片　削

上例的名词都是可以独立使用的名词，既可做宾语，又可做主语、定语，还可以受数量词修饰。

（二）假性宾语

假性宾语单独不成词，不能独立当名词使用，它必须与谓语一起才有宾语的意义和属性。可以说，假性宾语的实词性是临时的，离开结构就失去实词性。假性宾语多由“名语素宾语＋动语素谓语”构成，后一音节与后面的谓语同形。例如：

khɯ^{55}tɕi^{55}　tɕi^{55} 单脚跳
（脚＋跳）跳

tɕhɛ^{55}thɔŋ^{31}thɔŋ^{31} 春米
（米＋春）春

khɯ^{55}pi̱^{33}　pi̱^{33} 腿抽筋
（脚＋麻）抽筋

çim^{55}tɕi^{31}　tɕi^{31} 打铁
（铁＋打）打

m̩^{31}pa^{33}　pa^{33} 天亮
（天＋亮）亮

la̱^{31}tsɣ̩^{31}　tsɣ̩^{31} 手抖
（手＋动）动

上例的 tɕhɛ^{55}thɔŋ^{31}thɔŋ^{31} “舂米” 是宾谓同形结构，其中假性宾语 tɕhɛ^{55}thɔŋ^{31} 由 “米 + 舂” 构成，但不能单独使用，不是一个独立的复合名词，是 “假性宾语”。但在宾谓同形结构中，它是当名词宾语使用的，能像真性宾语一样构成宾谓结构。

（三）真性谓语

真性谓语由可以独立使用的动词充当，与宾语的后一语素同形。它可以与真性宾语结合，也能与假性宾语结合，例如：

真性宾语 + 真性谓语：

mi^{31}pɣ̱^{33}pɣ̱^{33} 打火药枪
火药枪　打

ɣ̩^{31}thɔ̱^{33} thɔ̱^{33} 包包头
包头布 包

tsho^{55}sɿ^{55}sɿ^{55} 死了人
死人　　死

tshe^{31}ɣo̱^{31}tshe^{31} 挖地
锄头　　挖

假性宾语 + 真性谓语：

ɕim^{55}tɕi^{31}tɕi^{31} 打铁
铁　打 打

m̩^{31}pa^{33}pa^{33} 天亮
天 亮 亮

tɕhɛ^{55}tɕhi^{55}tɕhi^{55} 插秧
秧　插　插

ɣa^{31} na^{31}na^{31} 休息
力气 息 做

上例的宾谓同形结构 mi^{31}pɣ̱^{33}pɣ̱^{33} “打火药枪”，宾语 mi^{31}pɣ̱^{33} “枪” 是真性名词，由 “火 + 打” 构成，能够独立使用。谓语 pɣ̱^{33} “打” 是动词，还可用在其他名词宾语上，如 xa^{31}tsɿ^{55}pɣ̱^{33} “打鸟”、xa̱^{31}lo̱^{33}pɣ̱^{33} “打（丢）石头”。ɕim^{55}tɕi^{31}tɕi^{31} “打铁” 中的 ɕim^{55}tɕi^{31} 由 “铁 + 打” 构成，是假性名词，不能独立使用。tɕi^{31} “打” 还可以与别的名词宾语结合，如 tsho^{55}za^{31}tɕi^{31} “打人”、ɕim^{55}tɕi^{31}tɕi^{31} “打铁”。

（四）假性谓语

假性谓语由宾语的后一音节充当，单独无实在意义，与宾语连用时才临时有谓语意义。它只能与真性宾语结合，不能与假性宾语结合。例如：

真性宾语＋假性谓语：

a^{55}pha̱^{31}pha̱^{31} 长叶子

叶子　长

tɕha^{31}m̥^{33}m̥^{33} 长着毛

毛　　长着

tɕha^{55}tv̩^{33}tv̩^{33} 长包谷

包谷　　长

ɕa^{31}kho̱^{33}kho̱^{33} 做干巴

干巴　　做

概括起来，垤玛话宾谓同形短语中宾语和谓语的配合关系可用表 1 表示：

表 1　垤玛话宾谓同形短语中宾语和谓语的配合关系

语法结构	真性宾语	假性宾语
真性谓语	+	+
假性谓语（例子见上）	+	–

宾谓同形短语结构的假性谓语，其语法功能也与真性谓语基本一样可以带状语和补语。例如：

① m̩^{31}pa^{33}pa^{33}la^{55}o^{31}ɛ^{55}.

天亮　亮　来 将要

天快要亮了。

② ha^{31}pe̱^{31}pe̱^{31}la^{55}　o^{31}ɛ^{55}.

竹笋　　长　出来 将要

竹笋将要长出来啦。

③ a^{55}pha̱^{31}tɕhi̱^{31}pha̱^{31}ʑi^{31}ma^{31}pha̱^{31}la^{55}　a^{33}sɿ^{31}.

叶子　　一　片　　都　没　长　　出来 还

一片叶子都还没有长出来。

④ no^{33}thɤ̱^{31}ɣ^{33}ki̱^{33}ho^{33}ma^{55}　ŋa^{55}tɕhi̱^{31}pho^{33}pa^{55}ki̱^{33}tsa^{31}mɔŋ^{31}ʑa^{33}.

你　家　　的 磨盘　（量）我　一　　次　　让　磨　吃　想要（助）

你家的磨盘让我用一下。

⑤ no^{33}thɤ̱^{31}ɤ^{33}khi^{55}sa̱^{31}xa^{55} ha^{31}ɣa̱^{31}le^{33} ɣa̱^{31}tshø^{31}a^{33}.
你 家 的菜地 （量）篱笆 （用）围 住 （助）
把你家的菜地用篱笆围起来。

三、宾谓同形结构的假性谓语如何提取语义

宾谓同形短语结构充当谓语的有真性谓语和假性谓语两类，真性谓语的语义是明确的，一目了然的，但假性谓语是临时的，无确定的语义。那么，它进入宾谓同形结构中应怎样从宾语上提取谓语语义呢？

藏缅语的宾谓结构，谓语与宾语的语义关系有多种，主要是支配关系，宾语是谓语的受事者，但还有修饰关系、结果关系等。谓语与名词宾语相关的语义往往有多种，但假性谓语本身没有意义，这样，与名词宾语结合时谓语的语义应如何选择呢？

通过分析、比较可以发现，常用性和专用性是谓语提取语义的依据。所谓“常用性”，是指谓语提取的语义是与名词宾语最常结合的语义。所谓“专用性”，是指谓语提取的语义一般都只专用在与其结合的同形名词宾语上。

比如，名词 v̩^{31}tshɔŋ^{31}“帽子”做宾语时，可以与它结合构成宾谓结构的动词有“戴、买、卖、制、换、洗”等，其中最常用的是“戴（帽子）”，所以提取“戴”义构成 v̩^{31}tshɔŋ^{31}tshɔŋ^{31}“戴帽子”。而且，“戴（帽子）”这一临时语义，只能用在“帽子”上，不与别的名词宾语结合。而 ny^{55}pe^{31}pe^{31}“戴戒指”、tɔ̱^{31}tɕɯ^{55}tɔ̱^{31}“戴耳环”的谓语，在垤玛话里都用别的动词，不用“戴（帽子）”的 tshɔŋ^{31}，分别使用 pe^{31}“戴（戒指）”、tɔ̱^{31}“挂（耳环）”宾谓同形谓语。[汉语都可用“戴”来描述，“戴（戒指）”“戴（耳环）”。]

又如，mi^{31}tɕhy^{31}tɕhy^{31}“当寡妇（比喻女子独身到老）”的同形谓语 tɕhy^{31}“当（寡妇）”，也具有“常用性”和“专用性”的特点。垤玛话的 mi^{31}tɕhy^{31}“寡妇”，虽然也能与“看、选、弃、成”等谓语构成宾谓谓语，但是很少使用。主要使用由谓语“当”构成的宾谓谓语。汉语可以说“娶寡妇”，“娶”可以与“寡妇”结合，但垤玛话一般不能用，如 ɕɤ^{31}“娶”一般不与 mi^{31}tɕhy^{31}“寡妇”结合，说成 *mi^{31}tɕhy^{31}ɕɤ^{31}“娶寡妇”，而 ɕɤ^{31}“娶”只能与 xa^{31}mi^{31}“老婆”结合，说成 xa^{31}mi^{31}ɕɤ^{31}“娶老婆”。

又如，a^{55}tɕhy̱^{33}“芽”构成宾谓同形短语时，谓语 tɕhy̱^{33} 只能取“出（芽）”

义。因为能与 a^{55}tɕhy̠^{33} “芽” 结合的日常口语只有 “出” 一个语义。

总之，宾谓同形短语的语义提取主要是遵守 “常用性” 和 “专用性”，这是垤玛话宾谓同形短语语义选择的一条规则。有了这条规则，就可以避免语用中词义选择的模棱两可，或混淆不清，也能避免歧义。垤玛人对假性谓语的语义使用，都有 “约定俗成” 的用法，不会出现混淆。

此外，同形谓语还有表示某种特定语义的，就不存在语义选择问题。如表示 “像” 义的宾谓同形：

a^{31}no^{31}no^{31} 像牛（一样）
牛　　像

a^{31}ɣa̠^{31}ɣa̠^{31} 像猪（一样）
猪　　像

a^{31}khɯ^{31}khɯ^{31} 像狗（一样）
狗　　像

a^{55}mo̠^{31}mo̠^{31} 像猴子（一样）
猴子　像

还要说明一点，宾谓同形短语结构的语义关系有的既是宾谓关系，又是主谓关系。这类结构的名词多是表示自然现象，与谓语的关系是施事者，还可以是施事者和受事，二者均可。这是宾谓同形短语结构中特殊的一类。例如：

a^{31}ʑɛ^{55}ʑɛ^{55} 下雨 / 雨下
雨　　下

a^{31}tsha^{55}tsha^{55} 出现阳光 / 阳光出现
阳光　出现

a^{55}pha̠^{31}pha̠^{31} 长出叶子 / 叶子长出
叶子　长出

a^{55}la̠^{31}la̠^{31} 长树枝 / 树枝长出
树枝　长

ʑi̠^{33}ȵi^{55}ȵi^{55} 花红了
红花　变红

m̩^{31}sa^{55}sa^{55} 天气晴了
晴天　变晴

ɯ^{55}lɛ^{31}lɛ^{31} 洪水泛滥
洪水　冲击

a^{55}tɕhy̠^{33}tɕhy̠^{33} 发芽 / 芽长出
芽　　发

上面的例子译成汉语时，有的可以用宾谓和主谓两种结构对译，如 a^{31}ʑɛ^{55}ʑɛ^{55} 既可译为 “下雨”，又可译为 “雨下”。但有的译为汉语时只能译为主谓结构。如 ʑi̠^{33}ȵi^{55}ȵi^{55} “花红了”，汉语只能译为主谓结构，不能译为宾谓结构。但这类短语，垤玛话是把它当成宾谓同形结构的，也能当主谓结构使用。例如：

⑥ a³¹ʑɛ⁵⁵ʑɛ⁵⁵ka³³ʑi³³o³¹ɛ⁵⁵.
雨　　下　下来　将要
雨将要下了。
⑦ na³³tshɿ³¹tshɿ³¹ pi³¹　ɣɛ⁵⁵.
药　　　有效（助）了
药起效了。
⑧ ʑi̠³³ȵi⁵⁵ȵi⁵⁵　la⁵⁵la³¹　hɤ³³　ɣa⁵⁵.
红花　变红 来（助）已经 了
花儿已经变红了。

可以这样解释，具有宾谓同形的短语形式也出现少量主谓结构。这是因为，这类主谓结构在垤玛话里与宾谓结构属于一类。

四、语言接触与宾谓同形结构

垤玛话的语言接触主要是受汉语影响。历史上，垤玛人长期与汉族相邻而居，相互交流，互相帮助，并主动学习汉文化和汉语文，所以在语言上必然会受到汉语的影响。垤玛话受汉语影响主要表现在词汇借用和语法影响上。在宾谓结构上，汉语名词借入垤玛话后，有许多也按宾谓同形短语组合，谓语与宾语同形。谓语与宾语后一音节同形的如：

thu³¹xɔ⁵⁵xɔ⁵⁵ 画画	thɤ³¹tɕi̠³³tɕi̠³³ 戴头巾
图画　　画	头巾　　戴
ke³³tsɿ̠³¹tsɿ̠³¹ 赶集	kum³³ɕɔ³³sɤ⁵⁵sɤ⁵⁵ 办供销社
街子　　去	供销社　　　办

谓语也有取宾语前一音节的。例如：

sɔ̠³¹tsɿ̠³¹sɔ̠³¹ 刷刷子	tshɔ⁵⁵tsɿ̠³¹tshɔ⁵⁵ 锉锉子
刷子　　刷	锉子　　锉
sɔ̃⁵⁵pha³¹sɔ̃⁵⁵ 打算盘	thø⁵⁵po⁵⁵thø⁵⁵ 推推刨
算盘　　算	推刨　　推

取前一音节，大约是因为垤玛人学了汉语后，能够识别名词宾语的前一语素具有动词义。如上例 sɔ̃^{55}pha^{31}sɔ̃^{55} “打算盘” 中的 sɔ̃^{55} “打（算盘）”，于是就取前一音节当谓语。

垤玛话还能把汉语的双音节动宾结构当做假性名词借入，并用假性名词加动词借词构成宾谓同形短语。由于动宾结构是动词在前，因此构成的谓宾结构短语，谓语与宾语的前一个音节同形。这是因语言接触产生的一类特殊的宾谓同形短语，例如：

tshaŋ^{55}kɔ^{33}　tshaŋ^{55} 唱歌　　　thiɔ^{55}ɣ̩^{31}　thiɔ^{55} 跳舞
唱 + 歌 = 歌 唱　　　跳 + 舞 = 舞 跳
khɛ^{33}xɔ^{55}　khɛ^{33} 开会　　　ɣø^{31}tɕi̠^{33}ɣø^{31} 围围巾
会 + 开 = 会 开　　　围巾　围

预计，垤玛话随着汉语借词的不断增多，含有汉语借词的宾谓同形短语也会增多，并有可能出现新的规律。

五、宾谓同形短语产生的条件及动因机制

宾谓同形短语在垤玛哈尼语中普遍存在，必然有其产生的条件及动因。下面我们做些可能的分析。

（一）分析性类型特征是产生宾谓同形短语的结构条件

垤玛话属于分析性偏强的语言，动词、名词都缺少形态变化，其语法意义主要靠词汇（虚词和实词）表达。谓语无人称、数的形态变化，其他语法意义如体、貌等，主要也是靠动词以外的虚词表示。这种“光杆式”的分析性特点是产生宾谓同形短语的结构条件。

宾谓同形是重叠式的一种。分析性语言，因为缺少形态，必须产生适合分析特点的形式来扩大表义，重叠式则是分析式语言容易使用的一种形式。大致能够看到，在不同类型的语言中，分析性语言使用重叠式的频率要比黏着式、屈折式的语言高，手段也会多些，在分析式内部，重叠式还因分析性强弱的不同而不

同，凡是分析性强的，重叠式更丰富。

分析型语言在词语、语素的结合上讲究韵律。埡玛话宾谓短语同形以及“2+1”的音节符合韵律特点，说起来朗朗上口，所以容易在语言中生根发芽。

（二）词类兼用为宾谓同形提供了词汇生成发展的模式

藏缅语是分析型语言，词类兼用是一种常用的语法手段，特别是名词、动词、量词之间兼用现象很普遍。[①] 如埡玛话的名词 ho^{31}ʐa^{33} “乞丐”，后一音节的 ʐa^{33} 既可当动词用说成 ho^{31}ʐa^{33}ʐa^{33} “沦为乞丐”，又可当量词用，说成 ho^{31}ʐa^{33}tɕhi̱^{31}ʐa^{33} “一个乞丐”。名词与动词的相关性为宾谓同形短语的产生提供了可能。

在动词缺少形态变化的分析性语言里，名词和动词在语义、语法的特点上关系密切。名词义素中含有与之相关的动词义素，动词从名词中提取语义有了可能。如名词 a^{55}pha̱^{31} “叶子”的意义中含有“长（叶子）、采（叶子）”等义素，需要谓语时，有可能提取 pha̱^{31} “长（叶子）”构成宾谓同形短语。

由于名词与动词的密切相关性，所以许多语言名动同形。藏缅语许多语言包括埡玛话都有这个特点。名动同形为宾谓同形的生成提供了条件和生成发展的模式。与埡玛话有亲缘关系的一些语言如景颇语、汉语等也有这种现象。景颇语如：

ʒi^{31}ʒi^{31} 纺线
线 纺

khai^{55}khai^{55} 种庄稼
庄稼 种

taŋ^{31}pa̱i^{31}pa̱i^{31} 穿筒裙
筒裙　　穿

lă^{31}khon^{55}khon^{55} 戴手镯
手镯　　戴

ka^{33}ka^{33} 说话
话 说

khu^{55}khu^{55} 打洞
洞　打

tiŋ^{31}je^{55}je^{55} 扫地
扫把　扫

汉语中也有不少名动同形的现象。如“食”，有“吃”动词义和“吃的东

① 李永燧：《哈尼语名、量、动词的同源现象研究》，载《民族语文》，1990（3）：40—51 页。

西”名词义。还有“冠、语、气”等。有的兼类语音有变化，如“磨”，阳平是动词，去声是名词，“衣”，阴平是名词，去声是动词。动词的“垫、盖”当名词用时要儿化，还有变为同形的“夏雨雨之”。

（三）经济原则和类推手段推动了宾谓同形短语

任何语言的使用都要讲究经济原则，越省力越好。形态型语言向分析型语言演变是许多语言的共同趋势，其表达特征在许多方面都讲究经济、省力。宾谓同形短语结构能成为宾谓结构的一种语法形式，是因为在形式和表达上都具有经济、省力的特点，容易被使用。宾谓同形提取名词的一个音节做谓语，是临时性的，不需要创造、增加新的动词，既简便又有韵律味。

从埡玛话宾谓同形结构不同语义层次的比较中可以发现，同形的形成有早有晚，大量的是后来根据已有的同形模式类推而成的。如表示自然现象、衣着等早期就有的名词构成的宾谓同形应该是较早的，如 a^{55}ʑi̱^{33}ʑi̱^{33}“开花”、thɤ^{31}tɕi̱^{33}tɕi̱^{33}“戴头巾”等，而后来才出现的事物或借用名词是类推形成的。如 la̱^{31}ty̱^{31}ty̱^{31}“戴手镯”、ma̱^{33}kha^{31}kha^{31}“戴眼镜”、nø^{55}pe^{31}pe^{31}“戴戒指”，以及借词宾语 sɔ̃^{55}pha^{31}sɔ̃^{55}“算算盘”、thy^{55}po^{55}ty^{55}“推推刨”、tshɔ^{55}tsɿ̱^{31}tshɔ^{55}“锉锉子”、thu^{31}xɔ^{55}xɔ^{55}“画画”、ʑa̱^{31}sɔ̱^{31}sɔ̱^{31}“刷牙”、kum^{33}ɕɔ^{33}sɤ^{55}sɤ^{55}“办供销社”等，名词都是后来产生或借用的，应是类推的。

参考文献

［1］戴庆厦．景颇语“宾谓同形短语”的特点及其成因——兼论景颇语附着型谓语 // 语言学论丛（第四十辑）．北京：商务印书馆，2009：213–232.

［2］朱艳华．载瓦语宾动同形短语的特征及形成机制．民族语文，2013（3）：28–36.

［3］李永燧．哈尼语名、量、动词的同源现象研究．民族语文，1990（3）：40–51.

［4］徐盛桓．名动转用的语义基础．外国语（上海外国语大学学报），2001（1）：15–23.

（作者单位：中央民族大学中国少数民族语言文学学院）

从动词看垤玛话的分析性属性 *

李浩

语言类型研究自古有之，早在 19 世纪，德国语言学家奥古斯特·施莱希尔（A. August Schleicher）就把人类语言分为屈折语、黏着语和孤立语三种类型。之后，洪堡特（W. von Humbold）又根据美洲印第安人的语言特点，补充了一种多式综合语。自那以后的语言学著作，大多肯定了语言类型学分类法的积极意义。① 戴庆厦（2014）依据分析性程度的强弱把藏缅语族语言分为三个层次：第一类是分析性相对强的；第二类是形态变化相对多的；第三类是中间状态的景颇语。② 垤玛话属于第一类，即分析性偏强型语言。动词是垤玛话句法的核心，动词的特点可以反映出该语言的类型特征。因此，从分析性的眼光来描写垤玛话动词的属性特点，可以验证该语言的分析性类型属性。

一、从动词的形式特点来看垤玛话的分析性特点

依据语法形态丰富程度的高低，可以把世界语言分为分析型与非分析型两大类型，但每一类型的语言特点都不是单一的，都会在主要类型的特点上另含有别的类型的特点。③ 动词作为垤玛话词类系统中的重要一员，其特征凸显垤玛话的分析性类型属性。从形式上看，垤玛话动词的分析性特点主要表现在以下几方面。

* 原载《汉藏语学报》，2021（13）。

① 参见孙宏开：《论藏缅语语法结构类型的历史演变》，载《民族语文》，1992（5）：1—9 页。

② 戴庆厦：《汉语的特点究竟是什么》，载《云南师范大学学报》（哲学社会科学版），2014（5）：8—14 页。

③ 戴庆厦：《再论汉语的特点是什么——从景颇语反观汉语》，载《民族语文》，2017（2）：3—11；蒋颖：《论普米语的类型定位》，载《民族语文》，2018（3）：70—80。

（一）单音节动词在动词系统中占绝对优势

从音节形式上看，埡玛话动词以单音节为主，存在少量的双音节和多音节。埡玛话动词的单音节性特征体现在两方面：一是单音节动词在整个动词系统中数量多，占比大；二是部分合成式双音节动词是由两个单音节动语素组合而成，凝固性还不是很强，具有单音节性的特征。

埡玛话的词类从音节的数量上看，有单音节、双音节、三音节和四音节等，其中以单音节和双音节占多数。我们使用斯瓦迪士（Morris Swadesh）的 207 核心词统计了埡玛话中的对应关系，不同音节的比例见下表：

表 1　埡玛话不同音节比例表

词类	总量（个）	单音节（个）	双音节（个）	三音节（个）	四音节（个）
名词	87	3	83	0	1
代词	18	5	10	3	0
形容词	35	32	0	3	0
动词	56	51	5	0	0
其他	11	10	1	0	0
合计	207	101	99	6	1
百分比（%）	100	49	48	2.9	0.5

从表 1 中数据可以看出，埡玛话的词类以单音节和双音节为主，其中名词和代词以双音节为主，动词和形容词以单音节为主。其中，动词以单音节占绝对优势，56 个动词，单音节动词就有 51 个，约占 91%，双音节动词有 5 个，约占 9%。而且，动词的单音节性也是判定该语言分析性类型属性的一个参照点。

为了详细分析埡玛话动词音节数的类别特征，我们参考《中国语言资源调查手册 · 民族语言》（藏缅语族）及近期出版的与动词相关的系列书籍，统计了埡玛话的 800 个常用动词。从统计的数据来看，单音节动词有 569 个，约占总数的 71%，双音节动词有 217 个，约占总数的 27%，多音节动词有 14 个，约占 2%。在 800 个常用词中，单音节单词还是占据绝对优势。

因此，单音节性是埡玛话动词系统中的一个稳定的、凸显的特点。动词的这一特点与堙玛话自身的分析性类型特征相关，并制约着动词的义项分布、韵律特征等。

（二）一个单音节动词蕴含多个义项

人类的言语表达总是力求高精准度和强清晰化，这要求词义要精细化。形态丰富型语言可以用形态变化的手段来使语法范畴化；分析型语言由于形态变化少，只能另辟蹊径，满足人们日常的交际，而一个词蕴含多个义项是一种行之有效的方法，这种用有限的词汇负载无限的义项的方式既符合语言的经济性原则，也可达到语义的精细化。因此，我们认为：分析性强的语言，词的义项也丰富。动词作为堙玛话句法的核心，义项丰富，扩张义项的方式主要是在基本义的基础上进行转义、引申或派生等。堙玛话动词有一个义项的、两个义项的、三个义项的，等等。例如：

表 2　堙玛话单音节动词义项释例

义项数	音节	词义
两个义项	to^{55}	喝（酒）；抽（烟）
	tso^{55}	读（书）；学习（知识、技艺等）
三个义项	ɕɤ^{31}	引（路）；娶（媳妇）；领（人）
	phɯ̱^{33}	（太阳）晒；烤（食物）；燃烧
四个及以上义项	to̱^{33}	出去；发生；产出；发出（力气）；掉（眼泪）
	pha̱^{33}	蹭（痒）；拆（墙）；拆（衣服）；爬；剖（内脏）

需要指出的是，堙玛话动词的多义项性主要存在于单音节动词中，双音节和多音节动词的义项数比较单一，因此，我们随机选取了堙玛话的 500 个单音节动词，并对它们的义项分布情况做了统计分析。具体见下表：

表 3　堙玛话 500 个单音节动词义项分布表

义项数（个）	1	2	3	4 个及以上
动词数（个）	254	161	54	31
百分比（%）	51	32	11	6

表 3 数据显示，动词的义项数越多，动词的数量就越少，单义动词就占了单音节动词的 51%，因此，从动词的义项来看，埡玛话动词的义项扩张能力还不是很强，但是随着新概念的出现，我们估计动词的义项将不断扩充。

（三）动词的兼类、跨类现象很丰富

任何语言都遵循经济性原则，即用最少量的语言来表达最大限度的信息量。经济性原则在各类型语言中所体现的方式有差异，有的用形态手段来体现，有的用分析性方法来凸显。在埡玛话中，经济性原则在词汇、语音、语法等方面都有体现。动词与其他词类存在丰富的兼类、跨类现象是埡玛话遵循经济性原则的具体体现，也是分析型语言的词类功能扩大化的一种手段。当然，有些词的兼类、跨类具有临时性的和专用性的特点，即属于句法词的范畴，而有些词的跨类已成凝固化，即已词汇化，属于词法词的范畴。我们以动词和名词的兼类、动词与形容词的兼类、动词和量词的兼类等为例。具体如下：

1. 动词和名词兼类

埡玛话中，动词与名词存在诸多的兼类、交叉现象。根据笔者调查，与名词兼类的动词全部都是单音节动词，这个现象进一步验证了埡玛话动词以单音节性为主的分析性特点。从音节形式上看，动词与名词兼类时分为全同型和部分相同型两类。全同型存在于单音节名词中，埡玛话的单音节名词极少，因此，动词与名词全同的现象很少。例如：

lɯ^{55}	lɯ^{55} 形成森林	pɯ^{55}	pɯ^{55} 长脓
森林（名）	有（动）	脓（名）	长出（动）
thɤ̠^{31}	thɤ̠^{31} 形成阶梯	tshɯ̠^{31}	tshɯ^{31} 形成节子（竹子等）
阶梯（名）	有（动）	关节（名）	有（动）

部分相同型是指动词与名词的某个音节相同。这类动词大多是临时性动词，具有专用性的特点，“专用性”是指该动词只能用于该构式中，离开了该构式就不能独立使用。这类动词的语义与所兼类的名词的语义具有某种蕴含关系，即名词的次范畴里暗含着若干表示动作的语义成分，同样，动词的词义也可以折射出名词的某个次范畴。在埡玛话中，这类动词数量多，适应性强，已经成为埡玛话

补充动词数量的有效手段。例如：

ɣa̠^{31}pa̠^{33}　pa̠^{33} 做荞粑	ka^{55}khɔ̠^{33}　khɔ̠^{33} 挖沟
荞粑（名）做（动）	水沟（名）挖（动）
ɣ̩^{31}tshɔŋ^{31}　tshɔŋ^{31} 戴帽子	na^{33}tshʅ^{31} tshʅ^{31} 药起效
帽子（名）戴（动）	药（名）起效（动）
ke^{33}tsʅ̠^{31}　tsʅ̠^{31} 赶街	nɔŋ^{33}hɔŋ^{33}　hɔŋ^{33} 度假
集市（名）赶（动）	节假日（名）度过（动）

一个名词范畴是由多个次范畴构成的，它是多方面物性角色综合的产物，我们可以把名词的物性角色分为物理性质角色、施成角色、功用角色和规约性角色。而名词的这些角色是兼类动词提取语义的基础，当然，并非所有的名词都含有以上所有角色。如上例的 ɣa̠^{31}pa̠^{33}（粑粑）pa̠^{33}（弄扁）“做粑粑”中的动词是“弄扁”之意，是由物体“荞粑”的形状而来，即由名词的物理性质角色隐喻化而来；ka^{55}khɔ̠^{33}（水沟）khɔ̠^{33}（挖）“挖沟”中的名词“沟”是由人“挖”出来的，其名词所蕴含的动词义是“挖”，这是由名词的施成角色隐喻化而来；ɣ̩^{31}tshɔŋ^{31}（帽子）tshɔŋ^{31}（戴）“戴帽子”里名词“帽子”的功能是“戴在头上，起着保暖、挡风、遮阳的作用”，因此名词“帽子”里蕴含着“戴”的动作意义，这是由名词的功用角色隐喻化而来；ke^{33}tsʅ̠^{31}（集市）tsʅ̠^{31}（赶）“赶集”是因为每逢集日人们都会去集市上，因此由“集市”衍生出“去、赶”也能理解，这是由名词的规约性角色隐喻化而来。由此可知，动名兼类词之间在语义上存在某种关联。

分析型语言因缺乏形态变化，不能用形态的手段来扩充动词，而拷贝其他词的音节正是发展动词的一种有效方法，拷贝型动词与来源词在语义上有一定的关联，如上面的名词的次范畴正是兼类动词语义的来源。我们统计了 1247 个名词，其中，能够构成兼类词的有 386 个，约占总数的 31%。这 386 个动词中不能用其他同义动词替代的有 343 个，约占 89%。可见，动词与名词的跨类现象是垤玛话动词系统的重要特点。当然，动名兼类现象并非垤玛话所独有，同属分析性语言的汉语、彝语、傈僳语等都存在着名动兼类现象，如汉语的：“开锁”中的“锁”是名词，“锁门”中的“锁”是动词。因此，这可能是分析性语言的一个共性，只是凸显度不同而已。

2. 动词与形容词兼类

垤玛话的动词与形容词之间关系密切，如都是谓词，而且形容词也是以单音节为主，但在性质上属于不同的词类。动词与形容词的兼类现象大多体现在一定的构式中。例如：

（1）“复合名词（名语素 + 形语素）+ 形语素”式。在以上构式中，用来陈述复合名词的拷贝型形语素具有动词属性，是动词与形容词兼类的一种类型，但这种动词具有临时性和专用性的特点。例如：

y̩̠^{33}ȵ̥i^{55}　　ȵ̥i^{55} 染蛋
蛋 + 红 = 红蛋 染

o^{31}tɕhɛ^{55}　　tɕhɛ^{55} 腌酸菜
菜 + 酸 = 酸菜 腌制

（2）“形容词 + 趋向动词”式。以上构式中的形容词具有动词的特点，兼作动词用。垤玛话的趋向动词主要有 la^{55}“来”、tsɛ^{55}“去”、ta̠^{33}“上去”、ka^{33}“下去”等。例如：

tɕhy^{55}（甜）la^{55}（来）变甜
变甜　　来

tshe̠^{31}（冷）tsɛ^{55}（下去）变冷了
变冷　　去

ty̩̠^{31}（熟）ta̠^{33}（上去）（饭）熟了
煮熟　　上去

tɤ^{31}（傻）ka^{33}（下去）变傻
变傻　　下去

（3）“形容词 + 体助词”式。从音节上看，垤玛话的形容词主要以单音节为主，还有少量的双音节和多音节，一般能进入构式“形容词 + 体助词”中且能兼用作动词的形容词都是单音节形容词。如：

ly̩^{33}（凸）ɣɛ^{55}（了）凸起来了
凸起来　（完成体）

tɕhɛ^{55}（酸）ɤ^{33} 弄酸（腌制）
弄酸　　（进行体）

3. 拷贝式动词可以兼做量词

垤玛话的拷贝式动量词与动词具有兼类的特点，但这类量词大部分是“入句有义，离句无义”的隐性型的量词，属于句法量词。垤玛话的动词主要以单音节为主，所以形成量词时一般取动词的全部作为拷贝式量词，其基本结构是：

数词 + 动词（化为量词）+ 动词。例如：

tɕhi̠^{31}ʑe^{31}　　ʑe^{31} 割一下　　　　tɕhi̠^{31}ʑa̠^{33}　　ʑa̠^{33} 扫一扫
一　割（量）割　　　　　　　　　　一　扫（量）扫

埡玛话属汉藏语系语言，与词汇量极丰富的汉语相比，存在着欠发达性，所以为了便于日常交际而又没有丰富的词汇情况下，用内部语言词性间的兼用来满足交际的需求就变得很普遍，如动词、名词、量词间可同时兼类。此外，埡玛话的动词跨类现象不仅出现在口语中，而且在传统诗歌、谚语、祭词中也同样出现，甚至还出现在汉语借词中。例如：

表 4　埡玛话动词跨类例词表

动词	名词	动量词
sɔ̃^{55} 算	sɔ̃^{55}pha^{31} 算盘	tɕhi̠^{31}（一）sɔ̃^{55}（次：量）sɔ̃^{55}（算）算一次
sɔ̠^{31} 刷	sɔ̠^{31}tsɿ̠^{31} 刷子	tɕhi̠^{31}（一）sɔ̠^{31}（次：量）sɔ̠^{31}（刷）刷一次

当然，埡玛话的动词可以与词法量词形成跨类现象，这种词法量词比较少，而且大都还可追寻其来源，但是它可以脱离构式，独立成词。例如：sɿ^{31}“颗”已演化为泛指量词，sɿ^{31}“结（果实）”已具有动词的属性，因此 sɿ^{31} 就是一个既可作动词又可作量词的量动同形词，还有如 tɕɛ^{55}“排（量词）、排（动词）”，等等。

综上所述，在埡玛话中，动词与其他词的兼类、跨类现象很丰富，而且有些兼类现象具有临时性和专用性，这使得埡玛话的词类系统非常活跃。这与语言的分析性类型有关，因为埡玛话动词的形态变化少，需要用其他的方式来扩充动词数量，而词类间的兼用不失为一种有效的方式，而且也能弥补该语言自身动词的不自足性。这种形同而义不同的隐性型造词法正是分析型语言的特征之一。当然，该类动词的使用也是基于该语言使用者的感知认同上。

（四）动词在句法分布上的位置具有固定性

埡玛话属于分析型语言，主要用语序和虚词来表示语法意义。从功能上看，埡玛话动词不仅具有陈述的功能，而且具有修饰的功能。动词作为埡玛话句法的核心，在句法分布中的位置是固定的，当动词作陈述语时，置于被陈述对象的后面，而当动词作修饰语时，大多置于中心词前面。具体如：

表 5　堙玛话动词做陈述语、修饰语时的位置例词表

作陈述语	作修饰语
(a^{55}) tsa^{55} tsa^{31} 吃东西 食物 吃	tsa^{31}tsa^{55}（用来）吃（的）食物 吃　食物
a^{55}xɔŋ^{31}tum^{33} 穿衣服 衣服　穿	tum^{33}m̥^{31}（用来）穿（的）衣物 穿　衣物
ha^{33}phø^{55}tɛ^{55} 公鸡叫 公鸡　打鸣	tɛ^{55} ha^{33}（用来）打鸣（的）鸡 打鸣 鸡

当然，动词在句法结构中以陈述指称物为主，而且是零标记型的。堙玛话是话题优先型语言，SOV 型语序因表达的需要可以把宾语提前至句首做话题，形成 OSV 式，但无论如何，动词始终居于句末。例如：

① A. a^{31}khɯ^{31}ma^{55}　a^{31}ɣa̠^{31}ma^{55}　a^{33}　le^{31}.
狗　（定指）猪　（定指）（宾助）追
狗追猪。

B. a^{31}ɣa̠^{31}ma^{55}　a^{33}　a^{31}khɯ^{31}ma^{55}　le^{31}.
猪　（定指）（宾助）狗　（定指）追
狗追猪。

② A. a^{31}phi^{31}a^{31}po^{55}ʑɤ^{55}　zø^{31}.
奶奶　爷爷（宾助）骂
奶奶骂爷爷。

B. a^{31}po^{55}ʑɤ^{55}　a^{31}phi^{31}zø^{31}.
爷爷（宾助）奶奶　骂
奶奶骂爷爷。

上例①的 A、B 虽然语序不同，但是语义是一样的，这与该语言存在丰富的助词有关，因为受事 a^{31}ɣa̠^{31} “猪” 后附宾语助词 a^{33}，属于有标记的，因此，句中的施受关系容易辨析，不会混淆语义，但它们的谓语动词 le^{31} “追” 都置于句

末，而且谓语动词是零标记型的。句②亦然。

二、从动词的语法范畴来看堙玛话的分析性特点

语法范畴是各种语法形式表示的语法意义的概括，分析型语言与非分析型语言在语法范畴的表达方式上存在差异。堙玛话作为分析型语言，其动词缺乏严格意义的形态语法范畴，取而代之的是用分析性手段来表示语法意义，即在动词的前或后添加词汇的方式来表示语法意义。依据所添加的词汇的意义特征可以把堙玛话动词的语法范畴分为实词型、半虚化型和虚词型三类。

（一）实词型

实词型指的是在动词的前面或者后面添加实词来表示动词的某类语法意义。我们以趋向范畴为例，“趋向范畴”指的是表达“趋向”意义的句法手段，表达手段有两种：一是通过本身就具有趋向语义特征或者说具有趋向动程的一般趋向动词来表达；二是直接在动词后面加补语的形式来表达。

1. 趋向动词直接表示趋向义

堙玛话趋向动词具有［＋位移］［＋方向］的语义特征，它可以表示人或事物在空间中位移的方向，而且大多是独立成词。简言之，堙玛话趋向动词词义里本身就蕴含着空间方向范畴。因此，堙玛话的趋向范畴可以直接用趋向动词来表示趋向义。例如：

③ no^{55}ŋa^{33}thɤ̠^{31}a^{33}　　la^{55}.
　你 我 家 （方助）来
　你来我家。

④ no^{35}tɕhi̠^{31}pha^{55}la^{31}xø^{55}a^{33}　　ʑi̠^{33}.
　你们　　　家　（方助）来
　你们来家里。

堙玛话表达趋向范畴时，以说话人所处的位置为参照点。其中，la^{55}“来”一般表示由下方、下游方向上方、上游方而来之意义，语义为“上来”；ʑi̠^{33}“来”

在位移方向上表示由上方、上游向下方、下游而来，意义为“下来”。因此，以上两个趋向动词本身就蕴含着趋向意义，即具有趋向范畴的性质。例③中，la^{55}“来”映射出的是“我家住在你家的上面”。例④中的 ʑi̠^{33}“来”映射出的是“我家住在你家的下面”。

2. 趋向动词作补语表示趋向义

趋向动词作补语表示趋向义的构式是“$V_{行为动词}+V_{趋向动词}$”，其中 V 趋向动词包括单纯趋向动词和复合趋向动词。例如：

⑤ no^{55}a^{31}no^{31}ma^{55}　ha^{55}te^{33}a^{33}　tshɯ^{55}tɔ̠^{33}.
你　牛　（定指）田　（方助）牵　进去
你把牛牵进田里。

⑥ no^{55}lɔŋ^{55}kha^{31}a^{33}　tɤ^{55}tɔ̠^{33}tsɛ^{55}.
你　山谷　（方助）走　进去
你走下去山谷。

例⑤的 tɔ̠^{33}“进去”是趋向动词，表示的是由外往里而入，属于单纯趋向动词做补语来表示趋向范畴。句⑥的 tɔ̠^{33}tsɛ^{55}“进去”是复合趋向动词，在句中做补语，表示趋向意义。

（二）半虚化型

半虚化型指添加在动词前面或后面用来表示语法意义的词汇还没有完全虚化，可以看出其来源动词。我们以使动范畴和尝试貌为例。

1. 使动范畴

使动范畴是对通过一定语法手段或语法形式所表达的主体动作与客体动作关系的语法意义概括。黄成龙（2014）指出：“根据致使结构的形式类型，致使结构形式上有词汇性致使、形态性致使、分析性致使，但这三种致使形式在不同语言或者不同语系中分布不尽相同。”[①] 堙玛话的致使结构以分析性致使结构为主，其手段是在自动词前面或者后面添加其他词汇的方式来表示使动意义。例如：

---

① 黄成龙：《类型学视野中的致使结构》，载《民族语文》，2014（5）：3—21 页。

⑦ A. a^{31}ɣa̱^{31}ma^{55}　　sɿ^{55}ɣɛ^{55}.

猪　（定指）死 了

猪死了。

B. a^{31}ʑo^{31}le^{33}　　a^{31}ɣa̱^{31}ma^{55}　　tɕɔŋ^{55}sɿ^{55}ɣɛ^{55}.

他　（施助）猪　（定指）做 / 使死 了

他把猪弄死了。

⑧ A. xəm^{31}me^{31}ma^{55}　　pe̱^{31}ɣɛ^{55}.

碗　（定指）碎 了

碗碎了。

B. a^{31}ʑo^{31}le^{33}　　xəm^{31}me^{31}ma^{55}　　tɕɔŋ^{55}pe̱^{31}ɣɛ^{55}.

他　（施助）碗　（定指）做 / 使碎 了

他把碗弄碎了。

例句⑦ A、⑧ A 中的谓语动词分别是 sɿ^{55} “死” 和 pe̱^{31} “碎” 都是自动词；而句子⑦ B、⑧ B 的谓语动词分别是 tɕɔŋ^{55}sɿ^{55} “弄死” 和 tɕɔŋ^{55}pe̱^{31} “弄碎”，即是在自动词的前面添加了表使动意义的词汇，而且用来表示使动范畴的 tɕɔŋ^{55} “做、弄” 还没有完全虚化，但已具有虚化的倾向，相当于半虚化型。

2. 尝试貌

所谓 “貌” 是指动作或事件的具体表现方式，是对情状内在动作方式或变化属性构成所持的不同的观察方式，跟时间概念没有明显直接关系，主要与事态类型或情状类型有关。[①] 垤玛话的尝试貌表示动作的尝试，表达方式是在动词后附加半虚化动词 fv̩^{33}，fv̩^{33} 的本意是 “看”。例如：

⑨ no^{55}o^{31}pɛ^{33}hi^{55}xa^{55}tsa^{31}fv̩^{33}.

你 菜　这 些 吃（尝试貌）

你品尝一下这些菜。

⑩ ŋa^{55}ha^{31}tshø^{31}hi^{55}ma^{55}tum^{33}fv̩^{33}.

我 裤子　这 条 穿（尝试貌）

我试穿一下这条裤子。

① 李泽然：《哈尼语动词的体和貌》，载《语言研究》，2004（2）：111—117 页。

例⑨ ⑩的 fv̩^{33} “看” 置于动词后面时表示 “尝试貌”，相当于汉语的 “试试”，是由实意动词 “看” 语法化而来，但可看出始源动词，因此是属于半虚化型。

（三）虚词型

指的是添加在动词前面或后面用来表示语法意义的词已看不出词汇意义，只有语法意义了。这种语法范畴在堙玛话中分布最广泛，我们以进行体和推断示证为例。

1. 进行体

堙玛话动词的进行体属于体范畴中的一类语法范畴，表示动作行为正在进行之中，不关乎动作是怎么开始或结束的，其表达方式是在动词后附加体助词 ɤ^{33}，例如：

⑪ a^{31}ʑo^{31}tɔ̱^{33}ʑi̱^{33}v̩^{33}　ŋa^{55}a^{55}ho^{31}tsa^{31}ɤ^{33}.

他　进来　时候 我 饭　吃（进行体）

他进来时，我正在吃饭。

⑫ ʑa^{31}mɯ^{55}a^{55}lu̱^{31}khi^{55}sa̱^{31}a^{33}　ɣa^{31}ha^{55}m̩^{55}ɤ^{33}.

现在　阿鲁 菜地（方助）活　挖（进行体）

现在，阿鲁在地里干活。

上面几例中，动词后面都附加了助词 ɤ^{33}，表示动作正在进行，而且很难找出其来源，属于虚词型，因此，构式 “V+ɤ^{33}” 表示动词的体时，ɤ^{33} 具有表示进行体范畴的功能，属于进行体助词。

2. 推断示证

堙玛话动词的推断示证属于示证范畴中的一种语法范畴，表示的是说话者通过对某些证据、事件进行分析，得出相对可靠的判断。其表达方式一般是在句末附加 nɔŋ^{55}hɤ^{33} 或 nɔŋ^{55}ʑa^{33}。当 nɔŋ^{55}hɤ^{33} 表示示证时，其所推断的信息一般是在传达给听话者，即在场的不止是说话者一个人。例如：

⑬ za^{31}kv̩^{31}hi^{33}tha^{31}a^{33}　a^{55}ho^{31}me̱^{31}pi^{31}nɔŋ^{55}hɤ^{33}.

小孩　这 个（话助）饭　饿　（示证）

（看到小孩在哭）这个小孩似乎饿饭了。

⑭ $ø^{55}pa^{31}a^{33}$　　$a^{31}ʑɛ^{55}ʑɛ^{55}nɔŋ^{55}hɤ^{33}$.

那 边 （方助）雨　　下 （示证）

（看到那边乌云密布）那边似乎下雨了。

句⑬中，说话者因看到“小孩在哭”，所以推断出“小孩似乎肚子饿了”；句⑭中，说话者看到“那边乌云密布”，推断出“那边似乎下雨了”。

当 $nɔŋ^{55}ʑa^{33}$ 表示示证时，表示的是说话者依据当时的背景作推断，而且大多是在自言自语。例如：

⑮ $tsɔŋ^{31}te^{33}pa^{31}a^{33}$　　$ta^{31}hi^{33}tɕhɯ^{35}tɕo^{55}nɔŋ^{55}ʑa^{33}$.

外面　　（方助）客人　一些　有 （示证）

（听外面的声音）外面似乎有一些客人。

⑯ $hi^{33}xɔŋ^{31}a^{33}$　　$a^{31}ʑɛ^{55}th\underline{i}^{31}tsɯ^{31}y^{55}t\underline{ɔ}^{33}nɔŋ^{55}ʑa^{33}$.

这 处 （方助）雨　　一　滴　流 进（示证）

（看到地面有水）这处好像漏雨。

综上所述，垤玛话动词的语法范畴属于广义语法范畴，主要用词汇手段来表示语法意义，有实词型、半虚化型和虚词型三种，但并非一种语法范畴只能用一种形式，如貌范畴，既有实词型，也有虚词型。具体例子如：

⑰ $ʑe^{31}nɔŋ^{33}ŋa^{55}ʑo^{33}li^{31}tɕhɯ^{35}tso^{55}ɣa^{33}$　　$ɣa^{55}$.

今天　　我 道理　一些　学 （获得貌）了

今天，我学到了一些道理。

⑱ $a^{31}ʑo^{31}tsɿ^{55}pa^{31}to^{55}la^{31}mɛ^{55}$　　$kɤ^{33}$.

他　　酒　　喝　（进行伴随貌）说

他喝着酒说。

例⑰中置于谓语动词 tso^{55} “学习”后面的“$ɣa^{33}$”表示获得貌，其本意是“得到”，即用实词型来表示动词的语法意义。句⑱的“$la^{31}mɛ^{55}$”置于谓语动词后表示进行伴随貌，已没有词汇意义，属于助词，因此，句⑱的“$la^{31}mɛ^{55}$”是用虚词型来表示动词的语法意义。

此外，由于埡玛话动词属于“光杆”式的动词，从动词的形式上已看不出其性数格，因此，在表达性数格时直接用迂曲型来表示。例如：

⑲ $la^{31}xø^{55}a^{33}$　　$za^{31}ʑo̱^{33}sum^{55}ɣa^{31}tɕo^{55}$.
屋子　（方助）男孩　三　位 有
屋子里有三个男孩。

⑳ $a^{31}ʑo^{31}le^{33}$　　$ha^{33}ma^{33}ȵi̱^{31}za^{31}se̱^{31}ɣɛ^{55}$.
他　（施助）母鸡　两 只　杀 了
他杀了两只母鸡。

句⑲中谓语动词是 $tɕo^{55}$“有”，从动词形式上体现不出性数格；句⑳的谓语动词 $se̱^{31}$“杀”，从形式上也看不出其性数格。因此，埡玛话的动词属于零派生式的，是意念型的，具有隐性型的特点。

三、从动词性结构来看埡玛话的分析性特点

埡玛话动词可以与其他成分构成多种句法结构，如连动结构、动补结构、名动结构、状中结构等。埡玛话作为分析性偏强的语言，动词的表层形式凸显不出其语法特征，因此，与其他成分结合时形成的语法结构是隐性型的、意合型的，所以我们需要通过形式类型、语义特点来认识其属性特征。我们以“V+V”式和“N+V”式为例，探讨埡玛话动词的分析性特征。

（一）“V+V”式

埡玛话动词缺乏形态变化，动词的许多语法结构现象是由语义来凸显，因此，同一类型的形式结构可能蕴含着多种语法结构形式，可见，“V+V”式结构依据所搭配的动词的不同性质形成多种语法结构形式。具体见表6：

表6　埡玛话“V+V”式搭配动词不同性质例词表

“V+V”型	连动式	“V+V”型	动补式	“V+V”型	宾动式
$phɛ^{31}le^{33}$ 提　去	去提	$nɔŋ^{31}pe̱^{31}$ 踩　碎	踩碎	$ʑɣ̱^{31}na^{33}$ 睡 肯	肯睡

续表

“V+V”型	连动式	“V+V”型	动补式	“V+V”型	宾动式
tɕha̠^{31}tsɛ^{55} 煮 去	去煮	se̠^{31}sɿ^{55} 杀 死	杀死	to^{55}kɔ̠^{31} 喝 想	想喝
tha^{55}la^{55} 接 来	上来接	sɤ̠^{33}ka^{33} 刮 下	刮下	kɤ^{33}phɤ^{31} 说 敢	敢说

从表6可以看出，虽然形式上都是“V+V”式结构，但是语义句法上却是三种不同的结构，可见，堙玛话动词的形式结构与语义结构存在不对称性。

此外，堙玛话的“V+V”式结构中，当两个V都是同一个动词时，该构式形成并列结构，主要用来表示反复、催促、劝告等之意。① 例如：

tɤ^{55}tɤ^{55} 走走　　　　tsho^{31}tso^{31} 踢踢

tsa^{31}tsa^{31} 吃吃　　　　to^{55}to^{55} 喝喝

在以上例子中，“V+V”式主要表示催促，而且读时两个音节不存在轻重音，有时候中间要做稍微的停顿。这种重叠方式也可以用在双音节动词中。例如：

ny^{31}fv̩^{33}ny^{31}fv̩^{33} 反复思考　　　　ȵi^{55}ɣa^{33}ȵi^{55}ɣa^{33} 好好玩玩

思考　思考　　　　玩耍　玩耍

在堙玛话中，动词的重叠一般表示反复，或者说话人对听话人的一种催促和强调，当然有些表示一种状态。

堙玛话中，同一个单音节动词（我们用A来表示单音节动词）可以形成“（A+A=B）+A”式。在这类构式中，（A+A=B）常常被指称化，即存在显性与隐性的不对称性，而居末的A常用来表示陈述，整个构式一般是构成宾谓式结构。具体如下：

tɕi^{31}tɕi^{31}tɕi^{31} 做（打这件事）　　　　tɕhɛ^{55}tɕhɛ^{55}tɕhɛ^{55} 腌酸菜

打之事 打　　　　酸菜　　腌

① 戴庆厦、闻静：《论“分析性语言”研究眼光》，载《云南师范大学学报》（哲学社会科学版），2017（5）：1—8。

在以上例子中，前面的“(A+A=B)”构式是指称化，其语义一般翻译成“A之事”，也就是后面的谓语动词所要执行的事件，而真正的谓语是居末的动词。这种构式中，第二个音节要读得相对短促，与第一个音节紧密度很高，而且这种构式只存在于单音节性动词中，这种“(A+A=B)+A”式的韵律符合垤玛话“2+1”节律特点。

(二)“N+V”式

垤玛话属于SOV型语序语言，而且动词又是缺乏显性标记的语言，因此，从形式上判断不出“N+V”式的语法结构关系，即形式结构与语法结构之间存在不对等性，一种表层结构可以包含多种语法结构。我们需要借助隐性的语义关系判断其语法关系，“N+V”构式在垤玛话中可以形成主谓、宾动和状中三种语法结构。具体例子如：

表7 垤玛话“N+V”式三种语法结构例词表

主谓型	宾动型	状中型
ha^{33}phø^{55}tɛ^{55} 公鸡打鸣 公鸡　　打鸣	tsɿ^{55}pa^{31}to^{55} 喝酒 酒　　喝	ɕim^{55}ʑɛ^{31}le^{33}　　ʑɛ^{31} 用锯子锯 锯子　（工助）锯
za^{31}kỵ^{31}ʑy̠^{31} 小孩在睡 小孩　睡	ka^{55}ma^{33}tɤ^{55} 走路 路　　走	tshe^{31}o̠^{31}le^{33}　　tshe^{31} 用锄头挖 锄头　（工助）挖
khɯ^{31}tɕi^{55}tɕi^{55} 跳蚤跳 跳蚤　　跳	a^{55}ho^{31}tɕha̠^{31} 煮饭 饭　　煮	sa̠^{33}ki^{55}le^{33}　　sa̠^{33} 用秤称 秤　（工助）称

此外，某些“N+V”型构式既可以理解为主谓型，也可以理解为宾动型，即一种形式蕴含着两种语法结构。例如：

a^{55}ʑi̠^{33}ʑi̠^{33} 花开 / 开花　　　　a^{31}ʑɛ^{55}ʑɛ^{55} 雨下 / 下雨
花　　开　　　　　　　　　　　　雨　　下

上面两例既可以理解为主谓结构，也可以理解为宾动结构。那么，如何辨别它们的语法关系呢？我们认为主要靠语境来辨别。例如：

㉑ ka^{33}sɿ^{33}a^{31}ʑɛ^{55}ʑɛ^{55}, ʑa^{31}mɯ^{55}ma^{31}ʑɛ^{55}ɣɛ^{55}.
刚才　雨　　下　现在　　不　下　了
刚才下雨，现在不下了。

㉒ a^{31}ʑɛ^{55}ʑɛ^{55}tshɿ^{55}le^{33}ɣɛ^{55}, la^{31}xø^{55}a^{33}　　na^{33}le^{33}ho̠^{31}tsɛ^{55}o^{31}.
雨　　下 停　已经　　家　　（方助）赶紧　回去　　吧
雨（下）停了，快回家吧。

例㉑句中的 a^{31}ʑɛ^{55}（雨）ʑɛ^{55}（下）“下雨” 属于宾动型；句㉒中的 a^{31}ʑɛ^{55}（雨）ʑɛ^{55}（下）“下雨” 属于主谓型。可见，“N+V” 型构式在堙玛话中蕴含多种语法关系，这可能与动词形态不发达有关，此时，我们需要结合语义关系和语境来分析句法关系。

四、小结

由上文的叙述可以获知，堙玛话动词具有分析性语言动词的类型特点，也反映出堙玛话属于分析性偏强型语言。动词作为堙玛话语义句法结构的核心，其特点蕴含着该语言的属性特征。从动词的特点来看，堙玛话的分析性特征主要包括以下几方面。

（一）形态特征少，取而代之的是分析性特征很丰富

前贤研究成果表明，原始藏缅语存在丰富的形态变化，但是随着语言的不断发展，呈现形态型向分析型演化的趋势。[①] 从现有资料来看，堙玛话很少有形态特征，分析性特征却较发达。拿互动范畴来说，堙玛话动词的互动范畴主要用分析性手段来表示语法意义，其表现手段是在动词后面添加表示互动意义的助词 ka^{33}，例如：tɕi^{31}ka^{33} “打架”、te^{31}ka^{33} “吵架”、tho̠^{33}ka^{33} “斗（鸡）”，等等。此外，部分动词本身就蕴含互动意义，因此，无需添加互动助词，例如：kɤ^{33}tsa^{33} “协商”、thɤ̠^{31} “离婚”、tshɿ^{31}phu^{31} “遇见”，等等。

① 李永燧：《论藏缅语黏着语素与语言类型学》，载《民族语文》，2002（2）：10—24。

（二）音节显赫，韵律强

埡玛话属于音节显赫型语言，主要体现在有声调、韵律强，而且埡玛话词类间的音节数各有特点，如名词呈现双音节化的趋势、动词以单音节为主。埡玛话动词的单音节性不仅体现在本语词中，即本语动词以单音节占绝对优势，而且还体现在外来动词中，即外来动词也是单音节为主。动词的单音节性关乎埡玛话的节律，我们以宾谓同形短语为例，埡玛话宾谓同形短语中的谓语动词取自宾语的某个音节，而且该结构中的谓语动词都是单音节。例如：a^{55}ʂʅ^{31}（果子）ʂʅ^{31}（结）“结果子”，tɕa^{31}m̥^{33}（镜子）m̥^{33}（照）“照镜子”，等等。以上例子中，动词都是取自名词的某个音节，这种形式既符合语言的经济性原则，韵律型也极强，即形成“2+1”式节律。

（三）语序固定，核心居末

埡玛话属于SOV型语序语言，也是话题优先型语言，因表达的需要可以把宾语置于句首做话题，当然，宾语的相对灵活性与埡玛话存在丰富的助词相关，但动词的句法位置是固定的。例如：

㉓ mo^{55}ȵi^{55}ma^{55}　fy̠^{33}tɕha̠^{31}ma^{55}　a^{33}　lɛ^{31}pi^{31}.
猫　（定指）老鼠　（定指）（宾助）追（语助）
猫追老鼠。

㉔ fy̠^{33}tɕha̠^{31}ma^{55}　a^{33}　mo^{55}ȵi^{55}ma^{55}　lɛ^{31}pi^{31}.
老鼠　（定指）（宾助）猫　（定指）追（语助）
猫追老鼠。

例㉓和㉔的语义相同，只是句㉔把受事fy̠^{33}tɕha̠^{31}“老鼠”提前至句首做话题，在语用上起强调和凸显的作用。那么，为什么可以把受事提前呢？因为受事fy̠^{33}tɕha̠^{31}“老鼠”后面添加了助词a^{33}与施事mo^{55}ȵi^{55}“猫”做区别，即受事是有标记的，因此，句法的施受关系不会混淆。此外，句㉓和句㉔的谓语动词在形式上是零派生式的、无标记性的，其句法位置是固定的，都是置于句末。

（四）显性特征少，隐性特征丰富

垤玛话形态特征少，因此，许多语法现象是隐性型的、意合型的。从动词来看，垤玛话的隐性型特征就尤为突出。我们还是以宾谓同形词为例：ha³¹pe̠³¹（竹笋）pe̠³¹（生长）“长出竹笋”、mi⁵⁵ho³³（地震）ho³³（闹）“闹地震”、ʑv̠³¹pɔŋ³¹（袜子）pɔŋ³¹（穿）“穿袜子”，等等。以上这些宾谓短语结构上都是一样的，即谓语动词都是取自名词的某个音节，但是动词词义各不相同，有的表示“穿戴”类，有的表示“生长”类的，有的表示“存在”类的，等等。总之，宾谓同形短语结构形式相同，隐性型的语义却非常丰富，而且，这类动词大多是临时性的，即离开了这个构式则不成词。

从动词控制论元的方式中也可以看出垤玛话动词“显性特征少，隐性特征丰富”的特点。垤玛话动词是“光杆”型的，从形式上看不出其所承载的论元的数量、论元的语义角色等，但是我们可以从动词的语义判断动词与论元的关系，例如 tsa³¹“吃”携带两个必有论元，分别充当施事和受事；sɿ⁵⁵“死”只带一个必有论元，充当当事论元。可见，垤玛话动词主要用语义来制约句法结构。

（五）形式结构与语义结构不对等

垤玛话属于核心居末型语言，而且动词的语义制约句法结构，因此，形式结构与语义结构存在不对等性。拿“N＋V”式结构来说，其蕴含着三种语义结构，即主谓结构、宾动结构和状中结构。还有如“V＋V”式结构，也蕴含着连动、宾动和动补三种语义结构。可见，形式结构与语义结构不对等性是垤玛话的一个重要特点，这既与垤玛话 SOV 型语序语言有关，也与垤玛话的分析性类型有关。

垤玛话分析性特点还体现在具有丰富的动词性结构。在垤玛话中，连动、动补、宾动等动词性结构都很丰富，其中，连动结构中可连用的动词数量可达五六个，而且动词之间不论及物与否都可以连用。此外，宾动结构中宾语的类型也很丰富，既可以由体词性成分来充当，也可以由谓词性成分来充当。

参考文献

［1］孙宏开．论藏缅语语法结构类型的历史演变．民族语文，1992（5）：1–9.
［2］戴庆厦．汉语的特点究竟是什么．云南师范大学学报（哲学社会科学

版），2014（5）：8–14.

［3］戴庆厦.再论汉语的特点是什么——从景颇语反观汉语.民族语文，2017（2）：3–11.

［4］蒋颖.论普米语的类型定位.民族语文，2018（3）：70–80.

［5］黄成龙.类型学视野中的致使结构.民族语文，2014（5）：3–21.

［6］李泽然.哈尼语动词的体和貌.语言研究，2004（2）：111–117.

［7］戴庆厦，闻静.论“分析性语言”研究眼光.云南师范大学学报（哲学社会科学版），2017（5）：1–8.

［8］李永燧.论藏缅语黏着语素与语言类型学.民族语文，2002（2）：10–24.

（作者单位：云南师范大学文学院）

山苏彝语的分析性特点 *

袁梦

语言类型学形态分类法将世界的语言分为孤立语、屈折语、黏着语、编插语四个类型。汉藏语系语言多属于孤立语，孤立语具有显著的分析性特点。分析性语言的主要特征有：单音节词根在基本词汇中所占比例较大；语序相对固定；语言形态变化少；虚词种类多、用法丰富；语言韵律性强等特点。[①]但在汉藏语内部，各语支的分析性强度也有所不同，汉语、壮侗语族、苗瑶语族语言的分析性较强，藏缅语族稍弱。在藏缅语族语言中，南部语言的分析性比北部语言的分析性强。如哈尼语、彝语的分析性强，黏着性弱，景颇语、独龙语居中，羌语支语言的分析性弱，黏着性强。[②]因此，从分析性语言特点入手分析语言，有利于厘清语言特征中的主次，探索语言发展脉络和演变轨迹。

山苏彝语属汉藏语系藏缅语族彝缅语支语言，是彝语东部方言的一个支系土语。[③]山苏彝族主要分布在云南省玉溪市新平、元江、峨山三个民族自治县。山苏彝语属于分析语，其语言具有较强的分析性语言特征，但与彝语其他支系土语相比，山苏彝语在一些方面屈折性稍强。本文从共时角度对山苏彝语的分析性特征进行探析，力图更清楚地认识山苏彝语的主要语言特点。

① 戴庆厦、闻静：《论“分析性语言”研究眼光》，载《云南师范大学学报》（哲学社会科学版），2017（5）。

② 戴庆厦：《再论汉语的特点是什么》，载《民族语文》，2017（2）。

③ 陈士林、边仕明、李秀清：《彝语简志》，北京，民族出版社，1985。

一、单音节词所占比例大

单音节性是分析性语言的主要特征，分析性越强的语言单音节词的所占比例越大。彝语支语言的分析性较强，单音节词也较多，单音节词主要分布在动词、量词、数词、助词、名词中。因语义表达需求的增加，山苏彝语通过构成双音节词和利用拟音词进行语义扩充。双音节复合词是主要由两个单音节词素组成的，双音节词是单音节词进行语义扩充的一种主要方式，在分析性语言中比较常见，也是分析性语言的一种发展趋势。

如表 1 所示，山苏彝语是单音节词根语言，其词根词汇由单音节词、双音节词及多音节词构成。其中单音节词所占比例最大，而双音节词、多音节词主要由单音节词根发展而来。本文采用斯瓦迪士核心 200 词列表对山苏彝语的核心词进行了收集和数据分析，共收集了 207 个核心词，其中单音节词 117 个，约占 56.5%，双音节词 71 个，约占 34.3%，多音节词 12 个，约占 5.8%。由此可看出，山苏彝语核心词汇中，单音节词所占比例达到一半以上，处于优势地位；双音节词次之，双音节词主要由单音节词发展而来；还有少量多音节词。①

从白碧波、许鲜明的《山苏彝语研究》（2013）一书中所收录的 2304 个山苏彝语词汇中看，单音节词有 1046 个，约占 45.4%，主要为动词、名词、形容词、数词等，双音节词 681 个，约占 29.6%，双音节词主要是由单音节词素发展而来的复合词，如 mu^{21}（天气）、$a^{55}mu^{21}$（雷）、bu^{33}（山）、$bu^{33}pe^{55}$（山坡），仅有少量单纯词。多音节词 577 个，约占 25%，多音节词有三音节词、四音节词，四个音节的词多为四音格词。②

表 1　山苏彝语音节比例

词表	单音节词（个）	百分比（%）	双音节词（个）	百分比（%）	多音节词（个）	百分比（%）
斯瓦迪士 207 核心词表	117	56.5	71	34.3	12	5.8
《山苏彝语研究》词表	1046	45.4	681	29.6	577	25

① 戴庆厦、闻静:《论“分析性语言”研究眼光》，载《云南师范大学学报》（哲学社会科学版），2017（5）.

② 白碧波、许鲜明:《山苏彝语研究》，北京，民族出版社，2013。

从《山苏彝语研究》词看，表山苏彝语的双音节词中，汉语借词共有 152 个，约占双音节词的 22.3%，山苏彝语的固有词汇中双音节词数量不多，双音节化程度不强。

拟声名词是山苏彝语的较有特色的构词方式，也是其分析性语言特点的表现。在山苏彝语中，拟声名词是模拟乐器、动物发出的声音的拟声词发生转类而变为名词所构成的词。如：

li^{55}lɛ̱^{33} 唢呐　　tsɛ^{55}lɛ^{55} 小铃铛

ka^{55}po^{33} 布谷鸟　　a^{55}bu^{21}tsi^{55}tɛɾ^{55}le^{55} 蟋蟀

二、语序相对固定

山苏彝语与其他彝语支语言一样属于 SOV 结构语言，语序较为固定，主要靠语序来表达语义及明确语法成分，不能随意变动。若语序改动，则会导致句子主语、宾语，施事者、受事者混淆，引起语义混乱。如主谓结构语序为“主语 + 谓语”：

ȵi^{33}bɛ^{33} 你说　　ŋa^{33}dza^{21} 我吃

你 说　　我 吃

动宾结构语序为“宾语 + 谓语”。

tshi^{55}nə̱^{33}də̱^{21} 穿鞋子　　a^{55}dzɛ̱^{33}khə̱^{21} 舀水

鞋子 穿　　水 舀

动补结构语序为“动词 + 补语”。

ʥa^{21}bo̱^{33} 吃饱　　do^{33}ze̱^{21} 喝醉

吃 饱　　喝 醉

状中结构为“状语 + 中心语”。

a^{55}khɛ^{55}ɣɛɾ^{21} 非常大　　　　ma^{21}nɛ̱^{55} 不深
非常　大　　　　不　深

数量词修饰名词语序是“名词＋数量词”。

ŋɯ^{21}the^{55}khɛɾ^{55} 十头牛　　　　ve^{33}lu^{33}the^{21}tsɛ̱^{33} 一把花
牛　十　头　　　　花　一　把

名修名结构语序是“名词修饰语＋名词中心语”。

sɛɾ^{55}lɛ̱^{21}pi^{55} 金戒指　　　　va^{21}dzi̱^{21}tsɿ^{55} 竹床
金　戒指　　　　竹　床

但当句子中施事者和受事者出现语义混淆时，施事者、受事者需加上施事助词标记 lɛ̱^{21}ə^{55}，受事助词标记 lo^{33}，此时语义清晰，施事者、受事者不会混淆，主语和宾语的位置就比较灵活，可以变动语序。如：

① ŋɯ^{21}lɛ̱^{21}ə^{55}la^{21}　lo^{33}　gə^{33}se̱^{21}xa^{55}.
牛　施助　老虎　受助　顶　死　体助
牛把老虎顶死了。

② la^{21}　lo^{33}　ŋɯ^{21}lɛ̱^{21}ə^{55}gə^{33}se̱^{21}xa^{55}.
老虎　受助　牛　施助　顶　死　体助
老虎被牛顶死了。

③ la^{21}　lo^{33}　gə^{33}se̱^{21}xa^{55}, ŋɯ^{21}lɛ̱^{21}ə^{55}.
老虎　受助　顶　死　体助　牛　施助
把老虎顶死的是牛。

④ ŋɯ^{21}lɛ̱^{21}ə^{55}gə^{33}se̱^{21}xa^{55}, la^{21}　lo^{33}.
牛　施助　顶　死　体助　老虎　受助
是牛顶死了老虎。

三、形态变化少

（一）形态变化整体数量少

1. 前缀

山苏彝语的分析性较强，形态变化整体较少，形态变化多由在词根前后加缀的形式体现。山苏彝语的前缀只有 a^{55}、e^{33}、e^{55} 三个，但 a^{55}、e^{33}、e^{55} 的前缀特点不是很典型，具有韵律功能。a^{55} 大多附着于表亲属称谓、动植物名称、生活用具、身体部位、时间方位词前等。如：

a^{55}mo^{21} 母亲　　a^{55}ba^{55} 父亲

a^{55}no̱^{21} 猴子　　a^{55}tɕhi̱^{21} 山羊

a^{55}tsho̱^{33} 斧子　　a^{55}dzu^{33} 筷子

a^{55}no̱^{21} 脑髓　　a^{55}nɯ^{55}dzɛr^{33} 虎牙

a^{55}mu^{21}thi^{21}la^{33}ba^{33} 黎明　　a^{55}mu^{21}tshi^{21}ba^{33} 晚上

a^{55}vɛr^{55} 左　　a^{55}za^{33} 右

e^{33}，e^{55} 附着于人体部位、时间、方位、物资名词前，如：

e^{33}u^{33}kɛ^{55}lɛ^{55} 阑尾　　e^{33}tha^{21} 时候

e^{33}ko^{55}dɛ̱^{21} 中间　　e^{33}dza^{21}ba^{33} 边儿

e^{55}pi^{55}tsɛ̱^{33} 梳子　　e^{55}tso̱^{21} 帽子

e^{33}u^{33}kɛ^{55}lɛ^{55} 阑尾　　e^{33}tha^{21} 时候

e^{33}ko^{55}dɛ̱^{21} 中间　　e^{33}dza^{21}ba^{33} 边儿

e^{55}pi^{55}tsɛ̱^{33} 梳子　　e^{55}tso̱^{21} 帽子

e^{33} 还见于形容词前，起名物化作用，如：

e^{33}su^{33} 生的　　e^{33}si^{55} 新的　　e^{33}li^{33} 旧的

2. 后缀

山苏彝语的后缀较丰富，多是半虚化的实词，有一定实词意义。如：pha^{21}表男性，只能用在表人的名词之后。如：

na^{33}tshi^{21}gu^{33}pha^{21} 男医生
药　　做　男性

sɿ^{55}thə^{33}mu^{55}pha^{21} 男老师
书　　教　男性

ne^{33}pe^{55}　pha^{21} 男巫师
神　祭祀 男性

某些职业山苏人是由男性从事的，也会使用 pha^{21} 做后缀。如：

nɛ̠^{33}bɛ̠r^{33}pha^{21} 猎人
鸟　打　男性

xə^{55}dɛ^{21}pha^{21} 铁匠
铁　打　男性

pɛ^{33}dʑi̠^{33}mu^{33}pha^{21} 木匠
木具　　做　男性

phu^{55}、e^{33}phu^{55}、pa^{55} 通常后置于动物名称之后表阳性。phu^{55} 一般用在禽类名称之后，表阳性。例如：

ɛr^{55}lo^{33}phu^{55} 鹅
鹅　　公

zɛ^{33}phu^{55} 公鸡
鸡　公

e^{33}phu^{55} 也用于禽类名称之后，表阳性，e^{33} 可省略如：

zi^{55}tso^{21}ma^{33}e^{33}phu^{55} 秧鸡
秧鸡　　　公

du^{21}ku^{55}du^{55}e^{33}phu^{55} 鸽子
鸽子　　　公

zi^{55}tso^{21}ma^{33}phu^{55} 秧鸡
秧鸡　　　公

du^{21}ku^{55}du^{55}phu^{55} 鸽子
鸽子　　　公

pa^{55} 一般用在哺乳类动物之后，表阳性，如：

vɛ̱^{21}pa^{55} 公猪
猪 公

a^{55}ȵi^{55}pa^{55} 公猫
猫 公

a^{55}nu^{55}pa^{55} 公狗
狗 公

ma^{33} 表女性、阴性、大、宽广等意，用在职业、动物名词后表阴性，不能单独使用，如：

tho^{55} nɛ̱^{21}ma^{33} 女裁缝
衣服 补 女性

sɿ^{55}thə^{33}mu^{55}ma^{33} 女老师
书 教 女性

vɛ̱^{21}ma^{33} 母猪
猪 母

du^{21}ku^{55}du^{55}ma^{33} 母鸽子
鸽子 母

ma^{33} 还用在自然景观、身体部位后表大、宽广之意，如：

xə^{21}ma^{33} 大海
海 大

lo̱^{33} ma^{33} 大石头
石头 大

lɛ̱^{21} ma^{33} 拇指
手指 大

nə^{55}za^{21} 表小、幼，由 za^{21}（儿子）虚化而来，表动物的小时候或比正常体较小的物品。

a^{55}ȵi^{55}mɛɾ^{55}nə^{55}za^{21} 小猫
猫 小

a^{55}no̱^{21}nə^{55}za^{21} 小猴子
猴子 小

thiɛ^{21}kə^{33}nə^{55}za^{21} 小勺
勺子 小

（二）使动范畴分析式为主，屈折式向分析式转变

山苏彝语有自动范畴和使动范畴之分，自动和使动范畴的变换有分析式和屈

折式两种变化形式。山苏彝语主要采用分析式，即在自动范畴后加 tε^{55} 变为使动范畴。例如：

自动	使动
do^{33} 喝	do^{33}tε^{55} 给喝
ȵi^{55} 看	ȵi^{55}tε^{55} 让看
i̠^{21} 睡	i̠^{21}tε^{55} 使睡

屈折式变化较为少见。屈折式把自动词的浊辅音声母变为清辅音声母进行使动范畴的变换，同时声调也有所变化，自动词的声调由 21 调变成 55 调。如：

⑤ ŋɯ^{21}si^{55}dza^{21}.
牛 吃 草
牛吃草。

⑥ ŋɯ^{21}lo^{33} si^{55}tsa^{55}.
牛 （受助）草 吃
给牛吃草。

⑦ ŋa^{33}ŋɯ^{21}lo^{33} si^{55}tsa^{55}.
我 牛 （受助）草 吃
我喂牛吃草。

对山苏彝语自动使动屈折式的变换，现在很多年轻人倾向于通过直接在句尾加 tε^{55} 把自动范畴变为使动范畴，而不愿采用原来的屈折变换形式，使山苏彝语自动使动范畴原屈折式的变换出现了向分析式发展的趋势。

⑧ ŋa^{33}ŋɯ^{21}lo^{33} si^{55}dza^{21}tε^{55}.
我 牛 （受助）草 吃 让
我喂牛吃草。

（三）人称代词单复数变化仍保留屈折式

山苏彝语的人称代词通过语音屈折变化来区分单复数，单数人称变为复数时，声调由单数的 33 调变为 55 调。而六大彝语方言多采用分析型来进行单复变化，在单数人称后加表示多数意义的词缀来表示复数（藏缅语语音和词汇编写组，1991），如表 2 所示：

表 2　山苏彝语与六大彝语方言人称代词比较

汉语	山苏彝语	东部方言	东南部方言	西部方言	南部方言	北部方言	中部方言
我	ŋa^{33}	ŋo^{21}	ŋo^{33}	ŋa^{55}	o^{21}	a^{33}	ŋo^{33}
我们	ŋa^{55}	ŋo^{21}o^{44}	ŋo^{33}ɕi^{21}	o^{21}	o^{33}ni^{21}	ŋo^{21}o^{44}	ɣuʌ^{33}kɯ^{33}
你	ȵi^{33}	nɯ^{33}	ni^{33}	nɿ^{55}	nʌ^{21}	nɯ^{33}	ȵi^{33}
你们	ȵi^{55}	no^{21}ɣo^{44}	nʌ^{33}ɕi^{21}	n̩^{33}tsɑ^{33}	nʌ^{33}bɯ^{21}	no^{21}ɣo^{44}	nɛ^{21}
他	e^{33}	tshɿ^{33}	kɯ^{33}	u^{33}	kɯ^{55}	tshɿ^{33}	ʑʌ^{21}
他们	e^{55}	tsho^{33}ɣo^{44}	kɯ^{33}ɕi^{21}	u^{33}tsɑ^{33}	khɯ^{33}bɯ^{21}	tsho^{33}ɣo^{44}	ʑʌ^{21}ʌ^{33}

从人称代词单复数的变化方式来看，山苏彝语仍在采用屈折式，而其他彝语方言已使用分析式进行单复变化。可见山苏彝语与其他彝语方言相比还保留着少部分屈折特征。

四、虚词用法丰富

山苏彝语的虚词种类包含连词、助词、语气词等类别，用法丰富，起辅助语义表达，明确语法意义的作用。连词主要起连接功能，表示句子间并列、承接、递进、选择、假设、转折、因果、比较、目的等关系。助词分为结构助词、话题助词、施受助词、体助词、引述助词、语气助词等。叹词有表惊喜、赞叹、意外、痛苦、遗憾、恐惧等多种情感类别。以助词的用法举例说明：

（一）结构助词

结构助词 bu^{33} “的” 放在名词与名词、名词与代词之后，表领属关系，该助词的使用具有强制性。

⑨ mi³³tsha⁵⁵phu⁵⁵a⁵⁵lɛ²¹thə̱²¹bu³³　　ŋa³³.
地 这　块　叔叔 家（结助）是
这块地是叔叔家的。

⑩ e⁵⁵ȵi³³kho̱²¹bu³³　　tsha²¹lia³³na²¹.
今年　　（结助）产量　　多
今年的产量高。

（二）话题助词

话题助词 ma⁴⁴ 置于名词、代词、动词、词组或分句、形容词后，做话题标记。如：

⑪ khɛ²¹ȵi⁵⁵ko⁵⁵ma⁴⁴　　kɛr³³ȵi⁵⁵ȵi⁵⁵.
看　　过（话助）试　说 试
看过的人谈一谈。

⑫ e⁵⁵ȵi³³kho̱²¹tɛr³³ma⁴⁴　　sɿ⁵⁵xa⁵⁵.
今年　　种（话助）活 体助
今年种的活了。

⑬ ŋa³³ba⁵⁵　ma⁴⁴　　sɿ⁵⁵thə³³mu⁵⁵pha²¹.
我 爸爸（话助）是 教师
我爸爸是老师。

⑭ o²¹phie⁵⁵dza²¹ma⁴⁴　　tsho⁵⁵lo³³　na⁵⁵.
青菜　　吃（话助）人　受助 好
吃青菜对身体好。

ma⁴⁴ 在指示代词后可省略。如：

⑮ tsho⁵⁵dɛ̱²¹u⁵⁵ sa³³, dza⁵⁵dɛ̱²¹u⁵⁵tshɛ³³.
这里　　在 易　那里　　在 难
这里好在，那里难在。

⑯ tsha^{51}tse^{55}na^{55}, dza^{55}tse^{55}phia^{55}.
这些　　好　那些　　差
这些好，那些差。

（三）体助词

山苏彝语的体助词包括完成体助词 xa^{55}，持续体助词 vi^{33}、dzɛ^{21}、ȵi^{33}、ta^{55}，表动作行为的持续，将行体有 ȵi^{33}dɯ^{21}、le^{55}，表动作行为将要进行，表动作进行的状态，体助词多置于句尾。

xa^{55} 作为完成体助词，置于句尾。如：

⑰ ŋo^{33}o^{21}tsɛ^{55}mi^{33}ȵi^{21}phu^{55}si^{21}xa^{55}.
我　菜地　　　两　块　浇（体助）
我浇了两块菜地了。

vi^{33}、ʥɛ^{21}、ȵi^{33}、ta^{55} 均是持续体标记，表动作行为的持续和保留。如：

⑱ e^{33} si̱^{33}bu^{21}vi^{33}.
他 柴　背（体助）
他背着柴。
⑲ e^{33}mɛ^{33}pə^{21}the^{21}pɛ̱^{21}gu^{21}dzɛ^{21}.
他 枪　　　一　杆　握（体助）
他握着一杆枪。
⑳ ŋa^{55}　dza^{55}la^{21}vi^{55}ȵi^{33}.
我们 秋千　　打（体助）
我们在打秋千。
㉑ tie^{55}sɿ^{55}tɕi^{33}dze^{33}ti^{55}fa^{33}ta^{55}.
电视机　　一直　　放（体助）
电视机一直开着。

ȵi^{33}dɯ^{21}、le^{55} 为将行体，表动作将要进行。如：

㉒ ŋa^{33}go̱^{21}zi^{33}ȵi^{33}dɯ^{21}.
　我 回 去（体助）
　我要回家。

㉓ ŋa^{33}dʑa^{33}pe^{55}zi^{33}le^{55}.
　我 饭 煮 去（体助）
　我得去煮饭。

五、注重词法韵律

注重词法韵律是分析性语言的一个特点，词法韵律强的语言往往分析性较强。山苏彝语声调具有系统性，韵律变化多，其构词方法多见重叠构词，包括双音节重叠、三音节重叠和四音节重叠（四音格词），山苏彝语分析性较强，四音格词对分析性强的语言有较大的适应性。注重词法韵律，是对双音节构词的一种补充手段。

四音节词也叫四音格词，是分析性语言特有的构词形式，山苏彝语的四音格词重叠形式有 ABAC、AABB、AABC、ABAB、ABCD 等几种形式。如：

ABAC 式：

lɛ^{55}lu^{33}lɛ^{55}go̱^{21} 弯弯曲曲　　　　sɿ^{55}lɯ^{33}sɿ^{21}lɯ^{21} 朦朦胧胧
弯 曲 弯 曲　　　　朦胧 朦胧

AABB 式：

ɣɛɾ^{21}ɣɛɾ^{21}ɛɾ^{55}ɛɾ^{55} 大大小小　　　　xo^{55}xo^{55}lo^{33}lo^{33} 干干净净

AABC 式：

pa^{33}pa^{33}tɛ̱^{33}lɛ̱^{33} 背包　　　　ma^{55}ma^{21}a^{55}xɛɾ^{33} 祖宗
包 包 扁 的　　　　曾祖 高祖

ABAB 式：

the^{21}ma^{55}the^{21}ma^{21} 个个　　　　dɯ^{21}ȵi^{55}dɯ^{21}ȵi^{55} 考虑考虑

ABCD 式：

ti^{55}li^{55}ta^{21}la^{21} 高高低低的　　　　pu^{55}lu^{55}pɛ^{33}lɛ^{33} 歪歪倒倒

双音节重叠词，表强调，程度加深。如：

lɛ²¹lɛ²¹ 快快的	t̠ɛ²¹t̠ɛ²¹ 扁扁的

三音节重叠有 AAB、ABB 式两种，重叠时第一个音节变调，变为 214 调。如：

di²¹⁴di⁵⁵ə⁵⁵ 矮矮的样子	thɯ²¹⁴thɯ⁵⁵ə⁵⁵ 厚厚的样子
矮矮　样子	厚厚　　样子
n̥i⁵⁵sa²¹⁴sa³³ 红彤彤	na⁵⁵lu²¹⁴lu³³ 好端端
红 的　的	好 的　的

六、结语

通过分析，本文总结了山苏彝语的五个分析性特点：单音节词所占比例大，语序相对固定，形态变化少，虚词用法丰富，注重词法韵律。这五个特点有主有次，密切相关。山苏彝语最主要的分析性特点是单音节性，单音节词在山苏彝语中占大多数，单音节性决定了山苏彝语形态变化少的特征，因而山苏彝语需要较为固定的语序才能够保证语法意义的表达。山苏彝语语序固定、形态变化少从而需要丰富的虚词来辅助语法意义的表达，以明确句子间各成分的关系。单音节性也促使了山苏彝语的双音节词作为语义扩充的手段开始增多。双音节词的出现后，促使了四音格词、三音节词的出现，该类词语的出现讲求注重词法韵律，形成了山苏彝语韵律性强的特点。因此山苏彝语的分析性特点是由多方面表现出来的，而每个方面又具有密切联系。

虽然山苏彝语带有浓重的分析性特点，但是也还保留了少量黏着性特点。主要有自动使动范畴变换中还保留少部分屈折变换形式，人称代词单数复数采用屈折变换形式，但这并不是山苏彝语的主要语言特点。

参考文献

［1］白碧波，许鲜明．山苏彝语研究．北京：民族出版社，2013.

［2］戴庆厦．再论汉语的特点是什么．民族语文，2017（2）.

［3］戴庆厦，闻静．论“分析性语言”研究眼光．云南师范大学学报（哲学社会科学版），2017（5）．

［4］陈士林，边仕明，李秀清．彝语简志．北京：民族出版社，1985.

［5］藏缅语语音和词汇编写组．藏缅语语音和词汇．北京：中国社会科学出版社，1991.

（作者单位：云南师范大学云南华文学院）

梁子寨阿卡话反响型名量词及其衰退 *

赵勇

反响型名量词是汉藏语的重要语言特征之一，它在量词的产生、发展过程中起着重要的中介作用。阿卡话有丰富的反响型名量词，是阿卡话中数量最多的量词类别，保留了早期量词的特征。李批然（1992）、经典（2013）、李浩、赵正丽（2016）等对哈尼语方言的反响型名量词基本特点做了分析研究，[①] 但未对其在语言类型中的属性进行分析。本文拟使用语言类型演变的理论，对梁子寨哈尼语阿卡话（下文简称“阿卡话”）的反响型名量词进行系统探究，探求其在量词演变中的承上启下的地位及其衰退的原因。

一、反响型名量词的共时特征

要认识反响型名量词的属性以及在语言类型转变中的地位，必须先认识其共时特征。阿卡话反响型名量词的共时特征有以下几点。

（一）单音节性

梁子寨话反响型名量词具有单音节性的特点，大多是单音节的。从词类的整个系统上看，阿卡话的不同词类与音节多少具有相关性。多数情况是：名词双音节，动词单音节，形容词单音节和双音节，数词、量词单音节。词根基本上都是

* 原载《汉藏语学报》，2021（13）。

① 李批然：《哈尼语量词研究》，载《民族语文》，1992（5）；经典：《碧约哈尼语反响型名量词的特点及其演变》，载《民族语文》，2013（6）；李浩、赵正丽：《哈尼语垤玛话的反响型量词》，载《滇西科技师范学报》，2016（1）。

单音节性的。阿卡话中的 268 个反响型名量词都是单音节性的。因此，单音节性是阿卡话反响型名量词的基本特征。

（二）数量多、范围广

梁子寨话的反响型量词是数量最多的量词类别，874 个个体名词所使用的 333 个个体名量词中，有 268 个反响型名量词，63 个类别量词，1 个准通用量词 xuŋ^{31} 和 1 个从汉语借用的通用量词 kɔ^{35} “个”。

表 1　阿卡话个体量词统计表

类型	反响型名量词	类别量词	通用量词	借用通用量词
数量（个）	268	63	1	1
比例（%）	80.48	18.92	0.3	0.3

反响型名量词与其他个体量词相比数量上具有很明显的优势。阿卡话的个体名词可以分为天文地理、人体器官、人物、亲属、动物、衣着、房屋建筑、用品、工具、文化娱乐、宗教和意识等十多种语义类别，这十几种不同类别的个体名词都可以产生反响型名量词，见表 2。

表 2　阿卡话不同语义类型名词产生的反响型名量词例词表

名词语义类型	名词	反响型名量词
[+ 天文地理]	uŋ^{31} 天	uŋ^{31}
[+ 人体器官]	u^{31}ma̱^{33} 肚子	na^{33}
[+ 人物]	tshɔ^{55}u^{31} 疯子	u^{31}
[+ 亲属]	a^{31}da^{33} 父亲	da^{33}
[+ 动物]	a^{31}khɯ^{31} 狗	khɯ^{31}
[+ 植物]	sɛ^{31}ɣuŋ^{31} 桃树	—
[+ 衣着]	u^{31}ko̱^{33} 裤子	ko̱^{33}
[+ 建筑]	ʑa^{55}tɕhuŋ^{55} 草棚	tɕhuŋ^{55}
[+ 用品]	tɕhɔ^{31}tɕhu^{55} 坛子	tɕhu^{55}
[+ 工具]	ka̱^{33} 弩	ka̱^{33}
[+ 文娱]	thɤŋ^{31} 鼓	thɤŋ^{31}
[+ 宗教、意识]	ga^{55}kɔ̱^{33} 办法	kɔ̱^{33}

（三）与名词、动词、形容词同形

阿卡话的反响型名量词是取名词的特定音节形成的量词，是名词语法化形成的产物。例如：

a³¹l̠a³¹thi³¹l̠a³¹ 一只手　　　　a³¹khɯ⁵⁵thi³¹khɯ⁵⁵ 一条腿
手　一 只　　　　　　　　　　脚　　一 条
mi³¹bɤ̠³³thi³¹bɤ̠³³ 一支枪　　　　ga⁵⁵ma³³thi³¹ma³³ 一条路
枪　　一 支　　　　　　　　　路　　一 条

阿卡话名词主要有派生式、并列式、定中式、主谓式和动宾式等结构类型。产生于派生式名词的反响型名量词主要与名词同形，产生于定中式、主谓式和动宾式名词的反响型名量词主要与动词和形容词同形反响型名量词，见表3。

表3　阿卡话名词不同结构类型对应的反响型名量词例词表

名词	结构类型	量词	同形类型
a³¹khɯ³¹ 狗	派生式	khɯ³¹	量名同形
xa³¹n̠a³³ 黑点	定中型（名＋形）	n̠a³³	量形同形
uŋ³¹dʑɤ³¹ 雷	主谓式（名＋动）	dʑɤ³¹	量动同形

（四）韵律特征显著

分析性语言的韵律特征比较明显。阿卡话反响型名量词取名词的部分音节，这一形式使得量词与名词的某一音节的语音形式一致。在构成“名词＋数词＋量词”的四音节名数量结构中，反响型名量词与名词的某一音节语音和谐。阿卡话反响型名量词以后响型为主，因此也主要形成二、四音节语音和谐。例如：

a³¹phø³¹thi³¹phø³¹ 一位爷爷　　　　a³¹ɣa³³thi³¹ɣa³³ 一只鸡
爷爷　一 位　　　　　　　　　　　鸡　　一 只
xɔ³¹ma³¹thi³¹ma³¹ 一口碗　　　　tshɤ³¹ma³³thi³¹ma³³ 一把锄头
碗　　一 口　　　　　　　　　　　锄头　　一 把

有些名词是非双音节性的，这类名词也会产生反响型名量词。其中，单音节名词产生反响型名量的情况比较常见，这一类型的数量名结构形成一、三音节和谐的韵律特征，例如：

uŋ^{31}thi^{31}uŋ^{31} 一个天
天　一　个

sɤ^{31}　thi^{31}sɤ^{31} 一颗牙齿
牙齿 一　颗

tɕhɤŋ^{31}thi^{31}tɕhɤŋ^{31} 一个陀螺
陀螺　一　个

bɤŋ^{31}thi^{31}bɤŋ^{31} 一个鸟巢
鸟巢 一　个

阿卡话是双音节化比较明显的语言，这符合汉藏语的语言结构类型。阿卡话的名词具有双音节性，数词（个位数）具有单音节性，量词具有单音节性，数词与量词组合为双音节的数量结构，并与双音节名词构成四音节结构。因此，阿卡话的数量名结构一般具有双音节性音节和谐的韵律特征。例如：

[a^{31}ma^{33}] [thi^{31}ma^{33}] 一位妈妈
妈妈　　　一　位

[xɔ^{31}thɤŋ^{31}] [thi^{31}thɤŋ^{31}] 一块糍粑
糍粑　　　一　块

[bɔ^{33}sɤ^{33}] [thi^{31}sɤ^{33}] 一把扇子
扇子　　　一　把

[la̱^{31}di^{33}] [thi^{31}di^{33}] 一条裤子
裤子　　　一　条

阿卡话中也有非双音节的名词，非双音节名词与数量结构没有这样的韵律结构。由单音节名词形成的数量名结构属于对称性结构，以数词为中心形成左右对称的关系。例如：

nɛ̱^{31}thi^{31}nɛ̱^{31} 一个鬼
鬼　一　个

lɛ̱^{33}thi^{31}lɛ̱^{33} 一条街
街　一　条

phu^{55}thi^{31}xo^{55} 一块银子
银　一　块

do̱^{33}thi^{31}nɯ̱^{33} 一粒毒药
毒　一　粒

阿卡话个体量词的韵律性在内部有一定的差异性：反响型名量词的韵律性明显强于类别量词和通用量词。

可见，韵律性是反响型名量词区别于其他类别的量词最显著的特征，它与名词和数词形成符合阿卡话韵律规则的结构。总之，在共时上阿卡话的反响型名量词主要有以下几个特点：一是反响型名量词的数量远远多于其他个体量词，并且它所修饰的名词类型也丰富，在阿卡话的量词系统中起着重要作用。二是阿卡话的反响型名量词富有韵律性，这是它保持活力的重要保证，不至于完全被类别量词和通用量词等替代。

二、反响型名量词在名量词发展中的中间地位

阿卡话的反响型名量词直接来源于名词，保留了大量个体量词的原始特征。从形式上看，通过重复名词的部分音节形成的“名$_1$+数词+名$_2$”的结构产生了计量的句法功能，这一结构逐渐类推到大部分名词上，产生了大量的反响型名量词。我们认为，反响型名量词是个体量词产生的雏形，是量词萌芽型到发达型这一连续统的一个中间态。在语言类型上，属于分析性类型。目前，阿卡话虽然还有数百个反响型名量词，但是被类别量词和通用量词逐渐替代了，它最终有可能会消失。因此，反响型名量词在名量词发展中的中间地位主要表现为：反响型名量词句法独立性逐渐减弱，句法功能单一，使用频率减少。

（一）句法独立性弱

阿卡话的量词与数词组合为数量结构修饰名词，与数词的关系密切，在计量名词时数词和量词都不能单独使用。阿卡话的类别量词和通用量词的使用受到的限制较少，句法独立性较强。但是，反响型名量词体现出了对名词和数词的依赖性，只能使用于以下的特定情况。

第一，必须与所反响的名词共同使用。使用反响型名量词时，与之对应的名词需要同时出现，脱离了该名词一般就不合句法，而类别量词和通用量词没有这种句法强制性。例如：

① A nɔ^{55}ʑa̱^{31}gɔ^{33}thi^{31}gɔ^{33}ɣɯ^{55}ɔ^{31}.
你　锅　　一　个　买（祈使）
你买一口锅吧。

* ① B nɔ^{55} (ʑa̱^{31}gɔ^{33}) thi^{31}gɔ^{33}ɣɯ^{55}ɔ^{31}.
你　锅　　一　个　买（祈使）
你买一口（锅）吧。

② A nɔ^{55}ʑa̠^{31}gɔ^{33}thi^{31}si^{31}ɣɯ^{55}ɔ^{31}.

你 锅 一 个 买（祈使）

你买一口锅吧。

② B nɔ^{55} (ʑa̠^{31}gɔ^{33}) thi^{31}si^{31}ɣɯ^{55}ɔ^{31}.

你 锅 一 口 买（祈使）

你买一口锅吧。

③ A nɔ^{55}ʑa̠^{31}gɔ^{33}thi^{31}xuŋ^{31}/kɔ^{35}ɣɯ^{55}ɔ^{31}.

你 锅 一 个 买（祈使）

你买一口锅吧。

③ B nɔ^{55} (ʑa̠^{31}gɔ^{33}) thi^{31}xuŋ^{31}/kɔ^{35}ɣɯ^{55}ɔ^{31}.

你 锅 一 个 买（祈使）

你买一口锅吧。

从①A到③B中只有①B不合语法，当反响型名量词gɔ^{33}脱离了名词ʑa̠^{31}gɔ^{33}之后不能单独使用，这体现了反响型名量词对名词的依赖性。而类别si^{31}和通用量词xuŋ^{31}/kɔ^{35}在具体的语境中能省略名词核心作名词短语的中心。

第二，反响型名量词一般只用于数量较小的（一般是个位数）的数量名结构中，最为普遍的是用在数量为“一”的数量名结构中。当数量较大时，一般需要用相应的类别量词或者通用量词来替换。反响型名量词对数词也具有依赖性，它的使用环境十分有限，类别量词和通用量词则没有这种限制。例如：

a^{31}khɯ^{31}thi^{31}khɯ^{31} 一条狗

狗 一 只

a^{31}khɯ^{31}thi^{31}mɔ^{55} 一条狗

狗 一 只

a^{31}khɯ^{31}thi^{31}kɔ^{35} 一条狗

狗 一 只

*a^{31}khɯ^{31}thi^{31}ʑa^{55}khɯ^{31} 一百条狗

狗 一 百 只

a^{31}khɯ^{31}thi^{31}ʑa^{55}mɔ^{55} 一百条狗

狗 一 百 只

a^{31}khɯ^{31}thi^{31}ʑa^{55}kɔ^{35} 一百条狗

狗 一 百 只

（二）句法功能单一

阿卡话的类别量词和通用量词具有定指功能，但反响型名量词没有定指功能。在阿卡话里，“名词 + 指示词 + 量词” 这一结构通过隐现指示词发展出了 “名词 + 量词” 的定指结构，量词在该结构中有定指功能。例如：

* ④ A ŋa⁵⁵a³¹ khɯ³¹ khɯ³¹ gɤ̠³¹/¹³le⁵⁵.

我 狗 （定指）要 （语气）

我要狗。

④ B ŋa⁵⁵ a³¹ khɯ³¹ mɔ⁵⁵ gɤ̠³¹/¹³le⁵⁵.

我 狗 （定指）要（语气）

我要狗。

④ C ŋa⁵⁵a³¹khɯ³¹kɔ³⁵ gɤ̠³¹/¹³le⁵⁵.

我 狗 （定指）要（语气）

我要狗。

④ A 中的反响型名量词 khɯ³¹ 不能作定指标记，该句不和句法；④ B、④ C 的类别量词 mɔ⁵⁵ 和通用量词 kɔ³⁵ 后置于名词作定指标记，这是量词句法功能的扩张。可见，反响型名量词与其他个体量词在句法功能上存在明显的差异。

（三）使用频率减少

阿卡话的反响型名量词虽然在数量上明显多于其他个体量词，但是它的使用频率明显少于其他个体量词。就前文所统计的 874 个个体名词而言，只有 268 个名词能被反响型名量词修饰，668 个名词能被类别量词修饰，575 个名词能被固有通用量词修饰，830 个名词能被借用通用量词修饰。如下表所示：

表 4　阿卡话个体量词修饰名词的差异性

类型	反响型名量词	类别量词	通用量词	借用通用量词
使用量（个）	268	668	575	830
使用率（%）	30.66	76.43	65.79	94.96

可见，不仅如前文所论述的反响型名量词受名词和数词制约影响较大，它修饰名词的能力也明显弱于其他个体量词。从阿卡话反响型名量词的产生等历时特征来看，阿卡话有过反响型名量词的大量产生和大量使用的阶段。但目前它的数量和使用频率有了明显的下降，且还是阿卡话名量词的重要组成部分。

不过，少量反响型名量词也有比较独立的句法功能，这类反响型名量词主要产生于部分身体部位名词，见表 5。

表 5　阿卡话具有独立句法功能的身体部位的反响型名量词例词表

名词	反响型名量词	名词	反响型名量词
a³¹l̠a³¹ 手	l̠a³¹	a³¹khɯ⁵⁵ 脚	khɯ⁵⁵
sɤ³¹ 牙齿	sɤ³¹	ɕa³¹gu³¹ 筋	gu³¹

总的来说，反响型名量词对名词和数词的双重依赖性体现出了它的本质特征：重韵律功能，它一般要求双音节名词和单音节数词与它共现，这既保证了数量名结构的语音和谐，也保证了双音节性的音节和谐；轻句法功能，反响型名量词只能出现在特定的句法结构中，缺乏灵活性，句法独立性较弱，没有其他扩展功能。反响型名量词的这些特性使得它受到的限制较多，再加上数量和使用频率的减少，体现了它作为阿卡话名量词发展过程中的中间地位，也说明了它的衰退是必然的。

三、反响型名量词已出现衰退趋势

阿卡话的反响型名量词没有和类别量词和通用量词一样产生定指等扩展功能，加上数量和使用频率的减少，使得反响型名量词出现了明显的衰退趋势。

（一）衰退的主要表现

反响型名量词衰退主要表现为：数量和使用的减少，发展为类别量词。

1. 数量和使用的减少

与阿卡话相近的哈尼语垤玛话有十分丰富的反响型名量词，并且目前还极具活力，除了本族固有词能够产生反响型名量词外，汉语借词等外来词也能够产生相应的反响型名量词。①

阿卡话与垤玛话不同，反响型名量词基本上失去了能产性，加上类别量词和通用量词的产生，很大程度上限制了反响型名量词的发展。目前，阿卡话中的反响型名量词主要使用于计量身体器官、工具、天文地理等非生命体名词，亲属称谓、人类、动物和植物名词往往倾向于使用类别量词和通用量词。这导致了大量反响型名量词的减少。统计数据如下：

表 6　阿卡话反响型名量词的生命度

性质	有生命名词	无生命名词
反响型名量词数量（个）	35	233
比例（%）	13.06	86.94
生命度强弱	强	弱

阿卡话反响型名量词倾向于来自生命度低的名词，其中，有生命名词的 35 个反响型名量词基本上产生于亲属称谓名词中，使用频率相比于器官名词的反响型名量词少得多。

此外，只有 13 个反响型名量词是完全不能由其他量词代替的，其他的基本上能被相应的类别量词和通用量词代替。统计数据如下：

表 7　阿卡话反响型名量词使用的强制性

使用强制性	强制	非强制
数量（个）	13	255
比例（%）	4.85	95.15

① 李浩、赵正丽：《哈尼语垤玛话的反响型量词》，载《滇西科技师范学报》，2016（1）。

由于大部分反响型名量词不具有使用的强制性，削弱了它的地位，于是加剧了它的衰退。可见，反响型名量词的衰退是多方面的。

2. 发展为类别量词

反响型名量词并非只是会消失或者会被取代，它也会发展成为类别量词继续使用。这一发展主要是通过反响型量词的深度语法化形成的。阿卡话的类别量词基本上都是由反响型名量词发展而来的，反响型名量词通过深度语法化，衍生出一定的语义属性，于是演变为类别量词，提升了它的句法空间和地位。

如 $mɔ^{55}$ 是阿卡话专门用来计量动物名词的量词，它还可以用来计量交通工具。$mɔ^{55}$ 的形成经历了名词的语法化和语义扩张等演变：第一步，由动物的类称名词 $a^{55}mɔ^{55}$ “动物”语法化产生反响型名量词 $mɔ^{55}$；第二步，由于所有动物名词都具有相同的语义基础，都能用该量词计量，因此就产生了专门用于计量动物名词的类别量词 $mɔ^{55}$；第三步，交通工具与动物名词都具有［+能动性］等特征，因此交通工具也使用 $mɔ^{55}$ 来计量数量。由此可见，反响型名量词既是个体量词产生的雏形，也是发展的原材料。阿卡话所有的类别量词基本上都是通过这样的演变形成的，具有这些性质的类别量词还有 si^{31} “颗”、$khɤŋ^{55}$ “件”等。例如：

表 8　阿卡话名词发展为类别量词例词表

名词	反响型名量词	类别量词 1	类别量词 2
$a^{55}mɔ^{55}$ 动物	$mɔ^{55}$	$mɔ^{55}$［+动物］	$mɔ^{55}$［+动物］［+交通工具］
$a^{55}si^{31}$ 水果	si^{31}	si^{31}［+水果］	si^{31}［+水果］［+圆状物］
$a^{55}khɤŋ^{55}$ 线	$khɤŋ^{55}$	$khɤŋ^{55}$［+衣着］	$khɤŋ^{55}$［+衣着］［+工具］

总的来说，阿卡话反响型名量词主要以消失为主，只有少量的反响型名量词继续使用或者演变发展为类别量词继续使用。现在使用着的反响型名量词还会继续演变，要么被淘汰，要么变为类别量词继续使用。

（二）引发衰退的原因

我们认为引发衰退的原因主要有三点：量词分析性特征的增强；语言内部的结构调整；语言接触加速衰退。

1. 量词分析性特征的增强

分析性是汉藏语的重要共时特征。[①] 阿卡话反响型量词的产生与发展都受到分析性语言的制约。反响型名量词以韵律功能为主，类别量词兼顾语义和句法功能，通用量词以句法功能为主。阿卡话的反响型名量词与类别量词、通用量词的竞争实际上是韵律（语音）、语义、句法三个层面的竞争。在量词产生初期，反响型名量词作为量词核心主要以韵律和句法功能为主；量词系统向类别量词和通用量词的转变表明主要以语义和句法功能为主，加上类别量词和通用量词与数词结合的数量结构具有双音节性特征，符合分析性语言的结构特征，因此逐渐淘汰反响型名量词。因此，反响型名量词的衰弱，类别量词、通用量词的增强是阿卡话量词分析性特征增强的重要表现。

从量词的意义和形式角度来看，反响型名量词的产生和衰退都体现出了隐性意义实化的分析性特征。反响型名量词通过反响名词的某一音节来表达意义，更为显著的是它的形式意义，它产生的是临时语义，它不具备量词对名词的分类功能，因此它只具有隐性意义；从反响型名量词发展而来的类别量词获得了特定的语义属性，它可以指别所修饰名词的性质和类别等特征，实现了名量词从隐性意义向显性意义的转化。因此，我们认为反响型名量词在表义上的功能"缺陷"是引发它衰退最主要的原因，分析性语言要求形式和功能的高度统一，类别量词和通用量词具备这样的功能特征，于是就逐渐取代数量庞大的反响型名量词，不断向强分析性量词系统转变。

2. 语言内部的结构调整

反响型名量词又称专用量词，与名词具有一对一的搭配关系，因此产生的数量较大，但缺少语义内涵。阿卡话经历过拥有数量巨大的反响型名量词的阶段，但是目前只保留了数百个反响型名量词。这一特征符合汉藏语量词发展的规律。汉藏语作为分析性语言，量词发达型语言如汉语等的反响型名量词数量较少，基本上都使用表义性更强、句法功能更为强大的类别量词和通用量词。阿卡话属于量词准发达型语言，反响型名量词的急剧衰退表明了它正在向量词发达型语言发展，这种转型基本上已经完成。

3. 语言接触加速衰退

此外，语言接触产生对阿卡话的反响型量词也产生了一定的影响。阿卡话从

① 戴庆厦、闻静：《论"分析性语言"研究眼光》，载《云南师范大学学报》（哲学社会科学版），2017(5)。

具有强分析性特点的汉语中借用了一定数量的量词，如 tsa^{33}（张、辆）、pɔ^{33}（包）和 kɔ^{35}（个）。例如：

mɔ^{31}thɔ^{3}thi^{31}tsa^{33} 一辆摩托
摸头　一　张

sa^{31}dɤ^{31}thi^{31}pɔ^{33} 一包盐
盐　　一　包

thɔ^{55}xa^{31}thi^{31}kɔ^{35} 一个人
人　　一　个

tsa^{33} 和 pɔ^{33} 一般只能用于计量从汉语借用的名词时，而借用的通用量词 kɔ^{35} 基本上没有任何限制，它的使用范围比固有的准通用量词 xuŋ^{31} 更广。xuŋ^{31} 一般用于计量无生命名词，而 kɔ^{35} 没有这种限制。从汉语借用的量词 kɔ^{35} 对阿卡话量词系统的影响比较大，它弥补了类别量词和 xuŋ^{31} 的功能“空缺”，因此也加剧了反响型名量词的衰弱。

四、结语

阿卡话量词系统得以发展反响型名量词起了重要的作用。反响型名量词作为阿卡话名量词发展的中间产物，对名量词的产生、发展和衰退等过程中都起着作用。产生初期由于受语义和句法等制约，所以产生了大量的反响型名量词；阿卡话属于分析性语言，要求语言有经济的、高效的系统，于是就对反响型名量词进行了调整：清除大量的反响型名量词，给少量反响型名量词赋以特定的语义和句法特征继续保留，优化了阿卡话的量词系统。反响型是否会完全消失还待进一步观察，但是它至少存在这样的倾向，在韵律与语义和语法之间的竞争中，语义和句法逐渐取得了优势，这正是阿卡话增强分析性特征的重要特征。

阿卡话反响型名量词的产生标志着量词系统的产生，同时也标志着量词系统分析化发展的开始。阿卡话具有向强分析性发展的倾向：动词具有单音节性，名词具有双音节化，虚词系统形式的简化与多功能性的增强，量词功能扩张，等等。反响型名量词作为量词发展的中间产物，在一定程度上违反了分析性语言对语言结构系统简洁性的要求，反响型名量词数量多、表义性弱和句法独立性差等自身存在的不足使得它的衰退是必然的。类别量词和通用量词虽然韵律上比反响型名量词弱，但是在语义和句法功能属性方面明显强于反响型名量词，它更具有经济性，更符合分析性语言发展的需求。阿卡话的量词系统正从准发达型向发达型转变，属于量词发达型的汉语（普通话）也经历过反响型名量词“从无到有，从有到无（少）”的发展，因此语言类型对大部分语言的制约具有一定程度的相似性，而这个相似性是语言类型内在“基因”所致的。这种内在“基因”特征主要表现为：量词具有单音节性，量词具备实质性的语义属性和句法属性，且量词还具有多功能性（定指和类指等功能）。这种基因实质上就是汉藏语量词的分析性特征。

参考文献

[1] 戴庆厦.景颇语名词的类称范畴.民族语文，1999（6）.

[2] 戴庆厦，蒋颖.论藏缅语的反响型名量词.中央民族大学学报（哲学社会科学版），2005（2）.

[3] 戴庆厦，闻静.论“分析性语言”研究眼光.云南师范大学学报（哲学社会科学版），2017（5）.

[4] 洪波.汉藏系语言类别词的比较研究.民族语文，2012（3）.

[5] 黄成龙.羌语的名量词.民族语文，2005（5）.

[6] 李浩，赵正丽.哈尼语垤玛话的反响型量词.滇西科技师范学报，2016（1）.

[7] 李批然.哈尼语量词研究.民族语文，1992（5）.

[8] 蒋颖.汉藏语名量词起源的类型学分析.中央民族大学学报（哲学社会科学版），2007（2）.

[9] 经典.碧约哈尼语反响型名量词的特点及其演变.民族语文，2013（6）.

（作者单位：中央民族大学中国少数民族语言文学学院）

论浪速语重叠手段的分析性属性 *

闻静

世界上的语言存在不同的类型区分，语言句法系统的各个层面无不受到语言类型的影响和制约，在句法表征上呈现出不同的形式特点，因此，句法系统的每一个微观层面会直接或间接地透露出语言类型特点的信息。在研究方法上，我们除了可以根据语言系统的整体类型特征观察某一局部的句法特点外，亦可“见微知著”，从局部句法手段的细微之处，破译语言的编码信息，判断其类型归属。

重叠是世界语言普遍采用的一种句法手段。藏缅语重叠手段的使用尤为突出，形式也丰富多样，但具有分析性语言的“家族”共性。在句法操作层面以及句法形态功能、重叠的组合方式上，藏缅语的重叠手段整体上表现出有别于非分析性语言的特质。因此，重叠是我们观察语言类型特点、认识类型层次的一个重要视角和窗口。

浪速语是景颇族的一个支系语言，主要分布在云南西南边疆，境外缅甸、印度北部地区也有分布。国内外浪速人都称其语言为“浪峨语”，景颇族景颇支系称其为“莫汝语”，汉族人称其为“浪速语”。浪速语属汉藏语系藏缅语族缅语支，类型上是一种分析性较强的语言。

本文以云南省芒市五岔路乡浪速语为语料依据，提取重叠手段的句法特点作为研究“切片”，以此考察分析性语言句法手段的具体操作方法。还通过与亲属语言的比较，解释句法特点形成的原因、机制，希望能为分析性语言的类型学研究提供具体的理论支持。

* 原载《贵州民族研究》，2002（10）。

一、从重叠手段的组合方式看分析性特点

浪速语重叠手段的分布范围较为广泛，重叠的形式组合多样。重叠的方式以音节为单位，只存在音节的整体重叠，不存在内部音位的重叠。不同类型的音节形式都可以按照一定模式进行重叠组合，如单音节、双音节或多音节词都可以作为重叠的语音单位，其中，以单音节、双音节的重叠居多。

重叠的组合模式上，有单音节的AA式、XXA式、khə^{31}AA式重叠，也有双音节的AABB式、ABAB式、a^{31}A a^{31}B式、ABAC式、ABCB式等重叠。双音节的重叠模式较为多样，多以“2+2”的四音格形式出现。

重叠的构成要素上，有音节的直接拷贝，也有与配音音节的组合拷贝；既有表义音节的重叠，也有纯配音形式的重叠。浪速语重叠的具体形式如下：

XX式：主要出现在动词、形容词、量词、副词、代词的重叠上，重叠方式为单音节词的拷贝。例如：

sɛ^{55}sɛ^{55} 懂　　pa^{31}pa^{31} 会

ŋuai^{31}ŋuai^{31} 喜欢　　pɔ̱^{35}pɔ̱^{35} 薄薄

tsɔ^{55}tsɔ^{55} 轻轻　　na̱i^{55}na̱i^{55} 悠悠

XXA式：主要出现在形容词、状词的重叠上，重叠方式是拷贝配音作用的音节，单音节形容词或状词本身不重叠。例如：

ʃiŋ^{55}ʃiŋ^{55}kjɔʔ^{31} 冷嗖嗖　　pɔ̃^{35}pɔ̃^{35}khju^{31} 白生生

kjauŋ^{35}kjauŋ^{35}ŋuk^{31} 绿油油　　taŋ^{35}taŋ^{35}nɔʔ^{31} 黑黢黢

tak^{31}tak^{31}nɔʔ^{31} 黑乎乎　　khak^{55}khak^{55}nɔʔ^{31} 黑黝黝

AABB式：主要出现在名词、动词、形容词的重叠上，重叠方式是前后两个单音节语素的分别拷贝。例如：

xək^{55}xək^{55}thɔ̃^{31}thɔ̃^{31} 前前后后　　nɛʔ^{31}nɛʔ^{31}pa^{31}pa^{31} 日日夜夜

kjɔ^{55}kjɔ^{55}tɔʔ^{31}tɔʔ^{31} 上上下下　　ŋɔn^{35}ŋɔŋ^{35}ŋuai^{31}ŋuai^{31} 舒舒服服

tʃa̱t^{55}tʃa̱t^{55}jauŋ^{55}jauŋ^{55} 漂漂亮亮　　tsəŋ^{31}tsəŋ^{31}tshauŋ^{35}tshauŋ^{35} 生生世世

ja̱k^{55}ja̱k^{55}ju̱m^{35}ju̱m^{35} 歪歪斜斜　　jauŋ^{55}jauŋ^{55}ʃɔʔ^{55}ʃɔʔ^{55} 漂漂亮亮

ABAB 式：主要出现在双音节数量短语及动词短语上，重叠方式是双音节短语的整体拷贝。例如：

kjɔ^{35}na^{51}kjɔ^{55}na^{51} 听着听着　　sam^{31}khɛʔ^{55}sam^{31}khɛʔ^{55} 三股三股

vu^{55}na^{51}vu^{55}na^{51} 看着看着　　tə̆^{31}khɛʔ^{55}tə̆^{31}khɛʔ^{55} 一根一根

a^{31}A a^{31}B 式：主要出现在形容词、动词的重叠上，重叠方式是配音音节 a^{31} 分别与两个单音节词素的组合。例如：

a^{31}ɣə̱^{35}a^{31}ŋai^{31} 不大不小　　a^{31}mjɔ̃^{31}a^{31}ŋja̱m^{31} 不高不矮

a^{31}tʃhaʔ^{55}a^{31}tʃa̱t^{55} 不干不净　　a^{31}phauk^{55}a^{31}lɛʔ^{55} 出尔反尔

a^{31}kjin^{31}a^{31}tan^{31} 不慌不忙　　a^{31}mjɔ^{35}a^{31}ʃau^{31} 不多不少

ABAC 式：主要是动词、形容词及相应词组的重叠，重叠方式是双音节实词的第一音节的拷贝。例如：

mə̆^{31}tʃhaʔ^{55}mə̆^{31}tʃa̱t^{55} 不干不净　　ka̱t^{55}jɛ^{31}ka̱t^{51}lɔ^{31} 搞来搞去

ɣu^{55}jɛ^{31}ɣu^{55}lɔ^{31} 看来看去　　ta^{55}jɛ^{31}ta^{55}lɔ^{31} 说来说去

tsai^{55}jɛ^{31}tsai^{55}lɔ^{31} 弄来弄去　　tʃhi^{31}jɛ^{31}tʃhi^{31}lɔ^{31} 用来用去

ABCB 式：主要是动词或动词词组的重叠，重叠方式是动词词组中第二个单音节动词的拷贝。例如：

mjɔ^{55}ka̱t^{55}ʃau^{55}ka̱t^{55} 做多做少　　tsɔ^{55}kjɛʔ^{55}ʃauk^{55}kjɛʔ^{55} 吃吃喝喝

多　做　少　做　　吃　下　喝　下

khə^{31}AA 式：主要是形容词的重叠，重叠方式是配音音节 khə^{31} 加上单音节形容词的直接拷贝。例如：

khə^{31}mjɔ^{55}mjɔ^{55} 非常多　　khə^{31}mjɔ̃^{55}mjɔ̃^{55} 非常高

khə^{31}fa^{55}fa^{55} 非常远　　khə^{31}xaŋ^{55}xaŋ^{55} 非常长

从以上八种的重叠方式可以看出，浪速语重叠的形式多样，重叠的音节组合严整、富有整齐的节奏变化，体现出分析性语言重叠组合的特点。具体分析如下：

其一，从重叠的语音特点来看，相对于藏缅语形态特征突出的语言，浪速语重叠更加重视音节的整体重叠组合，不存在音变后的重叠。

其二，从重叠的内部结构来看，浪速语的重叠更多的是词与词或是词组与词组之间的并列组合。如上述 AABB 式、ABAB 式、ABAC 式、ABCB 式、khə^{31}AA 式的重叠，绝大多数是词语间的并列组合。如 xək^{55}xək^{55}thɔ̃^{31}thɔ̃^{31} 是两个方位词“前”与“后”的并列组合，ɣu^{55}jɛ^{31}ɣu^{55}lɔ^{31} 是两个动词词组“看来”与“看去”的并列组合，sam^{31}khɛʔ^{55}sam^{31}khɛʔ^{55} 是两个数量短语“三股”的并列组合。这些重叠结构的内部组合关系较为松散，前后两部分甚至可以独立使用。

浪速语也存在一些构词重叠。构词重叠主要出现在 XXA 式重叠，以及部分带有 a^{31} 或 mǎ^{31} 音节的重叠之中。如上述 a^{31}Aa^{31}B 式第 5 类重叠，a^{31}phauk^{55}a^{31}lɛʔ^{55} “出尔反尔”中，phauk^{55} 是动词“反”之意，lɛʔ^{55} 是动词“转”之意，分别与衬音音节 a^{31} 结合构成四音格形式，用以形容一个人说话、做事反复无常、没有定性的状态。这是一种由两个动词语素叠加组合为四音格状词的构词方式。但是，这种重叠构词的现象在浪速语中并不多见。浪速语的重叠更多的是一种并列的句法组合，而非构词组合。

二、从重叠手段的功能属性看分析性特点

在谈及重叠手段的形态功能时，我们有必要对其做一个界定。在世界语言中，重叠可以实现词形变化或是词类的转化，本文称之为重叠的“句法形态”功能，如传统西方语法学界所讨论的重叠构词属于此种功能。重叠也可以使词入句后生成新的句法语义范畴，但词本身的句法属性不会改变，本文称之为重叠的“语义形态”功能。从重叠手段的功能属性上来看，浪速语重叠具有语义形态功能突出的特点。

（一）突显的语义形态功能

浪速语重叠手段的分布非常广泛，可以操作的词类包括代词、动词、形容词、状词、副词、量词及数量短语等多种实词及短语，重叠后的实词可以表达不同于基式的句法意义。具体情况如下：

1. 重叠表示多数，兼有加强语气的作用，主要用在疑问代词上。例如：

① ja̱m³¹mɛ³¹ khak⁵⁵khak⁵⁵li⁵⁵ʒa⁵⁵?
家 （方）谁 （叠）来（尾）
家里哪些人来过？

② nǎ³¹na̱uŋ⁵⁵kǎ³¹jauk⁵⁵kǎ³¹jauk⁵⁵li⁵⁵kǎ³¹nɛ̃⁵⁵?
你们 哪个 （叠） 来 要
你们到底哪几个要来？

2. 重叠表示反身的语法意义，同时兼有强调的意味，主要用在第三人称单数代词上。例如：

③ jɔ̃³⁵jɔ̃³⁵ ka̱t⁵⁵ʒa⁵⁵.
他（叠）做 （尾）
他自己做。

④ ŋɔ³¹jɔ̃³⁵jɔ̃³⁵ka̱t⁵⁵nɛ̃⁵⁵.
我（叠） 做 要
我自己要做。

⑤ jɔ̃³⁵na̱uŋ⁵⁵jɔ̃³⁵jɔ̃³⁵tau³¹a³¹kɔ̱⁵⁵.
他们 （叠） 挖 （尾）
他们自己挖。

⑥ nǎ³¹na̱uŋ⁵⁵jɔ̃³⁵jɔ̃³⁵ka̱t⁵⁵kɛʔ⁵⁵!
你们 （叠） 做 （语）
你们自己做吧！

3. 重叠表示动作行为的“持续”“反复”，主要用在动词及动词词组上。例如：

⑦ ŋɔ^{31}kjɔ^{35}na^{51}kjɔ^{35}na^{51}jaŋ^{31} juk^{55}muk^{55}va^{55}.
我 听 着（叠）（助）走神 （尾）
我听着听着走神了。

⑧ ŋə̆^{31}na̱uŋ^{55}sap^{55}na^{51}sap^{55}na^{51}jaŋ^{31} ɤə̱^{55}lɔ^{51}va^{55}.
我们 玩 着（叠）（助）长 来（尾）
我们玩着玩着长大了。

4. 重叠表示“周遍”“全部”，主要用在量词上。例如：

⑨ tʃhɛ^{31}pɛ̱^{55}man^{31}thou^{55}jauk^{31}jauk^{31}sam^{31}tʃhɛʔ^{55}kɛ̃^{31}.
这 些 馒头 个 （叠）三 个 分
这些馒头每人都分三个。

⑩ nɔ̃^{31}a^{31}tsaŋ^{55}lam^{35}lam^{35} jɔ̃^{35}ju^{35}li^{55}aʔ^{31}!
你 东西 件 （叠）拿 来（语）
你把东西都拿来吧！

5. 重叠表示动作行为“逐个”“连续”的进行方式，用在数量短语上。例如：

⑪ tə̆^{31}khɛʔ^{55}tə̆^{31}khɛʔ^{55}ka̱t^{55} tsəŋ^{55}pjɛʔ^{55}
一 根 （叠）（泛）砍 光
一根一根地砍光

⑫ phə̆^{31}ɣuk^{31}tə̆^{31}tɛ̃^{31}tə̆^{31}tɛ̃^{31}ka̱t^{55} tsɔ^{35}tsai^{31} puŋ^{55}kham^{31}mɛ^{31} vɔʔ^{31}tʃø^{55}.
蚂 蚁 一 趟（叠）（泛）吃 东西 洞 口 （方）搬 到
蚂蚁把吃食一趟一趟搬到洞口。

6. 重叠表示某种情貌状态的进一步变化、发展，有程度加深的意味，用在动词及形容词上。例如：

⑬ ʃi^{35} nɛ^{31}nɛ^{31} ka̱t^{55} pø^{55}va^{55}.
果子 红（叠）（泛）变（尾）
果子红了。

⑭ jɔ̆^{35}tshau^{31}tshau^{31}ka̱t^{55} pø^{55}va^{55}.
他 胖 （叠）（泛）变（尾）
他胖了。

7. 重叠表示强调语气，用在疑问代词、副词上。例如：

⑮ tʃhɛ^{31}kǎ^{31}mjɔ̱^{55}kǎ^{31}mjɔ̱^{55}ka̱t^{55} a̱uŋ^{55}ʒa^{55}?
这 多少 （叠）（泛）卖（尾）
这卖多少钱?

⑯ nɔ̆^{31}kǎ^{31}mɛ^{51}kǎ^{31}mɛ^{51}na^{31} ɤə̱ŋ^{55} ʒa^{55}?
你 哪（叠） 正在（助）（尾）
你在哪儿?

⑰ tʃɔʔ^{31} ʒu^{31}pəŋ^{31} pəŋ^{31} ju^{31}li^{55} aʔ^{55}.
存在 的 全部（叠）拿 来（语）
有的全部都拿来。

⑱ nǎ^{31}na̱uŋ^{55}pəŋ^{31} pəŋ^{31} li^{55} kɛʔ^{55}!
你们 全部（叠）来（语）
你们全部都来啊!

⑲ jɔ̆^{35}təŋ^{31}saŋ^{35}saŋ^{35} ka̱t^{55} ka̱t^{55}ʒa^{55}.
他 故意 （叠）（泛）做（尾）
他就是故意的。

可以看出，在语义形态功能上，浪速语重叠手段的操作层面主要是句法语义，而非词汇语义，这一特点明显区别于分析性弱的语言。具体分析如下：

其一，浪速语的重叠属于词或词组意义的并列叠加，在语义上体现了“量级”的增加。如上述XX式、ABAB式、ABAC式重叠，特别是XX式重叠，重叠式与基式形成了复数与单数的形式区别。同时，重叠还使句法结构伴有语气增强的语用效果，甚至有的只作用于语气的强调功能，而不附加其他任何语义内容。如ABCB式重叠，例⑯中，通过疑问代词kǒ^{31}mɛ^{51}“哪儿”重叠，用来表达说话人想得知对方方位信息的迫切愿望。例⑲中，通过双音节副词təŋ^{31}saŋ^{35}“故意”的第二个音节重叠，用来强调说话人对对方行为目的的主观猜测。可以看出，重叠式与基式所表达的句法语义相同，对于客观事件的陈述没有形成差异，但与基式相比，重叠式可以生成基式所没有的情感效果，言语交流中，重叠能够更加充分地传递出说话人的主观信息。

其二，重叠手段是主观化凸显的一个重要手段。重叠还可以赋予浪速语部分实词生动的情貌义，如AABB式、a^{31}Aa^{31}B式、ABAC式重叠表示动作“持续”“反复”的状态。通过重叠，可以非常具体、细致地对动作行为进行描摹和再现，使抽象的动作概念具象化。这种描摹功能取决于说话人的认知，主观性突出。因此，可以说，重叠手段在浪速语中，是一种凸显主观表达的句法手段。重叠这一主观化的句法手段，在很多分析性语言中都普遍存在，如汉语和其他藏缅语族语言。

从不同词类的重叠中可以看出，浪速语多数重叠式与基式在句法功能上基本保持了一致。上述所有类型的重叠都只是作用于实词句法语义的变化，而不作用于句法属性的转变。如数量短语基式可以直接修饰动词，重叠后表示“逐次”，仍可作动词的状语。疑问代词、副词的基式与重叠式的句法功能没有变化，都可以作动词的方式状语，只是在句法语义或语气上有所改变。

因此，在语义的调量、语气的增强以及语用主观性表达的凸显上，这些重叠手段的语义形态功能在浪速语中表现突出。

（二）重叠手段的其他分析性伴随特点

浪速语重叠的语义形态功能并不是孤立存在的，常常会伴有其他句法特点的出现。其中，泛义动词作为状语的句法标记，是伴随重叠手段而产生的一个重要句法特点。

如上文所述，重叠使实词具有生动、细致的情貌义，可以生成不同于基式的主观表达。因此重叠这一“赋义”手段很多是作用在状语槽位的各类实词上，叠式状语可以对动作行为的方式或状貌、情态作具体而生动的描述。例如：

⑳ a^{31}la̱^{51}a^{31}khja^{51}ka̱t^{55} mau^{55}tsuai^{31}

毛手 毛脚 （泛）活 干

毛手毛脚地干活。

㉑ xəŋ^{31}lɔʔ^{31}xəŋ^{31}khjat^{55}ka̱t^{55} phɔ̃^{31}

慌里 慌张 （泛）跑

慌里慌张地跑。

㉒ a^{31}xək^{55}a^{31}thɔ̃^{31}ka̱t^{55} li^{31}lɔ^{33}

不前不后 （泛）来

不前不后地来。

㉓ na^{35}na^{35}pyi̱^{31}pyi̱^{31}ka̱t^{55} su^{33}

歪 歪 扭 扭 （泛）走

歪歪扭扭地走。

可以看到，浪速语的叠式状语之后，常常会跟随一个泛义动词 ka̱t^{55}。所谓“泛义动词”是动词系统中的一个特殊类别，使用频率很高。这类动词与原来的词汇意义相比已经明显弱化，已无具体的表义特征，属于句法功能较为灵活的一类特殊动词。浪速语的泛义动词 ka̱t^{55} 的动词意为“做、弄”，具有一般动词的句法属性，可以做谓语，可以带宾语，还可以附带各种时体类助词。例如：

㉔ tʃhɛ^{31}lam^{31}mau^{31}nɔ̃^{31}ja̱m^{31}saŋ^{31}ka̱t^{55}aʔ^{55} sɛ^{31}!

这 件 事 你 自己 做 （祈使）吧

这件事你自己做吧！

㉕ ŋɔ^{31}pɛ̱^{55} ka̱t^{55}nɛ̃^{55} lɔ̱̃^{55}mǒ^{31}sɛ^{55}.

我 什么 做 将来 能 不 知道

不知道我能做些什么。

泛义动词作为叠式状语的主要句法标记时，与重叠手段在“状谓”结构中相互配合，相映成“句”，共同构成了浪速语多动词连用的结构模式。泛义动词作为重叠“赋义”手段的伴随形式，其分析性特点具体表现在：

1. 泛义动词和其他虚词一样，是叠式状语的句法标记

浪速语泛义动词主要出现在叠式状语之后，非叠式状语中并不常用。如在单

音节动词状语后，一般使用助词 jaŋ^{31} 连接前后两个动词，前一动词表动作方式；而双音节叠式或多音节叠式动词状语通常配之以泛义动词 ka̱t^{55}，多音节见例⑳㉑。二者的分布差异例证如下：

jaŋ^{31} 标记单音节动词状语：

㉖ jɔ̃^{35}mɔʔ^{31}pji̱^{31}jaŋ^{31}　ŋɔ^{31}ʒɛ^{51}　ɣu^{55}.
他 眼　斜（状）我（宾）看
他斜着眼看我。

㉗ jɔ̃^{35}ɤə̱^{31}jaŋ^{31}　ta̱^{55}.
他 笑（状）说
她笑着说。

ka̱t^{55} 标记双音节叠式动词状语：

㉘ ŋɔ^{31}muk^{31}suk^{55}ʒɛ^{51}　ŋuai^{31}ŋuai^{31}ka̱t^{55}　ka^{35}　va^{55}.
我 书　　（宾）喜欢（叠）（泛）感到（尾）
我（感觉）有些喜欢看书了。

㉙ ŋɔ^{31}jɔ̃^{35}ʒɛ^{51}　mai^{35}mai^{35} ka̱t^{55}　ka^{35}　va^{55}.
我 他（宾）恨　（叠）（泛）感到（尾）
我很恨他了。

例㉘㉙中，动词重叠后表示动作行为的一种变化状态，ŋuai^{31} 是“喜欢”，ŋuai^{31}ŋuai^{31} 则是“有些喜欢”；mai^{35} 是“恨”，mai^{35}mai^{35} 则是“恨”程度加深的状态。可见，jaŋ^{31} 和 ka̱t^{55} 连接的是两种不同类型的动词状语，这种差异不仅表现在状语的形式上（基式与重叠式的差别），也表现在状语的句法语义上。由于重叠手段使动词的语义形态发生了改变，因此，ka̱t^{55} 表现出不同于 jaŋ^{31} 的句法功能，即 ka̱t^{55} 标记动词重叠式情貌类状语，而 jaŋ^{31} 则是标记动词基式陈述性状语。

如果说重叠是使实词具有情貌义的重要手段，那么，泛义动词则是对叠式情貌状语起到强调、凸显的重要标记。这一句法作用与其他状态助词相似，浪速语泛义动词完全可以和状态助词 tsa^{35} 互换，来标记叠式情貌类状语。例如：

㉚ pɔ̱^{35}pɔ̱^{35}ka̱t^{55}/tsa^{35}xam^{31}

薄薄　　　　切

薄薄地切。

㉛ tsɔ^{55}tsɔ^{55} ka̱t^{55}/tsa^{35}kham^{35}pɛʔ^{31}

轻轻　　　　　门　　敲

轻轻地敲门。

可见，浪速语的泛义动词已经虚化为与虚词无异的标记形式，与状态助词的功能边界模糊，是一种典型的叠式状语标记。

2. 泛义动词是重叠带动下的“双音步”配音要素

泛义动词 ka̱t^{55} 除了与状态助词 tsa^{35} 能够分别标记情貌状语外，二者还能共同构成双音节的标记形式 tsa^{35}ka̱t^{55} 或 ka̱t^{55}tsa^{35}。在自然语流中，两个标记的顺序无硬性规定，与叠式状语形成了“双双”对称的双音步和谐，即叠式双音节或四音节状语与双音节标记的和谐。这样，整个状语结构就生成了“2（状语）+2（句法标记）”或“4（状语）+2（句法标记）”的韵律重读模式。“双音节”标记中，泛义动词与状态助词对状语的标注功能是相当的，这种叠加连用的羡余现象，完全是分析性语言“双音步”韵律机制下的一种类型后果。

在强大的音步和谐的类推下，泛义动词进一步虚化为既无词汇意义，又无句法意义的配音形式。即使双音节标记在句法结构中并非具有强制性，可以省略为单标记或无标记结构；但是，在这种叠式状语的结构中，双音节标记相对于单标记或是无标记而言，却是一种最为自然，也更为顺口的表达形式。因此，“泛义动词 + 助词”或是“助词 + 泛义动词”的双音节模式，是母语人言语交际的首选形式，在自然语流中得到固化。例如：

㉜ jɔ̃^{35}jauŋ^{55}jauŋ^{55}tsa^{35}　ka̱t^{55}/ka̱t^{55}tsa^{35}mə̆^{31}thaŋ^{31}mɔ̱n^{55}li^{31}ʒa^{55}.

她 漂亮（叠）（状）（泛）　　　总是　　打扮 来（尾）

她总是打扮得漂漂亮亮地来。

㉝ jɔ̃^{35}ŋɔn^{35} ŋɔn^{35} tsa^{35}　ka̱t^{55}/ka̱t^{55}tsa^{35}pa^{35}tʃau^{31}ʒa^{55}.

他 舒服（叠）（状）（泛）　　　会 说　（尾）

他很会说话。

三、从与景颇语重叠手段的比较中看浪速语的分析性特点

本文选取景颇族另一支系语言景颇语作为参照点，来进一步观察浪速语重叠手段的分析性特点。景颇语既有分析性特点，也保留了一定的形态特征，被认为是藏缅语南北语言的“中介语”。所以，从与景颇语的反观中，可以更清晰地映照出浪速语的分析性特点。

浪速语与景颇语重叠手段具有很多类型上的共性，诸如重叠方式多以单音节重叠为主，音节组合形式多样，注重韵律的音步和谐等。这些重叠的音节组合特点明显区别于北部嘉绒语、羌语、普米语等语言。然而，在重叠手段的功能分布上，浪速语表现出不同于景颇语的分析性特点。具体如下：

（一）浪速语重叠手段的句法形态功能微弱

重叠手段的句法形态功能和语义形态功能在浪速语中分布并不均衡。上文已经讨论过浪速语重叠具有凸显的语义形态功能，具有很强的“赋义”能力，但是其句法形态功能却基本丧失。这一特点在与景颇语的比较中可以更为清晰地看到。景颇语中也存在叠式动词作状语的情况。例如：

㉞ ji^{31}nam^{33}ʃaŋ^{31}tʃaŋ^{33}, mă^{31}ʒaŋ^{33}thuʔ^{31}thuʔ^{31}ʒai^{31} wa^{31} ai^{33}.
雨季　进入的话　雨　下　（叠）（泛）（貌）（尾）
进入雨季的话经常下雨。

㉟ naŋ^{33}ka̱^{33}ka̱^{33} ti^{33} uʔ^{33}!
你　写（叠）（泛）（尾）
你经常写吧！

例㉞ ㉟中，景颇语动词 thuʔ^{31} “下”，重叠式为 thuʔ^{31}thuʔ^{31}，表示“经常下雨”的状态，动词 ka̱^{33} “写”，ka̱^{33}ka̱^{33} 表示“经常写”的状态，分别作核心泛义动词 ʒai^{31}（不及物）、ti^{33}（及物）的状语。

显然，通过重叠，景颇语的单音节动词都具有了状貌义，同时完成了去及物化，实义动词由此直接降格为状语。这样，重叠虽然实现了对动词的句法转换，

但是同时也造成了谓语核心的空位。为了填补句法空位，本身具有动词属性但无具体表义作用的泛义动词，就成为充当谓语核心的最佳选择。在整个“状谓”结构中，叠式动词状语降格为情貌状语，承担整个“状谓”结构句法语义的表达；泛义动词则成为“状谓”结构中不表语义的功能性核心成分。可以看出，景颇语重叠手段对于动词具有强大的句法转换能力。在重叠句法形态功能的作用下，景颇语的动词重叠式只能修饰泛义动词，不能修饰实义动词，而不重叠的动词基式则可以直接作实义动词的修饰成分。例如：

叠式动词状语修饰泛义动词：$sa^{33}sa^{33}ʒai^{31}$ 老去

去 去（泛）

动词基式修饰实义核心动词：$khʒap^{31}tsu̱n^{33}$ 哭着说

哭 说

景颇语叠式动词作状语的“状谓”结构形式可如下表示：

动词 + 动词	泛义动词
↓	↓
降格（状词化）	功能性谓语核心（不表义）

然而，浪速语却不存在上述类似的动词重叠，只有部分表示心理状态的动词可以直接重叠，重叠后意味着状态程度的加深。例如：

㊱ $jɔ̃^{35}sɛ^{55}sɛ^{55}$ $ka̱t^{55}$ $pø^{55}va^{55}$.

他 懂（叠）（泛）变（尾）

他懂了。（从不懂到懂）

㊲ $jɔ̃^{35}pa^{31}pa^{31}$ $ka̱t^{55}$ $pø^{55}va^{55}$.

他 会（叠）（泛）变（尾）

他会了。（从不会到会）

例㊱ ㊲中，动词 $sɛ^{55}$ 为“懂”，$sɛ^{55}sɛ^{55}$ 表示“从不懂到懂”的状态，pa^{31} 为“会”，$pa^{31}pa^{31}$ 表示“从不会到会”的状态。显然，两个单音节动词重叠后，句法语义发生了变化，重叠手段的这一“赋义”特点和例㉘ ㉙一致。并且，例

㉘㉙中的叠式动词仍保留了动词的及物性，可以带宾语。

不同于景颇语，浪速语很少出现泛义动词做功能性谓语核心的现象（但泛义动词可以作一般性的谓语核心）。在例㊱中，$sɛ^{55}sɛ^{55}$ 所修饰的核心谓语是动词 $pø^{55}$ “变成”，泛义动词只是一个跟随在叠式动词状语之后的标记成分。例㊲中，$pa^{31}pa^{31}$ 同样修饰的是动词 $pø^{55}$，而非泛义动词。

因此，浪速语重叠功能区别于景颇语，重叠对于动词几乎不具有或极少具有句法转换能力，动词重叠后并没有完全状词化（仍能够带宾语），需附带泛义动词才能修饰核心动词。浪速语叠式动词作状语的“状谓”结构形成了不同于景颇语的构式：

动词$_{(1)}$＋动词$_{(2)}$	$ka̱t^{55}$（泛义动词）$_{(3)}$	实义动词$_{(4)}$
↓	↓	↓
降格为状语（情貌义）	标记	具有实在意义的谓语核心

这样，浪速语构成了四动词连用的句法格局，而每一动词实则代表了不同的句法状貌，承担着各自的句法功能。动词重叠后具有了某种情貌义，附带泛义动词后降格为状语，实义动词则作为表达具体语义的谓语核心。

可见，浪速语重叠手段的句法形态功能明显弱于景颇语：一是重叠手段只作用于动词的语义形态层面，却不作用于动词的句法形态层面。由于重叠对动词的句法转换能力缺失，无法形成句法空位，也就很少存在泛义动词作功能性的谓语核心的现象，泛义动词则主要作为一种句法标记。二是浪速语重叠对于动词的作用范围远不及景颇语，可以直接重叠的动词类型仅仅局限于表示心理或情感状态的动词中，如“喜欢”“恨”“懂”之类，其他动词很少能够直接重叠。

（二）浪速语泛义动词作为叠式状语标记更为独立、灵活

在“状谓”结构中，浪速语泛义动词的句法功能主要是对状语成分的标注，这种标记功能具有一定的灵活性。正如上文所述，浪速语泛义动词既可以作为“加合”标记的配音形式，如例㉜㉝，在有些“状谓”结构中还可以省略，如例⑳—㉓中的四音节叠式状语之后，泛义动词 $ka̱t^{55}$ 都可以省略。这一灵活的句法

特点与同为缅语支的载瓦语相似。在载瓦语中同样存在泛义动词作为配音要素与状态助词连用的“双标记”现象。例如：

㊳ ja̱ŋ^{31}khă^{55}na̱m^{55}ʒʅ^{55}tʃɔ̱i^{31}tʃɔ̱i^{31}tsa^{31} ku̱t^{55} mɔ̱n^{55}ʒa^{55}.
她 什么时候 漂漂亮亮 （状）（泛）打扮（实然）
她总是打扮得漂漂亮亮的。

㊴ wu^{31}tsham^{51}tɔi^{55}tsa^{31} ku̱t^{55} tsɛn^{31}pji^{31}aʔ^{31}.
头发 短（状）（泛）剪 给（祈使）
把头发剪短吧。

景颇语泛义动词除了作为功能性的核心成分、受叠式动词状语的直接修饰外，也可以做叠式状语的标记成分。例如：

㊵ ʃi^{33}khʒai^{33}ʃa^{31}kă^{31}le^{55}kă^{31}lau^{31}ʒai^{31} jup^{55}to̱^{33}ŋa^{31}ai^{33}.
他 独自地 翻来覆去 （泛）睡 着 在（尾）
他独自翻来覆去地睡着。

㊶ an^{55}the^{33}joŋ^{31}pheʔ^{55}a^{31}ʒoi^{55}a^{31}ʒip^{55}ti^{33} sat^{31}mjiʔ^{31}ai^{33}.
我们 都（宾）蹂躏状 （泛）杀 （尾）
他极力蹂躏我们。

但是，景颇语不存在“双标记”现象，“状谓”结构只有“单标记”一种形式，因而，泛义动词作为句法标记的独立性、灵活性也相对较弱。由于景颇语是具有较多形态特点的语言，泛义动词甚至表现出一定的黏着性，语法化为部分状词的词缀。①

从比较中看出，景颇语、浪速语的重叠手段呈现出一定的差异。景颇语重叠手段的句法形态功能与语义形态功能都有所保留，泛义动词也随之表现出既可作功能性的谓语核心，也可作句法标记的“双重”功能，这一特点与形态特征相对发达的藏语、羌语、普米语、嘉绒语等北部语言接近。而浪速语重叠的语义形态功能突出，但句法形态功能基本丧失，泛义动词多数情况只作为情貌状语的句法标记，这与分析性强的南部缅彝语支语言相似。景颇语泛义动词作为功能性的谓

① 戴庆厦：《景颇语参考语法》，100页，北京，中国社会科学出版社，2012。

语核心，应是一种相对古老的功能形态。

四、结语

传统西方语法学界更多关注的是形态特征发达语言的重叠手段，多认为重叠是用于构词的形态手段①，而较少注意到分析性语言重叠的功能特点。浪速语虽在某些句法范畴上（如使动范畴）保留有少量形态屈折的痕迹，但整体上是分析性的。通过对其重叠手段的个案研究，我们可以从中窥见分析性语言重叠手段在构造模式、功能属性上的个性特点：

分析性语言的重叠，实际上多是词或词组的同义（反义）组合而形成的并列短语，重叠的形态功能并不重在构词的派生或换类。因此，重叠在强分析性语言更多的是表现出一种语义手段。这一语义功能还会影响、带动其他句法要素的变化，使其同样呈现出鲜明的分析性色彩。浪速语泛义动词作为一类状语标记，就是在重叠语义形态的直接影响下所产生的一种形式标记。在分析性机制的推动下，这种形式标记可“增”可“减”，既可以作为双音步规律的配音形式，也可以进一步简化、脱落。

由于篇幅的限制，本文只重点选取了亲属语言景颇语与浪速语进行比照，虽然考察的语种有限，但是仍可发现重叠手段在形态功能上的差异。那么，藏缅语重叠又有哪些不同的类型，以重叠为核心要素的句法形式系统又会呈现出哪些差异，是什么机制导致了重叠手段的不同特点。如果我们将比较范围扩大至整个语族，有可能会见到更多、更奇妙的景观。

参考文献

[1] 戴庆厦 . 景颇语重叠式的特点及其成因 . 语言研究，2000（1）.

[2] 戴庆厦 . 景颇语参考语法 . 北京：中国社会科学出版社，2012.

[3] 朱艳华，勒排早扎 . 遮放载瓦语参考语法 . 北京：中国社会科学出版社，2013.

[4] Haspelmath, Martin. Understanding Morphology. Oxford: Oxford University Press, 2002.

① Haspelmath, Martin. Understanding Morphology. Oxford: Oxford University Press, 2002；Inkelas, Sharon. Reduplication. In Keith Brown (ed.), Encyclopedia of Language and Linguistics. Oxford: Elsevier, 2006.

［5］Inkelas, Sharon. Reduplication. In Keith Brown (ed.), Encyclopedia of Language and Linguistics. Oxford: Elsevier, 2006.

（作者单位：北京华文学院）

瑞丽傣语 ju^{21} 的语法化 *

伦静

瑞丽傣语属汉藏语系壮侗语族语言，是缺乏词形变化、词序比较固定、虚词使用丰富的分析性语言。ju^{21} 虚实兼用。作为动词是“居住、在”的意思，是一个高频词；虚词的用法，既能作介词，又能作体助词和语气词。本文以德宏傣族景颇族自治州瑞丽市勐卯镇西门村的傣语为描写对象，试从共时角度对傣语 ju^{21} 的用法进行分析，探讨其语法化的形成路径和类型学属性。

一、瑞丽傣语 ju^{21} 的用法

瑞丽傣语动词 ju^{21} 经过语法化，由实变虚，虚实并存。从共时层面看，ju^{21} 的用法有：作动词、介词、体助词和语气词。

（一）ju^{21} 作动词用

瑞丽傣语 ju^{21} 作实义动词，其义有两种，一是表“居住”义，二是表“在”义。在句子中作谓语或谓语中心成分，能带宾语。

1. 作“居住”义动词

① $man^{453}jaŋ^{33}ju^{21}$　$tə^{55}po^{33}me^{33}xau^{24}$.

他　不　居住 同 父　母　他们

他不跟父母一起居住。

* 原载《黔南民族师范学院学报》，2020（6）。

② hən^{453}laŋ^{24}man^{453}ju^{21}lan^{55}kaːŋ^{42}te^{55}te^{55}.

房子 栋 他 住 那 宽敞 非常

他住的那栋房子很宽敞。

③ kau^{33}ka^{21}ju^{21}hən^{453}xau^{24}.

我 去 住 家 他

我去他家住。

2. 作“在”义动词

④ mə^{33}va^{453}kau^{33}ju^{21}hən^{453}taŋ^{453}van^{453}.

昨天 我 在 家 整 天

昨天我一整天在家。

⑤ man^{453}ju^{21}pə^{42}tsin^{33}.

他 在 北 京

他在北京。

⑥ xau^{42}ju^{21}laɯ^{453}seŋ^{21}.

饭 在 里 橱柜

饭在橱柜里。

（二）ju^{21} 作介词用

动词 ju^{21} 可以虚化为介词，引介处所成分作状语，构成“ju^{21}+NP”的介宾结构，表示谓语动词发生的具体位置，介词 ju^{21} 后的宾语可以由名词、指示代词、疑问代词或方位短语等充当。介宾结构“ju^{21}+NP”作状语时常常前置于谓语动词，但也可后置于谓语动词。

1. 介词短语“ju^{21}+NP”前置于谓语动词

⑦ kau^{33}ju^{21}hən^{453}tom^{42}p^{h}ak^{24}he^{55}.

我 在 家 煮 菜 着

我正在家煮菜。

⑧ man^{453}ju^{21}ti^{33}tʰan^{42}ʔau^{33}laːi^{453}.

他　在 那里　拿　文字

他在那里学习。

⑨ man^{453}ju^{21}ti^{33}tʰaɯ^{24}sak^{55}sə^{42}?

他　在 哪里　洗　衣服

他在哪里洗衣服?

⑩ me^{33}tu^{33}　ju^{21}lə^{24}ku^{21}ŋiak^{33}he^{55}.

妈　我们 在 上 床 躺　着

我妈妈在床上躺着。

2. 介词短语"ju^{21}+NP"后置于谓语动词

⑪ lok^{55}to^{33}lai^{55}men^{33}ju^{21}lə^{24}ho^{24}man^{453}he^{55}.

鸟 只 这 飞　在 上 头 他　着

这只鸟在他头上飞着。

⑫ xau^{42}tse^{33}ju^{21}laɯ^{453}ʔaːŋ^{21}.

饭　泡 在 里　盆

饭在盆里泡着。

例句⑪⑫中的ju^{21}动词性减弱，虚化为介词，作句子的状语，指出谓语动词发生时的具体位置。ju^{21}带的宾语分别是名词hən^{453}"家"、指示代词ti^{33}tʰan^{42}"那儿"、疑问代词ti^{33}tʰaɯ^{24}"哪里"、方位短语laɯ^{453}sɯŋ^{21}"厨房里"、方位短语lə^{24}ho^{24}"头上"和方位短语laɯ^{453}ʔaːŋ^{21}"盆里"。

瑞丽傣语中处所介词短语"ju^{21}+NP"作状语时，其位置显得较为灵活，可前置也可后置于谓语动词。原因何在？笔者认为，处所介词短语"ju^{21}+NP"前置于谓语动词的形式可能借自汉语。瑞丽傣语受汉语的影响，借入了汉语"处所介词短语前置于谓语动词"的语法形式。亲属语言中也出现这样的情况。正如韦景云（2007）指出，壮语的ʔjou^{24}作介词时，受汉语的影响，可前置也可后置于谓语动词，其前置形式更为普遍，甚至已有取代之势。[①]吴福祥（2010）认

① 韦景云:《壮语jou~5与泰语ju~5的语法化差异分析》，载《中央民族大学学报》(哲学社会科学版)，2007(6)：139页。

为“东南亚语言在‘居住’义语素的多功能模式及其演化路径上具有相似性，其扩散源很有可能是汉语。”① 可见，瑞丽傣语处所介词短语前置于谓语动词的形式很大可能是语言接触的产物。处所介词短语的后置形式应是瑞丽傣语原始的语法形式之一。瑞丽傣语中其他的介词例如趋向介词 to^{21} “对、向”、时间介词 tsem^{33} “从、于”和原因介词 kuap^{33} “因为”都需后置于谓语动词。例如：

⑬ maɯ^{453}ta:n^{42}to^{21}p^{h}aɯ^{24}?

你　说　向　谁

你对谁说?

⑭ me^{33} xau^{24}pen^{33}tsem^{33}pi^{33}ka:i^{33}hau^{55}.

母亲 他们 病　从　去年　了

他母亲从去年（就）病了。

⑮ man^{453}ta:i^{33}kuap^{33}maɯ^{453}.

他　死　因为　你

他因你而死。

例句 ⑬ ⑭ ⑮ 的介词 to^{21}、tsem^{33} 和 kuap^{33} 在句中作后置状语。介词虽都位于谓语动词之后，但其语法功能跟汉语中的补语不同，而与状语相同。

（三）ju^{21} 作体助词用

体范畴是指用形态手段或虚词这类分析性手段来表达的一种语法范畴。戴耀晶（1997）从事件角度对体提出了定义，他认为：“体是观察时间进程中的事件构成的方式。”② 体虽然与时间有一定的关系，但是不以说话时间为参照。从不同的角度观察某一事件的动作和行为，会得到不同的情景，表达出不同的体意义，例如完成体、进行体、持续体、反复体、完整体等。

瑞丽傣语动词 ju^{21} 经过语法化，可以虚化为体助词。ju^{21} 是瑞丽傣语中典型的体标记。体助词 ju^{21} 具体可细分为两种体意义：持续体和进行体。

---

① 吴福祥：《东南亚语言“居住”义语素的多功能模式及语法化路径》，载《民族语文》，2010（6）：9 页。

② 戴耀晶：《现代汉语时体系统研究》，5 页，杭州，浙江教育出版社，1997。

1. ju^{21} 作持续体助词

持续体是对某种静态谓词所表的持续状态的观察。[①] 句子的谓语要求是静态形容词或静态动词，不关注动作行为的起点和终点。

当句子的谓语动词是静态形容词，持续体 ju^{21} 经常与 taŋ^{453} “还” 相搭配，构成 “taŋ^{453} + 形容词 + ju^{21}” 格式，ju^{21} 放在形容词之后，表达某种 “依然如故、没有变化” 的持续状态。例如：

⑯ lam^{55}mai^{42}tau^{42}lan^{55}taŋ^{453}mai^{42}ju^{21}.

水　热　瓶　那　还　热（体标记）

那瓶热水还烫着。

⑰ ʔa^{33}saːk^{33}man^{453}taŋ^{453}lum^{21}ju^{21},　mo^{24}suŋ^{24}t^{h}iaŋ^{42}le^{33}.

年纪　他　还　嫩（体标记）会　高　再（语气词）

他年龄还小，会再高的。

⑱ van^{453}taŋ^{453}jaːu^{453}ju^{21},　pe^{21}maːŋ^{55}ka^{21}hən^{453}.

太阳　还　长（体标记）别　忙　回　家

时间还长，别着急回家。

例句 ⑯ ⑰ ⑱ 中的体助词 ju^{21} 分别表达 “水热” “年纪小” “时间长” 这些状态的持续存在。表面上，傣语 ju^{21} 的 “持续体” 特征似乎是由副词 taŋ^{453} “还” 体现，而不是 ju^{21}。实际上，上述例句可以去掉 taŋ^{453}，句子的语义并没有发生变化。这表明，ju^{21} 本身就具有表示某种状态持续的语法特征。

当句子的谓语是静态动词时，持续体助词 ju^{21} 与谓语动词之间没有黏着力，可以与谓语动词连用，也可不连用。例如：

⑲ maɯ^{453}hu^{55}　ju^{21}.

你　知道（体标记）

你知道的。

⑳ kau^{33}mi^{453}ŋən^{453}ju^{21}.

我　有　银子（体标记）

我有钱的。

① 刘丹青:《语法调查研究手册》，467 页，上海，上海教育出版社，2017。

㉑ me³³tu³³ jaŋ³³mo²⁴xa²⁴kau³³, man⁴⁵³han²⁴kau³³ʔuak²¹hən⁴⁵³ju²¹.

妈 我们 不 会 找 我 她 看 我 出 家（体标记）

我妈妈不会找我的，她看到我（从家）出来了的。

2. ju²¹ 作进行体助词

体助词 ju²¹ 作进行体助词，强调动作进行的过程，不关注动作的起点和终点。句子的谓语要求是动态动词。进行体助词 ju²¹ 常与副词 tək⁵⁵“正在”相搭配，形成“tək⁵⁵ + 动词 + ju²¹”格式。例如：

㉒ man⁴⁵³tək⁵⁵luan⁴⁵³ju²¹.

他 还 睡（体标记）

他还睡着呢。

㉓ xau²⁴tək⁵⁵tsin³³xau⁴²ju²¹.

他们 正 吃 饭（体标记）

他们正在吃着呢。

㉔ kau³³tək⁵⁵tiam²¹laːi⁴⁵³ju²¹.

我 正 写 字（体标记）

我正在写字呢。

（四）ju²¹ 作语气词用

瑞丽傣语 ju²¹ 作陈述语气词时，在语义上兼具持续体的意义。体范畴功能与语气功能融合交叉，共用同一种形式，表达出完整而丰富的语义。

ju²¹ 作陈述语气词，表达保证和肯定的语气。用于肯定陈述句。

㉕ me³³ maɯ⁴⁵³tam⁴⁵³tsaɯ³³, kau³³mo²⁴het²⁴li³³li³³ju²¹.

妈妈 你 放 心 我 会 做 好 好（语气词）

妈妈你放心，我会好好办事的。

㉖ meu⁴⁵³man⁴⁵³tsin³³lan²⁴, kau³³tsin³³ju²¹.

种类 他 吃 那 我 吃（语气词）

他吃的那种（食物），我（一直）吃的。

㉗ sə^{42} fun^{24}lai^{55}man^{453}tsek^{55}ju^{21}.

衣服 件　这 她　　喜欢（语气词）

这件衣服她喜欢的。

㉘ kon^{453}ko^{55}mə^{33}va^{453}maɯ^{453}taːn^{42}lan^{55}kau^{33}tuaŋ^{453}lai^{4}ju^{21}.

人　　个 昨天　　你　　说　那　我　记　　得（语气词）

昨天你说的那个人，我记得呢。

例句中的 ju^{21} 在表达保证和肯定语气的同时，还兼表持续体的语义特征。在语义上透露出动作行为是持续进行或一直保持的。上面例句的句意可以解读为：妈妈你放心，我会一直好好做事的；他吃的那种（食物）我一直吃的；这件衣服她一直是喜欢的；昨天你说的那个人我一直记得的。把句末的 ju^{21} 替换为肯定语气词 hə^{42}，句子的语气意义保持不变，表示说话人对事件的肯定，但再无持续体的语义特征。语气词 hə^{42} 只单纯地表示肯定语气，可以译为现代汉语的“的”。上面的四个例句可以改为：

㉙ me^{33} maɯ^{453}tam^{453}tsaɯ^{33}, kau^{33}mo^{24}het^{24}li^{33}li^{33}hə^{42}.

妈妈 你　　放　心　　我　会　做　好 好（语气词）

妈妈你放心，我会好好办事的。

㉚ meu^{453}măn^{453}tsin^{33}lăn^{55}, kău^{33}tsin^{33}hə^{42}.

种类　他　　吃　那　　我　　吃（语气词）

他吃的那种（食物），我能吃。

㉛ sə^{42} fun^{24}lăi^{55}, măn^{453}tsek^{55}hə^{42}.

衣服 件　这　她　　喜欢（语气词）

这件衣服她喜欢的。

㉜ kon^{453}ko^{55}mə^{33}va^{453}maɯ^{453}tan^{42}lăn^{55}, kău^{33}tuaŋ^{453}lăi^{42}hə^{42}.

人　　个 昨天　　你　　说　那　　我　记　　得（语气词）

昨天你提起的那个人，我记得的。

ju^{21} 可用于将来时态。尽管句子的动作行为尚未发生，但是可以被保证和确认。例如：

㉝ $maɯ^{453}to^{33}ʔuaŋ^{24}suŋ^{24}suŋ^{24}la^{42}$, $maɯ^{453}ti^{24}xa^{24}hak^{24}ju^{21}$.

你 就 跳 高 高（语气词）你 将 腿 断（语气词）

你就跳那么高吧，你的腿会断的。

㉞ $maɯ^{453}to^{33}t^{h}eŋ^{24}sop^{24}t^{h}eŋ^{24}xaːm^{453}$, ti^{24} $lai^{42}hai^{42}ju^{21}$.

你 就 辩论 嘴 辩论 话 即将 得 哭（语气词）

你就回嘴吧，你即将会（被骂）哭的。

例句的动作行为虽然尚未发生，但是因为句末 ju^{21} 的语气作用，这些动作行为是被保证和确认过。

瑞丽傣语体助词 ju^{21} 和语气词 ju^{21} 两个范畴出现了交叉和融合的现象，共用同一种形式，反映出真实而丰富的语义。

（五）虚词 ju^{21} 的并用现象

瑞丽傣语动词 ju^{21} 可以语法化为介词、体助词和语气词单独使用，同时，句子中虚词 ju^{21} 和实词 ju^{21} 可以共现，存在虚实并用的现象。

㉟ $su^{453}tuaŋ^{453}haɯ^{42}ja^{33}$ $hau^{453}ju^{21}məŋ^{453}pən^{33}$ $ju^{21}li^{33}tsin^{33}vaːn^{24}$.

祝愿 给 奶奶 我们 在 城市 别人 住 好 吃 甜

祝愿奶奶在异乡住得好吃得好。

㊱ $meu^{453}man^{453}tsin^{33}lan^{24}$, $kau^{33}ju^{21}hən^{453}tu^{33}$ $tsin^{33}ko^{21}ju^{21}$.

种类 他 吃 那 我 在 家 我们 吃 过（语气词）

他吃的那种，我在我家吃过的。

㊲ $jaːm^{453}lai^{55}man^{453}tək^{55}ju^{21}hən^{453}ju^{21}$, $ka^{21}xa^{24}lua^{55}$.

时候 这 他 正 在 家 体助词 去 找（语气词）

现在他正在家，去找呀。

㊳ $pai^{21}liaŋ^{24}kau^{33}$, $kau^{33}mo^{24}ju^{21}li^{33}li^{33}$ $haːŋ^{453}kuai^{453}kau^{33}ju^{21}$.

别 担心 我 我 会 住 好 好 自己 我（语气词）

别为我担心，我会自己好好生活的。

例句㉟是介词 ju^{21} 和动词 ju^{21} 并用，例句㊱是动词 ju^{21} 和体助词 ju^{21} 并用，

例句㊲是动词 ju^{21} 和语气词 ju^{21} 并用。

二、瑞丽傣语 ju^{21} 的语法化路径

综上所述，ju^{21} 在句子中有四种作法，可以作动词、处所介词、体助词和语气词，都是通过虚化而形成的。ju^{21} 的几种用法和语法意义存在密切的关系，它们之间的关系非常密切且有迹可循。下面探讨 ju^{21} 的语法化历程。

瑞丽傣语动词 ju^{21} 同时具有“居住”和“在”两种语义和用法，二者的演化方向是什么？笔者认为，瑞丽傣语 ju^{21} 语素作动词时，其语义的演变方向是“居住”义动词→“在”义动词，即“居住”义动词的“ju^{21}”是语法化路径的起点。为什么？在概念上“居住”隐含“在”：某人“居住”在某地也就意味着此人“在”某地，而一个词语的隐含义相对其固有义，往往是后来衍生的意义。而且，“居住”指称的是一种活动，“在”断言的是一种状态，语义上前者较后者具体而实在，而语义演变的规律通常是由具体到抽象、由实在到泛化①。

任何一个词的语法化过程都是渐变的，瑞丽傣语 ju^{21} 的四种用法不是一开始就有的，而是语法化的结果，这四种用法也不是同步进行的。用语法化的眼光来看，一个语言形式的变化是渐变的，而不是突变的，它沿着下面的路径虚化：实词→语法词→附着成分→形态标记。② 在瑞丽傣语 ju^{21} 的四种用法中，“居住”义动词 ju^{21} 和“在”义动词 ju^{21} 均是意义实在的动词。由此可以看出，语法化的起点应是从动词 ju^{21} 开始。语义演变的规律通常是由具体到抽象、由实到虚，而介词 ju^{21} 与动词 ju^{21} 相比，动词性减弱，语义变虚；二者虽然都表达空间概念，但是动词 ju^{21} 为词汇范畴，语法性弱，介词 ju^{21} 为功能范畴，语法性强。由此认为，介词 ju^{21} 是由动词 ju^{21} 语法化而来。动词 ju^{21} 语法化为介词，之后常带名词、指示代词、疑问代词或方位短语等成分构成介宾短语，在句中作状语，这使得介词 ju^{21} 跟谓语动词界限分明。介词 ju^{21} 与体助词 ju^{21}、语气词 ju^{21} 相比较，体助词 ju^{21} 和语气词 ju^{21} 的语法化程度更高。从意义上看，当 ju^{21} 在句末充当体助词和语气词时，语义上有了变化，其意义变得更加虚化。词义的虚化是介词 ju^{21} 进一步语法化的表现，这是体助词 ju^{21} 和语气词 ju^{21} 形成的必要条件。从

① 吴福祥:《东南亚语言“居住”义语素的多功能模式及语法化路径》，载《民族语文》，2010(6)：9 页。

② 石毓智、李讷:《汉语语法化的历程：形态句法发展的动因和机制》，82 页，北京，北京大学出版社，2001。

形式上看，随着 ju^{21} 语法化为体助词，它与谓语动词之间的关系也发生变化，体助词 ju^{21} 紧跟在动宾短语之后，它们之间没有其他成分插入。对于语气词 ju^{21} 来说，句末位置是它语法化的必要条件。因此可以说，语气词 ju^{21} 和体助词 ju^{21} 是介词 ju^{21} 进一步语法化的结果。综上所述，瑞丽傣语 ju^{21} 的语法化路径为：动词 ju^{21} →介词 ju^{21} →体标记 ju^{21}/ 语气词 ju^{21}。

三、瑞丽傣语 ju^{21} 多功能用法的形成受分析性语言特点的制约

语言语法特点的形成和演变受语言类型特点的制约。把握住语言类型的特点分析语言，就能发现一些使用一般性语言研究方法所不能看到的新现象，能够揭示语言的深层特点。[①] 分析性语言在语音、语法、词汇、语义等方面都有自己不同于非分析性语言的特点。瑞丽傣语属于分析性语言，单音节词根比例大，缺乏词形变化，词的义项多，主要靠虚词和语序表达语法意义。这些分析性特点是瑞丽傣语 ju^{21} 多功能用法产生的催化剂。从瑞丽傣语 ju^{21} 的多功能用法来反观，能够确认 ju^{21} 的语法多功能性与傣语分析性特点的不断增强有关。主要体现在以下方面。

（一）单音节词根促进“一词兼数职”语法化模式的发展

瑞丽傣语的单音节词根在词汇中所占比例大，单音节词是瑞丽傣语表义的主要单位。随着表义需求的扩大，只能通过语法化的手段达到“一词兼数职”，使得同一个词可以表达不同的语法范畴。在 200 个基本词汇中，其中单音节词有 186 个，占 89.8%；双音节词有 22 个，占 9.7%；三音节词只有 1 个，占 0.5%。其中双音节词和三音节词全为复合词，无单纯词。词汇的单音节性促进了瑞丽傣语词类的语法化演变，推动“一词兼数职”语法化模式的发展。动词 ju^{21} 从实到虚的演变正是“一词兼数职”语法化模式的体现。

---

① 戴庆厦、闻静：《论“分析性语言”研究眼光》，载《云南师范大学学报》（哲学社会科学版），2017（5）：1—2 页。

（二）虚词的活跃发展推动“动词虚化”机制

语言的语法手段与语言的类型特点有关。作为分析性特点显著的瑞丽傣语，由于缺乏词形变化，虚词成为瑞丽傣语重要的语法手段之一，句子的表情达意离不开介词、助词、语气词这些能够表达句法关系的虚词。由于动词是词汇中表实词意义最多最常用的词，傣语实词语法化中表现得最为明显的是动词的语法化，语法化后的动词获得新的语法意义和功能，满足人们表义的需求。

虚词的活跃发展，推动了瑞丽傣语“动词虚化”这一机制的发展。瑞丽傣语“动词→介词→虚词”的语法化路径并非偶然现象，这一语法化模式在瑞丽傣语其他动词中也有表现。如 $saɯ^{21}$ 作动词有“充满、填入、安放”之义，可语法化作介词和助词。作介词时，$saɯ^{21}$ 位于动词和宾语之间，表示动作施及某物。作助词时，表示动作有所施及。

作动词： $saɯ^{21}xau^{42}$ 盛饭　　　　$saɯ^{21}fun^{453}$ 添柴火
盛　饭　　　　放　柴

作介词： $lam^{55}t^hum^{42}saɯ^{21}ma{:}n^{42}$.
水　淹　介词 村
水淹到村寨。
$fai^{453}mai^{42}saɯ^{21}kon^{33}$.
火　热　介词 裤子
火烧着裤子。

作助词： $ja^{21}pe^{21}haɯ^{42}ma^{24}xi^{42}$　$saɯ^{21}$.
别　让　狗　拉屎 助词
别被狗拉屎到（身上）。

$haɯ^{42}$ 作动词意为“给”，可语法化作介词和助词。在动词和宾语之间作介词，介宾结构做动作施予的对象。作助词时，表示动作是施予对象，句中不出现具体的对象。

作动词： me^{33}haɯ^{42}ŋən^{453}kau^{33}suaŋ^{24}paːk^{21}.

妈　给　钱　我　二　百

妈妈给我两百块钱。

作介词： muak^{21}haɯ^{42}man^{453}ma^{453}p^{h}aɯ^{453}p^{h}aɯ^{453}.

告诉　介词 他　来　快　快

告诉他快来。

作助词： ʔau^{33}sə^{42} ma^{453}luŋ^{33}haɯ^{42}.

拿　衣服 来　穿　助词

拿衣服给（不具体的对象）穿上。

pai^{21}tsa^{55}haɯ^{42}!

别　骂　助词

别骂他（“他”为不具体对象）！

ʔau^{33} 作实义动词，意为“要，拿，取”。可语法化作介词和助词。作介词时，表示把某物如何处置，相当于汉语的“把”字句。语法化后的动词 ʔau^{33} 在谓语动词后面作助词用，表示动作是主观采取的方式。

作动词： ʔau^{33}p^{h}ak^{24}jaŋ^{33}ʔau^{33}xau^{42}.

要　菜　不　要　米饭

要菜不要米饭。

作介词： ʔau^{33}xau^{42}tsin^{33}piat^{33}.

介　饭　吃　掉

把饭吃掉。

作助词： t^{h}oŋ^{24}hoi^{21}lai^{55}sɯ^{55}ʔau^{33} ha^{21}　het^{24}ʔau^{33}ha^{21}?

包　个　这　买　助词 语气词 做　助词 语气词

这个包是买的？做的？

sɯ^{55}ʔau^{33}.

买　助词

买的。

通过语料可以看出，实词虚化是瑞丽傣语动词演变的主要机制。三个实义

动词 $saɯ^{21}$、$haɯ^{42}$、$ʔau^{33}$ 均拷贝了“动词→介词→虚词”的演变模式。瑞丽傣语的动词与虚词关系密切，“动词→介词→虚词”的语法化现象普遍，发展成熟。“实词虚化”机制是虚词的重要来源之一，虚化后的动词获得新的语法意义和功能，在句子中充当着不同的语法成分，多种词性用法并存。

实词虚化应是傣语动词演变的共同机制。傣语中表“居住”义的语素在共时层面上具有跨方言的共性，其语法的多功能性在其他傣语方言中均有体现。动词从实到虚的语法化路径大约是分析性语言的共性。“动词虚化”机制的形成和发展受分析性语言特点的制约，同时，分析性特点是“实词虚化”这一机制产生的催化剂。

参考文献

[1] 吴福祥. 东南亚语言“居住”义语素的多功能模式及语法化路径. 民族语文，2010（6）：9.

[2] 韦景云. 壮语 jou~5 与泰语 ju~5 的语法化差异分析. 中央民族大学学报（哲学社会科学版），2007（6）：139.

[3] 戴耀晶. 现代汉语时体系统研究. 杭州：浙江教育出版社，1997：5.

[4] 刘丹青. 语法调查研究手册. 上海：上海教育出版社，2017：446–447.

[5] 石毓智，李讷. 汉语语法化的历程：形态句法发展的动因和机制. 北京：北京大学出版社，2001：82.

[6] 戴庆厦，闻静. 论“分析性语言”研究眼光. 云南师范大学学报（哲学社会科学版），2017（5）：1–2.

（作者单位：中央民族大学中国少数民族语言文学学院）

论壮语类别词的非词头性*

陆天桥

一、引言

过往许多壮语研究者，如张元生（1979）、韦庆稳（1985）、覃国生（1998）、覃晓航（2005）、韦景云等（2011）对壮语“词头”或“前缀”都进行过不同程度的描述和分析。①它们有些属于较典型的去及物化标记，在句法上使相关动词不再带宾语，在语义上则将动词所表示的动作泛化，如 ta^{3}ka:i^{1}（ta^{3}- 卖）“进行销售”、ta^{3}sak^{8}（ta^{8}- 洗~衣）“进行洗涤”中的 ta^{3}-；有些是动词前的交互标记，在句法上使相关动词不再带宾语，在语义上表示交互动作，如 to^{4}tɯk^{7}（to^{4}- 打）“互殴”、to^{4}da^{5}（to^{4}- 骂）“相骂”中的 to^{4}-；有些是序数词词头，如 ta:i^{6}sa:m^{1}（ta:i^{6}- 三）“第三”、ta:i^{6}sei^{5}（ta:i^{6}- 四）“第四”中的 ta:i^{6}-，等等。同时，研究者也注意到壮语的类别词（CL，classifier）经常单独与名词共现，在有些情况下数词又不能在其前面出现，好像类别词与名词形成了一种不可分割的紧密结构，因此很多壮语研究者将这些类别词处理为“词头”②，或者称之为“前缀”③，如 tu^{2}peu^{5}（tu^{2}- 豹）“豹子”、ko^{1}puk^{8}（ko^{1}- 柚）“柚子树”、pou^{4}ɕaɯ^{3}（pou^{4}- 主人）“主人”中的 tu^{2}、ko^{1}、pou^{4} 等。

---

* 原载《民族语文》，2021（5）。

① 张元生:《武鸣壮语的名量词》，载《民族语文》，1979（3）；韦庆稳:《壮语语法研究》，南宁，广西民族出版社，1985；覃国生:《壮语概论》，74—76 页，南宁，广西民族出版社，1998；覃晓航:《关于壮语量词的词头化》，载《民族语文》，2005（3）；韦景云、何霜、罗永现:《燕齐壮语参考语法》，北京，中国社会科学出版社，2011。

② 张元生:《武鸣壮语的名量词》，载《民族语文》，1979（3）；韦庆稳:《壮语语法研究》，3 页，南宁，广西民族出版社，1985；覃国生:《壮语概论》，南宁，广西民族出版社，1998；覃晓航:《关于壮语量词的词头化》，载《民族语文》，2005（3）。

③ 韦景云、何霜、罗永现:《燕齐壮语参考语法》，54 页，北京，中国社会科学出版社，2011。

本文认为将这类类别词界定为“词头”，与传统语言学对“词头”的定义相悖。壮语类别词体词结构中，类别词与其后面的成分之间所呈现的是非黏附性的或者是句法层面的语法关系，它们之间发生的是复合关系而非派生关系；壮语类别词体词结构的修饰语扩展方向呈右分枝特征，位于左边的类别词受右边的成分修饰或限定，而词头与后面成分的关系显现的是左分枝特征，它不受其他成分修饰；壮语类别词是整个体词结构的语义中心，属于多个语义层次的最高层次，而词头并不具备此特点；壮语某些类别词结构不能与数词共现并非表明其中的类别词已经词头化，而是取决于相关的类别词结构与数词共现的准允度。

二、类别词的句法特征

覃晓航（2005）对壮语量词的“词头化”进行了专文分析，认为壮语的量词发生了虚化并分化出词头。其主要根据是有些以量词开头的词，其前不能再加数词，那么这个成分就不能算是量词，而只能算是词头，其句法功能是“名物化”，即它们与后面的词根结合而将整个结构转变为名词，进而认为这类量词是名物化语素，后面的词根可以是形容词、动词、主谓结构、动宾结构等，如 pou^4ho^3（pou^4- 穷）“穷人”、tu^2bin^1（tu^2- 飞）“飞鸟”、$pou^4ta^1faːŋ^2$（pou^4- 眼瞎）“盲人”、$tu^2tam^3rok^7$（tu^2- 纺织）“纺织娘”等。

学界对词素的句法自由度以及独立运用等的界定虽仍存疑，但将词头视作词干前面的黏附成分这一点基本不存争议。Sapir 早就观察到世界语言中前缀相对于后缀来说数量要少得多，而像汉语、泰语等语言很少使用没有词汇意义的语法成分。① 吕叔湘认为语缀的特点是不以词根的面貌出现，是“完全虚化”的成分；甚至认为汉语的构词方式只有一个，就是复合，所谓的词头其实很多是自由或半自由的，汉语构词法里很难区别复合和派生。② 朱德熙认为汉语只有“初、第、老”3 个前缀，且其出现是受限的，如“初”只出现在“一”至“十”之前，“第”也仍然与“次第”的语义有关，“老王”中的“老”仍保存其形容

① Sapir, E. Language: An Introduction to the Study of Speech, p.70. New York: Harcourt, Brace and Company, 1921.

② 吕叔湘：《汉语语法分析问题》，48 页，北京，商务印书馆，1979；吕叔湘：《汉语语法论文集》（增订本），382 页，北京，商务印书馆，1999。

词原义。[1] 王今铮等认为词头就是前缀，也叫前加成分，加在词根之前从而构成新词或改变词的语法意义。[2] Bussmann 认为词头是出现在词干（stem）前面的某类黏附性的构词成分（bound word–forming elements）。[3] Matthews 对词头的界定是：位于由它所组成的形式的前方的词缀（affix），是一个词的形态结构（morphological structure）中词根（root）以外的任何成分。[4] Richards & Schmidt 认为词头（prefix）是加在词前面并改变这个词的意义或功能的一个字母（letter）或语音（sound）或一组字母或语音（a group of letters or sounds）。[5]

壮语也是词头贫乏的语言，其类别词的语法特征与上述词头特征不同的是，它们同与其共现的其他语言成分的语法关系是复合关系而非派生关系，甚至经常显示出自由度很强的句法功能而非词法功能。例如：

① pou^{4}　ta^{1} ŋaːm^{3}faːŋ^{2}ɕau^{5}pou^{4}　ta^{1} bou^{3}faːŋ^{2}han^{4}
CL: 人类 眼 刚　瞎　和　CL: 人类 眼 不　瞎　那
那些刚失明的人和不失明的人

例①实际上是包含了两个以主谓结构作为修饰语的名词短语，短语中类别词 pou^{4} 右边修饰成分的数量和长度在理论上不受限制。词的长度通常是有限的，而短语的长度理论上却是无限的，故例①中的内部关系其实是短语层面的关系，而非黏附成分与词根的关系。

② tu^{2}　nei^{4}kɔ^{3}　tu^{2}　mɯŋ^{2}haɯ^{3}kou^{1}hɔŋ^{1}kou^{1}bou^{3}au^{1}han^{4}.
CL: 动物 这　就是 CL: 动物 你　给　我　但　我　不　要 那
这只（动物）就是你给我而我不要的那只。

---

① 朱德熙：《语法讲义》，29—30 页，北京，商务印书馆，1982。

② 王今铮、王钢、孙延璋等：《简明语言学词典》，61 页、283 页，呼和浩特，内蒙古人民出版社，1985。

③ Bussmann, H. Routledge Dictionary of Language and Linguistics, p.933. London & New York: Routledge, 1996.

④ Matthews, P. H. The Concise Oxford Dictionary of Linguistics, p.292. Oxford & New York: Oxford University Press, 1997.

⑤ Richards, J. C. & R. Schmidt. Longman Dictionary of Language Teaching and Applied Linguistics. p.413. London: Pearson Education Limited, 2002.

例②也呈现了复杂的句法结构，后一个类别词被右边的几个从句所修饰，所以它们并非黏附性词素，与后面成分也是被修饰与修饰的句法关系，而且修饰语的长度在理论上是开放性的，故很难将这些类别词视作词法维度的词头。

③ pou^{4}ɕaɯ^{3} ɕau^{5}pou^{4}hek^{7} ne, pou^{4} ɣiu^{1}, pou^{4} tai^{3}.
CL: 人类－主人 和 CL: 人类－客人 呢 CL: 人类 笑 CL: 人类 哭
主人和客人啊，一个笑一个哭。

名词短语的典型句法功能是充当句子的论元。壮语类别词可独立用作论元成分的特点充分显示了它极其自由的句法特征。如例③ pou^{4}ɕaɯ^{3}（CL: 人类－主人）和 pou^{4}hek^{7}（CL: 人类－客人）中的第二个成分是名词，看上去貌似带有词头的合成词，但是 pou^{4} 可单独出现在主语位置，独立用作论元成分，用于回指。类别词极强的语法自由度可见一斑。词头是一种黏附成分。Bloomfield 指出不能单说的语言成分属于黏附形式，可以单说的是自由形式，自由形式在句子中可作为句子成分单独出现。[①] 例③中，pou^{4}ɣiu^{1}, pou^{4}tai^{3} “一个笑，一个哭” 可以说成 pou^{4}ɕaɯ^{3}ɣiu^{1}, pou^{4}hek^{7}tai^{3} “主人笑，客人哭”。也就是说，pou^{4} 与 pou^{4}ɕaɯ^{3}、pou^{4}hek^{7} 的句法分布相同，即 pou^{4}ɕaɯ^{3}、pou^{4}hek^{7} 能出现的地方，pou^{4} 也能出现，所以它是一个完全可以独立运用的词素。

壮语其他类别词也具有类似的句法特征，如例④显示壮语类别成分 tu^{2}（CL: 动物）也能以零限定成分的形式单独出现在宾语位置，独立用作论元成分。

④ ma^{1}lɯk^{8}dei^{1}kjai^{2}la:i^{1}, te^{1} ɕaɯ^{4}tu^{2}, kou^{1}ɕaɯ^{4}tu^{2}.
小狗 可爱 多 他 买 CL: 动物 我 买 CL: 动物
小狗很可爱，他买一只，我买一只。

即使用插入法来检验和辨别词与词组，也可看到覃晓航（2005）所说的 pou^{4}ho^{3}（pou^{4}- 穷）“穷人”、tu^{2}bin^{1}（tu^{2}- 飞）“飞鸟” 中间是可以插入其他成分而又不改变其基本意义的。如 pou^{4}jou^{6}ho^{3}jou^{6}ja:k^{7}（pou^{4}- 又－穷－又－恶）“又穷又恶的人”、tu^{2}ɣo^{4}bin^{1}jou^{6}ɣo^{4}jou^{2}ɣam^{4}（tu^{2}- 会－飞－又－会－游泳）“会飞会游

① Bloomfield, L. Language, p.160. London: George Allen & Unwin Ltd., 1973.

泳的动物”。很明显，它们是大于词的词组。所以，壮语类别词是可单独出现在论元位置的自由句法成分，属于葛本仪所说的可成词词素（如“人、心、水、地”等）①，而不属于非词词素（如“阿－、初－、－头、－子”等）。

显然，以往研究所说的很多带有类别词词头的壮语体词结构中，其中的类别词不但不属于一个词内部的黏附成分，甚至还可以是高于词法维度的构词成分，后面可带开放性长度的修饰性短语或从句。而与之形成鲜明对比的是，词头则不在从句的前面出现。壮语类别词之所以具有“名物化”的功能是由于它们本身就具有名词性，以类别词为主干、以其他成分为从属成分的主从结构当然具有名词性。简言之，如果类别词在体词结构中与其后面成分之间是被修饰和修饰的关系，而非黏附成分与词根的关系，则很难将之视作词头。

三、类别词体词结构的右分枝特征

壮语体词结构是中心语在左、修饰语在右的主从结构，呈句法右分枝特征，以往的“词头”说忽视了这一句法特点。袁家骅认为壮语的“量＋名”结构是体词向心结构，将量词看作中心语，将名词看作修饰语，这才符合壮语的构词和造句原则。②此认识确认了壮语体词结构右分枝的句法特征。壮语体词结构具有中心语左置或中心语居首的结构特点，据此，tu²bin¹（CL: 动物－飞）“飞行的那只动物”、pou⁴saːŋ¹（CL: 人类－高）“个头高的那个人”、ko¹ŋɔn²lɯːn²kou¹ dam¹han⁴（CL: 植物－昨天－我－种－那）“我昨天种的那棵植物”中的tu²、pou⁴、ko¹皆为其所在结构的中心语。壮语类别词结构与名词短语一样呈右分枝特征，例如：

⑤ po⁶　ta⁴sei⁵ 四妹的父亲
　父亲 四妹

⑥ tu²　　ta⁴sei⁵ 四妹的动物
　CL: 动物 四妹

例⑥中的tu²和例⑤中的po⁶的不同之处只是在于它处于更高的语义层次，起到了一种名词次范畴化的作用。其实，其他语言也有一些类似的名词次范畴化过程，起到语义归并及聚类的作用，如汉语的“猎手、枪手、舵手”等

① 葛本仪：《汉语词汇研究》，18页，北京，外语教学与研究出版社，2006。

② 袁家骅：《汉壮语的体词向心结构》，载《民族语文》，1979（2）。

皆属［+人类］范畴，词素“手”将这些名词进行次范畴化编码为［+具有某种专业技巧或特征的施事者］；英语中的“berry”则是将 strawberry“草莓”、blackberry“黑莓”、blueberry“蓝莓”等名词次范畴化为某类“浆果”。由于此类语言成分具有较强的构词和范畴化能力，Bisang、DeLancey、Aikhenvald 等称之为“聚类语素（CT, class term）”。① 侗台语族很多语言的类别词也具有聚类语素的语义特点，只是主从位置相反。袁家骅将其分别称为“共名”和“专名”，共名在左，专名在右，呈右分枝状。② 这种句法特点其实与罗曼语族语言描述性修饰语居右的特点极为相似。表 1 显示它们皆具有“中心语+修饰语”的右分枝特点。③

表 1　侗台语族语言和罗曼语族语言名词短语的右分枝特点

语言	泰语			法语		
例词	khon mɯaŋ tôn sǒn	CL: 人类－城市 CL: 植物－松	“城里人” “松树”	homme politique arbre résineux	人－政治 树－树脂的	“政治家” “针叶树”
语言	毛南语			意大利语		
例词	$ai^{1}kje^{5}$ $zo\eta^{2}la{:}k^{8}van^{1}$	CL: 人类－老 CL: 植物－太阳	“老人” “向日葵”	uomo politico erba cipollina	人－政治 草－葱	“政治家” “细香葱”

这种右分枝的句法特点还见于林奈生物分类法（Linnaean taxonomy），如动物学名的“双名法”“三名法”等。④ 该科学命名法的依据是拉丁语句法的右分枝特征，呈现出了“属名+种名”“属名+种名+亚种名”等句法序列，如表 2 所示：

① Bisang, W. Classifiers, quantifiers and class nouns in Hmong. Studies in Language, 1993, 17(1): 5; DeLancey, S. Toward a History of Tai Classifier Systems. In C. Craig (ed.), Noun Classes and Categorization, p.440. Amsterdam & Philadelphia: John Benjamins Publishing Company, 1986;Aikhenvald, A. Y. Classifiers: A Typology of Noun Categorization Devices, p.86. New York: Oxford University Press, 2000.

② 袁家骅:《汉壮语的体词向心结构》，载《民族语文》，1979（2）。

③ Heminway, A. Complete French Grammar. New York: McGraw-Hill, 2008 ; Lu, T. Q. A Grammar of Maonan. Florida: Universal Publisher, 2008.

④ 陆天桥:《试论侗台语族是类别词突出的语言》，载《语言科学》，2019（5）。

表 2 几种动物的林奈生物命名法

属名	种名	亚种名	俗名
Panthera 豹属	tigris 虎种	—	Tiger “虎”
Panthera 豹属	tigris 虎种	altaica 阿尔泰	Siberian tiger “西伯利亚虎”
Panthera 豹属	leo 狮种	—	Lion “狮”
Panthera 豹属	leo 狮种	spelaea 洞穴	Cave lion “洞狮”

韦庆稳和张元生所说的“大类名 + 小类名”与“通名 + 专名”以及袁家骅提出的“共名 + 专名”① 等结构的特点与林奈命名法的“属名 + 种名”关系刚好对应。类似于 ko¹fai⁴ŋaːn⁴（CL: 植物 – 树 – 眼）“龙眼树”这样的结构其实就是由“大类名 + 小类名 + 专类名”组成的，ko¹（CL: 植物）相当于“属名”，fai⁴“树”相当于“种名”，ŋaːn⁴“眼”相当于“亚种名”。

壮语 tu²ɣɔk⁸dam¹nei⁴（CL: 动物 – 鸟 – 黑 – 这）“这只黑鸟”这样的结构若按右分枝特征来分析，可表示为图 1：

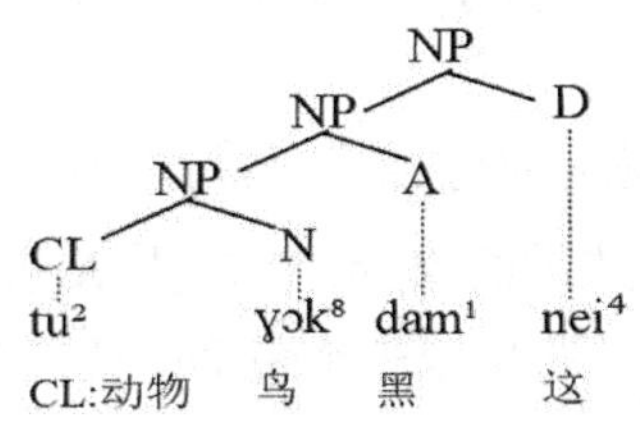

图 1 壮语类别词短语的右分枝特征

传统形态句法学中的词头在结构上属左分枝，如英语 overreaction（[over[re[action]]]）“过度反应”等。若忽视壮语体词结构的右分枝特点，则容易将左侧的中心语处理为词头。汉语中的“定中关系”在壮语中是“中定关系”，即“左主右从”，相对位置刚好相反。覃国生将体词结构 kjaːŋ¹hat⁷（kjaːŋ¹- 早上）“早上”、kjaːŋ¹ham⁶（kjaːŋ¹- 晚上）“晚上”中的 kjaːŋ¹ 处理为词头，② 就是因为忽视了壮语体词结构的右分枝特点。kjaːŋ¹ 其实是中心语，是被修饰成

① 韦庆稳：《壮语语法研究》，171 页，南宁，广西民族出版社，1985；张元生：《武鸣壮语名量词新探》，载《中央民族学院学报》，1993（4）。

② 覃国生：《壮语概论》，76 页，南宁，广西民族出版社，1998。

分，而且是结合力很强的名词。其意为“中间、半”，指称某个空间范围，如 kja:ŋ^{1}hɔŋ^6（中间－院子）“院子中央”、kja:ŋ^{1}bɯn^1（中间－天）“空中”等；又被引申为时间段，如 kja:ŋ^{1}ŋɔn^2（中间－天）“白昼”、kja:ŋ^{1}hɯn^2（中间－半夜）“深夜”等；甚至还可独立出现在论元位置，如 mɯŋ^{2}kɯn^{1}kja:ŋ^1, kou^{1}kɯn^{1}kja:ŋ^1（你－吃－半，我－吃－半）“你吃一半，我吃一半”。壮语修饰类结构最典型的是右分枝，至于壮语一些黏附性成分的左分枝特征，如 to^{4}pa:ŋ^1（to^4- 帮）“相帮”中的交互标记 to^4- 可能是受汉语的影响所致。同语族的一些语言其交互标记仍保留了古老的右分枝型，如泰语 rák kan（爱 -kan）“相爱”、tii kan（打 -kan）“互殴”；老挝语 cuup^{5}kan^3（吻 -kan^3）“接吻”、phop^{1}kan^3（见 -kan^3）“巧合”等①。

如上所述，壮语体词结构的扩展方向是右向。名词次范畴编码的方式遵循“大类名＋小类名＋专类名”的顺序，逐层向右叠加，右边限定的层级越多，概念的外延越小，所表示的语义范畴越小。这与林奈生物分类法如出一辙。由于受到中心语前置而修饰语后置的结构制约，壮语体词结构的左边通常很难出现词头。

四、类别词体词结构的中心语特征

壮语体词结构左边的类别词是该结构的句法中心。一般认为一个短语结构与其中的一个成分具有相同形式类的成分，②短语结构中心语的语法特征等同于它所在的整个结构的语法特征，它决定整个短语的语法特性。③

韦庆稳、覃国生（1980：28）在分析壮语 lɯk^{8}tin^1（lɯk^8- 脚）“脚趾”、lɯk^8 peu^2（lɯk^8- 瓢）“瓢瓜”等结构时，将 lɯk^8“子女”看作词头。然而，这种“lɯk^8＋X”构词法其实与由两个自由词素构成的复合词如 lɯk^{8}tok^8（CL: 子女－独）“独子”、lɯk^{8}ɕi:ŋ^4（CL: 子女－养）“养子”等的构词法并无实质性区别，都是中心语居左而附属语居右。这类体词结构的句法特征来自于中心语 lɯk^8，而非其后面的修饰成分。因为位于相关结构句法中心的是具有体词特点的类别词 lɯk^8，所以整个结构属于体词性复合词或短语。就是说，有类别词参与的体词结

① Iwasaki, S. & P. Ingkaphirom. A Reference Grammar of Thai, pp.305-306. Cambridge: Cambridge University Press, 2005；Enfield, N. J. A Grammar of Lao, pp.318–319. Berlin: Mouton de Gruyter, 2007.

② Malmkjaer, K. The Linguistics Encyclopedia (Second Edition), p.324. London & New York: Routledge, 2002.

③ Dixon, R. M. W. Basic Linguistic Theory (Volume I): Methodology, p.229. Oxford & New York: Oxford University Press, 2010.

构的名词性特征来自于类别词的句法特征。韦庆稳、覃国生用“词头”构词法造出的合成词虽然其内部紧密度各异，① 但是都呈现出体词结构中心语居左、修饰语居右的特征。如果说 lɯk^{8}kei^{5}（CL: 子女－契）“干儿子”、lɯk^{8}saːu^{1}（CL: 子女－少女的）“女孩”、lɯk^{8}fei^{2}（CL: 子女－火）“火花”、lɯk^{8}tin^{1}（lɯk^{8}- 脚）“脚趾”、lɯk^{8}peu^{2}（lɯk^{8}- 瓢）“瓢瓜”等之间有差异的话，那也只是 lɯk^{8} 在其中呈现出不同程度的语义扩展而已。此种情况实际上可以从韦庆稳、覃国生所说的“修饰式”② 构词法中得到验证。他们所列举的“修饰式”构词法合成词 pou^{4}saːi^{1}（位－男）“男人”、pou^{4}ɕuːŋ^{6}（位－壮）“壮族”、ɕaːŋ^{6}jɯ^{1}（匠－医）“医生”等其实都是体词成分为中心、修饰成分为附属的结构，与其所说的“词头式”构词法并无实质的区别。值得注意的是，他们将 pou^{4}saːi^{1}（位－男）“男人”等看作是修饰式的复合词，而未像覃晓航（2005）那样将此类 pou^{4} 处理为词头。

韦庆稳、覃国生（1980）所说的很多以“修饰式”和“词头式”构词法造出来的词在语法结构上其实如出一辙，如 kjaːŋ^{1}ɣaːn^{2}（中间－房子）“房子中央”、lɯk^{8}tau^{2}（CL: 子女－最前）“大儿子”等。袁家骅（1979）认为壮语的“量名组合体”在语感上很难判别是词组还是合成词，故选择称之为体词结构，涵盖合成词、名词短语等。换言之，结构左边的类别词的语法特征代表了整个结构的语法特征，是相关结构的中心语，只是结构内部的结合紧密度具有差异而已，呈现出一个从合成词到名词短语的连续统。张均如等也认为 pou^{4}ho^{3}（CL: 人类－困难）“穷人”、ko^{1}raːi^{2}rin^{1}（CL: 植物－爬石）“爬山虎”等词“以量为正，以其他成分为偏”。③ 传统语法中所认知的词头是句法自由度受限、须依附于词干而存在的成分，而类别词是整个结构的中心语，它并不依附于词根而存在。所以，这里的 pou^{4} 和 ko^{1} 应该是中心语，而不是词头。

壮语体词结构中的类别词具有中心成分的特征，是唯一不可缺少的强制性语言成分，这早已为许多研究所确认。④ 词头则被传统语法视作附属成分，不是词的中心成分，因而并非强制性成分。壮语体词结构左边的类别词是整个结构的句

① 韦庆稳、覃国生:《壮语简志》，北京，民族出版社，1980。

② 韦庆稳、覃国生:《壮语简志》，26 页，北京，民族出版社，1980。

③ 张均如、梁敏、欧阳觉亚等:《壮语方言研究》，360 页，成都，四川民族出版社，1999。

④ 袁家骅:《汉壮语的体词向心结构》，载《民族语文》，1979（2）；韦庆稳:《壮语语法研究》，南宁，广西民族出版社，1985。

法中心，其出现是强制性的，而结构右边的其余成分是类别词的修饰语，并非不可或缺。比如在短语 pou⁴sa:i¹kɯn²ka:i¹nei⁴（CL: 人类 – 男 – 城里 – 这）“这个城里的男人”中，pou⁴ 右边的从属成分被删除后仍符合语法，但是如果缺少了中心语 pou⁴，整个体词结构便无法成立。

如前所述，壮语类别词句法自由度较大的语法特征使之在很多情况下甚至可以独立出现在主语、宾语等论元位置上。从词头和词根关系的视角来看，词头是黏附的构词语素，是词内部的附属成分，词根则是不可缺少的强制性成分。而在壮语类别词结构中，如果类别词是词头，那么其余的成分则应该是词根。但是，将类别词以外的成分逐个抽掉后，这些体词结构仍然成立，说明被抽掉的成分是从属性成分而非中心语。壮语类别词的体词结构中心语的地位说明它们是自由度很强的词类。刘丹青根据壮语量词的语法特征认为它们具有语法系统中的显赫地位。① 蓝利国也认为壮语是分类词强势型语言。② Bauer 认为并非所有的词或词组都能用右置的中心语规则来解释，因为世界上有很多语言的名词性成分是中心语居左的。③ 中心语的出现通常具有强制性，而词缀的存在则不具强制性。类别词在相关结构中的不可或缺性并不支持将它处理为词头，而如果类别词能够被后面一系列复杂的且理论上不受长度限制的结构所修饰，则更不应将其视作词头。简言之，如果类别词能够被几个从句所修饰，那么将之视作词头则不合理，将其处理为句法中心语更恰当。

五、体词结构的语义中心

朱德熙认为汉语偏正结构的语义核心是中心语，其结构中心也是中心语。④ 这也基本符合壮语类别词结构的特点。侗台语族语言中通常被称为“量词”的词类，包括两个主要大类，即计量类别词和分类类别词。计量类别词主要用来计量，表示度量衡单位以及事物和事件的局部量等，如 kan¹“斤”、li:ŋ⁴“两”、ɕik⁷“尺”、ɕon⁵“寸”等，它们一般与数词、指示词等词类共现，通常不单独

---

① 刘丹青：《语言库藏类型学构想》，载《当代语言学》，2011（4）。

② 蓝利国：《壮语量词研究的历史回顾及类型学取向》，载《广西民族研究》，2013（1）。

③ Bauer, L. Head and modifier. In K. Brown, & J. Miller (eds.), Concise Encyclopedia of Grammatical Categories, pp.184–186. Oxford: Elsevier Science Ltd., 1999.

④ 朱德熙：《朱德熙文集（第一卷）》，160 页，北京，商务印书馆，1999。

与名词共现。分类类别词的功能是用来对名词进行名词次范畴化分类，与计量类别词的不同之处主要在于其更强的句法功能，可与形容词、动词、名词、人称代词、指示词、数词、定语从句等多种语言成分单独共现，其语义功能是呈现所在结构的语义范畴类别，将其形状性质、生物种类、功能特征、社会关系、文化认知、主观态度等在词法及句法两个层面进行次范畴化编码。

Labov 认为语言学的任务就是对范畴进行研究，分析语言是如何将现实中的事物切分为分离的单位或单位集合。[①] 语言的范畴化编码并非完全被动地反映现实世界，而是人们以文化为依托、根据主观构想而作出的分类。将事物标记为某种范畴，范畴与范畴之间有何联系等，都是语言研究的重要课题。Lakoff 认为类别词系统源于人们认知系统中对世界万物所具有的意象，反映了人们思维系统中对经验、想象以及生态学等层面的认知。[②] 语言的范畴化编码就是用某种标记将具有共同特征的语言形式归入某一范畴。如汉字构字法把表示“钢、铁、铜、铝”等金属元素或物质的字标记为偏旁“钅”，将它们归入金属的范畴。这是采用偏旁策略所进行的名词次范畴化编码。构词法则主要利用语音片段进行范畴化编码，如汉语构词法中用语素 shī“师”将“画师、厨师、琴师、巫师”等标记为某种行业的“专业人士”。

Rosch 等人认为“taxonomy（分类系统）”就是表现为层级形式的互相关联的范畴系统。[③] 自然语言将现实世界归纳为三个语义层次，即上位层次、基本层次、下位层次。从最高层次到最低层次，其语义范畴的外延包涵性呈递进式减小。如图 2 所示：

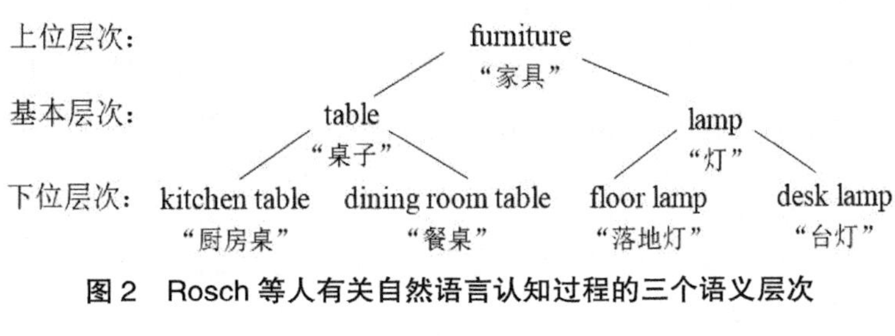

图 2　Rosch 等人有关自然语言认知过程的三个语义层次

① Labov, W. The boundaries of words and their meanings. In C.-J. N. Bailey, & R. W. Shuy (eds.). New Ways of Analyzing Variation in English, p.342. Washington: Georgetown University Press, 1973.

② Lakoff, G. Classifiers as a reflection of mind. In C. Craig (ed.). Noun Classes and Categorization, pp.46–47. Amsterdam & Philadelphia: John Benjamins Publishing Company, 1986.

③ Rosch, E. et al. Basic objects in natural categories. Cognitive Psychology, 1976, 8(3): pp.383−388.

在自然语言三个认知层次中，上位层次范畴所表示的语义是其他两个层次范畴的语义公约数。如 ko^{1}fai^{4}ma:k^{7}ka:m^{1}（CT: 植物－树－果－柑）“柑子树”中的 ko^{1}（CT: 植物）是整个结构最高层次的范畴化成分，它将一系列诸如 ko^{1}ma:k^{7}ka:m^{1}（CT: 植物－果－柑）“柑子树”、ko^{1}ma:k^{7}（CT: 植物－果）“果树”、ko^{1}fai^{6}（CT: 植物－树）“树”的下位层次的范畴都标记为“植物”，所以这几个成分的语义中心都是 ko^{1}（CT: 植物）。如图 3 所示：

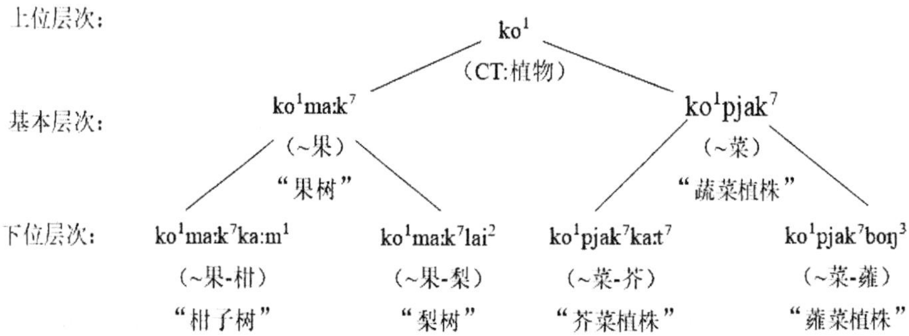

图 3　与 Rosch 等人的三个语义层次相当的壮语类别词结构

Bauer 认为一个名词短语实际上是其中心语的下位义项。① 比如英语名词短语 extremely heavy books“异常沉重的书籍”是 books“书籍”的一种类型，即整个短语是 books“书籍”的一个次范畴，亦即其下位义项，按从高到低的抽象程度分别是 books“书籍”、heavy books“沉重的书籍”、extremely heavy books“异常沉重的书籍”。此情形分别相当于 Rosch 等人（1976）的上、中、下三个层次的语义关系，② 概括的外延自右向左逐层缩小。

袁家骅将壮语“量＋名”结构视作“共名＋专名”组合体，③ 以及韦庆稳、张元生等对壮语量词结构所作的“大类名＋小类名”“通名＋专名”的语义层次

① Bauer, L. Head and modifier. In K. Brown, & J. Miller (eds.), Concise Encyclopedia of Grammatical Categories, pp.184－185. Oxford: Elsevier Science Ltd., 1999.

② Rosch, E. et al. Basic objects in natural categories. Cognitive Psychology, 1976, 8(3): 382－439.

③ 袁家骅：《汉壮语的体词向心结构》，载《民族语文》，1979（2）。

分类，① 与 Rosch 等人和 Bauer 的分类方式 ② 具有异曲同工之处，不同的只是壮语相应结构中其语义的概括外延从左向右逐层缩小。如果按照 Bloomfield 和 Dixon 中心语决定整个短语的语法和语义特性的标准，③ 壮语类别词则属于上位层次，相当于基本层次和下位层次的中心语，比如在短语 pou^{4}ɕuːŋ^{6}la^{3}baːn^3（CL: 人类 – 壮族 – 乡下）“乡下壮族人”中，pou^4（CL: 人类）属于上位层次，pou^{4}ɕuːŋ^6“壮族人”是基本层次，而 pou^{4}ɕuːŋ^{6}la^{3}baːn^3“乡下壮族人”是下位层次。即壮语类别词 pou^4 代表了整个体词结构的最高语义层次，是整个名词性结构的语义中心。如果外延大的概念包含着外延较小的概念，则大小概念间的关系是主从关系，外延大的概念是主概念，外延小的概念是从概念。二者是属种关系，是属概念包含了种概念。tu^{2}tam^{3}rok^7（CL: 动物 – 纺织）“纺织娘”表示的是 tu^2（CL: 动物）的一个次范畴而非一种纺织行为；pou^{4}pjom^1（CL: 人类 – 瘦）“瘦人”表示的是 pou^4（CL: 人类）的一个次范畴，而非消瘦的特征。再如：

⑦ pou^4　　kaːi^{1}hau^{4}han^{4}ɕei^{4}kvei^{3}ma^3.
CL: 人类 卖　米　那　最 狡猾
那个卖米的人最狡猾。

⑧ ko^1　　ɕei^{5}huŋ^{1}han^{4}duk^7 lo.
CL: 植物 最　大　那　腐朽 了
最大的那棵植物腐朽了。

例⑦中 pou^{4}kaːi^{1}hau^{4}han^4（CL: 人类 – 卖 – 米 – 那）“那个卖米人”之所以是一个体词结构，是由 pou^4（CL: 人类）的体词性所决定的。同时也正是因其“人”的语义，这个体词结构在句子中选择了动物性的谓语形容词 kvei^{3}ma^3“狡猾”，该谓语形容词在语义上呼应的是 pou^4（CL: 人类）的动物性。而例⑧中的 ko^1（CL: 植物）是其所在体词结构的语义中心，表达的是非动物性事物，其选择的谓语

① 韦庆稳：《壮语语法研究》，171 页，南宁，广西民族出版社，1985；张元生：《武鸣壮语名量词新探》，载《中央民族学院学报》，1993（4）。

② Rosch, E. et al. Basic objects in natural categories. Cognitive Psychology, 1976, 8(3): 382–439；Bauer, L. Head and modifier. In K. Brown, & J. Miller (eds.), Concise Encyclopedia of Grammatical Categories, pp.184-186. Oxford: Elsevier Science Ltd., 1999.

③ Bloomfield, L. Language, P.194. London: George Allen & Unwin Ltd., 1973；Dixon, R. M. W. Basic Linguistic Theory (Volume I): Methodology, p.229. Oxford & New York: Oxford University Press, 2010.

duk^{7}“腐朽”表示的是木头的腐朽，与ko^{1}（CL: 植物）的植物性相呼应。这两个短语所受到的“语义选择限制”[①]是由其中的类别词决定的，所以这些体词结构的语义中心是类别词。

简言之，壮语类别词的语义特点代表了整个体词结构的语义特点，是相关语义结构的上位层次，处于整个结构的语义中心，而整个体词结构的语义则处于相关类别词语义的下位层次。也就是说，相关体词结构所表示的事物是类别词所表示事物中的一个次范畴；在语义结构方面，它也反映了右分枝特征。

六、类别词结构与数词共现的准允度

覃晓航认为在一些体词结构中，量词与后面的成分已经紧密结合在一起，数词不可在其前面出现。[②]如果在前面加上数词，相关语言结构的性质就会被改变，语义也会改变，得到的不是词而是句子，因此在这里它们不是“量词”，而是已经虚化为名词的“词头”，如例⑨⑩中的pou^{4}和tu^{2}。

⑨ pou^{4}　　ho^{3}（加数词）→ sa:m^{1}pou^{4}　　ho^{3}
　CT: 人类 穷　　　　　　　三　CL: 人类 穷
　穷人　　　　　　　　　　三个人穷（* 三个穷人）

⑩ tu^{2}　　bin^{1}（加数词）→ sa:m^{1}tu^{2}　　bin^{1}
　CT: 动物 飞　　　　　　　三　CL: 动物 飞
　飞行的动物　　　　　　　三只动物飞（* 三只飞行的动物）

其实，相关体词结构前面能否出现数词并非类别词变为词头的充分条件，而是与该结构与数词共现的准允度有关，这取决于结构内部结合的紧密度。具体来说，就是与类别词共现的成分是否具有谓词性成分，如动词或形容词等。如果没有此类成分，与数词共现的准允度高；若有此类成分，其准允度则低。带有体词修饰成分的类别词结构的内部结合力高，接近于复合词；而带有谓词性成分的结构内部结合力较小，更像短语。复合词和短语这两端中间存在一个连续统。

壮语体词结构中的类别词在语义上起到了名词次范畴化的作用。袁家骅将其

① 朱德熙：《关于向心结构的定义》，载《中国语文》，1984（6）。
② 覃晓航：《关于壮语量词的词头化》，载《民族语文》，2005（3）。

称为“指类标志”，亦即“聚类语素”。①类别词的名词次范畴化过程可发生在词法层面和句法层面。为厘清这类关系，现举同语族的泰语为例，词法维度的范畴化编码出现在左边，如 mɛ̂ɛ “母亲”经常扩展为指称“雌性动物 / 母体 / 部件总成”等范畴，如 mɛ̂ɛ kày（CT: 雌性动物 – 鸡）“母鸡”、mɛ̂ɛ kun jɛɛ（CT: 母体 – 锁 / 钥匙）“锁头”、mɛ̂ɛ rɛɛŋ（CT: 部件总成 – 力量）“千斤顶 / 吊机”等。但是，如果要表达“三只母鸡”“三个锁头”“三个千斤顶”等，mɛ̂ɛ 的前面不可加上数词，在句法维度上它不能与数词共现，而是需要通过语法自由度较高的名词次范畴化标记 tua、lûuk、an 等将其进一步范畴化，即 mɛ̂ɛ kày sǎam tua（CT: 雌性动物 – 鸡 – 三 – CL: 动物）“三只母鸡”、mɛ̂ɛ kun jɛɛ sǎam lûuk（CT: 母体 – 锁 / 钥匙 – 三 – CL：小而圆的物体）“三个锁头”、mɛ̂ɛ rɛɛŋ sǎam an（CT: 部件总成 – 力量 – 三 – CL: 小型立体物）“三个千斤顶”。可见类别词 mɛ̂ɛ 只能出现在词法维度，而不用作句法维度的范畴化标记。但是，泰语也有一些语言成分既可用作词法维度的范畴化标记，也可与数词、指示词共现，出现在句法维度。比如 khon “人”可以作为中心语被其他成分修饰而构成新词，如 khon thay（CT: 人类 – 泰）“泰国人”、khon mʉaŋ（CT: 人类 – 城市）“城市人”等。khon 将这些词进行词法维度的名词次范畴化编码，将它们标记为“某个次范畴的人类”。此外，khon 也可用作句法维度的范畴化标记，如 khon thay sǎam khon（CT: 人类 – 泰 – 三 – CL: 人类）“三个泰国人”。khon 在词法和句法两个维度对体词结构进行名词次范畴化编码。可见，泰语词法维度的范畴化成分和句法维度的范畴化成分分别出现在左右两边。这些成分有的同形，有的不同形，对与数词共现的准允度也不一样。

壮语对体词结构进行范畴化编码则采取与上述不完全相同的策略：词法维度的范畴化编码位于左边，如 $\text{ɣɔk}^8\text{pit}^7$（CT: 鸟 – 鸭）“野鸭”、$\text{ɣɔk}^8\text{lai}^3$（CT: 鸟 – 麻雀）“麻雀”等，这类合成词经常出现在词典中的词条里；而句法维度的范畴化也位于左边，并将数词置于体词结构的最左边（出现于右边的 deu^1 “一”是个例外，因为它实际上是一个表示“单独、唯一”义的形容词，其出现的位置正好符合壮语体词结构的右分枝特征）。如图 4 所示，句法范畴化语素 tu^2（CL: 动物）出现在词法范畴化语素 ɣɔk^8（CT: 鸟）的左边。

① 袁家骅：《汉壮语的体词向心结构》，载《民族语文》，1979（2）。

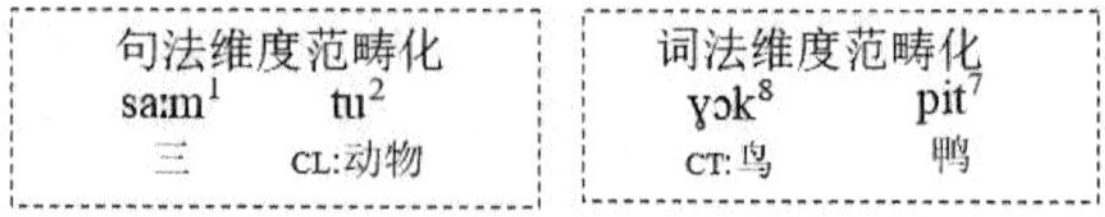

“三只野鸭”

图 4　壮语句法维度范畴化语素左置于词法维度范畴化语素

和泰语 khon 的情况类似，壮语也存在词法维度范畴化编码和句法维度范畴化编码同属一个语义范畴而共用一个范畴成分的现象。这就会出现两个类别成分重叠的情况，但实际上壮语体词结构内部很少出现类别词重叠。因为壮语会采用二者合体的策略，从而形成词法和句法功能“合二为一”的情形，在表层只出现一个范畴化成分。图 5 显示了壮语词法维度的范畴化成分 tu^2（CT: 动物）与句法维度的范畴化成分 tu^2（CL: 动物）发生重叠而形成类别成分合体的情形。

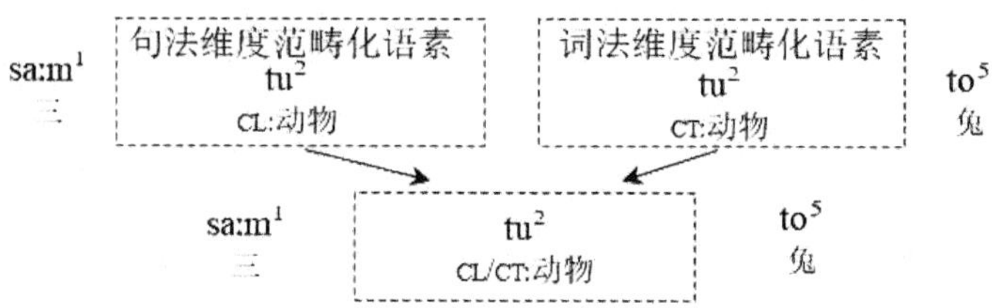

“三只兔子”

图 5　壮语词法维度与句法维度合二为一的范畴化类别成分

然而，并非所有类似情况都可采取词法关系和句法关系的语素合二为一的策略。正如覃晓航所说，pou^{4}ho^3“穷人”和 tu^{2}bin^1“飞行的动物”中的名词次范畴化语素前面不能直接加上数词，因为加上数词后，语义会发生改变，原来的体词结构将不复存在。① 这并非由于 pou^4 和 tu^2 已经语法化为词头，而是因为两个结构都包含了谓词性成分，即形容词 ho^3“苦”和动词 bin^1“飞”。这种结构与 tu^{2}to^5（CT: 动物 – 兔）“兔子”等结构相比，其短语性质更强，结构更为松散，加上数词会使相关结构发生句法重新分析，这使得它们与数词共现的准允度受限。在例⑨⑩未加数词的体词结构 pou^{4}ho^3（CT: 人类 – 穷）“穷人”、tu^{2}bin^1（CT: 动物 – 飞）“飞行的动物”中，pou^4（CT: 人类）和 tu^2（CT: 动物）是词法维度的范畴化语素，它们与形容词和动词共现而构成新词，但是由于 ho^3“苦”和 bin^1“飞”属于谓词性较强的成分，其结构内部的自由度较大，如果在左边

① 覃晓航:《关于壮语量词的词头化》，载《民族语文》，2005（3）。

加上数词，词法层面的范畴化语素 pou^4 和 tu^2 便会朝左分析，与左边的数词 saːm^1“三”形成紧密的修饰性关系，而它们朝右边的词法维度范畴化特征减弱，从而使得 ho^3“苦”和 bin^1“飞”本来内在所具有的谓词特征相应地得到彰显，变成句子的谓语，便发生了 Langacker 所说的句法结构重新分析后的边界转移，①句法边界从类别成分 pou^4 和 tu^2 的左边转移到了右边，如图 6 所示。

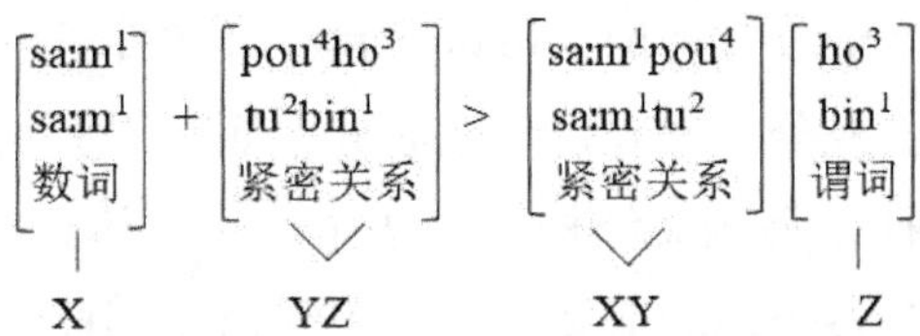

图 6　类别成分左边加入数词后发生的句法重新分析

其结果是这两个分别表示“穷人”和“飞行的动物”的结构加上数词后变成了主谓齐全的句子，分别表示“三个人苦”“三只动物飞”。所以，“类别成分＋谓词”型体词结构前面加了数词后，相关结构很容易产生句法重新分析，使结构产生变化，这并非由于类别成分 pou^4 和 tu^2 具有词头性而其左边不能直接添加数词所致。图 5 中的结构虽然也与数词结合但是却不会产生类似的句法重新分析，这是因为其中的 to^5“兔”是体词而非谓词。

总之，过往研究所说的壮语“量词＋X”体词结构实际上可以包含两个次类别，一种是“量词＋体词”，另一种是“量词＋谓词”。后者对与数词共现的准允度要低于前者，所以不允许左边出现数词。可见，数词不能加在左边并非由于量词已经变成词头，而是数词出现在某些“量词＋X”体词结构的左边通常会使这些结构发生句法重新分析，使内部结构的关系从词法层面跃升到句法层面，其中的谓词便变成谓语，从而改变原结构的性质。简言之，数词能否出现在类别成分前面取决于相关类别词结构与数词共现的准允度，而非类别成分的虚化现象。

七、结语

本文从壮语体词结构右分枝及其与数词共现准允度等视角分析壮语类别成分

① Langacker, R. Syntactic reanalysis. In C. N. Li (ed.), Mechanisms of Syntactic Change, p.65. Austin: University of Texas Press, 1977.

的特点，观察到位于体词结构最左边的类别词并未发生词头化。有关“词头化”的研究忽视了壮语类别词体词结构的右分枝特点，未能充分认识到该结构“左主右从”的特点。传统语言学中的词头与其右边语言成分的关系是黏附词素与词干的关系，词头是词干前面的附加成分，相关形式显示的是左分枝的特征。然而，壮语类别成分与其右边语言成分的关系属于复合词或短语内部的关系，其中的类别词都受到右边语言成分的修饰，显示的是左正右偏的句法格局，呈现出右分枝的句法特征。右边的修饰成分理论上可以是具有开放性长度的短语或从句。词头是附属在词干上的次要成分，并非强制性成分，而壮语类别成分的句法特征代表了整个结构的句法特征，是相关结构的句法中心，是体词结构中的强制性成分。传统语言学的词头不是整个词的语义中心，而壮语类别成分却是整个体词结构的语义中心，整个类别词短语所选择的谓语与其中的类别成分之间存在语义的呼应关系。类别词结构前面可否加上数词并不是检验类别成分已经词头化的标准，而是取决于此类结构与数词共现的准允度，而这种准允度又取决于类别词结构内修饰成分谓词性的强弱，若谓词性较强，则产生句法结构的重新分析，导致相关结构的句法边界右移，使名词短语变成句子。因此，壮语的类别词并没有词头化，更不具有词头性。

参考文献

[1] 葛本仪 . 汉语词汇研究 . 北京：外语教学与研究出版社，2006.

[2] 蓝利国 . 壮语量词研究的历史回顾及类型学取向 . 广西民族研究，2013（1）.

[3] 刘丹青 . 语言库藏类型学构想 . 当代语言学，2011（4）.

[4] 陆天桥 . 试论侗台语族是类别词突出的语言 . 语言科学，2019（5）.

[5] 吕叔湘 . 汉语语法分析问题 . 北京：商务印书馆，1979.

[6] 吕叔湘 . 汉语语法论文集（增订本）. 北京：商务印书馆，1999.

[7] 覃凤余 . 壮语分类词的类型学性质 . 中国语文，2015（6）.

[8] 覃国生 . 壮语概论 . 南宁：广西民族出版社，1998.

[9] 覃晓航 . 关于壮语量词的词头化 . 民族语文，2005（3）.

[10] 王今铮，王钢，孙延璋，等 . 简明语言学词典 . 呼和浩特：内蒙古人民出版社，1985.

[11] 韦景云，何霜，罗永现 . 燕齐壮语参考语法 . 北京：中国社会科学出版

社，2011.

［12］韦庆稳．壮语语法研究．南宁：广西民族出版社，1985.

［13］韦庆稳，覃国生．壮语简志．北京：民族出版社，1980.

［14］袁家骅．汉壮语的体词向心结构．民族语文，1979（2）.

［15］张均如，梁敏，欧阳觉亚，等．壮语方言研究．成都：四川民族出版社，1999.

［16］张元生．武鸣壮语的名量词．民族语文，1979（3）.

［17］张元生．武鸣壮语名量词新探．中央民族学院学报，1993（4）.

［18］朱德熙．语法讲义．北京：商务印书馆，1982.

［19］朱德熙．关于向心结构的定义．中国语文，1984（6）.

［20］朱德熙．朱德熙文集（第一卷）．北京：商务印书馆，1999.

［21］Aikhenvald, A. Y. Classifiers: A Typology of Noun Categorization Devices. New York: Oxford University Press, 2000.

［22］Bauer, L. Head and modifier. In K. Brown, & J. Miller (eds.), Concise Encyclopedia of Grammatical Categories, pp.184-186. Oxford: Elsevier Science Ltd., 1999.

［23］Bisang, W. Classifiers, quantifiers and class nouns in Hmong. Studies in Language, 1993, 17(1): 1-17.

［24］Bloomfield, L. Language. London: George Allen & Unwin Ltd., 1973.

［25］Bussmann, H. Routledge Dictionary of Language and Linguistics. London & New York: Routledge, 1996.

［26］DeLancey, S. Toward a history of Tai classifier systems. In C. Craig (ed.), Noun Classes and Categorization, pp.437-452. Amsterdam & Philadelphia: John Benjamins Publishing Company, 1986.

［27］Dixon, R. M. W. Basic Linguistic Theory (Volume I): Methodology. Oxford & New York: Oxford University Press, 2010.

［28］Enfield, N. J. A Grammar of Lao. Berlin: Mouton de Gruyter, 2007.

［29］Heminway, A. Complete French Grammar. New York: McGraw-Hill, 2008.

［30］Iwasaki, S. & P. Ingkaphirom. A Reference Grammar of Thai. Cambridge: Cambridge University Press, 2005.

［31］Labov, W. The boundaries of words and their meanings. In C.-J. N. Bailey,

& R. W. Shuy (eds.), New Ways of Analyzing Variation in English, pp.340-373. Washington: Georgetown University Press, 1973.

[32] Lakoff, G. Classifiers as a reflection of mind. In C. Craig (ed.), Noun Classes and Categorization, pp.13-51. Amsterdam & Philadelphia: John Benjamins Publishing Company, 1986.

[33] Langacker, R. Syntactic reanalysis. In C. N. Li (ed.), Mechanisms of Syntactic Change, pp.57-139. Austin: University of Texas Press, 1977.

[34] Lu, T. Q. A Grammar of Maonan. Florida: Universal Publisher, 2008.

[35] Malmkjaer, K. The Linguistics Encyclopedia (Second Edition). London & New York: Routledge, 2002.

[36] Matthews, P. H. The Concise Oxford Dictionary of Linguistics. Oxford & New York: Oxford University Press, 1997.

[37] Richards, J. C. & R. Schmidt. Longman Dictionary of Language Teaching and Applied Linguistics. London: Pearson Education Limited, 2002.

[38] Rosch, E. et al. Basic objects in natural categories. Cognitive Psychology, 1976, 8(3): 382-439.

[39] Sapir, E. Language: An Introduction to the Study of Speech. New York: Harcourt, Brace and Company, 1921.

（作者单位：江苏师范大学语言科学与艺术学院）

分析性视角下古寨壮语前缀的类型特点及产生机制*

蓝盛

壮语合成词的构成有多种形式，其中有一部分就是带词头构成的，即前缀。涉足壮语前缀的研究，前人已有不少的成果，主要有《壮语概论》①、《壮语通论》②、《燕齐壮语参考语法》③、《下坳壮语参考语法》④、《试论壮语动词的形态》⑤，等等。这些研究主要集中在对壮语词缀基本特征的描写研究上，对其类型特征及其产生的机制未做深刻剖析。古寨壮语属壮语北部方言红水河土语语言。本文以古寨壮语为例介绍前缀的词义特征和类型特点，并从分析性角度出发探讨分析其产生的机制。

一、古寨壮语前缀的词义特征

古寨壮语前缀后面可以加名词、动词、形容词、代词、数词等，但从前缀词义本身出发，我们可以将其分为两类，一类是无实义，即没有词汇意义，只有语法意义；另一类是有实义，即既有词汇意义，又有语法意义。

* 原载《汉藏语学报》，2013（13）。

① 覃国生：《壮语概论》，南宁，广西民族出版社，1998。

② 韦景云、覃晓航：《壮语通论》，北京，中央民族大学出版社，2006。

③ 韦景云、何霜、罗永现：《燕齐壮语参考语法》，北京，中国社会科学出版社，2011。

④ 韦茂繁：《下坳壮语参考语法》，南宁，广西人民出版社，2014。

⑤ 韦景云：《试论壮语动词的形态》，载《民族教育研究》，1999（51）。

（一）无实义前缀

这类词主要以单音节的形式依附在词根语素的前面，构成双音节或多音节词的合成词。前缀与词根语素组成合成词，在词中表达一定的语法意义，不同的前缀表达的语法意义不尽相同。这类前缀如果从词根语素分离出来，往往没有实义，同时也失去了其与词根语素合成时所表现出来的语法意义。这类词具有一定的数量，如：

ta^{21}—：表示某一特定的人称或辈分。

ta^{21}paɯ^{42} 媳妇　　ta^{21}çe^{24} 姐姐

ta^{21}ŋu^{31} 五妹　　ta^{21}wa^{33} 名为“花”的女性

tɕaːŋ^{55}—：表示某一时间点。

tɕaːŋ^{55}hat^{55} 早晨　　tɕaːŋ^{55}ŋon^{21} 正午

tɕaːŋ^{55}ham^{42} 傍晚　　tɕaːŋ^{55}hɯn^{21} 夜晚

faːn^{42}—：表示某一时间点。

faːn^{42}raɯ^{21} 何时　　faːn^{42}toːn^{33} 饭点

faːn^{42}θou^{42} 早饭点　　faːn^{42}riŋ^{21} 午饭点

toŋ^{21}—：表示某一时间点。

toŋ^{21}hat^{55} 早晨　　toŋ^{21}ŋon^{21} 白天

toŋ^{21}ham^{42} 晚上

çu^{55}—：表示时间的先后顺序。

çu^{55}it^{55} 初一　　çu^{55}ŋei^{42} 初二

çu^{55}ŋu^{31} 初五　　çu^{55}çip^{31} 初十

taːi^{21}—：表示人或事物的前后顺序。

taːi^{21}it^{55} 第一　　taːi^{21}ŋei^{42} 第二

taːi^{21}ha^{24} 第五　　taːi^{21}çip^{31} 第十

ta^{24}—：表示从事某一工作或活动。

ta^{24}ɕoŋ^{42} 帮忙	ta^{24}kaːi^{55} 卖
ta^{24}ɕəɯ^{31} 买	ta^{24}kaːn^{33} 照料

to^{21}—：表示人或事物间的相互作用，动作或发展趋势。

to^{21}ta^{24} 打架	to^{21}ɕeŋ^{55} 吵架
to^{21}tam^{24} 撞击	to^{21}hən^{24} 往上

ka^{21}—：名物化标记，表示事物的类别特征。

ka^{21}kən^{55} 吃的	ka^{21}tan^{24} 穿的
ka^{21}hoŋ^{21} 红的	ka^{21}raɯ^{21} 哪里

这些前缀 ɕu^{55}、ta^{21}、ta^{24}、to^{21}、ka^{21}、taːi^{21}、tɕaːŋ^{55}、faːn^{42}、taːi^{21}、tɕaːŋ^{55}、faːn^{42}、toŋ^{21} 单独成词时往往没有实在的意义，只有与词根语素构成双音节或多音节合成词时，才能表达出这种语法意义特征，而且这些语法意义特征是多样的，与前缀存在着密切联系。

虽然说这些前缀单独分离出来难以发现其表达的意义，但是如果我们联系词根语素，进一步对比分析，却可以发现词义演变的一些蛛丝马迹。如例词中的 ta^{21}，没有实义，但与之相对应的 ta^{42} 却有词义，表示姑娘，泛指年轻女性。如 ta^{42}paɯ^{42}（媳妇）、ta^{42}nuːŋ^{42}（妹妹）、ta^{42}ɕe^{24}（姐姐）、ta^{42}piu^{24}（表姊妹），此时词根前缀既可以用 ta^{42}，也可以用 ta^{21}，ta^{42} 和 ta^{21} 通用，无意义差别。但在表示专指的时候多用 ta^{21}，如 ta^{21}wa^{33} 名为"花"的女性，基本不用 ta^{42}。此外，在表示 pa^{21}pu^{21}（奶奶）、pa^{21}tai^{33}（外婆）、pa^{21}me^{42}（母亲）时，前缀不能用 ta^{42} 和 ta^{21}，只能用 pa^{21}。ta^{42} 和 pa^{21} 的主要区别在于：ta^{42} 多指年轻的、未结婚的姑娘；pa^{21} 多指中老年妇女，一般都已经结婚生子的。可见，ta^{42}/ta^{21} 和 pa^{21} 在使用上有明显的界限范围，而 ta^{42} 和 ta^{21} 界限比较模糊。分析可知，古寨壮语前缀 ta^{21} 应该来源于 ta^{42}（表年轻女性），由声调屈折变化而来。又如在武鸣燕齐壮语中，同样存在类似的用法。表示女性标记时用 ta^{33}，如 ta^{33}ɕe^{55}（姐姐）、ta^{33}ŋu^{31} 五妹。表示无实义前缀时用 ta^{31}，且 ta^{31} 的使用范围比古寨壮语的 ta^{21} 更为宽广，既可表示女性，又可以表示男性，如 ta^{31}me^{33}（母亲）、ta^{31}pø^{33}（父亲）、ta^{31}pa^{55}（伯母）、ta^{31}luŋ^{42}（伯父）。不同的是古寨壮语无实义前缀 ta^{21} 专用于表年轻女性，而武鸣燕齐壮语无实义前缀 ta^{31} 常用于对年长者或长辈的敬称，词义虚化程度较高。

ka^{21} 为前缀，通常与词根语素结合，是一种名物化标记词。ka^{21} 与后面的词根语素分开后，单独成音节时没有实义，但从地名的角度可以推知 ka^{21} 有一定的实义。如古寨壮语地名 ka^{21}θaːn^{24}（加产）、ka^{21}θu^{33}（加苏）等，前缀 ka^{21} 为通名，多为地点方位词，表示“这里；地方”意。因此前缀 ka^{21} 可能是由名词虚化而来，用于表示名词标记。

tɕaːŋ^{55}—表示某一时间点。如 tɕaːŋ^{55}hat^{55}（早上）、tɕaːŋ^{55}ham^{42}（傍晚）、tɕaːŋ^{55}hɯn^{21}（夜晚）等时间名词中，前缀 tɕaːŋ^{55} 没有实义，类似 toŋ^{21} 表示时间点。但跟词根语素分离后产生实义，表示“中间”的意思，如 tɕaːŋ^{55}ta^{42}（河中间）、tɕaːŋ^{55}ruŋ^{42}（山弄间）。tɕaːŋ^{55} 发展成为表时间名词的前缀，可能源于 tɕaːŋ^{55}ŋon^{21} 一词。tɕaːŋ^{55}ŋon^{21} 表示“正午”，可以理解为一天的中间点，前缀 tɕaːŋ^{55} 表示“中间”，词根 ŋon^{21} 表示“天 / 日”。后来 tɕaːŋ^{55} 通过类化作用，可以跟 hat^{55}（早晨）、ham^{42}（傍晚）、hɯn^{21}（夜晚）等结合，泛指某一时间点。

此外，壮语中有一些前缀借自汉语。如 ɕu^{55}it^{55}（初一）、ɕu^{55}ŋei^{42}（初二）、taːi^{21}it^{55}（第一）、taːi^{21}ŋei^{42}（第二）等表示一般序数的词中，前缀 ɕu^{55} 和 taːi^{21} 分别借自汉语的“初”和“第”。ta^{24}ɕɯːŋ^{33}（打仗）、ta^{24}paːi^{21}（打牌）等词中的 ta^{24} 也借自汉语的“打”，后来 ta^{24} 的词义出现虚化，与动词词根语素结合，组成多音节词，表示从事某一活动，如 ta^{24}ɕoŋ^{42}（帮忙）、ta^{24}kaːi^{55}（卖东西）、ta^{24}to^{33}（做木工活）、ta^{24}θaːn^{55}（做编制）等，ta^{24} 发展成为前缀。

（二）有实义前缀

这类前缀单独成音节词时词义较为显著，可以直接看出其表达的词汇意义，而与词根语素组合成双音节或多音节合成词时，词义往往出现不同程度的虚化，其功能作用更多地体现在语法意义上。这一类前缀中量词尤为突出，如下：

tu^{21}—：表示量词“只”。

tu^{21}mou^{55} 猪　　tu^{21}waːi^{21} 牛

tu^{21}kuŋ^{33} 虾　　tu^{21}pja^{55} 鱼

tak^{31}—：表示雄性，可用于量词“头；只；个”。

tak^{31}ɕɯ^{21} 牛　　tak^{31}wei^{31} 小伟

tak^{31}pei^{31} 兄长　　tak^{31}ŋei^{42} 老二

nan^{55}—：表示量词“个”。

nan^{55}kwa^{55} 瓜　　nan^{55}ra:n^{21} 房子

nan^{55}lok^{55} 轮子　　nan^{55}θau^{33} 灶头

lək^{31}—：表示“孩子”，可充当量词“个”。

lək^{31}ma:k^{33} 水果　　lək^{31}puk^{31} 柚子

lək^{31}ma:n^{42} 辣椒　　lək^{31}fəŋ^{21} 手指

ko^{55}—：表示量词“棵”。

ko^{55}fai^{31} 树　　ko^{55}ren^{42} 苦楝树

ko^{55}ɕun^{55} 椿树　　ko^{55}ɕuk^{55} 竹子

量词之所以能发展成为前缀，跟它后面所连接的词根语素有一定关系，即跟词根语素的类型有关。双音节或多音节词在语义表达上往往比单音节更加准确、清晰。壮语在实现多音节化时只能通过添加音节或吸收同化前后音节的方式来实现，而壮语的量词位于名词的前面，因此最容易被同化。名词通过同化和吸收量词来加强自身的名词性，增强表义功能。量词与名词的结合有的时候已经达到难以分离的地步，如“辣椒”，在壮语中是单音节词 ma:n^{42}，而壮语中 ma:n^{42} 有两层意思，除了表示名词性外，还表示形容词性的“辣”。为了区别两者，单音节 ma:n^{42} 通过吸收具有计量功能的词语 lək^{31}，实现双音节化 lək^{31}ma:n^{42}，表示名词性的“辣椒”。现在的 lək^{31} 和 ma:n^{42} 结合得相当紧密，甚至 lək^{31} 已经失去了量词的功能，改用新的计量词 nan^{55}（个），如：

məŋ^{21}pai^{55}ɓat^{55}θo:ŋ^{24}nan^{55}lək^{31}ma:n^{42}tau^{55}.

你　去　摘　两　个　辣椒　来

你去摘两个辣椒来。

例句中，nan^{55} 和 lək^{31} 原本都做量词“个”，但 lək^{31} 已经被 maːn^{42} 吸收同化，失去量词功能，甚至在表达和描述 maːn^{42} 的数量时，已经不能再用个体量词 lək^{31}，而改用了 nan^{55}。类似的，壮语中表达水果类的名词，前面大多带有前缀 lək^{31}，如 lək^{31}puk^{31}（柚子）、lək^{31}lei^{21}（梨子）、lək^{31}kaːm^{55}（柑橘）等，在计量时，多用 nan^{55}，而不能用 lək^{31}。更甚者，不用 lək^{31} 就无法表义，如 lək^{31}tɕau^{33}（梧桐果），如果不用 lək^{31}，单说 tɕau^{33}，无意义。同样的，表示“梧桐树”时，也不能单说 tɕau^{33}，而必须冠以前缀 ko^{55}（棵），构成双音节词 ko^{55}tɕau^{33}（梧桐树），才能正确表义。我们认为 tɕau^{33} 一开始是可以单独表义的，表“梧桐树”“梧桐果”等，后面为了区分词性，准确表义，才向双音节方向发展，因为在壮语地名中还有 luːk^{42}tɕau^{33} 的说法，意思是长满梧桐的山谷，luːk^{42} 意为“山谷”，tɕau^{33} 意为“梧桐”。

此外还有表示动作行为的实词语素：

ku^{21}—：表示动词“做”。

ku^{21}θak^{31} 洗东西　　ku^{21}ȵip^{31} 裁缝

ku^{21}rei^{42} 种地

tok^{55}—：表示动词“掉落”。

tok^{55}liŋ^{33} 偏斜　　tok^{55}tam^{33} 偏低

tok^{55}θaːŋ^{55} 偏高　　tok^{55}liŋ^{55} 孤零零

壮语中存在语法化的现象，特别是动词，可以通过词义的演变、虚化，成为表达语法意义的重要形式。如 tok^{55} 在古寨壮语中的本义是“掉，落”：

ɓaɯ^{55}fai^{31}tok^{55}roŋ^{21}tau^{24}.
叶子 树 掉 下 来
树叶掉下来。

tok^{55} 的本义是动词性“掉，落”，可以引申为“丢失，丧失”“嫁”等，如 tok^{55}ɕaːi^{21}（丢失财富）、tok^{55}miŋ^{42}（丧命）、te^{55}tau^{24}tok^{55}ɕoːŋ^{42}nai^{31}（她嫁来这里）。tok^{55} 还可以做副词用，表示“又”，如 ŋon^{21}tok^{55}ŋon^{21}（一日又一日）。而

tok^{55} 作为前缀时，我们可以把它当做程度副词来看待，表示“稍微，些许”。如 tok^{55}liŋ^{33}（稍微倾斜）、tok^{55}tam^{33}（稍微偏低）、tok^{55}liŋ^{55}（稍微孤零）等，表达的是一种空间上的相对性。前缀 tok^{55} 虽然已经失去了动词性，成为了表达语法意义的手段，但是我们还能隐约感觉到造成这种位置高低有别、分布疏密有间的原因是 tok^{55} 的本义“掉，落”使然。因此，tok^{55} 成为前缀是由动词虚化而来。

再如 ku^{21}，表示动词“做”，用作前缀表示某一动作行为，ku^{21}θak^{31}、ku^{21} 表示“做”，θak^{31} 表示“洗”，两者结合表示洗衣服、被褥一类的动作行为。从形式上看，古寨壮语表示“做”意的还有一个音 ku^{42}，调类为第 6 调，其他壮语方言表示“做”的 ku^{6} 大多是第 6 调。由此可知，古寨壮语前缀 ku^{21}（第二调）是由 ku^{42}（第六调）变来的，属于屈折变调。罗聿言研究认为巴马壮语动词 kuːk^{10} 演变为前缀是意义不断泛化和形式变化双重作用的结果。因此，词义虚化、形式变化是壮语前缀产生的一个重要途径。

根据词类特点，以上这些前缀可以分为两类，一是量词类，如 tu^{21}、tak^{31}、nan^{55}、lək^{31}、ko^{55} 等，单独成词时可以充当人或物的量词，而作为前缀与词根结合时，其量词性弱化，但仍然可见，主要起到加强语义表达的作用，使词根语素的表义更加明晰化。另一类是动词类，如 ku^{21} 和 tok^{55}。这两个词具有很强的行为动作特性，与词根语素结合时，虽然这种动作性在一定程度上被削弱，但是还是能感受到其中的隐性动作特征。通过考察分析，我们发现古寨壮语前缀主要来源于量词、动词和名词等，其中来源于量词的占比较大，且能产性强，是壮语前缀的重要来源。

二、古寨前缀的类型特点

古寨壮语属于壮语方言中的一个语言点，具有一定的代表性，它在发展变化中所表现出的特点既有整个壮语的类型共性特点，又有自身的个性特点，融共性和个性于一体。这些共性和个性表现在语音、语义和语法等方面，通过对这些特点进行概括和总结，有助于揭示整个壮语前缀的类型特征。古寨壮语就前缀而言，其主要特点如下：

（一）别类作用

古寨壮语前缀具有一个重要特点，那就是别类作用。当前缀和词根语素结合成词时，词根语素往往被类别化。如前缀 to^{21} 后面往往接动词词根语素，表示互动范畴。如例词 to^{21}jaɯ^{24}（相互对视）、动词词根 jaɯ^{24}（看），表达的是一种单向的动作行为，但是带上前缀 to^{21} 后，表达的是一种双向的动作行为“互相对视”，类似的还有 to^{21}ta^{24}（互打）、to^{21}ɕoŋ^{42}（互帮）、to^{21}ku:n^{33}（互灌）。ta^{24}ɕaɯ^{24}（煮东西），其中 ɕaɯ^{24} 表示“煮”这一动作行为，当带上前缀 ta^{24} 以后，泛指充当“厨师”这一类角色，类似的还有 ta^{24}to^{33}（木匠活）、ta^{24}ɕam^{31}（洗澡）、ta^{24}ɕap^{55}（砌东西）。此外，量词充当前缀后加名词组成合成词，其别类作用更加突出，如前缀 tu^{21} 表示动物类，ko^{55} 表植物类，pou^{31} 表示人，tak^{31}、koŋ^{55}、ʔai^{55} 表男性，ta^{42}、me^{42}、ɕo^{42} 表女性，等等。别类作用是壮语前缀的一个重要特点，是实现词语精准表义的重要手段。

（二）词义虚化

词义虚化是壮语前缀的一大特点。我们认为壮语前缀的前身都是具有实在意义的实词语素，当其与词根语素结合后，词义出现了不同程度的虚化，词的功能更多表现在语法意义上。古寨壮语的前缀存在无实义和有实义两种就证明了这一点。无实义前缀是词义高度虚化的表现，我们要费一番周折才能找出其本义，如 ta^{21} 来源于 ta^{42}，本义姑娘，ka^{21} 本义为“地方”等，但有一些词我们已经很难找到其本义了，如 to^{21}、ta^{24}、fa:n^{42} 等。有实义前缀是词义虚化较低的表现，有的还没有虚化或处于正在虚化的阶段，所以我们对其来源和本义比较明了，较容易识别。如大多数量词虚化为名词前缀，其量词性特点很明显，tu^{21}mou^{55}（猪）前缀 tu^{21} 为量词“只”；动词虚化为前缀，其动作性特点还突显，如 ku^{21}θak^{31}（洗东西）、ku^{21}mo^{55}（做法事），虽然 ku^{21} 后接的词根语素 θak^{31}（洗）和 mo^{55}（喃诵）都是动词，但是 ku^{21} 的词义“做”还是很显著，词义的虚化还没彻底。

（三）名物化

古寨壮语大多前缀可跟动词或形容词组合，促使动词或形容词词根语素名物化。如 ka^{21}kɯn^{55}，ka^{21} 为前缀，kɯn^{55} 是动词“吃”，两者结合表示“吃的东西”；fa:k^{42}hoŋ^{21}，fa:k^{42} 是来源于量词“把”的前缀，hoŋ^{21} 是形容词“红”，两者结合表示工具名词“那把红色的”。名物化多发生来源于量词的前缀，其中原因值得探讨。壮语中的量词是一种重要的词类，其语法功能十分强大，从句法功能来看，壮语量词在句中可做主语、谓语、宾语、定语、状语和补语，且所充当的句法成分多具有指代性，指代的对象也多为名词。从词法上看，量词可以受多种词类的修饰，如名词、动词、形容词、代词等，且组成的合成词中，词性往往产生名词化。由此可见，量词与名词有着某种特殊的联系，这或许跟量词从名词发展而来的原因有关，使得量词带有名词性的特点，即便发展成为前缀，依然保留这种名词特点。

（四）变调

就形式上而言，古寨壮语部分前缀是由其他词通过变调产生的。如前文提到的 ta^{21} 和 ku^{21}，分别由 ta^{42} 和 ku^{42} 变来，都是由第 6 调变为第 2 调。再如 pei^{21}nu:ŋ^{31}（亲戚、朋友），其原本的组合方式是 pei^{31}（兄）+ nu:ŋ^{31}（弟），但组合后 pei^{31}（兄）出现了变调，调类由 6 调变成了 2 调的 pei^{21}，词义也虚化了。古寨壮语出现的这种变调现象是前缀为了试图与本义词区别开来而在形式上做出让步和调整的表现，主要是为了虚化前缀，突出合成词的语义特点。有意思的是这种让步调整有时候也未能区别于原来的词义，反而把本义带了出去，使本义偏离了原来的形式。如前缀 ku^{21} 原本是为了与本义 ku^{42}（做）区分开来而做出的变调调整，但这种调整并没有摆脱本义，反而把本义“做”带了进来，以致 ku^{21} 既充当前缀，又可以表示行为动词“做”，更甚者在表达行为动词“做”时，多用前缀形式 ku^{21} 而少用本义词 ku^{42}。这种变调现象主要出现在个别词语中，虽然不是很具有普遍性，但是对壮语前缀的产生具有一定的解释力。

（五）借用

随着壮语与汉语的接触，壮语受汉语的强势影响，出现了向汉语借用词汇来丰富自身表达的现象。壮语很多词汇都借自汉语，前缀也不例外。古寨壮语借汉语前缀可以分为两类，一类是从汉语借入的量词，如 ko^{55}（棵）、kan^{55}（斤）、kaːi^{33}（块）、tiu^{21}（条）、ɕik^{55}（尺）等，这些词的主要特点是能产性强，可以跟名词、动词、形容词、代词等词根语素结合，发展成为双音节或多音节合成词，是壮语前缀的重要组成部分。另外一类是表示时间先后和名次顺序的词，如 ɕu^{55}（初）和 taːi^{21}（第）。古寨壮语借用汉语前缀的时候，不是单个借用的，而是一整套借用，即前缀和词根一起。如 ɕu^{55}（初）是跟着 ɕu^{55}ʔit^{55}（初一）、ɕu^{55}ŋei^{42}（初二）等时间序数词借进来的，其中壮语 ɕu^{55} 来自汉语的“初”；taːi^{21}（第）是跟着 taːi^{21}ʔit^{55}（第一）、taːi^{21}ŋei^{42}（第二）等名次序数词借进来的，其中壮语 taːi^{21} 来自汉语的“第”。这类词的借用主要以双音节或多音节的形式借入，属于整词借用，其前缀在壮语中一般不单独使用，能产性也不强，很少跟壮语中的固有词组合成合成词。

以上这些特征中，别类作用、词义虚化、名物化、借用等在壮语中具有一定的普遍性，而变调现象则出现在个别语言点中，且目前考察到的词汇较少，有待开展跨方言土语的比较研究。壮语分南北两大方言，方言下又分若干个土语，其语言特点既有共性上的一致性，又存在个性上的差异。古寨壮语前缀具有壮语前缀普遍的类型特点，同时又有自己的个性化特征，体现了语言的共性和个性的统一，对深化壮语前缀的类型特点研究具有一定的参考价值。

三、古寨壮语前缀的产生机制

从类型上来看，世界上的语言可以分为分析性语言和非分析性语言两种。戴庆厦先生认为分析性语言的特征有别于非分析性语言，研究分析性语言必须要有分析性眼光，同时列举了分析性语言的 5 个主要特征：一是缺少形态；二是单音节词根所占比例大，双音节词多由两个单音节词根构成；三是语序比较固定，不能随意调换；四是虚词丰富，种类多；五是韵律丰富。以上这些特征完全符合壮语的语言特点，因此，壮语可以算是典型的分析性语言，且属于强分析性语言。

我们认为古寨壮语前缀的产生与壮语强分析性的特点有关。

人类语言语音的有限性和词义的无限性是一种对立统一的结构关系，两者总是处在一定的平衡中，从而保证人类语言的有效沟通交流。但是随着社会的不断发展变化，带来的信息量越来越多，需要用到的词义也越来越多，这在一定程度上打破了语音有限性与词义无限性的平衡，促使语言在发展过程中不断寻找新的平衡点，一种是创造新词，一种是扩大词的表达功能。此外，语言的经济原则要求人们在交流中注意提高交际的效率，做到精准表义、有效沟通。语言中的这些规律和原则可以解释壮语前缀的产生问题。壮语前缀依附于词根，词根语素通过添加前缀可以扩大词的表义功能，如词根 kən^{55}，表示“吃”（动词），通过添加前缀 ka^{21}，组成合成词 ka^{21}kən^{55}，表示“吃的东西”（名词），使得词义“吃”实现了从动词到名词的转变，扩大了词的表义功能。又如词根 nuːŋ^{31}，表示“弟弟、妹妹”，通过添加前缀 ta^{21}，构成合成词 ta^{21}nuːŋ^{31}，表示“妹妹”，从而与“弟弟”分别开来，使词根语素 nuːŋ^{31} 的表义更加准确明了。可见，扩大语义表达、精准表义是壮语前缀的一个重要功能，符合语言发展变化的规律。

壮语是分析型语言，以单音节为主，缺乏形态变化，词序和虚词是重要的语法手段。为了表达更多的词义概念和语法功能，壮语必须对自身的语言结构形式进行调整，而双音节或多音节化是重要的途径和手段选择。词汇的双音节或多音节化不仅能够使语法功能表达明晰化，同时还可以增强词义表达的准确性和有效性。在双音节或多音节化机制的作用下，壮语词根语素通过吸收同化个别的词语来实现表义。如古寨壮语 kuŋ^{33}，有“虾”“爷爷”“弯曲”三个义项，这就容易造成表义不明。但当我们在前面加上前缀时，表义就明晰化了，加表动物类的前缀 tu^{21}，组成合成词 tu^{21}kuŋ^{33}，表示的义项是“虾”；加上表示人的前缀 ʔai^{55}，组成合成词 ʔai^{55}kuŋ^{33}，表示的义项就是“爷爷”；加上表物体类的前缀 nan^{55}，组成合成词 nan^{55}kuŋ^{33}，表示的义项则为弓箭的“弓”。可见，壮语前缀具有很强的表义功能，是构成多音节或双音节表义的重要手段。至于量词为什么成为前缀的重要来源，这可能跟壮语量词的语法特征有关，具有计量、类别、替代、连接等语法功能，同时能受名词、动词、形容词、代词等修饰，且量词多处于这些修饰语的前面，两者结合越来越紧密，从而最容易被吸收和类化，发展成为前缀。

语言虽然是一个开放的结构系统，但是它有着自身的结构规律，即便是外来成分，也同样受到这种结构规律的制约。壮语与汉语接触密切，且汉语对壮语的影响深厚而持久，有一些前缀就是借自汉语，如古寨壮语中的 ço^{55}（初）、ta:i^{21}（第），作为前缀单独使用时没有实义，且能产性很弱，必须跟基数词连用构成序数词组时才有意义，如 ço^{55}it^{55}（初一）、ta:i^{21}it^{55}（第一）。可见其借入的时候是以双音节或多音节的形式直接借入的，而这类前缀形式能够进入壮语的前提是壮语存在双音节或多音节的语音形式，即壮语中出现了由单音节向双音节或多音节转变的内部音节机制。即便是能产性较高的前缀借词 ko^{55}（棵）、kan^{55}（斤）、ka:i^{33}（块）、tiu^{21}（条）等，也要先借为计量词，然后再发展为前缀。因此，壮语中前缀的借用同样受到壮语结构系统的制约，即分析性属性的制约。

壮语作为分析性语言，有着众多的分析性特点，如缺少形态变化、单音节占优势、语序相对固定、虚词丰富、韵律发达、量词多且功能强大、一词多义、声调发达，等等。壮语的这些分析性特点与壮语前缀的产生或多或少都存在一定联系，但也有主要和次要之分。我们认为缺少形态变化和语序固定是催生壮语前缀的主要原因。由于缺少形态变化，很多语法功能无法表达，只能借助助词，随着助词的频繁使用，跟词根语素的结合越来越紧密，最后以词缀的形式被词根语素同化和吸收。另一个是语序，壮语的前缀一般由位于词根语素前面的词发展而来。壮语前缀词义尚未虚化前，在句中一般都位于词根语素的前面，如 θo:ŋ^{55}pou^{31}wun^{21}（两个人），量词 pou^{31}（个）位于词根语素 wun^{21}（人）的前面，后来发展成为前缀。壮语的语法结构中，语序是相对固定的，如主语位于宾语前面，修饰成分位于中心语的后面，数量词位于名词前面等，这为壮语前缀的产生提供了条件。

四、结束语

古寨壮语前缀从词义上可以分为无实义和有实义两种，在类型上表现出来的特点有别类作用、词义虚化、名物化、变调、借用等，具有壮语前缀的普遍特征，又体现了自身的个性特点，是人类语言共性和个性的统一。从产生机制来看，古寨壮语前缀的产生是语言发展的客观要求，是分析性语言系统结构自我调节的结果。壮语作为以单音节为主、缺少形态变化的分析性语言，在信息量增加、词义丰富、精准表义、有效沟通等语言原则的驱使下，由单音节词根向双音节或多音节的方向发展，从而达到扩大词的语法功能和语义表达的目的，实现语言的高效、快速交流。壮语前缀的产生是壮语多种分析性特点共同作用的结果，同时存在主次之分，其中缺少形态变化和语序相对固定发挥主要作用，是前缀得以产生的重要条件。

壮语前缀的产生原因应该是多方面的。古寨壮语是壮语方言土语中的一种语言，其所具有的语言现象虽未能代表整个壮语的全貌，但在一定程度上也反映了壮语在发展中的一些类型特点和规律。本文主要从分析性语言的特点出发对古寨壮语前缀做一些描写，并尝试解释其产生的内部机制，提供一种可能性和个案研究，其中的一些想法和观点还不是很成熟，有待进一步探讨。

参考文献

[1] 戴庆厦，闻静．论“分析性语言”研究眼光．云南师范大学学报（哲学社会科学版），2017（5）．

[2] 李锦芳，胡素华主编．汉藏语系量词研究．北京：中央民族大学出版社，2005.

[3] 罗聿言．论巴马壮语动词 ku:k^{10} 的形成．广西师范学院学报，2014.

[4] 覃国生．壮语概论．南宁：广西民族出版社，1998.

[5] 覃晓航．壮语特殊语法现象研究．北京：民族出版社，1995.

[6] 韦景云，覃晓航．壮语通论．北京：中央民族大学出版社，2006.

[7] 韦景云，何霜，罗永现．燕齐壮语参考语法．北京：中国社会科学出版社，2011.

（作者单位：中央民族大学中国少数民族语言文学学院）

试论德昂语的分析性特点 *

——以梁方言风吹坡话为例

杨晓平

一、引言

德昂语属于南亚语系孟高棉语族佤德昂语支。根据语音的异同，中国境内德昂语可以划分为梁、布雷、汝买三种方言。本文语料以笔者的母语云南省德宏傣族景颇族自治州芒市风吹坡村的梁方言德昂话为依据（以下称“风吹坡德昂语”），分析其语言类型属性。

风吹坡德昂语属于 SVO 型语言。主要特点有：一是语音方面，无声调，声韵系统比较发达且复杂，有单辅音也有复辅音，有单元音也有复合元音，有一般音节也有前加音节，元音的长短对立具有区别词义的功能。二是词汇方面，单音节词根和双音节合成词占绝大多数，单音节词根是表达意义的主要单位。三是语法方面，语序和虚词是德昂语主要的语法表达手段，修饰词多置于被修饰词之后，个别修饰词可置于被修饰词之前，基本语序为主语—谓语—宾语（SVO），少数情况为宾语—主语—谓语（OSV）或宾语—谓语—主语（OVS）。

研究语言，必须重视其类型学特点，弄清它的类型学特征。这不仅有助于正确把握该语言的特点，发现并解释该语言生成的各种语言现象，而且对于认识该语言与其他语言的关系也有帮助。经研究，笔者认为德昂语在类型属性上是一种以分析特点为主又兼有较多黏着、屈折特点的分析性语言。截至本文发表时，未曾见过有人从类型学角度对德昂语分析性特点进行专题研究。汉藏语系的大多数

* 原载《汉藏语学报》，2021（13）。

语言是分析性强而黏着、屈折特点弱，如汉语、壮语、苗语、彝语、哈尼语等；部分语言虽然属于分析性语言，但是却有较多黏着、屈折特点，如景颇语、克伦语等。本文参考和借鉴汉语、景颇语等汉藏语系语言的相关研究成果，采用分析性视角研究德昂语，希望能够更加清楚地认识、辨析德昂语的分析性特点和非分析性特点，并能从中发现德昂语其他的新特点。

二、从词的音节数量看德昂语的分析性特点

德昂语的词可以分为单音节词、双音节词和多音节词，其中双音节词又可分为一个半音节词和两个音节词构成的复合词。为了更加科学、直观地阐释德昂语是单音节性强的分析性特点，笔者使用了美国语言学家莫里斯·斯瓦迪士（Morris Swadesh）的 200 个基本词（实际为 207 个）来测试德昂语的词汇，统计结果见表 1：

表 1　德昂语 207 个基本词汇音节情况表

单音节词（个）	百分比（%）	双音节词（个）	百分比（%）	三音节词（个）	百分比（%）
146	占 70.5	54	26.1	7	3.4

通过分析表 1 中的数据和 207 个基本词汇，可以得出以下三点认识：

其一，在 207 个基本词汇中，单音节词最多，占了被测试词汇总数的一半以上，处于绝对优势地位。双音节词次之，约占了 26.1%。三音节词只有 7 个，仅约占 3.4%。

其二，双音节词可分为三小类：单纯词有 36 个，都是一个半音节词，如 a´si “谁”，s´ta “尾巴”；复合词有 17 个，如 ʔɔŋ（地方）ʔɯ（这）“这里”，plaːŋ（明亮）kiɛr（月份）“月亮”；含虚语素的只有 1 个，如 miɤu（种类）hɑr（表“其他的”后缀）“其他”。

其三，三音节词很少，仅占 3.4%，可分为两类：单音节词构成的三音节词有 2 个，如 paːi（整）duɑʔ（都）duɑʔ（都）“全部”；单音节词和一个半音节词构成的三音节词有 5 个，如 k´tɑu（洞）ŋaːi（脸）“眼睛”，a´l̥ɔt（呼吸）phɤːm（气）“呼吸”。

综上所述，在德昂语中，单音节单纯词和一个半音节单纯词最多，占了 87.9%，双音节复合词次之，三音节词最少。这说明德昂语的词汇主要以单音节、

一个半音节的单纯词为主，这是德昂语具有分析性语言特征的重要表现。

通过扩大词汇量，文章进一步考察和分析德昂语词汇构成的特点。笔者曾经使用少数民族语言调查表对风吹坡话的 3157 个词条进行过调查和记录，统计出音节数量及其比例如下：

表 2　德昂语 3157 个词条音节情况表

音节	单音节	双音节	三音节	四音节	四音节以上
词条数（个）	1464	1148	418	106	21
比例（%）	46.37	36.36	13.24	3.36	0.67

如表 2 所示，在扩大词汇量以后，德昂语词汇依然是单音节词最多，其次是双音节词，两项合计约占比 82.73%。另外，还有三音节、四音节及四音节以上的词，三项合计仅约占 17.27%。单音节、双音节在词汇中占优势地位，这与分析性特征十分相符。

德昂语的双音节词包含了一个半音节单纯词和两个主要音节词组成的复合词。据统计，一个半音节单纯词有 501 个，约占双音节词总数的 43.6%；两个主要音节词构成的双音节词有 647 个，绝大部分为复合词，单纯词很少，约占了双音节词总数的 56.4%。与一个半音节单纯词相比，两个主要音节词组成的复合词能产性相对较强，是丰富德昂语双音节词的重要手段，也是分析性的表现。

可见，德昂语是以单音节词和双音节词为主的分析性语言。这是德昂语最基本、最重要的分析性特征。

德昂语单音节词根作为表义的主要单位，对语言其他特点的存在及演变产生着重要的影响和制约作用，比如四音格词的大量产生与发展便是得益于单音节性强这一特征，这与分析性不无关系。笔者曾经以自己的母语风吹坡话为研究对象，调查并记录了 786 条四音格词，包括 ABCD、AABB、ABAB、ABCB、ABAC、ABCC 等 6 种语音形式类型，大部分四音格词均是由单音节词构成，构词时除了遵循相关的语法、语义原则以外，部分四音格词还特别注重双声、叠韵、谐韵、重叠等词法韵律。

三、从词义的扩展手段看德昂语的分析性特点

由前文可知，德昂语是以单音节为主的分析性语言，单音节词根是表义的

主要单位。然而，单音节词根表达意义的功能是有限的，随着社会的日益发展及新生事物的不断涌现，单音节词义很难满足各种复杂概念的表达需要。在此情况下，德昂语词的构成便突破了单音节性的限制，出现了不同的词义扩展形式，即属于黏着、屈折式的形态变化和属于分析式的词类活用。形态变化与词类活用不仅是德昂语扩展词义的重要手段，而且也是德昂语丰富词汇语法意义的有效途径。

（一）形态变化

1. 前缀

德昂语是使用前缀占优势的语言。前缀多是弱化音节（也称“前加音节”）。当前缀附加在有意义的语素前面时，能够改变其词性和词汇的语法意义。换言之，前加音节在德昂语中既有构词的作用，也有构形的作用。

（1）不带前缀为动词，带上前缀为与词根词汇意义相关联的名词。例如：

kiap（夹）—aˋkiap（火钳 / 夹子）　　gɑːp（剪）—aˊgɑːp（剪子）
vɑʔ（钩住）—aˊvɑʔ（钩子）　　mɑːŋ（咽）—aˊmɑːŋ（脖子）
bra（偷）—aˋbra（小偷）　　ʑɑːp（扇）—aˊʑɑːp（扇子）

（2）不带前缀为形容词，带上前缀为名词。例如：

rɯ（疯）—aˊrɯ（疯子）　　daːp（傻）—aˊdaːp（傻子）
blɑʔ（白的）—aˋblɑʔ（小白）　　vɑŋ（黑的）—aˊvɑŋ（小黑）

（3）不带前缀为他动词，带上前缀为自动词。例如：

kah（解开）—aˋkah（自己解开）　　ʑaiʔ（撕）—aˊʑaiʔ（自己裂开）
lah（折断）—aˋlah（自己折断）　　ʑuh（摇动）—kˊʑuh（自己晃动）

（4）不带前缀为单独动作，带上前缀为相互动作。例如：

kroih 一个人换　　a´kroih 互换
gaʔ 一只狗咬　　a´gaʔ 互相咬
guk 一个人打　　a´guk 互相打
luiʔ 一个人得罪　　a´luiʔ 互相吵

2. 变音

所谓变音，主要是通过声韵的变化来表示不同的意义。同前缀一样只出现在单音节词上。例如：

ʑaːi 我俩—ʑei 我们　　ʔaːi 咱俩—ʔɑːi 咱们
paːi 你俩—pɑːi 你们　　kaːi 他俩—kɑːi 他们
hɔːm 吃（饭）—hɑp 吃（菜）
vaːt 烤（火）—daːt 烤（肉、衣服）

南亚语系孟高棉语族诸语言中都有数量不等的前缀成分或变音形式，相比之下，德昂语前缀成分的数量及复杂程度虽然不及克木语、莽语、柬埔寨语等亲属语言的数量众多而复杂，变音的使用范围也相当有限，但是前缀或变音依然是德昂语构造新词、扩展词汇意义及丰富语法意义的重要手段之一。

（二）词类活用

一个词可兼有不同的词类，是德昂语使用经济原则扩展词义、丰富语法意义的另一个重要手段。例如：

1. 名词兼作动词、形容词、副词、量词。例如：

rɑːŋ：“篱笆 / 墙”（名词）—“围住”（动词）
klɛi：“雨水”（名词）—“下雨”（动词）

khoːr：“风”（名词）—“刮风”（动词）
sˊnaːm：“药”（名词）—“救治”（动词）
bɑʔ：“花纹”（名词）—“（很）花”（形容词）
deːŋ：“路”（名词）—“向”（副词）
tu：“身体”（名词）—“只 / 头 / 条 / 匹”（量词）
gaːŋ：“房子”（名词）—“户”（量词）
kˊʔɛːŋ：“瓶子”（名词）—“瓶”（量词）
hur：“袋子”（名词）—“袋”（量词）

2. 动词兼作名词、形容词。例如：

pɔh：“开花”（动词）—“花”（名词）
pli：“结果”（动词）—“果子、水果”（名词）
kaʔ：“跳舞”（动词）—“舞蹈”（名词）
kˊʔɤ：“唱歌”（动词）—“歌曲”（名词）
ʔim：“活”（动词）—“生的”（形容词）
daːŋ：“长大”（动词）—“大的”（形容词）
aˊlaːŋ：“纺 / 绕”（动词）—“圆的”（形容词）
ŋɔih：“涨价”（动词）—“价格”（名词）—“贵”（形容词）
saːu：“生病”（动词）—“疾病”（名词）—“痛的”（形容词）
ʔuih：“闻”（动词）—“味儿”（名词）—“臭”（形容词）

3. 形容词兼作名词、动词、副词。例如：

sik：“涩”（形容词）—“一种植物汁液”（名词）
teːŋ：“黄的”（形容词）—“黄（稻谷成熟）”（动词）
mɛi：“热的”（形容词）—“发烧”（动词）
gre：“慢”（形容词）—“慢地”（副词）

4. 代词兼作形容词。例如：

ʔo：“我”（代词）—“我的”（形容词，充当领属定语）

ʐaːi：“我俩”（代词）— “我俩的”（形容词，充当领属定语）
ʐei：“我们”（代词）— “我们的”（形容词，充当领属定语）

以上例子说明，词类活用能产性也较强，是德昂语分析性增强的又一表现。

四、从语序的固定情况看德昂语的分析性特点

德昂语每一种句法结构的基本语序类型都是比较固定且不能随意调整的语言。比如：主谓结构是“主语＋谓语”，动宾结构是“动词＋宾语”，述补结构是“述语＋补语”，定中结构是“中心语＋定语”，状中结构是“中心语＋状语”，专有名词修饰普通名词时是“通称＋专称”，领属定语修饰名词时是“中心名词＋领属定语”，名词修饰名词时是“中心语＋属性定语”，数量词修饰名词时是“名词＋数量词”，数量词修饰动词时是“动词＋数量词”，话题结构是“话题＋述题”，差比句结构是“形容词＋比较标记＋基准”，等比句结构是“比较主体＋连词＋基准＋形容词＋相似义动词”或“比较主体＋形容词＋相似义动词＋基准”等。例如：

klaːŋ rɔŋ 红裙子
裙子 红
ʐaːŋ lɛk 猪肉
肉 猪
rɑu t'ʔaːŋ 德昂寨子
寨子 德昂

hɔːm ʔu s'lɑʔ 吃一碗
吃 一碗
lik ʔo 我的书
书 我
kraʔ ʔu tu 一头牛
牛 一头

① ʔo taːŋ pɔːm. 我煮饭。
我 煮 饭

② mɔːi pih gaːŋ. 你扫地。
你 扫 房子

③ hɔːm phaːi ʐɑʔ. 吃饱了。
吃 饱 了

④ haːu gre gre. 慢慢走。
走 慢 慢

⑤ ʐei muh t'ʔaːŋ. 我们是德昂族。
我们 是 德昂

⑥ ʔɑn dʒaːr kho ʔo. 他比我高。
他 高 过 我

⑦ ʔo ka:i mɔ:i diam k´n̥e:r. 我和你一样矮。

我 和 你 矮 像

⑧ mɔ:i a´ʑɑh k´n̥e:r ma mɔ:i. 你像你妈妈一样漂亮。

你 漂亮 像 妈妈 你

与同属SVO型的汉语不同，德昂语的修饰语、附加语一般置于被修饰语、中心语之后，差比句的结构也通常采用“形容词 + 比较标记 + 基准”的表达方式，这些句法特征与德昂语属于典型的SVO型和前置词语密切相关。相反，汉语并非典型的SVO型及前置词语言，这种类型学上的特殊性使得汉语出现了若干语言特征或句法结构不合乎Greenberg的语法共性（1963），因此，汉语的修饰语、附加语往往置于被修饰语、中心语之前，差比句结构也采用了与德昂语完全相反的表达方式，即“基准 + 比较标记 + 形容词”。

为了强调、凸显某个句法成分，抑或为了满足某种语义表达的需要，在特定的语境条件下，德昂语有四种语序可以改变。另外，德昂语还存在三种比较特殊的语序及表达模式，即等比句结构、述补结构与框式介词。

1. 可以改变的语序

（1）德昂语的状中结构一般为“中心语 + 状语”，即修饰成分置于被修饰成分之后；而当否定副词、程度副词、部分时间副词作修饰成分时，则是“状语 + 中心语”，即修饰成分置于被修饰成分之前。例如：

⑨ ʔo ʔu gɔ:i. 我不在。

我 不 在

⑩ mɔ:i ma:i ha:u. 你别去。

你 不要 去

⑪ brɑ:i n̥ɑ:m ʔɑp lɛi. 天还没黑呢。

天 尚未 黑 呢

⑫ a´dɯ tɯ mɛi. 今天更热。

今天 更 热

⑬ pli tʃɤn sin ʑɑʔ. 果子将熟了。

果子 将 熟 了

⑭ ʔɑn hɔiʔ ʔit ʑɑʔ. 她已经睡了。

她 已经 睡 了

（2）德昂语除了有SVO的语序类型外，还有OSV的语序类型，但OSV语序只出现在疑问句中。例如：

⑮ mɔ:i ʃrɔk a´si？你找谁？

你 找 谁

⑯ a´si mɔ:i ʃrɔk？你找谁？

谁 你 找

⑰ mɔːi haːu a´mḁ ？ 你去哪里？
你　去　哪里

⑱ a´mḁ mɔːi haːu ？ 你去哪里？
哪里 你　去

（3）德昂语动词与方式副词构成的短语，语序类型基本上是动词在前，方式副词在后。但是，在疑问句中德昂语动词与方式副词的语序既可以是“动词 + 方式副词”，也可以是“方式副词 + 动词”。例如：

⑲ raːn baːimḁ ？ 怎么做？
做　怎么

⑳ baːimḁ raːn ？ 怎么做？
怎么　做

㉑ taːŋ baːimḁ ？ 怎么煮？
煮　怎么

㉒ baːimḁ taːŋ ？ 怎么煮？
怎么　煮

（4）一般情况下，德昂语的主语通常位于宾语之前，主语是话题。但有时候为了突出和强调宾语，可以采用调整语序的方式将宾语置于主语之前，宾语成了话题或句子表达的重点，这时句子结构的语序类型为 OSV/OVS。例如：

㉓ ʔo hɔiʔ ʑɯ tʃo ʔan.
我 已经 见 过 她
我见过她了。

㉔ ʔan ʔo hɔiʔ ʑɯ tʃo.
她 我 已经 见 过
我见过她了。

㉕ tuʔi kɤːr kau hɔːm pɔːm ʔu k´daːŋ.
人 十 个 吃 饭 一 锅
十个人吃一锅饭。

㉖ pɔːm ʔu k´daːŋ hɔːm tuʔi kɤːr kau.
饭 一 锅 吃 人 十 个
一锅饭吃十个人。

宾语调到主语之前做话题时，话题后面会有一个停顿，以此凸显被强调的句法成分。例㉕和例㉖除了语序不同之外，还可以同时兼用语调重音表达不一样的意义。例㉕句凸显的句法成分为主语“十个人”，表示“十个人吃的饭比想象中的少”之义；而第四句则强调的是宾语“一锅饭”，表示“一锅饭可以喂饱的人数比想象中的多”之义。对此，我们更倾向于将例㉕句、例㉖句中位于句首的成分看作句子表达的重点，即句子焦点，而非话题。

2. 特殊的语序

（1）在德昂语中，与“比较主体＋连词＋基准＋形容词＋相似义动词”的等比句模式相比，“代词＋基准＋形容词＋相似义动词”的表达模式更为常见，也使用得更为普遍。例如：

㉗ ʑaːi　a´saːn dʒaːr k´n̥eːr.
　我俩 阿三　高　像
　我和阿三一样高。

㉘ paːi　ma　mɔːi a´ʑɑh k´n̥eːr.
　你俩 妈妈 你　美丽　像
　你和你妈妈一样美。

㉙ kaːi　kun　ʔɑn l̥aʔ　k´n̥eːr.
　他俩 爸爸 他　聪明 像
　他和他爸爸一样聪明。

笔者认为，“比较主体＋连词＋基准＋形容词＋相似义动词”的等比句结构可能是语言接触的产物，是德昂语在与汉语长期接触、交流的过程中借用了汉语的等比句表达模式，而真正属于德昂语自身具有的等比句结构为“代词＋基准＋形容词＋相似义动词”，因而该结构在人们的日常交流中使用得更为普遍。

（2）德昂语绝大部分述补结构的语序均为“述语＋补语”，而个别述补结构的语序却为“补语＋述语”，并且这种结构是固定的，不能随意改变。例如：

ʑɯ ʑɔt 看见　　　　ʑɯ s´ŋaːu 听见
见 看　　　　　　见 听

ʑɯ ʔuih 闻到
见 闻

（3）在德昂语中框式介词为“前置词＋后置词＋名词”的语序。例如：

gɔːi paːŋ phɤːn 在桌上	gɔːi khrum ku 在床下
在 上 桌子	在 下 床
gɔːi pro plaːŋ 在河边	gɔːi nar aˊpiau 在书包里
在 旁边 河	在 里 书包

除了以上四种可以改变的语序和三种特殊语序之外，德昂语各种句法结构的语序基本都是固定的，而且在其他典型的 SVO 语言中都是普遍存在的，不能随意更改和调整，这是分析性的特点。

五、从韵律的注重程度看德昂语的分析性特点

韵律可以分为词法韵律和句法韵律两种基本类型，它是人类语言提高表达能力、增强表达效果的主要手段。不同语言韵律的强度、形式和特点不同，这与该语言的分析性强弱有关。德昂语作为以分析性为主的语言，在构词或凸显某个句法成分时也特别讲究韵律，即注重“词法韵律”。德昂语的韵律形式主要分为以下几种：

1. 元音舌位的搭配为“前高后低”

德昂语部分并列复合词在构词时受语义、语法的制约，而部分并列复合词则遵循语音和谐原则，即前一个语素的元音舌位比后一个语素高。例如：

kuːn ma 父母	khoːr klɛi 风雨
父亲 母亲	风 雨
pɔːm tau 饭菜	kɔːn saːu 后代
饭 菜	孩子 孙子

2. 音节的搭配为“前弱后强”

德昂语有许多“一个半音节”的单纯词，即前面的音节为无实际意义的弱化音节，后面的音节为一个有意义的语素。例如：

s´ŋɑːi 太阳　　　　a´ʑɑːŋ 彩虹

k´ʔut 云　　　　a´vaːi 老虎

t´ʔaːŋ 德昂　　　　p´lɔh 门

3. 双声、叠韵、谐韵

德昂语的四音格词在构词时除了受到语义、语法的制约之外，部分四音格词还要遵循语音和谐规律，即一、三音节或二、四音节存在双声、叠韵或谐韵等韵律。例如：

hɔːm pɔːm hɑp tɑu 吃饭吃菜（二四音节不同，一三音节双声）

吃　饭　吃　菜

ʔukun ʔukɔːn 父子（一三音节相同，二四音节双声、谐韵）

父亲　孩子

ʔuta　ʔuʑa 夫妻（一三音节相同，二四音节叠韵）

丈夫 妻子

lɑih gru　lɑih graːm 洗衣服（一三音节相同，韵律配音在后）

洗　衣服 洗　配音

4. 重叠

音节重叠也是德昂语注重韵律的一种表现。单音节词重叠成双音节词、两个意义相关的单音节名词或意义相反的单音节动词各自重叠构成四音格词，以及部分单音节动词或形容词可以重叠作补语，重叠的功能是强调动作行为的结果。例如：

vɑŋ 黑　　　　vɑŋ vɑŋ 有点黑

tʃaːm 尝　　　　tʃaːm tʃaːm 尝一尝

bɑʔ 花纹　　　　bɑʔ bɑʔ 花花（的）

a´si 谁　　　　a´si a´si 哪些（人）

dʒɔːm 跟　　　　dʒɔːm dʒɔːm 跟跟（动作草率）

khoːr klɛi 风雨　　　　khoːr khoːr klɛi klɛi 风风雨雨

风　雨　　　　风　风　雨　雨

lip lɛh 进出	lip lip lɛh lɛh 进进出出
进 出	进 进 出 出
guk ʑam 打死	guk ʑam ʑam 打得死死的
打 死	打 死 死
raːi aˊhɔih 晒干	raːi aˊhɔih aˊhɔih 晒得干干的
晒 干	晒 干 干

5. 语调重音

德昂语句子焦点实现的最重要方式为语调重音。添加焦点标记词、省略非焦点成分等词汇、句法手段均可省略不用，但语调重音是不能不用的焦点表现手段，这是德昂语注重韵律的另一种表现。例如：

㉚ (muh) aˊm̥ɯ aˊsaːn haːu hɔːm khat.
是　　昨天　阿三　去　吃　结婚 / 婚礼
（是）昨天阿三去喝喜酒。

㉛ aˊm̥ɯ (muh) aˊsaːn haːu hɔːm khat.
昨天　是　阿三　去　吃　结婚 / 婚礼
昨天（是）阿三去喝喜酒。

㉜ aˊm̥ɯ aˊsaːn (muh) haːu hɔːm khat.
昨天　阿三　是　去　吃　结婚 / 婚礼
昨天阿三（是）去喝喜酒。

由以上几个例子可以看出，焦点标记词“muh（是，轻读）”位置的不同会产生不一样的句子焦点。换言之，如果焦点标记词“muh（是，轻读）”置于句中的某个论元成分之前，那么它后面的论元成分便是整个句子所要强调的重点信息。如例㉚句强调时间状语“aˊm̥ɯ（昨天）”，例㉛句强调主语“aˊsaːn（阿三）”，例㉜句强调动宾短语“hɔːm khat(喝喜酒)”。然而，焦点标记词“muh(是，轻读)”只是作为语调重音的辅助手段对句子焦点进行定位与强化，即使省略不用，上述各例中的焦点信息依然可通过语调重音来凸显，而且不改变整个句子的意义。

六、结语

本文通过参考与借鉴汉语、景颇语等汉藏语系语言的研究成果，从语言类型学及分析性的视角分析德昂语，并对德昂语分析性特点和非分析性特点进行尝试性的梳理和分析，发现部分德昂语单音节词存在词根附加前缀、变音等黏着、屈折性特点，但与黏着特征鲜明的嘉绒语、道孚语、普米语、羌语等语言相比，其黏着特征是比较弱的。同时，德昂语又具有单音节性强、词类活用能力较强、语序基本固定、在构词和凸显某个句法成分时注重韵律等分析性特点，但若与分析特征更为浓厚的彝语、哈尼语、布兴语、缅语等语言相比，其分析性特征又要显得弱些。在南亚语系诸语言中，相对于莽语、柬埔寨语而言，德昂语的黏着特征比较弱，但与佤语相比，佤语的分析性又比德昂语更强一些。因此，我们可以大体上将德昂语认定为以分析特点为主又兼有较多黏着、屈折特点的分析性语言。德昂语潜在的其他分析性特点，比如义项的扩大能力、双音节化等特点，还有待通过与亲属语言、非亲属语言的比较等多角度地分析与挖掘，从而更加全面、深入地认识德昂语的分析性特点。

参考文献

[1] 陈相木，王敬骝，赖永良．德昂语简志．北京：民族出版社，1986.

[2] 李云兵．中国南方民族语言语序类型研究．北京：北京大学出版社，2008.

[3] 刘丹青．语言类型学．上海：中西书局，2017.

[4] 陈国庆．孟高棉语言前缀．语言研究，2010（1）.

[5] 戴庆厦．汉语的特点究竟是什么．云南师范大学学报（哲学社会科学版），2014（5）.

[6] 戴庆厦．再论汉语的特点是什么．民族语文，2017（2）.

[7] 戴庆厦．论景颇语的分析性属性．语言学论丛，2020.

[8] 张海铭．现代汉语词类活用现象的多视角考察．陇东学院学报（社会科学版），2006（2）.

（作者单位：中央民族大学中国少数民族文学学院）

布兴语分析性特点探析

杨志喆

要认识一种语言，准确把握其特点，我们必须要先研究它与其他语言的关系和差异，总结它的类型学特征。戴庆厦、闻静从形态、单音节词根、语序及韵律等方面对汉藏语分析性特点做了研究，这是一种全新的类型学视角。① 此后，戴庆厦（2017）又从义项的扩大能力、词类兼用及歧义现象等方面进一步探讨了汉语分析性特征，这对我们认识分析性语言特征具有重要的指导意义。② 分析语又称“孤立语”或“词根语”，是语言类型中的一种。具体是指该语言的词汇缺少形态，句法关系主要靠语序和虚词。分析性语言在语音、语法及词汇等方面，都有不同于非分析性语言的特点，从分析性视角来研究少数民族语言，我们会发现一些新的语言现象，进而揭示语言的深层特点。

布兴语是南亚语系的一种语言，也是一种跨境语言，主要分布在中国、老挝、越南、柬埔寨、泰国等国。在我国云南省勐腊县磨憨镇的南欠村和勐伴镇的卡咪村约有 530 人（2015 年）使用布兴语，在老挝的南塔、琅勃拉邦等省，约有 2200 人。这是研究布兴语的学者普遍的认识，但是在语言支系归属方面尚存有分歧。以 F.Proschan（1985）、颜其香、周植志、高永奇为代表的学者认为布兴语属于北部孟高棉语族克木语支；③ 以 J-O Svantesson 为代表的学者认为属于北部孟高棉语族的德昂语支，④ 李云兵（2008）认为属于南亚语系越芒语族布朗语

① 戴庆厦、闻静:《论“分析性语言”研究眼光》，载《云南师范大学学报》(哲学社会科学版)，2017(5)。

② 戴庆厦:《再论汉语的特点是什么——从景颇语反观汉语》，载《民族语文》，2017（2）。

③ Proschan, Frank. A Survey of Khmuic and Palaungic Languages in Laos and Vietnam. Pan-Asiatic Linguistics, 1996.(3): 895-919；颜其香、周植志:《中国孟高棉语族语言与南亚语系》，北京，中央民族大学出版社，1995；高永奇:《布兴语研究》，北京，民族出版社，2004。

④ Svantesson, J.-O., Ràw, K., Lindell etc.. Dictionary of Kammu Yùan Language and Culture, Copenhagen: NIAS Press, 2014.

支。[①] 通过 Swadesh200 核心词，将布兴语与国内南亚语言比较的情况来看，与克木语相同相近词语占比最高。因此，一般认为布兴语跟克木语关系更近一点。但是，对于其系属问题还需要我们进一步研究。

南亚语属于分析性语言的有 9 种，布兴语是其中一种。其缺乏形态变化，主要的语法手段是依靠虚词和语序，是一种 SVO 型语言。本文从单音节数量、复合词构词方式、韵律特征和基本语序等几个方面，对布兴语的分析性特点进行梳理，旨在能够更清楚地认识其类型特征，为今后研究奠定基础。

一、从单音节词数量看布兴语的分析性特点

我国南亚语系诸语言音节分主要音节（major syllable）和次要音节（minor syllable），一个词可以由主要音节和次要音节组成，也可以只有主要音节。布兴语的词可以分为单音节词、双音节词、多音节词，其中双音节词中根据其音节的性质和构成方式可分为：一个半音节和两个主要音节词两种。

我们以 Swadesh200 词对布兴语的音节做了一个基本统计，具体见表 1：

表 1　Swadesh200 词中布兴语的音节统计表

语言	单音节（个）	百分比（%）	双音节（含一个半音节）（个）	百分比（%）	三音节（个）	百分比（%）
布兴语	106	61	69	39	0	0

从表 1 可以清楚地看到，单音节词在布兴语的基本词汇中占绝对优势。布兴语中除了 ʒa（烟）、dɤr（土）、mar（蛇）、doŋ（毛）等名词为单音节词之外，还有 nian（紧）、tem（满）、slaŋ（薄）、sɔ（紫）toh（胖）等的形容词也多为单音节。需要说明的是在做统计时，布兴语双音节词包含了一定数量的词组和一个半音节，例如 pu ʃiŋ（人）、tɤr mal（雪）、ra via（老虎）等一个半音节型的双音节单纯词，诸如此类的词都统计为双音节，如果剔除这部分词，布兴语中双音节词的比例会更低。同时，比较有趣的是，在布兴语的实际使用中有些一个半音节会以单音节形式出现，在句子里它会根据语境省去前面的次要音节，例如：pɤŋ ŋai“眼睛”，在 ŋai khu he“这双眼睛”中将次要音节 pɤŋ 省去了。一般认为，

① 李云兵：《中国南方民族语言语序类型研究》，北京，北京大学出版社，2008。

可以省去的次要音节没有构词构形的功能，只是一种纯语音形式，这与多数孟高棉语言中的次要音节功能基本一致。复合词中的次要音节是构词或构型的前缀，例如 tɤŋ pat（菜板）中的 tɤŋ 意为“藤、藤条”，是构词，而 ka tai（兔子）中的 ka 是不成词语素。与京语、莽语、克蔑语、布朗语相比，布兴语中的次要音节比较丰富，约有 30 个。与其关系较近的克木语的 37 个次要音节相比，布兴语的次要音节则少了一些。潘悟云认为“次要音节是双音节语素向单音节语素发展过程中的中间环节”①，这一点在布兴语中就有具体的表现。

布兴语双音节的单纯词还有双声型的，例如：mɤŋ mɔŋ（锣）、mɔk mɤi（雾）、sap san（肉）、soŋ sɑŋ（蜻蜓）、ke kɔ（螳螂），等等；叠韵型的，例如：mai srai（篙）、kɤ mɤ（麦子）、sɤŋ mɤŋ（星星）、ra la（冰或雹子）、pɔk lɔk（盒子），等等；重叠型的，例如：mu mu（影子）、ʃiŋ ʃiŋ（狮子）khɯt khɯt（判），等等。除个别多音节借词会看作是单纯词之外，多音节单纯词在布兴语中比较少见。

高永奇（2004）对布兴语的 2084 个常用词做了统计，单音节词有 719 个，占 34.5%，双音节词有 933 个，约占 44.8%。② 其中，双音节词也是包含了一定数量的一个半音节和词组，统计结果趋势与我们是相一致的。因此，布兴语是一种以单音节、一个半音节为主的语言，它具有分析性语言单音节性为主的特征。

二、从复合词看布兴语的分析性特点

Bloomfield 在《语言》（1933）中指出，语言之间在词法上的差异大于句法上的差异。通过分析复合词的特点，进一步认识复合词的语法特性，找出分析性语言在复合词所具有的不同特点，与非分析性语言的复合词存在什么区别，也可以增进对一种语言特点的认识。布兴语的词由单纯词和合成词构成。合成词主要采用复合、派生和内部屈折的构成方式，其中派生手段有加前缀、中缀两种，内部屈折有变换元音、变换辅音及增加尾音等音变形式。复合词在结构上主要有联合、偏正、动宾、补充、主谓 5 种类型。

① 潘悟云：《汉语历史音韵学》，上海，上海教育出版社，2002。

② 高永奇：《布兴语研究》，北京，民族出版社，2004。

（一）联合式

由两个意义相同、相反或相关的词根并列组合而成。在布兴语中，并列式复合词和汉语构词方式大同小异。例如：

ˀui + ˀait = ˀuiˀait
弟弟 哥哥 兄弟姐妹
le + kan = le kan
丈夫 妻子 夫妻
mǎt + mɯ + mǎt + khɤn = mǎt mɯ mǎt khɤn
一 天 一 夜 昼夜

（二）偏正式

以一个词根为主，另一个词根起修饰限定作用。布兴语的偏正式复合词一般是中心语在前，修饰语在后。这与佤语、布朗语、克木语、克蔑语的基本一致，但是与莽语、布庚语、俫语及汉语有差别，汉语一般是将修饰语放在中心语的前面。例如：

ra + han = rahan
水 大 海洋

ȵa + kɑn = ȵakɑn
房子 小孩 子宫

plu + niŋ = pluniŋ
腿 粗 大腿

kɤ daŋ + ˀɔr = kɤ daŋ ˀɔr
蛋 黄 蛋黄

布兴语偏正式的合成词数量最多，高永奇（2004）根据词根之间的关系将其分为三个小类，具体如下：

1. 上位名词性语素 + 下位名词性语素

tʃǒˀ + ȵe tʃi = tʃǒˀ ȵe tʃi
病 疟疾 疟疾

baˀ + ʃiŋ tsɿ = baˀ ʃiŋ tsɿ
果子 杏子 杏子

在汉语中，受右手中心词规则的影响，也要受到韵律的制约，上位名词性语素一般是放在单音节后面，例如：兰花、菊花、梅花、莲花等。

2. 名词性语素 + 形容词性语素

thak +hɤr miɯh = thak hɤr miɯh
水牛 公 公牛

tʃi ˀoŋ + niŋ = tʃi ˀoŋ niŋ
树 大 大树

mɔ + ʒaŋ = mɔ ʒaŋ
锅 铁 铁锅

nam ŋoin + ˀoit = nam ŋoin ˀoit
糖 红 红糖

3. 名词性语素 + 名词性语素

tɤr + kuai bɔˀ = tɤr kuai bɔˀ
角 黄牛 牛角

khɛp + pĭt = khɛp pĭt
鞋 布 布鞋

san + pu naŋ = san pu naŋ
顶 山 山顶

ˀuan + mah = ˀuan mah
碗 饭 饭碗

kɤn trɔk + tʃi ˀoŋ = kɤn trɔk tʃi ˀoŋ
皮 树 树皮

中心语素在后的形式，如：

bar + lɔm = bar lɔm
花 球 花蕾

ˀɔm + pɔ = ˀɔm pɔ
水 井 水井

（三）动宾式

前一个词根表示动作、行为，后一个词根表示动作、行为支配的事物，词根之间有支配和被支配的关系，这与汉语一致。例如：

tuˀ + ŋoin = tuˀ ŋoin
吃 糖 结婚

tĕˀ + tiau = tĕˀ tiau
做 跳 跳高

sai + tʃi naŋ = sai tʃi naŋ
赔偿 钱 赔钱

（四）补充式

后一词根补充说明前一词根，以前一词根的意义为主，词根之间有补充说明关系，这与汉语的一致。

pŭt + klak = pŭt klak
砍　顶部　砍倒

dăk + kɑi = dăk kɑi
拿　来　拿来

lik + sɔˀ = lik sɔˀ
离　逃走 抛弃

（五）主谓式

一词根表示陈述的事物，另一词根是陈述这一个词根的，词根之间有陈述和被陈述的关系。例如：

kɯt + pu ʒaˀ = kɯt pu ʒaˀ
心理 害怕　怀疑

tʃŏˀ + sam = tʃŏˀ sam
痛　心　着急

在布兴语中，偏正式的合成词数量最多，主谓式的复合词数量比较少。其中，联合、动宾、补充型复合词与汉语复合词构成方式基本一致，主谓、偏正两种类型的复合词与汉语的也大同小异。此外，名词复合词（N–N）也是布兴语常用的构词方法，在高永奇（2004）根据词根关系所划分的三个小类词中，有两个小类就是名词复合词。这种名词复合词在一定程度上也丰富了布兴语的双音节，这是其分析性特点的具体表现。

三、从韵律特征看布兴语的分析性特点

每一种自然语言都有其自身的韵律特征。汉语句子内部间断多，连续性低；英语句子的情况与汉语的情况却相反，这种现象和语言自身的韵律特征有密切关系。因为不同语言韵律的强度和特点不同，并且这与该语言的分析性强弱有

关系。一般将出现在构词中的韵律称为“词法韵律”，出现在句法结构中则称为“句法韵律”。双声叠韵、双音节化、元音和谐、重叠等都是韵律常见的几种形式。如上文所述，布兴语的单纯词大多是单音节，也有一些双音节单纯词，双音节的单纯词有双声、叠韵、重叠等形式。

（一）元音舌位高低搭配

在并列复合词结构中，前一音节的元音舌位比后一音节的高。例如：

le + kan = le kan	ˀui + ˀait = ˀuiˀait
丈夫 妻子 夫妻	弟弟 哥哥 兄弟姐妹

tsɿ ˀoŋ + tsɤr mɤh = tsɿ ˀoŋ tsɤr mɤh
树　藤　植物

（二）音节前弱后强组合

在布兴语的一个半音节单纯词中，前面的次要音节只有构形的作用，没有实际意义，是一个弱化音节。例如：

sɤŋ mɤŋ	sɿ nɔm	kɤl na	tsɿ lia
星星	血	叶子	雨

（三）双声单纯词主要元音符合前后元音响度原则，即双声中第二个音节要比第一个音节响度高。例如：

soŋ saŋ 蜻蜓	ke kɔ 螳螂
ki kak 癣	li la 芦苇
ʃi ʃɛ 脉络	loŋ lap 蝴蝶
sap san 肉	mɤŋ mɔŋ 锣

（四）叠韵单纯词两个音节在声母组合上也是符合音节响度原则的，但也有例外。例如：

sɤŋ mɤŋ 星星	ra la 冰（雹子）
kɤ mɤ 麦子	pɔk lɔk 盒子
mu khu 伴	mai srai 篙

（五）重叠单纯词在布兴语中比较少。例如：

mu mu 影子	khɯt khɯt 判

除了典型的双声、叠韵和重叠外，在布兴语中还有一些联绵词在前后音节元音或辅音上追求一致。例如：

tal mɔl 界限	pi he 今年	pu kɔ 猫头鹰
ka tai 兔子	ra vai 老虎	kɑn rai 蝌蚪
pa la mɔ 盖子		

另外，布兴语中的外来词多数借用傣语和汉语。我国境内的勐腊县磨憨镇的南欠村和勐伴镇的卡咪村的布兴成年人一般都会讲汉语，部分人还会讲傣语。其中，在汉语借词中也存在类似双声、叠韵的情况。例如：li si（利息）、suɔ səŋ（学生）、fəŋ tsəŋ（风筝）。我们可以看出，在布兴语复合词中具有较为丰富的双声、叠韵的语言韵律，即便是在借用汉语词时，他们也是比较注重韵律。

四、从基本语序看布兴语的分析性特点

布兴语的语序和我国其他孟高棉语的基本一致，都属于 SVO 型语序（佤语、布朗语阿佤方言关双话为 VSO）。由于缺乏形态变化，语序和虚词是其主要使用的语法手段。从动词与名词、动词与副词、形容词与副词以及定语和中心语语序几类基本语序，我们来探讨布兴语的语序特点。

（一）动词与名词的语序

布兴语动词与名词构成的短语，一般动词在前，名词在后，例如：

① miau krup praŋ. 猫捉老鼠。
猫 捉 老鼠。
S V O

② ʒɔ nɔ nam ŋoin ˀoit. 我喜欢红糖。
我 喜欢 红糖。
S V O

（二）动词与副词的语序

布兴语中由动词和方式副词构成的短语，一般是动词在前，方式副词在后。动词和否定副词构成的短语，否定副词在前，动词在后，这和汉语、佤语、德昂语、克木语、布朗语等一致。

ʒau hau he 这么长
长 这么
V AM

tuˀ nam bi 怎么吃
吃 怎么
V AM

ba tɛŋ 不喝
不 喝
AN V

ba san 别推
别 推
AN V

（三）形容词和副词的语序

布兴语中形容词可以受程度副词、否定副词的修饰，一般程度副词都在形容词的后面。但在形容词和否定副词构成短语时，和动词的情况一样，否定词要放在形容词的前面。

tăm năk 很低
低 很

niŋ klai 最大
大 过于

Adj AD

kɤ nɤŋ nǎk 很多

多　　很

Adj　AD

Adj AD

ba　ʃaˀ 不甜

不　甜

AN Adj

（四）定语和中心语的语序

布兴语的形容词定语、动词定语、代词定语和数量定语都要放在中心语的后面，但是在词组中也有数量定语放在中心语的前面的情况。

sam　tɔ　mar 三条蛇

三　条 蛇

Num Qu N

khɔ　sam　duaŋ 三把锄头

锄头 三　把

N　Num Qu

koˀ bǔk mǎt　van 一杯白酒

白酒　一　杯

N　Num Qu

布兴语句子的基本成分的语序还需要进一步研究。从上面我们看到，布兴语中除了定语和中心语语序中存有数量定语放在中心语之后的例外，其他动词与宾语、动词与副词以及形容词与副词的基本语序是比较固定的。除了基本语序之外，布兴语的虚词也是值得关注的。在不同语气的句子句尾，布兴语使用不同的语气助词。一般陈述的句子句末用 ˀɔ，在表示强调肯定语气时用 mɤ ʒiu，在表示请求、建议时多用 nɤ。基本成分语序固定及虚词丰富，这些特征均与布兴语的缺乏形态变化紧密相关，是其分析性特征的具体表现。

五、布兴语的黏着性特点

布兴语的黏着性特点主要体现在形态构词方面，附加词缀、内部曲折是其形态构词的主要手段。附加词缀有前缀和中缀两类，一般认为布兴语中缀有四类，兼具构词和构形功能。相对于中缀而言，布兴语的前缀情况较为复杂，与次要音节有着密切的关系。作为音韵层面的次要音节，与构词层面上的前缀、词头相联系，这是南亚语黏着性特征的体现。

根据构词和构形功能，布兴语的前缀可以分为两类，一类没有实际词义，单纯地作为语音形式，只有构形作用。例如，pɤŋ ŋai“眼睛”中的次要音节 pɤŋ，它没有实际的词义和语法意义。另一类是具有实际词义的前缀或词头，兼具构形和构词功能。例如：thai（犁，动词），加上前缀“rɤŋ”变为 rɤŋ thai（犁头，名词）；kuăih（扫），加上前缀“rəŋ”变为 rəŋ kuăih（扫把），“rɤŋ”“rəŋ”可以将动词变成名词。反之，在动词 dŭp（盖）加上词头“kɤn”（……子）则变成了名词 kɤn dŭp（被子）。此外，还有诸如 kɤn、kɤr、tɤ 等词头，都具有比较固定的词义，主要起构形和构词的作用。值得一提的是，布兴语中还有一些不具有实际词义，但具有语法意义的前缀。例如：rɤ 为“毁坏”（非主动义），加上前缀 kən 则变成 kən rɤ，意为“损坏”，含有了主动义；dɔk 为“干旱”，加上前缀 tɤr 变成 tɤr dɔk，意为“晒干”。诸如此类的前缀或词头，我们不能将其视为次要音节。高永奇曾指出，布兴语中具有实际词义的前缀，在语音上已经弱化成为一个次要音节，词义上虚化为一个抽象意义的词头，功能上已经从一个独立词变成为一个前缀。[①] 这客观地反映了布兴语派生合成词的实际情况，也很好地说明了布兴语次要音节在构词中的作用。

布兴语派生合成词还有中缀，中缀构词形式在其他孟高棉语中已经比较少见了，但在布兴语中还一直保留着 -r-、-m-、-n-、-l- 四类，兼具构词和构形功能。由于中缀的出现，使得原来是一个音节的词语变为双音节，其中前一音节在语音上弱化变为次要音节。例如，teŋ（抽，动词）加上“-r-”变为 treŋ（抽泣），使得词义从具体义变为抽象义；pu lai（扇，动词）加上“-r-”变为 pɯr lai（扇子，名词）。此外，在布兴语中的一些汉语借词中，通过加中缀来构形，例如：汉语西南官话中的 kai（街），通过加中缀 -l-，称为 khuilɤt。比较有趣的是，布兴话的中缀构词在对待汉语借词时，一般会将汉语的单音词改为一个半音节的双音词。例如：汉语“钱”，借到布兴语中为 tʃi naŋ。

内部曲折有变换元音、辅音，增加韵尾辅音等音变形式，这在其他孟高棉语中也广泛存在。例如,skai（小麦）变换元音后为 skɔi（小米）,praŋ（老鼠、田鼠）变换辅音韵尾为 prak（松鼠）。此外，通过变换元音会变换“主动”变换“非主动”的语法意义，例如 rap（握，非主动）变换元音为 rəp（抓住，主动）。

① 高永奇：《布兴语研究》，北京，民族出版社，2004。

以上都是布兴语黏着性的一些特征，但是这些并不是其构词的主要手段。所以，我们认为布兴语是以分析性为主兼有黏着性特征的语言。

六、余论

布兴语是新发现语言之一，高永奇曾对其进行了调查，并对其基本特点和语言面貌进行了描写和研究，此外学术界关于布兴语的研究成果比较少。布兴语属于无声调语言，又缺乏形态变化，主要依靠语序和虚词作为其主要语法手段，我们通过对布兴语单音节数量比例，复合词构成类型，双声、叠韵、重叠等词法韵律特征和基本成分语序的分析，认为布兴语的分析性特点较为明显。虽然布兴语中也存有通过附加词缀、内部曲折等手段的形态构词，保留了孟高棉语 -r-、-m-、-n-、-l- 的中缀派生合成词，也不乏通过变换元音、变换辅音、增加韵尾辅音等音变形式的内部曲折手段，但是这些并不是布兴语构词的主要手段。所以，我们认为布兴语是以分析特点为主又兼有较多黏着、屈折性特点的分析性语言。

随着下一步的调查，我们将从布兴语语法、语音两个层面逐一去提取分析它的语言特点。例如从布兴语词义的扩展手段、词语的活用、短语的类型及其语法标志等词法方面去考察其存在的特点，从差比句、双宾句及复句是如何构成的，复句连词是否丰富等方面去进一步探讨其句法特点。基于调查语料，从语音跟语法界面，共时跟历时角度，进一步对布兴语的分析性特点进行深入地挖掘，揭示出其更多的语言规律。

参考文献

[1] 戴庆厦 . 汉语的特点究竟是什么 . 云南师范大学学报，2014（5）.

[2] 戴庆厦，闻静 . 论“分析性语言”研究眼光 . 云南师范大学学报（哲学社会科学版），2017（5）.

[3] 戴庆厦 . 再论汉语的特点是什么——从景颇语反观汉语 . 民族语文，2017（2）.

[4] 高永奇 . 布兴语研究 . 北京：民族出版社，2004.

[5] 李云兵 . 中国南方民族语言语序类型研究 . 北京：北京大学出版社，2008.

[6] 高永奇 . 布兴话构词方式说略 . 语言研究，2002（3）：121–125 页 .

[8] 颜其香，周植志．中国孟高棉语族语言与南亚语系．北京：中央民族大学出版社，1995.

（作者单位：中央民族大学中国少数民族语言文学学院）

朝鲜语使动与被动形式的类型转变

金海月

一、引言

语言类型的演变是语言演变的重要内容之一。汉藏语诸语言中形态型向分析型的演变是常见的表现，但在阿尔泰语系的黏着性语言中这类现象不多见。

朝鲜语的语法表现以形态为主，部分具有分析性的特点。根据综合性我们可以把世界语言的使动与被动表达分为三种类型，即词汇型、形态型、分析型。通过梳理文献，我们可以看到近代朝鲜语的使动与被动具有从形态型向分析型演变的现象。

本文主要梳理朝鲜语的使动与被动从形态型向分析型的演变，并探讨类型演变的一些影响因素，从而揭示黏着性语言中存在的语言转型现象的一些规律。

二、使动与被动形式的分析化表现

观察近代朝鲜语文献我们发现，朝鲜语的使动与被动形式由形态型向分析型过渡，而且这种过渡一直延续到现在。下面我们从 15 世纪及其后的文献着手，梳理使动与被动表现的类型发展过程。

创建训民正音（1446 年）之前朝鲜语无文字，最初借用汉字来记录，故早期的文献都是用汉字记录的。由于当时的读音很难准确描写，本文的例句只能用当时的汉字记录材料，难以用音标转写。虽然后来出现记录朝鲜语的拼音文字，但是古音与现代音存在差异，也无法准确展示当时的语音面貌。故近代朝鲜语部分本文统一用当时的古文字举例。

（一）使动形式的分析化路径

现代朝鲜语使动的表现形式主要有三类：一是词汇型：常见的使动词有 kɯtshita（停 / 使停止）、məmtshuta（停止 / 使停止）、hɯrita（浑浊 / 使浑浊）、ponɛsta（送）、sikhinta（使做）等；二是形态型：在谓词后接续词缀 "-i、-hi、-ri、-ki、-u、-ku、-tshu" 实现使动义；三是分析型：动词后接续 " -ke hata、-ke mantɯlta" 等句法手段实现使动义。三种类型中分析型的使用最活跃，能产性最高。（见表 1）

表 1　现代朝鲜语使动类型出现频率[①]

词汇型		形态型		分析型		合计（例）
数量（例）	百分比（%）	数量（例）	百分比（%）	数量（例）	百分比（%）	
20	1.6	128	10.2	1108	88.2	1256

追溯使动类型的发展，可以看到 15 世纪中叶之前朝鲜语（中世前期朝鲜语）[②] 的使动以形态型为主。当时使动词缀有 "-i、-hi、-ki、-o/-u、-ho/-hu、-ə/-ɯ"。例如：[③]

① 阿冬音乃叱好支賜鳥隱(慕竹旨郎歌)
② 執音乎手母牛放敎遣(獻花歌)
③ 石搭伍層乙 成是白乎 願表爲遣 成是 不得爲乎 (淨兜寺石塔記8)
④ 右如敎事 爲是在等以 造排緣由乙郎 (監務官 貼文17)

上例① ②出自《乡歌》。句①的动词是 "好"，"支" 就是使动词缀，可译为 "使出现"；句②的动词是 "放"，"教" 是使动词缀 "i" 和表尊称的助词 "si" 的组合，可译为 "使放"。[④] 例③与④出自《吏读》，其中 "是" 为使动词缀。

① 此表是基于 20 万字现代朝鲜语文学作品进行统计的数据。

② 朝鲜语学界称 10 世纪初高丽王朝的建立到 16 世纪末 "壬辰倭乱" 时期的朝鲜语为中世朝鲜语。中世朝鲜语又可分为前期与后期：前期是指创建朝鲜文字——训民正音（1446 年）之前，后期是指创建朝鲜文字——训民正音（1446 年）之后。

③ 例句转引自최동주 (ChoeDongju):《국어사동구문의통시적변화》，载《언어학》，2000（27）。

④ 参考김완진（GimWanjin）:《향가해독법연구》，首尔，首尔大学出版部，1980。

据 ChoeDongju（2000）[①] 考察，《乡歌》、高丽时期吏读以及释读口诀等资料中均不存在“ -ke hata”类使动形式。“ -ke hata”使动形式的出现是音读口诀时期（14 世纪末—15 世纪初）。请看下例：

⑤ 故 我ヽ宜揚ソ3 命汝⺍ 但於一門3 <u>深入ㅊヽノ才ヒ</u>（기림능엄 4,42 ㄱ:8）
⑥ 遂使妙明⺍ 斯渾ソㅈ 妙湛⺍ <u>斯濁ㅊヽソヒ</u>（기림능엄 4,6ㄴ:8-7ㄱ:1）
⑦ 微妙 ᄒᆞᆫ ᄇᆞᆰ고ᄆᆞ로 <u>흐리에 ᄒᆞ며</u> 微妙ᄒᆞᆫ ᄆᆞᆰ고ᄆᆞ로 <u>흐리에 ᄒᆞᄂᆞ니</u>（능엄4:15ㄱ）
⑧ 其可入者⺍ 吾當發明ソ3 命汝⺍ <u>增進ㅊヽノ才ㅅ</u>

PakJinhoo（1998）[②] 认为，上例中的“ㅊヽ”就是与中世朝鲜语“ -ke hata”对应的书写形式。据 Choedongju（2000）[③] 统计，音读口诀时期资料《楞严经谚解》2、3、4 册中总共出现了 94 次此类分析型使动结构。从中可以看出，这个时期已经开始使用分析型使动结构，但仍然以形态型使动结构为主。

15 世纪文献中，形态型使动词比现代要多很多，与现代朝鲜语形态型致使相比较，其能产性也高，生命力也较旺盛。下面是部分现代朝鲜语无法用形态型使动结构表示的，而 15 世纪朝鲜语却是可以成立的句子[④]：

⑨ 成 밧긔 닐굽 뎔 일어 즁 <u>살이시고</u>（월석 2:77）
⑩ 林淨寺애 가샤 聖人 뵈 ᄉᆞᄫᆞ시ᄂᆞᆯ ᄀᆞ장 깃거 믈을 <u>길이시니</u>（월석 8:84）
⑪ 엇뎨 ᄒᆞ야ᅀᅡ 뎌 具藝이ᄅᆞᆯ 가 <u>降服히려뇨</u>（월석 4:6ㄱ）
⑫ 흐린 므를 <u>ᄆᆞᆰ교ᄃᆡ</u> ᄀᆞᄆᆞ니 잇ᄂᆞᆫ 그르세 담ᄃᆞᆺᄒᆞ니（능엄4:89ㄱ）

例⑨ ⑩中的形态型使动词，在现代朝鲜语已消失，现代朝鲜语只能用分析型使动结构“salke hata”“kitke hata”表示。例⑪是“-hata”类动词的使动形式。这个时期“ -hata”类动词可以用形态型表示使动，但现在朝鲜语没有这类用法。例⑫是形容词的使动形态，这在现代朝鲜语中也已被分析型使动结构所取代。现代朝鲜语形态型使动结构大多表示直接使动，但从上面的例句中也可以发现，近代朝鲜语的形态型使动结构既能表示直接使动，也能表示间接使动。如例⑪和例⑫中表示的就是间接使动。通过例句可发现：这个时期分析型使动结构已经开始

① 최동주（ChoeDongju）：《국어사동구문의통시적변화》，载《언어학》，2000（27）。
② 박진호（BakJinho）：《고대국어문법》，载《국어의시대별변천연구 3》，首尔，国立国语研究院，1998。
③ 박진호（BakJinho）：《고대국어문법》，载《국어의시대별변천연구 3》，首尔，国立国语研究院，1998。
④ 例句转引自최동주（ChoeDongju）：《국어사동구문의통시적변화》，载《언어학》，2000（27）。

普遍使用，而且对所要结合的谓词也没有太多的限制。使动结构中的谓词既可以是不及物动词，也可以是及物动词，还可以是形容词。

朝鲜语的使动由形态型向分析型过渡，主要表现在近代朝鲜语文献中，到了15世纪后期的朝鲜语，随着音读口诀时期出现的“-ke hata”的使用频率增多，开始形成形态型使动结构和分析型使动结构共存的局面。这个时期形态型使动表现逐渐减少。RyuSeonggi（1998）[①] 对15—19世纪56本文献做了详尽的统计，其中有117个形态型使动结构沿用到现在。67个形态型使动结构到了现代已经消失。与此相反，“-ke hata”类使动结构逐渐增多，能产性也越来越高。形态型使动结构消失后由分析型替代的例句在近代朝鲜语的文献中也较常见。例如：[②]

⑬ 은젼 메워 섭화 씌ᄒᆞ나 밍ᄀᆞᆯ여지라 (번박 상:19)
⑭ ᄒᆞᆫ 올이 금젼 메온 섭 사긴 씌 민ᄃᆞᆯ게 ᄒᆞ라 (박언 상:19)
⑮ 밧긔 나면 졍히 사ᄅᆞᆷ을 근심히ᄂᆞ니라 (번박 상:54)
⑯ 밧긔 나가면 사ᄅᆞᆷ을 근심케 ᄒᆞᄂᆞ니라 (박언 상:48)
⑰ 니여 잇ᄂᆞᆫ 거시 다 룡봉 도틴 막새 수디새 암디새 (번박 상:68)
⑱ 뎬 거슨 다 龍鳳을 우묵 겨면 돗게 ᄒᆞᆫ 막새와 수디새와 암디새오(박언 상:60)

例⑬—⑱是近代朝鲜语例句，这里的分析性使动结构在中世朝鲜语中都是用形态型表示。也就是说分析性使动结构在一定程度上在取代形态型使动，从而多表示间接使动。

笔者认为，形态型使动表现的削弱，一直延续到现代朝鲜语。通过20位母语为朝鲜语的18—25岁年龄段的大学生使用10个间接使动句的调查，笔者发现母语为朝鲜语的年轻人对分析型间接使动结构的接受能力很强，相比较对形态型使动结构的接受能力稍弱一些，也就是使用频率自然也会低一些。

（二）被动形式的分析化路径

现代朝鲜语被动的表现形式主要有三类：一是词汇型：借助动词 matsta（被打）、taŋhata（遭 / 被骗）等表示被动；二是形态型：在谓词后接续词缀“-i、-hi、-ri、-ki”实现被动义；三是分析型：谓词后添加“-ə tsita、-ketøta”等句法形式实现

① 류성기（RyuSeonggi）：《한국어사동사연구》，首尔，洪门阁，1998：98—112页。

② 例句转引自유경종（YuGyeongjung）：《근대국어피동과사동표현연구》，한양대학교대학원박사학위논문，1995。

被动义。在这三种类型中使用频率以及能产性最高的是分析型被动形式。（见表 2）

表 2　现代朝鲜语被动类型出现频率

词汇型		形态型		分析型		合计（例）
数量（例）	百分比（%）	数量（例）	百分比（%）	数量（例）	百分比（%）	
25	2.5	232	23.1	747	74.4	1004

15 世纪朝鲜语被动的表现形式主要也是词汇型、形态型与分析型三类，其中以形态型为主，被动词缀有三个“-i、-hi、-ki”，其中“-i”的使用范围最广。如下面的三个例句均来自《月印释谱》（1459 年）：

⑲ 有情ᄃᆞᆯ히 … 모딘 즁ᄉᆡᆼ 믈여 橫死홀 씨오
⑳ ᄇᆞᄅᆞ미 아니 닐면 믈 담굟 거시 업스릴씨
㉑ 밠바닰 그미 짜해 반ᄃᆞ기 비키시면

例⑲ ⑳ ㉑的画线部分分别是动词 mɯlta、tamta、pakta 的被动态。

15 世纪朝鲜语词汇型被动多为同形式（identical），分析型被动的表现形式为“- 어 디다”。请看下例：①

㉒ 東門이 열어든 보고 (월인석보 23:80)
㉓ 雙鵰ㅣ ᄒᆞᆫ 사래 ᄢᅦ니 (용비어천가 23)
㉔ 뫼히여 돌히여 다 노가[녹-아] 디-여 (월인석보1:48)
㉕ ᄃᆞ트리 ᄃᆞ외ᄋᆡ 븟-아 디-거늘(석보상절6:30)

上例㉒ ㉓是词汇型被动句，被动词与动词 pota、ppɛta 同形，例㉔ ㉕是分析型被动句。

Hanjeyeong（1984）② 也认为与现代朝鲜语相比，15 世纪的分析型被动的能产性较词汇型、形态型差很多。形态型被动在近代朝鲜语文献中使用范围越来越缩小；相反，分析型被动的使用越来越活跃。下面是近代朝鲜语文献中的分析型被动句。③

① 例句转引自권재일（GwonJaeil）：《한국어문법사》，118—131 页，首尔，도서출판박이정，1998。

② 한재영（HanJeyeong）：《중세국어 피동구문의 특성에 대한 연구》，60 页，서울대학교석사학위논문，1984。

③ 例句转引自나찬연（Na-Chanyoun）：《중세국어 문법의 이해》，339—342 页，首尔，교학연구사，2018。

㉖ 그 나못 불휘를 ᄲᅢ혀 … 드트리 ᄃᆞ외ᄋᆡ ᄇᆞᆺ아 디거늘
㉗ ᄯᅡ히 다 진동ᄒᆞ야 ᄢᅥ여 디거늘
㉘ 온 즘ᄉᆡᆼ이 듣고 ᄃᆡ고리 다 ᄠᆞ려 다ᄂᆞ니
㉙ ᄀᆞ롬애 드르시니 믌결이 갈-아 디-거늘
㉚ 발로 갌山ᄋᆞᆯ 드듸니 즈믄 ᄆᆞᄃᆡ 다 글희-여 디-거늘

15 世纪朝鲜语中能用形态型表现的被动形式，到了 18 世纪、19 世纪则开始消失，到了现代只能用分析型来表示（见表 3）。

表 3 不同时期朝鲜语被动表现示例

动词	15 世纪朝鲜语的被动形式	现代朝鲜语的被动形式	
	形态型	形态型	分析型
꺼리다	꺼리이다	* 꺼리이다	꺼리어 지다
달애다	달애이다	* 달래이다	달래어 지다
마초다	마초이다	* 맞추이다	맞추어 지다
보내다	보내이다	* 보내이다	보내어 지다
브리다	브리이다	* 부리이다	부리어 지다
얻다	얻티이다	* 얻히다	얻어 지다
지다	지이다	* 지이다	지어 지다

根据 WooInhye（1993）[①] 调查，20 世纪初期文学作品中形态型被动句比现在更为普遍，更为自由一些。

表 4 20 世纪初期文学作品中的形态型被动

词缀	动词
-i	kkuda（做）、kkata（削）、kkita（挟）、nohta（放）、tɛta（接触）、teta（烫）、ttata（摘）、ttahta（编）、ttɛta（烧）、meta（挑）、peta（割）、peta（枕）、ppeta（抽）、tsəmita（切片）、tsɛta（测）、tseta（腌）、tstseta（撕）、khɛta（采）、tshita（撞）、thata（沏）、piəta（好转）、kkuɯhta（切）
-hi	kalkta（搔）、mutta（沾）、sakta（发酵）、ssotta（倾斜）
-ki	mitta（信）、ppumta（喷）、sitta（载）、ssotta（倒）、həlttuɯtta（诽谤）、pəsta（脱）、həlpəsta（衣不蔽体）
-ri	kolta（弄）、ttəlta（分离）、thuɯlta（拧）、kkapulta（调皮）、akmulta（咬牙）、tuɯljimilta（推）

① 우인혜（WooInhye）:《국어의 피동법과 피동표현의 연구》, 한양대학교박사학위논문，1993。

表 4 中的这些动词在现代朝鲜语中无法后续被动形态，这些动词想要表示被动只能借用分析手段，由此可见被动形式向分析化发展一直延续到现代朝鲜语。

三、并用是语言转型的过渡

在现代朝鲜语的使动与被动的表现中均存在两种形式叠加并用的情况，我们认为这种并用是语言转型过程中存在的一种过渡现象。

（一）使动形式的并用

朝鲜语并用两种使动类型的形式有两类：一是词汇型 + 分析型；二是形态型 + 分析型。请看下例：

㉛ hiəlɛk sok-ɯi　jisanhuathanso-ɯi tsɯŋka-nɯn ttalkkuktsil-ɯl
血液　中 -GEN 二氧化碳 -GEN　增加 -TOP （打）嗝 -OBJ
məm-tshu-ke　　　han-ta.
停止 -CAUS-CAUS. PRS-FIEN
血液中二氧化碳的增加能止住打嗝。

㉜ hiəltaŋ sutshi-rɯl　nass-tshu-ke ha-nɯn　pampəp-ji　kuŋkɯmha-ta.
血糖　数值 -OBJ 低 -CAUS-CAUS-GEN 方法 -NOM　好奇 -FIEN
我很好奇怎么降低血糖值。

例㉛是词汇型 + 分析型、例㉜是形态型 + 分析型例句。məmtshuta（停止）是同形式使动词，后面加分析型使动形式“ -ke hata”不会有双重使动，语义没有变化；例㉜的 nastshuta（降低）是 nasta（低）的形态型使动形式，nastshuta（降低）后再加一个分析型使动形式“-ke hata”语义基本不变。

例㉛也可说成：

㉝ hiəlɛk sok-ɯi　jisanhuathanso-ɯi tsɯŋka-nɯn ttalkkuktsil-ɯl
血液　中 -GEN 二氧化碳 -GEN　增加 -TOP （打）嗝 -OBJ
məm-tshun-ta.
停止 -CAUS.PRS-FIEN
血液中二氧化碳的增加能止住打嗝。

㉞ hiəlɛk sok-ɯi jisanhuathanso-ɯi tsɯŋka-nɯn ttalkkuktsil-ɯl
血液 中 -GEN 二氧化碳 -GEN 增加 -TOP （打）嗝 -OBJ
məs-ke han-ta.
停止 -CAUS.PRS-FIEN
血液中二氧化碳的增加能止住打嗝。

例㉝是词汇型使动句，例㉞是分析型使动句。也就是说，并用的两种使动类型，只保留一个语义也不变。再看下例：

㉟ * ttalkkuktsil-ɯl məmtshu-əs-tsiman məmtshu-ə tsi-tsi an-as-ta.
（打）嗝 -OBJ 停止 .CAUS-PST- 转折连接词 停止 CAUS- 变化 -NEG-PST-FIEN
想止住打嗝，但止不住。

㊱ ttalkkuktsil-ɯl məs-ke ha-jəs-tsiman məmtshu-ə tsi-tsi an-as-ta.
（打）嗝 -OBJ 停止 -CAUS-PST- 转折连接词 停止 CAUS- 变化 -NEG-PST-FIEN
想止住打嗝，但止不住。

㊲ ttalkkuktsil-ɯl məmtshu-ke ha-jəs-tsiman məmtshu-ə tsi-tsi an-as-ta.
（打）嗝 -OBJ 停止 .CAUS-CAUS-PST- 转折连接词 停止 .CAUS- 变化 -NEG-PST-FIEN
想止住打嗝，但止不住。

例㉟是词汇型使动句，例㊱是分析型使动句，例㊲是词汇型 + 分析型使动句。通过上三例可以得出：使动形式并用时其语义及功能与分析型使动相同，语义皆表示某种指令，因此指令结果有可能是无效的；而词汇型使动属于操作性使动，使动结果通常是有效的，因此句子㉟不成立。

我们再进一步分析一下例㉜。例㉜可变换为形态型使动结构，但用分析型使动结构似乎不太成立：

㊳ hiəltaŋ ʃutʃhi-rɯl naʃ-tʃhu-nɯn pampəp-ji kuŋkɯmha-ta.
血糖 数值 -OBJ 低 -CAUS-GEN 方法 -NOM 好奇 -FIEN
我很好奇如何降低血糖值。

㊴ hiəltaŋ ʃutʃhi-rɯl naʃ-ke ha-nɯn pampəp-ji kuŋkɯmha-ta.
血糖 数值 -OBJ 低 -CAUS-GEN 方法 -NOM 好奇 -FIEN
我很好奇如何降低血糖值。

再看下例：

㊵ * hiəltaŋ sutshi-rɯl nas-tshu-əs-tsiman nas-atsi-tsi an-as-ta.

血糖 数值 -OBJ 低 -CAUS-GEN- 转折连接词低 - 变化 -NEG-PST-FIEN

降低了血糖，但总也降不下来。

㊶ hiəltaŋ sutshi-rɯl nas-tshu-ke hajəs-tsiman nas-atsi-tsi an-as-ta.

血糖 数值 -OBJ 低 -CAUS-CAUS.GEN- 转折连接词低 - 变化 -NEG-PST-FIEN

让他降低血糖，但总也降不下来。

例㊵是形态型使动句，例㊶是形态型 + 分析型使动句。通过上例我们可以判断：形态型 + 分析型使动属于指令性使动，使动结果可以是无效的，而形态型使动属于操作性使动，要求使动结果是有效的，二者语义及功能存在差异；形态型 + 分析型使动句在功能上充当分析型使动句的作用。

（二）被动形式的并用

并用两种被动类型的形式主要有形态型 + 分析型。请看下例：

㊷ tsapnɛnta-ko he-sə moki-ka tsap-hiə tsi nia?

抓 - 想 -CON 蚊子 -NOM 抓 -PASS.PASS 吗

你想抓蚊子就会被你抓住吗？

㊸ susul-ɯlhɛ-sə tamto-ka tsop-hiə tsiəs-ta.

手术 -OBJ 做 -CON 胆管 -NOM 窄 -PASS.PASS.PST-FIEN

做了手术，胆管变窄了。

上例中 tsaphita（被抓）是及物动词 tsapta（抓）的被动形态，后面再加分析型被动形式“-ə tsita”，不会有双重被动，语义基本没有变化；tsop a tsita（被窄）是 tsopta（窄）的被动形式，若 tsop a tsita（被窄）前再加一个被动形态 hi，其语义基本不变。

例㊷也可说成：

㊹ tsapnɛnta-ko he-sə moki-ka tsap-hi nia?
抓 - 想 -CON 蚊子 -NOM 抓 -PASS 吗
你想抓蚊子就会被你抓住吗？

㊺ tsapnɛnta-ko he-sə moki-ka tsap-a tsi nia?
抓 - 想 -CON 蚊子 -NOM 抓 -PASS 吗
你想抓蚊子就会被你抓住吗？

例㊹是形态型被动句，例㊺是分析型被动句。也就是说，并用的两种被动类型，只保留一个语义不变。再看下面两组例句：

㊻ A kɛniaŋtsap-a po as-nɛnte moki-ka tsap-his-ta.
随便 抓 - 尝试 - 转折 .CON 蚊子 -NOM 抓 -PASS.PST-FIEN
随便抓了一下，就抓住了一只蚊子。

B kɛniaŋtsap-a po as-nɛnte moki-ka tsap-a tsiəs-ta.
随便 抓 - 尝试 - 转折 .CON 蚊子 -NOM 抓 -PASS.PST-FIEN
随便抓了一下，就抓住了一只蚊子。

C kɛniaŋtsap-a po as-nɛnte moki-ka tsap-hiə tsiəs-ta.
随便 抓 - 尝试 - 转折 .CON 蚊子 -NOM 抓 -PASS.PASS.PST-FIEN
随便抓了一下，就抓住了一只蚊子。

㊼ A amuri ɛrɛl ssə-to moki-ka tsal an tsap-hin-ta.
不管 费力 - 转折 .CON 蚊子 -NOM 好 不 抓 -PASS.PRS-FIEN
想尽了办法，但还是抓不住蚊子。

B amuri ɛrɛl ssə-to moki-ka tsal an tsap-a tsin-ta.
不管 费力 - 转折 .CON 蚊子 -NOM 好 不 抓 -PASS.PRS-FIEN
想尽了办法，但还是抓不住蚊子。

C amuri ɛrɛl ssə-to moki-ka tsal an tsap-hiə tsin-ta.
不管 费力 - 转折 .CON 蚊子 -NOM 好 不 抓 -PASS.PRS-FIEN
想尽了办法，但还是抓不住蚊子。

上两组例句中 A 是形态型被动句，B 是分析型被动句，C 是形态型 + 分析型被动句。YeonJaehun（2011）① 认为，形态型被动句通常表示自发或偶然性的被动行为，其行为结果是非意图性的、非计划性的，而分析型被动句通常表示施事者有计划性的、意图性的行为，实现被动行为的过程具有一定的难度。通过上两组例句，我们看到以发现形态型 + 分析型被动句在功能上充当分析型被动句的作用。

再进一步分析一下例㊺。例㊺用形态型被动使动结构不成立，但可变换为分析型被动结构：

㊽ * susul-ɯlhɛ-sə tamto-ka tsop-hiəs-ta.
手术 -OBJ 做 -CON 胆管 -NOM 窄 -PASS.PST-FIEN
做了手术，胆管变窄了。

㊾ susul-ɯlhɛ-sə tamto-ka tsop-a tsəs-ta.
手术 -OBJ 做 -CON 胆管 -NOM 窄 -PASS.PST-FIEN
做了手术，胆管变窄了。

从上二例中我们可以看出分析型被动与形态型 + 分析型的语义及句法功能相近。

无论是使动还是被动，两类表现形式叠加并用后其语义及句法功能皆与分析型相同，这说明类型并用中使动或被动形态已经失去了其原有的功能，是冗余手段。这是语言转型时期常见的现象之一。

四、对转型原因的一点思考

（一）以往转型原因分析中的一些问题

关于使动与被动表现的转型语言原因，学术界谈论不多，但一些零星分析中能发现存在两种看法：一是使动 – 被动兼用标记带来的语义不确定性；二是实现语义细分化。

---

① 연재훈（Yeon-Jaehun）：《한국어구문유형론》，146 页，首尔，태학사，2011。

朝鲜语的被动形态与部分使动形态相同，朝鲜语使动词缀可分为“-i”类与“-u”类，其中的“-i”类也属被动词缀，如表 5 所示：

表 5　朝鲜语“–i”类词缀例词表

词缀	动词原形	使动	被动
-i	məkta（吃）	məkjita	məkjita
-hi	əpta（背）	əphita	əphita
-ri	multa（咬）	mulita	mulit
-ki	ʃʃista（洗）	ssiʃkita	ssiʃkita

Gim Yonggyeong（1995）① 指出，15 世纪朝鲜语就有“-i、-hi、-ki”兼表使动和被动的情况。15 世纪《高丽乡歌》里已经有使动词缀“-hi、-ri、-wu、-ko”，但没有被动词缀，而《新罗乡歌》里却有被动词缀“-i”，据此推测高丽时代也许已经存在被动词缀。

正因为使动与被动的词缀相同，有时难免产生歧义现象。例如：

㊿ halməni-ka　sontsa-eke　həri-rɯl palp-hi-əs-ta.

奶奶 -NOM 孙子 -DAT 腰 -OBJ 踩 -CAUS/PASS-PRS-FIEN

奶奶让孙子踩自己的腰 / 奶奶被孙子踩了腰。

上例如果是“奶奶为了缓解疼痛而让孙子踩自己的腰”，句子就有使动义，而“孙子不小心或者有意踩了奶奶的腰”，句子就有被动义。这种歧义句子的特点是，句子要有三个论元，动词是及物性的，宾语是主语的身体部位或所属物。但是这种例句在实际语言现象中仍是少数。据 YangDonghwi（1979）② 统计，朝鲜语中使动与被动同标的动词大约有 34 个。因此，使动与被动在实际语言中难以区分的情况应该不会太多。

关于使动与被动产生的孰前孰后问题，很多学者持使动前被动后的观点。从语言类型学的研究成果看，世界语言里普遍存在着使动发展成为被动的情况，但

① 김용경（GimYonggyeong）:《피동법과사동법의역사적상관성》，载《건국어문학》，1996（19，20 合集）。

② 양동휘（Yang-Donghwi）. Semantic constraints 1:Causativization, 어학연구，1975（13）.

是还没发现被动发展成为使动的情况。[①] 如果朝鲜语也是使动前被动后，同时为了避免歧义被动形态转型为分析性，那么常规的分化应该是使动的表现手段不变，被动出现新的语法手段。然而朝鲜语的使动与被动大致是同一时期出现由形态型转变为分析型的现象。另外，朝鲜语的使动 - 被动兼用标记形式为后缀形态，这与诸多阿尔泰语系语言较相似。如阿尔泰语系满 - 通古斯语族的满语（-bu/-bo）、赫哲语（-wə/-wu）、锡伯语（-və/-vu）的使动—被动态也为后缀。蒙古语的被动句主要用及物动词构成的被动态表示，蒙古语被动词缀有 -gda、-gdə、-da、-də，有时也用动词的使动态词缀表示被动意义。[②] 然而这些使动与被动同标的语言目前还没有看到它们类型转变的明显迹象。这些问题，学术界也未能提出合理的解释。

有的前贤学者认为，朝鲜语使动与被动的类型转变是为了语义细化。朝鲜语词汇型、形态型使动表示直接使动，分析型使动表示间接使动；词汇型、形态型被动表示自主被动，分析型表示意图性被动。语义细化是语言形式发展的一个重要原因之一，但是在朝鲜语使动与被动的语义细化表现上，貌似不只局限于直接与间接、自主与非自主、意图与非意图等。

如从实际语料中我们也可以看到，朝鲜语形态型使动也表示间接使动，分析型使动表示直接使动。例如[③]：

㊿ tsujn-ɯn ton-ji ttələtsin sonnim-ɯl samjl-jina koŋtssaro tsɛwu-ko
主人 -TOP 钱 -NOM 缺 .GEN 客人 -OBJ 三天 - 强调 免费 睡 .CAUS-CON
məkjə-tsuəʃ-ta.
吃 .CAUS- 给 .PRS-FIEN
客人没有了钱，主人为客人免费供吃供住三天。

㊾ tshəlsu-nɯn sunji-ɯi antɛ-rɯl pəs-kiə tshaŋpak-ɯl
小王 -TOP 小李 -GEN 眼罩 -OBJ 拖 -CAUS.CON 窗外 -OBJ
po-ke ha-jəs-ta.
看 -CAUS-PRS-FIEN
小王取下小李的眼罩，让他看了看窗外。

① Haspelmath，M. The grammaticalisation of passive morphology.Studies in Language，1990: 25-72.
② 阿茹汗：《蒙汉致使范畴表达对比》，北京，北京语言大学硕士学位论文，2008。
③ 例句转引自연재훈 (Yeon-Jaehun)：《한국어구문유형론》，首尔，태학사，2011：103 页。

例㉛是形态使动句，但表示的是间接使动，例㉜是分析型使动句，但表示的是直接使动。例㉛之所以表示间接使动，是因为主人允许他“白吃白住”这一致事行为与客人吃住的役事行为，在认知上存在一定的距离；而例㉜的致事行为——“取眼罩”与役事行为——“看窗外”之间的距离比较短。因此我们可以说，使动形式的综合度与使动的直接性没有绝对关联，真正影响使动直接性的是致事行为与役事行为的认知距离。也就是说，通常使动形式的综合度高，致事行为与役事行为之间的认知距离则较短，使动形式的综合度低，使动行为与役事行为之间的认知距离则远，但这不是绝对的。从上述分析中我们可以看出，至少在朝鲜语使动的综合度与使动的直接性没有绝对关联。

被动也有相似的情况。形态型被动有时也表示意图性使动，分析型被动有时也表示自主被动。另外，Hanjeyeong（1984）[①] 认为，近代朝鲜语中形态型被动与分析型被动、词汇型被动与分析型被动之间的语义区别不明显。

如果分析型使动与被动的出现是满足语言表达细化的需求，那么分析型使动与被动的真正语义功能又是什么？这些也都是需要我们进一步考察的问题。

（二）朝鲜语使动与被动形式转型的影响因素

现代朝鲜语的使动与被动形式具有形态型与分析型共存、分析型能产性高、形态型日趋减少的特点，这在其他阿尔泰语言中是少见的现象。朝鲜语使动与被动结构之所以有现在的局面，我认为是与以下几种事实有关。

1. 固有词自身消失或原来的使动词失去了使动义

据 RyuSeongki（1998）[②] 统计，中世朝鲜语曾存在，删到了现代已消失的 67 个词缀型使动结构中，有 15 个词语是因为固有词本身消失，6 个词语是使动词失去了使动功能，变成不及物动词。

2. 汉字词的大量进入打破了已有的格局

众所周知，现代朝鲜语词汇中汉字词占有率非常高，汉字词很难用形态变化来表示语法意义，分析型是汉字词的主要语法手段。

① 한재영 (HanJeyeong):《중세국어 피동구문의 특성에 대한 연구》，75 页，서울대학교석사학위논문，1984。

② 류성기（RyuSeonggi）:《한국어사동사연구》，102 页，首尔，洪门阁，1998。

3. 朝鲜语格助词使用的制约性强

像锡伯语，表示使动形态与被动形态也皆用词缀 -və/-vu，但被动形态与使动形态对所接续的役事成分的格标记有不同的要求，使动形态要求补语接续宾格标记 -b/-v，被动形态要求补语接续与 / 位格标记 -d。满语的情况也如此。但朝鲜语的助词使用受到较严格的限制，使动与被动的表现主要靠词缀或分析型手段。如删“əməni（妈妈）nɯn（话题格）a ji（孩子）eke（与格）ʃonkarak（手指）ɯl（宾格）mulriəsta（咬使动 / 被动词缀过去时态），这一句话既可以理解成“妈妈让孩子咬她的手指”，也可以理解成“妈妈被孩子咬了手指”。到底是使动还是被动，只能通过上下文语境来判断。

4. 分析型便于容纳多种语义，当与形态型共存时，必然向分析型发展

分析式在语音形式上有较大的适应性，语义上具有较强的表现力。朝鲜语分析型使动、被动结构具有多功能性。如“ -ke hata”使动结构，既表示直接使动，还表示间接使动；既表示使动义，还表示使令义、允许义；同时既可以与不及物动词结合，还可以与及物动词、形容词结合。人们选择分析型结构来表示使动义，正符合“语言的经济性原则”。

5. 朝鲜语发展到现在与汉语的接触极为频繁

朝鲜语分析型使动与被动的产生是 14 世纪末—15 世纪初音读口诀时期。这个时期开始朝鲜盛行翻译从中国传过去的佛经，例如《楞严经谚解》《法华经谚解》《金刚经谚解》《圆觉经谚解》等。汉语是分析型语言，或许就在这些经书的翻译过程中通过朝鲜语与汉语接触频繁，促进朝鲜语分析型使动结构的产生与发展。这种推测是否成立还需要进一步证实。

以上分析了朝鲜语使动与被动形式转型的过程及影响因素。关于转型的原因，虽然目前还未得出很好的解释，但是我们可以清晰地看到作为黏着性语言的朝鲜语的使动与被动表现从形态型向分析型发展的轨迹。

参考文献

［1］阿茹汗 . 蒙汉致使范畴表达对比 . 北京：北京语言大学硕士学位论文 ,2008.

［2］金海月 . 朝汉致使范畴对比研究 . 北京：科学出版社 ,2018.

［3］［美］伯纳德 · 科姆里 . 语言共性和语言类型 . 沈家煊 , 译 . 北京：华夏出版社，1989:209-211。

［4］Haspelmath，M. The Grammaticalisation of Passive Morphology.Studies in Language. 1990: 25-72.

［5］권재일 (Gwon Jaeil) 한국어문법사 . 도서출판박이정 , 1998:118—131.

［6］김완진 (Gim Wanjin) 향가해독법연구 . 서울대출판부 . 1980.

［7］김용경 (Gim Yonggyeong) 피동법과사동법의역사적상관성［J］, 건국어문학 (19,20 합집). 1995.

［8］나찬연 (Na Chanyoun) 중세국어 문법의 이해［M］>, 교학연구사 , :339—342.

［9］류성기 (Ryu Seonggi) 한국어사동사연구［M］, 홍문각 , 1998:98—112.

［10］박진호 (Bak Jinho) 고대국어문법［A］, 국어의시대별변천연구 3［M］, 국립국어연구원 . 1998.

［11］연재훈 (Yeon Jaehun) 한국어구문유형론［M］, 태학사 , 2011:146.

［12］양동휘 (Yang Donghwi) semantic constraints 1:causativization［J］, 어학연구（13 권). 1975.

［13］우인혜 (Woo Inhye) 국어의 피동법과 피동표현의 연구［D］, 한양대학교박사학위논문 . 1993.

［14］유경종 (Yu Gyeongjung) 근대국어피동과사동표현연구［D］, 한양대학교대학원박사학위논문 .

［15］최동주 (Choe Dongju) 국어사동구문의통시적변화［J］. 언어학 (제 27 호), 한국언어학연구회 . 2000.

［16］한재영 (Han Jeyeong) 중세국어 피동구문의 특성에 대한 연구［D］. 서울대학교석사학위논문 . 1984.

（作者单位：北京语言大学国际中文学院）

浅谈维吾尔语后置词的分析性特点及用法

吐拉尼克孜·吾斯曼

维吾尔语属于黏着性语言，是利用大量附加成分构成新词或表示各种语法意义，但这并不能代表黏着性语言没有分析型语言的特点。维吾尔语的后置词是分析性语言特点的一种表现形式。后置词是维吾尔语中使用频率较高、用法多变、语意抽象、功能复杂的一种虚词，因此后置词的研究越来越得到学术界的关注，也有了一些研究成果。

一、维吾尔语后置词的定义及其研究状况

支配或依附于实词，表示事物和事物、动作和施动者之间的各种语法关系（地点、处所、目的、原因、状态等）的词叫做后置词。维吾尔语常见的后置词有 45 个：

表 1　维吾尔语常见的后置词

序号	后置词	汉语译文	序号	后置词	汉语译文
1	tɛripidin	被	2	asasɛn	根据
3	ytʃyn	为了，为，替；对，对于；因为，由于	4	binaɛn	按照
5	bilɛn	跟，用，同，乘	6	qarita	对，对于
7	arqiliq	通过，用	8	dair	关于
9	alaqidar	有关	10	ait	有关，关于
11	turmaq	且不说	12	nisbɛtɛn	相对于
13	qatarliq	……等	14	qɛdɛr	……为止

续表

序号	后置词	汉语译文	序号	后置词	汉语译文
15	baʃliq	以……为首的	16	jariʃa	相应于
17	ara	之间	18	ibarɛt	……等
19	kɛbi	像……似的	20	beri	从……以来
21	baʃqa	除外，以外	22	kørɛ	与其……（不如）……
23	etibarɛn	以来	24	munasiwɛtlik	相关
25	tartip	……开始	26	halda	以……方式
27	baʃlap	……开始	28	josunda	以……方式
29	toʁruluq	关于	30	rɛwiʃɛ	以……方式
31	bojitʃɛ	按照，依照，全	32	tɛrizdɛ	以……方式
33	qariʁanda	比	34	peti	以……方式
35	toʁrisida	有关	36	bujan	从……以来
37	hɛqqidɛ	关于，有关	38	tygyl	漫说……连
39	hɛqtɛ	有关	40	turuqluq	虽然，既然
41	hɛqtiki	关于	42	qarʃi	反对，对立
43	jariʃa	适于，相应	44	seri	朝着
45	qɛtijnɛzɛr	不管，不论			

后置词是维吾尔语虚词的重要组成部分，这些词汇意义较弱、语法意义突出的词，是因为实词虚化的结果。王远新的《突厥语族语言的后置词与词类分化》一文，首次将语法化理论运用于突厥语族诸语言后置词的形成与演变的研究中，提出了以下几个观点：第一，“实词→虚词→（半虚化→全虚化）→附加成分”是后置词遵循的演变过程；第二，动词（副动词）和静词是后置词的两大来源；第三，通过对后置词 ytʃyn 和 bilɛn 的发展演变轨迹的研究，证实了词类分化理论所揭示的突厥语族诸语言一些词类的发展过程（实词→虚词→附加成分）以及语法结构的两种运动方向（分析型语法手段⟷综合型语法手段）是可信的。[①]

蔡崇尧的《用分布法认识维语后置词》一文，将后置词的语法功能概括为：后置词是附加在名词或起名词作用的词语后面，表示这个词语与句子谓语的各种

① 王远新：《突厥语族语言的后置词与词类分化》，载《民族语文》，1987（5）。

关系的无形态变化的虚词。[①]

董华荣、李玉琪的《维吾尔语后置词研究评析》一文中，作者比较全面地、系统地分析，总结和评价维吾尔语后置词研究的成果，提出维吾尔语后置词研究存在的问题及研究问题的对策。[②]对维吾尔语后置词的研究没有停留，学者一直在关注。2010年以来，在以前的研究成果的基础上，李冰、曹鹏、穆淑荣、赵改莲、热孜万古丽·阿力甫、艾孜尔古丽·玉素甫、阿不都热依木·沙力、赛丽塔那提·哈力克、阳雯月、阿布都外力·卡迪尔、许俊丽、黄鹏娟、排日代姆·艾合麦提等学者从不同的角度出发发表了9篇论文。可以说，平均每年一篇。

二、分析语与分析性特点

戴庆厦老师在课上说过，做语言研究，每个人都会自觉或不自觉地带着自己固有的眼光去观察语言、分析语言、判断语言。眼光对了，容易贴近语言实际；眼光不对，研究就不会到位。

什么是分析语？

德国语言学家洪堡特和历史语言学家A.施莱赫尔等人提出了语言类型的四分法：屈折语、黏着语、孤立语和多式综合语。语言学家们不同程度地注意到所研究的语言特点，如研究汉语的，注意汉语的分析性特点，研究阿尔泰语系语言的，注意黏着语的特点。众所周知，汉藏语系语言大都属于“分析性语言”，我国分析性语言种类众多，调查研究取得了不少的成果。

分析语有不同于非分析语的特征。其特征主要有：

（1）缺少形态。所谓“缺少”，是指形态变化在语法手段中虽然都有一些，但是所占比例较小，不同语言的形态也多少不一。

（2）单音节词根所占比例大，双音节词多由两个单音节词根构成。

（3）语序比较固定，不能随意调换。

（4）虚词丰富，种类多。如表示句法关系的助词有定语助词、状语助词、补语助词、宾语助词、话题助词、连词、介词等，还有丰富的语气助词。

（5）韵律丰富。韵律是构词和组成句法结构重要的元素。分析语的构词韵律

① 蔡崇尧：《用分布法认识维语后置词》，载《语言与翻译》，1993（1）。

② 董华荣、李玉琪：《维吾尔语后置词研究评析》，载《新疆职业大学学报》，2010（6）。

比句法韵律更为丰富。韵律手段有多种，以双声叠韵和双音节化出现频率最高。

三、后置词的分析性特点及用法

后置词是虚词，不能单独使用，作为自由功能语类（指的是与前面的词干分写的功能成分），附加静词类（名词、形容词、数量词、模拟词）或静词短语（名词短语、形容词短语）后面，才能充当句子成分。如：

① biz xɛlq ytʃyn xizmɛt qilmiz. 我们为人民服务。

② biz wɛtɛn ytʃyn oquwatimiz. 我们为祖国而学习。

以上的 ytʃyn 用在名词后，表示动作进行的目的，当句子的状语。有时候也可以做定语，如 kytypxanida tilʃunasliqqa ait kitablar nahajiti køp.（图书馆有关语言学方面的书很多。）

语法功能来看，后置词和格词尾十分接近，有些后置词在一定的语境下也有代替格词尾的趋向。如：

③ balilirim ytʃyn // balilirim-ʁa kitab elilp qojdum. 我替孩子们买了书。

④ bu xɛwɛr oquʁutʃilar ytʃyn // oquʁutʃilar-ʁa zor ilham. 这个消息对学生们来说是一个巨大的鼓舞。

⑤ bu alim ytʃyn // alim-ʁa jaxʃi pursɛt. 对阿力木来说，这是个好机会。

⑥ ular ajropilan bilan // ajropilan-da qɛʃqɛrgɛ kɛtti. 他们乘飞机到喀什去了。

⑦ mɛn sijah qɛlɛm bilɛn // sijah qɛlɛm-dɛ xɛt jazdim. 我用钢笔写字了。

⑧ u ta bygyngɛ qɛdɛr // bygyngitʃɛ qajtip kɛlmidi. 他至今没有回来。

⑨ bu telfon u telfunʁa qariʁanda // u telfon-din jaxʃxi. 这个手机比那个手机好。

⑩ turpanniŋ yzymi dunja bojitʃɛ // dunja-da mɛʃhur. 吐鲁番的葡萄在全世界有名。

例句③④⑤中的 ytʃun 可以用与格代替；例句⑥⑦中的 bilɛn 可以用位格代替；例句⑧中的 qɛdɛr 可以用界限格代替；例⑨句中的 qariʁanda 可以用从格代替；例句⑩中的 bojitʃɛ 可以用位格代替 。但绝不能由此认为后置词任何时候都可以替换格词尾，区别在于格位形式是黏着手段，后置词是分析手段，格位形式和后置词的语义是一样的。哈米提・铁木尔认为，名词与后置词组成的后置词结构，可以被认为是名词的分析形式的格形式，应该属于名词格的范畴；[①] 张定京认为，格助词（即后置词）是位于名词性词语后表达该词语与动词（有时从表面看，是与其他名词或形容词性词语）之间的结构关系意义的助词。[②] 这一点与名词的格词尾相同，“格助词”这一名称本身也与此相关。

除此之外，后置词没有形态变化，没有构词能力，一旦离开了实词，就不能独立运用。如：

⑪ tirʃip øginiʃ jaʃlar ytʃyn intajin muhim. 刻苦学习对青年人很重要。

⑫ jamʁurda qalʁanliqim ytʃyn aʁrip qaldim. 因为淋了雨，我病了。

例句 ⑪⑫ 中的 ytʃyn 是单纯的后置词，形式固定。例句 ⑪ 中的 ytʃyn 依附于实词 jaʃlar 表示动作进行的目的；例句 ⑫ 中的 ytʃyn 依附于名动词后，表示一般因果关系及其前的事情引发其后动作行为的原因。

后置词出现在自己所支配的静词类或静词短语后面（请看以上的例句），因此可以说，后置词的语序比较固定。

四、结语

本文所涉及的部分是维吾尔语后置词的分析性特点。总结以上的内容，我们不难发现后置词的三种分析性特点：一是与前面的词干分写；二是没有形态变化；三是语序比较固定，不能随意调换。

众所周知，按类型学分类维吾尔语属于黏着性语言，但是在维吾尔语中或多或少存在分析性特点。格标记才是体现维吾尔语类型学特点的标志之一，后置词形态弱化，有时候起格位形式的作用，在一定的程度上是一种补偿。

当然，笔者限于学术水平和知识功底，只是尝试性地用分析性眼光观察维吾尔语的后置词，试分析它的分析性特点。

---

① 哈米提・铁木尔：《现代维吾尔语语法》，北京，民族出版社，2011。

② 张定京：《现代哈萨克语实用语法》，北京，中央民族大学出版社，2018。

参考文献

[1] 王远新．突厥语族语言的后置词与词类分化．民族语文，1987（5）．

[2] 苏联从事维吾尔语研究的语言学家集体编写．现代维吾尔语．陈世明，廖泽余，译．乌鲁木齐：新疆人民出版社，1987.

[3] 蔡崇尧．用分布法认识维语后置词．语言与翻译，1993（1）．

[4] 易坤修，高士杰．现代维吾尔语语法．北京：中央民族大学出版社，1998.

[5] 海木都拉・阿布都热合曼等编著．现代维吾尔语详解辞典．乌鲁木齐：新疆人民出版社，2010.

[6] 董华荣，李玉琪．维吾尔语后置词研究评析．新疆职业大学学报，2010(6).

[7] 李冰．试析维吾尔语后置词语法化过程中的语用因素．语言与翻译，2011（4）．

[8] 哈米提・铁木尔．现代维吾尔语语法．北京：民族出版社，2011.

[9] 力提甫・托乎提．现代维吾尔语参考语法．北京：中国社会科学出版社，2012.

[10] 曹鹏．议现代维吾尔语的后置词．和田师范专科学校学报，2014（1）．

[11] 戴庆厦，闻静．论“分析性语言”研究眼光．云南师范大学学报（哲学社会科学版），2017（5）．

[12] 许俊丽，黄鹏娟．汉语介词与维吾尔语后置词对比浅析．文学教育（上），2018（25）．

[13] 张定京．现代哈萨克语实用语法．北京：中央民族大学出版社，2018.

（作者单位：中央民族大学中国少数民族语言文学学院）

汉语的特点究竟是什么？*

戴庆厦

笔者主要做藏缅语族语言的教学研究，也做过汉语和少数民族语言的对比研究。出于这种知识和工作背景，笔者常常不由自主地会去思考“汉语的特点究竟是什么？”这样一个实际存在的、但又难以回答的问题。下面，笔者把自己的一些想法写出来与大家交流，希望得到大家的帮助。主要从三方面论述：一是思考汉语特点的必要性；二是汉语的特点；三是怎样发现汉语的特点。

一、思考汉语特点的必要性

做汉语教学、研究也好，做汉语与非汉语的比较也好，总会遇到这样一个问题——汉语的特点究竟是什么？这个问题的实质是指：应当怎样认识、捕捉、把握真正属于汉语的特点。在汉语的教学中，如果对汉语的特点能够把握得准确些，就能更有针对性，做到有的放矢；在语言研究中，如果对汉语的特点能够认识得贴近实际些，就能较快地发现问题，抓住实质性的特点。

人们虽然天天跟语言接触，但是却不容易发现自己所说的语言或自己所研究的语言究竟有什么特点。对汉语也是这样。这似乎是普遍现象。所以做语言教学与研究，必须多思考自己所教学或研究的语言究竟有什么特点，要从感性认识提升到理性认识。

每种语言的特点都有大有小。小的特点容易说出一些，如汉语的语法有“把”字句、“被”字句、介宾结构，语音有轻声、儿化、单音节性强等。这些都是不可忽视的特点。但其大的特点、能制约语言系统变化的特点又是什么，却难

* 原载《云南师范大学学报》，2014（5）。

以认识到。

笔者虽然是研究具体语言的，也做过汉语和非汉语的比较，多年的实践使本人对汉语和非汉语的特点能说出一些，但是对自己所接触的语言的特点是否摸准了，究竟有哪几条特点是关键性的、能制约整个语言系统的特点，却感到没有把握，这成为笔者时时思考的问题。

汉语的特点究竟是什么？这是一个必须回答但又难以回答的大问题。过去，老一辈的语言学家已在不断地探讨汉语的宏观特点，对汉语的特点提出过“单音节性”“孤立性”“有声调”“韵律强”“话题优先”等各种认识，这些认识，对我们深入探讨汉语的宏观特点打下了一定的基础。

如果能够从宏观上把握汉语的特点，看到哪些特点是汉语独有的，或起关键作用的，汉语的特点中，弄清哪些是语言的共性，哪些是汉语的个性，就会对汉语的特点看得更深些、更准些，在教学、研究中就会减少盲目性、主观性、片面性，防止局部“摸象”或“一叶遮目”。

二、汉语的四个特点分析

笔者主要是做非汉语研究的（主要是汉藏语系语言，对景颇语、哈尼语比较熟悉），通过对非汉语和汉语的比较，笔者认为汉语在宏观上有以下四个特点。

（一）汉语属于超分析性语言

根据语言类型学的分类，世界的语言可分为分析语、黏着语、屈折语和多式综合语等几类。分析型的特点是，形态不甚发达，主要靠语序和虚词来表示各种语法意义；黏着型和屈折型的特点是主要靠形态变化来表示各种语法意义。但每一类型的语言特点都不是纯粹单一的，都会在主要类型的特点上另含有别的类型的特点，而且在每一类型的内部都存在不同的类型层次。比如：分析型语言除了分析特点外，都会有不同程度的形态特点，通过语音变化表示不同的意义和语法范畴。黏着、屈折等类型的语言，也会有一些分析型的特点。

汉藏语的历史比较和类型学比较虽然还处于起步阶段，但是不少专家都同意这样一条粗线条的演变规律——汉藏语是由黏着类型向分析类型演变的。如今，汉藏语系上百种语言，都是以分析性特点为主的语言，但不同的语言发展不平衡，分析性程度高低不一，存在不同的层次。如其中的藏缅语族语言，除具有分析性的特点外，还有程度不同的黏着性、屈折性的特点。大致存在三种不同的层次：第一类是分析性相对较强的，如彝语、哈尼语、傈僳语、拉祜语、白语等语言，形态变化很少，语法意义主要靠语序和助词来表示；第二类是形态变化相对较多的，如嘉绒语、羌语、普米语等语言，形态变化比较丰富，除了语序和虚词外，还靠形态变化表示各种不同的语法意义；第三类是景颇语，其形态变化处于上述二类之间，不及形态变化较多的嘉绒语、羌语、普米语等语言，但又比分析性较强的彝语、哈尼语、白语等语言丰富。其形态变化的强度，处于中间偏上的位置。这三种不同的类型，是藏缅语语法演变处于不同阶段在现存语言里的反映，反映了藏缅语语法从形态丰富到不丰富的演变过程。我们通过对比研究，可以从中构拟出一条由黏着类型向分析类型演变的演变链。

与藏缅语相比，汉语则是分析性发展最充分的语言，形态变化保留相对较少。汉语的分析性特点，接近藏缅语族语言中的第一类，而且分析性特点还比第一类强，可定性为“超分析性语言”。认识到这一点是非常必要的，它能使研究者从宏观的角度判断汉语的特点及演变规律。

汉语分析性强的特点主要表现在词类无形态变化上，词类的区别主要靠意义和句法功能。拿动词来说，藏缅语的动词大都有种类不同的形态变化（声母、韵母、声调的变化和加不同的前缀或后缀），表示“式、体、貌、态”等不同的语法意义；而汉语的动词则是“光杆”的，既无前缀或后缀，也很少有音变现象，主要靠分析手段（加助词、语序）表示各种语法意义。如动词中的使动形式，藏缅语除了分析式外还保留丰富多样的形态变化（声母、韵母、声调的变化和加不加前缀等），如景颇语的 pja^{ʔ55} “垮” 和 phja^{ʔ55} “使垮”，mǎ^{31}laŋ^{33} “直” 和 mǎ^{31}lan^{55} “使直”，noi^{33} “挂着” 和 noi^{55} “挂上”，tʃon^{31} “骑” 和 ʃǎ^{31}tʃon^{31} “使骑”，ka̱p^{55} “粘” 和 ʃǎ^{31}ka̱p^{51} “使粘”，pʒep^{31} “裂，碎” 和 a^{31}pʒep^{31} “打裂，拍裂，拍碎”。而汉语表示使动意义，几乎没有形态变化，使用词汇手段或语义内在的变化来表示。

又如，汉语的动词和形容词在形态上无区别性特征，而藏缅语许多语言能够通过形态变化来区别。如景颇语的形容词能加上 a^{55} 前缀构成副词做状语用；而动词不能。例如：

① $a^{55}lă^{31}wan^{33}kă^{31}lo^{33}u^{ʔ31}$!
（前）快　做　　（尾）
你快做吧！

② $a^{55}tso̱m^{51}$ $ʃa^{31}ka̱^{33}mu^{ʔ31}$!
（前）好 地 写（尾）
你们好好地写吧！

动词能通过加前缀表示“经常”义，而形容词不能。如 $mă^{31}ni^{33}$“笑”和 $a^{55}mă^{31}ni^{55}$“经常笑”；$ŋa^{31}$“在”和 $a^{55}ŋa^{31}$“经常在”。

汉语词类形态变化少，自然会伴随词类活用多的特点。相对而言，汉语词类活用的现象比较多，这与词类缺少形态有关。因为词类的形态标志，对词类的活用会有一定的制约力。如“添堵、添乱、给他一个爱、清爽感动世界、爱是天意、天气那叫一个冷”的“堵、乱、爱、清爽、冷”译为景颇语时，都要加上名词化标志构成名词才能进入句子。同一形式的词类活用，应该是语言富有表达力的表现，但也存在少数规范的问题。如近年来出现的一些四字格结构的短语，如“清洁北京、智慧人生、文明餐桌、创新科技”等，前一个词是形容词还是动词？“清洁北京”是“清洁的北京”，还是“使北京清洁”，“文明餐桌”是“文明的餐桌”，还是“使餐桌文明”，使人莫衷一是。汉语词类活用的现象似乎越来越强，如“很明星、大夏天的、非常父母、娱乐自己、文明北京、贪杯”等，已见怪不怪了。“病了弟弟，不病哥哥”的“病”也当使动词用了。汉语的数词“一”能当副词用，如“他一去就是三年”，这是藏缅语族语言所没有的。

汉语句子成分使用上的灵活性，不是字面上都能解释的。如“吃父母”“你学什么习”“我就奇了怪了”“都局长了”“都老夫老妻了”等，是亲属语言所不能有的。这种灵活性，造成非汉族学习汉语的困难，成为长期以来汉语教学、研究的一个难点。

汉语“超强”的分析性，形态变化极少，使得它必须从别的方面寻找表达力，以实现语言表达的和谐、平衡。汉语为什么大量出现语序的多变性和多样性，为什么语义对句法有如此强大的制约力，为什么韵律变换如此复杂，为什么特殊句式的能产性特别强，为什么语音对语法有着超常的控制力等，这些都与汉语超强的分析性特点有关。汉语的“被”字句、“把”字句出现频率高、特点异常复杂，是非汉语人学习汉语的大难点；这些特点不但其他语系的语言（如印欧语系、阿尔泰语系、南亚语系）没有，就是与其相近的亲属语言（如藏缅语族语言）也没有，这不能不与汉语超强的分析性特点有关。总之，认准汉语的分析性特点，有助于从宏观上、本质上认识汉语的特点。

汉藏语由黏着类型向分析类型演变，不同语言分析性程度高低不一。在这一演变趋势中，要数汉语跑得最快，分析性超强。这是为什么？值得研究。

（二）汉语属于隐性特点丰富的语言

语言的形式，有隐性和显性之分。从总体上看，分析性语言隐性特点会多些，而黏着语、屈折语的显性特点会多些。认识具体语言的隐性、显性特点，对语言教学与研究很有帮助。

汉语与形态变化比较多的一些语言相比，隐性特点比较丰富。比如：景颇语在名词上有个体名词和类别名词的对立，通过形态变化构成类别范畴。这是显性的特征。但汉语也有这种语法意义，则没有显性的语法形式，个称和类称都是“光杆形式”。例如：

表 1　汉语个称、类称例词表

个称	类称
nam^{31}si^{31} 水果	nam^{31}si^{31}nam^{31}so^{33} 果类
ʃă^{55}ku̱m^{51} 墙	ʃă^{55}ku̱m^{51}ʃă^{33}ka̱p^{55} 墙的总称

“水果”一词，在“我吃一个水果”和“水果是有营养的”这两个不同的句子里，景颇语是不同形式，而汉语是同一个形式。但汉语是通过句法结构显示“个称”和“类称”这一语法范畴的对立。

又如，汉语“的”字结构也是一个隐性特征。20 世纪 50 年代，朱德熙先生首次引入现代语言学中的结构主义理论和方法，揭示了汉语“的”字的隐性特征。他把“X 的”的不同分布看作是“的”的不同功能，由此提出了著名的“三个语素”说。即“的 1”是副词性后附成分；“的 2”是形容词性后附成分；“的 3”是名词性后附成分。汉藏语各语言间“的”的数量多少不一，有的语言没有“的”，有的语言只有一个“的”，而有的语言却有多个“的”。多个“的”是使用不同的词，表示不同的语法意义。

类型学比较的成果显示，分析性语言是产生“的”字结构的良好土壤。汉藏语内部的“的”字结构存在发达与不发达的差异，其成因与语言的分析性强弱有关。如藏语支、羌语支等语言其形态变化比缅彝语支丰富，分析性较弱，“的”

字结构就相对贫乏。嘉绒语是其中形态变化最为丰富的一种语言，至今尚未产生定语助词“的”。而缅彝语支分析性强，定语助词不仅形式多样，而且表义类型丰富，当修饰性定语提前时，定语助词作为一种分析性手段不可缺省。汉语的分析性强，所以“的”字结构也发达。汉语的“的”字概括程度高，对语义关系的控制力强，同一个“的”字具有多种不同的语法意义、语法功能，“的 1”“的 2”“的 3”共用一种语音形式，但在句中不混淆，要通过句法分析才能揭示其不同的类别。景颇语则采用多种不同的语音形式表示“的”，体现不同的语义关系。景颇语有 $aʔ^{31}$、ai^{33}、na^{55} 三个不同的“的”，是显性的形式。不同的“的”，职能界线分明。例如：

③ $ʃiʔ^{55}aʔ^{31}pă̰^{33}loŋ^{33}$. 他的衣服。（$aʔ^{31}$ 表领属）
他 的 衣服
④ $kǎ^{31}pa^{31}ai^{33}phun^{55}$. 大的树。（$aʔ^{31}$ 表修饰）
大 的 树
⑤ $tai^{31}niŋ^{33}na^{55}mam^{33}$. 今年的稻子。（$aʔ^{31}$ 表限制）
今年 的 稻子

汉语“的”字与周围的亲属语言无同源关系，可以证明“的”是在原始汉藏语分化之后产生的。“的”字的词源关系能够反映亲属语言“的”字的产生和演变。如果“的”字在不同语言里有同源关系，说明他们有共同的来源，也就是说，在它们未分化的时候就已出现，不是后来创新的。所以，弄清汉藏语“的”字的词源关系，区分是同源还是不同源，是研究“的”字结构的一把重要钥匙。

再如，汉语动词也有自主范畴，区分自主和非自主，但没有显性的语法标记，不易被发现。马庆株教授揭示汉语动词的自主范畴，是通过藏语显性的自主范畴的对比发现的。藏语的动词有一套自主非自主的对立。这一语法范畴是通过显性的语音曲折变化表示的。如自主的“看”（现在时）是 lta，非自主的“看见”（现在时）是 mthong。自主的有命令式，非自主的没有。马庆株教授在学习、研究藏语的语法时，对照、分析了汉语的动词，发现汉语“能单说‘看’、‘我看’、‘看报’，不能单说‘塌’、‘房子塌’、‘塌房子’，而非要说‘塌了’、‘房子塌了’、‘塌了一间房’不可。”并在分析大量语料的基础上，提出划分现代汉语自主动词和非自主动词的语法标准和分类系统。他说：“自主动词和非自主动词这一对术语是从藏语语法论著中吸取来的”，“找寻汉语自主动词和非自主动词的分类标准，缺乏可供参考的前人论著，只是可以从藏语语法中得到一些启发”[①]。他的这一发现，已得到学术界的认可，是从非汉语显性特点发现汉语隐性特征的一个范例。

吕叔湘先生在《说“胜”与“败”》这篇著名的论文里，解释了“胜”与“败”这一对反义词为什么在“中国队胜（败）韩国队”这一句式中语义相同。[②]从汉语隐性的特点看，是“胜”含有“使败”、“败”含有“使胜”的特点所致，这种隐性的语义特征是古汉语“败兵”使动基因的传承。

鉴于上述汉语隐性特点丰富，所以在汉语的教学、研究中要特别关注隐性的特点，对隐性现象要有敏锐性，善于从隐性特征中发现语法现象，解释语法现象。

（三）汉语是语义具有超强伸张力的语言

在多年的汉语语法研究中，语言学家经过困境的碰撞逐渐认识到语义与语法的密切关系，理解到大量的语法问题与语义有关，要从语义上去解释，从而出现了“语义语法”的方法论。这一认识，是符合汉语实际的，是深入认识汉语语法特点的重要一步。

但在汉藏语系语言中，语义的重要性是不相同的。语义控制语法的能力有强有弱，起作用的领域各有侧重。相比之下，汉语是语义具有超强伸张力的语言。语义对语法控制能力的大小，在词的义项多少上有反映。比较汉语和藏缅语，我们发现汉语的义项比别的语言丰富。如汉语的“老”有十多个义项。年岁大（老人）、老年人（徐老）、以前就有（老厂）、陈旧（老机器）、火候大（煮老了）、长久（老没见到他）、很（老远）、排行末了（老闺女）、前缀（老三，老虎）等。而其他亲属语言则没有这样的义项扩张，多用不同的词表示。如景颇语的“年岁大”用 $kum^{31}kai^{33}$（女）$tiŋ^{31}la^{33}$（男）、“以前就有”用 $n^{31}sa^{31}$、“火候大”用 lai^{31}。不能引申出副词和前缀。

汉语语义变化多样，语用时在句法构造中尽量发挥语义多变的表现力，使语义的作用不断扩大。语义的超强伸张力使得某些固定的语序可以松动，而不至于

① 马庆株：《自主动词和非自主动词》，载《中国语言学报》，1988（3）。

② 吕叔湘：《说“胜”与“败”》，载《语法研究和探索（四）》，北京，北京大学出版社，1988。

改变意义。如下面的句子可以不加助词、不改变词的形式就能改变语序，是许多语言哪怕是相近的亲属语言都做不到的。

十个人吃了一锅饭　　　一锅饭吃了十个人
十个人坐一条板凳　　　一条板凳坐十个人
一天写了五十个字　　　五十个字写了一天
鲜花开遍原野　　　　　原野开遍鲜花

又如，汉语可以说“台上坐着主席团”、“床上坐着爸爸”的施事宾语句，而周围的亲属语言在表达同样的意思时，必须改为“台上主席团坐着”“爸爸坐在床上”，“主席团”和“爸爸”只能当施事主语。“写毛笔”，汉语的“毛笔”是工具宾语，而亲属语言大多是当状语用。

景颇语： ⑥ wa̱^{51} jup^{31}ku^{31}ko̱ʔ^{55}tuŋ^{33}ŋa^{31}ai^{33}.
爸爸 床 上 坐 在（尾）
爸爸坐在床上。

⑦ mo^{31}pi^{31}theʔ^{31}ka̱^{33}.
毛笔 用 写
用毛笔写。

七河白语： ⑧ ŋu^{55} mbɑ^{33}ko^{42}ŋgɯ^{45}kho^{42}kho^{42}nɔu^{33}.
我的 爸爸 坐 在 床 张 上
我的爸爸坐在床上。

⑨ ȵɔu^{42}mau^{42}pi^{45}vər^{33}.
用 毛笔 写
用毛笔写。

靖西壮语： ⑩ ke^{34}pa^{33}naŋ^{34}jəu^{34}tɛŋ^{31}ta:p^{55}.
爸爸 坐 在 上 床
爸爸坐在床上。

⑪ au^{45}ma:u^{31}pi^{31}ma^{31}ma:i^{31}tɕei^{45}.
拿 毛笔 来 写 书
写毛笔（用毛笔写字）。

为什么有这种差别，究其原因，是因为上述汉语句中的动词语义，能够伸张出带施事宾语的语义，所以能出现不符合常规的语序；而其他语言无此语义变换能力，所以也就不能改变常规语序。

汉语的述宾结构的宾语类别复杂，这是亲属语言中少有的。除了对象宾语外，还有处所、结果、工具、目的、时间、等同、原因等宾语，后者是非汉语人学习的难点。藏缅语族语言的宾语主要是动作行为的对象，而且多数语言还要加宾语标记。汉语中的“吃大碗、去北京、等三天、（床上）坐着爸爸”等述宾句式，在译成非汉语时许多都要用状中结构表达。如景颇语：

表 2　汉语述宾句式与景颇语的状中结构对比表

汉语	景颇语
吃大碗	wan^{33}kǎ^{31}pa^{31}theʔ ʃa^{55}ai^{33}
	大碗　　用　吃（尾）
去北京	pe^{31}kji̱n^{33}teʔ^{31}　sa^{33}
	北京　（助）去
等三天	mǎ^{31}sum^{33}jaʔ^{55}la^{31}
	三　　天　等
（床上）坐着爸爸	wa̱^{51} jup^{31}ku^{31}ko̱ʔ^{55}tuŋ^{33}ŋa^{31}ai^{33}
	爸爸 床　　上　坐　在（尾）

汉语的一个“打”字引申出许多意义，这是许多语言所没有的。如景颇语：“打” kǎ^{31}jat^{31}，只表示用手击义；而汉语引申了许多相关的意义，在景颇语里都要用别的词表达。其他藏缅语大致也是这样。如：

打鼓 tʃi̱ŋ^{33}tum^{31}　　打刀 n^{31}thu^{33}tup^{31}

打鱼 ŋa^{55}kham^{55}　　打枪 sǎ^{55}nat^{55}kap^{31}

打水 khaʔ^{31}tʃaʔ^{31}　　打包 ʃǎ^{31}pon^{31}

打卦 tʃa̱^{55}pa^{51}wot^{31}　　打火 phai^{31}po̱k^{55}po̱k^{55}

打瞌睡 jup^{31}ŋaʔ^{31}ŋaʔ^{31}　　打雷 muʔ^{55}kuŋ^{31}

打毛衣 sǎ^{55}ku^{51}pǎ^{33}loŋ^{33}thu^{55}

又如“跑”一词，汉语义项意义丰富，有“跑官、跑关系、跑调、跑买卖、跑江湖”等配合关系。而其他亲属语言的“跑”，主要用在“用腿迅速前进”上。

非汉语母语人要学习、掌握好类似“打、跑”这一类多义项词，很不容易，容易出现错误类推，如“打虾、打裤子、跑留学”等病句。

汉语有丰富的、各种意义的宾语，大概是由动词语义具有超强的伸张力决定的。汉语动词的语义网络系统，能接纳的宾语比较丰富，在语用中能根据宾语的语义转换自身的意义。

汉语的述补结构发达，也与动词语义的强伸张力有关。以阿尔泰语系语言为母语的人，掌握汉语复杂的述补结构有许多困难，特别是程度补语和趋向补语。他们常把“爷爷说话说累了”改为并列结构，说成“爷爷说话，累了”。把“这只鸡病死了”，说成“这只鸡病了，死了”。哈萨克语没有补语，用状语代替补语。如把“扫干净”说成“干净地扫”，“做错了”说成“错误地做了”。特别是趋向补语用得不好，如把“过上了幸福生活”说成“过上来幸福生活”。

（四）汉语是特别注重韵律的语言

世界语言普遍都会有韵律特征，但不同语言在韵律的多少、强弱、特点上存在差异。在汉藏语系语言内部，相比之下汉语的韵律是超常的。汉语的韵律在词、短语、句子的构造上都有反映，不仅在共时结构上而且在历时演变上都起作用。如汉语的并列结构复合词或短语的词序排列都不是任意的，主要受韵律规则（声调）的制约。如“天地、牛马、猪狗、心肺、黑白、大小、酸甜苦辣、山清水秀、青红皂白、耳鼻喉”等。非汉语人学习汉语的并列结构复合词或短语存在很多困难，因为缺乏汉语韵律的语感，加上受到母语的干扰，常常把顺序搞错。如把“牛马”说成“马牛”，把“酸甜苦辣”说成“甜酸苦辣”。

汉语的“种花、植树”可以说，而“种植花、种植树”不能说，但“种植花草、种植树木”又能说；“打牢基础”可以说，而“打牢固基础”不能说。为什么？汉语这种双音节化的制约力是非汉语许多语言所没有的。

又如，为什么汉藏语普遍有四音格词，而非汉藏语的阿尔泰语、印欧语等则没有或者少有？就是在汉藏语内部，汉语的四音格词超常丰富、使用频率也是超常高的。汉藏语系诸多语言的四音格现象究竟是亲缘关系，即从原始共同语继承下来的，还是后来各自产生的，属于类型学关系？通过汉藏语诸多语言的比较，我们发现不同语言的四音格词找不到相互间的同源关系。总的看来，缺乏形态手段的分析性语言，一般比形态手段丰富的语言更易于产生四字格词。由此可以推测，汉藏语普遍存在的四音格现象，并非来源于原始汉藏语，而是各种语言后来各自形成和发展的，是语言类型作用的结果。那么，汉语有丰富的四音格词其成因是什么？我们还看到，决定汉语有丰富的四音格词的因素是多方面的，韵律、双音节化、对称、重叠、类推以及词汇化等因素，以及文学语言中讲究格律，是汉藏语四音格词形成和发展的动因。所以说，超分析性的特点、讲究韵律应该是汉语大量发展四音格词的重要原因之一。至于外族人学习汉语的四音格词，一般说来，母语有丰富四音格词的学习比较容易，因为有韵律节奏感，反之亦然。

汉语的句子成分搭配大多讲究韵律，动宾、动补、修饰等结构都有这条规则在起作用。如动词是单音节的，要求补语也是单音节；如果动词是双音节的，要求补语也是双音节。但说阿尔泰语的维吾尔、哈萨克等民族的学生学习汉语时，韵律的意识不太强，不会有意识地注意韵律搭配，因而常常会出现“写完成、说错误、喝足够、打扫净、调查清、发达国、落后国、大型会、优秀人”等不符合韵律的偏误。

三、怎样发现汉语的特点

特点是相对而言的，是通过不同语言的比较才能发现、确定的。吕叔湘先生曾经说过一段非常中肯的话：“一种事物的特点，要跟别的事物比较才显示出来，语言也是这样。要认识汉语的特点，就要跟非汉语比较；要认识现代汉语的特点，就要跟古代汉语比；要认识普通话的特点，就要跟方言比较。无论语音、词汇、语法，都可以通过对比来研究。”这就是说，光看一种语言，是不可能准确地提炼出其特点的。

“比较”是指通过别的语言的映照或参照发现目的语（所研究的语言）的特点。比较是认识事物的手段，目的是发现目的语的特点，因而不能简单地用参照语的眼光来看目的语，即用参照语的特点代替目的语的特点。

季羡林先生在《语言应用研究》2000 年第 1 期上说过：“要进行认真的汉语

与同一语系语言的比较研究，从而真正摸索出汉语的特点。”①

这就需要有汉语的眼光。汉语的“眼光”是指在非汉语的映照下，从汉语的实际出发，从汉语中提取真正属于汉语的特点。而不能用其他语言的眼光如印欧语的眼光来套用汉语的特点。

马学良先生在《汉藏语概论》一书的“序”中说：“现代语言学的许多重要观点是以印欧语系的语言事实为根据逐渐形成的。采用这种观点来分析汉语，总有一些格格不入的地方。这是因为汉语和印欧语在某些方面（最明显的是语法）有根本性的不同。由此可见，如果我们不囿于成见，用独立的眼光去研究汉藏语系语言，就有可能对目前公认的一些语言学观念加以补充、修正甚至变革。”②

制约汉语特点的还有使用人口多、历史的分化、融合情况复杂、汉文和汉文献的作用等，这些因素都还未认识清楚。

如同人类生活在地球上则对地球上的事情总说不清一样，对语言特点的认识包括对汉语的认识和非汉语的认识都要一步步往深处走。但这种认识，每前进一步，哪怕是小小的一步，都会感到无比的喜悦。笔者记得著名语言学家王宗炎老先生说过这样一句很有见地的话：“做语言研究要背着干粮赶着马车走。”希望我们在这条长征的路上一步步地共同努力吧！

参考文献

[1] 成燕燕，关辛秋，苗东霞，等.哈萨克族汉语补语习得研究.北京：民族出版社，2003.

[2] 戴庆厦.藏缅语族语言使动范畴的历史演变.中国语言学学报，2001(1).

[3] 戴庆厦.汉语结合非汉语研究的一些理论问题.长江学术，2022（1）.

[4] 戴庆厦.藏缅语的强调式施动词——与汉语被动句比较.语言研究，2005（3）。

[5] 戴庆厦，关辛秋.第二语言习得中的语法“空缺”.语言教学与研究，2005（5）

[6] 戴庆厦主编.汉语与少数民族语法比较.北京：民族出版社，2006.

[7] 戴庆厦，苗东霞.论第二语言教学难点.汉语学习，2008（5）.

[8] 吕叔湘.说“胜”与“败”.语法研究和探索（四），北京：北京大学出

① 季羡林：《券首语》，载《语言应用研究》，2000（1）。

② 马学良主编：《汉藏语概论·序》，北京，民族出版社，2003。

版社，1988.

[9] 李方桂 . 藏汉系语言研究法 . 国立北京大学《国学季刊》，1951（2）.

[10] 马庆株 . 自主动词和非自主动词 . 中国语言学报，1988（3）.

[11] 马学良主编 . 汉藏语概论 . 北京：民族出版社，2013.

（作者单位：中央民族大学中国少数民族语言文学学院；

云南师范大学汉藏语研究院）

再论汉语的特点是什么？*

——从景颇语反观汉语

戴庆厦

一、题解

认识一种语言的具体特点主要有两种方法：一是具体分析这一语言内部的特点，并通过各要素的比较，获取这一语言整体特点的认识。二是通过不同语言的比较，包括有亲缘关系的语言比较和无亲缘关系的语言比较，从异同的比较中获取这一语言的特点。

2014 年，笔者在“第 47 届国际汉藏语暨语言学会议”上提交的《汉语的特点是什么》报告中，通过汉语与非汉语的比较，从宏观上提出了对汉语特点的几点认识。该报告认为：汉语属于分析性语言，而且是超分析性的语言；汉语属于隐性特点特别丰富的语言；汉语是语义具有超强伸张力的语言；汉语是特别注重韵律的语言等。该报告还认为，准确地把握汉语的特点必须进行语言比较，要从不同特点的比较中挖掘汉语的特点，对汉语特点的认识要防止非汉语眼光。这篇论文偏重于宏观论述，仅仅提出了一个如何认识具体语言的思路；若要证实这一命题，还必须通过一个个具体语言和汉语的系统比较才能获取更有说服力的证据。

世界上的语言大体可分为分析性和非分析性两种类型。这两种语言的特点相差很大。是否是分析性，分析性的程度如何，表现形式如何，制约着语言结构的形成和历史发展。两种类型的内部还有不同的类别或层次。如分析性语言的类别

* 原载《民族语文》，2017（2）。

中还有强分析性、次强分析性、弱分析性的小类；非分析性语言的类别还有黏着型、屈折型的小类。拿汉藏语系语言来说，这一语系的语言都属于分析性，但分析性的强弱很不同，存在不同的层次。其中，汉语、藏缅语族中的彝缅语、壮侗语、苗瑶语最强；景颇语弱些，居中，即除了分析性特点外，还有不同程度的黏着、屈折的变化；北部的嘉绒语、普米语、羌语等语言，黏着、屈折的变化较丰富，分析性较弱。通过汉藏语内部不同类型语言的比较，能够发现各类语言在演变上的层次特点，求出一条有研究价值的演变链。多年的研究经验告诉我们，区分分析性和非分析性、并进而分析其强弱，是观察语言现象、深化认识语言主要特点的一个重要视点或关键视点，也是认识具体语言特征的一把钥匙。

这两年，笔者又审视了自己的这一观点，进一步确认从非汉语特别是与汉语有亲缘关系的语言反观汉语，容易挖掘、找准汉语的特点，这应该是我国今后语言研究必须重视、加强的一种研究方法，一个有价值的突破点。这期间，笔者又想到有两点必须强调：一是在 2014 年提出的几个汉语特点中，应该进一步认识哪个是主要的、起主导作用的，哪个是次要的、伴随主要特点的。经过比较、分析，笔者认为其中的“汉语是超分析性的语言”，应该是最主要的，起主导作用的。为什么说汉语是“超”分析性语言呢？其“超”字的表现在哪些方面呢？二是要做好这一“反观”，除了多语言的综合反观外，还要多做单一语言的反观。因为一个个语言的反观比较扎实，两可性小，是认识汉语特点的可靠基础。

景颇语属于汉藏语系藏缅语族景颇语支，与汉语有亲缘关系是无疑的。但现代景颇语还保留许多屈折型的特点，分析性不如汉语强，这从使动范畴一例就能证明。使动范畴是汉语和藏缅语共有的、古老的一个语法范畴，通过亲属语言比较能够构拟出原始汉藏语共同语的形式。半个多世纪以来，汉藏语比较的成果已经证明：原始汉藏语的使动范畴有着丰富的形态变化形式，后来形态变化衰退了，逐渐被分析式所代替，但不同语言的演变特点不同。现代藏缅语不同程度地保留了原始的屈折形式，其变音手段主要有浊声母对清声母、不送气声母对送气声母、松元音韵母对紧元音韵母以及不同元音、不同声调的对应。景颇语也留有原始藏缅语形态变化的遗迹。如 pja^{ʔ55} 垮—phja^{ʔ55} 使垮，noi^{33} 挂着—noi^{55} 使挂着，tuŋ^{33} 着（锅）—tun^{55} 使着（锅），ʃă^{31}mu^{33} 动—ʃă^{31}mot^{31} 使动。从语言比较中能够看到，现代汉语使动范畴的屈折手段已基本消失殆尽，大多是通过分析式手段表达，屈折式使动词已找不出几个。有的学者认为古代汉语也有使用浊音对清音的交替形式表示自动、使动，一般是浊音表自动，清音表使动。如“自败”为 b-，“使败”为 p-。这与藏缅语有对应关系。汉语的屈折形式消失后，是通过语义表达功能的扩大来弥补，其中一个重要的手段是使同一个音节的语义扩大为自动和使动两个义项。如“败”“哭”“饮”都有自动和使动两个义项，分别在不同的语境中使用。例如：败（敌败了，败兵），沉（船沉了，沉船），饮（饮酒，饮马）。上面的“败”一词，藏缅语一些语言还保留有屈折变化，如景颇语的 sum⁵⁵ 败 ȵtʃă³¹sum⁵⁵ 使败，就是用前缀 tʃă³¹ 来表示使动。而汉语只用一个音节表示，“败”包含自动、使动两个义项。此外，景颇语还有大量表示人称、数、方向、语气、体等语法意义的形态变化，都是汉语所没有的。

所以，拿与汉语有亲缘关系的景颇语来与汉语比较，能够较清楚地看到汉语的分析性特点。下面，笔者提取几个特征来论证汉语的特点究竟是什么。这是一次尝试。

二、从词的音节多少看汉语的超分析性特点

汉语的分析性特点除了缺少形态变化外，一个重要的特点是单音节性强，即词的表达大多用单音节单纯词，或用单音节词构成的复合词。笔者拿斯瓦迪士的200个基本词表将汉语和景颇语做了比较，统计出音节多少的异同是：

表 1　汉语与景颇语音节对比表

语种	音节				
	单音节（个）	双音节（个）	一个半音节（个）	单双音节变读（个）	三音节
汉语	188	12	—	—	—
景颇语	76	41	49	33	1

从表 1 的统计数能够明显看出汉语的单音节性在基本词汇中的绝对优势。这在汉藏语系语言中是比较突出的。汉语的单音节性特点有着悠久的历史，可以说，单音节性是汉语的一个长期的、稳固的、重要的特点。

再看一下景颇语的音节分布。据《景汉辞典》15245 个词的音节分布数统计，不同音节的数量及比例如下：

表 2　景颇语音节数量及比例

音节	单音节	双音节	三音节	四音节	五音节及以上
数量（个）	2693	8317	2103	2001	131
百分比（%）	17.66	54.56	13.79	13.13	0.86

以上统计说明，景颇语的单音节词不到 20%。这显然与汉语不同。单音节性的特点是重要的，它还会伴随一些别的特点，如词的义项扩大能力强；韵律复杂等。

汉语的超分析性特点可用下面一句话来表达：用最经济的短小形式表达无限的内容。这个特点是其他分析性弱的语言（如景颇语、嘉绒语）或非分析性的语言（如阿尔泰语系的语言、印欧语系的语言）所没有的。因为是单音节，又缺少形态，所以要表达丰富的内容就必须另找出路，寻求适合自己语言特点的表达手段，以利于自身的生存和发展。

三、从义项的扩大能力看汉语的超分析性的特点

义项的扩大能力与语言的分析性强弱有关。凡是分析性强的语言义项扩大能力强。这是因为分析性强的语言，缺少形态变化，词的音节短，要表示丰富的概念就要从义项上挖掘资源，扩大语言的表达能力。通过景颇语和汉语的义项比较，可以明显地看出汉语义项扩大能力特强，景颇语特弱。下面列些常用的基本词来说明这个问题。

一：汉语的“一”除了主要表达“数目”义外，还有“同一（一家人）、另（一名西红柿）、全（一冬、一生、一路）、短暂（笑一笑）、一旦（一失足）”等义项。而景颇语的 lă^{55}ŋai^{51} “一” 只表“数目”义。汉语“一”的其他义项，景颇语或用别的词表达，或无表达法。如“一家人”用 tiŋ^{31}khu^{33}（家）tiŋ^{31}（整），即“整家”。“一名西红柿”用 ma̠^{31}khʒi^{33}sum^{33}（西红柿）pai^{55}（又）ʃă^{31}mjiŋ^{31}（命名），即“又名西红柿”。“一生”用 pʒa̠t^{31}（世）tu̠p^{55}（整），即“整世”。“笑一笑”无此表达法。“一失足”用 lă^{33}ma^{33}wa^{33}（假如）mă^{31}ʒa^{31}ʃut^{55}（犯错误），即“假如犯错误”。

爱：汉语的“爱”除了主要表达“有深感情（爱祖国）”外，还有“喜欢（爱看电影）、容易（铁容易生锈）、爱护（爱公物）”等义项。而景颇语与汉

语“爱（有深感情）”对应的是tsŏ^{ʔ55}或tsŏ^{ʔ55}ʒa^{ʔ31}，如“爱祖国”说成tʃi^{33}woi^{33}muŋ^{55}tan^{33}（祖国）phe^{ʔ55}（宾助）tsŏ^{ʔ55}ʒa^{ʔ31}（爱）。汉语“爱”的其他义项，景颇语或用别的词表达，或无表达法。如“爱看电影”用tat^{55}ʃin^{33}（电影）ju^{33}（看）mă^{31}ju^{33}（想），即“想看电影”。“铁容易生锈”用phʒi^{31}（铁）n^{31}khan^{33}（锈）ʃa^{55}（吃）loi^{31}（容易），即“铁容易被吃”。“爱公物”用ʃă^{31}wa^{31}ʒai^{55}（公物）tsŏ^{ʔ55}ʒă^{ʔ31}（爱）mă^{31}kop^{31}（保护），即“爱护公物”。“爱吃辣椒”用mă^{55}tʃap^{55}（辣椒）ʃa^{55}（吃）ʒa^{ʔ31}（要）即“要吃辣椒”。

白：汉语的“白”除了主要表示颜色外，还有“清楚（真相大白）、没加上别的（吃白饭）、没有效果（白去）、非正式（打白条）”等义项。而景颇语与汉语“白（表颜色）”对应的是phʒo^{31}（白），如phʒo^{31}（白）ai^{33}（的）pă̠^{33}loŋ^{33}（衣服）。汉语“白”的其他义项景颇语都用别的词表示。如“真相大白”说成pjin^{31}ai^{33}lam^{33}（真相）phe^{ʔ55}（宾助）mu^{31}ma^{ʔ55}tʃe̠^{33}ma^{ʔ55}（看穿），即“看穿真相”。“吃白饭”说成ʃat^{31}（白的）tʃă̠^{55}ka^{51}（饭）ʃa^{55}（吃），即“吃没菜的饭”。“白去”说成kă^{31}man^{31}（空）sa^{33}（去），即“空去”。“打白条”说成sak^{31}se^{31}（证明）mă^{31}su^{ʔ31}（欺骗），即“欺骗证明”。

走：汉语的“走”除了主要表示“行走”义外，还有“跑（奔走相告）、移动（钟不走了）、去（走一趟）、死（他走了）、走火（枪走火）、漏出（走风）、改变（走样）”等义项。而景颇语与汉语“行走义”对应的是khom^{33}“走”。与汉语“走”的其他义项对应的都用别的词。如“奔走相告”说成n^{55}tʃi^{51}n^{55}ku^{51}ʃa^{31}（奔忙地）khan^{55}（跟）tsu̠n^{33}tan^{55}（告诉）khat^{55}（互相），即“奔忙地跟着告诉”。“钟不走了”说成na^{33}ji^{33}（钟）n^{33}（不）ʃă^{31}mu^{33}（动）sai^{33}（句尾），即“钟不动了”。“走一趟”说成la̠ŋ^{31}（次）mi^{33}（一）sa^{33}（去），即“去一趟”。“他走了”说成ʃi^{33}（他）ʃi^{33}（死）sai^{33}（句尾），即“他死了”。“枪走火”说成să^{55}nat^{55}（枪）tum^{31}phʒan^{33}（走火，用一个词表示），即“枪走火”。“走风”说成ʃi^{31}（消息）ta̠t^{55}（露失），即“消息漏出”。“走样”说成ʃai^{55}（变）mat^{31}（掉），即“变掉”。说明一点，“钟不走了”由于受到汉语的影响，有的也用khom^{33}“走”，说出na^{33}ji^{33}（钟）n^{33}（不）khom^{33}（动）sai^{33}（句尾）。这是语言影响在义项上的表现。

四、从词类的兼用能力看汉语的超分析性的特点

同一个词能够兼用不同的词类，是人类语言的共性，是语言运用中讲究经济原则而采取的手段。但不同的语言，分析性的强弱会影响词的兼用能力大小。通过景颇语和汉语相比，可以看到汉语词类的兼用能力大大强于景颇语。

据《景汉词典》的 15245 个词的统计，其中词类兼用的只有 254 条。大多是兼用两个词类的，也有少量是兼用三个、四个词类的。具体兼用情况如下：

名词、动词兼用的有 81 条；名词、形容词兼用的有 19 条；名词、状词兼用的有 16 条；名词、数词兼用的有 1 条。名词、动词、量词兼用的有 3 条；名词、动词、状词兼用的有 1 条；名词、状词、助动词兼用的有 1 条。名词、动词、状词、量词兼用的有 1 条。

动词、状词兼用的有 35 条；动词、助动词兼用的有 35 条；动词、量词兼用的有 14 条。动词、状态词、量词兼用的有 1 条。

形容词状词兼用的有 6 条；形容词、量词兼用的有 2 条。量词、状词、语气词兼用的只有 1 条。

助词、句尾词兼用的有 1 条。

景颇语与汉语相比，都有部分词类有兼用能力，而且多是名词与动词、量词兼用，动词与量词兼用，形容词与动词兼用的，这是共性。汉语的名词与动词兼用的如：盖（用盖盖）、叉（用叉叉）、电（被电电了一下）、歌（唱歌、歌者）、包（用包包）等。景颇语如：$kă^{31}toŋ^{33}$ “坡”（名词）和“陡”（形容词），$kum^{31}kai^{33}$ “老太婆”（名词）和“（老太婆）老”（形容词）。汉语的名词兼用量词的如：刀（用刀切，切一刀）、包（一包糖，用纸包）、根（刨根，一根草）等。景颇语如：$n^{31}kup^{31}$ “嘴”，名词，嘴；量词，（一）口（饭）。$wu^{33}noŋ^{33}$ “牛群”，名词，牛群上山了；量词“（一）群”（牛群）。汉语动词兼用量词的如：卷（卷纸，一卷纸），捆（捆行李，一捆布）。景颇语如：$mă^{31}kai^{31}$ “包”（动词，包衣服；量词，一包衣服）。

景颇语与汉语兼用方面差异主要体现在五方面。

其一，景颇语词类兼用的数量不及汉语多，不及汉语广泛。汉语的名词、代词、动词、形容词、数词、量词、副词、介词、连词、助词等词类，都有兼用能力。汉族的“千家姓”，除了用名词外，许多别的词类也能承当。而景颇语的词

类中，实词中的代词、数词、副词、连词、语气词等，不能与其他词类兼用。句尾词也是基本上不能兼类的，只有一个 ai^{33} 能兼用结构助词。

其二，汉语名词的活用能力还在不断增多。如“很阳光”，“很明星”，“最黄金的时代”，“开幕式表演很中国，而闭幕式却很世界”，“今天我也阿 Q 了一把”等，里面的名词的活用用法已在口语出现，并有不断增多的趋势，这已成为汉语的一种能产的活用格式。汉语有的方言具有超强的活用能力，如闽语仙游话，名词也能活用为形容词。例如：猴猴（像猴一样瘦）、纸纸（像纸一样柔软）。

其三，汉语有实词和虚词兼类的，如对（动词兼用介词：刀对刀、对他好），把（动词兼用介词：把脉，把他批评了），多（形容词与副词兼用：人多、多高）、管（名词与连词兼用：老师管学生、管他是谁）。而景颇语的实词都不能兼用虚词。

汉语的数词有的能兼做别的词类，如“三（兼做副词，三思而后行）、五（兼做名词，乐谱的一级）、七（兼做名词，人死后七天的祭日）”、九（兼做名词，冬练三九）等。汉语早就有数词的使动用法，数词表示事物发生反反复复的数量变化。如“籍令秦始皇长世，……虽四三皇，六五帝，曾不足比隆也。”“霸主将德是以，而二三之，其何以长有诸侯乎？”汉语数词的兼用还在增多，如“这个人很二！”。景颇语的数词绝对不能当别的词用。

其四，汉语词类的活用，还表现在一个词类可以进入多种句法位置，如形容词可以与名词一样做主语或宾语（“卖破烂”“包含酸甜苦辣”）。在文学语言中更为灵活，如“苦过你的苦，悲伤着你的悲伤”，“特别星光大道”，并有不断增多的趋势。汉语的形容词、动词不添加任何标记就能当名词使用，这就造成汉语划分词类的困难。景颇语的形容词若要当主语、宾语，必须加名词标记。如形容词的“酸” $kh\text{ʒ}i^{33}$，若当主语、宾语必须加名词标记 $t\text{ʃ}\breve{a}^{33}$ 前缀，或助词 ai^{33} “的”，构成名词性的 $t\text{ʃ}\breve{a}^{33}kh\text{ʒ}i^{33}$ 或 $kh\text{ʒ}i^{33}ai^{33}$ 的格式。

其五，汉语和景颇语的动词、形容词可以活用，有一些词既可以当形容词使用，又可以当动词使用。但汉语的形容词与动词难解难分的程度比景颇语大。比如：景颇语的形容词做谓语时不能出现在命令式句型上，也不能跟命令式句尾词结合，而动词则能。例如：

① $na\text{ŋ}^{333}k\breve{a}^{31}lo^{33}u^{ʔ31}$！你做吧！	＊$na\text{ŋ}^{333}k\breve{a}^{31}pu^{33}u^{ʔ31}$！你高兴吧！
你　做　（尾）	你　高兴　（尾）

又如，形容词做定语时，能放在名词前，也能放在名词后，而动词做定语时，只能放在名词之前。例如：

kă^{31}pa^{31}ai^{33}phun^{55} 大的树	phun^{55}kă^{31}pa^{31} 大树
大　　的 树	树　 大
sa^{33}ai^{33}mă^{31}ʃa^{31} 去的人	*mă^{31}ʃa^{31}sa^{33} 去的人
去 的 人	人　　去

汉语的动词和形容词都缺乏各自的标记，所以要靠语义和句法结构来区分。但景颇语的形容词能加上 a^{55} 前缀构成副词，而动词不能。形容词能加上 a^{55} 前缀构成副词，也可重叠构成副词，当作一般动词的状语使用；而动词不能。例如：

② a^{55}lă^{31}wan^{33}kă^{31}lo^{33}u^{ʔ31}!
（前）快　做（尾）
你快做吧！

③ lo^{ʔ55}lo^{ʔ55}mă^{31}ʒi^{33}u^{ʔ31}!
多 多 买（尾）
你多多地买吧！

以上分析说明，词类兼用能力的大小，与分析性强弱有关。分析性弱的语言，形态成分会多些，形态成分会使不同词类的区别性面貌更加突出些。

五、从韵律的强弱看汉语的超分析性的特点

人类语言都有韵律，但不同语言韵律的强度及特点不同。一般看来，汉语的韵律比景颇语强，这可能与汉语的分析性比景颇语强有关。下面提取几个特点看两种语言韵律的不同特点。

双音节化是汉藏语韵律普遍使用的一个手段。双音节的特点有的出现在构词上，有的出现在句法构造上。两种语言在构词上都有双音节化的表现，如在单音节词根前加阿“a”前缀构成双音节，三音节词或四音节词缩减成双音节词等。

在并列复合结构的语素组合上，汉语和景颇语都依靠韵律，但有不同的手段。汉语靠声调变换规则组合。大多是平声在前，仄声在后，如“男女、手脚、天地、牛马、耳目、黑白、新旧、横竖、弯曲”等。而景颇语靠元音和谐规则组合，元音舌位高的在前，低的在后。如nu̠^{51}（母）wa̠^{51}（父）“父母”，num^{33}（女）la^{33}（男）“男女”，lǎ^{31}ko^{33}（脚）lǎ^{31}ta̠^{ʔ55}（手）“手脚”，kǎ^{31}tʃi^{31}（小）kǎ^{31}pa^{31}（大）“大小”。

但在句法中，汉语双音节化的现象比景颇语出现得多。如动宾结构的组合，汉语讲究“成双”，否则为不合法。如可以说“植树、种植树木”，而不能说“*种植树”、“*植树木”。说“掌声有请”，不说“*掌声请”。可以说“修剪花木”，而不说“*修剪花”或“*修剪木”。

文学语言是语言的精华。汉语的文学语言中，特别是古诗词中，讲究五言、七言的字数相同以及上下句字的声韵协调；而景颇语则不严格，押韵主要在一句话的最后音节上。而且，“传统诗歌的句子长短不一，长的达八十个音节，最短的仅有四个音节，但一般多用六至八个音节。”例如：

④ a^{31}tʃa^{31}sǎ^{33}mui^{33}mu^{ʔ31}, kum^{31}phʒo^{31}mǎ^{31}ʒaŋ^{33}phʒaŋ^{33}thu^{ʔ31}.
金子 云 遍布 钱财 雨 落
金子似云遍布，钱财似雨落下。

⑤ ŋon^{33}sum^{31}tu̠^{33}ʃe^{ʔ31}kho^{55}, ŋui^{31} niŋ^{31}phaŋ^{33}ʃe^{ʔ31}jo^{55}wa^{31}ju^{33}ka^{ʔ31}!
和睦 话 才 说 幸福 根源 才 叙 来 看 吧
说说和睦的话，叙叙幸福的根源。

六、从歧义的多少看汉语的超分析性的特点

分析性语言由于缺少形态、词的音节数少，容易出现歧义。所以，句子意义的判断，有许多要靠语境（上下文、说话表情等）。汉语由于超分析性的特点，使得它的歧义现象比景颇语多。如主语（施事）和宾语（受事）的确认，汉语会出现歧义。多年来学术界讨论歧义的经典句子“鸡不吃了”，有“我不吃鸡了”

和“鸡不吃（食）了”两种意义，汉语这一公认的歧义句在景颇语里不歧义。这是因为汉语没有主语和宾语的标记，光靠语序不能确定居于句首的是主语还是宾语；而景颇语不存在这类歧义，因为景颇语主语和宾语的确认，有句尾词和结构助词标记的帮助。景颇语有大量的句尾词，它具有指示主语、宾语、领属者的功能，从句子的句尾词上就能看出主语、宾语是哪个。汉语的“鸡不吃了”，到了景颇语必须有“我不吃鸡了”和“鸡不吃（食）了”两种句子的对应，不产生歧义。例如：

⑥ ŋai^{33}u^{31}ʃan^{31}n^{55}ʃa^{55}să^{33}ŋai^{33}.
我　鸡肉　不 吃（句尾）
我不吃鸡肉了。

⑦ u^{31} n^{55}ʃa^{55}sai^{33}.
鸡 不 吃（句尾）
鸡不吃（食）了。

前一句句尾词 să^{33}ŋai^{33} 的语法意义是指示主语是第一人称单数，当然“我”是主语；而后一句句尾词 sai^{33} 的语法意义是指示主语是第三人称或非人称单数，当然是“鸡”。景颇语有宾语助词，用以指示句中哪个是宾语。所以下面的句子主语、宾语的所指界限分明。例如：

⑧ (ŋai^{33}) ʃi^{33}pheʔ^{55}　kă^{31}jat^{31}n^{31}ŋai^{33}.
我　他（宾助）打　（句尾）
我打他。

⑨ tʃoŋ^{31}ma^{31}pheʔ^{55}　tsu̱n^{33}tan^{55}să^{33}ŋai^{33}.
学生　（宾助）告诉　（句尾）
我对学生说了。

再说，由于句子层次而引起的歧义，汉语出现很多，而景颇语会依靠句尾词、助词的帮助予以排除。如“我看见他哭了”有“我看见 / 他哭了”，“我看见他 / 哭了”的歧义，但景颇语有两种表达法，不产生歧义。例如：

⑩ ŋai^{33}ʃi^{33}khʒap^{31}ai^{33}phe^{ʔ55}　mu^{31}să^{33}ŋai^{33}.

我　他　哭　　的（宾助）见　（句尾）

我看见 / 他哭了。

⑪ ŋai^{33}ʃi^{33}phe^{ʔ55}　mu^{31}n^{31}na^{55}khʒap^{31}să^{33}ŋai^{33}.

我　他（宾助）见　之后　哭　　（句尾）

我看见他 / 哭了。

又如："关心孩子的母亲"，汉语有"关心 / 孩子的母亲"，"关心孩子的 / 母亲"的歧义，而景颇语也有两种表达法，不产生歧义。例如：

⑫ ma^{31}　a^{ʔ31}kă^{31}nu^{31}phe^{ʔ55}　tsa̱ŋ^{31}.

孩子 的　母亲　（宾助）关心

关心 / 孩子的母亲。

⑬ ma^{31}　phe^{ʔ55}　tsa̱ŋ^{31}ai^{33}kă^{31}nu^{31}.

孩子（宾助）关心 的　母亲

关心孩子的 / 母亲。

结构助词 phe^{ʔ55}（宾助）和 a^{ʔ31}"的"的扶助，清楚地指明哪个是宾语，哪个是定语，不会出现两可的歧义。

从以上分析可见，景颇语由于有句尾词、助词这些语法成分，使得句子的成分关系、语义关系明确，这是非分析性因素在起作用。汉语由于分析性超强，句中缺少表示句子成分关系和语义关系的语法成分，虽然有其语言经济的一面，但是会出现某些歧义的消极面，需要依靠语境的帮助来确认原本的所指。

七、结语

以上的对比分析，试图说明区分语言的分析性和非分析性的重要性和必要性。分析性或非分析性是一种语言的核心特点，能影响、控制该语言结构的方方面面，如同人的血型一样。所以可以说，抓住分析性强弱的特征，是认识具体语言特征的一把钥匙。认识汉语的特点，必须抓住分析性这一根本性的特点。

本文还想说明：分析性语言的分析性，存在强弱不同的层次；分清不同的层次，有利于看清具体语言的特点。汉语是一个典型的超分析性语言，其特点不同于汉藏语系中的非分析性语言。文中通过景颇语和汉语的对比研究，从音节数、义项分化、词类兼用、韵律、歧义等特点入手，进行类型学的对比，指出这两种语言存在的差异。

本文还指出：汉语表达功能的最大特点是用最经济的音节表达无限的内容。汉语因为缺少形态，所以要表达丰富的内容就必须在分析性系统上找出路，尽可能地发掘采用适合自己语言特点的表达手段，以弥补分析性表义功能的不足。

通过分析性特点的分析对比来认识语言的特点是本文的一个尝试。这里要说明一点：决定一种语言义项分化、词类活用等的强弱有各种内外因素，除了语言内部结构因素外，还会有社会文化、语言接触以及历史文献丰富与否等因素，所以必须多角度地进行分析。但在诸多因素中，语言内部结构的因素应该是主要的。拿义项分化来说，其分化的多少，会有社会进步的因素，但更重要的是语言内部有无促使义项分化的要求和机制。

对汉语特点的认识是有高难度的。汉语为什么会形成这样一种既简明而又复杂、看来不复杂但又有理不清、说不明的特点，这当中除了语言因素外，还有社会、文化、地理、心理、认知等因素。要科学地认识汉语的特点，其研究难度怎么估计也不会过分。

最后再强调一点：语言研究长期的历史经验证明，对某种语言面目的认识，光研究这个语言是认识不清、说不清的，必须借助与其他语言的反观，特别是亲属语言特点的映照才能看清，也才能发现深层的、隐性的特点，单视角的研究是远远不够的。正如说一个人的特点、特征，只有通过与别人的比较后才能说得准确，刻画得形象。汉语特点的认识，既要通过古今汉语的比较映照、不同方言的比较映照，还要通过亲属语言、非亲属语言的比较映照。汉语有许多亲属语言，是研究汉语的珍贵资源，必须重视使用。汉语的特点有许多是能够通过与亲属语言的比较得到认识的。

中国的分析性语言多，类型多，有着丰富的研究分析性语言的资源。中国语言学家应在研究分析性语言上做出更多的贡献。

参考文献

[1] 戴庆厦 . 汉语结合非汉语研究的一些理论问题 . 长江学术，2022（1）.

[2] 戴庆厦，蒋颖 . 论量词的功能与演变——汉语景颇语量词比较 // 汉语与

少数民族语法比较 . 北京：民族出版社，2006.

［3］李方桂 . 藏汉系语言研究法 . 国立北京大学《国学季刊》，1951（2）.

［4］陆俭明 . 学习张斌先生的创新精神，更新汉语句法的分析思路 // 语法研究的深化与拓展 . 北京：商务印书馆，2015.

［5］马学良 . 汉藏语概论 . 北京：民族出版社，2003.

［6］梅祖麟 . 上古汉语动词浊清别义的来源——再论原始汉藏语 *s- 前缀的使动化构词功用 . 民族语文，2008（3）.

［7］闻静 . 从藏缅语定语助词的演变反观汉语 . 汉语学习，2012（4）.

（作者单位：云南师范大学汉藏语研究院；
中央民族大学中国少数民族语言文学学院）

寻甸方言横山话“讲”的多功能性及语法化 *

胡淇研

自《马氏文通》以来，汉语言说动词的研究引起人们的注意，并不断深化。一些专家对言说动词共时、历时特点进行分析，指出其演变发展过程和虚化机制。有的还从跨语言、跨方言角度进行专题论述，深化了言说动词的研究。

寻甸方言属云南汉语方言滇中方言片区，其言说动词“讲”具有许多不同于其他方言的丰富特点。本文运用描写语言学和语法化的理论与方法，以寻甸县横山话（以下简称“横山话”）为研究对象，对“讲”语法化的不同路径进行分析，指出不同标记反映了言说动词“讲”虚化的不同阶段。

作者是在横山土生土长的，自幼就说横山话。该文语料除来自笔者的母语外，还从横山田野调查中取得。

一、横山话“讲”的多功能性

横山话的“讲”跟普通话中的“讲”一样，主要做动词、介词使用。做动词时，表示言说意义，但能虚化为多种与言说意义有关的形式标记。做介词时，表示“就……而言”。例如：

①妈妈讲去街上逛逛去。

②他讲电脑有辐射。

③讲干活么他倒是比哪个都厉害。

④讲力气他倒是比你大的。

* 原载《汉藏语学报》，2020（12）。

例句①②的“讲”做动词使用。③④中“讲”做介词使用，表示“就……而言”的意义。“讲”还能虚化为：转述、传闻、引语、从句、重申、语气、自我表述、话语等标记。分述如下。

（一）转述标记

“讲”转述别人的话语，标明话语内容的来源，具有传信功能。转述的话语可以是直接转述，也可以是间接转述。例如：

⑤讲医生不负责任。
⑥讲生得个儿子。
⑦讲叫我不要回寻旬了。
⑧讲今年生意好做得很。
⑨讲这次回去掺他带点药膏。

例⑤的意思是（某人）说“医生不负责任”。例⑧是（某人）说“今年生意很好做”；例⑨是（某人）说“这次回去帮他带点膏药”。

（二）传闻标记

“讲”位于句首或句末，表传闻，含有“听说”意义。例如：

⑩讲那个小娃这下还不是好好的。
⑪讲昆明的房价贵得很。
⑫讲老涛好买得房子了。
⑬他家两个小娃都考上大学了讲。
⑭今年烤烟好卖得很讲。
⑮老虎要买车了讲。

例⑩句的意思是“听说那个孩子现在也是好好的”。例⑫句是“听说老涛（人名）已经买了房子了”。例⑭是“听说今年的烤烟很好卖”。

这个“讲”含有转述的意义，但引出的内容来源不明确，无法辨别说话主体是“谁”。它与传闻标记的区别在于转述的句子说话者是明确的，具体知道是“谁说的”；而传闻标记，说话者对信息的来源不明确，传闻的内容也具有不确定性。

（三）引语标记

“讲”作直接引语或间接引语标记，用于“主语＋讲＋V+X”或“主语＋V+O＋讲＋X”的结构中，起到标明话语X为引语的作用。“讲”可以省略，但不影响基本意义，有了它附加引语的功能。例如：

⑯我讲问她咯要回去。
⑰奶奶讲问她们这几天生意咯好。
⑱二叔讲喊你掺他带点东西。
⑲我问他讲几时回来。
⑳妈妈告诉我讲买点菜。
㉑他咒我讲我是最成不得的。

例⑯的意思是“我说问她要不要回去”，也可是“我问她要不要回去”。例⑱是“二叔说让你帮他带点东西”或“二叔让你帮他带点东西”。⑯—⑱中，谓语的中心词在另一个动词上，“讲”并未完全虚化，仍含言说意义，省略不影响句子的表达；⑲—㉑中“讲”与前面的动词分开，言说义进一步弱化，成为引语标记。

（四）从句标记

“讲”用于“主语＋V+讲＋从句”的结构中引导从句。该结构中的动词主要有：言说动词（说、问、喊、款、吹），认知动词（认为、觉得、希望）和部分能愿动词（可能、应该、愿意）等。例如：

㉒我问讲他们几时回来。

㉓他吹讲他样样都会。
㉔他应该讲是会的。
㉕他说讲不去了。
㉖他认为讲这种做法不对。
㉗我觉得讲不行。

例㉒句的意思是“我问他们什么时候回来”。例㉓是“他说他什么都会”。此时，“讲”意义完全虚化，可以省略，引导其后的宾语从句。

（五）重申标记

“讲”用于句首或句末，重申说话者已说过的话，常伴随着说话者不满、不耐烦、生气的情绪，语音上需要重读。例如：

㉘讲我们晚上就上去了。
㉙讲吃不掉，喊你少拿点。
㉚讲明日不来么后日来。
㉛在屋头还不是没得哪事讲。
㉜喊你忙着点讲。
㉝叫你冒乱讲。

例㉘句的意思是“我们晚上就上去了”，“讲”含有“你之前已经问过，我再次告诉你”的意思。例㉜句是“让你动作快一点”，发话人再次催促。“讲”重申的内容常是听话者已知的，说话者再一次说明，伴随着不耐烦的情绪。

（六）语气词

“讲”语音弱化，做句末语气词，表强调。例如：

㉞今日这个太阳烤的热乎乎的讲。
㉟屋头的猪还不是喂饲料长大的讲。

㊱我忘记掉了讲。
㊲整不来讲。
㊳无聊得很讲。
㊴累得很讲。

例㉞的意思是“今天的太阳晒得很暖和”。例㊱是“我忘记了”。例㊳是“很无聊”。“讲”无实义，作句末语气词，能使话语表达更加顺畅自然。

（七）自我表述标记

“讲”位于句首或句末，表达说话者自己的观点，标明说话的主体是谁，隐含“告知”意义，语音上不用重读，句法上相当于连词。例如：

㊵讲冒煮了，我们忙不得来。
㊶讲这个电视也还是好看的。
㊷讲一下就回来了，你先去。
㊸讲这个车可以的，比国产的还好。
㊹讲回来吃晚饭了。
㊺讲不冷还是热的。

例㊵的意思是“不要煮了，我们太忙，来不了”。例㊷是“我一会就回来了，你先去”。“讲”前省略说话主体“我”。

（八）话语标记

“讲”位于句首或句中，用于开启新话题，抢占话题或者延续话轮。“讲”表明说话主体准备发表观点，提醒听话人注意。

1. 开启话题

“讲”位于句首，开启一个新的话题、目的是提醒或吸引听话人注意后面的内容。例如：

㊻讲你望望他家的房子还不是盖起来了。

㊼讲你望望我家这个瓜也没在了。

㊽讲咯是他家有个小娃了？

例句㊻—㊽的意思分别是“你看他家房子也盖起来了”，“我家的瓜也没了”，“他家是不是有个小孩了”，“讲”开启了新的言谈话题。

2. 接话、插话标记

“讲”用于句首或句中，表明说话者有意接话、准备插话或者抢夺话语权。其后有较长的语音停顿。例如：

㊾讲，这个事情想想还不是觉得怪我们。

㊿讲，要不是老人帮着，靠他们自己苦么有多很。

(51)讲，你的脾气么还不是改改。

例㊿的意思是“要不是有老人帮忙，靠他们自己赚钱没那么厉害”。“讲”后有语音停顿，常用逗号隔开。

3. 延续话题

“讲”用于句中，承接上文内容，延续整个话语，能使交际衔接更加顺畅自然，具有吸引听话人注意及延续话轮的作用。例如：

(52)我说我们打算在寻甸生么，讲回去做系统B超，讲问问姑妈咯可以。姑妈说寻甸做不成么去昆明做，到时候回来建册检查就行了。

(53)对话情景：甲：我妈，我小弟几时回去呀？

乙：讲你老表们上来，怕是跟着你老表们去，讲今天他跟着坐车回去考试，讲他先回去么可以帮帮忙，到时候我们车坐不下。

甲：哦，好嘛。

例(52)的“讲”意义主观化为“想”，用于衔接话语。例(53)中“讲”承接上文内容，延续整个话语交际。作话语标记时，“讲”可以连续多次出现于交际语境中。

二、横山话“讲”的虚化演变链

上文显示“讲”一词具有多重意义，并不断虚化。不同的虚化意义相互间是有联系的，能够构拟出一条虚化的演变链。下文对其演变过程进行具体分析。

语言演变链（evolutionary chain）是指语言间存在的不同特点反映出的语言演变关系。它如同一条由多个链节构成的链条，把不同语言出现的特点有机地连接在一起，表明这些不同特点在演变过程中的地位、性质（包括演变的先后、主次、方向等），系统地展示这一语言群在历史演变中存在的共同演变规律。演变链可通过语言和方言的比较获得，也可以通过一种语言内不同要素的比较获得。笔者根据横山话“讲”的语义特点和句法相关性，并参考汉语其他方言的演变，认为“讲”的多重意义间有其内部虚化的链接性，归纳出以下三条演变链。

（一）言说动词→转述标记（传闻标记）→引语标记→从句标记

从语义功能的强弱来看，横山话中“讲”经历了“言说动词到从句标记”的语义弱化过程。言说动词“讲”前成分的已知和无定性，使其前的成分可以省略，成为转述标记或传闻标记；再经过句法上的重新分析，语义不断弱化成为引语标记；在“主语＋V+讲＋从句”结构中，一开始“讲”与其他动词共现，言说义进一步弱化，然后类推与感官、心理、认知动词连用，言说义脱落，成为从句标记。横山话的从句标记“讲”由引语标记虚化而来，从跨语言、跨方言的角度看，“讲”有可能进一步虚化为“标句词”。例如：

㊹他讲应该是个小姑娘。　　（主＋$V_{讲}$＋宾）→（动词）

（省略“讲”前的成分）↓↓

㊺讲我家的橘子树着别人拔掉了。　　（讲＋主＋谓＋宾）→（转述标记）

（讲＋V 共现，“讲”含转述义，V 弱化）↓↓

㊻奶奶讲问我们几时放假。　　（主＋讲＋V+其他）→（开始引语标记）

（“V＋O＋讲”，“讲”语义弱化）↓↓

㊼我问他讲给要回去。　　（主＋V＋O＋讲＋其他）→（过渡引语标记）

（“V+讲”结构，“讲”语义虚化）↓↓

⑱爸爸喊讲快点回去。　　　　（主 + V + 讲 + 其他）→（完全引语标记）

（“$V_{认知}$ + 讲”，“讲”语义泛化）↓↓

⑲他觉得讲这种做法不对。　　（主 + $V_{认知}$ + 讲 + 句子）→（从句标记）

例⑭的“讲”是言说动词；例⑮“讲”前的内容具有已知性，可以省略，“讲”含“某人说”的意义，成为“转述标记或传闻标记”；例⑯中，补出前面的主语，“讲”处于“主语 + 讲 + V + 其他”结构中，含“转述”意义，受其后动词的影响，语义弱化，成为“具有转述性质的引语标记”；例⑰中，“讲”位于前项动词宾语后，意义进一步弱化，用于引出后面的内容；例⑱“讲”受前一个言说动词的影响，意义泛化，成为引语标记；例⑲的“讲”与认知动词连用，言说意义完全消失，用于引导从句。从⑭—⑱“讲”的语义逐渐弱化，言说意义逐渐丢失，但仍能找到“言说义”痕迹，例⑲，“讲”受认知动词的影响，言说义完全丢失，成为引导从句的标记词。

这种演变，在汉语方言和其他语言中也存在。刘丹青（2004）从跨语言的研究中发现，言说动词虚化成标句词是一个普遍的语法现象；① 李明（2003），贝罗贝、曹茜蕾（2013）认为言说动词发展成标句词经过认知阶段的语义泛化；黄燕旋（2016）认为揭阳方言言说动词“呾”经历了“言说动词→引语标记→准引语标记→标记词”的语法化过程，言说动词发展为标句词的关键阶段是引语标记阶段；② 方梅（2006）则认为北京话里的“说”经历了“言说动词→引语标记→准标句词→标句词”的演变发展；③ 林华勇，马喆（2007）对比普通话、广州、廉江、汕头方言，认为“讲”经历了“动词→自我表述标记→准标句词→标句词”逐渐虚化的过程；④ 周娟（2018）认为新化方言“$V_{言说}$ + 讲（引语标记）+ 小句宾语”结构中，“讲”受转喻机制的促动，逐渐脱离言说义，不断转指和泛化，演化成宾语从句标记。⑤ 不同语言、方言中言说动词的语法化阶段不同，语法化动因有其演变的内部联系性。

① 刘丹青：《汉语里的一个内容宾语标句词——从“说道”的“道”说起》，见《庆祝〈中国语文〉创刊 50 周年学术论文集》，北京，商务印书馆，2004。

② 黄燕旋：《揭阳方言言说动词“呾”的语法化》，载《中国语文》，2016（6）：686 页。

③ 方梅：《北京话里“说”的语法化——从言说动词到从句标记》，载《中国方言学报》，2006（1）。

④ 林华勇、马喆：《廉江方言言说义动词“讲”的语法化》，载《中国语文》，2007（2）：151 页。

⑤ 周娟：《新化方言言说动词“讲”的虚化及其制约因素》，载《暨南学报》，2018（5）：111—112 页。

（二）言说动词→重申标记→语气词

根据句法的重新分布，横山话“讲”经历了“言说动词→重申标记→语气词”的虚化过程。语气词“讲”由言说动词省略后续成分或修饰成分重新分布而来。例如：

⑥⓪他讲够了是。　　（主语＋$V_{讲}$＋其他）→（动词）

（省略主语，重读）↓↓

⑥①讲是你网的问题。　　（讲＋其他）→（重申标记）

（句法重新分布）↓↓

⑥②整不成讲。　　（其他＋讲）→（重申标记）

（读音弱化）↓↓

⑥③今年雨水多得很讲。　　（其他＋讲）→（语气词）

例⑥⓪的“讲”是言说动词；例⑥①“讲”前省略主语，重读，变成重申标记；例⑥②中“讲”读音弱化，句法上重新分布，成为句末重申标记词；例⑥③“讲”的读音进一步弱化，成为句末语气词。

在汉语的其他方言中，言说动词转变成语气词也是一种常见的现象。谷峰（2007）认为古汉语语气词“云”从“内容宾语（+NP）+云”中的言说义动词“云”虚化而来，遵循“转述义—听说义—不置可否义—不确信义”的演化路径，演化出不置可否、不确定、推测的意义；[①]郑良伟（1991）指出台湾闽语的“讲”有表催促、提醒的语气；钱奠香（2002）认为海南屯昌话的“讲”表出乎意料的语气；黄燕旋（2016）认为揭阳方言言说动词“呾”经历“言说动词→准语气词→语气词”的发展过程，衍生出反驳语气的用法，且“呾”向语气词演变是一种省略引发的语法化现象。[②]

---

① 谷峰：《从言说义动词到语气词——说上古汉语“云”的语法化》，载《中国语文》，2007（3）：235页。

② 黄燕旋：《揭阳方言言说动词“呾”的语法化》，载《中国语文》，2016（6）：686页。

（三）言说动词→自我表述标记（连词）→话语标记

从语用功能来看，“讲”能从言说义向认知义转化，主观化为连词，随之弱化成话语标记。例如：

(64)他讲忙不得。　　　　（主语＋$V_{讲}$＋其他）→（动词）

（省略主语，意义虚化）↓↓

(65)讲不咂了这个烟。　　　　（讲＋其他）→（连词）

（语义弱化）↓↓

(66)讲咯是他家老人没在掉了嘎。　　　　（讲＋其他）→（话语标记）

例(64)的“讲”是言说动词；例(65)中，“讲”前省略主语，意义虚化，成为连词；例(66)中“讲”位于句首，语义弱化，不表达真值语义关系，用作组织言谈的话语标记。

横山话的“讲”作话语标记时，构成“X＋讲”的结构。例如：

(67)我讲是他的福气，我讲好好地带的，我讲人家没得个爹妈，小娃带大么还不是认自家的。

(68)我讲他怕是起来早了，我讲喊他再睡下。他说不睡了，他听见有喇叭响，可能是班车上来了。我恁个讲怕不是，班车不会来恁个早。

例句中“我讲/我恁个讲”已经词汇化为一个固定结构，无实义，做话语标记。“我讲”引导的话语常置于“我恁个讲”之前，“我恁个讲”含有再次强调说话者所说内容的作用。此外，横山话中类似的结构“讲么讲”，“讲么是恁个讲”“讲么是讲”也处于词汇化链条上，语义虚化，凝固成一个固定的形式，用于自然口语中，引进话题、连接话语、起到组织话语的功能。

这种演变路径汉语中也存在。董秀芳认为现代汉语中有很多两音节和三音节的词“X说”正处于词汇化的过程中，其意义也从言说义向认知义转化；[①] 王静

① 董秀芳：《“X说”的词汇化》，载《语言科学》，2003（1）：56页。

（2010）考察了现代汉语中“我说”的语音、语义、句法分布、词汇化、语法化情况认为，“我说”的语义虚化伴有主观化倾向，由一个非词单位逐渐发展为词，用于连接篇章，具有组织话语的作用；刘芳（2009）也认为动词“说”经过认知上的主观化，虚化成连词成分，进而词汇化为话语标记；Lord（1993）、Heine等（1997）和 Saxena（1998a，1998b）等人研究表明：具有某种显著语义特征的过程动词可通过语法化形成表示小句连接的语法标记，言说动词“说”由单纯的实义动词发展演变为表原因的从属连词；喻薇，姚双云认为言说动词“说”能从具体行为泛化指向抽象概念，并能与其他语素组合成表示多种不同功能的话语标记；[①] 方梅论述了自然口语中连词的弱化现象，连词不再表达真值语义关系，而被用做组织言谈的话语标记。[②]

三、结语

综上所述，横山话的“讲”除做动词、介词外，已虚化成转述、传闻、引语、从句、重申、语气、自我表述、话语等标记。根据语义功能强弱、句法的重新分布以及语用功能的不同，存在以下三条演变链：

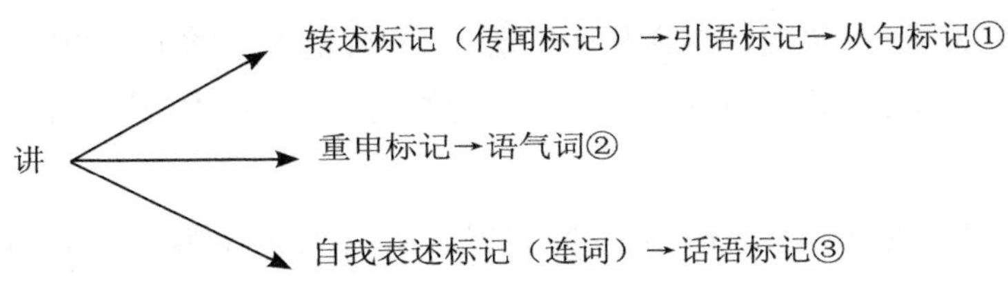

“讲”具有如此强烈的虚化功能，大约与横山话的强分析性特点有关。分析性语言缺少形态，主要通过词根语的语义表示各种语法关系。这一属性使得词语特别是常用词语出现了一词多功能的现象，即同一个词能够表达多种不同的意义。横山话“讲”的语法化，既是分析性语言的需要，又是语言经济原则的需要。从“讲”一词的语义和功能的变化可以看到横山话动词的演变途径。

① 喻薇、姚双云：《言说动词“说”的语法化考察》，载《湖北师范大学学报》，2018（2）：11 页。

② 方梅：《自然口语中弱化连词的话语标记功能》，载《中国语文》，2000（5）：459 页。

参考文献

[1] 周娟．新化方言言说动词“讲”的虚化及其制约因素．暨南学报，2018（5）：111–112.

[2] 黄燕旋．揭阳方言言说动词“呾”的语法化．中国语文，2016（6）：686.

[3] 林华勇，马喆．廉江方言言说义动词“讲”的语法化．中国语文，2007（2）：151.

[4] 戴庆厦．论亲属语言演变链．贵州民族学院学报，2011（12）：86.

[5] 谷峰．从言说义动词到语气词——说上古汉语“云”的语法化．中国语文，2007（3）：235.

[6] 董秀芳．“X 说”的词汇化．语言科学，2003（1）：56.

[7] 喻薇，姚双云．言说动词“说”的语法化考察．湖北师范大学学报，2018（2）：11.

[8] 方梅．自然口语中弱化连词的话语标记功能．中国语文，2000（5）：459.

[9] 张安生．西宁回民话的引语标记“说着”、“说”．中国语文，2007（4）.

[10] 方梅．北京话里“说”的语法化——从言说动词到从句标记．中国方言学报，2006（1）.

[11] 戴庆厦．汉语的特点究竟是什么．云南师范大学学报，2014（5）.

[12] 高增霞．现代汉语连动式的语法化视角．北京：中国社会科学院博士学位论文，2003.

[13] 田源．汉语“说”类动词研究．武汉：华中师范大学硕士学位论文，2007.

[14] 施伟伟．现代汉语传信标记“X+说”研究．长春：吉林大学博士学位论文，2017.

[15] 刘丹青．汉语里的一个内容宾语标句词——从“说道”的“道”说起//中国社会科学院语言研究所《中国语文》编辑部．庆祝《中国语文》创刊 50 周年学术论文集．北京：商务印书馆，2004.

[16] 中国社会科学院语言研究所词典编辑室．现代汉语词典（第 7 版）．北京：商务印书馆，1987.

[17] 吴积才．汉语方言志（云南省志卷・五十八）．昆明：云南人民出版社，1989.

（作者单位：中央民族大学中国少数民族语言文学学院）

现代英语中的分析语特征 *

——跨语言视角下的对比研究

李纯寅

一、引言

格林伯格（Joseph H. Greenberg）在1963年发表了题为《某些主要跟语序有关的语法普遍现象》的经典论文，标志着现代语言类型学的开端。而在此以前的类型学研究被普遍称为传统的语言类型学，其是建立在分类学基础之上的。根据语言在形态方面的特征，施莱格尔（Friedrich von Schlegel）把语言分为附加语和屈折语两种类型，后来他的兄弟奥古斯特·施莱格尔（August von Schlegel）又加了第三种类型："无结构"语。德国的语言学家洪堡特（Wilhelm von Humboldt）在以上两者的基础上增加了多式综合语，用来说明北美的印第安语诸语言的结构特点。从形态学的角度，后来普遍得到语言学家们认可的是将语言分为三类：屈折语、黏着语和孤立语。另一种传统的类型划分是从语言的句法关系的角度出发，将语言分为分析语（analytic languages）和综合语（synthetic languages）。分析型语言的语法中主要是通过功能词（语法功能词，主要指虚词中的介词、连词和助词）还有词序来表示句法关系，典型的如汉语、越南语；而综合型语言则通过词形屈折变化和词缀、词根的紧密结合来表示句法关系，例如有拉丁语、希腊语、俄语、德语和阿拉伯语等。①

英语的发展史大致可以分为三个阶段：古英语（450—1100），中古英语（1100—1500）和现代英语（1500—至今）。英语自形成开始便从综合型语言向

* 原载《报刊荟萃》，2018（8）。

① 金立鑫：《什么是语言类型学》，上海，上海教育出版社，2011。

分析型语言转化。[①] 古英语属于日耳曼语族的一支，是一种典型的综合型语言。名词拥有完整的格体系并且有阳性、阴性和中性之分，而这些在现代英语中已经完全消失。古英语的动词是凭借复杂的屈折形式表达人称、数、时态以及语气的，而现代英语中动词的屈折形式大大简化，在表达时态和语气时通常借助于固定的助动词和情态动词。笔者认为：在名词和动词的句法使用上体现着分析语和综合语最明显的差异。所以，本文就是从这两个方面分别做跨语言的对比，试图通过对比说明现代英语已经具备了显著的分析语特征。

二、对比研究

（一）名词

现代英语中的名词既没有格的变化又没有性的区分，但是保留了数的词形上的差异，比如“书”的单数 book，它的复数形式发生变化，在其后加词缀 -s，变成 books。这是与典型的分析语——现代汉语的名词最大的不同。现代法语的名词也没有格的变化，但是却有性数的区分，例如同样的“书”（livre）在法语中是规定为阳性的。韩国语的名词也像汉语中一样没有词形的变化，但不同的是：在句子中必须依靠语法助词来显示其句法地位。作为典型综合语的拉丁语，其名词最为复杂。名词有六个格：主格（第一格）、属格（第二格）、与格（第三格）、受格（第四格）、夺格（第五格）、呼格（第六格）；有三个性：阳性、阴性和中性；有两个数：单数和复数。表 1 是拉丁语中阴性名词 patria（祖国、故乡）的详细变格（declensions）。[②] 单数有六个格，复数也有六个格。

表 1　patri–a，ae，f.（祖国，故乡）的变格表

格	单数	复数	格	单数	复数
主格	patri-a	patri-ae	受格	patri-am	patri-as
属格	patri-ae	patri-arum	夺格	patri-a	patri-is
与格	patri-ae	patri-is	呼格	patri-a	patri-ae

① Fennell, B.A. A History of English: A Sociolinguistic Approach, p.131. Beijing: Beijing University Press, 2005.

② Morwood, J. A Latin Grammar, p.23. Oxford: Oxford University Press, 1999.

以这个词组成的句子如下：（数字表示它在句子中是第几格，每个句子下面是对应的表达相同意思的法语、英语、韩语和汉语。）

① a. Patria mihi Sina est.
  b. Ma patrie est la Chine.
  c. My homeland is China.
  d. 내 조국은 중국입니다.
  e. 我的祖国是中国。

② a. Flores patriae sumus.
  b. Nous sommes les fleurs de la patrie.
  c. We are the flowers of our homeland.
  d. 우리가 조국의 꽃입니다.
  e. 我们是祖国的花朵。

③ a. Servire Patrae.
  b. Servons notre patrie.
  c. Work for our homeland.
  d. 조국을 위해 일하십시오.
  e. 为祖国服务。

④ a. Patriam amamus.
  b. Nous aimons la patrie.
  c. We love our homeland.
  d. 우리가 조국을 사랑합니다.
  e. 我们爱祖国。

⑤ a. A patria venit.
  b. Il vient de la partie.
  c. He comes from the homeland.
  d. 그가 조국에서 옵니다.
  e. 他从祖国来。

⑥ a. Patria, te amo.
  b. Ma patria, je t'aime.
  c. My homeland, I love you.
  d. 조국，사랑합니다.
  e. 祖国，我爱你。

1. 第一格主格和第四格受格

拉丁语句子 1.a 逐字翻译成汉语为：祖国、我的、中国、是；④ a 为：祖国、我们爱。综合语中由于名词的格可以明显地标记其句法关系，所以词序的任意性加大。比如俄语中，表达我们学习语言是这样的：Мы изуча́ем я́зык，其中мы是“我们”的主格形式，я́зык是“语言”的受格形式。如果将两者调换位置：Язык изуча́ем мы 表达的意思还是一样的。而在没有格标记的语言里，如英语和汉语，只能借助于严格的词序：我们学习语言和语言学习我们是两个表达不同意义的句子。

应该注意到，英语中的人称代词还保留了一些格标记。主格 I，we，he，she，they，其对应的宾格形式 me，us，him，her，them。以上的两个句子用英语表达为：We learn the language 和 The language learns us（虽然语义不通，但是符合语法）。人称代词“我们”在两句中的形式是不同的，标记着各自的句法地位。从这些词上亦可以看到英语从综合语向分析语转化的痕迹。有学者指出体现在人称代词上的这种转化还在继续：主宾格的混用。[①] 在现代英语中，I 和 me 的混用的例子有很多。Who 在许多地方已经取代了陈旧古板的 whom，这已为语法学家所承认。下面的例子很好地说明了这一点。

⑦ This is a man who/whom you should know.

(Randolph Quirk: A Grammar of Contemporary English)

⑧ Answer your husband’s question. How long and for who?

(Alex Gottlieb: September Song)

⑨ “To who?” cried milo，in a voice cracking with dismay.

(Joseph Heller: Catch--22)

除了屈折变化外，还有另一种格标记的手段，就是添加不同的格功能助词，典型的如韩语和日语。④ d 句中主格助词가放在우리（我们）后面标记其是句子的主语，而宾格助词을放在조국（祖国）后面标记其是句子的宾语。日语中也是这样，主语（名词）は＋宾语（名词）を＋谓语，其中は是主格助词，を是宾格助词。例如，表达我学习日本语：私は日本語を勉強します。

2. 第二格属格

属格，也即所有格，表达所属关系。拉丁语② a 逐字翻译为汉语是：花、祖国的、我们是。可以看出，拉丁语中表达所属关系完全是靠名词的屈折变化实现的。现代英语中有两种方式，一种是用分析性的 of-structure，比如 students of the university；另一种是综合性的 N’s＋NP，比如 John’s sister。N’s＋NP 多用于有生命的名词，而 of-structure 相反。程先富对于现代英语中这两种手段的使用情况和发展趋势做了详细的研究，并探讨了所有格发展中的三种制约机制：英语的分析性进化趋向、与谈话人接近的相似性原则、信息性原则。[②] 法语中的所有格则完全借助于介词 de，像② b 中 les fleurs de la patrie，又如 la soeur de Sophie（索菲的妹妹）。仅仅从所有格上来看，法语似乎比英语更具分析性。

汉语、韩语和日语都是依靠单独的助词：汉语的“的”，韩语中是“의”，日语中是“の”。这样词序就很重要。父亲的母亲和母亲的父亲显然不是指同一

① 程先富：《英语从综合性向分析性的演变》，载《安徽师大学报》，2000（3）：32 页。

② 程先富：《英语所有格进化过程中的逆向机制探析》，载《山东外语教学》，2005（5）：45—48 页。

个人。而拉丁语中 flores patriae（祖国的花朵）两个词可以换位置而不改变意思。

3. 第三格与格

名词的与格基本上是做间接宾语，表示谓语动词的动作是“给谁”或者“为谁”的问题。例如，我给你这本书，用拉丁语是 Do tibi librum，其中 do 是动词，表示我给，librum 是“书”的受格形式，表示直接宾语，tibi 就是“你”的与格形式，表示在句中做间接宾语。现代英语中则是依靠词序和两个介词 to 和 for。

I give the book to you. 或者 I give you the book.

I give the book you 是不符合语法的句子，但拉丁语中却可以：Do librum tibi，将 librum 和 tibi 位置互换。

再比如：I do not want to work for money.

在这一点上，现代英语、法语与汉语就较为接近了，也就是更加倾向于采用分析性表达手段。

⑩ I give the book to you.
Je donne ce livre à vous.
我把这本书给你。

⑪ I give you the book.
Je vous donne ce livre.
我给你这本书。

⑫ I do not want to work for money.
Je ne peux pas travailler pour argent.
我不想为了钱而工作。

汉语中习惯上使用各种各样的虚词来表现这种关系。在以下的夺格中尤甚。

4. 第五格夺格

名词的夺格所表征的关系比较繁杂，可以细分为多种情况。现代英语中名词夺格的表现是依靠介词和词序。以下是几种情况的英、法、汉对比。

⑬ The window is broken by the boy.（表示被动态）
La fenêtre est cassée par ce garçon.
窗户是被那个男孩打破的。

⑭ She comes from the United States.（表示地点）
Elle vient des Etats-Unis.（des 是介词 de 和其后冠词 les 的缩写形式。）
她来自美国。 或者 她从美国来。

⑮ The boy broke the window with a football.（表示工具）

Ce garçon a cassé la fenêtre avec un football.

那个男孩用足球打破了窗户。

⑯ Can you go to the cinema with me tonight?（表示伴随）

Veux-tu aller au cinéma avec moi ce soir?

今晚你能和我一起去看电影吗？

从以上的对比中可以看出现代英语和法语中名词夺格关系的表征更倾向于采用分析型语言的手段，借助于严格的词序和多种介词。

总结以上的对比论述，语言中设置名词的句法关系可以有三种不同的手段：依靠不同屈折形式变化的格标记；借助于不同的格功能助词；严格的词序加上独立虚词。现代英语中名词的格系统已经完全消失，其又没有像韩语和日语中那些可以用来标记格的助词，所以在表征名词的句法关系时，更倾向于利用严格的词序配加上独立的介词这样的分析性手段。这是从名词的角度分析得出的结论。

现代罗曼语（Romance languages）包括法语、西班牙语、意大利语以及葡萄牙语等，这些语言都是从通俗拉丁语经过漫长的历史演变而来的，它们名词的格系统也消失了。但是，与这些语言不同，英语的分析语特征还进一步体现在它的动词上。

（二）动词

从动词上来观察，英语的分析语特征主要表现在两个方面：其一，动词的屈折形式大大简化；其二，在表达时态和语气上更倾向于利用助动词和情态动词。

现代英语中的动词屈折变化只有现在时的第三人称单数，规则动词在词尾加 -s；一般过去时形式以及现在分词和过去分词。较之古英语和中古英语时期的动词已经大大简化。与英语同属于日耳曼语言（Germanic languages）的德语中的动词至今仍然保留着繁杂的动词变位。以下试图通过对动词 love 的跨语言对比进行简要地说明。（见表 1）

表 2　动词 love 的跨语言对比表 ①

语言	原型	1.s	2.s	3.s	1.p	2.p	3.p
拉丁语	amare	amo	amas	amat	amamus	amatis	amant
法语	aimer	aime	aimes	aime	aimons	aimez	aiment
意大利语	amare	amo	ami	ama	amiamo	amate	amino
德语	lieben	liebe	liebst	liebt	lieben	liebt	lieben
俄语	любить	люблю	любишь	любит	любим	любите	любят
英语	love	love	love	loves	love	love	love

从上述列表可以看出，与典型的综合语相比，英语中动词的屈折变化已经逐步退化。没有了屈折变化的意义区分，在一个句子中，动词只能更加依赖词的相对位置，也就是严格的词序来维持与其他成分之间的句法关系。这一点更像汉语。

现在普遍认为，英语中的动词时态只有现在时和过去时，而将来时的表达则要依靠固定的动词和词组，像 will 和 be going to。这一点也更接近于汉语的习惯表达，而与法语有较大差异。法语依靠动词本身的屈折变化即可表达将来的意义。例如：

⑰ I will go to French to teach Chinese next year.
明年我将要去法国教汉语。
J’irai en France pour enseigner le chinois la prochaine année.
（irai 是动词“去”aller 的第一人称单数的简单将来时）

⑱ I am going to write him a letter.
我将要给他写一封信。
Je lui écrirai une lettre.
（écrirai 是动词“写”écrire 的第一人称单数的简单将来时）

三、结语

本文主要采用跨语言的视角分析了现代英语中的越来越显著的分析型语言的

① 数字表示第几人称，s 表示单数，p 表示复数。

特征。从名词和动词两个角度出发，通过多语言的对比论述，发现现代英语的句子中，词间句法关系的表征方式更倾向于采取分析性手段，即借助于严格的词序和不同的功能语法词。自古英语到中古英语再到现代英语，这门语言逐步慢慢地从综合型语言向分析型语言转化。对于是什么原因造成了这样的发展趋势，又有哪些因素在其间发挥着重要作用等问题，都值得对此感兴趣的学者进行深入的研究和思考。

参考文献

［1］Fennell, B.A. A History of English: A Sociolinguistic Approach, p.131. Beijing: Beijing University Press, 2005.

［2］Morwood, J. A Latin Grammar, p.23. Oxford: Oxford University Press, 1999.

［3］程先富 . 英语从综合性向分析性的演变 . 安徽师大学报，2000（3）：32–36

［4］程先富 . 英语所有格进化过程中的逆向机制探析 . 山东外语教学，2005（5）：45-48

［5］金立鑫 . 什么是语言类型学 . 上海：上海教育出版社，2011.

（作者单位：聊城大学外国语学院）

近二十年分析性语言研究述评

袁梦

一、引言

随着语言学研究方法的发展，许多语言学者认为运用类型学视角研究语言是一个行之有效的方法。近二十年来，语言学学者研究语言开始从共性研究逐渐向不同类型的语言个性研究加强。

我国的语言多为汉藏语系语言，研究汉藏语，抓住汉藏语分析性的类型学特征，是研究汉藏语的一个较为可行的、有效的方法。戴庆厦、闻静（2017）经过对过去研究成果的总结，在《论“分析性”语言研究眼光》一文中指出了语言研究需要“分析性”的眼光，针对分析语的特点进行系统的研究，才能抓住语言本质，并提出了适用于分析性语言的研究方法。[①] 很多语言学学者结合语言类型学，尝试用分析性的眼光，系统地分析所研究的语言，做出了很多成绩。他们的研究从语音、语序、句法结构、词类、语法形式或整体语言特点等方面对汉藏语系不同语言进行比较分析，所分析的语言涉及汉语、景颇语、哈尼语、拉祜语、傣语、普米语、壮语、布辛语、英语等多种语言。这些研究是一种新视角，值得认真总结。

本文对近二十年分析性语言研究成果进行回顾，并对该研究方法的意义和产生背景进行论述，以期对分析性研究法能有一定的推动作用。

① 戴庆厦、闻静：《论“分析性语言”研究眼光》，载《云南师范大学学报》（哲学社会科学版），2017（5）。

二、分析性语言研究发展现状

（一）分析性语言研究方法的提出

我国的语言以分析性语言占多数。《中国的语言》收录了128种语言，其中分析性语言有89种，占总数的69.5%，非分析性语言有39种，仅占30.5%。分析语中包括了75种汉藏语系语言，9种南亚语系语言，5种混合语。[①]分析性语言在我国的语言研究中占有重要地位。在第一届汉字汉语文化国际会议中，戴庆厦在《汉语的特点究竟是什么》一文中对汉语的特点究竟是什么做出了探寻，总结出汉语值得重视的四大特点：超分析性、隐性特征丰富、语义具有超强伸张力、特别注重韵律，并强调研究汉语要具有“汉语”的眼光。[②]几年后他又深入思考，从景颇语反观汉语，再次进一步总结汉语的特点，发表了《再论汉语的特点是什么——从景颇语反观汉语》，把景颇语、汉语两种语言从音节的多少、义项的扩大能力、词类的兼用能力、韵律的强弱、歧义的多少进行比较，得出汉语是超分析性语言，并通过两种语言的比较发现景颇语的分析性没有汉语强，说明了在分析性语言中存在分析性强弱之分。[③]戴庆厦、闻静在《论“分析性语言”研究眼光》又进一步指出应运用“分析性眼光”有针对性地研究汉藏语，才能更好地切合语言实际，探究使用一般语言研究方法所不能看到的语言特质，挖掘到语言的深层特点。[④]该文同时归纳出了提取分析性语言研究成果的三个切入点，即从分析语的特点提取研究成果，通过分析语与非分析语的对比提取研究成果，从分析语内部不同语言的差异对比提取研究成果。还为语言研究者提出了操作建议：可以针对具体语言的语法、语音中提取观察点或明确主攻点来进行分析性语言研究。

自此，分析性语言研究方法正式提出。此后大量语言学者运用分析性语言研究方法或把汉藏语系内各种不同的语言进行比较，分析其语言特征，或运用此方

① 孙宏开等：《中国的语言》，北京，商务印书馆，2000。

② 戴庆厦：《汉语的特点究竟是什么》，载《云南师范大学学报》（哲学社会科学版），2014（5）。

③ 戴庆厦：《再论汉语的特点是什么——从景颇语反观汉语》，载《民族语文》，2017（2）。

④ 戴庆厦、闻静：《论“分析性语言”研究眼光》，载《云南师范大学学报》（哲学社会科学版），2017（5）。

法对某个民族语的特征进行研究，取得了大量成果。

（二）用分析性眼光分析语言涉及的领域

分析性语言的研究方法被广泛运用于语言研究中，涉及汉藏语系语言语法结构特点的比较归纳、语言的突出分析性特点解析、语言整体分析性特点概括等多个方面。

汉藏语系语言语法结构方面的研究涉及语序、句法结构、词类、语法形式等。语序方面，戴庆厦、傅爱兰在《藏缅语的形修名语序》[①]一文中比较了安多藏语、羌语、普米语、景颇语、独龙语、纳西语、凉山彝语、哈尼语、白语、克伦语等十多种语言的复合词形修名语序和短语形修名语序，总结出藏缅语形修名两种语序中，“名＋形”应是藏缅语的原始语序，而“形＋名”是后起的，并且在不同语言中体现了藏缅语形修名语序的发展趋势。在句法结构研究方面，涉及了藏语、普米语、独龙语、景颇语、载瓦语、哈尼语、纳西语、彝语等多个藏缅语族语言。有戴庆厦、傅爱兰《藏缅语的述宾结构——兼与汉语比较》[②]关于述宾结构的研究、戴庆厦、黎意《藏缅语的述补结构——兼反观汉语的述补结构》[③]关于述补结构的研究。戴庆厦、李洁《藏缅语的强调式施动句——兼与汉语被动句对比》[④]关于强调式施动句、《汉藏语被动句的类型学分析》[⑤]关于被动句的研究，戴庆厦、邱月《OV型藏缅语连动结构的类型学特征》[⑥]有关于连动结构的研究；范丽君《汉藏语因果复句研究》[⑦]有对因果类复句的研究。通过汉藏语系语言结构、类型比较，并反观汉语，总结藏缅语与汉语在语法结构上的差异。词类方面，闻静在《汉藏语系“的”字结构研究》[⑧]一书中，解释了汉藏语“的”字结构发展演变层次与语言分析性程度的关系；彭茹在《藏缅语合成基数词结构

① 戴庆厦、傅爱兰：《藏缅语的形修名语序》，载《中国语文》，2002（4）。

② 戴庆厦、傅爱兰：《藏缅语的述宾结构——兼与汉语比较》，载《方言》，2001（4）。

③ 戴庆厦、黎意：《藏缅语的述补结构——兼反观汉语的述补结构》，载《语言研究》，2004（4）。

④ 戴庆厦、李洁：《藏缅语的强调式施动句——兼与汉语被动句对比》，载《语言研究》，2005（3）。

⑤ 戴庆厦、李洁：《汉藏语被动句的类型学分析》，载《中央民族大学学报》（哲学社会科学版），2007（1）。

⑥ 戴庆厦、邱月：《OV型藏缅语连动结构的类型学特征》，载《汉语学报》，2008（2）。

⑦ 范丽君：《汉藏语因果复句研究》，北京，民族出版社，2016。

⑧ 闻静：《汉藏语系“的”字结构研究》，北京，民族出版社，2016。

的类型学特征》[①]一文中，探究了藏缅语合成基数词结构的类型学规律；戴庆厦、王洪秀的《藏缅语人称代词格范畴的类型分析——兼以反观上古汉语人称代词格范畴》[②]一文对藏缅语34种语言的人称代词格范畴的类型特点进行了分析归类，并比较了不同语言的格范畴发展程度。在语法形式上，戴庆厦、孙艳的《景颇语四音格词产生的机制及其类型学特征》[③]解释了语言的分析性是四音格词产生的基础。

这些研究从语法的各个方面揭示了分析性语言的不同语法形式的发展层次，各语言因为分析性的强弱在语法表现上呈现出不同的差异：北部语言的述补结构形式较少，强调施动句很少出现，被动句多采用分析加屈折的形式，连动结构不丰富，因果复句多采用无标记形式，语序更加灵活，“的”字结构不发达，人称代词格范畴较多。而南部语言的分析性较强，述补结构相比之下更为丰富，强调施动句运用更多，被动句以分析式为主，连动结构丰富，因果复句多采用有标记形式，语序更为固定，“的”字结构更发达，人称代词格范畴较少。总结出在我国的藏缅语族语言中，北部语言如藏语、羌语等分析性较弱，南部语言如彝语、哈尼语等分析性较强。我国的语言呈现出从北至南分析性逐渐增强的趋势。这些研究从语法表面形式的描写深入到语言结构的产生原因的探究和发展趋势的预测，从而总结出了分析性语言在语音、语序、词法、句法等多个方面的特点，为分析性语言研究方法的正式提出奠定了深厚的实践和理论基础。

还有对语言突出的分析性特点进行解释的研究，突出语言个性的研究。如戴庆厦的《分析性语言的单音节性与双音节化——以景颇语为例》[④]一文以景颇语特有的一个半音节为例，对景颇语的单音节和双音节属性进行分析。总结分析性语言的核心特点是单音节性，双音节性是其发展趋势，景颇语正处在单音节性向双音节转化的过程中，因此出现了独特的一个半音节现象。戴庆厦、李浩在《垤玛哈尼语宾谓同形短语的特征及其形成条件》[⑤]一文中运用分析性研究方法对垤

---

① 彭茹：《藏缅语合成基数词结构的类型学特征》，载《民族语文》，2019（2）。

② 戴庆厦、王洪秀：《藏缅语人称代词格范畴的类型分析——兼以反观上古汉语人称代词格范畴》，载《云南师范大学学报》（哲学社会科学版），2019（3）。

③ 戴庆厦、孙艳：《景颇语四音格词产生的机制及其类型学特征》，载《中国语文》，2005（5）。

④ 戴庆厦：《分析性语言的单音节性与双音节化——以景颇语为例》，载《黔南民族师范学院学报》，2019（5）。

⑤ 戴庆厦、李浩：《垤玛哈尼语宾谓同形短语的特征及其形成条件》，载《中央民族大学学报》（哲学社会科学版），2019（5）。

玛哈尼语的宾谓同形进行了研究，认为分析性语言特性是垤玛哈尼语产生宾谓同形的基础。垤玛哈尼语的致使范畴也主要是分析式的，李浩在《垤玛哈尼语致使范畴的结构、语义分析》[①]一文中主要通过词汇手段和半语法化手段的展现论述垤玛哈尼语致使范畴的演化。蒋颖在《普米语示证范畴地域差异的成因分析》[②]一文中总结了普米语亲见非亲见、听说非听说两种示证范畴在北部和南部方言存在的差异，北部方言两种范畴都有且具有句法上的强制性，南部方言基本没有亲见非亲见范畴，但有非强制性的听说非听说范畴，而我国的北部语言分析性较弱，南部语言分析性较强，其示证范畴的变化与我国分析性语言分布特点相一致。依常生在《壮语方言时间单位词的两种计量方式》[③]一文中，说明了壮语方言时间单位词的计量方式除了各语言常见的“数词＋时间单位词”外，还有“数词＋ʔan＋时间单位词”方式，其中“数词＋ʔan＋时间单位词”方式是受到汉语“数词＋时间单位词”的计量方式影响，并在壮语“数词＋时间单位词”与“时间单位词＋数词”互补并行的规则系统下而产生的。

另外，一些语言学者对我国个别少数民族语言的整体特点进行了分析，如蒋颖《论普米语的类型定位》[④]认为普米语属于具有分析性特征的黏着－屈折语，处于语言类型交叉、过渡状态。李春风在《拉祜语的分析性特点及其系统性》[⑤]一文中认为拉祜语属于强分析性语言，极接近典型分析语一端。伦静在《浅析瑞丽傣语的分析性特点》[⑥]一文中指出瑞丽傣语的分析性特点强，是较为典型的分析性语言。这几篇文章对普米语、拉祜语、瑞丽傣语的语言整体分析性进行了分析，把语言不同方面的特点联系起来，对语言分析性程度进行了定位，此三种语言相比较，瑞丽傣语分析性最强，拉祜语次之，普米语最弱；论证了汉藏语系语言中，分析性的发展程度有先有后，不同的语言分析性强弱有所差别。

除汉藏语系语言外，分析性研究法在语言研究中还可运用到印欧语系、南亚语系、阿尔泰语系的一些语言研究中。如李纯寅的《现代英语中的分析语特

① 李浩：《垤玛哈尼语致使范畴的结构、语义分析》，载《黔南民族师范学院学报》，2019（5）。

② 蒋颖：《普米语示证范畴地域差异的成因分析》，载《云南师范大学学报》（哲学社会科学版），2019（3）。

③ 依常生：《壮语方言时间单位词的两种计量方式》，载《云南师范大学学报》（哲学社会科学版），2019（3）。

④ 蒋颖：《论普米语的类型定位》，载《民族语文》，2018（3）。

⑤ 李春风：《拉祜语的分析性特点及其系统性》，载《民族语文》，2020（3）。

⑥ 伦静：《浅析瑞丽傣语的分析性特点》，载《德宏师范高等专科学校学报》，2020（2）。

征——跨语言视角下的对比研究》[①]用跨语言的视角对现代英语中的分析性特征进行了对比研究。杨志喆的《布兴语分析性特点探析》[②]、杨晓萍的《德昂语是分析性为主的语言——以梁方言风吹坡话为例》[③]对南亚语系中的布辛语、德昂语的分析性特征进行了探究。吐拉尼克孜·吾斯曼的《浅谈维吾尔语后置词的分析性特点及用法》[④]对阿尔泰语系语言后置词的分析性特点做了研究，金海月的《朝鲜语使动与被动形式的类型转变》[⑤]从朝鲜语使动、被动形式的演变对朝鲜语的分析性特点进行了解析。可见分析性语言研究法不仅适用于分析型语言中，也适用于黏着语、屈折语中的分析性语言特点研究。

三、分析性语言研究的意义

分析性语言研究近20年的发展凸显了分析性语言研究方法在汉藏语研究中的地位，不仅有利于发现语言的新特点，使语言研究变得更具针对性，还能够把语言各方面的特点联系起来，有利于用整体的、联系的眼光探究语言特点，促进汉藏语系语言研究的深入。

（一）有利于发现语言的新特点，促进语言比较研究

近20年来，多位学者从不同语言、不同结构开展了多项分析性语言研究。通过比较，从传统类型学发现语言蕴含共性，转向重视不同类型语言的个性，发现并总结了分析性语言研究法的一些理论方法问题。比如：

1. 单音节性的研究

戴庆厦在《分析性语言的单音节性与双音节化——以景颇语为例》[⑥]一文中，以景颇语为例，指出单音节性和双音节化是分析性语言的两大特点。单音节词占

① 李纯寅：《现代英语中的分析语特征——跨语言视角下的对比研究》，载《报刊荟萃》，2018（8）。

② 杨志喆：《布兴语分析性特点探析》，载《汉藏语学报》，2021（1）。

③ 杨晓平：《德昂语是分析性为主的语言——以梁方言风吹坡话为例》，载《汉藏语学报》，2021（1）。

④ 吐拉尼克孜·吾斯曼：《浅谈维吾尔语后置词的分析性特点及用法》，见《分析性语言特点研究法论集》，北京，商务印书馆，2021。

⑤ 金海月：《朝鲜语使动与被动形式的类型转变》，见《分析性语言特点研究法论集》，北京，商务印书馆，2021。

⑥ 戴庆厦：《分析性语言的单音节性与双音节化——以景颇语为例》，载《黔南民族师范学院学报》，2019（5）。

语言固有词汇的大多数，双音节词大多也是由单音节词的词根发展而来，分析性语言单音节性特征在拉祜语、傣语等多个少数民族语言中都有具体表现。①

2. 复合词构成的研究

复合词是由多个有独立意义的词素合成的具有新概念或意义的词。两个单音节实词词素的结合是复合词主要的构成方式。分析性语言复合词丰富，有并列、修饰、支配、解释等多种形式。复合词是分析性语言单音节化向双音节化发展的表现，是单音节性语言特征基础上的词义扩展方式。景颇语的量词有不少是双音节的复合词，这是在其他亲属语中少有的现象。②

3. 形态的研究

分析性语言的语法形态变化少，语法意义的实现多采用分析式，屈折式、黏着式很少，且有逐渐消失的趋势。如彝缅语支语言分析性较强，语言形态变化少，前缀只有一两个，有的是形态变化，有的起韵律作用。后缀稍多，多从实词虚化而来，表阴阳、大小、群体个别等意义，并不是典型的后缀。

4. 语序的研究

语序与分析性语言的强弱密切相关。分析性越强的语言格范畴越少，主要靠语序和虚词来表达语法意义，语序不能轻易改动，比较固定。若语序改动，则会导致句子主语、宾语，施事者、受事者混淆，引起语义混乱。但也有例外，一般是为了强调宾语，或加虚词标记标明语言成分，此时语序改变不会影响语义，才能改变语序，如藏缅语形容词修饰名词时多在后，若要提到名词前要加助词。③

5. 虚词的研究

虚词是分析性语言中实现语法表达的一种主要方式，分析性语言中虚词种类多，在句法中作用很大。虚词有表示结构关系的关系助词，表示句式语气的语气词，表示谓语状态的体助词等。关系助词包括：定语助词、状语助词、宾语助词、话题助词等，语气词分为陈述语气、感叹语气、测度语气、祈使语气、敬语语气和疑问语气等，体助词有持续体、完成体等，如瑞丽傣语常常采用虚词如句末语气词作为语气情态的主要表现手段，表示肯定语气的陈述语气词是 $hə^{42}$，祈

① 李春风：《拉祜语的分析性特点及其系统性》，载《民族语文》，2020（3）；伦静：《浅析瑞丽傣语的分析性特点》，载《德宏师范高等专科学校学报》，2020（2）。

② 戴庆厦：《分析性语言的单音节性与双音节化——以景颇语为例》，载《黔南民族师范学院学报》，2019（5）。

③ 戴庆厦、傅爱兰：《藏缅语的述宾结构——兼与汉语比较》，载《方言》，2001（4）。

使语气词是 $lə^{453}$，测度语气词是 jeu^{453}，感叹句末语气词是 lua^{453}，表尊敬语气的语气词是 xa^{42}。[①]

6. 韵律的研究

丰富的韵律是分析性语言扩大语义表达功能的重要手段，如汉藏语中四音格词丰富，四音格词是按照一定的语音和谐规律和构词规则搭配起来的四音节词，四音格词的产生来源于分析性语言丰富的韵律。以景颇语为例，景颇语四音格词有六种形式：ABAC、AABB、ABAB、ABCB、ABCC、ABCD。汉语的分析性比景颇语强，汉语的韵律也比景颇语强，汉语古诗词中尤其强调押韵。[②]

7. 词的义项的研究

分析性强的语言，形态变化少，语言以单音节和双音节词为主。因为词的音节短，丰富的义项能够充分利用语言资源，扩大语言的表达能力。一词多义的现象在分析性语言中较为常见，词类兼用现象多。分析性语言中有些名词可当动词、量词使用，形容词可以当动词使用。如汉语的"一"除了表达"数目"义外，还有"同一（一家人）、另（番茄一名西红柿）、全（一冬、一生、一路）、短暂（笑一笑）、一旦（一失足）"等义项。[③]

语言研究者利用分析性语言的特点开展进一步研究，从语言特性入手，有的放矢，立足语言实际考虑语言研究问题，避免了"照葫芦画瓢""生搬硬套"的做法。

（二）使语言研究更具有针对性

分析性语言研究法主要是针对汉藏语系语言的研究方法，对症下药，能够由语言形式追溯语言特点的演变脉络，指出语言的未来发展趋势。各类分析性语言研究对语言分析性发展程度有了深入的认识，也证实了在汉藏语系语言中，各语族、语支的分析性程度是有所不同的。

汉语是超分析性语言，壮侗、苗瑶语系的语言分析性较强，仅次于汉语，而藏缅语族语言的分析性相对于汉语、壮侗、苗瑶语系较弱。藏缅语族语言内部各语支的分析性强弱也不同：羌语支语言保留的屈折性和黏着性特征较多，在藏缅

① 伦静：《浅析瑞丽傣语的分析性特点》，载《德宏师范高等专科学校学报》，2020（2）。
② 戴庆厦、孙艳：《景颇语四音格词产生的机制及其类型学特征》，载《中国语文》，2005（5）。
③ 戴庆厦：《再论汉语的特点是什么——从景颇语反观汉语》，载《民族语文》，2017（2）。

语族中分析性最弱，彝缅语支语言分析性最强，景颇语、独龙语等语言分析性居中，整个藏缅语族语言的发展趋势是屈折性、黏着性特征逐渐减少，分析性特征逐渐增多。[①]

分析性语言研究法的运用也解决了很多以前无法解释的语言现象问题。如景颇语一个半音节现象的产生是分析性语言单音节性由于语义扩充的需要向双音节性的转化过程中的表现。[②]汉藏语系语言声调发展的不平衡性的原因是各语族语言的分析性强度不同，导致了声调的发展变化。分析性强、形态变化少的语言，如汉语、壮侗语族语言、苗瑶语族语言声调发达，而分析性较弱、形态变化多的语言，如藏缅语系语言羌语支的语言声调较少，甚至没有声调。还有藏缅语中的隐形语义如何实化,[③]彝缅语的“来”“去”为何会有复杂的用法[④]等用传统语言研究方法无法解答的问题均通过分析性语言研究法找到了答案。

（三）用整体的、联系的观点进行语言研究

分析性语言研究提倡用整体的、联系的观点来研究语言。把语言的特点联系起来看，不再孤立地分析某一语言现象，探究一些语言现象的产生对其他现象的影响，使得语言研究更具有系统性，有利于厘清语言发展的脉络。

分析性语言的单音节性与形态变化少这两个特点紧密联系。单音节词在语言中占较大比例，因而语言所呈现的形态变化较少，而语言形态变化少则通过语言的单音节性来表现。单音节性语言通过构成复合词、运用同音异义词、强调语言的韵律等手段来扩充语义。分析性语言形态变化少，其语法意义的表达需要用固定的语序和丰富的虚词运用来实现，为了语言表达的经济性，一词多义、词类兼用等手段在分析性语言中必不可少。这就使分析性语言组成了一个整体联系、密不可分的整体。

利用语言学者总结出的分析性语言特点，把语言的不同特征联系起来，从整

① 戴庆厦、闻静：《论“分析性语言”研究眼光》，载《云南师范大学学报》（哲学社会科学版），2017（5）。

② 戴庆厦：《分析性语言的单音节性与双音节化——以景颇语为例》，载《黔南民族师范学院学报》，2019（5）。

③ 戴庆厦、李浩：《垤玛哈尼语宾谓同形短语的特征及其形成条件》，载《中央民族大学学报》（哲学社会科学版），2019（5）。

④ 戴庆厦、李泽然：《哈尼语的“来”、“去”》，载《民族语文》，2000（5）。

体的观点出发来研究某一语言现象的产生及发展。这样就可以把语言研究做得更加深入，而不是仅仅停留在语言现象的描写阶段。

四、分析性语言研究发展的土壤

分析性语言研究的蓬勃发展，与我国多年的汉语和非汉语研究积累密不可分，众多国内外汉语研究专家详尽深入的研究为其提供了深厚的基础。

我国非汉语研究发展迅速，李方桂、马学良等少数民族语言研究大家举旗开道，20 世纪 50 年代的民族语言大调查之后，少数民族语言研究人才层出不穷。我国少数民族语言中，汉藏语系语言占大多数，语言学家们总结了汉藏语系语言的特点，不断改进汉藏语系语言的研究方法，为分析性语言研究方法提供了广泛支撑。近年来语言类型学的兴起，使当代语言学形成了生成转换语法、系统功能语法、语言类型学三足鼎立的局面，对当代语言学理论的应用与反思，驱使语言研究者们的研究目的改变，从探寻语言的蕴含共性变为挖掘语言的个性特点，最终促成了分析性语言研究方法的形成。

（一）对汉语的长期研究形成了历史积累

我国的传统语言学中包含音韵学、训诂学、文字学等学科，“五四”以后，我国许多语言学家引进了西方语言学研究的理论观点来研究汉语，许多国外的语言学家也到中国来对汉语进行了长期细致的研究，中华人民共和国成立后，我国的语言学蓬勃发展，取得了辉煌的成就，汉语语言学的发展，同时也促进了非汉语研究的发展，引领着语言学者们不断探索思考适合中国语言的研究方法，为分析性语言研究方法提供了历史积累。[①]

我国的现代语言学许多重要观点来自印欧语系语言学，但印欧语系语言中屈折性、黏着性语言占大多数，汉语为分析性语言，用印欧语的观点来研究汉语总是有不适合的地方。瑞典语言学家高本汉运用欧洲比较语言学的方法，探讨古今汉语语音和汉字的演变，把若干现代语言学研究方法引进了中国传统音韵学，用现代方言调查映照中古音声韵系统，在《中国音韵学研究》一书中首次构拟其音

① 刘丹青：《新中国语言文字研究 70 年》，北京，中国社会科学出版社，2019。

值，为上推古音、下证今音提供了科学的研究方法，得到了国内大部分语言学者的认可。赵元任、朱德熙、吕叔湘、王力等多位我国著名语言学家都提倡用汉语的方法研究汉语，为分析性语言研究方法的提出打下了历史基础。赵元任把西方语言学理论与汉语有机结合起来，开创了一系列适合汉语研究的方法。朱德熙、吕叔湘、王力等人也倡导研究汉语要摆脱印欧语系语言学研究框架，回归汉语自身特征的研究潮流。朱德熙为《汉藏语概论》撰写的序言里提到："现代语言学的许多重要观点是以印欧语系的语言事实为根据逐渐形成的，采用这种观点来分析汉语，总有一些格格不入的地方。这是因为汉语和印欧语在某些方面又有根本性的不同。由此可见，如果我们不囿于成见，用独立的眼光去研究汉藏语系语言，就有可能对目前公认的一些语言学观念加以补充、修正甚至变革。"[①] 多年的汉语研究，使汉语语法的研究者逐渐认识到研究汉语要采用语义语法分析法，这是汉语语法分析研究的有效方法。这一方法也同样适用于其他分析性语言。其原因在于分析性语言缺少形态，句法关系许多要靠语义特点来制约，不弄清语义关系，就难以说清句法关系。早期的汉语研究对汉语语法研究方法进行了探索和修正，为分析性语言研究方法提供了历史的积累。

（二）非汉语研究的广泛发展提供支撑

中华人民共和国成立前，少数民族语言长期被冷落、排斥，中华人民共和国成立后，我国少数民族语言文字研究从无到有，至今已呈现蓬勃发展，百花齐放的面貌。[②] 20 世纪 50 年代我国组织了大规模的语言调查工作队，开展了全国性的民族语言普查工作。此时期的语言调查以结构主义为理论框架，描写研究为基础。到 1959 年，共调查了 42 个民族的语言，其中多数是分析性语言，收集了 1500 多个语言点的调查资料，总体掌握了我国少数民族语言的分布和使用情况。十一届三中全会以后，《民族语文》这本专门登载我国少数民族语文研究学术论文的刊物创办。59 种少数民族语言简志相继出版，民族语言文字研究论文大量发表，各民族语言分支学科研究形成了各自的理论研究基础，各民族语言的音系、构词法、词汇、句法特点已基本清楚，为后来少数民族语言研究的深入提供了广泛的语言材料支撑。20 世纪 80 年代，国内少数民族语言学界对语言形成

① 朱德熙：《汉藏语概论·序》，见马学良主编：《汉藏语概论》，北京，民族出版社，1987。

② 尹虎彬、王峰：《新中国民族语言学研究 70 年》，北京，中国社会科学出版社，2019。

和发展的解释性研究越来越受到重视，少数民族语言学界借鉴历史比较法通过语言的发生机制研究语言的谱系分类问题，关于汉藏语系假说的讨论趋于白热化。马学良主编的《汉藏语概论》成为国内汉藏语研究通论性的代表作。但历史比较法是基于印欧语言历史研究发展起来的，与汉藏语缺乏形态变化的语言特点不相符，在语言研究实际操作过程中出现了不适应的问题，少数民族语言研究者根据我国语言特点把历史语言比较法进行了一些改造，如借鉴汉语研究中声韵调描写法来描写汉藏语系语言等，使我国非汉语研究方法论的探索有所前进。但用印欧语系语言研究方法来研究汉藏语系语言始终不是最合适的。90 年代国内语言学界对语言类型学研究的关注度日益提升，语言学家们开始注重于从具体语言事实出发来探讨人类语言共同的功能机制，寻找语言的蕴含共性。①

仅注重于发现语言的蕴含共性容易忽略不同语言类型的特点，难以解释一些语言中的特殊语言现象。如为何语言会表现出不同的类型？不同的语言类型是否存在联系？语言不同类型如何转换？这就需要一个既能对语言的深层机制进行探究，又能厘清语言现象的来龙去脉的研究方法。分析性语言研究法既能针对汉藏语系语言分析性特点挖掘出语言的深层机制，又能够把语言特征系统地联系起来，厘清语言发展的规律，是对我国少数民族语言研究方法的升华。

（三）对现代语言学理论的反思构筑方法论

从历史比较语言学的兴起，结构主义语言学的构建，到转换生成语言学，系统功能语言学，语言类型学成为当今语言学界的三大主流语言学派，西方的语言学理论一直走在世界语言学研究的前沿。国内有关汉语和非汉语的语言学研究理论多借鉴西方的语言学理论。

19 世纪初，德国语言学家施莱赫尔把世界的语言分为了孤立语、黏着语、屈折语三类，后洪堡特用形态分类法，根据语法特点在施莱赫尔的基础上增加了编插语和多式综合语。该分类法是现代类型学的基础，至今仍被语言学家所使用。美国语言学家、人类学家 Greenberg（1963）发表了当代语言类型学代表论文 *Some Universal of Grammar with Particular Reference to the Order of Meaningful Elements*，中国语言学家陆丙甫、陆致极将其翻译为《某些主要跟语序有关的语

① 黄行：《我国民族语言研究事业的繁荣与发展》，载《民族研究》，1998（5）。

法普遍现象》[①]在国内发表，使国内很多语言学者更好地了解了语言类型学，并引发了学术界对语言类型学的关注。多位学者运用语言类型学的视角来研究中国的语言，总结了汉藏语在语音、语法等一些方面的蕴含共性。如《藏缅语"指代→名"偏正结构语系》[②]，《语序类型学与介词理论》[③]，《现代汉语"动补结构"的类型学考察》[④]，《我国藏缅语动词的人称范畴》[⑤]，《藏语历史音变的几种类型》[⑥]等著作。

汉藏语的研究需要适合汉藏语的研究方法，运用语言类型学理论进行研究也需要适应我国语言的特点，对国外前沿的理论的引进开拓了国内语言学学者的研究视野。但我们同样需要重视国外语言学理论在国内语言研究的实际运用过程中出现的不适应问题。在这些方面，需要积极创新，总结出真正适合我国语言的研究方法。分析性语言研究法就是一种适合我国大多数语言的语言研究方法，也是我国语言学学者对国外语言学理论在我国的一些不适应的方面不断改进、创新、总结而来的一套有针对性的研究方法，是我国语言学研究方法的发展和创新。

五、结语

分析性语言研究方法是针对我国汉藏语系语言研究提出的一种新的语言研究方法，该方法是在我国长期的汉语研究的积淀与少数民族语言研究的探索基础上凝练而成的。分析性语言研究法的提出，是我国语言学研究方法的进一步发展，是对我国语言研究方法的补充。该方法的实用性与有效性已获得我国语言学学者的认可。在我国语言学研究中，分析性语言研究方法还有很大的发展空间，有待更多的语言学学者去探索开拓。

① 陆丙甫、陆致极：《某些主要跟语序有关的语法普遍现象》，载《国外语言学》，1984（2）。

② 黄布凡：《藏缅语"指代→名"偏振结构语系》，见朱文旭：《彝缅语研究》，成都，四川民族出版社，1997。

③ 刘丹青：《语序类型学与介词理论》，北京，商务印书馆，2003。

④ 沈家煊：《现代汉语"动补结构"的类型学考察》，载《世界汉语教学》，2003（3）。

⑤ 孙宏开：《我国藏缅语动词的人称范畴》，载《民族语文》，1996（2）。

⑥ 胡坦：《藏语历史音变的几种类型》，见戴庆厦、罗美珍、杨应新：《民族语文论文集——庆祝马学良八十寿辰文集》，北京，中央民族学院出版社，1993。

参考文献

[1] 戴庆厦 . 汉语的特点究竟是什么 . 云南师范大学学报（哲学社会科学版），2014（5）.

[2] 戴庆厦 . 再论汉语的特点是什么——从景颇语反观汉语 . 民族语文，2017（2）.

[3] 戴庆厦 . 分析性语言的单音节性与双音节化——以景颇语为例 . 黔南民族师范学院学报，2019（5）.

[4] 戴庆厦 . 语言转型与词类变化：以景颇语句尾词衰变趋势为例 . 民族语文，2010（1）.

[5] 戴庆厦，闻静 . 论“分析性语言”研究眼光 . 云南师范大学学报（哲学社会科学版），2017（5）.

[6] 戴庆厦，傅爱兰 . 藏缅语的形修名语序 . 中国语文，2002（4）.

[7] 戴庆厦，傅爱兰 . 藏缅语的述宾结构——兼与汉语比较 . 方言，2001（4）.

[8] 戴庆厦，李浩 . 垤玛哈尼语宾谓同形短语的特征及其形成条件 . 中央民族大学学报（哲学社会科学版），2019（5）.

[9] 戴庆厦，李泽然 . 哈尼语的“来”、“去”. 民族语文，2000（5）.

[10] 戴庆厦，李洁 . 汉藏语被动句的类型学分析 . 中央民族大学学报（哲学社会科学版），2007（1）.

[11] 戴庆厦，李洁 . 藏缅语的强调式施动句——兼与汉语被动句对比 . 语言研究，2005（3）.

[12] 戴庆厦，黎意 . 藏缅语的述补结构——兼反观汉语的述补结构 . 语言研究，2004（4）.

[13] 戴庆厦，邱月 . OV 型藏缅语连动结构的类型学特征 . 汉语学报，2008（2）.

[14] 戴庆厦，孙艳 . 景颇语四音格词产生的机制及其类型学特征 . 中国语文，2005（5）.

[15] 戴庆厦，王洪秀 . 藏缅语人称代词格范畴的类型分析——兼以反观上古汉语人称代词格范畴 . 云南师范大学学报（哲学社会科学版），2019（3）.

[16] 范丽君 . 汉藏语因果复句研究 . 北京：民族出版社，2016.

[17] 黄布凡 . 藏缅语“指代→名”偏振结构语系 // 彝缅语研究 . 成都：四川民族出版社，1997.

［18］胡坦．藏语历史音变的几种类型．戴庆厦，罗美珍，杨应新．民族语文论文集——庆祝马学良八十寿辰文集．成都：中央民族学院出版社，1993.

［19］黄行．我国民族语言研究事业的繁荣与发展．民族研究，1998（5）.

［20］蒋颖．普米语示证范畴地域差异的成因分析．云南师范大学学报（哲学社会科学版），2019（3）.

［21］蒋颖．论普米语的类型定位．民族语文，2018（3）.

［22］陆丙甫，陆致极．某些主要跟语序有关的语法普遍现象．国外语言学，1984（2）.

［23］李春风．拉祜语的分析性特点及其系统性．民族语文，2020（3）.

［24］刘丹青．新中国语言文字研究 70 年．北京：中国社会科学出版社，2019.

［25］刘丹青．语序类型学与介词理论．北京：商务印书馆，2003.

［26］李浩．埡玛哈尼语致使范畴的结构、语义分析．黔南民族师范学院学报，2019（5）.

［27］伦静．浅析瑞丽傣语的分析性特点．德宏师范高等专科学校学报，2020（2）.

［28］依常生．壮语方言时间单位词的两种计量方式．云南师范大学学报（哲学社会科学版），2019（3）.

［29］彭茹．藏缅语合成基数词结构的类型学特征．民族语文，2019（2）.

［30］孙宏开，等．中国的语言．北京：商务印书馆，2000.

［31］孙宏开．我国藏缅语动词的人称范畴．民族语文，1996（2）.

［32］沈家煊．现代汉语“动补结构”的类型学考察．世界汉语教学，2003（3）.

［33］闻静．汉语的分析性特征与对外汉语教学．黔南民族师范学院学报，2018（5）.

［34］闻静．汉藏语系“的”字结构研究．北京：民族出版社，2016.

［35］尹虎彬，王峰．新中国民族语言学研究 70 年．北京：中国社会科学出版社，2019.

［36］马学良．汉藏语概论．北京：民族出版社，1987.

（作者单位：云南师范大学云南华文学院）

后记

这部论文集经多年的筹划、选文、编辑，终于与读者见面了。这是我多年想做的一件事。我要感谢闻静教授承担了编辑工作中各种大大小小的事。我明白，她是凭兴趣、责任心在帮助我做的。这期间，她家里遇到了几件大事，但她都不声不响地坚持了下来。我还要特别感谢老朋友欧光明先生的大力帮助。在我负责985工程的过程中，他为我们编辑了十多部好书，每项工作都像自己人一样替我们细心安排。还要感谢本书的责任编辑张海燕老师，因为她细致、严谨、高效的工作，我们这部书才得以很快面世。

希望这部书出版后能得到读者喜欢，能对我国的语言研究有一定的帮助！

戴庆厦

2024年5月20日

于中央民族大学507工作室

图书在版编目（CIP）数据

分析性眼光与语言研究论集 / 戴庆厦，闻静主编．北京：民族出版社，2024. 6. --（中国少数民族语言参考语法研究系列丛书 / 戴庆厦总主编）. -- ISBN 978-7-105-17296-2

Ⅰ. H1-53

中国国家版本馆 CIP 数据核字第 2024E40J56 号

分析性眼光与语言研究论集

责任编辑：张海燕
封面设计：金　晔
出版发行：民族出版社
地　　址：北京市东城区和平里北街 14 号
邮　　编：100013
电　　话：010-58130100（汉文编辑二室）
　　　　　010–64224782（发行部）
网　　址：http://www.mzpub.com
印　　刷：北京中石油彩色印刷有限责任公司
经　　销：各地新华书店
版　　次：2024 年 6 月第 1 版　2024 年 6 月北京第 1 次印刷
开　　本：787 毫米 ×1092 毫米　1/16
字　　数：685 千字
印　　张：34
定　　价：168.00 元
书　　号：ISBN 978-7-105-17296-2/H · 1257（汉 437）
